Handboek groepsdynamica

MET ONDERSTEUNEND MATERIAAL ONLINE

Bij dit boek is extra educatief materiaal online beschikbaar.
Op **www.handboekgroepsdynamica.nl** vind je extra en verdiepend materiaal bij de stof uit dit boek, waaronder oefeningen, (verwijzingen naar) tests en artikelen. Met onderstaande unieke code heb je toegang tot dit materiaal.

0000-VQ-26-FW

Jan Remmerswaal

Handboek groepsdynamica

Een inleiding op theorie en praktijk

uitgeverij **boom/nelissen**

Copyright: © Uitgeverij Boom Nelissen, Amsterdam & Jan Remmerswaal, 1995, 2003, 2008, 2013
Omslag: Garage, Kampen
Binnenwerk: Elan Media, Gemonde
Redactie: Jan Tils, St-Oedenrode
ISBN: 9789024402328
NUR: 741

1e druk: 1995
2e druk: 1996
3e druk: 1998
4e druk: 2000
5e druk: 2001
6e herziene druk: 2003
7e druk: 2004
8e druk: 2006
9e herziene druk: 2008
9e herziene druk, 2e oplage: 2009
10e ongewijzigde druk: 2011
11e herziene druk: 2013

ALLE RECHTEN VOORBEHOUDEN

Behoudens de in of krachtens de Auteurswet van 1912 gestelde uitzonderingen mag niets uit deze uitgave worden verveelvoudigd, opgeslagen in een geautomatiseerd gegevensbestand, of openbaar gemaakt, in enige vorm of op enige wijze, hetzij elektronisch, mechanisch, door fotokopieën, opnamen, of enig andere manier, zonder voorafgaande schriftelijke toestemming van de uitgever.

Voor zover het maken van reprografische verveelvoudigingen uit deze uitgave is toegestaan op grond van artikel 16h Auteurswet 1912, dient men de daarvoor wettelijk verschuldigde vergoedingen te voldoen aan de Stichting Reprorecht (Postbus 3051, 2130 KB Hoofddorp, www.reprorecht.nl). Voor het overnemen van gedeelte(n) uit deze uitgave in bloemlezingen, readers en andere compilatiewerken (artikel 16 Auteurswet 1912) kan men zich wenden tot de Stichting PRO (Stichting Publicatie- en Reproductierechten Organisatie, Postbus 3060, 2130 KB Hoofddorp, www.stichting-pro.nl).

www.boomnelissen.nl

Inhoud

Voorwoord		13
1	**Groepsdynamica tussen psychologie en sociologie**	17
1.1	Inleiding	17
1.2	Enkele weerstanden tegen groepsdynamisch denken	19
	Kader: Wereldbeelden	21
1.3	De mogelijke brugfunctie van groepsdynamica	24
	Kader: Allemaal andersdenkenden	26
1.4	Het individu	29
	Kader: Dus ik ben	29
1.5	De groep	30
1.6	De maatschappij	30
1.7	Tot besluit	31
2	**Grondslagen van de groepsdynamica**	33
2.1	Inleiding	33
2.2	Indeling in taakaspecten en sociaal-emotionele aspecten	35
2.3	Hoofdstromingen in de groepsdynamica	37
2.4	De interactietheorie	37
2.5	De systeemtheorie	39
2.6	De sociometrische benadering	40
2.7	Benaderingen uit de algemene psychologie	41
2.8	De veldtheorie	43
2.9	De psychoanalytische benadering	44
2.10	Spanning tussen individu en maatschappij	46
2.11	Aandacht voor organisaties	47
2.12	Overzicht van een aantal hoofdthema's in de groepsdynamica	49
2.13	Tot besluit	52

3		**Definitie van de groep en soorten groepen**	55
3.1		De kracht van groepen	56
3.2		Wat kenmerkt een groep: inleiding	57
3.3		Motivatie	58
3.4		Doelstelling	58
3.5		Structuur	58
3.6		Interdependentie	59
3.7		Interactie	59
3.8		Nog enkele kenmerken van groepen	60
3.9		Groepstypen	61
3.10		Primaire en secundaire groepen	62
3.11		Psychegroup en sociogroup	64
3.12		Informele en formele groepen	64
3.13		Lidmaatschapsgroepen en referentiegroepen	65
3.14		Ingroup en outgroup	67
3.15		Samenvatting van groepstypen	69
3.16		Vergelijking tussen trainingsgroepen en therapiegroepen	71
3.17		Drie soorten groepen: hoofd, hart, handen	74
3.18		Reflectie op redenen voor werken met groepen	79
4		**Niveaus in groepen**	81
4.1		Inleiding	81
4.2		Inhoud en betrekking	83
4.3		Inhoudsniveau en interventies	84
		Kader: Interventies op inhoudsniveau	85
4.4		Procedureniveau en interventies	86
		Kader: Interventies op procedureniveau	88
4.5		Interactieniveau en interventies	89
		Kader: Interventies op interactieniveau	91
4.6		Bestaansniveau en interventies	92
		Kader: Interventies op bestaansniveau	94
4.7		Het bestaansniveau in taakgerichte groepen	96
4.8		Contextniveau	97
4.9		Oefening: Herkenning van vijf niveaus in groepen	102
4.10		Vragen bij de niveaus van groepsfunctioneren	102
4.11		Themagecentreerde interactie	104
4.12		Nog drie niveaus	107

4.13	Niveau van ethiek	108
4.14	Mythisch niveau	109
	Kader: Archetypen in de groep	109
4.15	Oefening: Het ganzenbord als archetype	113
4.16	Zingevingsniveau	115
4.17	Een overzicht van interventies	119
5	**Groepsvorming en groepsontwikkeling**	**123**
5.1	Inleiding	123
5.2	Drie modellen van groepsontwikkeling	124
5.3	Groepen vanuit de collectiviteit (Sartre)	127
5.4	Groepen als subgroepen van een groter geheel (Pagès)	130
5.5	Determinanten van groepsvorming	132
5.6	Fasen van groepsontwikkeling	135
5.7	Voorfase (fase 1)	136
	Kader: Checklist groepsontwerp	137
5.8	Oriëntatiefase (fase 2)	140
5.9	Wat er speelt bij de start van groepen	141
5.10	Drie manieren om een groep te starten	143
5.11	Invloedsfase (fase 3)	146
5.12	Affectiefase (fase 4)	147
5.13	Fase van de autonome groep (fase 5)	148
5.14	Afsluitingsfase (fase 6)	148
5.15	Samenvatting van de fasen van groepsontwikkeling	151
5.16	Een andere visie op groepsontwikkeling: de opvattingen van Pagès	154
5.17	Unfreezing, moving, freezing	157
6	**Communicatie**	**161**
6.1	Inleiding	161
6.2	Communicatie opgevat als informatieoverdracht	163
6.3	Gebrekkige communicatie	164
6.4	Communicatie als interactie	167
6.5	Open en gesloten communicatie	171
6.6	Oefening: Open en gesloten communicatie	174
6.7	Defensieve en non-defensieve communicatie	175
6.8	Oefening: Non-defensieve communicatie	178

6.9	Het stellen van open en neutrale vragen	179
6.10	Oefening: Het stellen van open en neutrale vragen	180

7 Hoofdthema's uit de systeem- en communicatietheorie — 183

7.1	Inleiding	183
7.2	Inhoud en betrekking	184
7.3	Relatiedefinitie	187
7.4	Interpunctie	189
	Kader: Zes blinden en een olifant	*190*
7.5	Vijf axioma's	192
7.6	Diskwalificaties	193
7.7	Erkenning en bestaansniveau	194
	Kader: Identiteit en anderen	*195*
7.8	Erkennen en niet-erkennen	197
7.9	Drie aspecten van erkenning	199
7.10	Betrekkingsniveau: intermezzo over vriendschap	201
	Kader: Vriendschap in tijden van Facebook	*206*

8 De Roos van Leary — 209

8.1	Inleiding	209
8.2	Hoe het model tot stand kwam	211
	Kader: Timothy Leary	*211*
8.3	De opbouw van de Roos van Leary	212
8.4	Vragenlijst Interpersoonlijk Gedrag (VIG)	215
8.5	Groepsgedrag in termen van de Roos	222
	Kader: Een positief voorbeeld	*226*
8.6	Kwaliteiten en valkuilen in de Roos van Leary	229
8.7	Het betrekkingsniveau in de Roos	232
8.8	Welk gedrag wordt door elke sector opgeroepen?	235
8.9	Interveniëren vanuit de Roos	240
8.10	De Stad van Axen: een variant op de Roos	241
	Kader: Stad van axen	*243*
8.11	Intenties achter het gedrag	244
8.12	De dramadriehoek	249
8.13	Conflicthantering	251
8.14	Toegiften: waarden en dieren in de Roos	253

9	**Communicatie in groepen**	257
9.1	Inleiding	257
9.2	Observatie van communicatie	258
9.3	Interactie-procesanalyse	259
9.4	Communicatiestructuur	262
9.5	Groepsgrootte	263
9.6	Groepsgrootte en interacties tussen de leden	264
9.7	Groepsgrootte en relaties tussen de leden	264
9.8	Groepsgrootte en leiderschap	265
9.9	Individuele verschillen	267
9.10	Status en invloed	269
9.11	Sympathieën en antipathieën in de groep	272
9.12	Communicatie en conformiteit	272
9.13	Co-participatie	275
9.14	Non-participatie	276

10	**Feedback in groepen**	279
10.1	Inleiding	279
10.2	Feedback	280
10.3	Regels voor feedback	281
10.4	Het Johari-venster	282
10.5	Feedback in een breder perspectief	285
10.6	Interpersoonlijke feedback	290
10.7	Feedback en confrontatie	292
10.8	Intermezzo: feedback en betrokkenheid	296
10.9	Feedback op groepsniveau	298
10.10	Oefening: Feedback	300
10.11	Oefening: Groepsfeedback	302

11	**Groepsprocessen en groepsfenomenen**	307
11.1	Inleiding	307
11.2	Functionele rollen in groepen	309
11.3	Taakrollen	310
11.4	Procesrollen	310
11.5	Zowel taak- als procesrollen	311
11.6	Zelfgericht gedrag (negatieve rollen)	312
11.7	Gedragsvormen (Bion)	313

11.8	Groepsnormen	318
11.9	Conformiteit aan groepsnormen	319
11.10	Besluitvorming	321
11.11	Basisstappen in besluitvorming	324
11.12	Het BOB-model van besluitvorming en de fuikmethode	326
11.13	Conflictstijlen	328
11.14	Afweer in groepen	331
11.15	Groepsidentiteit	333
11.16	Verborgen agenda's	337
11.17	Hoe met verborgen agenda's om te gaan	341

12 Leiderschap — 343

12.1	Inleiding	343
12.2	Hoe denken over leiderschap in de loop der tijd veranderde	345
12.3	De autoritaire leiderschapsstijl	347
12.4	De democratische leiderschapsstijl	348
12.5	De laissez-faire leiderschapsstijl	350
12.6	Leiderschapsstijl en groepsklimaat	351
	Kader: Paaseieren verven met Lewin	352
12.7	Leiderschap en het vervullen van groepsfuncties	356
12.8	Taakleiderschap en sociaal-emotioneel leiderschap	359
	Kader: Mannen en vrouwen	360
12.9	Volgerschap	361
	Kader: Meer typen volgers	364
12.10	Co-begeleiding	367
	Kader: Enkele samenwerkingspatronen	368
12.11	Leiderschap in training en therapie	372
12.12	Onderzoek naar trainingsgroepen	374
	Kader: Zes trainersprofielen	378
12.13	Leiderschap in organisaties	379
12.14	Leiderschap en het motiveren van medewerkers	387
12.15	Scenario naar de toekomst: de leider als coach	388
12.16	Toegift 1: Wat de psychoanalyse zegt over leiderschap	392
12.17	Toegift 2: Wat de psychoanalyse zegt over organisaties	396

13 Situationeel leiderschap — 403

13.1	Inleiding	403

13.2	Het model van Fiedler	405
13.3	Vragenlijst: Leiderschapsstijl van Fiedler	408
13.4	Oefening: Situatiefactoren van Fiedler	410
13.5	Vier basisstijlen in situationeel leiderschap	414
13.6	De directieve stijl	415
13.7	De overtuigende stijl	418
13.8	De participerende stijl	420
13.9	De delegerende stijl	422
13.10	De autonome groep: zelfsturing	424
13.11	Oefening: Bepaal je eigen stijl van leidinggeven	426
13.12	Leiderschapsstijl en ontwikkelingsniveau van de groepsleden	429
13.13	Leiderschapsstijl en groepsontwikkeling	434
13.14	Leiderschapsstijl en type groep	435
13.15	Leiderschapsstijl en organisatietype	436
13.16	Leiderschapsstijl en eigen ontwikkeling als professional	438
13.17	Leiderschapsstijl en persoonlijke affiniteit	440
13.18	Totaaloverzicht situatiefactoren	441

14	**Teams**	**443**
14.1	Inleiding	443
14.2	Extern en intern systeem	444
14.3	Oefening: Extern en intern systeem	447
14.4	Oefening: Communicatie binnen het team	449
14.5	Stille praktijken	449
14.6	De teamrollen van Belbin	451
14.7	Het bestaansniveau in teams en taakgerichte groepen	458
14.8	Effectieve teams	464
	Kader: Checklist: Effectief vergaderen	464
	Kader: Lessen van de gans	466
14.9	Oefening: Sterkten en zwakten als team	467
14.10	Teambuilding	471
14.11	Suggesties voor teambuilding	473
14.12	Teamcoaching	475
14.13	Handleiding voor het verknoeien van vergaderingen	479
14.14	Oefening: Omgaan met lastig gedrag	480
14.15	Verdiepingsoefening: Omgaan met lastig gedrag	480

15	**Grote groepen**	483
15.1	Inleiding: interventies in grote groepen	483
	Kader: Het burgerinitiatief G1000 in België	484
15.2	Sociale psychologie (met name de Lewiniaanse traditie)	485
15.3	Psychoanalytische theorie (met name Tavistock Institute)	488
15.4	Systeemtheorie	490
15.5	De jaren tachtig	491
15.6	Vanaf de jaren negentig	492
	Kader: Maatschappelijke veranderingen sinds 2000	492
	Kader: Van beweging naar turbulentie	494
	Kader: Managementprincipes	496
15.7	Nieuwe manieren om met complexe verandering om te gaan	497
15.8	Een voorbeeld van een large group intervention	499
	Kader: Search Conference	500
15.9	Twaalf methoden voor interventies in grote groepen	502
15.10	Kenmerken van large group interventions	506
	Kader: Kenmerken van methoden voor grote groepen	506
15.11	Interactie in large group interventions	510
15.12	Kritische kanttekeningen bij het leervermogen van organisaties	513

Literatuur   519

Zakenregister   537
Persoonsregister   547

Voorwoord

Dit boek gaat al meer dan vijftien jaar mee. Toen de uitgever met het plan kwam voor een grondige *update*, was ik het daar snel mee eens. Ik heb met plezier gewerkt aan het actualiseren en verlevendigen van de tekst. Het nieuwe boek heb je nu in handen. Het is een rijker boek geworden.

De belangrijkste wijziging is de ruimere aandacht voor twee centrale onderwerpen van de groepsdynamica: communicatie en leiderschap. Waren hier eerst twee hoofdstukken aan gewijd, nu zijn dat er vijf. Het vroegere hoofdstuk 6 over communicatie is nu ondergebracht in drie hoofdstukken: hoofdstukken 6, 7 en 8. Hoofdstuk 7 bespreekt hoofdthema's uit de systeem- en communicatietheorie. En hoofdstuk 8 gaat helemaal over de Roos van Leary. Het onderwerp leiderschap komt nu in twee hoofdstukken aan bod (hoofdstuk 12 en 13). In deze nieuwe hoofdstukken, maar ook elders heb ik de tekst verrijkt met 65 nieuwe thema's. Hieronder geef ik daarvan een selectie.

In *hoofdstuk 1* behandel ik nu ook vragen als: waardoor laten onze identiteit bepalen, spelen cultuur en etniciteit een rol in de ontwikkeling van de identiteit, en hoe kunnen we cultuurverschillen in kaart brengen?

In *hoofdstuk 3* sta ik stil bij nieuwe vragen als: waaruit bestaat de kracht van groepen, hoe kan ik de niveaus van groepsfunctioneren makkelijker herkennen, waaruit bestaat het werkmodel van 'themagecentreerde interactie', en zijn er verbanden tussen dit werkmodel en de niveaus van groepsfunctioneren?

Nieuw in *hoofdstuk 4* zijn vragen naar wat er allemaal komt kijken bij het plannen en opstarten van een nieuwe groep, waar je allemaal aan moet denken, wat voor gevoelens er in de voorfase spelen (dus al voordat de groep voor het eerst bij elkaar komt) – bij de aanstaande groepsbegeleider en bij de aanstaande groepsleden.

In *hoofdstuk 7* vraag ik me af in hoeverre vriendschap aan het veranderen is sinds Facebook.

In het nieuwe *hoofdstuk 8* over de Roos van Leary komen nu ook de persoon van Timothy Leary aan bod en ga ik in op de vragen hoe zijn Roos een hulpmiddel kan worden voor interventies in groepen, en wat de intenties zijn van mensen achter het gedrag dat Leary in zijn Roos beschrijft. Ook ga ik in op het verband tussen de dramadriehoek en de Roos, verschillende conflictstijlen in de Roos, en het verband met de Axenroos van Cuvelier.

In *hoofdstuk 12* over leiderschap komen veel nieuwe vragen en thema's aan bod, zoals: hoe zit het met autoritair leiderschap, wat is het verschil met democratisch leiderschap, is er verband tussen het groepsklimaat en de stijl van leiding die de groep ontvangt, wat betekent het voor de groep wanneer men een leider met een andere stijl krijgt? Ook geef ik aan hoe het denken over leiderschap zich in de loop der jaren heeft ontwikkeld en beschrijf ik wat 'de wetenschap' zegt over verschillen tussen mannen en vrouwen wat betreft leiderschap. Ik besteed ook aandacht aan verbanden er tussen leiderschap en volgerschap en verschillende soorten volgers, hoe je een groep leidt wanneer je er met zijn tweeën voor staat (co-begeleiding), en de voordelen en de valkuilen van zulke co-begeleiding. Andere vragen die aan bod komen zijn: wat doen goede leiders van trainingsgroepen en van therapiegroepen, wat voor gedrag past bij leiderschap in organisaties, en wat dragen de acht leiderschapsrollen van Quinn hieraan bij? Aan het slot van dit hoofdstuk onderzoek ik wat de psychoanalyse te zeggen heeft over onbewuste processen rond leiderschap, hoe het komt dat bepaalde personen al heel snel de leider worden van een formele of informele groep, en welke onbewuste processen spelen rond leiderschap in organisaties.

Hoofdstuk 14 ten slotte, over het functioneren van teams, gaat nu ook in op de acht teamrollen van Belbin, teamcoaching, het verschil tussen teamcoaching en teambuilding, en wat teams van ganzen kunnen leren over de kracht van samenwerking. Ook komt in dit hoofdstuk een model voor integrale procesbegeleiding van groepen aan bod.

Met deze aanvullingen is de tekst niet alleen verrijkt, maar sluit het boek ook beter aan op de beroepspraktijk van veel lezers. Daarbij heb ik nu een bredere doelgroep op het oog. Ik richt me met de nieuwe tekst niet alleen op professionals die met groepen werken of daarvoor in opleiding zijn, het boek is nu ook interessanter geworden voor managers die in de context van organisaties met teams werken.

Dit voorwoord is ook de plek om twee maatjes te bedanken die me steeds hebben bijgestaan bij het werk aan dit boek (en niet alleen daarbij): mijn partner Myra Remmerswaal en mijn vriend en collega Wim Goossens. Zij hebben me telkens door dik en dun gesteund.

Ik wil dit voorwoord besluiten met een persoonlijke noot, zoals ik dat gewend ben. Ik ben een geboren en getogen Hagenaar, ik heb mijn schooljaren in de beklemmende jaren vijftig meegemaakt en mijn studententijd in de woelige en swingende jaren zestig. Ik heb destijds in Nijmegen Cultuurpsychologie gestudeerd bij Fortmann, en ik heb dit aangevuld met Sociale psychologie en Klinische psychologie. Ik heb daarna opleidingen gevolgd in Gestalttherapie en in psychosynthese. Ik ben me de laatste jaren steeds meer gaan interesseren voor persoonsdynamica en met name het professioneel omgaan met emoties. Daar ging mijn voorlaatste boek over. Mijn muziekvoorkeuren gaan in deze periode van mijn leven vooral uit naar wereldmuziek, zoals van Ali Farka Touré, Toumani Diabaté en Habib Koité uit Mali, Bombino met zijn Touaregblues uit Niger, Anouar Brahem uit Tunesië, Jan Garbarek uit Noorwegen en Violeta Parra uit Chili, om er maar enkele te noemen. Ook heb ik een zwak voor oude Spaanse muziek, vooral als Jordi Savall en Montserrat Figueras die vertolken. En ik ben gek op goede kinderboeken en jeugdromans.

Sta je in de winkel nog te twijfelen?
Ik weet wel wat ik zou doen.
Koop dit boek, lees het, gebruik het ...
Ik hoor graag je reacties.

Jan Remmerswaal
Nijmegen, voorjaar 2013
jan.remmerswaal@mac.com

1 Groepsdynamica tussen psychologie en sociologie

1.1 Inleiding
1.2 Enkele weerstanden tegen groepsdynamisch denken
1.3 De mogelijke brugfunctie van groepsdynamica
1.4 Het individu
1.5 De groep
1.6 De maatschappij
1.7 Tot besluit

1.1 Inleiding

Groepsdynamica is de studie van het gedrag van mensen in kleine groepen. Veel menselijk gedrag kan beter begrepen worden door aandacht voor de groepen waarin dat gedrag plaatsvindt. Ieder mens is sterk sociaal bepaald door de groepen waartoe hij vroeger behoord heeft, met name het ouderlijk gezin of de vervangende opvoedingssituatie, en door de groepen waarvan hij op dit moment deel uitmaakt. Deze vroegere en huidige groepslidmaatschappen bepalen in belangrijke mate ieders identiteit. Het is erg onwaarschijnlijk dat een persoonlijkheidsontwikkeling mogelijk is zonder primaire groepen.

In zekere zin is de primaire groep (en vooral het gezin) de bemiddelaar tussen de cultuur en de maatschappij enerzijds en het individu anderzijds. Met andere woorden: door groepen is het individu aan maatschappij en cultuur gebonden. En omgekeerd: vooral via groepen vindt cultuuroverdracht plaats, leert het individu taal en spreken, denken en waarnemen en een uitgebreid waardensysteem. Ook hoe emoties en gevoelens beleefd en geïntegreerd worden in de hele persoonlijkheidsstructuur, wordt grotendeels bepaald door de gezinsgroep die bepaalde emoties wel en andere niet toestaat. De eigen manier van denken, waarnemen, voelen en reageren alsook de eigen waardenopvattingen en normen zijn niet zo individueel en uniek als we graag van onszelf zouden willen denken. 'Tot in hart en nieren zijn we groepsdieren', zou ik bijna willen zeggen. De sociale invloeden op elk individu zijn op hun beurt weer sterk meebepaald en gekleurd door maatschappelijke omstandigheden. Heel simpel (veel te simpel natuurlijk) weergegeven in figuur 1.1.

Figuur 1.1 Een zeer simpel weergegeven invloedslijn

De psychologie heeft aan de groepsdynamica een groot aantal inzichten te danken over hoe maatschappelijke en sociale factoren doorwerken op het individu en door het individu verinnerlijkt worden. Ieder wordt in sterke mate gevormd (en helaas vaak ook misvormd) door de maatschappelijke omgeving. Niet alleen is ieder 'kind van zijn tijd', maar ook 'kind van zijn maatschappij'.

Het is beslist veel te eenvoudig en onjuist om het individu af te schilderen als een passief slachtoffer van de omstandigheden waaronder hij in groepen moet leven. Omdat ieder individu niet alleen beïnvloed wordt door zijn sociale omgeving, maar hijzelf ook deze omgeving actief beïnvloedt, gelden de invloedslijnen in figuur 1.1 evengoed in omgekeerde richting. Dat individuen het functioneren van groepen kunnen beïnvloeden, zal duidelijk zijn. Veel verder ligt de stap van individu naar maatschappij. Slechts enkelen kunnen op grond van hun bijzondere positie rechtstreeks maatschappelijke omstandigheden beïnvloeden en bepalen. Misschien enkele politieke of economische topfiguren, maar dan nog ... Veel vaker echter kunnen individuen invloed uitoefenen op maatschappelijke omstandigheden via de groepen waartoe ze behoren. Denk maar aan belangengroeperingen, actiegroepen, pressiegroepen, politieke groepen enzovoort. Heel simpel (weer veel te simpel natuurlijk) weergegeven in figuur 1.2.

Figuur 1.2 Een tweede, zeer simpel weergegeven invloedslijn

Hoewel beide plaatjes veel te summier zijn, geef ik hiermee wel duidelijk aan dat groepen een verbindende schakel vormen tussen individu en maatschappij (zie figuur 1.3).

Figuur 1.3 Wederzijdse invloeden

In het westerse denken sinds de renaissance, maar eigenlijk al sinds de klassieke oudheid, vindt men erg vaak de tegenstelling tussen individu en maatschappij beschreven. Men dacht echter veel minder in groepstermen en dat is ook nu nog het geval. Het verbaast dan ook niet dat met de opkomst van de sociale wetenschappen, eind negentiende, begin twintigste eeuw, de psychologie (met haar nadruk op het individu) en de sociologie (met haar nadruk op de maatschappij) veel eerder tot bloei kwamen dan de groepsdynamica. De groepsdynamica is nog een jonge tak van wetenschap: ze ontwikkelde zich pas sinds de jaren dertig van de vorige eeuw. In figuur 1.4 geef ik de plaats van de groepsdynamica aan, in aansluiting op figuur 1.1 tot en met 1.3.

Figuur 1.4 Groepsdynamica als verbindende schakel tussen psychologie en sociologie

1.2   Enkele weerstanden tegen groepsdynamisch denken

Toch bestaan er weerstanden tegen het inzicht dat groepsdynamica een aparte wetenschapstak vormt. Ook nu nog denken veel mensen dat wat in groepen gebeurt vooral door individuen wordt bepaald, in het bijzonder door hun goede of slechte eigenschappen. Zij hebben er moeite mee zichzelf te zien als groepslid en zien ook niet dat groepsverschijnselen iets specifiek eigens hebben.

Bestaan groepen eigenlijk wel?

Nog in de jaren twintig van de vorige eeuw speelde in de psychologische vakliteratuur een discussie over de 'echtheid' van groepen: 'Are groups real?' Allport (1924) verdedigde bijvoorbeeld het standpunt dat alleen individuen 'echt en reëel' zijn en dat groepen niets meer zijn dan reeksen van waarden, ideeën, gedachten, gewoonten enzovoort, die gelijktijdig bestaan in de gedachten van individuen in collectiviteiten. Kortom, dat groepen een soort 'hersenschimmen' zijn en alleen in de gedachten van mensen bestaan.

Daar werd door anderen tegen ingebracht dat groepsverschijnselen niet in psychologische termen verklaard kunnen worden en dat er dus een valide theorie van groepsprocessen moet liggen op het niveau van de groep. Een goede samenvatting van dit standpunt geeft Warriner (1956) in een artikel onder de titel: 'Groups are real'.

Individualistisch denken over leiderschap

Een voorbeeld van deze twee benaderingen zien we rond het onderwerp 'leiderschap'. Zoals ik in hoofdstuk 12 beschrijf, richtte een eerste benadering in leiderschapsonderzoek zich op het opsporen van eigenschappen van effectieve leiders, geheel in de traditie van het individualistische westerse denken. We zien restanten van deze denktrant nog steeds in recente vakliteratuur over organisaties, zoals in de bestseller van Covey *De zeven eigenschappen van effectief leiderschap* uit 1989 (herdruk 2010). Overigens voegde Covey in 2004 nog een achtste eigenschap toe (Covey & Covey, 2012). Deze boeken zijn enorm populair, waaruit blijkt hoe sterk dit individualistische denken nog heerst. De eigenschappenbenadering faalde echter al in de jaren veertig van de vorige eeuw en werd in de groepsdynamica vervangen door de zogeheten functionele benadering, waarin leiderschap als een groepsverschijnsel gedefinieerd wordt, namelijk als het uitvoeren van gedragsvormen die de groep helpen in het bereiken van de door haar gewenste resultaten.

Neiging tot narcisme

Het denken in termen van groepsverschijnselen vereist een nieuw referentiekader, namelijk het loslaten van de neiging zichzelf als individu centraal te stellen (zie ook Anzieu, 1968). In andere termen wees Freud er al op dat het narcisme van de mens een van de grootste obstakels is voor de vooruitgang van kennis. We kunnen dit zien in de ontwikkeling van de astronomie, de biologie en de psychoanalyse (die elk hebben moeten opboksen tegen narcistische vooroordelen zoals 'de aarde als het centrum van het heelal', 'de mens als koning van het dierenrijk' en 'het bewuste ik als centrum van de persoonlijkheid'). Dit zijn vormen van antropocentrisme. Zo'n neiging tot het centraal stellen van zichzelf en de eigen positie kan ook een hindernis vormen voor zicht op groepsprocessen.

Wereldbeelden

In de loop der eeuwen is ons wereldbeeld meerdere malen veranderd. Vroeger dacht men dat de zon om de aarde draaide. In de tijd van de renaissance ontdekte men dat het andersom was en dat de aarde om de zon draaide. Deze gedachte noemen we een heliocentrisch wereldbeeld: de zon staat in het centrum. Het heliocentrisme ontpopte zich als antropocentrisme: de neiging om de mens centraal te stellen. De mens als beheerser van de natuur en als heerser over de natuur, de mens die de natuur naar zijn hand zet. Zie maar eens hoe de aarde uitgebuit wordt. Het moderne heliocentrisme gaf de mens ook een gevoel van marginalisering: het groeiende besef dat ons zonnestelsel slechts een van eindeloos veel zonnestelsels is. Zo werden nihilisme en existentiële angst onvermijdelijke bijproducten van de moderniteit.

Sinds de jaren zeventig van de vorige eeuw begint een nieuw wereldbeeld te groeien. Peter Westbroek (2012) noemt dit het symbiotische wereldbeeld. Hij brengt met deze term tot uitdrukking dat het zinvoller is om de aarde in zijn geheel, als één symbiotisch organisme op te vatten. Vanaf de jaren zeventig komt er (vooral in de geologie) steeds meer oog voor de grote onderlinge verbanden. Hierin staat symbiose voorop: de aarde als een organisme, als een zichzelf regulerend systeem met een eigen geheugen, waarin de menselijke soort maar een klein schakeltje of knooppunt vormt. Hoewel Westbroek zelf geoloog is, is hij ook geïnteresseerd in de menswetenschappen en hun relatie tot de natuurwetenschappen. Hij constateert dat de menswetenschappen in de tweede helft van de vorige eeuw nog sterk lijden aan de kwalen van het modernisme: existentiële angst en te sterke ideologische betrokkenheid. Dit komt tot uitdrukking in de afkeer van 'grote theorieën'. In plaats daarvan bestaat veel wetenschap uit eindeloos veel klein deelonderzoek, waarbij het zeer moeilijk is om door de vele bomen het bos nog te zien. Westbroek geeft wel een 'groot verhaal', waarin ook ruimte is voor het samenspel tussen genetische en sociale factoren. Hierbij bouwt hij voort op het werk van vier grote Nederlandse (of in Nederland werkende) wetenschappers: Frans de Waal (die bekend is door zijn primatenonderzoek), Anton Pannekoek (die de antropogenese onderzocht), Norbert Elias (de Joods-Duits-Britse socioloog die jarenlang gasthoogleraar was in Amsterdam) en Jaap Goudsblom (de socioloog die doorwerkt op het vruchtbare spoor van Elias). Vooral de plek van Elias valt op in dit rijtje. Hij formuleerde al in de jaren dertig van de vorige eeuw zijn civilisatietheorie. Zijn werk komt in dit boek ook op meerdere plaatsen aan bod.

De verleiding is groot om dieper op het werk van Westbroek in te gaan. Maar ik beperk me tot zijn opvatting (ontleend aan de Franse filosoof Morin) over de relatie tussen de natuurwetenschappen en de menswetenschappen. Die relatie is tegelijk antagonistisch en complementair: de natuur- en menswetenschappen zijn tegelijk met elkaar in conflict

> én ze kunnen niet zonder elkaar. We zijn tegelijk biologische én sociale wezens. De natuur verwekt de cultuur en de cultuur verandert de natuur. Oorzaak en gevolg zijn elkaars tegendeel en tegelijk nauw met elkaar verbonden. Wanorde schept orde en omgekeerd. Dat is paradoxaal. Wanneer we dit paradoxale karakter beseffen, verandert ons beeld van de werkelijkheid.

Gebrek aan aandacht voor de context

De wens zichzelf te zien als een autonoom handelend individu kan leiden tot een gebrek aan aandacht voor de context waarbinnen deze zelfervaring ontstaan is, met name voor de groepen waartoe je vroeger behoord hebt en de groepen waartoe je op dit moment behoort. Pas met de toenemende belangstelling voor de wisselwerking tussen individu en groep vindt de groepsdynamica een vruchtbare voedingsbodem. En zo ontstaat er een ander referentiekader. In termen van de waarnemingspsychologie van de Berlijnse Gestaltschool zou je kunnen zeggen dat dan niet langer het individu als 'figuur' op de voorgrond staat, maar dat individu en groep wisselend als figuur en als achtergrond gezien kunnen worden. Deze wisseling van hoofdaandacht en de wisselwerking tussen individu en groep vormen centrale thema's in de groepsdynamica. Het belang van de context wordt ook helder beschreven in een recent boek van Verhaeghe (2012). In *Identiteit* onderzoekt hij de effecten van dertig jaar neoliberalisme, vrijemarktwerking, privatisering en de relatie tussen de maakbare samenleving en onze identiteit. Maatschappelijke veranderingen hebben gezorgd voor een veranderd ik-gevoel. Wie wij zijn, blijkt sterk meebepaald door de context waarin wij leven.

Het belang van de context voor de vorming van een eigen identiteit wordt ook in andere studies benadrukt (Abubakar, 2012; Phinney e.a., 1992; Schachter, 2005). Voor Abubakar gaat het bij identiteitsvorming niet alleen om de waarden en de levensdoelen die in veel studies genoemd worden, maar ook om de sociaaleconomische status van het gezin. Zo gaat armoede vaak samen met een leefstructuur die zich kenmerkt door weinig ontwikkelingskansen, veel stress en vaker negatieve feedback door opvoeders en anderen in de omgeving. Dit stimuleert tot een heel ander zelfbeeld dan bij opgroeien in een welvarende omgeving. Phinney e.a. (1992) beschrijven hoe etnische identiteit tot stand komt in de puberteit en adolescentie. Ook hier speelt de context een belangrijke rol. Nog een voorbeeld van het belang van de context zien we bij Schachter (2005): hij beschrijft de verschillende identiteitsontwikkelingen van Palestijnse en Israëlische jongeren. Het contextniveau speelt ook een rol in groepen (ik beschrijf dit in paragraaf 4.8).

Spanning tussen individu en groep

Dezelfde mensen – die rationeel wel inzien dat groepen nuttig en noodzakelijk zijn en dat werk in groepen effectiever kan gebeuren dan individueel – vrezen vaak op minder rationeel niveau een krenking van hun narcisme. Dit uit zich in opvattingen als zou in groepen het individu vervreemd raken van zichzelf omdat zijn unieke individualiteit aangetast wordt en omdat interactie in groepen vooral gekenmerkt zou worden door manipulatie. Inderdaad kunnen groepen een bedreiging vormen voor de individuele vrijheid en autonomie; denk maar aan allerlei vormen van pressie tot conformiteit. Deze spanning tussen autonomie en conformiteit kan vertaald worden als een spanning tussen individu en groep. En zoals ik in het voorafgaande al aangaf, vormt dit een centraal thema in de groepsdynamica.

Gevaar van kleine groepen

Andere weerstanden tegen het groepsdynamisch denken komen vanuit de tegenovergestelde hoek: van degenen die het belang van grote collectieve organisaties als staat, kerk en leger benadrukken. Zowel voor deze collectiviteiten als voor de maatschappij in het algemeen kunnen kleine groepen een potentieel gevaar zijn. Elke kleine groep die zich isoleert, kan een samenzwering vormen tegen het grotere geheel. Vandaar het wantrouwen van veel landen tegenover afscheidings- en bevrijdingsbewegingen, van kerken tegenover sekten, van politieke partijen tegenover fractievorming enzovoort. Al te autonome groepen kunnen de maatschappelijke orde bedreigen.

De kar van de visboer

Nog een reden ten slotte voor het pas laat op gang komen van het denken in groepstermen ligt meer op cultuurhistorisch niveau. Lange tijd in de geschiedenis van de mensheid vormden groepen een zodanig natuurlijk gegeven dat men niet de distantie kon nemen om ze te bestuderen. Bepaalde vormen van leven in groepen werden als zo vanzelfsprekend beleefd dat men zich niet bewust was van wat een groep is. Vergelijk de uitspraak van Fortmann (1959):

> 'Indien een vis ontdekkingen zou kunnen doen, dan zou zijn laatste ontdekking het bestaan van water zijn. Pas op de kar van de visboer zou hij weten wat het betekent een waterdier te zijn ... Het altijd aanwezige en dus vanzelfsprekende valt immers niet op.'

Zo stelde de mens zich lange tijd geen vragen over de groep: hij leefde in en voor de groep. Zulke groepen waren bijvoorbeeld het gezin waarin men geboren is, en daaromheen functionerende leef- en werkverbanden als de familie, de stam, de clan of het dorp. Geïsoleerd van zulke groepen kon het individu meestal niet overleven. Zolang hij nog zo sterk gebonden was aan deze groepen, kon hij nog geen voldoende afstand nemen voor objectivering.

Toen in de periode van de renaissance deze objectivering begon door te breken en het wetenschappelijk denken ging bepalen, stelde de mens zich aanvankelijk eerst vragen met betrekking tot de hem omringende natuur. De natuurwetenschappen zouden zich als eerste emanciperen van het magisch denken in de middeleeuwen en uitgroeien tot echte wetenschappen in de huidige betekenis van deze term. De menswetenschappen volgden pas veel later (in de negentiende eeuw) dit voorbeeld van de natuurwetenschappen en daarvan waren de psychologie en de sociologie de eerste takken die tot bloei kwamen. Met de overgang via de renaissance naar de periode van de verlichting bevrijdde de mens zich steeds meer van de oude sociale verbanden, en daarmee ook van afhankelijkheden en onderdrukking, en zette hij zich op het spoor van een ontwikkelingsgang naar steeds grotere individualiteit en besef van onvervangbare uniekheid (vergelijk Fromm, 1952). Op het niveau van de wetenschappen uitte zich dit in de sterke opkomst van de psychologie. En omdat vooral de maatschappij als tegenpool van het individu gezien werd, groeide tegelijkertijd sterk de belangstelling voor de sociologie: de studie van maatschappelijke verschijnselen. Al eerder gaf ik aan dat de groepsdynamica een brugfunctie kan vervullen tussen deze twee wetenschappen (zie figuur 1.4).

1.3   De mogelijke brugfunctie van groepsdynamica[1]

Bij de brugfunctie van groepsdynamica sta ik wat langer stil, want ik bedoel er meer mee dan op het eerste gezicht lijkt. De gedachte dat 'individu' en 'maatschappij' twee gescheiden entiteiten zijn die vervolgens weer verbonden moeten worden, hangt samen met een zeer bepaald mensbeeld. Ik ben me daar sterker bewust van geworden door de schitterende studie *Het civilisatieproces* van de socioloog Norbert Elias (1982), die dit mensbeeld typeert als de 'homo clausus' (de 'gesloten persoonlijkheid'): het beeld van de autonome, onafhankelijk van anderen handelende en 'existerende' mens. In dit individualistisch mensbeeld wordt de mens opgevat als een gesloten persoonlijkheid, een kleine wereld op zichzelf, die in laatste instantie als losstaand van de omringende wereld wordt gezien. Zijn eigen zelf, ofwel zijn 'ware ik', lijkt iets dat in zijn binnenste door

---

1   Met toestemming overgenomen uit *Leren en leven met groepen*, rubriek A1400 (1988).

een onzichtbare muur afgescheiden is van alles buiten hem, ook van alle andere mensen (Elias, 1982, p. 322). Het 'individu' lijkt zo iets te zijn dat buiten de maatschappij bestaat. En datgene waar het begrip 'maatschappij' betrekking op heeft, lijkt iets te zijn dat buiten en 'voorbij' de individuen bestaat. Tegen deze achtergrond bezien is duidelijk dat de opkomst van de psychologie pas mogelijk was in een cultuur waarin een individualistisch mensbeeld is gaan overheersen. En mutatis mutandis geldt dit ook voor de sociologie als aparte wetenschap.

Toegenomen individualisering

De opkomst van dit mensbeeld in de wetenschappen is sterk gestimuleerd door de versnelde en toenemende individualisering sinds de renaissance in Europa. Niet alleen in de wetenschappen, maar ook in de zelfervaring van mensen en in de letterkunde zien we steeds sterker deze toenemende distantie tegenover medemensen en tegenover zichzelf, waarbij het individu zijn eigen 'ik' als afgesloten van anderen ervaart. Bij veel romanschrijvers in de twintigste eeuw komen beschrijvingen voor van individuen die, vereenzaamd en vervreemd, niet in staat zijn tot communicatie met anderen over wezenlijke levenservaringen. Ik vind het een grote verdienste van Elias (1982, p. 327) dat hij met vele voorbeelden genuanceerd aantoont dat dit mensbeeld van de gesloten persoonlijkheid een 'kunstproduct' is van mensen dat kenmerkend is voor een bepaald niveau van hun zelfervaring. Het is een type zelfervaring dat karakteristiek is voor een bepaalde trap in de historische ontwikkeling van de door mensen gevormde samenlevingsverbanden.

Dit wordt ook duidelijk bij vergelijkingen tussen onze westerse individugerichte culturen en groepsgerichte culturen, zoals in het mediterrane gebied (zie bijvoorbeeld Eppink, 1982; Hofstede e.a., 2012). In de ons vertrouwde ik-culturen ligt de nadruk op het individu en op zijn ontwikkeling en ontplooiing. Hoe vanzelfsprekend dit voor ons ook mag zijn, toch zijn deze nadruk en deze waarden niet universeel, maar historisch en cultureel bepaald. Leerzaam is een vergelijking met wij-culturen, waarin de opvoeding sterk groepsgericht is en het kind zich leert gedragen naar de sociale situaties en de rollen die het in zijn groep moet vervullen. In plaats van persoonlijk geluk, zelfontplooiing en succes benadrukken wij-culturen waarden als respect, plicht, eergevoel en beleefdheid. Hier domineert dus een ander mensbeeld en een andere kijk op de verbindingen tussen individu en maatschappij.

Allemaal andersdenkenden

Cultuur maakt wezenlijk deel uit van wie je bent en hoe je als mens in de wereld staat. Hiervoor sprak ik kort over groepsgerichte culturen. Hoewel die term wel klopt, doe ik hiermee de werkelijkheid wel een beetje geweld aan. Er zijn veel meer aspecten waarin culturen van elkaar kunnen verschillen. De Nederlander Geert Hofstede heeft daar zijn levenswerk van gemaakt. Hij geniet met name bekendheid vanwege zijn cultuurmodel. Daarbij maakt hij gebruik van zes door hem in kaart gebrachte dimensies: bepalende kenmerken die een cultuur in meerdere of mindere mate bezit. Aan de hand van die dimensies kunnen we culturen met elkaar vergelijken. Met dit model krijgen we een goed inzicht in cultuurverschillen. De zes dimensies van Hofstede zijn:

1. *Machtsafstand*: de mate waarin mensen binnen een cultuur verwachten en accepteren dat de macht ongelijk verdeeld is. Latijns-Amerikaanse en Arabische landen scoren hier hoog, Nederland scoort laag.
2. *Individualisme versus collectivisme*: een samenleving is individualistisch wanneer de onderlinge banden tussen individuen los zijn: ieder wordt geacht te zorgen voor zichzelf. Een samenleving is collectivistisch wanneer de leden van die samenleving vanaf de geboorte opgenomen zijn in sterke, hechte groepen die hen bescherming bieden in ruil voor loyaliteit. De groep is dan de dominante factor en het individu ontleent zijn identiteit aan de groep. Dit noemde ik hiervoor groepsgerichte culturen. De mate van individualisme is hoog in de Verenigde Staten en Nederland en laag in (bijvoorbeeld) Indonesië.
3. *Masculiniteit versus femininiteit*: een masculiene samenleving hecht grote waarde aan traditionele mannelijke en vrouwelijke kwaliteiten. Mannelijke waarden zijn onder andere competitiviteit, assertiviteit, ambitie en het vergaren van rijkdom. Daartegenover staan dan vrouwelijke waarden als bescheidenheid, dienstbaarheid, tederheid en gerichtheid op de kwaliteit van het bestaan. In masculiene landen zien we dan ook een duidelijke rolverdeling tussen de seksen. Een samenleving is feminien als de emotionele sekserollen elkaar overlappen. Een zeer masculiene samenleving is Japan, zeer feminiene samenlevingen zijn Zweden en Nederland.
4. *Onzekerheidsvermijding*: de mate waarin de leden van een cultuur zich bedreigd voelen door onzekere of onbekende situaties. In zulke samenlevingen probeert men zulke onzekerheid te verminderen door regelgeving, formele procedures en rituelen. Deze moeten het leven voorspelbaar maken. Hoog scorende landen hebben de neiging alles onder controle te willen hebben, terwijl laag scorende landen alles meer op zich af laten komen. Mediterrane landen, Japan en België scoren hoog, Engeland laag. Nederland en Duitsland scoren gemiddeld op deze dimensie.

5. *Lange- of kortetermijngerichtheid*: bij langetermijngerichtheid hoort het nastreven van deugden die (ooit) in de toekomst beloond zullen worden, in het bijzonder deugden als doorzettingsvermogen, volharding, spaarzaamheid en aanpassing aan veranderende omstandigheden. Daartegenover staat de drang naar onmiddellijk resultaat. China en Japan scoren op 'lang'. De Verenigde Staten en de meeste islamitische landen op 'kort'. Nederland en Duitsland scoren op 'vrij lang'.
6. *Hedonisme versus soberheid*: deze zesde dimensie heeft Hofstede pas onlangs toegevoegd (in samenwerking met een collega uit Bulgarije, Michael Minkov). Hedonisme staat voor een samenleving waarin mensen uitbundig, vrolijk en gelukkig zijn en waarin ze zichzelf toestaan om toe te geven aan impulsen. Daartegenover staan culturen waarin mensen ingetogen en sober zijn; zij onderdrukken hun impulsen en ze zijn ernstig. Het leven is geen lolletje, maar eerder een tranendal. Hedonistische landen vinden we in delen van Afrika, Zuid-Amerika en Noordwest-Europa; soberheid in Azië, Oost-Europa en islamitische landen.

Bronnen: Hofstede e.a. (2012); Beenhakker (2011); www.wikipedia.nl.

Brugfunctie

Na dit uitstapje via Elias en niet-westerse culturen kan ik nu duidelijker de brugfunctie aangeven waar ik op doelde. Zolang we blijven uitgaan van het mensbeeld van de homo clausus en we individu en maatschappij als gescheiden fenomenen blijven zien, kan de brugfunctie van de groepsdynamica slechts bescheiden zijn. Bovendien dreigt dan al snel een volgend probleem, namelijk dat we individu en maatschappij als gescheiden fenomenen gaan opvatten, die dan vervolgens weer verbonden moeten worden.

Ik vat de brugfunctie van de groepsdynamica breder op. Door aan te tonen op welke wijze individu en groep, en individu en maatschappij, op elkaar zijn aangewezen en interdependent zijn van elkaar, kan de groepsdynamica bijdragen tot meer inzicht in de nauwe onderlinge vervlechting van aspecten die als 'individueel' en als 'maatschappelijk' opgevat worden.

Open mensbeeld

Bovendien kan de groepsdynamica zo bijdragen tot gewenning aan het andere mensbeeld waar Elias (1982, p. 335) zo vurig voor pleit: het beeld van de mens als een 'open persoonlijkheid' die voor de duur van zijn leven fundamenteel op andere mensen is afgestemd en aangewezen en die in zijn verhouding tot andere mensen een bepaalde mate van *relatieve autonomie* bezit. Wat mensen aan elkaar bindt, is een vlechtwerk van interdependenties. Mensen zijn altijd – meer of minder – van elkaar afhankelijk en op anderen betrokken. Deze interdependentie vormt ook een centraal thema in de theorievorming van Lewin (die als grondlegger van de groepsdynamica beschouwd mag worden). Zoals voor de socioloog Elias de maatschappij een door individuen gevormde figuratie is en een complex interdependentievlechtwerk vormt, zo is voor de sociaal-psycholoog Lewin de groep een dynamische 'gestalt' die berust op wederzijdse betrokkenheid en interdependenties.

Het affectieve leven van groepen

Een ander voorbeeld van een groepsdynamische theorie die aansluit op Elias, biedt Pagès in zijn studie over het 'affectieve leven van groepen' (1975). In aansluiting op filosofen als Heidegger (fenomenoloog) en Sartre (existentialist) stelt Pagès dat de ervaring van zichzelf en de ervaring van de ander niet te scheiden zijn. Immers, het menselijke *dasein* is van meet af aan een *mitsein*. De gevoelsgeladen relatie tussen mensen is voor hem een primair gegeven van het menselijk bestaan en vormt het fundament van de groepsband. Pagès bekritiseert de gebruikelijke groepsopvattingen die al te vanzelfsprekend starten vanuit het individu, waardoor 'de groep' tot een begrip wordt dat we theoretisch moeten gaan verklaren. Maar wanneer we de groep primair opvatten als vindplaats van relaties en daarmee samenhangende gevoelens, moet niet zozeer de groep verklaard worden, als wel het individu!

Hierin volgt Pagès een denklijn die voor het eerst geformuleerd is door de gestaltpsychologie: we moeten van het geheel uitgaan om meer te begrijpen van de samenstellende delen. Evenzo pleit hij ervoor om de groep als vertrekpunt te nemen, om van daaruit terug te redeneren naar afzonderlijke groepsleden. Deze denklijn past Pagès trouwens ook consequent toe op zijn theorie over groepsvorming (zie hoofdstuk 5). In zijn denken over hoe groepen tot stand komen, start hij dan ook niet bij de individuen en hun motivaties, maar legt hij de nadruk op de brede sociale en maatschappelijke verbanden, waarvan hij concrete groepen als subgroepen opvat. Hoe hij zijn groepstheorie ziet als een brugfunctie tussen individu en maatschappij valt trouwens ook af te lezen aan zijn zelfomschrijving. Pagès noemt zichzelf geen groepsdynamicus, maar ziet zichzelf het liefst als een 'socio-psycholoog' of 'psycho-socioloog'.

Als derde voorbeeld van groepsdynamische theorievorming die het individuele en het maatschappelijke op heel bijzondere wijze verbindt, noem ik de psychoanalytische benadering (ik kom hierop terug in hoofdstuk 2).

1.4 Het individu

De verbanden die ik in paragraaf 1.1 aangaf, zijn natuurlijk veel te simpel. Ik nuanceer ze daarom door iets dieper in te gaan op de drie genoemde elementen: het individu, de groep en de maatschappij. Globaal gezien is een van de belangrijkste polariteiten in de mens de spanning tussen zijn rationele en zijn irrationele kanten, ook wel aangeduid als de spanning tussen rationaliteit en emotionaliteit of tussen verstand en gevoel. Helaas ervaren we deze spanning maar al te vaak als een onverzoenlijke tegenstelling. In onze westerse cultuur is in de laatste eeuwen vooral de denkpool overontwikkeld, onder andere door de invloed van rationele filosofen (bijvoorbeeld Descartes met zijn stelling: 'Ik denk, dus ik besta', en niet: 'Ik voel, dus ik besta'). De overheersende rol van het denken wordt sterk in stand gehouden door de inhoud en vormgeving van al het onderwijs dat ieder van ons 'genoten' heeft.

Er zijn natuurlijk meer polariteiten in de mens dan alleen rationaliteit en emotionaliteit, maar deze polariteiten worden vaak aan dit tweetal gekoppeld. Zo wordt de polariteit tussen mannelijkheid en vrouwelijkheid (zowel op maatschappelijk als op persoonlijk niveau) nog steeds door velen te snel herleid tot de vooroordelen dat mannen vooral verstandelijk en rationeel zijn en vrouwen vooral gevoelsmatig en irrationeel en dat daarom mannen maar de kost moeten verdienen en vrouwen voor het gezin moeten zorgen (zie hierover mijn laatste boek *Persoonsdynamica*, 2012).

Dus ik ben

Natuurlijk bepaalt niet alleen ons denken ons bestaan. Onder de titel *Dus ik ben. Een zoektocht naar identiteit* hebben Stine Jensen en Rob Wijnberg (2010) diverse uitgangspunten van onze maakbare identiteit beschreven. Een greep hieruit: Ik voel, dus ik ben, Ik werk, dus ik ben, Ik heet, dus ik ben, Ik hoor erbij, dus ik ben, Ik heb lief, dus ik ben, Ik consumeer, dus ik ben. Hun filosofisch getinte studie zet aan tot denken over wat nu eigenlijk onze identiteit bepaalt en ook waardoor we onze identiteit laten bepalen. Twee jaar later schreef Stine Jensen een vervolg: *Dus ik ben weer. Een nieuwe zoektocht naar identiteit* (2012). Dat boek is wat minder opgewekt en optimistisch. Enkele onderwerpen hieruit: Ik ben een mens, dus ik ben, Ik reis, dus ik ben, Ik heb macht, dus ik ben, Ik word bekeken, dus ik ben, Ik communiceer, dus ik ben, Ik sterf, dus ik ben. Jensen plaatst veel vraagtekens bij onze maakbare identiteit. Boeiende kost.

Voor wie meer wil weten over de achtergronden van ons denken over onszelf, beveel ik de studie van Charles Taylor, *Bronnen van het zelf* (2007) warm aan. Hij beschrijft hierin de ontstaansgeschiedenis van de moderne identiteit.

1.5 De groep

Groepen zijn er in veel soorten (zie ook hoofdstuk 3). Globaal ingedeeld: er zijn groepen die vooral onze sociaal-emotionele behoeften bevredigen, zoals het gezin en vriendengroepen, en er zijn groepen die vooral tegemoetkomen aan onze belangen en onze rationele behoeften, zoals taakgroepen, werkgroepen en groepen in de arbeidssituatie. Deze tweedeling maak ik hier vanuit de behoeften van het individu, maar ik zou tot eenzelfde tweedeling kunnen komen door vanuit de maatschappij te starten. Dan heten de groepen in dezelfde tweedeling: primaire groepen en secundaire groepen.

De socioloog Cooley maakte al in 1902 dit onderscheid. Daarbij worden primaire groepen volgens hem vooral gekenmerkt door persoonlijke en intieme relaties in directe contactsituaties en secundaire groepen vooral door koele, onpersoonlijke, rationele en formele relaties. Soortgelijke tweedelingen werden in die tijd ook geformuleerd door de sociologen Tönnies (1887) die spreekt van *Gemeinschaft* en *Gesellschaft* (leefgemeenschap en belangengemeenschap) en Durkheim (1895) die spreekt van een *solidarité organique* en een *solidarité méchanique*.

Andere indelingen in soorten groepen stemmen vaak met deze tweedeling overeen, zoals het onderscheid tussen informele en formele groepen en tussen *psychegroup* en *sociogroup* (zie hoofdstuk 3 voor nadere omschrijvingen van deze typeringen). Ik vat het voorafgaande samen in figuur 1.5.

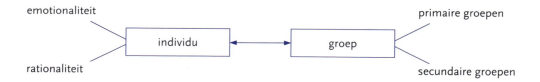

Figuur 1.5 Verschillende soorten groepen

1.6 De maatschappij

De maatschappij is geen amorf blok, maar doet zich aan ons voor in de vorm van een groot aantal organisaties en instellingen op het terrein van politiek, onderwijs, bedrijfsleven, gezondheidszorg, welzijnszorg enzovoort. Veel groepen functioneren in de context van zulke organisaties, met name formele groepen, zoals groepen in de arbeidssituatie, politieke groeperingen, allerlei werkgroepen, maar ook schoolklassen, leergroepen, therapiegroepen enzovoort. Ook veel groepen die relatief autonoom functioneren, zoals actiegroepen en pressiegroepen, verwijzen rechtstreeks naar maatschappelijke instituties.

Primaire groepen of informele groepen, zoals het gezin of vriendengroepen, lijken op het eerste gezicht aan zo'n directe maatschappelijke situering te ontsnappen, maar toch werkt de maatschappij ook daarin wel degelijk door. Dit wordt duidelijk als je beseft dat elk gezin tot een bepaalde sociale klasse behoort en dat hoe vrienden of vriendinnen met elkaar omgaan samenhangt met klassenverschillen en met man-vrouwverschillen in onze maatschappij. Deze gedachten heb ik weergegeven in figuur 1.6, die je naast figuur 1.5 zou kunnen plaatsen.

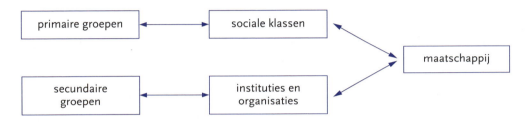

Figuur 1.6 Nadere nuancering van het begrip maatschappij, gekoppeld aan verschillende soorten groepen

1.7 Tot besluit

In dit hoofdstuk heb ik aangegeven dat de groepsdynamica opereert op het snijvlak van verscheidene hoofdstromingen binnen de sociale wetenschappen, met name tussen de psychologie en de sociologie. Daarbij heb ik enkele verbindingslijnen tussen deze studieterreinen verhelderd, omdat de drie bestudeerde hoofdthema's individu – groep – maatschappij nauw met elkaar verweven zijn. Op grond hiervan ken ik de groepsdynamica een belangrijke brugfunctie toe tussen de psychologie en de sociologie.

Er zijn nog twee vakgebieden binnen de sociale wetenschappen die diverse studieterreinen met elkaar verbinden. Ik doel hier op de cultuurpsychologie en de culturele antropologie. Ik bepleit een nadere integratie tussen groepsdynamica en deze twee cultuurwetenschappen. Een aanzet in deze richting heb ik in dit hoofdstuk gegeven door het aanstippen van enkele cultuurhistorische theorieën, zoals die van Fromm en Elias, die beschreven hebben hoe de westerse samenlevingen zich in de afgelopen eeuwen ontwikkeld hebben in de richting van een steeds sterkere nadruk op het individu. Deze gerichtheid op het individu heb ik benoemd als een van de oorzaken voor het pas laat op gang komen van aandacht voor groepsprocessen. Het individualisme binnen onze ik-gerichte cultuur en de relatief traag op gang komende belangstelling voor groepen heb ik geschetst als het resultaat van historische en maatschappelijke ontwikkelingen.

We mogen echter niet vergeten dat er nog steeds veel sterk groepsgerichte samenlevingen zijn. Evenmin mogen we vergeten dat er ook binnen onze Nederlandse en Belgische samenlevingen veel culturele en etnische minderheden zijn die leven vanuit een groepsgericht maatschappij- en mensbeeld. Daarom denk ik zelf dat meer aandacht voor deze culturele en etnische minderheden een integratie tussen de groepsdynamica en culturele antropologie kan versnellen. Een fraai voorbeeld in dit opzicht vormt de studie van Rinsampessy (1992) naar ontwikkelingen in de etnische identiteit binnen de Molukse subcultuur in de Nederlandse samenleving in de vier meest recente generaties. Wanneer de groepsdynamica deze uitdaging aanneemt, kan ze hierin een belangrijke stimulans vinden tot verdere uitbouw van haar theorievorming.

Ik ben me ervan bewust dat ik in dit inleidend hoofdstuk soms te algemene uitspraken gedaan heb. Zo heb ik bijna steeds generaliserend geschreven over groepsdynamica, psychologie en sociologie. Alsof er zoiets bestaat als dé groepsdynamica, dé psychologie en dé sociologie. Daarbij heb ik bewust weinig nuanceringen aangebracht met betrekking tot stromingen en theorieën binnen deze drie vakgebieden. In het volgende hoofdstuk zal ik in vogelvlucht een aantal stromingen binnen de groepsdynamica specifieker bespreken en daarbij ook verwijzen naar stromingen binnen de psychologie en de sociologie.

2 Grondslagen van de groepsdynamica

2.1   Inleiding
2.2   Indeling in taakaspecten en sociaal-emotionele aspecten
2.3   Hoofdstromingen in de groepsdynamica
2.4   De interactietheorie
2.5   De systeemtheorie
2.6   De sociometrische benadering
2.7   Benaderingen uit de algemene psychologie
2.8   De veldtheorie
2.9   De psychoanalytische benadering
2.10 Spanning tussen individu en maatschappij
2.11 Aandacht voor organisaties
2.12 Overzicht van een aantal hoofdthema's in de groepsdynamica
2.13 Tot besluit

2.1   Inleiding

In hoofdstuk 1 heb ik het studieterrein van de groepsdynamica gesitueerd binnen de sociale wetenschappen door de raakvlakken en overlappingen met haar belangrijkste 'buren' te schetsen. Na deze globale blik op de totale plattegrond wordt het nu tijd om het 'huis' van de groepsdynamica zelf eens binnen te gaan. Tot nu toe heb ik steeds in algemene termen gesproken over de groepsdynamica en zo wellicht de indruk gewekt dat dit huis bevolkt wordt door één type bewoners. In dit hoofdstuk zal ik deze indruk corrigeren. Door een nadere bespreking van verscheidene hoofdstromingen binnen de groepsdynamica zal duidelijk worden dat er bewoners van divers pluimage zijn, die ieder hun eigen kamer met een eigen stijl ingericht hebben.

Het huis van de groepsdynamica kent niet alleen verschillende vertrekken, maar ook verschillende verdiepingen. Bewoners van eenzelfde verdieping lopen nogal eens makkelijk bij elkaar binnen, maar op de trappen tussen de verdiepingen is het in de loop der jaren steeds stiller geworden. Iedere verdieping ademt haar eigen sfeer met eigen vakjargon en favoriete visies. Op de ene verdieping werkt men het liefst in de breedte en ontwikkelt men een totaalvisie, op een andere verdieping werkt men het liefst detaillistisch in de diepte. In het souterrain vinden we zelfs degenen die de fundamenten willen blootleggen en op zoek zijn naar wat nog niet zichtbaar en nog niet bewust is.

Ook zijn er verschillen tussen de voorkant en de achterkant. De bewoners aan de voorkant timmeren meer aan de weg: dat zijn de onderzoekers die in hoog tempo de resultaten van hun empirische onderzoeken in tijdschriften en op congressen bekendmaken. Maar minstens even interessant zijn de bewoners aan de achterkant, dicht bij de achtertuin: daar zitten de zwoegers en de denkers die worstelen en peinzen over verklaringen van wat ze in hun groepswerkpraktijk, van therapiegroepen bijvoorbeeld, gezien en meegemaakt hebben. Zonder wegwijzer kun je makkelijk in dit huis verdwalen en het spoor bijster raken. Met dit hoofdstuk bied ik zo'n wegwijzer.

Als een soort kompas kunnen we goed de ==indeling== gebruiken tussen ==taakaspecten== en ==sociaal-emotionele aspecten==. Zonder zicht op deze tweedeling kan het hele huis nogal rommelig lijken. De indeling tussen taakgerichtheid en sociaal-emotionele gerichtheid keert weliswaar op elke verdieping terug, maar verheldert vooral de belangstellingen van de bewoners die we op de begane grond tegenkomen. Omdat hier meestal de eerste kennismaking met de groepsdynamica plaatsvindt, begin ik met dit kompas in paragraaf 2.2.

Na de eerste verkenningen volgt de plattegrond van het hele huis in de vorm van een bespreking van de belangrijkste hoofdstromingen in paragraaf 2.3-2-9. Niet elke kamer zal aan bod komen. De hoofdkamers wel natuurlijk, maar ik laat enkele kleinere kamers aan de lezer over om nader te ontdekken. Tijdens de bespreking van de hoofdstromingen zal ik je geleidelijk aan ook meenemen naar het souterrain, waar de psychoanalytische benadering werkt aan verheldering van het latente niveau in groepen: een beschrijving van wat zich onder de oppervlakte als een verborgen onderstroom in groepen afspeelt. Daarbij valt op dat sommige kamers nogal duister lijken en dat het even moeite kost om aan het gedempte licht en het vakjargon te wennen. Er zijn echter ook psychoanalytici die het liefst werken met de gordijnen open: in het felle zonlicht speuren ze met een scherpe blik naar allerlei maatschappelijke invloeden (paragraaf 2.10).

Dichter bij de zolder vinden we de onderzoekers die graag meer uitzicht op de omgeving hebben. Hier zitten de sociaal-psychologen met aandacht voor organisaties; zij letten vooral op de directe sociale context waarbinnen formele groepen moeten functioneren (paragraaf 2.11). Hierna volgt in paragraaf 2.12 een overzicht van een aantal hoofdthema's in de groepsdynamica. Ten slotte bied ik een korte, snelle rondleiding door de tuin en geef daarbij een totaalblik over wat er tot bloei gebracht is (paragraaf 2.13).

2.2 Indeling in taakaspecten en sociaal-emotionele aspecten

In hoofdstuk 1 besprak ik kort het verschil tussen twee soorten groepen: enerzijds taakgerichte groepen en anderzijds sociaal-emotionele groepen. Het verschil tussen deze twee ligt nog subtieler, omdat ditzelfde onderscheid zich ook *binnen elke groep* herhaalt.

Taak en emotie in elke groep

Elke groep functioneert tegelijkertijd op twee niveaus: een *taakniveau* en een *sociaal-emotioneel niveau*. Beide niveaus zijn tegelijkertijd aanwezig als twee keerzijden van een en dezelfde munt. Dit valt makkelijk in te zien als we beseffen dat al *wat een groep doet* ook *op een bepaalde manier* gedaan wordt. Het taakniveau verwijst vooral naar de inhoud van de groepsactiviteit, dus naar *wat* er gezegd en gedaan wordt. Het sociaal-emotionele niveau verwijst naar de manier waarop men met elkaar omgaat tijdens de uitvoering van die taak.

In de taakstelling vervult de groep meer formele functies en op sociaal-emotioneel niveau meer psychologische functies, zoals het tegemoetkomen aan de emotionele behoeften van de hele groep en van de afzonderlijke groepsleden. Deze tweedeling in taakgerichtheid en sociaal-emotionele gerichtheid is een centraal thema in de hele groepsdynamica dat steeds doorspeelt in de behandeling van allerlei groepsdynamische onderwerpen (zoals leiderschap, zie hoofdstuk 12).

Extern en intern systeem

Zo maakt Homans (1966) een onderscheid tussen het externe en het interne systeem van elke groep. Het *externe systeem* omvat alles wat er zich in een groep afspeelt aan activiteiten, interacties en gevoelens om als groep ten aanzien van de buitenwereld te kunnen blijven voortbestaan, zoals het vervullen van de taak en het bereiken van het groepsdoel. Door deze pogingen tot aanpassing aan de externe omgeving komt onder andere een formele groepsstructuur tot stand met een werkverdeling en een leiderschapshiërarchie. In deze formele structuur staat de taakleider centraal; hij bewaakt *wat* er gedaan wordt.

Daarnaast is er het *interne systeem* dat alle activiteiten, interacties en gevoelens omvat die voortvloeien uit het interne groepsfunctioneren. Dit systeem heet intern, omdat het niet direct – hoogstens indirect – wordt bepaald door de buitenwereld. Het groepsgedrag in het interne systeem is een uiting van de wederzijdse gevoelens – bijvoorbeeld van sympathie of antipathie – tussen de leden van de groep. Hiermee hangt de informele groepsstructuur samen, waarin vaak iemand anders de leider is. Op dit interne en informele groepsniveau is er sprake van sociaal-emotioneel leiderschap, met hoofdzakelijk aandacht voor *hoe* de groep functioneert en *hoe* de groepsleden met elkaar omgaan. De sociaal-emotionele kant van de groep noemen we vaak de *proceskant*. In bijgaand schema zijn de besproken thema's samengevat. Zoals uit deze opsomming duidelijk wordt, hangen met dit onderscheid tussen taakgerichtheid en sociaal-emotionele gerichtheid heel wat zaken samen. Deze zijn prima uitgewerkt in de groepsdynamica zoals die sinds de jaren dertig van de vorige eeuw in Amerika van de grond gekomen is, met name in de veldbenadering van Lewin.

Taakaspecten	Sociaal-emotionele aspecten
extern systeem	intern systeem
voortbestaan van de groep in de omgeving	de groep als groep in stand houden
bereiken van het doel	het interne groepsfunctioneren
wat wordt er gedaan	*hoe* gaan de leden met elkaar om
taakgerichte activiteiten	de onderlinge betrekkingen
taakoriëntatie	sociaal-emotionele oriëntatie
formele leider	informele leider
bewaakt het resultaat	bewaakt de satisfactie
nadruk op formele functies	nadruk op psychologische en persoonlijke functies
formele groepsstructuur	informele groepsstructuur

Hoewel de groepsdynamica aanvankelijk ook een maatschappelijke oriëntatie had, is deze interesse al vrij snel op de achtergrond geraakt. In plaats daarvan nam vanaf de jaren vijftig in de theorievorming de interesse in het interne groepsfunctioneren sterk toe. Figuur 2.1 brengt dit in beeld.

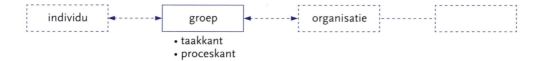

Figuur 2.1 Overzicht van de belangrijkste aandachtsgebieden binnen de dominante Amerikaanse theorievorming in de groepsdynamica

2.3 Hoofdstromingen in de groepsdynamica

Wie zich in de groepsdynamica verdiept, ziet een grote variëteit aan theoretische oriëntaties. Hoewel deze verscheidenheid aan benaderingen soms verwarrend lijkt, weerspiegelt zich daarin het gegeven dat de groepsdynamica nog betrekkelijk jong is, maar zich krachtig heeft ontwikkeld. Mijn bespreking van de belangrijkste benaderingen in de groepsdynamica is gebaseerd op het overzicht van Cartwright en Zander (1968). Bij het lezen van de volgende paragrafen moet je bedenken dat het niet om afzonderlijke en streng gescheiden denkscholen gaat. Er zijn talloze voorbeelden van onderzoekers die, zelfs binnen één onderzoeksproject, beïnvloed zijn door diverse oriëntaties.

2.4 De interactietheorie

De interactietheorie, die vooral ontwikkeld is door Bales en Homans, vat de groep op als een systeem van met elkaar in interactie verkerende individuen. Vanuit drie basisbegrippen, interactie, activiteit en sentiment, wordt een uitgebreide theorie opgebouwd waarin andere begrippen zoals status en leiderschap worden afgeleid van de basisbegrippen.

Homans en de sociaal-contacthypothese

In zijn bekende boek *The human group* (1950) ontwikkelt Homans een groot aantal stellingen in de vorm van hypothesen, die hij toetst aan geobserveerde groepsverschijnselen. De belangrijkste daarvan is bekend geworden onder de naam *interactiehypothese*, ook wel *sociaal-contacthypothese* genoemd: indien er frequente interacties zijn tussen de leden van een groep, zullen er gevoelens van onderlinge genegenheid groeien en deze gevoelens zullen op hun beurt leiden tot verdere interacties.

Van Homans stamt ook het onderscheid tussen het externe en het interne systeem (dat ik in paragraaf 2.2 besproken heb). In combinatie met dit onderscheid luidt de interactiehypothese: indien er frequente interacties zijn in het externe systeem zal dit leiden tot gevoelens van genegenheid, die op hun beurt leiden tot verdere interacties die de basis vormen van het interne systeem. In deze vorm biedt de theorie van Homans een goed inzicht in communicatieprocessen binnen organisaties, met name met betrekking tot het ontstaan en functioneren van informele netwerken binnen organisaties. In verder uitgewerkte vorm verheldert deze theorie ook de fricties binnen organisaties tussen de formele en de informele netwerken.

Bales en de interactieprocesanalyse

Bales is vooral bekend geworden door zijn interactieanalyse aan de hand van een nauwkeurig observatieschema. In dit observatieschema onderscheidt hij twee hoofdgebieden van groepsinteractie: een *taakgebied* en een *sociaal-emotioneel gebied* die hij als volgt onderverdeelt:
1. sociaal-emotioneel gebied: positieve reacties;
2. taakgebied: pogingen tot antwoord;
3. taakgebied: vragen;
4. sociaal-emotioneel gebied: negatieve reacties.

Voor elk van deze vier gebieden noemt hij drie observatiecategorieën (zie hoofdstuk 9 voor het volledige schema). Op grond van nauwkeurige observaties in tientallen deelonderzoeken formuleert Bales een theorie van groepsontwikkeling die nauw op dit schema aansluit:
1. oriëntatiefase (vragen en geven van informatie);
2. evaluatiefase (vragen en geven van meningen);
3. controlefase (vragen en doen van voorstellen), uitmondend in besluitvorming.

Deze driefasentheorie is ook wel bekend geworden als het BOB-model, volgens de driedeling:
4. beeldvorming;
5. oordeelsvorming;
6. besluitvorming.

Dit BOB-model komt nog uitgebreid ter sprake in paragraaf 11.10 tot en met 11.12 over besluitvorming in groepen. Met zijn observatieschema was Bales in staat om interactieprofielen op te stellen voor diverse typen groepen en voor diverse leiderschapsstijlen. De onderzoeken van Bales hebben aanzet gegeven tot een grote hoeveelheid empirisch onderzoek naar variabelen die met communicatie in groepen samenhangen. Wat is bijvoorbeeld de invloed van de grootte van de groep, van statusverschillen, van sympathieën en antipathieën, van de stijl van leidinggeven op de productiviteit, de tevredenheid, de interacties en de relaties tussen de groepsleden? Hoe hangen deze variabelen met elkaar samen? In paragraaf 9.3 tot en met 9.8 ga ik daar dieper op in.

2.5 De systeemtheorie

Dat de groep als een systeem opgevat kan worden, wordt niet alleen benadrukt door de interactionisten, maar in diverse varianten ook door een aantal andere auteurs. Zo spreekt Newcomb van 'systemen van in elkaar grijpende posities en rollen' en spreken anderen van 'systemen van communicatie- en rolpatronen'. De opvatting van de groep als een 'open systeem' komt naar voren in het werk van Miller en Stogdill. De systeembenadering onderzoekt de verbanden tussen verschillende soorten input en output van het systeem. In de theorievorming spelen begrippen als homeostase (evenwicht), feedback, systeemgrenzen en regulatiemechanismen een belangrijke rol. Met de veldtheorie deelt de systeemtheorie een sterke belangstelling voor de processen waarmee groepen intern een evenwicht proberen te handhaven.

Overigens, de systeembenadering is niet beperkt tot de studie van groepen. Het is een zeer brede benadering, die ontstaan is in de cybernetica en haar eerste toepassingen vond in de natuurwetenschappen en de biologie. In combinatie met de zogeheten communicatietheorie heeft de systeembenadering in ons land bekendheid gekregen op het terrein van de psychotherapie en de gezinsdynamica. Maar pas op! De systeembenadering is iets heel anders dan wat tegenwoordig 'systemisch werken' genoemd wordt. Deze laatste term slaat op het werken met gezinsopstellingen en organisatieopstellingen van de Duitse therapeut Bert Hellinger. Hellinger gaat uit van heel andere visies en werkprincipes.

Intern evenwicht

Via systeemregels kunnen groepen een relatief stabiel intern evenwicht opbouwen en handhaven. In systeemtermen heet dit evenwicht homeostase. Nu is de systeembenadering vooral geïnteresseerd in hoe systemen (bijvoorbeeld groepen) tot verandering komen of stabiliteit handhaven. In hun theorie is een van de belangrijkste manieren daartoe het gebruik van feedback. Dit is het serieus nemen of negeren van informatie over het functioneren van het systeem, ook wel 'informatie over de output' genoemd. Onder dit functioneren van het systeem wordt zowel het interne functioneren verstaan als het functioneren in de externe omgeving. Op feedback kom ik uitgebreid terug in hoofdstuk 10.

De grenzen met de omgeving kunnen dan ook verschillen van relatief gesloten enerzijds (weinig belangstelling voor externe feedback) tot relatief open anderzijds (veel belangstelling voor externe feedback). Groepspressie tot conformiteit vormt een andere manier om de homeostase te handhaven.

Het geheel is meer dan de som der delen

Systemen worden gekenmerkt door een zekere mate van totaliteit. Dit geldt ook voor groepen. Net zoals het geheel meer en van een andere orde is dan de som der delen, is de groep meer dan de optelsom van de groepsleden. Er is samenhang, en de structuur van de samenhang laat zich niet verklaren door de afzonderlijke delen (groepsleden) te analyseren. De samenhang is als iets extra's. Dit idee zullen we ook tegenkomen bij de bespreking van de veldtheorie (paragraaf 2.8). Elk deel van een systeem (elk groepslid) wordt gezien in zijn samenhang met de andere delen (leden), omdat een verandering in één deel (één groepslid) een verandering in de verhouding tussen alle delen (groepsleden) en in het totale systeem (de totale groep) kan veroorzaken. Een systeem gedraagt zich dus niet als een eenvoudige samenvoeging of optelling van onafhankelijke elementen, maar als een samenhangend en ondeelbaar geheel.

Evenwichtstheorie

Net als de veldtheorie is ook de systeembenadering vooral een evenwichtstheorie, die meer verduidelijkt hoe systemen zich handhaven dan hoe ze veranderen. Door haar sterke nadruk op de onderlinge betrekkingen in sociale systemen en op het betrekkingsniveau in interpersoonlijke communicatie, dreigt de systeembenadering echter te weinig aandacht te hebben voor het inhoudsniveau en de inhoudelijke kanten van de systeemdoelstellingen. In hoofdstuk 7 geef ik een korte introductie op enkele thema's uit de systeembenadering.

2.6 De sociometrische benadering

De sociometrische benadering, die in de jaren dertig van de vorige eeuw ontwikkeld is door Moreno en zijn collega Jennings, richt zich vooral op de sociale aspecten van het groepsgebeuren, met name op de emotionele kanten van de interpersoonlijke relaties tussen de groepsleden. Centraal in deze benadering staat het sociogram, dat verkregen wordt via de sociometrische onderzoeksmethode. Daarbij geven de groepsleden op een vragenlijst aan welke andere groepsleden zij al dan niet als vrienden, partners, werkcollega's en dergelijke verkiezen in bepaalde gefingeerde situaties. De keuzepatronen zijn een weergave van de interpersoonlijke attracties die ten grondslag liggen aan de informele groepsstructuur. De gegevens uit zo'n onderzoek kunnen in beeld gebracht worden in een sociogram.

2.7 Benaderingen uit de algemene psychologie

Omdat groepen bestaan uit individuen, kunnen we verwachten dat opvattingen en theorieën over menselijk gedrag, die ontwikkeld zijn in de algemene psychologie, teruggevonden worden in groepsdynamische studies. Hiertoe behoren vooral de motivatietheorieën, de leertheorieën en de waarnemingstheorieën. Het invloedrijkst daarvan is de brede benadering die bekendstaat als de cognitieve theorie. Strikt genomen is dit geen theorie, maar een visie die benadrukt hoe belangrijk het is om te begrijpen hoe mensen informatie over hun sociale omgeving ontvangen en verwerken en hoe dit van invloed is op hun gedrag.

Cognitieve dissonantietheorie

Een goed voorbeeld daarvan vormt Festingers cognitieve dissonantietheorie, die stelt dat ieder tot een samenhangend en consistent beeld van de werkelijkheid wil komen. Je probeert de fysieke en sociale omgeving zo te interpreteren dat de diverse waarnemingen daarvan consistent zijn met elkaar. Tussen de cognitieve elementen (zoals kenniselementen en interpretaties) kunnen echter tegenstrijdigheden bestaan. Festinger noemt dit cognitieve dissonanties. In zo'n situatie ervaart men, aldus Festinger, een sterke druk om die dissonanties te reduceren. Dit kan men bijvoorbeeld doen door keuzes voor ander gedrag, door wijziging van cognities (zoals een andere verklaring vinden voor het eigen gedrag) en door het vermijden van nieuwe informatie. Deze theorie heeft gestimuleerd tot veel onderzoek, onder andere rondom onderwerpen als persoonswaarneming, interpersoonlijke attractie en communicatie in groepen.

Sociale vergelijkingstheorie

Een andere belangrijke bijdrage van Festinger is zijn sociale vergelijkingstheorie. Ieder heeft over tal van zaken en personen een aantal meningen en opvattingen. We streven er niet alleen naar om hierin een consonante samenhang aan te brengen, maar ook om hiervoor bevestiging te vinden. Wanneer er geen objectieve en op feiten gebaseerde criteria voorhanden zijn om de juistheid van de eigen meningen en opvattingen aan te toetsen, gaan we af op de oordelen van anderen. Naarmate een bepaalde mening gedeeld wordt met meer anderen, is ieder meer overtuigd van de juistheid van die mening. Wanneer alle groepsleden het ergens over eens zijn, krijgt die subjectief geldende mening de schijn van objectiviteit en algemene geldigheid. Zo creëren groepen een 'sociale werkelijkheid' die haar voornaamste basis vindt in de consensus van allen. Groepen zullen dus pressie uitoefenen tot conformiteit om dit beeld van de werkelijkheid veilig te stellen. Devianten (groepsleden met een afwijkende mening) worden onder druk gezet om hun mening te wijzigen.

De sociale vergelijkingstheorie van Festinger gaat echter verder dan dit aspect. De sociale werkelijkheid die een groep haar leden biedt, kan hen ook helpen zichzelf beter te begrijpen en tot een zuiverder inschatting te komen van eigen prestaties, vaardigheden, capaciteiten, talenten enzovoort. Met name een tamelijk homogene groep biedt haar leden voortdurend de mogelijkheid om zichzelf te vergelijken met anderen. De pressie tot conformiteit in groepen betekent dan ook bovendien een poging om de sociale vergelijkingsmogelijkheden binnen de groep veilig te stellen. Ook verklaart de sociale vergelijkingstheorie waarom mensen lid worden van bepaalde groepen. Ze zoeken actief het lidmaatschap van die groepen waarvan ze vermoeden dat de leden meningen en vaardigheden hebben die vergelijkbaar zijn met die van henzelf, zodat ze bevestiging vinden voor hun eigen meningen en een vergelijkingsmaatstaf voor eigen vaardigheden.

Cognitief conflict en conformiteit

Andere belangrijke vertegenwoordigers van de cognitieve theorie zijn Asch en Thibaut en Kelley. Asch onderzocht onder andere hoe indrukken van anderen tot stand komen (*impression formation*) en met name hoe deze indrukken worden samengevoegd tot een zinvol geheel. Ook onderzocht Asch hoe mensen omgaan met situaties in een groep waarin ze een cognitief conflict ervaren. In zijn onderzoek creëerde hij daartoe een situatie die door een groepsmeerderheid anders werd beoordeeld dan door een enkeling in de groep. In zo'n situatie is er sprake van een cognitief conflict tussen twee normaliter betrouwbaar geachte informatiebronnen: de eigen zintuigen en de oordelen van anderen. Dit conflict kan opgelost worden door zich te conformeren aan de groepsmeerderheid. Asch heeft zo de basis gelegd voor een groot aantal onderzoeken rond conformiteit in groepen.

Thibaut en Kelley formuleerden een zogeheten 'kosten en baten'-theorie. Met deze theorie valt goed te verklaren waarom mensen lid worden of blijven van bepaalde groepen, ook al zijn daar negatieve consequenties aan verbonden.

2.8 De veldtheorie

De veldtheorie, die door haar grondlegger Lewin zelf zo genoemd is, ontleent haar naam aan de stelling dat gedrag plaatsvindt binnen een veld van elkaar beïnvloedende krachten. Deze stroming gaat uit van de veronderstelling dat ook een groep op elk moment van haar bestaan een psychologisch krachtenveld vormt dat qua werking vergelijkbaar is met een elektromagnetisch veld in de fysica. Dit veld bestaat uit een aantal krachten die van invloed zijn op het gedrag van de groep en van de leden in de groep. De richting en sterkte van deze krachten bepalen de richting en de snelheid van de beweging (de vooruitgang) in de groep. De structurele eigenschappen van dit psychologisch veld worden door Lewin aangeduid met begrippen uit de topologie, zoals regio, positie, locomotie (beweging naar het doel), valentie, vector en krachtenveld. Wanneer je voldoende inzicht hebt in de structuur van het psychologische veld zoals dat op een bepaald moment voor een groep bestaat, kun je (aldus Lewin) het gedrag van de groep verklaren en voorspellen. Lewin beschrijft de structuur van dit veld als een dynamisch spanningsveld, dat wil zeggen als een geheel van op elkaar inwerkende krachten die elkaar min of meer in evenwicht houden.

Twee soorten krachten

Zo zijn er in groepen niet alleen veranderingsbevorderende, maar tegelijk ook veranderingsremmende krachten en hun onderlinge krachtsverhouding bepaalt of de groep in beweging komt. Lewin verklaart stabiliteit en verandering in groepen via de basisbegrippen *dynamische interdependentie* en *quasi-stationair evenwicht*. Wanneer dit evenwicht verbroken wordt, zal de groep een spanning ervaren en dus gemotiveerd zijn om het oude evenwicht te herstellen of te zoeken naar een nieuw evenwicht. Deze analysemethode heeft zo ook bijgedragen tot meer inzicht in het verschijnsel *weerstand tegen verandering*. In paragraaf 14.9 geef ik een voorbeeld van een zogeheten sterkte-zwakteanalyse van een team; deze analyse volgt de opzet van een krachtenveldanalyse.

Europese bijdragen

Omdat ik tot nu toe veel Amerikaanse onderzoekers genoemd heb, kan ik de indruk gewekt hebben dat groepsdynamica vooral een Amerikaanse aangelegenheid is. Om deze indruk te corrigeren, ga ik ook in op enkele Europese bijdragen. Zo is de gestaltpsychologie in zekere zin de voorloper van de veldtheorie. Inderdaad zijn veel principes van de veldtheorie nauw verwant aan de uitgangspunten van de gestaltpsychologie. Omdat deze stroming typisch Europees is, ga ik kort op dit verband in.

De gestaltpsychologie (niet te verwarren met de gestalttherapie van Fritz Perls) is een school binnen de Duitse psychologie aan het begin van de twintigste eeuw, gesticht door Wertheimer, Köhler en Koffka. Het begin van deze school wordt meestal gedateerd met het verschijnen van een artikel van Wertheimer in 1912 over het autokinetisch effect. De gestaltschool vormde een reactie tegen de elementen- en de associatiepsychologie die destijds in Europa en Amerika erg populair waren. Daartegenover legden de gestaltpsychologen de nadruk op de relaties tussen de elementen (de delen) en het geheel (de 'gestalt'), zoals bijvoorbeeld tot uiting komt in de waarneming. Kort samengevat luidt hun standpunt als volgt: delen of elementen bestaan niet geïsoleerd van elkaar, maar zijn georganiseerd in eenheden of gehelen. Het geheel is er eerder dan de delen en is meer dan de som der delen. Een simpel voorbeeld: wanneer we een gebouw zien, zien we niet een aantal stenen, ramen, deuren enzovoort, nee, het eerste dat we zien is het geheel. Dit geheel heeft een aantal eigenschappen dat niet af te leiden is uit kennis van de afzonderlijke delen. Ook een groep is meer dan een optelsom van de individuen. Ook een groep heeft een aantal eigenschappen die niet af te leiden is uit de afzonderlijke leden. Aldus de veldtheorie, die onverbrekelijk verbonden is met de naam van Kurt Lewin.

Lewin studeerde tijdens zijn psychologieopleiding in Duitsland bij de grondleggers van de gestaltpsychologie. Hij werd dus sterk beïnvloed door de grondideeën van deze school. Het verbaast daarom niet dat deze ideeën zo duidelijk herkenbaar terugkeren in zijn theorievorming. De gestaltschool zelf hield zich vooral bezig met studies over de waarneming, maar Lewin breidde dit uit naar het gebied van de motivatie en de persoonlijkheidsleer.

Naarmate hij duidelijker een eigen persoonlijkheidstheorie formuleerde en meer interesse ontwikkelde in de richting van de sociale psychologie, bleek de oorspronkelijke gestaltpsychologie hem te beperkt en ontwikkelde hij zijn veldtheorie. Hoewel deze veldtheorie dus afgeleid is van de vroegere gestaltideeën, sloeg hij met zijn benadering een eigen richting in. Als we Lewin de grondlegger van de groepsdynamica (de term is van hem) mogen noemen, kunnen we daaraan toevoegen dat de wieg daarvan al in Europa voorbereid is. Ook tal van andere invloedrijke sociaal-psychologen in Amerika, zoals Asch, Heider, Festinger, Newcomb, Krech en Crutchfield, zijn duidelijk aantoonbaar beïnvloed door de gestaltpsychologie.

2.9 De psychoanalytische benadering

Niet alleen de veldtheorie, maar vooral ook de psychoanalytische benadering heeft haar wortels in Europa. Hoewel de psychoanalyse in strikte zin zich vooral bezighoudt met motivatieprocessen en afweermechanismen binnen het individu, is haar begrippenkader bijzonder bruikbaar gebleken voor het verkrijgen van dieper inzicht in groepsprocessen.

Freud zelf heeft meermalen expliciet geschreven over groepen. Zijn belangrijkste publicatie in dit opzicht is *Massenpsychologie und Ich-Analyse* uit 1921 (vreemd is overigens dat in de Amerikaanse vertaling van 1922 de term *massenpsychologie* vertaald is als *group psychology*). Freud heeft zelf nooit met groepen gewerkt, wel talloze leerlingen van hem. Met name de psychoanalytische groepstherapie heeft geïnspireerd tot een groot aantal belangrijke publicaties, onder andere van Bion, Scheidlinger, Stock en Thelen, en recenter: Ammon, Richter en Horn.

Verborgen onderstroom
Van speciaal belang voor de groepsdynamica zijn de psychoanalytische grondbegrippen: verdringing, identificatie, regressie, afweermechanismen en projectie. Ook de theorie rond het onbewuste kan voor een deel verklaren wat in groepen gebeurt. Net zoals Freud ten aanzien van de individuele persoonlijkheid een onderscheid maakt tussen het bewuste en het onbewuste, zo wordt in groepstheorieën die op de psychoanalyse geïnspireerd zijn vaak een onderscheid gemaakt tussen het manifeste niveau en het latente niveau. Het manifeste niveau bestaat uit het direct zichtbare gedrag. Het latente niveau verwijst naar wat zich net onder de oppervlakte afspeelt, de *verborgen onderstroom*. Vooral dit niveau bepaalt wat groepen drijft en bezielt. Het zal duidelijk zijn dat zulke theorieën vooral voor dit tweede niveau de meeste aandacht hebben. In hun groepstherapeutische aanpak richten zij zich op de groep als geheel en ze herkennen daarin veel verschijnselen die Freud voor de individuele persoonlijkheid beschreven heeft. Omdat bovendien de therapiegroep op het latente niveau bij groepsleden veel herinneringen en belevingen oproept die aan het vroegere ouderlijke gezin doen denken, kunnen diepgewortelde en 'primitieve' emotionele conflicten beter opgepakt en doorgewerkt worden in groepssituaties dan in individuele therapie. Toch is hun theorie niet beperkt tot therapiegroepen.

Ook in andere groepen zullen dergelijke 'onbewuste' belevingsniveaus en 'primitieve' angsten en verlangens aanwezig zijn, al mogen ze daarin zelden aan de oppervlakte komen. Waarschijnlijk is het wel herkenbaar als ik aangeef dat op het latente niveau de groep beleefd kan worden als een affectieve gemeenschap, als een solidaire broederschap, als een verbond, als een samenzwering, maar ook als een kudde, als een bolwerk of als een arena. Zulke collectieve groepsbelevingen corresponderen met fundamentele kernthema's die in elk persoon wortelen en die in elke relatie kunnen spelen, zoals afhankelijkheid, autonomie, angst voor gezag, agressie en seksualiteit of intimiteit.

Toepassingen van psychoanalyse

Een van de eerste toepassingen van de psychoanalyse in groepen is het werk van Aichhorn, rond 1925, over een psychoanalytische groepsbenadering bij jeugdige delinquenten in een door hem geleid tehuis voor 'heropvoeding' (zo heette dat toen nog). Van de belangrijkste psychoanalytische auteurs over groepsdynamica in recentere tijd noem ik vooral Ammon en Richter (Duitsland), Foulkes en Klein (Engeland) en Anzieu (Frankrijk). Uit Engeland moet ook de groep van het Tavistock Institute vermeld worden, waar onder anderen Bion gewerkt heeft, die daar zijn theorie van de basisassumpties in groepen (*fight-flight*, *pairing* en *dependency*) heeft ontwikkeld (zie paragraaf 11.7). In Amerika zijn de invloeden van de psychoanalyse onder andere zichtbaar in de bekende theorie van Schutz met betrekking tot drie fundamentele oriëntaties (inclusie, controle en affectie) in interpersoonlijke relaties in groepen (zie hoofdstuk 5 en 9) en in de groepsontwikkelingstheorie van Bennis en Shepard.

2.10 Spanning tussen individu en maatschappij

Door het exploreren van parallellen tussen persoonsdynamica en groepsdynamica hebben de psychoanalytische theorieën het individu weer volledig in de theorie teruggebracht.

Maatschappijkritiek

Maar ook de maatschappij krijgt op deze wijze weer meer aandacht in de theorievorming. Want individuele levensgeschiedenissen zijn óók sociale geschiedenissen: een neerslag van wat men in de sociale verbanden binnen het gezin heeft meegemaakt en dit bovendien in een zeer bepaalde, concrete maatschappelijke en historische context. Zo benadrukt Freud dat zijn individuele psychologie ook een sociale psychologie is. Anders gezegd: individuele persoonsdynamica is tevens gestolde sociale dynamica. Verinnerlijkte verdringing is de weerslag van sociale (en maatschappelijke) onderdrukking. Voor zover de psychoanalyse aantoont hoe het individu gedeïndividualiseerd is door concrete maatschappelijke omstandigheden, dan bevat haar theorie ook een belangrijke maatschappijkritische kern (vergelijk Jacoby, 1975). Elke innerlijke verdringing is het historisch resultaat van externe gebeurtenissen en vormt zo een neerslag van sociale en maatschappelijke verhoudingen. Dit is bij Freud iets heel bijzonders en het heeft zelden de juiste aandacht gekregen: hij komt diep in het individu de maatschappij weer tegen. Later zal de theorievorming binnen de vrouwenbeweging hierop aansluiten met de stelling dat het persoonlijke óók politiek en maatschappelijk is.

Groepstrainingen

Dat er fundamentele verschillen zijn tussen zulke opvattingen en de eerder aangestipte Amerikaanse groepsdynamicatheorieën (zoals de veldbenadering van Lewin) komt ook naar voren in discussies rond groepstrainingen die uit de veldbenadering voortgekomen zijn. Zo stelt de veldbenadering bijvoorbeeld dat het gedrag van een individu verklaarbaar is vanuit het op dat moment rondom hem werkzame krachtenveld. Dit verklaringsprincipe heeft in groepstrainingen geleid tot het werkprincipe van het hier en nu: niet de persoonlijke historie en de innerlijke persoon vormen de wezenlijke ervaringseenheid, maar het concrete, uiterlijk zichtbare gedrag hier en nu in de groep. Op het aldus buitensluiten van de persoonlijke historie en van de maatschappelijke situatie buiten de groep is felle kritiek geleverd door enkele groepsdynamici die geschoold zijn in de psychoanalytische benadering, zoals Klaus Horn, een medewerker van het Sigmund Freud-Instituut in Frankfurt (Horn, 1972).

Van dit 'huwelijk' tussen de psychoanalytische theorie en de zogeheten kritische theorie binnen de sociologie (onder andere de Frankfurter Schule) is in de Amerikaanse groepsdynamicaliteratuur nauwelijks iets terug te vinden. Dit lijkt langs hen heen te zijn gegaan.

Ik besluit deze paragraaf met een overzicht van aandachtsgebieden in psychoanalytisch georiënteerde theorieën binnen de groepsdynamica (zie figuur 2.2).

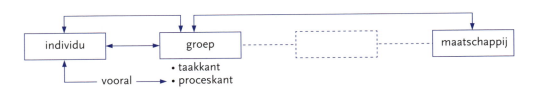

Figuur 2.2 Overzicht van de belangrijkste aandachtsgebieden binnen psychoanalytische stromingen in de groepsdynamica

2.11 Aandacht voor organisaties

Aandacht voor de context en de maatschappelijke omstandigheden komt ook terug in de groepsdynamische theorievorming door een groep sociaal-psychologen die zich aanvankelijk met groepstrainingen heeft beziggehouden. Maar al vrij snel in de geschiedenis van de trainingsbeweging in Amerika gingen in de jaren vijftig van de vorige eeuw aarzelende pogingen tot maatschappelijke oriëntatie weer verloren. De bekommernis om maatschappelijke problemen die zeer expliciet door Lewin wel zo bedoeld was, maakte al snel plaats voor intra- en interpersoonlijke vragen ('Hoe kom ik bij jou over?', 'Kan ik jou vertrouwen?', 'Durf ik mezelf te laten kennen in deze groep?'). Daarmee verdwenen externe vragen ('Hoe vindt besluitvorming plaats binnen onze organisatie?', 'Hoe kunnen we daarin tot verdere democratisering komen?'). Autoriteitsconflicten in de organisaties werden in trainingen steeds meer herleid tot persoonlijke conflicten tussen de deelnemers en de trainer.

Naarmate steeds meer klinisch psychologen zich met groepstrainingen gingen bezighouden, verdween de maatschappelijke dimensie volledig. Met name sociaal-psychologen distantieerden zich hiervan en gingen zich meer op complexe samenwerkingsverbanden richten in reële maatschappelijke situaties, waarbij ze gegevens uit de gedragswetenschappen probeerden toe te passen op problemen binnen teams en organisaties.

Organisatieontwikkeling

Zo trad er binnen de trainingsbeweging een splitsing op in twee stromingen: enerzijds trainers met primaire aandacht voor relaties en persoonlijke groei van de deelnemers, anderzijds trainers met primaire aandacht voor organisatieontwikkeling. Deze splitsing, die zich in de jaren vijftig van de vorige eeuw in Amerika afspeelde, is ook herkenbaar in de stormachtige ontwikkelingen rond groepstrainingen in Nederland in de jaren zeventig van de vorige eeuw. Maar welke van de twee opties je ook kiest als trainer, steeds valt er een derde component weg uit het drietal individu – groep – maatschappij. Kijk maar:
- Bij de keuze voor nadruk op interpersoonlijke relaties en persoonlijke groei heeft men wel aandacht voor het individu in de groep, maar verliest men het zicht op de maatschappij.
- Bij de keuze voor organisatieontwikkeling komt de maatschappij (in een bepaalde en beperkte vorm weliswaar) weer in het vizier, maar verliest men meestal het individu weer uit het oog.

Groepen in complexe verbanden

Wel heeft de aandacht voor organisatieontwikkeling in de jaren zestig en zeventig van de vorige eeuw een schat aan onderzoeksgegevens en theorieën opgeleverd over het functioneren van groepen in complexe maatschappelijke verbanden. Dit beschouw ik als een belangrijke aanwinst voor de groepsdynamica. Hierbij valt te denken aan de bijdragen van Argyris, Bennis, Blake en Mouton, Hersey en Blanchard, McGregor, Mintzberg, Reddin en Schein. In hoofdstuk 12 over leiderschap zal ik nader ingaan op het werk van

Reddin en van Hersey en Blanchard. Tot slot vat ik de hiervoor genoemde punten samen in figuur 2.3.

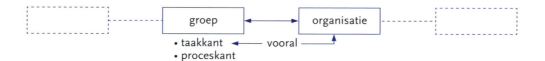

Figuur 2.3   Overzicht van de belangrijkste aandachtsgebieden in de groepsdynamische theorieën rond organisatieontwikkeling

2.12 Overzicht van een aantal hoofdthema's in de groepsdynamica

In het voorafgaande heb ik in vogelvlucht een aantal gebieden aangegeven die in de groepsdynamica aan bod komen. Maar deze gebieden heb ik slechts aangestipt. Daarom noem ik aan het eind van dit hoofdstuk een aantal specifieke thema's die in de groepsdynamica onderzocht zijn en waarover een rijke theorievorming bestaat: *interactie, interpersoonlijke attractie, persoonswaarneming, stereotypering, communicatie, groepsnormen en conformiteit, besluitvorming, leiderschap, groepsontwikkeling, feedback.*

Hoewel dit lijstje niet volledig is, geeft het een aardige indruk van de thema's waarmee onderzoekers zich de afgelopen zestig à zeventig jaar beziggehouden hebben op het terrein van de studie van groepen. Ik licht deze thema's kort toe, zodat we na mijn beeld van de groepsdynamica in vogelvlucht weer met beide benen op de grond belanden.

– Interactie

Aan het begin van hoofdstuk 1 omschreef ik groepsdynamica als de studie van het gedrag van mensen in kleine groepen. De groep moet klein genoeg zijn om elk van de leden in staat te stellen rechtstreeks met elkaar in contact en interactie te komen (zie hoofdstuk 3 voor diverse groepsdefinities). Over het algemeen gaat het om groepen die kleiner zijn dan twintig personen. Hun groepsgedrag wordt meestal aangeduid met de term *interactie.*

– Interpersoonlijke attractie

Interactie wordt vooral bepaald door twee groepen factoren: enerzijds eisen die de taak stelt, anderzijds wie de anderen zijn. Over het algemeen zijn we geneigd vooral om te gaan met degenen die wij sympathiek vinden en die ons sympathiek vinden. Gevoelens van sympathie en antipathie kunnen dus in sterke mate de interactie bepalen. Hoe gevoelens van sympathie en antipathie in groepen tot stand komen, wordt in de groepsdynamica bestudeerd onder de term *interpersoonlijke attractie*. Er is ook een wisselwerking tussen sympathie en interactie: frequente interacties leiden vaak tot het ontstaan van wederzijdse sympathiegevoelens en deze gevoelens stimuleren weer tot verdere interacties (vergelijk de interactiehypothese van Homans, paragraaf 2.4).

– Persoonswaarneming

Sympathieën en antipathieën komen vaak al heel snel tot stand op grond van eerste indrukken. Hoe zulke indrukken tot stand komen, is onderwerp van het studiegebied van de *persoonswaarneming* (*person perception* of *impression formation*) (zie figuur 2.4).

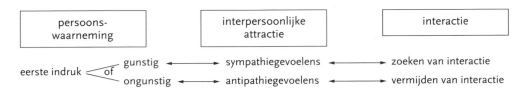

Figuur 2.4 Enkele verbanden tussen persoonswaarneming, interpersoonlijke attractie en interactie

– Stereotypering

Groepsleden neigen soms tot stereotypering van mensen die niet tot de groep behoren. Men heeft dan de neiging om de leden van de eigen groep als individuen te zien, terwijl op mensen van buiten de eigen groep gereageerd wordt als leden van een klasse of categorie. Die personen buiten de eigen groep worden dan 'op één hoop geschoven'. Dit valt sterk te zien in zogenaamde moppen over 'anderen', bijvoorbeeld over leden van minderheden. Bovendien zien we van leden van de eigen groep vooral de positieve eigenschappen, terwijl bij stereotypering van anderen vaak negatieve en belachelijke eigenschappen worden benadrukt.

– Communicatie

Communicatie vormt de belangrijkste vorm van interactie in groepen. Deze communicatie dient twee hoofdfuncties: een zakelijke en een relationele. Enerzijds is dat het elkaar meedelen van inhoudelijke informatie, anderzijds het regelen van de onderlinge betrekkingen. Ook dit onderscheid sluit aan op de al eerder gemaakte tweedeling tussen taakaspecten en sociaal-emotionele aspecten in groepsinteractie. Groepen ontwikkelen meestal ook bepaalde communicatiepatronen, waarin sommige leden een centralere plaats innemen dan andere. We spreken ook wel van communicatienetwerken. De positie in het netwerk bepaalt mede wie leider zal worden, hoe snel en nauwkeurig taken vervuld worden en hoe tevreden men is met de groepsinteractie en het eigen aandeel daarin. Deze en soortgelijke thema's komen aan bod in hoofdstuk 6 en 9.

– Groepsnormen en conformiteit

Groepen ontwikkelen ook *normen* over hoe je met de taak en met elkaar dient om te gaan en hoe je je dient te verhouden tot de buitenwereld. Je kunt niet zomaar van zulke normen afwijken, want groepen dwingen vaak een bepaalde conformiteit af. De kracht van zulke groepspressie tot conformiteit kan aanzienlijk zijn en hangt samen met een aantal groepsfactoren, zoals de mate van *groepscohesie*; dit is de mate waarin de groep aantrekkelijk is voor haar leden. Op normen en conformiteit kom ik terug in hoofdstuk 11.

– Besluitvorming

Tot de regels en normen over hoe een groep met de taak wenst om te gaan, horen ook procedures met betrekking tot besluitvorming. Sommige groepen hebben het hier erg moeilijk mee. In paragraaf 11.10 zal ik aandacht besteden aan verschillende manieren van besluitvorming.

– Leiderschap

Het meest bestudeerde onderwerp in de groepsdynamica is ongetwijfeld leiderschap. Al eerder in dit hoofdstuk (paragraaf 2.2) stipte ik dit thema aan bij het vermelden van twee typen leiders: taakgerichte leiders en sociaal-emotionele leiders. In hoofdstuk 12 zal ik deze leiderschapstypen nader bespreken. In hoofdstuk 13 ga ik ook in op situationeel leiderschap, waarbij wordt gekeken naar de samenhangen met de omstandigheden waarin de groep verkeert.

– Groepsontwikkeling

Ook over groepsontwikkeling bestaan veel theorieën. En terecht, want groepsdynamica valt ook te omschrijven als de studie hoe groepen zich vormen, hoe ze functioneren en hoe ze weer uiteenvallen. In hoofdstuk 5 zal ik ingaan op groepsvorming en bespreek ik ook een theorie van groepsontwikkeling. Deze theorie gaat uit van zes fasen: (1) voorfase, (2) oriëntatiefase, (3) invloedsfase, (4) affectiefase, (5) fase van de autonome groep, (6) afsluitingsfase.

– Feedback

Ten slotte kort iets over het onderwerp feedback. Hoewel dit begrip in trainingsgroepen een heel speciale betekenis heeft, namelijk vertellen hoe je de ander waarneemt en ervaart, heeft feedback eigenlijk een veel bredere betekenis. Feedback is een van de manieren waarop groepen intern hun evenwicht proberen te bewaren. Zo zijn bijvoorbeeld groepsnormen en pressies tot conformiteit te typeren als feedbackmechanismen. Een dergelijke bespreking vereist echter enige voorkennis van de systeembenadering. Zowel de systeembenadering als feedback in groepen komt in hoofdstuk 10 nog uitgebreid aan bod.

2.13 Tot besluit

In de inleiding van dit hoofdstuk beloofde ik een wegwijzer voor een nader bezoek aan het huis van de groepsdynamica. Elementen daarvoor waren al terug te vinden in de figuren 2.1, 2.2 en 2.3. Wanneer ik deze figuren samenvoeg en hierin ook de besproken hoofdstromingen onderbreng, kom ik tot een totaalplattegrond zoals die in figuur 2.5 is weergegeven.

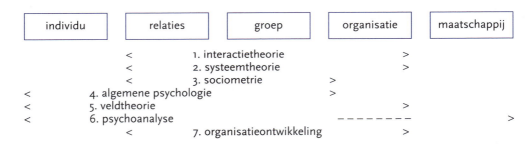

Figuur 2.5 Overzicht van aandachtsgebieden binnen de besproken stromingen in de groepsdynamica

Deze figuur is nog tamelijk globaal. Om iets meer zicht te krijgen op wat elke stroming bezighoudt, geef ik per aandachtsgebied het belangrijkste kernthema kort aan in de vorm van een polariteit (zie figuur 2.6).

Door figuur 2.6 te lezen in combinatie met het overzicht in figuur 2.1 en ook met de figuren 1.5 en 1.6 in hoofdstuk 1 worden een aantal hoofdlijnen en grote verbanden zichtbaar.

Aandachtsgebied	Kernthema's: de polariteit tussen		Stromingen
Individu	rationaliteit – emotionaliteit	bewust onbewust	4 en 5 6
Relaties	inhoudsniveau – betrekkingsniveau		2
Groep	taakaspecten – sociaal- emotionele aspecten	manifest niveau latent niveau	1, 2, 3, 4, 5 6
Zowel groep als organisatie	extern systeem – intern systeem		1, 2 en 7
Organisatie	formele netwerk – informele netwerk		7

Figuur 2.6 Overzicht van centrale polariteiten bij elk aandachtsgebied
NB De cijfers in de kolom Stromingen verwijzen naar de cijfers in figuur 2.5.

Wanneer ik aan het slot van dit hoofdstuk een balans opmaak van de groepsdynamica, kan ik haar typeren als een nog vrij jonge wetenschap die in dertig jaar, tussen 1940 en 1970, een snelle groei tot volwassenheid heeft meegemaakt. Sinds 1970 is de theorievorming gestabiliseerd, maar er is een snelle opkomst te zien geweest van allerlei toepassingen in het werken met groepen, met name op het gebied van groepstrainingen. De vaak bepleite wisselwerking tussen theorie en praktijk is echter onvoldoende tot stand gekomen. Er is eerder een kloof ontstaan tussen zuiver theoretisch onderzoek aan universiteiten enerzijds en een tamelijk onsamenhangend geheel aan praktijkmethoden in het beroepsveld anderzijds. Beide terreinen hanteren een eigen vaktaal (met bovendien een aantal 'dialecten') en eigen criteria om de kwaliteit van hun werk aan te toetsen. Als vorm van wetenschapsbeoefening moet de groepsdynamica voldoen aan een reeks van onderzoeksmethodologische vereisten, maar deze eisen worden door de professionals in het beroepsveld nogal eens als een vervreemdend keurslijf ervaren. Intussen lijkt de groei op beide terreinen, zowel de theorieontwikkeling als de praktijk van groepstrainingen, eruit te zijn en kan een tussenbalans opgemaakt worden. Daar is dit boek een neerslag van.

3 Definitie van de groep en soorten groepen

3.1 De kracht van groepen
3.2 Wat kenmerkt een groep: inleiding
3.3 Motivatie
3.4 Doelstelling
3.5 Structuur
3.6 Interdependentie
3.7 Interactie
3.8 Nog enkele kenmerken van groepen
3.9 Groepstypen
3.10 Primaire en secundaire groepen
3.11 Psychegroup en sociogroup
3.12 Informele en formele groepen
3.13 Lidmaatschapsgroepen en referentiegroepen
3.14 Ingroup en outgroup
3.15 Samenvatting van groepstypen
3.16 Vergelijking tussen trainingsgroepen en therapiegroepen
3.17 Drie soorten groepen: hoofd, hart, handen
3.18 Reflectie op redenen voor werken met groepen

3.1 De kracht van groepen

> **Reflectie op de kracht van groepen**
> Neem enkele minuten de tijd om stil te staan bij de volgende vragen en noteer je antwoorden:
> - Van welke groepen maak ik op dit moment deel uit?
> - Wat betekenen deze groepen voor mij?
> - Wat zou er met mij gebeuren als ik plotseling geen lid meer zou kunnen zijn van deze groepen, bijvoorbeeld omdat ik volgende week moet verhuizen naar een ander deel van het land? Wat zou ik het meest gaan missen?
> - Wat kan ik uit mijn antwoorden leren over de kracht van groepen?

Op vragen naar de kracht van groepen geven mensen zeer uiteenlopende antwoorden. Enkele voorbeelden van wat groepen kunnen bieden: steun aan elkaar, binding, een gezamenlijk doel, gedeelde verantwoordelijkheid, kans om van elkaar te leren, veiligheid, vertrouwen, lotgenoot zijn van elkaar, mezelf beter leren kennen, bewust worden van mijn eigen identiteit, erkenning, waardering, prikkeling en stimulans, gezelligheid, humor, enthousiasme, inspiratie, diepgang, vriendschap, werkplezier. Deze lijst kan met gemak uitgebreid worden. Maar groepen kunnen ook destructief zijn. Dat is hun negatieve kracht. Denk maar aan zondebokvorming, pestgedrag, machtsmisbruik, emotionele chantage, voortslepende conflicten, besluiteloosheid, apathie enzovoort. Ook deze lijst kan met gemak uitgebreid worden. Wanneer je dit boek leest omdat je groepen begeleidt of daarvoor in opleiding bent, zou je je taak kunnen samenvatten als: ertoe bijdragen dat de groep in haar kracht komt. En daar bedoel ik natuurlijk de positieve kracht mee. Begeleiden van groepen betekent niet zozeer ervoor zorgen dat ieder afzonderlijk groepslid aan zijn trekken komt, maar vooral ervoor zorgen dat de groepsleden verbinding met elkaar aangaan en voor elkaar van betekenis worden. De aandacht ligt daarbij vooral op de groep en het groepsklimaat en niet op de individuen. Vruchtbare vragen daarbij zijn bijvoorbeeld: Hoe draag ik ertoe bij dat de groepsleden binding met elkaar aangaan? Beter met elkaar gaan communiceren? Zich verder ontwikkelen? Leren van hun interactie en hun conflicten? Steun bieden aan elkaar? Kortom, hoe bevorder ik dat de groep optimaal in haar kracht komt? Met dit boek wil ik je daarvoor bagage meegeven. Ik sta eerst stil bij wat een groep kenmerkt, ofwel wat een groep tot groep maakt.

3.2 Wat kenmerkt een groep: inleiding

Groepsdynamica is de studie van gedrag in kleine groepen. Onder 'kleine groep' wordt meestal een groep van minder dan twintig personen verstaan. Het meeste onderzoek in groepsdynamica betreft groepen van vijf of minder leden. In het begin waren er nauwelijks studies over grote groepen tussen de dertig en honderd personen. De laatste twintig jaar is hier wel verandering in gekomen (zie hoofdstuk 15). Ooit is de schatting gemaakt dat iedereen gemiddeld van vijf of zes groepen lid is op elk moment van zijn leven (Mills, 1967). James (1951) heeft op grond van uitgebreide onderzoeksgegevens berekend dat 92% van alle groepslidmaatschappen betrekking heeft op groepen van twee of drie personen, 6% op groepen van vier personen en 2% op groepen van meer dan vijf personen.

Directe contactsituatie

Een gebruikelijke omschrijving van groepsdynamica geeft Sprott (1958): groepsdynamica is de studie van groepen mensen in een directe contactsituatie (*face-to-face relationship*). Hij definieert een groep als een verzameling individuen die in een bepaalde context meer interactie met elkaar hebben dan met anderen daarbuiten. Zo kun je zeggen dat de medewerkers van een bepaald bedrijf een groep vormen omdat ze in de context van hun beroep meer interactie met elkaar gemeen hebben dan met anderen. Binnen het bedrijf vormen de mensen die aan een bepaalde taak samenwerken een groep om dezelfde reden. Ten opzichte van het bedrijf als geheel vormen ze een subgroep. Volgens Sprott zijn *interactie* en *context* dus de twee bepalende hoofdelementen.

Groepsbewustzijn

Behalve interactie en context zijn er ook andere criteria mogelijk om te bepalen of een bepaalde verzameling mensen een groep is. Zo wordt een groep ook wel gedefinieerd als een aantal mensen dat zichzelf als een eenheid waarneemt en die de macht heeft om gezamenlijk tegenover de omgeving te handelen. In deze definitie is *groepsbewustzijn* het kernbegrip: de leden zijn zich bewust van hun lidmaatschap. Andere auteurs vinden het ontstaan van *normen*, dus van gedeelde gedragsregels, het moment om van een groep te kunnen spreken. En weer een ander criterium dat nogal eens gebruikt wordt, is het bestaan van een gemeenschappelijk nagestreefd *doel*.

Er blijkt helaas geen enkelvoudige definitie te bestaan die iedere groepsdynamicus hanteert. Verschillende groepsaspecten worden benadrukt. Deze verschillende groepsaspecten geeft Shaw (1971) helder weer. In de volgende paragrafen volg ik voor een deel zijn indeling en behandel ik achtereenvolgens: motivatie, doelstelling, structuur, interdependentie en interactie.

3.3 Motivatie

We zien vaak dat mensen lid worden van een groep vanuit een bepaald belang of een persoonlijke behoefte. Een leerling zit op school in een klas om kennis te vergaren en een diploma te behalen, een student wordt lid van een gezelligheidsvereniging vanuit een sociale behoefte, een natuurliefhebber wordt lid van een actiegroep om het belang van natuurbehoud beter te kunnen behartigen enzovoort. Wanneer een groep er niet in slaagt om te voldoen aan de behoeften of belangen van haar leden, komt het voortbestaan van de groep in gevaar en is de kans groot dat de groep uiteen gaat vallen. Vandaar dat sommige definities de motivatie en het tegemoetkomen aan belangen en behoeften centraal stellen: het groepslidmaatschap moet belonend zijn of de belofte van zo'n beloning inhouden.

3.4 Doelstelling

Twee voorbeelden ter verduidelijking van de doelstelling van een groep: 'individuen worden lid van een groep om een gemeenschappelijk doel te bereiken' (Freeman, 1936) en: 'groepen zijn eenheden van twee of méér personen, die met een bepaalde bedoeling met elkaar omgaan en die dit contact zinvol vinden' (Mills, 1967). Dit type definities overlapt met de motivatiedefinities. We mogen stellen dat het bereiken van een doelstelling een positieve ervaring oplevert, zoals het gevoel dat de activiteiten de moeite waard zijn.

3.5 Structuur

Het type definitie dat structuurkenmerken van de groep benadrukt, vinden we vooral in de sociologische literatuur. Als structurele elementen van groepen worden rollen, normen, statusaspecten en dergelijke benadrukt. Weer twee voorbeelden. McDavid en Harari (1968) benoemen als wezenlijke eigenschappen van de groep het als eenheid functioneren en het bestaan van mechanismen die het gedrag reguleren. Sherif en Sherif (1956) geven de volgende definitie: 'groepsleden staan ten opzichte van elkaar in bepaalde rol- en statusrelaties en hebben een reeks groepswaarden en groepsnormen, waarmee het gedrag van de individuele leden gereguleerd wordt in zaken die van belang zijn voor de groep'.

Ook andere structurele elementen kunnen een rol spelen, zoals het patroon van machtsrelaties en van affectieve relaties. Dit laatste patroon kunnen we zichtbaar maken in een sociogram.

3.6 Interdependentie

Met name Lewin (1951) benadrukt als wezenlijk kenmerk van groepen de wederzijdse betrokkenheid van de groepsleden op elkaar. Dit vat hij samen met de term *interdependentie*. De groepsleden hoeven dus niet gelijk aan elkaar te zijn. Dat groepsleden wederzijds op elkaar betrokken zijn, acht Lewin veel wezenlijker. Een gebeurtenis die invloed heeft op een groepslid of op een subgroep, heeft een weerslag op alle andere groepsleden. De groep lijkt op een mobile, waarvan de leden via nauwelijks zichtbare draadjes met elkaar verbonden zijn. Lewins opvatting sluit aan op het volgende type definitie.

3.7 Interactie

In feite is interactie een bepaalde vorm van wederzijdse betrokkenheid. Zo definieert Homans (1950) een groep als: 'een aantal personen die over een bepaalde periode regelmatig contact met elkaar heeft. De groep moet klein genoeg zijn om elk individu ervan in staat te stellen rechtstreeks zonder tussenkomst van derden met elk ander individu uit de groep in relatie te treden.'

Door de nadruk op het directe contact en de interactie is deze definitie verwant aan de opvatting van Sprott (1958) die ik aan het begin van dit hoofdstuk weergegeven heb. Centraal in dit type definities staat het begrip interactie. Interactie kan veel vormen hebben: verbale interactie, lichamelijke interactie, emotionele interactie enzovoort. Homans spreekt van interactie wanneer een bepaalde activiteit van iemand wordt gestimuleerd door de activiteit van iemand anders, ongeacht wat deze activiteiten inhouden. Hij geeft het voorbeeld van twee mannen, ieder aan een kant van de zaag, die bezig zijn met het zagen van een blok hout. Wanneer we zeggen dat er tussen deze twee mannen interactie bestaat, bedoelen we niet het feit dat beiden zagen (in dit verband noemt Homans zagen een activiteit), maar het feit dat het trekken van de een wordt gevolgd door het trekken van de ander. In dit voorbeeld houdt de interactie geen woorden in.

Vaker heeft interactie plaats via verbale communicatie. Homans geeft echter de voorkeur aan de term interactie boven communicatie, omdat bij communicatie al vaak te beperkt gedacht wordt aan verbale uitwisseling. Bovendien wordt onder communicatie nu eens de overgebrachte boodschap bedoeld, dan weer het proces van overbrenging zelf.

Het sleutelbegrip bij interactie is dus wederkerige beïnvloeding. We kunnen spreken van een groep zodra twee of meer personen met elkaar in interactie staan, waarbij elke persoon van invloed is op en beïnvloed wordt door elke andere persoon in de groep.

3.8 Nog enkele kenmerken van groepen

Uit deze vijf verschillende groepsaspecten – motivatie, doelstelling, structuur, interdependentie en interactie – blijkt dat verschillende theorieën op verschillende facetten van de groep letten. Hoewel interactie een wezenlijk kenmerk is dat een groep onderscheidt van een losse verzameling mensen, zijn andere groepsaspecten ook belangrijk. Zo stelt Hare (1976) dat er minimaal sprake moet zijn van enige interactie voordat er sprake kan zijn van het ontstaan van een groep. Zodra echter deze interactie op gang komt en een losse verzameling individuen tot een groep wordt, zullen volgens Hare waarschijnlijk ook de volgende vier kenmerken zichtbaar worden:

1. De leden delen een of enkele motieven of doelen die richting geven aan de groep.
2. De leden ontwikkelen een reeks van normen die grenzen aangeeft ten aanzien van de relaties tussen de groepsleden en ten aanzien van de groepsactiviteit.
3. Bij langer durende interactie kristalliseert zich een reeks rollen uit en gaat de nieuwe groep zich onderscheiden van andere groepen.
4. Er ontstaat een netwerk van interpersoonlijke attracties op basis van sympathieën en antipathieën voor elkaar.

Hare komt zo tot vijf kenmerken om van een groep te kunnen spreken: interactie, gezamenlijk doel, normen, rollen en een netwerk van interpersoonlijke attracties. De vier laatstgenoemde kenmerken zijn signalen van een tot ontwikkeling komende groepsstructuur.

> **Reflectie op de definitie van een groep**
> Maak eens een lijstje van de groepen waarvan je lid bent in deze periode van je leven. Kies hier één groep uit. Probeer meer zicht te krijgen op deze groep en op je eigen functioneren daarin door in drietallen met elkaar antwoorden te zoeken op de volgende vragen:

1. Zie ik deze groep als een eenheid die ook als een eenheid handelt ten opzichte van de externe omgeving? Zo nee, wat belemmert de groep hierin en hoe zou de groep meer tot eenheid kunnen komen? Geef elkaar suggesties.
2. Zien de groepsleden deze groep als een mogelijkheid om te voorzien in bepaalde behoeften? Zo ja, welke behoeften zijn dit of zouden dit kunnen zijn?
3. Zit ik in deze groep om duidelijke doelstellingen te realiseren? Zo ja, welke doelstellingen?
4. Zie ik de groep als een geheel van statussen, rollen en normen die met elkaar samenhangen? Help elkaar om hier zo concreet mogelijk over te praten, bijvoorbeeld door naar concrete situaties te vragen.
5. In hoeverre wordt deze groep gekenmerkt door wederzijdse betrokkenheid?
6. In hoeverre spelen interactie en wederkerige beïnvloeding een rol?
7. Wat is voor mij wezenlijk aan een groep? Met andere woorden: wat maakt voor mij een groep tot een groep?
8. Wat is mijn favoriete groepsdefinitie?

Mogelijke werkvorm
– Eerst maak je individueel aantekeningen met betrekking tot de acht vragen, van waaruit je samenhangend kunt praten over de gekozen groep. (15 minuten)
– Dan volgt in drietallen een gesprek aan de hand van de aantekeningen, waarbij je doorpraat over je eigen groepservaringen. (30 minuten)
– Plenair volgt een nabespreking waarin ook de vraag aan bod komt: wat doen we met deze inzichten? (30 minuten)

3.9 Groepstypen

Er zijn verschillende dimensies waarmee we een bepaalde groep kunnen karakteriseren en beschrijven. In de vakliteratuur onderscheidt men primaire en secundaire groepen, sociogroups en psychegroups, formele en informele groepen, lidmaatschapsgroepen en referentiegroepen, ingroups en outgroups. Wat betekenen eigenlijk al deze termen? En wat is het verschil tussen trainingsgroepen en therapiegroepen? Ik licht deze termen in de volgende paragrafen nader toe.

3.10 Primaire en secundaire groepen

De socioloog Charles Horton Cooley (1902) maakte als eerste het onderscheid tussen primaire en secundaire groepen (*primary and secondary groups*). *Primaire groepen* worden gekenmerkt door persoonlijke, intieme relaties in directe contactsituaties en door spontaan gedrag (bijvoorbeeld het gezin of een groep vrienden). In een *secundaire groep* daarentegen zijn de relaties koel, onpersoonlijk, rationeel en formeel. In een primaire groep is de sociale afstand tussen de groepsleden erg klein, in een secundaire groep juist erg groot. Dit komt onder andere tot uiting in het taalgebruik: het gebruik van het persoonlijk voornaamwoord 'jij' en 'jouw' in primaire groepen en 'u' en 'uw' in secundaire groepen. Met de groepsleden van een primaire groep hebben we persoonlijke relaties, met de groepsleden van een secundaire groep hebben we door status bepaalde relaties.

Persoonlijk of zakelijk

In termen van Hiller (1947) noemen we de relaties in een primaire groep 'persoonlijk' en 'intrinsiek' en de relaties in een secundaire groep 'categorisch' en 'extrinsiek'. Met andere woorden: in de primaire groep beoordelen de leden elkaar intrinsiek in termen van hun persoonlijke eigenschappen, maar in de secundaire groep extrinsiek in termen van de sociale categorieën waartoe ze behoren of de statussen die ze bezitten. Dit onderscheid tussen relaties in primaire en secundaire groepen vinden we terug bij veel sociologen, zij het onder verschillende termen:
– bij Sorokin (1928): *familistic* tegenover *contractual* en *compulsory*;
– bij Durkheim (1895): *solidarité organique* versus *solidarité méchanique*;
– bij Tönnies (1887): *Gemeinschaft* versus *Gesellschaft* (leefgemeenschap versus belangengemeenschap).

Een romantisch tintje

In zekere zin kan elke groep als primaire groep fungeren voor zover die groep een bron is van interpersoonlijke attracties. Er is in de literatuur vaak geschreven over primaire groepen, waarbij van een groot aantal criteria gebruikgemaakt wordt, zoals: hoge mate van solidariteit, informeel karakter van de relaties, spontaan gedrag, wederzijdse acceptatie, elkaar grondig kennen, klein in omvang en lang van duur, frequente interactie, homogeen lidmaatschap en geneigdheid tot uiteenlopende activiteiten die hoofdzakelijk door positieve gevoelens gekleurd zijn. Maar als je af moet gaan op al deze criteria blijven er maar weinig groepen over die écht primaire groepen genoemd mogen worden. Nu is het niet zo moeilijk om enkele van deze criteria te schrappen en in feite zullen we dat straks ook doen. Wat we echter achter deze opsomming van criteria kunnen lezen, is dat de primaire groep vaak geïdealiseerd en geromantiseerd wordt. Aan het onderscheid tussen primaire en secundaire groepen is dus vaak een waardeoordeel gekoppeld dat onder andere tot uiting kan komen in de klacht dat de interacties in onze moderne maatschappij zo verzakelijkt en vervreemd zijn. Als contrast wordt meteen daarna gewezen op de primaire bindingen in een dorpsgemeenschap of in een volksbuurt of in de middeleeuwen en wordt kritiekloos gesuggereerd dat het leven daar en toen veel beter was. Het is duidelijk dat zulke ideeën gebaseerd zijn op misvattingen en waarnemingsvervormingen van het dorps- of buurtleven, die gevoed worden door een nostalgisch verlangen naar 'de goede oude tijd', toen geluk zogenaamd nog heel gewoon leek, ja, ja.

Niet alleen positieve gevoelens

We kunnen dit toelichten aan de hand van enkele van de genoemde criteria:

- De interacties zouden hoofdzakelijk door *positieve gevoelens* gekleurd zijn (*pre-dominance of positive affect*). We weten echter dat in veel primaire groepen haat en vijandigheid de meest voorkomende gevoelens zijn. Dit kan voorkomen in situaties waarin een groep gedwongen is bij elkaar te blijven, bijvoorbeeld in een geïsoleerd levend boerengezin waarin de leden economisch en sociaal op elkaar aangewezen zijn, of in vastgelopen huwelijken in subculturen of culturen waarin echtscheiding onmogelijk is, of in door de maatschappij uitgestoten en geïsoleerde bevolkingsgroepen in getto's, achterbuurten of woonwagenkampen.
- Voor het criterium *wederzijdse acceptatie* geldt hetzelfde verhaal.
- Ook het criterium *duurzaamheid* is niet zonder meer kenmerkend voor primaire groepen, want veel secundaire groepscontacten zijn minstens even langdurig, bijvoorbeeld de secundaire contacten om in ons levensonderhoud te voorzien (een inkomen verwerven, voedsel kopen enzovoort).
- Wezenlijk is het criterium *elkaar grondig kennen* (*intimacy of knowledge*), maar zulke intimiteit is geen voldoende kenmerk voor de definitie van de primaire groep.
- Nog wezenlijker is *contactnabijheid*, meestal *face-to-face* (direct contact).
- En daaraan gekoppeld de *sterke emotionele kleur van de relatie*, of dit nu liefde is, dan wel haat.

Zo redenerend kom ik terug op wat ik al eerder opmerkte bij de groepsdefinities in paragraaf 3.1, vooral de interdependentiedefinitie en de interactiedefinitie. Een belangrijk kenmerk van de primaire groep is namelijk dat vervanging van één groepslid door iemand anders de bestaande relaties grondig wijzigt of vernietigt. In primaire groepen is zulke vervanging moeilijk en meestal onmogelijk: echtgenoot, vader en vriend zijn uniek en kunnen niet vervangen worden. In zekere zin telt in de primaire groep niet *wat* je bent, maar *wie* je bent. Parallel hieraan kunnen we over de secundaire groep zeggen dat het daarin vooral gaat om *wat* je bent en niet zozeer om *wie* je bent, want relaties in een secundaire groep worden vooral bepaald door positie en status.

3.11 Psychegroup en sociogroup

Een onderscheid dat lijkt op het verschil tussen de primaire groep en de secundaire groep geeft Jennings (1943) met de termen psychegroup en sociogroup. In een *psychegroup* is er psychologische participatie; van een *sociogroup* ben je alleen in naam (alleen nominaal) lid. In een psychegroup overheersen de affectieve bindingen, vaak van persoonlijke aard. In een sociogroup overheersen de zakelijke en maatschappelijke relaties; je zou kunnen zeggen: daar overheerst het rationele element.

3.12 Informele en formele groepen

Een volgend onderscheid is dat tussen informele en formele groepen. Een criterium hiervoor is de mate waarin enkele wezenlijke groepskenmerken expliciet en formeel geformuleerd zijn, bijvoorbeeld het doel, de rollen en de normen. Als doel, rollen en normen vaag en impliciet blijven, spreken we van een *informele groep*. Zo zijn vriendengroepen informeel: ze ontstaan spontaan vanuit gemeenschappelijke belangstellingen en ze worden in stand gehouden door interpersoonlijke attractie. Informele groepen zijn autonoom, dat wil zeggen dat ze hun eigen activiteiten kunnen bepalen en vrij zijn van organisatorische beperkingen.

Aan de andere kant staan werk- en taakgroepen in het bedrijfsleven: deze *formele groepen* zijn in hoge mate georganiseerd door hun werk- of taakorganisatie. In dit soort groepen ligt de groepsstructuur ingebed in het grotere geheel van een organisatie (bedrijf, fabriek) en ook de doelen en de procedures worden hier beheerst door factoren die buiten de directe controle van de groep liggen. Zulke groepen zijn dus niet autonoom en in het lidmaatschap spelen veel onvrijwillige factoren mee.

Extern en intern systeem

Toch is dit onderscheid tussen formele en informele groepen niet zo strak door te voeren dat groepen ofwel het een ofwel het ander zijn. Homans (1966) met name heeft erop gewezen dat elke groep bestaat uit een extern systeem én een intern systeem (zie paragraaf

2.2). Het interne systeem kunnen we de informele groepsstructuur en de groepsprocessen noemen. Zo zien we dus dat we weliswaar onderscheid kunnen maken tussen formele en informele groepen, maar dat bij nadere analyse ook in zuiver formele groepen sprake kan zijn van een tweede, informele structuur. Zo kan een groep een formele leider hebben, terwijl iemand anders de informele leider is. De formele leider is meestal de taakleider die ook de groep representeert in buitencontacten, terwijl de informele leider meestal de sociaal-emotionele leider is (zie hoofdstuk 12 over leiderschap). Ook hier zien we weer het onderscheid tussen taakaspecten en sociaal-emotionele aspecten.

3.13 Lidmaatschapsgroepen en referentiegroepen

In verband met een onderzoek naar de sociale verankering van attitudes formuleerde Newcomb in de jaren dertig het onderscheid tussen lidmaatschapsgroepen (*membership groups*) en referentiegroepen (*reference groups*). Een *lidmaatschapsgroep* is een groep waartoe je formeel behoort, meestal alleen nominaal (alleen in naam). Je wordt dus nominaal lid van een groep door simpelweg je eigen naam te laten toevoegen aan de lijst van groepsleden of door simpelweg fysiek aanwezig te zijn op bijeenkomsten (bijvoorbeeld vergaderingen of lessen). Zulke nominale verbondenheid betekent echter nog geen echte psychologische participatie aan de groep. Daarom stelde Newcomb de term *referentiegroep* voor om die groepen aan te geven waarin het individu echt als persoon participeert, zoals blijkt uit zijn betrokkenheid bij het groepsdoel, het innemen van een bepaalde plaats binnen de groepsstructuur en het naleven van de groepsnormen.

Lidmaatschapsgroepen zijn soms ook referentiegroepen

Nu is er over het algemeen een tendens voor lidmaatschapsgroepen om referentiegroepen te worden, maar dit gebeurt lang niet altijd. Bovendien hoef je niet fysiek participant te zijn in een groep die psychologisch toch als referentiegroep kan fungeren. Zo is bijvoorbeeld in enkele onderzoeken aangetoond dat de sociale klasse waartoe iemand wenst te behoren (referentiegroep), vaak sterker het gedrag beïnvloedt dan de sociale klasse waartoe hij in feite behoort (lidmaatschapsgroep). Een referentiegroep is dus die groep of klasse die het individu gebruikt als vergelijkingsnorm om tot een oordeel te komen over zijn attitudes, zijn bekwaamheden of zijn huidige situatie. Met andere woorden: hoe iemand zichzelf ziet en zichzelf evalueert, laat hij meebepalen door zijn referentiegroep.

Bij de analyse van referentiegroepeffecten is het nuttig om onderscheid te maken tussen positieve en negatieve referentiegroepen. Bij negatieve referentiegroepen wil het individu juist die eigenschappen en attitudes vermijden die kenmerkend zijn voor de groepen waarmee hij niet geassocieerd wil worden (bijvoorbeeld de puber die zich van zijn ouders en het ouderlijk gezin wil losmaken en daarbij volgens precies tegenovergestelde waarden gaat handelen).

Sociale vergelijking en conformiteit

Samenvattend: om zijn eigen gedrag te evalueren (bijvoorbeeld om te weten te komen waar hij staat) vergelijkt iemand zichzelf met de andere groepsleden van zijn referentiegroep; dit is de vergelijkingsfunctie. Referentiegroepen hebben daarnaast ook een normatieve functie. Dit houdt in dat het individu geëvalueerd wordt door de groep en dat hij waardering of afwijzing krijgt, afhankelijk van zijn conformiteit aan de groepsnormen. Dit proces veronderstelt dat de persoon waarde toekent aan zijn groepslidmaatschap of dat hij tot die groep wenst te behoren. Dit laatste proces gaat ook op wanneer de persoon nog geen groepslid is, maar het lidmaatschap ambieert. Dus ook al behoort iemand niet tot een bepaalde groep, hij kan er toch door beïnvloed worden. In dit laatste geval identificeert hij zich met die groep.

Het is bijvoorbeeld bekend uit allerlei beroepsopleidingen, zoals de opleiding tot huisarts, dat de studenten in de loop der jaren steeds meer gaan lijken op het beeld van de gewenste beroepsbeoefenaar. Ik bedoel hiermee niet zozeer de toegenomen kennis en vaardigheden, maar ook de basishouding, de levensstijl, de kleding (ook buiten de werkuren), het taalgebruik en de normen en waarden van de beroepsgroep waartoe hij wil gaan behoren. Als je zelf op een beroepsopleiding zit, is het leuk om daar eens op te letten. Wat voor verschillen zie je bijvoorbeeld tussen eerstejaars en vierdejaars en wijzen die verschillen in de richting die ik hier aangegeven heb?

Het is dit onderscheid dat Newcomb bedoelde met de termen lidmaatschapsgroep en referentiegroep. Aan de ene kant kun je formeel of nominaal lid zijn van een bepaalde groep en er nauwelijks door beïnvloed worden, aan de andere kant kun je soms sterk beïnvloed worden door een bepaalde groep zonder dat je er lid van bent. Een referentiegroep heeft het sterkste effect op haar groepsleden als de groepsleden direct contact en directe interactie met elkaar hebben.

Sinds de opkomst van social media zijn er veel meer lidmaatschapsgroepen bijgekomen. Denk maar aan Facebook, Hyves, LinkedIn, Twitter, WhatsApp, Skype enzovoort (Jensen, 2011).

> **Reflectie op een referentiegroep**
> 1. Inventariseer je persoonlijke referentiegroepen, zowel de positieve als de negatieve.
> 2. Van welke social media maak je gebruik, heb je een profiel op Hyves, Facebook, LinkedIn? Zijn dit voor jou alleen lidmaatschapsgroepen of zitten er ook elementen van een referentiegroep in?
> 3. Hoe werken in zo'n referentiegroep voor jou concreet de vergelijkingsfunctie en de normatieve functie?
>
> *Vorm*
> Ieder maakt eerst gedurende enkele minuten aantekeningen over deze vragen; daarna volgt een groepsgesprek over dit onderwerp.

3.14 Ingroup en outgroup

Een speciaal aspect van groepslidmaatschap is het onderscheid tussen *ingroup* en *outgroup*. Simpel gezegd: de ingroup is de *wij-groep* en de outgroup is de *zij-groep*. De ingroup omvat onszelf en iedereen die we verder met 'wij' willen aanduiden. De outgroup bestaat, bij wijze van aftrekking, uit alle anderen, dat wil zeggen uit iedereen die we van dit 'wij' willen uitsluiten. Andere termen die gehanteerd worden, zijn *we-group* en *other-group*. Ingroups en outgroups hebben geen bepaalde grootte. De ingroup kan zo klein zijn als een gezin of zo groot als een land (bijvoorbeeld in oorlogstijd) en de outgroup is dan simpelweg iedereen die niet tot ons gezin of tot ons land behoort.

Cohesie bij een gemeenschappelijke vijand

Vaak wordt dit onderscheid tussen 'wij' en 'de anderen daarbuiten' sterk beleefd als de groep een grote cohesie ontwikkeld heeft. Een gevolg van sterke cohesie is namelijk de neiging om de ingroup-outgroupverschillen groter te maken, vooral wanneer de buitenwereld als bedreiging wordt ervaren. We zien dan ook vaak dat een hoge mate van cohesie binnen de groep gepaard gaat met een hoog conflictniveau ten opzichte van andere groepen. De reden hiervoor is dat in de cohesieve groep normen zijn ontstaan die de openlijke uiting van agressie tegenover de eigen groepsleden verbieden, zodat agressie die binnen de groep kan ontstaan verschoven wordt (*displaced aggression*) naar een mikpunt buiten de groep. Deze binnen de eigen groep verdrongen agressie vormt dan de hoofdbron voor zondebokvorming (*scapegoating*). Zulke zondebokvorming vinden we soms binnen de eigen groep, bijvoorbeeld een weinig participerend, marginaal groepslid, maar meestal buiten de groep: typische voorbeelden zijn 'de Joden', 'de asielzoekers', 'de buitenlanders' of 'de pers'. Deze tot zondebok gebombardeerde outgroup blijft echter niet passief: om zich te beschermen tegen zulke onterechte agressie gaan de 'outsiders' vaak coalities vormen. Een typisch voorbeeld uit de Verenigde Staten: de tamelijk sterke ingrouployaliteit binnen de dominante WASP-meerderheid (White Anglo-Saxon Protestant) in de Amerikaanse samenleving heeft geresulteerd in coalities tussen negers, Joden en ook katholieken, die zo hun rechten als minderheden proberen te beschermen. De perceptie van gemeenschappelijke dreiging door een andere groep kan zo de gemeenschappelijke basis vormen voor groepsontwikkeling tussen individuen in een outgroup, die anders zonder contact gebleven waren. Andere voorbeelden: het vormen van een nationaal kabinet tijdens een ernstige crisis of de samenwerking tussen verschillende Nederlandse bevolkingsgroepen tijdens de Tweede Wereldoorlog.

We zien nu twee belangrijke principes:
1. *Stereotypering*. De ingroupleden neigen tot stereotypering van de outgroupleden. Met andere woorden: we reageren op de ingroupleden als individuen, maar op de outgroup als leden van een klasse of categorie. De personen in de outgroup worden dus 'op één hoop geschoven' (vergelijk hoofdstuk 2, persoonswaarneming: stereotypering). Talloze voorbeelden hiervan zijn te vinden in de zogenaamde moppen over leden van minderheden. Bovendien benadrukken we in de percepties van outgrouppersonen hoezeer ze van ons verschillen door bijvoorbeeld onwenselijke eigenschappen, terwijl we in de percepties van andere mede-ingroupleden benadrukken hoeveel we op elkaar lijken.
2. *Vijandige opstelling tegenover de buitenwereld*. Elke bedreiging (waarbij het onbelangrijk is of deze reëel is of ingebeeld) van buitenaf, dus vanuit de outgroup, versterkt de cohesie en solidariteit van de ingroup. Een zeer typerend voorbeeld is het gezin. In elk gezin zijn er soms ruzies tussen broers en zussen, maar zodra iemand van buiten een vervelende opmerking over een broer of zus maakt, sluit het gezin zich aaneen tegen deze opmerking en tegen de kritiekgever. Dit kan ook gebeuren in gezinstherapie: het buitensluiten van de therapeut en de vlucht in de oude patronen. Hoewel bijvoorbeeld een moeilijk kind wordt 'gepresenteerd', wordt tegelijkertijd verhinderd dat de therapeut echt aan de slag gaat en verzet het gezin zich als geheel tegen verandering. Soms is voor een groepsleider het zoeken van een gemeenschappelijke vijand een truc om de verzwakte groepscohesie te versterken. Maar om die cohesie te handhaven, moet de vijand als steeds afschuwelijker en bedreigender voorgesteld worden.

Samenvattend: **g**roepen met hoge cohesie ervaren zichzelf als ingroup, als wij-groep (een andere term is *société close*). Onderling zijn de ingroupleden zeer verdraagzaam en behulpzaam en is de communicatie zeer sterk en innig. Maar voor deze interne harmonie betalen de leden soms een hoge prijs. Vaak kan de cohesie alleen in stand gehouden worden door een dubbele moraal: de ingroupleden worden liefdevol bijgestaan en geholpen, de outgroup wordt verstoten en liefdeloos bejegend. Veel voorbeelden zijn te vinden in de geschiedenis van de kerken. Vergelijkbare processen spelen zich ook af in geradicaliseerde linkse en rechtse groeperingen met fundamentalistische trekjes.

Reflectie op ingroup-outgroupfenomenen

In de samenvattende tekst in deze paragraaf staat: 'Maar voor deze interne harmonie betalen de leden soms een hoge prijs. Vaak kan de cohesie alleen in stand gehouden worden door een dubbele moraal: de ingroupleden worden liefdevol bijgestaan en geholpen, terwijl de outgroup wordt verstoten en liefdeloos bejegend.'

1. Ga bij jezelf na of en hoe het hier geschetste 'mechanisme' werkt in een situatie die jou bekend is.
2. Welke concrete mogelijkheden zie je om de werkzaamheid van dit mechanisme te voorkomen of te boven te komen?

Vorm
Eerst individuele bezinning, daarna een gesprek in drietallen of plenair.

3.15 Samenvatting van groepstypen

Ik besprak in paragraaf 3.10 tot en met paragraaf 3.14 vijf typen groepen:
1. primaire en secundaire groepen;
2. psychegroup en sociogroup;
3. informele en formele groepen;
4. lidmaatschapsgroepen en referentiegroepen;
5. ingroup en outgroup.

Door deze opsomming lopen twee rode draden: een rondom het thema 'lidmaatschap' (vooral bij 4 en 5) en een rondom het thema 'taak versus proces' (vooral bij 1, 2 en 3).

Zonder de hierna genoemde termen aan elkaar gelijk te stellen, zijn er parallellen tussen de volgende begrippenparen en sleutelwoorden in de tekst (zie schema).

Taak	Proces
secundaire groepen	primaire groepen
'u'-groepen	'jij'-groepen
gesellschaft	*gemeinschaft* (tönnies)
solidarité méchanique	*solidarité organique* (Durkheim)
contractual	*familistic* (Sorokin)
categorische en extrinsieke relaties	persoonlijke en intrinsieke relaties
belangrijk *wat* je bent	belangrijk *wie* je bent
sociogroup	psychegroup
formele groep	informele group
extern systeem	intern systeem
basis tot groepsvorming: de doelen	basis tot groepsvorming: interpersoonlijke attractie
doelbewuste groepsvorming (*deliberate formation*)	spontane groepsvorming (*spontaneous formation*)
belangen overheersen	behoeften overheersen

Deze tweede rode draad loopt eigenlijk door de hele groepsdynamica heen (vergelijk wat ik in paragraaf 2.2 al opmerkte over het onderscheid tussen taakaspecten en sociaal-emotionele aspecten).

> **Oefening: Groepen in kaart**
>
> *Individuele fase*
> Breng in kaart van welke groepen je lid bent in deze periode van je leven. Geef daarbij aan hoe groot elke groep is en hoelang je er al lid van bent.
>
> *Fase in drietallen*
> Bespreek elkaars lijstjes in drietallen. Help elkaar bij het vaststellen tot welk type elke groep hoort, door per groep na te gaan:

- Is het een primaire groep of een secundaire groep? (NB Wees je bewust op grond waarvan je dit beslist).
- Is het een taakgroep of een sociaal-emotionele groep?
- Welke belangen en welke behoeften zijn in het geding bij deze groep?
- Welke formele en informele aspecten spelen een rol in deze groep?
- Als het een lidmaatschapsgroep is, welke regels voor lidmaatschap gelden er formeel en welke regels gelden er informeel, dat wil zeggen aan welke informele regels moet je voldoen om mee te tellen en 'erbij te horen'?

Plenaire fase
Wissel enkele markante voorbeelden uit van diverse typen groepen en sta stil bij enkele twijfelgevallen. Bespreek ook in hoeverre in kaart gebrachte taakgroepen sociaal-emotionele aspecten hebben en in hoeverre informele groepen soms ook taakaspecten kennen.

3.16 Vergelijking tussen trainingsgroepen en therapiegroepen

Als we trainings- en therapiegroepen met elkaar vergelijken, kunnen we eigenlijk niet spreken van dé trainingsgroep of dé therapiegroep. Net zoals bij trainingsgroepen zijn er bij therapiegroepen talrijke varianten. Ik plaats hier een bepaald type trainingsgroep naast een bepaald type therapiegroep, namelijk een trainingsgroep waar het accent ligt op de groep en op groepsverschijnselen (afgekort tot T-groep) en een therapiegroep met niet-gehospitaliseerde psychiatrische patiënten.

Wat er in trainingsgroepen gebeurt, wordt helderder door een vergelijking met wat er gebeurt in therapiegroepen. Hierbij baseer ik me vooral op Frank (1964), die een aantal overeenkomsten en verschillen opmerkt.

Overeenkomsten
- Beide groepen bieden leersituaties met als doel het tot stand brengen van veranderingen in de groepsleden.
- Beide groepen benadrukken het nauwkeurig leren communiceren met elkaar als een belangrijk middel.
- Beide groepen waarderen een groepsgericht, altruïstisch verantwoordelijk functioneren van de groepsleden.
- In geen van beide groepen wordt een duidelijk onderscheid gemaakt tussen taak- en procesfuncties.

- De doelen zijn die van de individuele leden: in therapiegroepen om van stressgevoelens bevrijd te worden en in T-groepen om kennis omtrent het groepsfunctioneren te verdiepen.
- In beide groepen vloeit de agenda voort uit het eigen functioneren van de groep.
- In beide groepen schijnen die bijeenkomsten het waardevolst waarin sprake is van een kernconflict dat voor alle leden van belang is en dat hun emoties oproept.

Verschillen
- Leden van therapiegroepen zien zichzelf en worden door anderen gezien als patiënten; ze zijn ziek en zoeken daarvoor behandeling. T-groepsleden zijn niet ziek, maar willen interpersoonlijke vaardigheden leren.
- Verschil in lidmaatschap houdt ook verschil in doelstelling in: het uiteindelijke doel in een therapiegroep is het individuele lid. Verandering in het groepsfunctioneren is voor het individuele lid van secundair belang. Het uiteindelijke doel in een T-groep is het verbeteren van het functioneren van de groepen waarnaar de groepsleden terugkeren.
- In therapiegroepen gaat het veel meer om het afleren van oude gedragspatronen, terwijl het in T-groepen meer gaat om het aanleren van nieuwe gedragspatronen.
- Deze verschillen impliceren op hun beurt bepaalde verschillen in de rol en de functie van de leider. In therapiegroepen zijn de groepsleden aanvankelijk sterk afhankelijk van de leider; alleen langs deze weg kunnen zij komen tot een groter vertrouwen in zichzelf. De leider kan nooit volledig groepslid worden, omdat hij nu eenmaal geen patiënt is. In T-groepen, waar de groepsleden geen genezing van de leider verwachten, is de leider alleen superieur in kennis en vaardigheden op een bepaald gebied; geleidelijk vermindert deze afstand tussen trainer en groepsleden en is het niet moeilijk voor de groepsleden om hem gewoon als een groepslid te gaan beschouwen en is het ook niet meer moeilijk om op zichzelf en de groep te vertrouwen.
- Het doel van T-groepen is beperkter en kan dan ook in een relatief korte tijd bereikt worden. Therapiegroepen bestrijken vaak een langere tijdsperiode.
- In therapiegroepen is de situatie voor de leden bedreigender. De leider zal in therapiegroepen meer ondersteuning en support moeten bieden. De bedreiging heeft verschillende bronnen. In therapiegroepen gaat het om gedragsverandering in de breedste zin van het woord, terwijl T-groepen zich beperken tot groepsrelevante gedragsaspecten. Onbewust gedrag of onderliggende motivaties worden alleen onderzocht in zoverre ze van betekenis zijn voor het bewuste, zichtbare gedrag. In therapiegroepen is dat net andersom: het aan de oppervlakte komende zichtbare gedrag wordt gehanteerd als een middel om meer duidelijkheid te krijgen over de onderlig-

gende motivaties. Een andere bron van grotere spanning is het feit dat in therapiegroepen de aandacht gevestigd is op de individuele leden; in T-groepen is de groep het brandpunt.

Samengevat: trainingsgroepen worden in tegenstelling tot therapiegroepen gekarakteriseerd door (Gibb, 1970):

Trainingsgroepen	Therapiegroepen
nadruk op het hier en nu	nadruk op het daar en toen
nadruk op persoonlijke groeiprocessen en uitbreiding van mogelijkheden	herstellende of correctie aanbrengende behandeling
nadruk op beschikbare interpersoonlijke gegevens	analyse van onbewuste onderliggende motieven
nadruk op groepsprocessen: het functioneren van de groep en de leden onderling	therapeut-patiëntrelatie
nadruk op nieuw gedrag	nieuwe inzichten of nieuwe motivatie
direct doel: verbeteren van de effectiviteit of het veranderen van normale mensen	verlossen van emotionele blokkades en het veranderen van diepgewortelde gedragspatronen
deelnemers zien zichzelf als normaal; zoeken effectiever te functioneren	deelnemers zien zichzelf als ziek of gestoord; zoeken behandeling

In beide groepen willen de groepsleden 'beter' worden: bij trainingsgroepen is 'beter' bedoeld in de zin van optimaliseren (goed-beter-best) en bij therapiegroepen in de zin van geestelijke gezondheid (gezond zijn = beter zijn). Op grond van de genoemde verschillen zal het individu in een therapiegroep meer van zichzelf moeten onthullen dan het individu in een trainingsgroep. Zo kun je je een continuüm voorstellen met aan de ene kant de therapiegroepen, waarin het individu veel van zichzelf zal moeten onthullen, en aan de andere kant de instructiegroep, waarin het individu weinig van zichzelf hoeft te laten zien om te kunnen leren.

3.17 Drie soorten groepen: hoofd, hart, handen

Er zijn veel verschillende soorten groepen. Groepen kunnen sterk van elkaar verschillen, afhankelijk van de groepsgrootte, groepssamenstelling, doelstelling, aantal bijeenkomsten, stijl van de begeleider enzovoort. Een handige manier om hier meer zicht op te krijgen, biedt de zogeheten HHH-formule die zich richt op de doelen van de groep. Hierbij staan de letters HHH voor 'hoofd', 'hart' en 'handen'. Dit levert een typologie van drie soorten groepen op. Daarbij staat 'hoofd' voor kennis, 'hart' voor gevoel en 'handen' voor gedrag of daadkracht. Deze indeling heb ik samen met Wim Goossens ontwikkeld (zie ook Goossens, 2001; Remmerswaal, 2001).

1. Groepen waarin het hoofd centraal staat, zijn cognitief georiënteerd

In zulke groepen gaat het om het verwerven van inzicht en staat informatieoverdracht centraal.

Voorbeelden van cognitief georiënteerde groepen zijn cursusgroepen, lesgroepen, themagroepen en informatiebijeenkomsten. Vaak staat een spreker of een docent centraal, die bepaalde inzichten, kennis of informatie wil overdragen. De deelnemer wordt aangesproken op zijn cognitief vermogen, op zijn denken. Bij dit soort groepen ligt het hoofdaccent dus op cognitieversterking, kennisvermeerdering en inzichtverwerving. Door de aangereikte kennis en de inzichten kan de deelnemer beter keuzes maken. De informatie of voorlichting kan allerlei onderwerpen betreffen: wettelijke regelingen, procedures, gezondheidsbevorderend gedrag, ziektebeelden, handicaps ... Meestal gaat het om een beperkt aantal bijeenkomsten, soms is de bijeenkomst eenmalig. De groep kan vrij groot zijn. De communicatie ligt vooral op inhouds- en procedureniveau (zie hoofdstuk 4).

2. Groepen waarin het hart centraal staat, zijn gericht op de ervaringen en belevingen van de groepsleden

Het gaat in zulke groepen om verwerking van gevoelens en om behandeling van gevoelsmatig geladen onderwerpen. Deze groepen werden vroeger nogal eens aangeduid met de term 'procesgroepen', omdat het eigen proces van de groep en het proces van de groepsleden centraal staan. De term kan echter verwarring oproepen omdat élke groep een bepaald proces doorloopt. Belevings- en ervaringsgeoriënteerde groepen zijn erop gericht de emotionele spankracht van de deelnemers te versterken. Dit gebeurt door hen gevoelens en ervaringen met elkaar te laten delen. Dit is niet altijd gemakkelijk; soms moeten deelnemers emotionele blokkades overwinnen.

In zo'n belevingsgeoriënteerde groep is er veel aandacht voor het delen van ervaringen, zowel uit het eigen persoonlijke leven, als ervaringen in de groep zelf. Het delen van ervaringen kan betrekking hebben op ingrijpende levensgebeurtenissen die deelnemers hebben meegemaakt. Het kunnen delen van traumatische ervaringen, de heroriëntatie op andere levensverwachtingen en het besef dat waarden en normen door de traumatische gebeurtenis veranderd zijn, kunnen de eigen emotionele draagkracht versterken.

In zulke groepen gaat het vooral om het uitwisselen en verdiepen van de eigen ervaringen van de groepsleden. Van groot belang hierbij is de interactie tussen de groepsleden en wat groepsleden daarin voor elkaar kunnen betekenen. De communicatie ligt vooral op interactie- en bestaansniveau (zie hoofdstuk 4). Deze groepen winnen aan waarde en diepgang naarmate er meer ruimte is voor het groepsproces en het individuele proces. Het programma biedt de groepsleden veel ruimte voor eigen inbreng en is meestal niet al te strak gestructureerd en vastgelegd. Deze groepen zijn meestal niet al te groot (minder dan tien groepsleden) en ze komen vaker bijeen, bijvoorbeeld tien keer.

3. **Groepen waarin de handen centraal staan, zijn gericht op vaardigheden en competenties**

Het gaat in zulke groepen om het aanleren en oefenen van nieuw gedrag. Voorbeelden zijn cursussen of vaardigheidstrainingen. Leerprocessen staan centraal. De begeleider van de groep zal leersituaties creëren via allerlei werkvormen, zoals rollenspelen, simulatiespelen, gestructureerde oefeningen en huiswerkopdrachten. In een volgende subparagraaf over verschillende methodieken geef ik daar meer voorbeelden van. De achterliggende gedachte bij dit soort groepen is dat het leren van ander gedrag en van nieuwe vaardigheden een positieve bijdrage zal leveren aan het zelfbeeld en de gevoelens van zelfwaardering van de deelnemer. Het nieuwe gedrag kan bijvoorbeeld een toename van sociale of communicatieve vaardigheden zijn, van opvoedersvaardigheden of van vaardigheden om anders om te gaan met problemen. Andere voorbeelden van dit type groep zijn trainingen in conflicthantering, discussietechniek, vergadertechniek, assertiviteit of allerlei beroepsgerichte vaardigheden. De groepsbegeleider of trainer biedt de deelnemers een veilige leersituatie waarin geoefend kan worden in de gewenste vaardigheden. Zulke groepen volgen vaak een strak programma dat volgens een vooraf ontworpen structuur is opgezet. Het aantal bijeenkomsten ligt van tevoren vast. Omdat een groot deel van de communicatie 'voorgeprogrammeerd' is, speelt de meeste communicatie zich af op procedureniveau, maar is er soms ook enige ruimte voor het interactieniveau en het bestaansniveau (zie hoofdstuk 4). De meeste trainingsgroepen vallen onder dit derde groepstype.

Overzicht van de groepen

Hoofd	Hart	Handen
cognitief georiënteerde groepen	belevings- en ervaringsgeoriënteerde groepen	gedrags- en vaardigheidsgeoriënteerde groepen
Voorbeelden: lesgroepen cursusgroepen cognitieve groepen	*Voorbeelden:* trainingsgroepen procesgroepen	*Voorbeelden:* trainingsgroepen oefengroepen cursusgroepen
Doelstelling: informatieoverdracht kennisoverdracht voorlichting	*Doelstelling:* leren of verwerken via beleving en ervaring	*Doelstelling:* aanleren van nieuw gedrag en vaardigheden uitbreiden van verstevigen van competenties
Hoofdnadruk: op inhoud	*Hoofdnadruk:* op proces: individueel proces en/of groepsproces	*Hoofdnadruk:* op procedure en op structuur: gestructureerde oefeningen, programma's, protocollen
Aspect dat aangesproken wordt: verstand, ratio kennen, denken	*Aspect dat aangesproken wordt:* gevoel ervaren, voelen	*Aspect dat aangesproken wordt:* motoriek doen, willen
Agogische termen: kennis	*Agogische termen:* houding, attitude	*Agogische termen:* vaardigheid
Verandering door: inzicht, bewustwording	*Verandering door:* ervaring gebaseerd op voelen	*Verandering door:* ervaring gebaseerd op handelen
Stijl van leren: reflecterend en observerend abstracte begripsvorming	*Stijl van leren:* concreet ervarend	*Stijl van leren:* actief experimenterend
Leerbronnen: lesmateriaal en kennis van de docent vormen de belangrijkste input	*Leerbronnen:* het gaat om ervaringsgericht leren groepsleden leren door uitwisseling van wat ze zelf en aan elkaar ervaren	*Leerbronnen:* ervaringsgericht leren groepsleden leren in oefensituaties die de groepsbegeleider creëert
cognitieve betrokkenheid	affectieve betrokkenheid echtheid, attitude, grondhouding	resultaatgerichte betrokkenheid

Veranderingsmodel: planmatige verandering	Veranderingsmodel: procesmatige verandering	Veranderingsmodel: planmatige verandering
Rol van de begeleider: de leermeester	Rol van de begeleider: de tuinman	Rol van de begeleider: de regisseur, de stuurman
Groepsniveaus: de groep functioneert vooral op inhoudsniveau	Groepsniveaus: de groep functioneert vooral op interactieniveau en bestaansniveau	Groepsniveaus: de groep functioneert vooral op procedureniveau

Methodieken

Er zijn veel verschillende methodieken, zoals kringgesprek, groepsdiscussie, informatieoverdracht, uitwisseling van ervaringen, didactische werkvormen, rollenspelen, gesprekken in subgroepen, trainingsoefeningen, huiswerkopdrachten enzovoort. De keuze voor de ene of de andere methodiek hangt voor een belangrijk deel af van de groepsdoelstelling: is deze meer gericht op informatieverwerking (het 'hoofd' centraal), meer op verwerking van gevoelens en ervaringen (het 'hart' centraal) of meer op het aanleren van vaardigheden (de 'handen' centraal)?

Maar ook speelt een rol in hoeverre de groepsbegeleider zelf zich met de ene of de andere methodiek vertrouwd voelt. Een belangrijke vuistregel is dat de groepsbegeleider nooit de eigen veiligheidsgrenzen moet verwaarlozen, want als de groepsbegeleider zich onveilig voelt, heeft dat meteen een negatief effect op de groep en het groepsklimaat.

In het algemeen zijn methodieken en werkwijzen die gericht zijn op het inhoudsniveau en het procedureniveau gestructureerder en dus veiliger dan methodieken en werkwijzen die gericht zijn op het groepsproces en het individuele proces (interactie- en bestaansniveau, zie hoofdstuk 4).

Mogelijke werkwijzen en methodieken

Hieronder volgt een aantal mogelijke werkwijzen en methodieken voor elk van de drie soorten groepen:

1. *Methodieken voor groepen waarin het 'hoofd' centraal staat*
   - Mondelinge informatieoverdracht (voordracht, lezing, gastspreker ...)
   - Groepsgesprek ter verwerking van de informatie
   - Discussie
   - Leergesprek
   - Vragenronde

- Gesprekken in subgroepen aan de hand van richtvragen en deze gesprekken plenair terugkoppelen
- Schriftelijke informatieoverdracht (folders, voorlichtingsmateriaal, artikelen, boekentafel ...)
- Ondersteunende tentoonstelling
- Foto's, videoband, film, al dan niet met discussievragen
- Vragenlijst

2. *Methodieken voor groepen waarin het 'hart' centraal staat*
   - Groepswerkmethodieken
   - Kennismakingsvormen
   - Een rondje in de groep waarbij ieder een eigen ervaring vertelt met betrekking tot het thema van de bijeenkomst (uitwisseling van ervaringen)
   - Kringgesprek over wat de deelnemers bezighoudt
   - Onderwijsleergesprek (aan de hand van een thema of vragen die de groepsbegeleider aan de groep voorlegt)
   - Eigen inbreng van deelnemers (eigen vragen, eigen ervaringen, eigen probleemsituaties)
   - Brainstorm in de groep
   - Werken in subgroepen rond een specifieke vraag en de ervaringen in de subgroepen plenair terugkoppelen
   - Interviews met elkaar of verdiepingsgesprekken in tweetallen
   - Werken met verhalen, met verbeelding, met foto's, met metaforen
   - Werken met opdrachten
   - Gezamenlijke activiteiten buiten de groepsbijeenkomsten

3. *Methodieken voor groepen waarin de 'handen' centraal staan*
   - Kennismakingsvormen
   - Demonstratie (voordoen 'zoals het moet')
   - Oefensituaties, zoals rollenspelen
   - Simulaties
   - Gestructureerde oefeningen
   - Inbreng van eigen probleemsituaties
   - Incidentmethode
   - Spelvormen
   - Huiswerkopdrachten

- Groepsgesprek
- Vragenlijsten

Algemeen geldt dat in de eerste en de derde soort groep ('hoofd' en 'handen') de begeleider veel meer centraal staat dan in de tweede soort groep ('hart'). In het tweede type groep is de kwaliteit van de interactie tussen de groepsleden van doorslaggevend belang. Het is juist op zulke momenten dat de kracht van groepswerk het sterkst tot zijn recht kan komen.

3.18 Reflectie op redenen voor werken met groepen

Individuele fase
Bezin je op de vraag waarom je zou kiezen voor de methodiek van werken met groepen:
- Wat zijn daar voor jou de voordelen van?
- Welke beelden, welke visie, welke doelstelling, welke wensen zitten achter de mogelijke keuze voor het werken met groepen?
- Waarom zou je eraan beginnen? Wat maakt het voor jou de moeite waard?
- Waarin zit voor jou de kracht van deze methodiek?

Uitwisselingsfase
Bespreek je persoonlijke antwoorden op deze vragen in drietallen of in de plenaire groep.

Variant: 'Wat trekt me aan, waar zie ik tegenop?'
Je kunt bovenstaande vragen vervangen door of aanvullen met de vragen: Wat trekt me aan in de methodiek van werken met groepen? Wat staat me daarin tegen? Waar zie ik tegenop?

4 Niveaus in groepen

4.1 Inleiding
4.2 Inhoud en betrekking
4.3 Inhoudsniveau en interventies
4.4 Procedureniveau en interventies
4.5 Interactieniveau en interventies
4.6 Bestaansniveau en interventies
4.7 Het bestaansniveau in taakgerichte groepen
4.8 Contextniveau
4.9 Oefening: Herkenning van vijf niveaus in groepen
4.10 Vragen bij de niveaus van groepsfunctioneren
4.11 Themagecentreerde interactie
4.12 Nog drie niveaus
4.13 Niveau van ethiek
4.14 Mythisch niveau
4.15 Oefening: Het ganzenbord als archetype
4.16 Zingevingsniveau
4.17 Een overzicht van interventies

4.1 Inleiding

In paragraaf 2.2 besprak ik het onderscheid tussen taak en proces, tussen taakaspecten en sociaal-emotionele aspecten in groepen. Daarbij merkte ik op dat elke groep tegelijkertijd op deze twee niveaus functioneert. Als we groepen beter willen begrijpen en met groepen gaan werken, blijkt deze tweedeling echter te grof. Daarom heb ik het taakniveau nader opgedeeld in twee niveaus: het inhoudsniveau en het procedureniveau. Het inhoudsniveau betreft alle gedrag waarmee de groep werkt aan de doelstelling en de taak, dus naar *wat* er in de groep gebeurt. Ik bespreek dit uitgebreid in paragraaf 4.3.

Het procedureniveau verwijst naar *hoe* de groep aan de taak werkt, zoals de gevolgde werkwijzen en procedures ter concretisering van de doelstelling. Dit komt aan bod in paragraaf 4.4.

Het sociaal-emotioneel niveau heb ik nader opgesplitst in het interactieniveau en het bestaansniveau. Het interactieniveau verwijst naar het groepsproces en dus naar wat er *tussen* de groepsleden gebeurt, terwijl het bestaansniveau verwijst naar het individuele proces en naar wat er *binnen* de afzonderlijke groepsleden gebeurt. Deze twee niveaus komen aan bod in paragraaf 4.5 en paragraaf 4.6. Daarnaast spelen er in groepen ook invloeden vanuit de omgeving van de groep, dus invloeden van *buiten* de groep. Dit vat ik samen onder de term contextniveau. Dit niveau komt aan bod in paragraaf 4.8.

Het gaat dus om vijf niveaus (zie ook figuur 4.1):
1. inhoudsniveau: het werk aan de doelstelling en de taak (*wat*);
2. procedureniveau: de werkwijze ter concretisering van de doelstelling (*hoe*);
3. interactieniveau: het groepsproces en de onderlinge betrekkingen (*tussen*);
4. bestaansniveau: het individuele proces van ieder groepslid (*binnen*);
5. contextniveau: invloeden die in de groep doorklinken vanuit de context, bijvoorbeeld maatschappelijke invloeden (*buiten*).

Communicatie en gedrag in groepen kunnen we beter begrijpen door zicht te hebben op wat er zich tegelijkertijd afspeelt op al deze niveaus. Dit kan soms verwarrend zijn. Juist door de verschillende niveaus kan de interactie zeer gevarieerd zijn, maar tegelijkertijd ook gevoelig voor verwarringen en storingen. Ik bespreek in dit hoofdstuk de vijf genoemde niveaus in groepen en vul dit aan met nog drie niveaus: het niveau van ethiek (paragraaf 4.13), het mythische niveau (paragraaf 4.14) en het zingevingsniveau (paragraaf 4.16). De beschrijving van deze acht niveaus vormt het grootste deel van dit hoofdstuk.

Nu is niet elk niveau steeds even sterk zichtbaar tijdens het functioneren van de groep. Dit hangt niet alleen af van het waarnemingsvermogen van de werker, maar ook van het type groep én van de fase waarin de groep verkeert. Zo zijn in taakgroepen of in opleidingsgroepen vooral de eerste twee niveaus (inhoud en procedure) manifest. Toch spelen daar ook onderlinge betrekkingen en persoonlijke wensen en behoeften (behoeften aan erkenning bijvoorbeeld). Alleen zal de groepsbegeleider daar minder mee doen en dus minder interveniëren op betrekkings- of bestaansniveau.

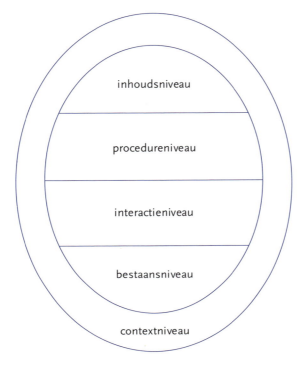

Figuur 4.1   Gelaagdheid van groepsfunctioneren

Het onderscheid tussen het functioneren op taakniveau en het functioneren op sociaal-emotioneel niveau loopt parallel aan een ander gebruikelijk onderscheid, namelijk het onderscheid tussen functioneren op inhoudsniveau en functioneren op betrekkingsniveau. Hier sta ik eerst kort bij stil.

4.2   Inhoud en betrekking

De tweedeling tussen inhoudsniveau en betrekkingsniveau stamt uit de systeem- en communicatietheorie, zoals die in het bijzonder door de publicaties van Watzlawick (o.a. 1970) bekend geworden is. Dit is geen specifieke groepsdynamische theorie, maar een algemene benadering van menselijke communicatie. De stelling is dat communicatie zich afspeelt op verscheidene niveaus en dat communicatie belangrijk aan betekenis verliest door slechts aandacht te hebben voor één niveau, bijvoorbeeld door de communicatie uit zijn context te lichten. In elk geval zijn twee niveaus gelijktijdig aanwezig: het inhoudsniveau en het betrekkingsniveau.

Het inhoudsniveau betreft de informatie, de inhoud, het bericht. Op het betrekkingsniveau wordt aangegeven hoe de inhoud moet worden opgevat door degene voor wie die bestemd is, bijvoorbeeld als een neutrale mededeling, als een vraag, als een verzoek, als een bevel, als een grapje enzovoort. Op het betrekkingsniveau geeft de zender dus tegelijk aan hoe hij zijn relatie tot de ontvanger definieert: hoe hij zichzelf ziet in relatie tot de ander. Bijvoorbeeld: ik zie jou als iemand die ik bevelen kan geven, of als iemand die ik in vertrouwen kan nemen, of als iemand van wie ik veel kan leren, of als iemand met wie ik graag bevriend wil zijn. Dit zijn allemaal verschillende relatievormen. We geven deze relatiewens echter zelden met evenzoveel woorden aan. Meestal laten we deze wens merken door de manier van praten en door non-verbaal gedrag. Voor de tussenmenselijke communicatie is het betrekkingsaspect van minstens even grote betekenis als het inhoudsaspect.

Communicatieproblemen liggen vaak op betrekkingsniveau

Problemen en conflicten liggen in veel gevallen niet op het niveau van de inhoud, maar op dat van de betrekking. Zo kan bij een meningsverschil bijvoorbeeld eindeloos getwist worden over de vraag 'Wie heeft er gelijk?' (inhoudsniveau), terwijl de eigenlijke vraag luidt 'Wie krijgt er gelijk?' Of 'Wie is de baas?' (betrekkingsniveau). Niet alleen op het inhoudsniveau, maar ook op het betrekkingsniveau ontwikkelen groepen duurzame interactiepatronen. De systeemregels bepalen dus het netwerk van onderlinge betrekkingen. Het is dit niveau van de onderlinge betrekkingen dat ik het interactieniveau in de groep noem. In hoofdstuk 7 ga ik dieper in op het betrekkingsniveau. Ik bespreek nu de acht niveaus van groepsfunctioneren.

4.3 Inhoudsniveau en interventies

Wanneer we in groepen onze aandacht richten op het inhoudsniveau, letten we vooral op de gespreksinhoud: het thema of het agendapunt dat aan bod is. Dit is het eerste niveau waarnaar de aandacht van de groepsbegeleider en het groepslid uitgaat. De groep dient helder te hebben waar het in wezen over gaat. Wanneer deze inhoud niet scherp is, wordt de groep stuurloos. Het duidelijk hebben van de inhoud bespaart de groep dus veel storingen.

Wanneer een groep niet lekker gelopen heeft, kunnen we achteraf nagaan of er storingen gespeeld hebben op dit inhoudsniveau. Zoals: Was het wel duidelijk waarover het ging? Had iedereen hetzelfde probleem of hetzelfde thema in gedachten? Zijn (wanneer het probleem of thema onduidelijk was) de onduidelijkheden uitgesproken? Waren er verschillende verwachtingen over de inhoud? Bestond er wel voldoende duidelijkheid over het gewenste eindresultaat?

Wanneer we het hebben over het inhoudsniveau, letten we vooral op de gespreksonderwerpen, dat wil zeggen op wat met zoveel woorden gezegd wordt. In algemene zin kan de inhoud niet alleen het gespreksonderwerp of het aan de orde zijnde agendapunt betreffen, maar ook de lesinhoud, het werk waarvoor de groep bij elkaar gekomen is, het probleem dat opgelost moet worden, het besluit dat genomen moet worden, het resultaat dat gehaald moet worden, het concrete doel dat gerealiseerd moet worden enzovoort.

Vaak is dit gekoppeld aan een gerichtheid op de taak. Wanneer een groep werkt op inhoudsniveau, zien we vaak een taakgerichte, resultaatgerichte, productgerichte, oplossingsgerichte of planmatige aanpak. In Engelstalige literatuur worden vaak de termen *problem solving* en *planned change* gebruikt ('probleemoplossing' en 'planmatige verandering').

Interventies op inhoudsniveau

De leider of begeleider van de groep heeft op dit niveau vooral de taak om de groepsactiviteit of de groepsdiscussie zo goed mogelijk te leiden en samen te vatten. Dit kan hij doen door een of meer van de volgende interventies:

1. Luisteren en samenvatten
   - Luisteren: ieder groepslid laten merken dat gehoord is wat hij gezegd heeft.
   - Coördineren: overeenkomsten of verbanden aangeven tussen wat verschillende groepsleden gezegd hebben.
   - Een samenvatting geven.
   - Tot een conclusie of afronding komen

2. Informatie geven of opvragen
   - Heldere informatie geven over de doelstelling en de taak van de groep, maar ook informatie die de groep nodig heeft voor een zinvolle discussie.
   - Het onderwerp (of thema of agendapunt) goed inleiden en in een kader plaatsen.
   - Afbakenen van het onderwerp, waken voor afdwalingen.
   - Het thema of onderwerp verhelderen of onderbouwen.
   - Feiten inbrengen.
   - Eigen ervaringen vertellen met betrekking tot het onderwerp.

- Om informatie of opheldering vragen.
- Achtergronden toelichten.

3. Meningen geven of opvragen
- Eigen mening geven.
- Meningen opvragen: proberen los te krijgen wat groepsleden denken of vinden.

4. Voorstellen doen of opvragen
- Initiatief nemen (bijvoorbeeld suggesties doen), oplossingen voorstellen, nieuwe ideeën inbrengen.
- De groepsleden vragen om voorstellen.

5. Deskundigheid tonen
- Inhoudelijke deskundigheid laten merken, zoals tonen van vakkennis.
- Goede voorbereiding: zijn 'verhaal' goed kennen, zijn onderwerp beheersen.

6. Aansluiten
- Aansluiten op het niveau van de groep door taalgebruik en moeilijkheidsniveau van het gesprek af te stemmen op de groepsleden.
- De inhoud laten aansluiten op wat de groepsleden al weten.

4.4 Procedureniveau en interventies

Het procedureniveau is een onderdeel van het taakniveau. Terwijl de groep aan de taak en de doelstelling werkt, doet ze dit ook op een bepaalde manier. Die manier kan de taakvervulling bevorderen of afremmen. Het kiezen van een goede werkwijze of procedure is dus van groot belang voor de taakvervulling. Terwijl we bij het inhoudsniveau vooral letten op *wat* de groepsleden voor de taakvervulling doen en bespreken, letten we bij het procedureniveau vooral op *hoe* de groep aan de taak werkt.

Vragen over het functioneren van groepen

Wanneer een groep niet goed functioneert en veel storingen kent, kan dit liggen aan een onjuiste procedure of aanpak. We kunnen ons in dit verband de volgende vragen stellen: Kan het zijn dat de groep een onjuiste procedure hanteert? Dat de aanpak niet bij het onderwerp of het probleem past? Dat de functie van de bijeenkomst niet voor alle groepsleden duidelijk is? Gaat het om het uitwisselen van meningen, om inspraak of om meebeslissen? Is het duidelijk of het gaat om beeldvorming, oordeelsvorming of besluitvorming? Wil de groep misschien te veel in de beschikbare tijd? Is het voor de deelnemers duidelijk hoe gewerkt gaat worden? Is de agenda of het programma duidelijk? Zijn de voorbereidingen adequaat? Heeft iedereen zich voldoende kunnen voorbereiden (bijvoorbeeld door het lezen van bepaalde stukken die toegestuurd zijn)? Zijn de verantwoordelijkheden duidelijk? Is vooraf duidelijk wat het vervolg van het gesprek zal zijn? Is de rol van de gespreksleider helder? Hoe meer van zulke vragen een negatief antwoord krijgen of onbeantwoord blijven, hoe meer storingen er te verwachten zijn in het functioneren van de groep. En te veel storingen drukken de productiviteit en leiden tot frustraties bij iedereen. Dit kan in belangrijke mate voorkomen worden door een goede voorbereiding en uitvoering op procedureniveau.

Structuur van de groep
In het algemeen geldt op dit niveau het belang van het bieden van een goede structuur of het bieden van ondersteuning waardoor de groep zelf zijn eigen structuur kan bepalen. Bij structuur kun je denken aan keuzen van werktijden van de groep, de frequentie van samenkomst, tijdsbewaking, regels voor vertrouwelijkheid. Een juiste structuur zal de groepsontwikkeling bevorderen. Een gebrekkige structuur zal deze ontwikkeling afremmen of zelfs blokkeren. De groep blijft dan 'hangen' in een steeds terugkerende vicieuze cirkel waarin onmacht en frustratie gaan overheersen.

Methodiek
Wanneer we de aandacht richten op het procedureniveau van een groep, letten we op de wijze waarop gewerkt wordt aan de doelstelling of de taak: de gevolgde methodiek of werkwijze. Dit kan een groepsdiscussie zijn of een kringgesprek. Ook valt te denken aan werkvormen als rollenspelen, gesprekken in subgroepen, trainingsoefeningen of huiswerkopdrachten en het maken van praktische afspraken. Tot het procedureniveau hoort ook de wijze waarop de groep tot besluitvorming komt, evenals het kiezen van een geschikte structuur, bijvoorbeeld een tijdsindeling van de groepsbijeenkomst. Het opstellen van een agenda of een programma is dan ook een belangrijke interventie. Daarmee legt de begeleider niet alleen een tijdsindeling vast, maar regelt hij ook al veel zaken die de inhoud betreffen. Het vaststellen van een programma voor verschillende bijeenkomsten heet programmeren. De begeleider maakt daarbij keuzes voor een structuur die zo goed mogelijk is afgestemd op de doelstelling van de groep. Programmeren betekent het operationaliseren van de doelstelling.

Omgangsregels

Ook afspraken over participeren in de groep, over vertrouwelijkheid en over omgangsregels (zoals luisteren, elkaar laten uitspreken) en eventueel ook over het omgaan met emoties (zoals 'niet weglopen') behoren tot het procedureniveau. Vooral in officiële vergaderingen zijn procedures sterk aan de orde. Daar gelden strakke regels voor deelname aan de groepsdiscussie en voor het uitspreken van ongenoegen, bijvoorbeeld in de vorm van moties. Ook in allerlei 'gewone' groepen klinken vaak procedureopmerkingen ('Daar hebben we het vandaag niet over', 'Daar moeten we het een andere keer nog eens over hebben').

Werkvormen

Wat betreft mogelijke procedures in groepen wijs ik op de grote hoeveelheid werkvormen die de begeleider ter beschikking staan vanuit de wereld van interactietrainingen, groepstrainingen en didactisch groepswerk. Er is een schat aan methodieken, technieken, oefeningen en werkvormen beschikbaar. Zo zijn er allerlei werkwijzen voor brainstorming, diverse besluitvormingsprocedures, vergadertechnieken, gesprekstechnieken, discussietechnieken, methodieken voor conflicthantering en adviesprocedures. De handboeken bieden een schat aan inspiratie aan de begeleider die creatief een werkwijze voor zijn groep wil ontwikkelen (zie bijvoorbeeld Dirkse-Hulscher & Talen, 2007; Durlinger, 2011; Bijkerk & Van der Ploeg, 2012; De Galan, 2010, 2011; Karreman, 2010; Kaufman & Ploegmakers, 2010; Mulder & Budde, 2006; Mulder e.a., 2010; Oomkes, 2001).

Interventies op procedureniveau

Naast wat ik hiervoor al aangegeven heb, kom ik tot de volgende interventies voor groepen:

- Een duidelijk programma of een duidelijke agenda bieden.
- Vooraf informatie toesturen, bijvoorbeeld een toelichting op de agenda en de benodigde bijlagen (stukken die iedereen ter voorbereiding moet lezen).
- Regels voor participatie helder aangeven.
- Duidelijke uitleg geven bij opdrachten.
- Storingen soms voorrang geven; breder gezegd: het programma of de agenda flexibel aanpassen aan de situatie en aan de groep.
- Grenzen stellen.
- Veilige werkvormen kiezen.
- Afwisseling aanbrengen in de werkvormen (kleine groepjes, plenair).

- Op de verschillende leerstijlen van de deelnemers inspelen.
- Goede timing en tijdsbewaking.
- Zorgvuldigheid bij het nakomen van afspraken.
- Afwezigen laten bijpraten door groepsleden.
- Verbindingen leggen met eerdere bijeenkomsten.
- Methodische verantwoording geven.

Onzichtbare interventies

Verder behoort een groot aantal 'onzichtbare interventies' tot het procedureniveau. Omdat ze voor de groepsleden niet zichtbaar zijn, is het wellicht beter om hier te spreken van 'acties' in plaats van 'interventies'. Deze *onzichtbare acties* vinden plaats in de voorwaardenscheppende sfeer. Als ze goed uitgevoerd worden, blijven ze onzichtbaar voor de groepsleden. Ze zijn van groot belang omdat een slechte uitvoering daarvan tot veel storingen en irritaties kan leiden. Tot zulke onzichtbare acties in de voorfase behoren:

- Een geschikt lokaal kiezen.
- De meeste geschikte frequentie bepalen (hoe vaak komt de groep bij elkaar en hoelang per bijeenkomst).
- Hulpmiddelen verzorgen (bord, overhead, papier).
- Gastsprekers of andere relevante informatiebronnen bijtijds inschakelen of regelen (video, film).
- Zorgen voor koffie en thee, eventueel ook een bloemetje enzovoort.

Zulke voorbereidende acties zijn van belang, want ze bevorderen sterk het klimaat en de sfeer waarin de groep aan het werk gaat.

4.5 Interactieniveau en interventies

Onder het interactieniveau vallen alle groepsdynamische processen, zoals het groepsklimaat, lidmaatschap (het erbij horen), leiderschap, communicatie, interactie en participatie, verdeling van macht en invloed, cohesie, gevoelens van betrokkenheid, affectie en sympathie, subgroepsvorming, groepsontwikkeling, groepsnormen en conformiteit aan deze normen. Wanneer de groepsbegeleider hier goed op inspeelt, kan de groep zich tot een effectieve eenheid ontwikkelen en kan de kracht van groepswerk volledig tot zijn recht komen. Een van de methodieken om dit te bereiken is groepswerk. Elders (zie Van

Aken, 1996) heb ik groepswerk als volgt omschreven: 'Groepswerk is een methodiek voor het bevorderen van sociale veranderingsprocessen, waarbij gebruik wordt gemaakt van het bewust en doelgericht aansturen van groepsfenomenen, vooral op het vlak van de relatie tussen de werker en de relaties tussen de groepsleden.' Groepswerk richt zich dus sterk op het interactieniveau. Hetzelfde geldt in principe voor elke vorm van begeleiden van groepen, dus ook voor groepspsychotherapie, groepstraining, groepscoaching, teambegeleiding enzovoort.

De kracht van groepen

Waaruit bestaat nu de kracht van groepen? In een artikel over groepsmaatschappelijk werk noemt Goossens (2001) negen factoren die de kracht van groepen aangeven. Daarvan noem ik er hier zeven:

1. Groepen bieden een veilig leerklimaat voor nieuw gedrag.
2. Groepen bieden aan deelnemers veel mogelijkheden om van elkaar te leren door middel van feedback, ervaringen, informatie en interactie.
3. Groepen ondersteunen mensen bij pogingen hun isolement te doorbreken.
4. Groepen helpen deelnemers om herkenning en erkenning te vinden voor de eigen problematiek.
5. Groepen spreken deelnemers aan op verscheidene rollen, want in groepen kunnen deelnemers zowel geholpene als helper zijn.
6. Van het werken met groepen kan een belangrijke preventieve werking uitgaan.
7. Groepen zijn ook uitermate geschikt voor informatieoverdracht.

Bovendien werkt in groepen ook een groot aantal genezende factoren, zoals altruïsme, groepscohesie, catharsis, universaliteit, identificatie, herbeleving, zelfinzicht, het wekken van hoop, humor en existentiële factoren (zie Yalom, 1991). Door al deze factoren kunnen groepen een sterk medium zijn voor gedragsverandering en andere leerprocessen. Deze factoren komen echter alleen tot hun recht wanneer de groep methodisch en deskundig begeleid wordt. En zoals al eerder gezegd, speelt in deze begeleiding het interactieniveau een doorslaggevende rol. Men spreekt ook wel van het groepsproces, van het sociaal-emotionele niveau van de groep of van het betrekkingsniveau. Omdat daarbij de aandacht vooral gericht is op de onderlinge interacties en relaties tussen de groepsleden, ligt bij dit niveau het accent vooral op wat er zich *tussen* de groepsleden afspeelt.

Twee dimensies in relaties

In het patroon van onderlinge relaties spelen twee hoofddimensies: enerzijds die van de macht ('Wie heeft het voor het zeggen in deze groep?'), anderzijds die van de onderlinge betrokkenheid, tot uiting komend in gevoelens van nabijheid en wederzijdse sympathie. Op precies deze twee dimensies is de zogeheten Roos van Leary gebaseerd, die ter sprake zal komen in hoofdstuk 8.

Vragen over het interactieniveau

Je kunt een indruk krijgen van het interactieniveau van een concrete groep door je het volgende af te vragen: Wat valt er te zeggen over het groepsklimaat in deze groep? Wil iemand veel overwicht hebben? Is er een informele leider? Wat speelt er tussen de mensen? Wat voor normen gelden in deze groep? Is er sprake van subgroepsvorming? Worden er bepaalde zaken niet uitgesproken?

Interventies op interactieniveau

Op het interactieniveau zijn veel interventies mogelijk waarmee de begeleider tegemoet kan komen aan de psychosociale behoeften van de groep en een bijdrage kan leveren aan de opbouw van een groepsklimaat waar ieder groepslid zich sociaal-emotioneel thuis voelt. Ik noem een aantal van zulke interventies:

- Ruimte nemen voor een goede kennismaking, een persoonlijke begroeting en een rustige start.
- In het begin van de groep vaak gebruikmaken van subgroepjes, waardoor de kans toeneemt dat ieder groepslid een bijdrage levert.
- Aansluiten bij de ervaring en de beleving van de groepsleden, bijvoorbeeld met gerichte vragen ('Hoe zit iedereen erbij?', 'Kunnen we verder?').
- Een klimaat van veiligheid en vertrouwen bevorderen. Denk aan positief bekrachtigen van ieders inbreng, herkenning bij elkaar stimuleren, bepaalde normen stimuleren (zoals: 'verschillen mogen er zijn: we hoeven niet allemaal hetzelfde te denken').
- Een open en directe communicatie in de groep stimuleren, bijvoorbeeld door groepsleden rechtstreeks op elkaar te laten reageren en door de onderlinge communicatie en eventuele rollen en posities in de groep ter sprake te brengen ('ik merk dat we hier niet allemaal hetzelfde over denken').
- Kritiek of weerstand accepteren en serieus nemen en als dat mogelijk is het programma op de betreffende punten bijsturen ('judohouding') of de eigen leiderschapsstijl aanpassen aan de groep.
- Kritiek op de leider toestaan en (indien van toepassing) heretiketteren als een constructieve poging tot een verbetering van het groepsfunctioneren.

- Evaluatiemomenten inlassen voor een terugblik op het eigen functioneren als groep. Dit kan kort, bijvoorbeeld in 5 tot 10 minuten tussendoor (als 'procespauze'), of aan het eind van elke bijeenkomst, of uitgebreider na een aantal bijeenkomsten.
- Oog hebben voor zich ontwikkelende subgroepen. Dit kan een signaal zijn dat belangen en behoeften van groepsleden blijkbaar niet door de groep als geheel vervuld worden.
- De fase van de groep juist inschatten en de groepsontwikkeling stimuleren.
- Aandacht hebben voor vormen van groepsafweer en daarachter liggende angsten en gevoelens van bedreiging (ook wel aandacht voor het *focal conflict* genoemd).
- Aandacht voor informele patronen in de groep.
- Met groepsmythen en geheimen in de groep werken.
- Groepseenheid en cohesie bevorderen.
- Conflicten op groepsniveau hanteren.
- De eigen kijk als begeleider op de groep en op het groepsprobleem inbrengen. Let wel: niet zozeer inhoudelijk, als wel procesmatig.
- De eigen zorg over het groepsfunctioneren met de groep delen en (als voorbeeldfunctie) het eigen gevoel verwoorden, maar daarbij het groepsprobleem wel bij de groep laten.
- Benoemen van groepsthema's.
- Aan de orde stellen van verborgen of geheime thema's.

Omdat het interactieniveau de kern van de groepsdynamica vormt, kom ik er later nog uitgebreid op terug (hoofdstuk 5 en 9 tot en met 12).

4.6 Bestaansniveau en interventies

Wanneer we de aandacht richten op het bestaansniveau letten we op de individuele processen. Hiermee bedoel ik aandacht voor wat er zich *binnen* mensen afspeelt en niet voor wat zich tussen mensen afspeelt. Dat laatste is interactieniveau. Het gaat op het bestaansniveau om aandacht voor de binnenwereld van het individuele groepslid en het tegemoetkomen aan zijn psychosociale behoeften. Tot deze psychosociale behoeften horen onder andere de behoeften aan veiligheid, aan erbij horen, aan respect, aan erkenning en waardering, aan zelfverwerkelijking en aan zingeving. Denk hierbij aan de theorie van Maslow, die uitgaat van een hiërarchie van behoeften.

Het bestaansniveau is het duidelijkst in het geding zodra er in de groep gevoelens spelen van onzekerheid en angst, bijvoorbeeld angst voor verandering. Het kan er in groepen ook wat minder heftig aan toegaan op het bestaansniveau. Dat wordt bijvoorbeeld duidelijk wanneer de groepsbegeleider geen aandacht heeft voor ieders aanwezigheid en te weinig laat merken dat ieders aanwezigheid op prijs gesteld wordt. Of wanneer hij te weinig laat merken dat hij sommige groepsleden toch hoort en ziet en dat hij hun bijdrage waardeert. Wanneer dit soort aandacht in groepen ontbreekt, is het klimaat vaak onpersoonlijk en de sfeer stroef. Als een groep niet lekker loopt, is het goed mogelijk dat er thematiek op bestaansniveau speelt, bijvoorbeeld dat iemand ergens erkenning voor zoekt, maar die niet krijgt. Zo merkte ik onlangs bij een teambespreking dat een groepslid de teamleider onder vuur nam over het niet juist gevolgd hebben van bepaalde procedures. De achtergrond, die niet ter sprake kwam, was dat dit teamlid onlangs door de teamleider was gepasseerd voor een belangrijke functie. Het gesprek in de groep lijkt dan te gaan over een thematiek op procedureniveau, terwijl er een ervaring van pijn en kwaadheid speelt op bestaansniveau. Het ging dus eigenlijk om gebrek aan erkenning.

Erkenning en identiteit

Het bestaansniveau speelt zodra groepsleden op directe of indirecte wijze erkenning proberen te vinden voor hun gedrag of voor hun persoonlijke gedachten of gevoelens. Deze hebben vaak te maken met het eigen zelfbeeld of de eigen identiteit. Op het bestaansniveau gaat het om het vinden van erkenning voor de eigen identiteit.

Voor het opbouwen van een eigen identiteit hebben we anderen nodig. Groepen bieden hiertoe ruime mogelijkheden. Ieder mens, of het nu om een kind of een volwassene gaat, heeft er behoefte aan iets voor een ander te betekenen, dat wil zeggen opgemerkt te worden en een plaats in te nemen in de belevingswereld van minstens één andere persoon. Juist groepen bieden kansen voor deze erkenning. Allereerst het gevoel mee te tellen, erbij te horen en serieus genomen te worden, de erkenning dát je er bent en er mag zijn. In de tweede plaats de erkenning voor wat je kunt: het gevoel van competentie, van tot iets in staat te zijn, iets te kunnen presteren, iets voor elkaar te krijgen dat voor jou persoonlijk belangrijk is. En in de derde plaats de erkenning voor wie je bent als persoon: het gevoel gewaardeerd te worden om wie je bent, dat anderen je aardig en sympathiek vinden, dat je niet afgewezen wordt om wat voor reden dan ook.

Erkenning voor wie je bent als persoon

In het bijzonder de erkenning voor wie je bent als persoon kan in groepen sterk stimuleren tot het ontdekken en bewust worden van kanten van jezelf die voordien aan de bewuste ervaring onttrokken waren. Achter de façade van het naar buiten gepresenteerde beeld van zichzelf worden soms de contouren van een 'privézelfbeeld' zichtbaar. Daarbij kunnen minder geaccepteerde en minder aangename aspecten aan bod komen. Het kan hierbij gaan om eigen schaduwkanten, zoals persoonlijke taboes, schaamtegevoelens, onterechte gevoelens van falen of negatieve opvattingen over zichzelf. Het door anderen ook in deze aspecten begrepen en erkend worden, maakt het mogelijk om tot een erkenning te komen van zulke moeilijk te verdragen inzichten over zichzelf. Dit betekent zelfacceptatie en erkenning van de eigen schaduwkanten. We kunnen zelfs zeggen dat een groepsklimaat in deze zin bevrijdend en emanciperend kan werken. In paragraaf 7.7 kom ik uitgebreider terug op het bestaansniveau en op het thema erkenning.

Interventies op bestaansniveau

Op het bestaansniveau spelen alle interventies die het individuele proces van het groepslid bevorderen en die zijn motivatie versterken, zoals:

1. *Acceptatie*
   - Ieder groepslid laten merken dat hij gehoord en gezien wordt.
   - Rekening houden met ieders eigenheid.
   - Groepsleden volledig accepteren zoals ze zijn en handelen.
   - Bevestiging en erkenning bieden.
   - Een niet-veroordelende houding tonen.
   - Waardering laten merken.

2. *Feedback en confrontatie*
   - Duidelijke feedback geven.
   - Feedback op elkaar stimuleren.
   - Confronteren.
   - Stimuleren van zelfinzicht.

3. *Persoonsgerichte interventies*
   - Het gesprek teruggeven op een dieper gevoelsniveau.
   - Naar persoonlijke ervaringen vragen.
   - Geobserveerde gevoelens benoemen.
   - Stimuleren dat groepsleden zich persoonlijk uitdrukken en vooral dat ze het gevoel achter hun uitspraken gaan ervaren en verwoorden.
   - Functionele stiltes de tijd gunnen.

4. *Openheid*
- Zelf persoonlijk zijn.
- Stimuleren dat groepsleden gevoelens uiten die ze hier en nu ervaren.
- Zelfonthulling als begeleider (maar niet te veel in de beginfase van een groep).
- Open en non-defensieve communicatie (zie paragraaf 6.5).
- Persoonlijke communicatie.
- Veiligheid en vertrouwen uitstralen.
- Als groepsbegeleider jezelf zijn en kwetsbare momenten laten zien.

5. *Experimenteerzin*
- Een houding van 'fouten zijn geen ramp'.
- Een veilig klimaat creëren voor uitproberen van nieuw gedrag.
- Zelf problemen laten oplossen.
- Eigen inzicht stimuleren.

6. *Voorbeeldfunctie*
- Bezieling, enthousiasme, inspiratie uitstralen.
- Empathie, echtheid, congruentie, acceptatie tonen.
- Authentiek zijn en je kwetsbaar durven opstellen als begeleider.
- Model staan met betrekking tot respect hebben en ruimte geven.
- Groepsleden aanspreken op hun positieve kwaliteiten.
- Als begeleider de eigen grenzen van veiligheid/onveiligheid kennen en deze niet overschrijden.

Een speciale ingreep van de groepsbegeleider is de zogeheten beschermingsinterventie. Dit gebeurt wanneer hij tussenbeide komt om een groepslid te beschermen die te veel in de schijnwerpers staat. Hij kan bijvoorbeeld iemand in bescherming nemen die te veel kritiek of te veel feedback te verduren krijgt. Hij kan ook iemand ondersteunen in het overeind houden van zijn eigen identiteit en autonomie bij een te zware groepsdruk tot conformiteit. Hoewel deze interventie gericht is op het bestaansniveau van het betrokken groepslid, werkt dit tegelijk door in de interactie van de groep. Dit is slechts een van de vele mogelijke voorbeelden, waarbij interactieniveau en bestaansniveau nauw met elkaar verweven zijn.

4.7 Het bestaansniveau in taakgerichte groepen

De tekst over het bestaansniveau in paragraaf 4.6 kan de suggestie wekken dat dit niveau alleen speelt in procesgerichte groepen, zoals therapiegroepen of persoonsgerichte trainingsgroepen. Toch is het bestaansniveau wel degelijk ook aanwezig in taakgerichte groepen, alleen valt het daar minder op. Precies hierover heeft Wim Goossens (1990) een tekst geschreven waaruit ik hier mag putten.

In de taakgerichte groepen waarmee ik werk, komt het bestaansniveau zelden expliciet aan de orde. Het is wel impliciet aanwezig. Ook in taakgerichte groepen is de eigen identiteit aan de orde. Deze kan bijvoorbeeld terugslaan op de rol als vertegenwoordiger, maar ook op de persoon zelf. Bij het starten van een werkgroep bijvoorbeeld, zijn er vaak vragen over welke instellingen, organisaties of groeperingen vertegenwoordigd moeten zijn en door wie. Dan gaat het niet alleen om hoe de vertegenwoordiging moet zijn, maar ook om de personele invulling.

Er speelt erkenning op het gebied van lidmaatschap. Vragen die dan onder meer spelen, kunnen zijn: Ben ik als vertegenwoordiger van mijn instelling/organisatie/groepering/discipline gewenst? Wat is de opdracht en hoe verhoudt mijn aanwezigheid zich daarnaar? Ben ik als persoon gewenst?

Later ontstaan er vragen over de erkenning voor de eigen bijdrage: Hoe waarderen de anderen mijn inbreng als vertegenwoordiger, bijvoorbeeld als arts, of als ouder? Op welke aspecten kan ik als lid van de werkgroep invloed uitoefenen? Voor welke taken acht men mij competent? Waar ligt mijn beslissingsbevoegdheid?

Erkenning voor wie je bent kan voor een werkgroep terugslaan op de waardering, sympathie, genegenheid voor de eigen persoon of de wijze waarop je vertegenwoordiger bent. Al kan er een spanningsveld zitten tussen de eigen persoon en de rol als vertegenwoordiger. Ook spelen voor de leden van een taakgerichte groep op de achtergrond persoonlijke thema's mee, zoals: Waardoor blijf ik tevreden, geëngageerd, enthousiast? Waardoor word ik geraakt, geremd, belemmerd?

De erkenning kan gedeeltelijk zijn: je wilt bijvoorbeeld vooral erkenning hebben voor je vakmatige bijdrage als psycholoog, arts of maatschappelijk werker. Daarbij kunnen accenten verschillen, bijvoorbeeld van welk ander groepslid wil je vooral erkenning en voor welke eigenschappen?

Belangrijk is ook welk beeld je als groepslid hebt over jezelf en het vertegenwoordiger-zijn. De verschillende referentiegroepen (zoals de achterban, de werksituatie, de opleidingsachtergrond) kunnen bij dit zelfbeeld een belangrijke rol gaan spelen. Dan komen vragen op als: Beschouw ik me sec als vertegenwoordiger of wil ik ook als persoon gezien worden? Hoe wil ik gezien worden: als deskundige, als loyaal werkgroeplid, als specialist? Breng ik alleen het publieke zelfbeeld in dat bestaat uit de rol die ik in de werkgroep te vervullen heb of wil ik ook delen van mijn eigen privézelfbeeld laten zien? Zo kun je als oudervertegenwoordiger laten zien dat je geraakt bent door een bepaalde thematiek in de werkgroep. Er kan ook behoefte zijn aan ruimte voor inbreng van eigen twijfels. Of je kunt aarzelingen hebben over je positie binnen je eigen organisatie.

In paragraaf 14.7 ga ik uitgebreider in op het bestaansniveau in teams en taakgerichte groepen.

4.8   Contextniveau

Wanneer groepen expliciet toekomen aan het bestaansniveau, zien we vaak dat de groepsleden veel zorg en aandacht besteden aan het afbouwen van een zelfbeeld dat op valse erkenning gebaseerd was en aan het opbouwen van een nieuw zelfbeeld. Wanneer jarenlang een 'vals' zelf in plaats van het eigenlijke zelf aandacht heeft gekregen, komt degene die hiervan het slachtoffer is in een scheve positie te verkeren (een term van Laing). Iemand in een scheve positie heeft last van schuld-, schaamte- en angstgevoelens, wanneer hij zich anders gedraagt of wil gedragen dan in die scheve positie geboden is. In het doorwerken van deze gevoelens en in het opbouwen van een zelfbeeld dat meer gefundeerd is op eigen diepgevoelde wensen en behoeften, kunnen groepsleden een grote steun voor elkaar zijn door de erkenning die ze elkaar bieden tijdens deze persoonlijke en gezamenlijke worsteling. Door hiervoor tijd en ruimte te creëren, kunnen groepen een belangrijke bijdrage leveren aan de emancipatie van hun leden. In ver ontwikkelde groepen scheppen groepsleden voor elkaar de mogelijkheid om kernconflicten van hun bestaan opnieuw te beleven en door te werken, waarbij de groep ook mogelijkheden biedt om een nieuw levensontwerp te creëren, dat tot dan toe nog niet gelukt was in andere situaties.

Maatschappelijke dimensie
Daarbij kan naar voren komen dat veel individuele belevingen en problemen een maatschappelijke dimensie in zich dragen. Voorbeelden hiervan zijn schuldgevoelens, faalangsten, angst voor incompetentie, rivaliteit, een zwak gevoel van eigenwaarde, het gevoel niet te kunnen voldoen aan het beeld van de geslaagde man of vrouw enzovoort. Zulke problemen die mensen tot dan toe vaak als individueel falen beleefd hebben, kunnen in deze groepsfase verhelderd worden als gevolgen van de specifieke socialisatie die

je als man of als vrouw doorgemaakt hebt. Op deze wijze kan de groep helpen ontdekken in hoeverre maatschappelijke situaties hun neerslag gevonden hebben in innerlijke psychische processen en in sociale omgangsvormen, bijvoorbeeld als de concrete man of vrouw die je op dit moment in deze groep bent. Groepen kunnen kiezen voor verdieping op contextniveau door een sociaal-historische aanpak te kiezen met aandacht voor de eigen biografie en socialisatie. In de verheldering van je eigen levensgeschiedenis kun je de specifiek sociale, maatschappelijke en historische invloeden op het spoor komen die je als persoon mede gevormd hebben tot degene die je nu bent. Bovendien kan een gezamenlijke reconstructie van ieders eigen biografie in een groep tot het besef leiden van het beter 'in eigen beheer' hebben van het eigen verleden, alsook tot de herkenning van gemeenschappelijke hoofdlijnen. Want de maatschappelijke omstandigheden waaronder we leven en als kind geleefd hebben, vertonen grote gelijkenissen. Zo kan een biografische benadering in het privébestaan van iedereen sociale invloeden zichtbaar maken, waarvan we ons tot dan toe nog niet bewust waren. In deze zin kan bewustwording een belangrijk onderdeel zijn van emancipatiegroepen.

Stigma

Dat met deze ontwikkeling vaak een proces gepaard gaat van vermindering en bevrijding van zelfonderdrukking, kan ik het best illustreren aan de hand van het onderwerp *stigma*. Een stigma is (Goffman, 1980) een als negatief ervaren kenmerk van een persoon waardoor hem volledige sociale acceptatie ontzegd wordt: een soort brandmerk dus. Dit kenmerk kan een lichamelijk gebrek zijn (een handicap bijvoorbeeld) of een door de samenleving ongewenste karaktertrek, bijvoorbeeld 'slappeling' of 'onbetrouwbaar sujet', die men nogal eens afleidt uit de ontdekking dat iemand een voorgeschiedenis heeft van psychische stoornissen, gevangenschap, verslaving, homofilie, werkloosheid enzovoort. Daarnaast zijn er ook collectieve stigma's die een hele groepering betreffen, zoals het behoren tot bepaalde groeperingen (voorbeelden zijn Joden en andere etnische minderheden, woonwagenbewoners enzovoort). Ook het 'vrouw zijn' is nogal eens ervaren als zo'n negatief collectief stigma, want nog steeds genieten vrouwen niet overal dezelfde sociale acceptatie als mannen. Om welk stigma het ook gaat, steeds zien we hetzelfde patroon: per definitie wordt aangenomen dat de gestigmatiseerde geen volwaardig mens is en dit wordt gehanteerd om allerlei discriminerende reacties te rechtvaardigen.

Zelfstigmatisering

Nu wijst Goffman erop dat in het algemeen de gestigmatiseerde er dezelfde opvattingen op nahoudt als de zogenaamd 'normale' mensen over wat een 'geslaagde identiteit' is. Dat wil zeggen, de gestigmatiseerde vindt ook vaak van zichzelf dat hij niet degene is die hij zou moeten zijn. We bespeuren dus vaak een zekere mate van zelfstigmatisering. Juist in het stoppen van deze zelfstigmatisering kunnen groepen belangrijke bijdragen leveren. Dat groepen dit vaak ook doen, zien we in emancipatiebewegingen en ook in de vele belangengroepen, zelfhulpgroepen en lotgenotengroepen in de samenleving.

Zes contexten

Wim Goossens (2013) schreef een verhelderend artikel (*Vijf contexten in teams*). Ik beschrijf die contexten en ik voeg er nog een zesde aan toe. De indeling van Goossens is verhelderend en helpt om meer oog te krijgen voor het contextniveau. Immers voor de context geldt hetzelfde als wat ik over de ons omringende cultuur (en de in ons geïnternaliseerde cultuur) opmerkte in paragraaf 1.2: 'Het altijd aanwezige en dus vanzelfsprekende valt niet op. Zo zal een vis pas op de kar van de visboer ontdekken wat het betekent een waterdier te zijn' (vrij naar Fortmann, 1959). We leven in minstens zes van zulke vanzelfsprekende contexten:

1. de cultuur waarin we leven (en die ook in ons leeft);
2. de maatschappij;
3. de omringende organisatie waarin we leven en werken;
4. de groep, waar we deel van uitmaken;
5. de persoonlijke biografie en levensgeschiedenis;
6. de tijd waarin we leven.

1. *De context van de cultuur*

De culturele context komt bijvoorbeeld tot uiting in taalgewoonten, denkpatronen, opvoedingssstijlen enzovoort, die samenhangen met de culturen en subculturen waarin we leven en werken. Denk maar eens aan de verschillen tussen ik-gerichte versus wij-gerichte culturen. Ik merkte dat al op in paragraaf 1.3 bij de bespreking van het werk van Hofstede. Maar je kunt ook denken aan verschillen tussen 'witte' en 'zwarte' subculturen, tussen 'westerse' en 'oosterse' culturen en tussen diverse jeugdculturen. Hieruit voortvloeiende cultuurverschillen leiden tot ander gedrag tussen mensen. Ik kwam hiervan indringende voorbeelden tegen in een recent boek van Hochschild (2012): *The outsourced Self: intimate life in market times*. In tijden van steeds verdergaande individualisering en vermarkting gaat veel van de vroegere gemeenschapszin verloren en besteden mensen steeds vaker aspecten van hun persoonlijk leven uit aan de markt. Wat tot voor kort gold als iets dat persoonlijk aandacht behoefde, wordt steeds meer een verhandelbaar goed. Denk maar aan allerlei diensten die er tegenwoordig zijn voor het uitlaten van je hond, dating, ouderschap, ziekte, verzorging tot aan de dood en zelfs zwangerschap via een ingehuurde draagmoeder. Er ontstaat een hele 'service-industrie', met name in de sfeer van zorg en onderlinge afhankelijkheid. Zindelijkheidstrainers, huwelijksplanners en bejaardenverzorgers zorgen er tegen betaling voor we dat ons niet afhankelijk hoeven te voelen. Want dit is de achterliggende angst in een cultuur die 'een hekel heeft aan afhankelijkheid'. We zijn antiafhankelijk geworden. Het kan niet anders dan dat deze antiafhankelijkheidscultuur ook zijn sporen nalaat in de groepen waarin we leven en werken, al zullen we dat niet zo gauw in de gaten hebben (zoals de vis op de kar van de visboer).

2. De context van de maatschappij

De maatschappelijke context wordt (soms) zichtbaar via de maatschappelijke achtergronden van de groepsleden. Vroeger spraken we van sociale klassen. Deze werden sterk gekleurd door het beroep van de vader en later door het eigen beroep. Elke sociale klasse heeft eigen manieren van praten, denken en voelen, hoewel je terecht kunt zeggen dat zulke *feeling rules* ook cultureel bepaald zijn. Hoe heterogener de maatschappelijke achtergronden van de groepsleden, hoe meer daarvan te merken zal zijn in groepen. Met die maatschappelijke achtergronden hangen ook status- en imagoverschillen samen. Ook wet- en regelgeving van de overheid kan in sommige groepen van grote invloed zijn. We zien dit in meer algemene zin nu we aan het omschakelen zijn naar een neoliberale samenleving en de vroegere verzorgingsstaat steeds meer uitgekleed wordt. We leven ook in een tijd van paradoxen en tegenstellingen in dit opzicht. Enerzijds stimulansen tot ontwikkeling en ontplooiing, anderzijds processen van marginalisering en uitstoting. Enerzijds in toenemende mate de wens tot individuele vrijheid en tolerantie, anderzijds de roep om strengere regelgeving en restricties. Zulke paradoxen kleuren soms ook het gedrag van groepsleden.

3. De context van de omringende organisatie

De organisatiecontext raakt vooral teams binnen bedrijven en instellingen. Met wat voor type bedrijf of instelling hebben ze van doen? Overheid, bedrijfsleven, zorg, defensie? Een profit- of een non-profitorganisatie? Elke organisatie kent haar eigen cultuur, historie en tradities, waarop omgangs- en communicatiegewoonten gebaseerd zijn. Of gaat het om een bedrijf dat uit fusies is ontstaan? Dan is het waarschijnlijk dat de subculturen van de vroegere bedrijven nog een tijd zullen nawerken. Hoe is het team in de organisatie ingebed? Gaat het om een vast team of om een projectteam? En ook: wat voor soort organisatie is het en wat voor bedrijfscultuur heerst er: mensgericht, resultaatgericht, beheersgericht of innovatiegericht (Quinn & Rorbach, 1983)? Al dit soort invloeden kleuren het groepsgedrag en het type leiderschap.

4. *De context van de groep zelf*
De groep of het team heeft vaak een eigen historie. Die voorgeschiedenis creëert ook een context. Is het een groep of team met een jarenlange traditie of gaat het om een pas gevormde groep? Is de groep samengesteld uit meerdere bloedgroepen uit de organisatie? Andere contextgegevens zijn de ontwikkelingsfase van de groep, de samenstelling, status van de groep, eigen werkprocedures en omgangsvormen. Wat voor communicatiepatronen heeft de groep opgebouwd: enkele veelpraters, een zwijgende meerderheid, wie zijn elkaar in de loop der tijd gaan vermijden, coalities of subgroepen, een klaagcultuur, een sfeer van competitie en rivaliteit? Of het tegendeel: een sfeer van apathie enzovoort?

5. *De persoonlijke context van ieder groepslid*
Ieder groepslid brengt zijn eigen context mee in de vorm van zijn biografie en levensgeschiedenis. Ieder heeft in zijn leven bepaalde overlevingspatronen ontwikkeld en die neemt hij mee naar de groep, vaak zonder dat hij dat beseft. Ieder heeft ook zijn eigen levensthema's, zoals haantjesgedrag, kat uit de boom kijken, zorgzaam gedrag naar anderen enzovoort. Ook kunnen gebeurtenissen uit de leefwereld van het groepslid zijn gedrag in de groep beïnvloeden, bijvoorbeeld een zieke partner thuis, een recente echtscheiding, een ziekte, onzekerheid over een medisch onderzoek, verlieservaringen ... Ook dit zijn contextinvloeden. Bij het begeleiden van groepen moet je daar rekening mee houden. Men spreekt weleens van de 'onzichtbare achterban' of 'het aanwezige afwezige groepslid'. Met dit laatste wordt bedoeld dat iemand in zijn denken en praten sterk rekening houdt met het gedrag van iemand die niet aanwezig is, zoals een partner of een directeur of een voormalige leerkracht. Dan is er vaak ook sprake van een verdeelde loyaliteit. Men mag niet verwachten dat groepsleden openlijk spreken over hun persoonlijke context. Dat doen ze pas als er in de groep voldoende veiligheid en vertrouwen is.

6. *Het tijdsbeeld als context*
In aansluiting op het eerste punt van de cultuur waarin we leven, speelt ook het tijdsbeeld een belangrijke rol. Er spelen voortdurend maatschappelijke veranderingen en het tempo daarvan lijkt steeds hoger te liggen. In paragraaf 15.6 geef ik een aantal voorbeelden van veranderingen sinds 2000. Hier noem ik er alvast enkele: de toenemende vergrijzing en ontgroening (we worden steeds ouder en er komen steeds minder jongeren bij), afnemende solidariteit tussen generaties, toenemende eenzaamheid en isolement, inkrimpende verzorgingsstaat, klimaat van toenemende verharding en minder verdraagzaamheid, toenemende marktwerking, toenemende individualisering. De tijd waarin we leven, kleurt ook ons gedrag en onze interactie in groepen.

4.9 Oefening: Herkenning van vijf niveaus in groepen

Er worden enkele groepsleden benoemd tot observatoren die de groep gaan observeren, terwijl de groep doorgaat met een van haar gebruikelijke taken. Optimaal lijkt een aantal van vier à vijf observatoren. Elke observator maakt vijf bordjes ter grootte van een dubbelgevouwen papier op A4-formaat. Op elk bordje komt met dikke letters een van de volgende woorden te staan: Inhoud, Procedure, Interactie, Bestaan, Context. Elke observator heeft dus vijf verschillende bordjes.

Het is nu de bedoeling dat elke observator goed let op de groepsinteractie en via het opsteken van een van zijn bordjes laat zien op welk niveau de groep volgens hem op dat moment functioneert.

Wanneer de oordelen van de observatoren van elkaar afwijken, wordt de groepsinteractie kort stopgezet en volgt hardop kort overleg tussen de observatoren waarin ze hun keuze voor hun bordje toelichten. Het is mooi als de observatoren het met elkaar eens zijn, maar dat hoeft niet per se. Er zijn immers situaties denkbaar dat de groep op verschillende niveaus functioneert. Zo kan de groep op een inhoudelijk thema betrokken zijn, maar via non-verbale aspecten en via een bepaalde manier van gespreksvoering tegelijkertijd bezig zijn om onderlinge betrekkingen te regelen. Wat ook kan gebeuren, is dat enkele groepsleden op inhoudsniveau bezig zijn, terwijl een of twee anderen zich richten op procedureaspecten. Zo kunnen de observatoren ervaren dat een opmerking van een groepslid betekenis kan hebben op meerdere niveaus. Dit illustreert meteen dat de groep op meerdere niveaus tegelijk functioneert.

Commentaar
Dit is geen makkelijke, maar wel een heel leerzame oefening. Het kost enige oefentijd om de opdracht goed uit te voeren. Wie de smaak te pakken krijgt, kan dit thuis (liefst samen met een of enkele andere groepsleden) verder oefenen tijdens het kijken naar een talkshow op de tv.

4.10 Vragen bij de niveaus van groepsfunctioneren

Het denken in niveaus kan ook handig zijn om meer zicht te krijgen op wat er eigenlijk speelt in een groep die niet lekker loopt. Daartoe komt onderstaande lijst met vragen goed van pas.

Inhoudsniveau
- Zijn de doelen duidelijk voor mij als begeleider? Voor de groepsleden?
- Zijn de doelen voldoende geoperationaliseerd? Hoe 'smart' zijn ze?
- Als er onduidelijkheden zijn met betrekking tot de doelen, zijn die onduidelijkheden dan uitgesproken?
- Is er verschil in verwachtingen over de inhoud?
- Is er onduidelijkheid over het gewenste eindresultaat?

Procedureniveau
- Zijn de regels en de procedures duidelijk voor iedereen?
- Zijn sommige regels of procedures aan herziening toe?
- Is er een duidelijke taakverdeling, of is die te strak, te zwak?
- Is er voldoende ruimte voor zelfsturing, of is die ruimte te gering, te ruim?
- Worden de opdrachten/de werklast eerlijk verdeeld?
- Is er voldoende tijd voor de taak, of is die tijd te krap?
- Staan er te veel punten op de agenda?
- Zijn er problemen met de besluitvorming?
- Wat betreft vergaderingen of werkoverleg: komen we wel genoeg bij elkaar (frequentie)?
- Zijn de voorbereidingen voor de vergaderingen/werkoverleggen adequaat?
- Zijn de verantwoordelijkheden duidelijk?
- Zijn de gevolgen van genomen besluiten duidelijk?
- Hoe staat het met de rol van de voorzitter/(team)leider?

Interactieniveau
- Wat valt er te zeggen over het groepsklimaat?
- Wil iemand veel overwicht hebben?
- Wat speelt er tussen de mensen?
- Spelen er bepaalde normen?
- Is er subgroepsvorming?
- Worden bepaalde zaken niet uitgesproken?
- Ontwikkelt de groep zich nog wel? Of staat ze stil in haar ontwikkeling?

Bestaansniveau
- Kan er individuele thematiek spelen bij een of enkele groepsleden?
- Speelt er iets van erkenning, gebrek aan erkenning of strijd om erkenning?
- Zoekt iemand ergens erkenning voor, maar krijgt die hij niet?

Contextniveau
- Vanuit welke belangen neemt ieder deel?
- Zijn er verborgen agenda's vanuit verschillende posities van groepsleden in de organisatie?
- Is er invloed vanuit de omgeving (bijvoorbeeld overbelasting van de mensen door fusieprocessen of grote werkdruk vanuit de organisatie)?

Deze lijst heb ik zelfs een keer als een soort 'agenda' gebruikt bij een bespreking met een team waarbij ik gevraagd was om met het team te evalueren wat er niet goed liep. Er zat veel onbehagen in het team. Daarom dachten de teamleden (en ikzelf ook) dat de problemen vooral speelden op interactieniveau en bestaansniveau. Tot onze verrassing merkten we dat er veel onduidelijkheden waren op procedureniveau. Men was daar in het verleden veel te nonchalant mee omgegaan. Toen de zaken op procedureniveau met elkaar goed geregeld werden, bleek veel van de onderlinge irritatie en onbehagen te verdwijnen. Die verbetering in het teamklimaat was duurzaam, zoals bleek bij een follow-up drie maanden later.

4.11 Themagecentreerde interactie

Er bestaat een methodiek voor het begeleiden van groepen die een model hanteert dat verrassend veel lijkt op mijn indeling in vijf niveaus. Ik doel hier op de methodiek van themagecentreerde interactie, ook wel afgekort als TGI. De methodiek is in de jaren zestig van de vorige eeuw ontworpen door Cohn (1979) en in Nederland en Vlaanderen vooral bekend geworden door publicaties van Callens (1982 en 1983). Een van de centrale methodische uitgangspunten is het dynamisch balanceren. Concreet betekent dit dat de begeleider een balans nastreeft tussen vier componenten (zie www.tgi-forum.com):
1. gezamenlijke doelen en taken (aangeduid als HET of als TAAK);
2. samenwerkingsprocessen in de groep (aangeduid als WIJ);
3. welzijn en inzet van elk individueel groepslid (aangeduid als IK);
4. van belang zijnde contextuele factoren (aangeduid als CONTEXT).

Het balanceren tussen deze vier componenten bevordert in de groep een creatief en vruchtbaar samenwerkingsproces, waarbij ieder gestimuleerd wordt om te handelen vanuit verantwoordelijkheid voor zichzelf en zijn omgeving. Het is in literatuur over TGI gebruikelijk om dit balanceren weer te geven aan de hand van een figuur (zie figuur 4.2).

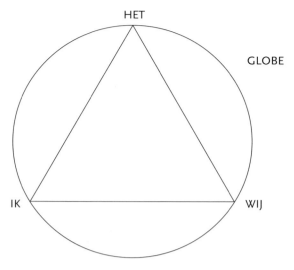

Figuur 4.2 Het model van themagecentreerde interactie, beschreven met TGI-termen

In een artikel uit 2004 omschrijft Callens de vier componenten als volgt:
1. Het 'Ik': het individu met zijn dynamiek, geschiedenis, ambities, ontwikkelingsbehoeften, verlangens, angsten en verworven of nog te ontwikkelen persoonlijke competenties, zichzelf sturend (persoonlijk leiderschap): *de chairperson*.
2. Het 'Wij': de interactiedynamiek tussen de actoren/spelers in een groep of organisatie, al dan niet op verschillend hiërarchisch niveau. Deze dynamiek komt tot uitdrukking in patronen van interacties in netwerken, teams, projectgroepen en tussen spelers verspreid over de hele organisatie en daarbuiten: *de interactie*.
3. Het 'Het': alle interacties gaan ergens over; individuen gaan met elkaar taken en opgaven aan in het kader van bijvoorbeeld organisatiedoelstellingen. Bij het vervullen van deze taken duiken allerlei levende thema's op. Deze thema's vervullen ook de persoonlijke ontwikkelingsbehoeften van het individu en centreren het interactiesysteem of de organisatie op wat echt leeft: *het thema*.
4. De 'Globe': de omgeving in engste en breedste zin, zowel dichtbij als veraf, met een verleden en een toekomst en met een dynamiek waarin individuen, teams, netwerken en organisaties zichzelf sturen en toegevoegde waarde leveren. Het individu genereert in deze 'globe' betekenis, tijdens en door de interactie met anderen; hij creëert *context*.

Het TGI-systeem is dus persoonsgericht, omgevingsgericht, resultaatgericht en interactiegericht. Alle vier componenten zijn even belangrijk. Wat meteen opvalt, is de gelijkenis met mijn model van de vijf niveaus van groepsfunctioneren. Wat TGI benoemt als HET, valt samen met wat ik in mijn model inhoudsniveau en procedureniveau noem; het WIJ komt overeen met het interactieniveau en het IK met het bestaansniveau. En wat TGI aanduidt als GLOBE, heb ik contextniveau genoemd (zie figuur 4.3).

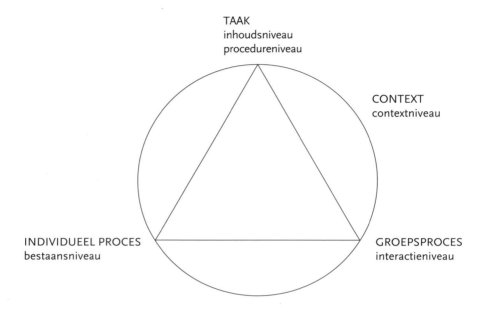

Figuur 4.3   Het model van themagecentreerde interactie, beschreven met de termen uit dit boek

Waar TGI het heeft over balanceren tussen de vier componenten van Het, Wij, Ik en Globe, spreek ik liever over het vinden van een balans tussen taakdynamica, groepsdynamica en persoonsdynamica binnen de gegeven context (organisatie, samenleving, cultuur). Of met andere woorden: het vinden van een juiste balans tussen de vijf besproken niveaus van groepsfunctioneren. Wat die juiste balans is, hangt mede af van het niveau van groepsontwikkeling (zie hoofdstuk 5) en de gekozen leiderschapsstijl (zie hoofdstuk 12 en 13). Voor meer inzicht in persoonsdynamica verwijs ik naar een ander boek dat recent hierover verscheen en dat vooral gaat over het professioneel omgaan met emoties (Remmerswaal, 2012).

Mensen die vanuit TGI werken, hechten eraan om duidelijk te stellen dat TGI meer is dan een methode van werken met groepen (zie onder andere www.tgi-forum.com). Ze noemen TGI liever een systeem: methodische richtlijnen zijn gebaseerd op axioma's of uitgangspunten en vormen in combinatie met de postulaten een samenhangend geheel. Volledigheidshalve beschrijf ik daarom ook de grondregel, de axioma's en de waardengrondslag die bij het TGI-systeem horen (zie Callens, 2004, p. 18 en www.tgi-forum.com). De grondregels worden door Cohn ook wel de *postulaten van TGI* genoemd.

De grondregels van TGI
1. *Be your own chairperson*: wees je eigen voorzitter, leid jezelf, neem het persoonlijke en onontvreemdbare 'eigen' leiderschap op (zelfverantwoordelijkheid). Neem verantwoordelijkheid voor wat je doet en laat. Iedere situatie biedt mogelijkheden om vanuit die verantwoordelijkheid beslissingen te nemen.
2. *Storingen hebben voorrang*: let op hindernissen op je weg (die van jezelf en die van anderen) en breng ze ter sprake. Storingen hebben voorrang, ze vragen niet om toestemming: ze zijn er. Maak vanuit verantwoordelijkheid keuzes over wat je over die storing naar buiten brengt. Cohn noemt dit selectieve authenticiteit.

Axioma's en waardengrondslag van het TGI-systeem
- De mens is autonoom en interdependent: in deze waardegebonden veronderstelling zit de principiële erkenning dat we als mens uniek zijn, op onszelf staan én verbonden zijn met anderen.
- Eerbied komt toe aan al wat leeft en groeit: respect voor ontwikkeling en groei vereist waardegebonden beslissingen. Dit axioma nodigt ons uit op een respectvolle manier met elkaar om te gaan en elkaar aan te spreken op humane waarden. Dit axioma appelleert aan sociaal en ethisch bewustzijn.
- Vrij beslissen geschiedt binnen bepaalde grenzen die in mij en buiten mij liggen. Verruiming van grenzen is mogelijk. Ieder mens ervaart grenzen in zichzelf en om zich heen. Deze grenzen zijn veranderbaar. Ieder mens heeft vrije ruimte om zelf te beslissen en zo de grenzen op te rekken. Ieder mens heeft hierin ook een eigen verantwoordelijkheid.

4.12 Nog drie niveaus

Naast de genoemde vijf niveaus spelen er in het groepsfunctioneren nog drie niveaus. Deze drie niveaus zijn echter weinig zichtbaar. Ze zijn niet manifest, maar latent aanwezig. Dat maakt het ook lastig om ze herkenbaar te beschrijven. Hierna volgt eerder een schets dan een waterdichte definitie van deze niveaus. Ik doel hierbij op een ethisch niveau (volgende paragraaf), een mythisch niveau (paragraaf 4.14) en een zingevingsniveau (paragraaf 4.16). Deze niveaus leiden als het ware een sluimerend bestaan en komen pas tevoorschijn bij kritieke incidenten of bij speciale aandacht daarvoor in een wat betreft ontwikkeling vergevorderde groep. Ik bespreek bij deze niveaus geen specifieke interventies. Voor een groot deel gelden hier dezelfde interventies als bij het bestaansniveau.

4.13 Niveau van ethiek

Van deze latente niveaus noem ik eerst het niveau van ethiek. In groepen zijn ook normen en waarden in het geding. Niet alleen groepsnormen en groepswaarden, maar ook meer universele menselijke waarden. Tot zulke waarden reken ik onder andere:

- betrouwbaarheid in het nakomen van commitments
- vertrouwen
- persoonlijke integriteit
- dragen van verantwoordelijkheid
- respect voor anderen
- eerlijkheid en waarachtigheid
- authenticiteit
- openheid
- loyaliteit
- bevorderen van autonomie
- bevorderen van kernkwaliteiten
- professionele en sociale competentie
- zorgzaamheid, hulp en steun
- bereidheid tot samenwerken

Veel van deze waarden beschouw ik als universeel, maar enkele waarden zijn meer groeps- of persoonsgebonden. Gezamenlijk vormen zulke waarden een beroepscode. Zo'n code is een belangrijk onderdeel van de eigen beroepsethiek.

Hoewel dit niveau van ethiek slechts zelden genoemd wordt, mag het nooit ontbreken in het professioneel begeleiden van groepen. Ik bepleit daarom meer aandacht voor het leren omgaan met normen en waarden die hiermee samenhangen; aandacht ook voor ethische vragen en morele dilemma's in de directe leef- en werkwereld waarin groepen functioneren.

> **Reflectie op de eigen beroepscode**
> In deze paragraaf kwamen waarden ter sprake, die onderdeel kunnen zijn van een persoonlijke beroepscode. Zie de lijst hiervoor. Bij deze lijst horen twee reflectievragen:
> 1. Welke waarden zijn kenmerkend voor jouw persoonlijke beroepscode? Ontbreken er voor jou belangrijke waarden? Zo ja, voeg deze dan toe.
> 2. Wat zijn voor jou 'grenssituaties'? Dat wil zeggen situaties in het functioneren van groepen die raken aan wat voor jou ethisch nog net wel of net niet kan.
>
> Je kunt hierbij denken aan wat voor jou storend gedrag van groepsleden is (in welke mate accepteer je bijvoorbeeld storend gedrag) en wat jij vindt van het niet nakomen van afspraken (bijvoorbeeld met betrekking tot tijdshantering, met betrekking tot werkopdrachten enzovoort).

4.14 Mythisch niveau

Soms klinken in groepen oerthema's door van het menselijk bestaan. Het zijn met name Freud en Jung geweest die wezen op dergelijke universele thema's. Freud wees op de grote thema's van *Eros* en *Thanatos* en maakte vaak gebruik van beelden uit de Griekse mythologie om universele ontwikkelingsthema's aan te duiden. Het bekendste voorbeeld daarvan is zijn behandeling van het oedipuscomplex. Jung werkte aan eenzelfde gedachtegang met zijn *archetypen*. Dit zijn oeroude beelden en symbolen die universeel zijn en bij de hele mensheid zijn terug te vinden. Jung geeft zelf de volgende voorbeelden van zulke archetypen: geboorte, dood, wedergeboorte, macht, de magiër, de held, het kind, de dwaas, God, de duivel, de wijze oude man, moeder aarde, kracht, rechtvaardigheid. Soms zijn archetypen aan persoonsnamen gekoppeld, denk maar aan Adam en Eva, David en Goliath, Job, Mozes, Odysseus, Parcival enzovoort. Geïnspireerd door Jung benoem ik het mythisch niveau soms als een *archetypisch niveau*.

> **Archetypen in de groep**
> In het aardige boekje *Het verhaal van de held* geven Van de Sande en Van Reusel (2010) veertig voorbeelden van archetypen. Daaruit heb ik de volgende twintig gekozen: de bedelaar, de boer, de duivel, de dwaas, de filosoof, de engel, de heks, de held, het kind, de koning, de koningin, de kunstenaar, de martelaar, de meester, de moeder, de nar, de rebel, de ridder, de vader en de wetenschapper. Je kunt dit lijstje gerust aanvullen met eigen typen.

> Een suggestie om hiermee te werken in een groep is er (als hypothese) van uitgaan dat ieder in de groep de drager is van een bepaald archetype, inclusief jezelf, en daarna tijd nemen voor het uitwisselen van de beelden die dit uitgangspunt bij elkaar en van elkaar oproept.

Collectieve thematiek en oerthema's van het bestaan

Gaat het bij het zingevingsniveau om een diepliggende persoonlijke thematiek, bij het mythisch niveau gaat het om een diepliggende collectieve thematiek. Hierbij gaat het om thema's die de hele mensheid beroeren en ook in deze concrete groep doorklinken. Soms wordt weleens gesproken van het 'resonantieverschijnsel', dat mijn oud-collega Ko Vos als volgt omschrijft: 'Wat hier in de groep gebeurt, is een nagalm van wat eerder is gebeurd in de mensheid.' In een groep spelen soms conflicten en thema's op een veel dieper niveau dan voor het rationele begrip te volgen is. Ik noem een aantal van deze oerthema's:

- dood en wedergeboorte
- vruchtbaarheid en ontwikkeling
- opstanding en verlossing
- schuld en boete
- lijden en hoop
- lotsbestemming en lotsbepaling
- scheppen van orde in chaos
- strijd om volwassenheid en autonomie
- ontsnapping en troost
- de weg van de held (onschuld, oproep tot avontuur, inwijding, bondgenoten, doorbraak, terugkeer en viering)
- liefde en broederschap

Het zijn dezelfde thema's die ook in sprookjes, in mythologieën, in religieuze overleveringen en in de grote wereldliteratuur (Homerus, Dante, Shakespeare, om er maar enkelen te noemen) terug te vinden zijn en in het collectief onbewuste (ook een term van Jung) van de hele mensheid sluimeren.

Het is tragisch dat groepen soms gevangen zitten in een herbeleving van een mythe, zonder te weten dat de groepsleden daarin optreden als personages in een toneelstuk. Zolang de leden zich geen beeld vormen van de mythische krachten die er in hun mid-

den spelen, zijn ze veroordeeld deze krachten telkens opnieuw te doorleven. Soms dienen zulke thema's zich aan als polariteiten, bijvoorbeeld:
- liefde en erotiek tegenover dood, eenzaamheid en beperktheid
- levensdrift (eros) tegenover doodsdrift (thanatos)
- loyaliteit tegenover verraad
- macht tegenover kwetsbaarheid
- activiteit tegenover ontvankelijkheid
- flexibiliteit tegenover orde en structuur
- speelsheid tegenover ernst
- materialisme tegenover spiritualiteit
- op zichzelf gericht zijn tegenover openheid voor anderen

Microkosmos

Het is vooral Slater geweest die in zijn boek *Microcosm* (1966) voortbouwt op de eerdere studies van Freud (onder andere *Totem en taboe*, 1913/1984). Daarbij toont hij aan dat veel kernthema's en conflicten waarmee samenlevingen en groepen sinds de begintijd der mensheid mee te maken hadden, weer op het toneel verschijnen in zich vormende en zich ontwikkelende groepen. In het zoeken naar zekerheid, veiligheid en ondersteuning lijken groepen zichzelf soms te beleven als een stamgemeenschap, als het vroegere kerngezin, als een oerhorde of als een sekte. Soms wordt de groep beleefd als een microkosmos, als een goede verzorgende moeder of als een herbeleving van een vroegere conflictsituatie. Slater gebruikt hierbij sterke beeldspraken als groepsmoord op de leider, zelfverminking, kannibalisme, groepsorgie en totemfeest en geeft zo aan dat in groepen gevoelens van agressie, macht, schuld en boete kunnen leven die diepgeworteld zijn in collectieve lagen van de mensheid. In *Totem en taboe* bespreekt Freud de collectieve mythe van de oerhorde, waarin de stamleden zich verenigen tot een broederschap, gezamenlijk de oervader vermoorden, hem in stukken snijden en daarna opeten. Aan de hand van deze mythe behandelt Slater drie thema's die ook in gewone groepen kunnen voorkomen: de aanval op de leider, de bevrijding door revolte en de nieuwe orde. Daarbij gaat het uiteraard niet om een letterlijke, maar om een symbolische aanval. De groep moet eerst haar eigen verwachtingen, beelden en fantasieën over de leider om zeep brengen. Pas daarna kan ze zich de kwaliteiten eigen maken die eerst op magische wijze alleen aan de leider toegeschreven werden, zoals wijsheid, begrip, sturing en ondersteuning. Zulke kwaliteiten behoren dan niet langer aan één persoon toe, maar kunnen door ieder gedeeld worden. Dit gezamenlijk delen van de 'magische levenskracht' van de leider wordt soms op symbolische wijze gevierd in de vorm van een 'totemfeest'. Pas hierna kan de groep tot grotere autonomie komen.

Rituelen

Soms sluit een groep aan op dit mythische, archetypische niveau wanneer ze kiest voor bepaalde rituelen die haar ontwikkeling bestendigen of door een overgangsfase heen helpen. Met name rond afscheid bestaan een aantal mooie rituelen. Op het mythisch niveau kunnen de 'wortels' van de groep tot uitdrukking komen. Bijvoorbeeld in de vorm van (meestal onuitgesproken en daarmee nog onbewust gehanteerde) opvattingen die men heeft, zoals 'kennis is macht' of de mythe van onsterfelijkheid.

Oefening: Bedrijfsschild

Soms kun je meer zicht krijgen op de mythe van de groep door groepsleden te vragen naar metaforen voor hun eigen groep, waarin haar bestaansrecht en haar visie tot uitdrukking komen. Hierop sluit de vraag aan naar wat de mythe is die op groepsniveau speelt en welke eigen uitingsvormen en oplossingen de groep voor deze groepsmythe weet te vinden. Een ontspannen manier om de metaforen van de eigen groep of het eigen team te verkennen biedt deze oefening. Het is de taak van de deelnemers om een bedrijfsschild of uithangbord van de eigen groep, het eigen team of het hele bedrijf te maken en daarna te presenteren.

Inleiding
Vroeger werden door ridders aanduidingen op een schild gebruikt om vrienden van vijanden te onderscheiden. Maar de figuren op het schild symboliseerden ook zijn waarden. Zo werd vaak van leeuwen gebruikgemaakt om aan te geven hoe dapper men was.
Jij krijgt de taak om een bedrijfsschild of uithangbord te maken waarin de *superordinate goals* van het eigen organisatieonderdeel gesymboliseerd worden. Superordinate goals zijn 'hoog boven de grondse doelen' als 'kwaliteit' (Mercedes), 'service aan de klant' (IBM), 'innovatie' (Philips) of 'duurzaamheid' (BMW). Dit soort doelen zal vaak ter sprake komen in kerst- of nieuwjaarsboodschappen van ondernemers of in brochures met een bedrijfsideologische inhoud. In Japan zijn ze terug te vinden in de vorm van schilden, uniformen, schoolliederen, het opzeggen van een 'bedrijfsbelijdenis' en in korte toespraken.
De volgende eisen kunnen aan deze 'goals' en dus ook aan de symbolen op het bedrijfsschild of uithangbord gesteld worden:
- Ze hebben betrekking op het geheel van de organisatie.
- De verhouding van de organisatie tot de samenleving wordt erin aangegeven, zoals 'een bijdrage aan een betere wereld'.
- De (ideale) plaats van het individu in de organisatie komt erin aan bod.

> Belangrijk bij de formulering van idealen is dat de formule een tijd mee kan en verdergaat dan het moment van vandaag. Tijdsduur: circa 40 minuten.
>
> Bron: Vrolijk & Onel (1994), pp. 91-93.

Archaïsch niveau

Op het mythisch niveau sluit ook aan wat Goossens (1990) opmerkt over een *archaïsch niveau*. Dit niveau wordt geraakt zodra oerbeelden rond mens-zijn in het geding zijn. Als voorbeeld noemt hij onze felle belevingen, reacties en betekenissen ten aanzien van menselijke verwording, zoals bij Auschwitz, oorlogen, martelingen, moorden enzovoort. Op zulke momenten voelen we dat de orde van mens-zijn en van humaniteit verstoord is. Als tweede voorbeeld noemt hij de diepe betekenis van het krijgen van een verstandelijk gehandicapt kind. Bij zo'n gebeurtenis spelen beelden rond onvervuldheid en onvolmaaktheid, die ingrijpen in de basale beelden over mens-zijn. Ook oerinstincten rond overleving, afweer, ziekte en bedreiging behoren tot het archaïsche niveau.

4.15   Oefening: Het ganzenbord als archetype

Het ganzenbord heeft de vorm van een spiraalsgewijze weg naar binnen. Op deze weg kom je een aantal archetypische stadia tegen: de brug, de herberg, de put, de doolhof, de gevangenis, de poort en de pot. Deze zeven stadia vormen samen het beeld van een ontwikkelingsweg. In de oefening hierna verken je deze ontwikkelingsweg. Je kunt deze oefening ook doen met de focus op je eigen persoonlijke ontwikkeling. Ik heb in deze variant gekozen voor de ontwikkelingsweg als groep.

Samen met anderen werk je de zeven beschreven stadia door. Daarbij hoeft niet elke vraag aan bod te komen. Je kunt je beperken tot de vraag of de vragen die het meest aanspreken. Je begint bij De brug. Ieder verkent eerst zijn eigen gedachten over dit thema aan de hand van de aangereikte vragen. Daarna voeren jullie hierover een gesprek.

Wanneer ieder in het groepje aan de beurt geweest is en je met elkaar de indruk hebt dat het onderwerp voldoende is uitgediept, ga je verder naar De herberg.

De brug
- Welke overgangen (fundamentele keuzes, keerpunten, crisismomenten) hebben jullie meegemaakt als groep? Wat waren belangrijke sleutelmomenten in die ontwik-

keling? Betrof die ontwikkeling alleen jullie beroepsmatig leven of ook persoonlijke zaken?
- Wat is de biografie of het levensverhaal van de groep?
- Bespreek een van die overgangen met elkaar en geef aan wat deze overgang betekend heeft voor jullie ontwikkeling.

De herberg
- Wat zijn jullie 'pleisterplaatsen'? Hoe zien die eruit? Hoe 'tanken' jullie bij?
- Wat is voor jullie 'goed geestelijk voedsel'?
- Wat of wie zijn inspiratiebronnen? Door wat of wie laten jullie je inspireren?

De put
- Welke valkuilen zijn jullie tegengekomen?
- Wat voor soort dieptepunten is typerend voor jullie?
- Iets geleerd van zulke valkuilen of dieptepunten?
- Hebben jullie ergens een 'diepere bron' ontdekt, waar je uit kunt putten?

De doolhof
- Hoe is de weg van jullie ontwikkeling tot nu toe geweest?
- Welke gang hebben jullie gemaakt door de 'doolhof' van de organisatie?
- Wanneer leken jullie verdwaald?
- Waren er doodlopende wegen?
- Hoe en waarop oriënteren jullie je eigenlijk? Wat hanteren jullie als kompas om uit de penarie te komen? Hebben jullie eigenlijk wel een kompas?

De gevangenis
- Wat houdt jullie gevangen?
- Wat verhindert jullie om vrij te zijn?
- Welke achterhaalde opvattingen of gedragsvormen zetten jullie vast? Denk hierbij ook aan gewoonten of verslavingen. Ook die maken je 'onvrij'.
- Al opvattingen of gedragsvormen los durven laten?
- Wie of wat heeft geholpen in deze 'bevrijding'?

De poort
- De belangrijkste transformatie in ons leven vormt de dood: het grote sterven. Maar in ieder leven komen ook momenten van 'klein sterven' voor, soms in de vorm van

een crisis die je kunt beleven als het afsterven van oude mogelijkheden of als op een 'dood punt' zitten.
- Bespreek zulke momenten van klein sterven in jullie ontwikkeling.
- Zijn deze momenten achteraf ook leermomenten gebleken?

De pot
- Maak de balans op: waar heeft deze ontwikkelingsweg jullie tot nu toe gebracht?
- Hoe ver staan jullie nu op die ontwikkelingsweg?
- Wat hebben jullie gewonnen? Wat verloren?
- Hebben jullie een beeld van jullie missie en 'innerlijke taak' opgebouwd?
- Hoe ziet dit beeld eruit? Wat hebben jullie daarvan tot nu toe kunnen realiseren?

4.16 Zingevingsniveau

Op *zingevingsniveau* gaat het om existentiële of bestaansthematiek van de groepsleden of van de groep als geheel. Voorbeelden van zulke existentiële thema's zijn: fundamentele angst en onzekerheid, onmacht, eenzaamheid, leegheid en zinloosheid, schuld en vergeving, zingevingsvragen, rouw, pijn, verdriet, afscheid, levenskeuzen en verantwoordelijkheid voor het eigen bestaan. Ook al kunnen groepsleden elkaars pijn, verdriet, angst en dergelijke niet wegnemen, ze kunnen deze wel verlichten door ze te delen met elkaar, waardoor ze minder zwaar voelen. Pagès (1975) wijst op de wonderlijke paradox dat groepsleden door het volledig onder ogen zien van de eigen eenzaamheid een diepgaande ervaring van verbondenheid en solidariteit kunnen meemaken. Deze band omschrijft hij als een *gedeelde eenzaamheid* (*solitude partagée*) en is een van de diepste ervaringen van mensen in groepen.

Genezende factoren in groepen
In zijn basisboek over groepspsychotherapie noemt Yalom (1978) als 'genezende factoren in groepen' ook een aantal existentiële factoren, zoals:
- Het besef dat het leven bij tijden onrechtvaardig en onbillijk is.
- De aanvaarding dat het uiteindelijk onmogelijk is om te ontkomen aan alle pijn in dit leven en aan de dood.
- De aanvaarding dat ik het leven toch alleen onder ogen zal moeten zien, hoe verweven ik ook mag zijn met andere mensen.

- De moed om de elementaire problemen van mijn eigen leven en dood onder ogen te zien en daardoor een eerlijker leven te leiden en minder in beslag genomen te worden door trivialiteiten.
- Het besef dat ik zelf uiteindelijk verantwoordelijk ben voor de wijze waarop ik mijn leven leid, hoeveel begeleiding en steun ik ook van anderen krijg.

Uit deze factoren blijkt duidelijk dat het op zingevingsniveau vooral gaat om de confrontatie van de persoon met zijn eigen bestaan.

Mensen vervullen aan elkaar hun lot

Deze confrontatie kan in groepen actueel worden in de interactie met elkaar. Anders gezegd: in groepen raken mensenlevens elkaar. Soms gebeurt dit zeer indringend. Met name op momenten dat levenslijnen van groepsleden tijdelijk samenvallen, met elkaar in conflict komen of in elkaar verstrengeld raken als vezels in een draad. Geen enkele levensloop en geen enkel levensontwerp voltrekt zich in een sociaal vacuüm. De levensloop van anderen is zowel voorwaarde als gevolg van hoe ik zelf met mijn levensloop en levensontwerp omga. In dit verband trof me een uitspraak van Marcoen (1985): 'Mensen vervullen aan elkaar hun lot.' Hiermee bedoelt hij dat de levensloop van de ene persoon voorwaarde en achtergrond is voor de levensloop van de ander, en omgekeerd. Marcoen geeft een voorbeeld: het vader of moeder zijn van de volwassene bestaat dankzij het kind zijn van de onvolwassene.

Schaduwkanten

Wat Marcoen opmerkt, kan ook gelden voor groepsleden. Met name in groepen die een intensief gezamenlijk proces hebben doorgemaakt, kan bij de groepsleden het besef groeien dat je elkaar op een wezenlijk niveau nodig hebt gehad, zelfs in tijden van conflicten, en dat het 'geen toeval' is dat juist zij deze groep gevormd hebben. Ik noemde met opzet 'tijden van conflicten', want in groepen waarin de groepsleden aan elkaar gewaagd zijn, kom je soms in de ander schaduwkanten van jezelf tegen die je niet langer kunt ontkennen of negeren. Wat begint als een confrontatie met iemand anders, kan zich dan ontwikkelen tot een aanvankelijk pijnlijke, maar later ook heilzame confrontatie met een kant van jezelf die je tot dan toe niet onder ogen wilde zien. Dan kan het contact met een ander een stimulans zijn om aspecten in jezelf te gaan ontwikkelen die tot dan toe verwaarloosd zijn geweest en waarin je tot dan toe tekortgeschoten bent.

Karmische ontmoeting

Voor zover dit te maken heeft met een persoonlijke thematiek die iemand al zijn hele leven met zich meedraagt, kunnen we zelfs spreken van een *karmische ontmoeting*. Ik aarzel echter om de term 'karmisch' te gebruiken, vanwege de vele onzuivere en onterechte bijbetekenissen die vaak met dit woord geassocieerd worden. Voor mij persoonlijk heeft karma de bijbetekenis van 'karwei': datgene wat je in dit leven aan taak op je genomen hebt en wat je je voorgenomen hebt te realiseren. Daarbij geldt voor mij als werkhypothese dat het geen toeval is dat een bepaald 'lot' op je afkomt, maar dat er een zinvol verband mogelijk is met de rode draad die door je leven loopt. Van belang daarbij is de uitdaging om van 'je lot een kans te maken' en een passieve levenshouding waarin gebeurtenissen 'je overkomen' om te buigen in een actieve houding vanuit de persoonlijke vraag: wat heb ik hieraan te leren of te ontwikkelen?

Onder karmische ontmoetingen versta ik contacten en ervaringen die de persoon diep raken en die nog lang na kunnen werken in zijn persoonlijke leven. Daarbij kunnen oude eenzijdigheden en soms ook oude pijn verwerkt en gecorrigeerd worden. Zulke ontmoetingen raken vaak aan 'iets heel ouds' binnen de persoon, dat te maken heeft met de persoonlijke zingeving of levenstaak die we als het ware al vanaf de geboorte met ons meedragen. Soms zijn zulke ontmoetingen ondersteunend, waarbij erkenning van elkaar en een basaal gevoel van veiligheid voorwaarden zijn voor dit contact op diepmenselijk niveau (vergelijk Lévinas).

Soms zijn die ontmoetingen confronterend omdat ze pijnlijk bewust maken wat iemand juist nog niet kan en nog niet ontwikkeld heeft, iets waarin hij vastzit en dat nog geblokkeerd is. Karmische ontmoetingen bieden dus ook ontwikkelingskansen of nodigen daartoe uit. Op *karmisch niveau* bieden groepsleden elkaar mogelijkheden om eenzijdigheid in hun eigen levenstaak of levensopdracht bewust te worden en bij te sturen, alsmede mogelijkheden om te realiseren wat ze zich voor dit leven als 'levenskarwei' hebben voorgenomen. Bij karmische ontmoetingen kom je soms tot een helder besef van wat je persoonlijk in dit leven te doen staat. In deze betekenis is karma ook toekomstgericht: je weeft of spint je eigen rode draad in je levensloop. Daarbij kan het gaan om diepliggende persoonlijke levensthema's.

Er kunnen echter ook collectieve thema's spelen, want karma kan ook een interpersoonlijke betekenis hebben. Je kunt dan ook spreken van een karma als team, als groep, als gezin, als organisatie of zelfs als volk. Zo denk ik zelf dat het voor de Duitsers als karma (als karwei en opdracht) geldt om steeds weer opnieuw klaar te komen met het thema racisme. Voor zover een team, een groep, een gezin, een organisatie een eigen geschiedenis heeft, kun je daaraan ook een opdracht verbinden: iets wat de groep te leren heeft. Sommige thema's of opdrachten worden zelfs over verscheidene generaties doorgegeven voordat men er klaar mee is.

Zingeving

Dit karmisch niveau raakt ook aan zingevingsvragen. Wanneer mensen zich afvragen waarom hen dit toch altijd weer moet overkomen en als ze bereid zijn om daar een persoonlijke verhouding toe te vinden en te onderzoeken wat dit van hen persoonlijk zegt, dan zoeken ze een persoonlijk antwoord op wat hen passief lijkt te 'overkomen'. Soms leidt dit tot een inzicht dat wat ze meemaken een gevolg is van wat ze zelf hebben veroorzaakt door een bepaalde levenshouding, of tot het besef dat ze telkens eenzelfde 'levensles' te leren hebben, die ze tot dan toe nog niet onder ogen hebben willen zien.

Zulke zingevingsvragen kunnen in de levensloop ook opduiken ten aanzien van ziekte, sterven, crisis en andere ingrijpende levensfeiten, en ook hierbij is het van belang een eigen persoonlijke zingeving te vinden. Groepsleden kunnen elkaar hierbij enorm steunen.

Soms spelen op dit niveau ook religieuze zingevingen, positief dan wel negatief. Sommige mensen putten kracht uit hun geloof, voor andere mensen spelen eerder schuld en verdoemenis (ziekte of ongeluk als een 'straf van God'). De afgelopen twintig jaar lag er een soort taboe op het als religieus benoemen van bepaalde ervaringen. Met een toenemende belangstelling voor spiritualiteit lijkt dit taboe geleidelijk wat af te nemen.

Kruisende levenslijnen

Groepen kunnen in een bepaalde fase belangrijke karmische kansen voor haar groepsleden in zich dragen. Soms bereiken groepsleden een punt dat uitstijgt boven de 'gewone' interactie en waarbij een besef groeit van een grotere context die dit moment overstijgt. Dan raken en kruisen levenslijnen van mensen elkaar, is ons leven meer dan een toevalligheid en krijgt het contact een diepere zin en betekenis.

De karmische kant beperkt zich niet tot de individuen in de groep, maar kan ook betrekking hebben op de groep als geheel, op de unieke taak die juist deze groep te verrichten heeft. Gaat het op het mythisch niveau nog om universeel menselijke thema's, op het karmische niveau gaat het om de diepste spirituele opgaven die de mens en de mensheid zich kunnen stellen. Soms raken groepen aan dit niveau.

4.17 Een overzicht van interventies

In een helder artikel heeft William Dyer (1969) de interventies van een goede groepsbegeleider (vul in: voorzitter, gespreksleider, teamleider, trainer) ingedeeld in negen categorieën. Ik geef deze hieronder weer met hun oorspronkelijke termen.

1. *Hoofdaandacht op de inhoud (content focus)*
Een inhoudsinterventie kan bestaan uit het meedelen van relevante gegevens, van een mening, van een ervaring enzovoort, die de inhoud van het groepsthema verrijkt. Zo'n inhoudsinterventie door de leider kan bijdragen aan het bereiken van de groepsdoelen, op voorwaarde dat het geen bijdrage is die net zo goed door een van de groepsleden geleverd had kunnen worden als de groepsbegeleider daartoe gestimuleerd had.

2. *Hoofdaandacht voor het proces (process focus)*
Door een procesinterventie verschuift de aandacht naar wat er gaande is in de groep zelf. Twee voorbeelden: 'Merkten jullie dat slechts twee groepsleden een mening uitspraken en dat er toch een groepsbesluit genomen is?' 'Ik vraag me af wat er op dit moment eigenlijk aan de hand is.'
   Hoe de groepsbegeleider de groep de aandacht helpt richten op haar eigen proces zal sterk afhangen van zijn persoonlijke stijl of strategie. Het stimuleren van metacommunicatie kan dus op veel verschillende manieren.

3. *Doorvragen naar gevoelens (ask for feelings)*
Een interventie van dit soort zou kunnen zijn: 'Hans, wat ging er door je heen toen de groep niet in wilde gaan op jouw inbreng?' Voor sommige groepsbegeleiders en voor sommige groepsleden is het uitwisselen van dit soort ervaringen het meest wezenlijke onderdeel van groepsbegeleiding. Door te sterke aandacht hiervoor loopt de groepsbegeleider echter het risico andere belangrijke aspecten van de groepsdynamiek te missen.

4. *Geven van directieven (direction-giving)*
De groepsbegeleider kan het groepsgedrag structureren door het geven van directieven (opdrachten), zoals het maken van een naamkaartje, het gebruik van audio- of videorecorder, een observatieopdracht enzovoort. Ook hier zijn er persoonlijke stijlverschillen. Sommige groepsbegeleiders geven hun aanwijzingen in de vorm van suggesties, terwijl anderen daar veel directer in zijn. Met name begeleiders met een sterke controlebehoefte zullen directiever zijn. Wanneer de groep in een impasse dreigt te geraken, moet de groepsbegeleider beslissen of hij de groep dit zelf laat oplossen (ook al gaat dit tijd kos-

ten) of dat hij de groep directiever gaat leiden (ook al zal dit de groep afhankelijk van hem houden). In dit verband is de situationele theorie van Hersey en Blanchard (1982) relevant.

5. Rechtstreekse feedback (direct feedback)

De groepsbegeleider kan een groepslid of de groep feedback geven over zijn functioneren. Sommigen doen dit al in een vroeg stadium, als voorbeeldfunctie. Ook hier staat de groepsbegeleider voor een keuze. Het is een goede zaak dat hij vroeg of laat zijn reacties geeft, maar tegelijk moet hij bevorderen dat groepsleden elkaar stimuleren tot reacties. En hij moet beseffen dat in het begin zijn reacties en opmerkingen zwaarder zullen wegen dan die van de groepsleden, ook al wil hij dit zelf niet.

6. Cognitieve inbreng (cognitive orientations)

Soms is voor de groepsbegeleider de rol van expert van belang, namelijk wanneer hij relevante gegevens, theorie of andere informatie aan kan bieden. Maar hij moet er ook voor zorgen dat expert-informatie van andere groepsleden benut wordt.

7. Vervullen van groepsfuncties (performing group functions)

De groepsbegeleider kan met een groot aantal taak- en procesfuncties de groepsvoortgang ondersteunen (zie ook paragraaf 11.3). Hij kan bijvoorbeeld interveniëren via taakrollen als het zoeken van meningen of reacties op wat er gebeurt in de groep, hij kan zijn eigen mening geven, hij kan aanzetten tot het opnieuw formuleren van het groepsdoel, hij kan het probleem aanscherpen, hij kan de werkaanpak aanpassen. Hij kan interveniëren via procesrollen als aanmoedigen, harmoniseren, formuleren van groepsnormen, spanning verminderen of 'deuropener zijn'. Hij moet echter stimuleren dat groepsleden zulke functies gaan overnemen naarmate de groepsontwikkeling vordert.

8. Diagnose-interventie (diagnostic intervention)

De groepsbegeleider kan benoemen wat hij ziet gebeuren en wat daarvan de oorzaken zijn. Bijvoorbeeld: 'Er zijn enkele mogelijkheden waarom de groep apathisch is. Eén mogelijkheid is dat onze doelen niet duidelijk zijn. Een andere mogelijkheid is de angst dat als we aan het werk gaan oude conflicten weer zullen opleven.' Hij kan de groep daarna vragen om nog meer mogelijkheden. Dit interventietype kan de groep stimuleren naar haar eigen proces te kijken.

9. Beschermingsinterventie (protection intervention)

Soms komt de groepsbegeleider tussenbeide om een groepslid te beschermen tegen 'overbelichting'. Dit is passend wanneer het uitspreken van persoonlijke ervaringen of kritiek niet langer bijdraagt aan de groepsdoelen of tot een situatie kan leiden die groep noch trainer vruchtbaar kunnen hanteren. De groepsbegeleider kan ook een groepslid in bescherming nemen dat te zware feedback of slecht getimede feedback ontvangt. Of een groepslid ondersteunen in het overeind houden van zijn identiteit bij te zware groepsdruk tot conformiteit.

Interventies vormen een deel van de totale strategie van de groepsbegeleider (voorzitter, teamleider, gespreksleider, trainer) en zijn brede plan van aanpak, waartoe ook zijn visie hoort hoe hij leerprocessen in de groep wil stimuleren, met name het leerproces in de richting van toenemende zelfregulatie en zelfaansturing.

Ook speelt de persoonlijkheid van de groepsbegeleider een rol. Zijn interventies passen ook bij zijn eigen behoeften en reactiepatronen met betrekking tot onzekerheid, angst, conflict, weerstand en agressie. Waarschijnlijk is hij zich zulke interne invloeden niet eens bewust. We kunnen als hypothese formuleren dat groepsbegeleiders met een grote controlebehoefte vaker interventies zullen plaatsen uit de categorieën: geven van directieven, rechtstreekse feedback, cognitieve inbreng en samenvatten. De groepsbegeleider die conflicten vermijdt, zal zich waarschijnlijk meer op zijn gemak voelen bij inhoudsgerichte en richtinggevende interventies en bij het vervullen van harmoniserende procesrollen (Dyer, 1969).

Hieronder geef ik een vragenlijst voor het vaststellen van je eigen interventieprofiel.

> **Oefening: Eigen interventieprofiel**
> Geef bij elke categorie op de volgende pagina aan in welke mate je die interventies plaatst in je rol als teamleider (trainer). Plaats bij elke interventiecategorie een kruisje in een vakje. De vakjes variëren van 1 (nooit) tot en met 9 (zeer vaak). Door daarna de kruisjes van boven naar beneden over alle negen categorieën met elkaar te verbinden ontstaat je interventieprofiel. Hierna kun je een tweede profiel opstellen door voor elke categorie aan te geven wat je gewenste interventierepertoire is. Verbind ook deze kruisjes met elkaar. Gebruik hiervoor een andere kleur.

Bespreek in drietallen deze twee profielen van jezelf en van de beide anderen. Formuleer op grond hiervan persoonlijke leerdoelen die ertoe leiden dat je je interventiemogelijkheden in de nabije toekomst kunt uitbreiden. Geef elkaar advies met betrekking tot het vinden van leersituaties voor deze persoonlijke leerdoelen.

	1	2	3	4	5	6	7	8	9
Hoofdaandacht op de inhoud/*Content focus*									
Hoofdaandacht voor het proces/*Process focus*									
Doorvragen naar gevoelens/ *Ask for feelings*									
Geven van directieven/ *Direction-giving*									
Rechtstreekse feedback/ *Direct feedback*									
Cognitieve inbreng/*Cognitive orientations*									
Vervullen van groepsfuncties/*Performing group functions*									
Diagnose-interventie/*Diagnostic intervention*									
Beschermingsinterventie/ *Protection intervention*									

Variant op deze oefening
Vul deze vragenlijst twee keer in: (1) hoe je jezelf ziet; (2) hoe je een collega ziet die je goed kent in zijn werk. Wanneer deze collega hetzelfde doet, kun je als tweetal bespreken hoe je elkaars interventiegedrag ziet en kun je dit met je inschatting van je eigen gedrag vergelijken.

Benodigde tijd
Invullen: circa 5 minuten
Gesprek in drietal: circa 3 x 15 minuten
Totale tijdsduur: circa 50 minuten

5 Groepsvorming en groepsontwikkeling

5.1 Inleiding
5.2 Drie modellen van groepsontwikkeling
5.3 Groepen vanuit de collectiviteit (Sartre)
5.4 Groepen als subgroepen van een groter geheel (Pagès)
5.5 Determinanten van groepsvorming
5.6 Fasen van groepsontwikkeling
5.7 Voorfase (fase 1)
5.8 Oriëntatiefase (fase 2)
5.9 Wat er speelt bij de start van groepen
5.10 Drie manieren om een groep te starten
5.11 Invloedsfase (fase 3)
5.12 Affectiefase (fase 4)
5.13 Fase van de autonome groep (fase 5)
5.14 Afsluitingsfase (fase 6)
5.15 Samenvatting van de fasen van groepsontwikkeling
5.16 Een andere visie op groepsontwikkeling: de opvattingen van Pagès
5.17 Unfreezing, moving, freezing

5.1 Inleiding

Over groepsontwikkeling bestaan heel wat theorieën. En terecht, want groepsdynamica valt ook te omschrijven als de studie van hoe groepen zich vormen, hoe ze functioneren en hoe ze weer uiteenvallen. Aan de grote hoeveelheid theorieën over groepsontwikkeling heb ik een apart boek gewijd: *Groepsdynamika, deel III* (Remmerswaal, 1994). Die grote hoeveelheid theorieën heb ik geordend in *drie modellen*. De meeste theorieën in de groepsdynamica vallen onder het lineaire model. Hierin wordt ontwikkeling gezien als een opeenvolging van fasen, totdat een eindpunt wordt bereikt, bijvoorbeeld de 'volwassen groep'. Dit model bespreek ik in paragraaf 5.2, samen met het spiraalmodel en het polariteitenmodel, die andere accenten leggen. Groepen komen natuurlijk niet uit de lucht vallen. In dit hoofdstuk over groepsontwikkeling sta ik daarom eerst stil bij de vraag hoe groepen eigenlijk tot stand komen. Twee Franse auteurs hebben hier boeiend over geschreven: Jean-Paul Sartre (paragraaf 5.3) en Max Pagès (paragraaf 5.4). In de Amerikaanse groepsdynamica wordt gesproken over taakgerichte en sociaal-emotionele determinanten van groepsvorming (paragraaf 5.5). Het grootste deel van dit hoofdstuk gaat over hoe ik tegen groepsontwikkeling aankijk. Mijn model is een lineair fasenmodel (paragraaf 5.6). In tegenstelling tot andere auteurs over groepsontwikkeling begint voor mij de groep al voor de groep begint. Voordat de groep voor het eerst bij elkaar komt, is er namelijk al heel wat gebeurd aan denkwerk en aan praktische en organisatorische voorbereidingen. Dat vindt allemaal plaats in de voorfase (paragraaf 5.7). Ik ga daarna uitgebreid in op de beginfase, die ik oriëntatiefase noem (paragraaf 5.8). Ik bespreek wat er allemaal speelt bij de start van groepen en het opbouwen van een klimaat van veiligheid en vertrouwen (paragraaf 5.9). Globaal zijn er drie manieren om een groep te starten: vanuit inhoud, vanuit procedure en vanuit relatieopbouw. Ik licht deze drie aanpakken toe in paragraaf 5.10. Na de beginfase volgen drie middenfasen. Ik onderscheid de invloedsfase (paragraaf 5.11), de affectiefase (paragraaf 5.12) en de fase van de autonome groep (paragraaf 5.13). Hoe ver de groep zich daarin zal ontwikkelen, valt niet van tevoren met zekerheid te zeggen. Elke fase kent haar eigen moeilijke momenten en daar kan de groep op vastlopen. Na de middenfasen volgt de afsluiting. Daaraan zijn meerdere kanten te onderscheiden, zoals terugblik en evaluatie afsluiting en afscheid (paragraaf 5.14). In pararagraaf 5.15 geef ik een samenvatting van de groepsontwikkeling.

Ik besluit het hoofdstuk met twee toegiften. In paragraaf 5.16 bespreek ik de visie van Pagès op groepsontwikkeling. En in paragraaf 5.17 besteed ik aandacht aan Kurt Lewin (zie paragraaf 2.8 over zijn veldbenadering) met zijn driefasentheorie van sociale verandering. Daarin zegt hij (even kort door de bocht) dat je eerst de weerstanden moet ontdooien voor je aan verandering kunt toekomen. En hiermee bepleit hij indirect ook het opbouwen van een klimaat van veiligheid en vertrouwen, waar ik het al in paragraaf 5.9 over had.

5.2   Drie modellen van groepsontwikkeling

Het lineaire model

In het lineaire model wordt groepsontwikkeling opgevat als een ordelijke voortgang van de groep door meerdere voorspelbare fasen die elkaar in de tijd opvolgen. De ontwikkeling vertoont een stijgende lijn van begin naar eind, net zoals in de ontwikkelingspsychologie het kind zich ontwikkelt van conceptie en geboorte naar volwassenheid. Tussen dit begin en eind maakt het kind een aantal fasen door. Of de ontwikkelingslijn nu vloeiend of trapsgewijs verloopt, maakt niet zoveel uit. Belangrijker in dit model is dat na verloop van tijd een bepaald eindpunt bereikt wordt: de volwassenheid of het stadium van de 'rijpe groep'. Het aantal fasen kan sterk variëren. Sommige auteurs beperken zich tot twee of drie fasen, maar er zijn ook auteurs die tien of zelfs vijftien fasen noemen. Wanneer groepsontwikkeling als het doorlopen van een aantal fasen langs een stijgende lijn gezien wordt, spreek ik van een lineair model. Zulke theorieën komen erg veel voor in de groepsdynamica. Hun hoofdaandacht gaat meestal uit naar de verhouding tussen taakaspecten en sociaal-emotionele aspecten.

De theorieën van dit model zijn bijna alle van Amerikaanse oorsprong en sluiten vaak aan op de veldbenadering van Lewin. Voorbeelden hiervan bieden Bales, Schutz, Stemerding, Tuckman, Bennis en Shepard. Van dit rijtje is Tuckman de bekendste. Hij noemt vier fasen, die makkelijk te onthouden zijn omdat de termen zo mooi op elkaar rijmen: *forming, storming, norming* en *performing*. Later voegde hij hier nog een vijfde fase aan toe: *adjourning*. In Nederlands: vorm, storm, norm, prestatie en afscheid. Forming is de fase van oriëntatie op de taak en van afhankelijkheid en elkaar uitproberen. Storming is de fase van conflicten binnen de groep. Norming is de fase van ontwikkeling van groepsnormen. Performing is de fase van transformatie van losse individuen tot teamspelers met een grote betrokkenheid op elkaar. Adjourning is de fase van elkaar loslaten en ontbinding van de groep.

De theorie van groepsontwikkeling die ik in dit hoofdstuk bespreek, past binnen het lineaire model (paragraaf 5.7 tot en met 5.14).

Het spiraalmodel

In het spiraalmodel wordt groepsontwikkeling opgevat als een spiraalbeweging de diepte in. De thema's die bij een bepaalde groep horen, komen steeds intensiever en diepgaander aan de orde naarmate de groep langer bijeen is. De groepsthema's komen niet in een bepaalde, vooraf bekende volgorde aan bod. Maar wanneer een thema eenmaal op de voorgrond staat, zal het volgens een tamelijk voorspelbaar patroon uitgediept worden van eerst alleen de oppervlakteaspecten naar steeds diepere betekenisaspecten. Deze ontwikkeling van het thema volgt een spiraalbeweging, net als een kurkentrekker die steeds dieper ingedraaid wordt. Of beter misschien nog: als een draaikolk. Naarmate er meer diepgang bereikt wordt, ontstaat er meer vaart en zuigkracht. Het groepsproces volgt deze spiraalsgewijze themaverdieping.

Vaak wordt in deze theorieën onderscheid gemaakt tussen bewuste en onbewuste lagen van groepen. Naast het zichtbare en manifeste gedrag bestaan er ook een groot aantal diepere en latente (verborgen) betekenisaspecten en betekenissen. De auteurs die deze theorieën aanhangen, vestigen hun hoofdaandacht op wat zich onder 'de oppervlakte' afspeelt, dus op wat er gebeurt achter het direct zichtbare gedrag. Je zou kunnen zeggen dat ze vooral letten op de emotionele onderstroom in groepen. Om die onderstroom te beschrijven, gebruiken ze rijkelijk allerlei vormen van beeldspraak. Daarbij zoeken ze vaak aansluiting bij de sterke beelden die Freud in zijn publicaties gebruikte. Zo wordt weleens opgemerkt dat de groep in het zoeken naar zekerheid, veiligheid en ondersteuning zichzelf lijkt te beleven als een stamgemeenschap, als het vroegere kerngezin, als een oerhorde of als een religieuze sekte. Soms wordt de groep beschreven als een goede verzorgende moeder of als een herbeleving van een oeroude conflictsituatie. Ze hebben ook veel oog voor het mythisch niveau in groepen (zie paragraaf 4.14). Een aantal kernthema's is favoriet: afhankelijkheid, autonomie, agressie en seksualiteit. Deze theorieën laten zich sterk inspireren door de psychoanalyse (paragraaf 2.9); voorbeelden hiervan zijn onder anderen Bion, Thelen, Whitaker en Lieberman (Bion komt nog uitgebreid aan bod in paragraaf 11.7).

Het polariteitenmodel

Onder het polariteitenmodel valt een aantal theorieën van groepsontwikkeling waarin polariteiten een grote rol spelen, zoals de methodiek van themagecentreerde interactie (TGI, zie paragraaf 4.11). Zulke theorieën situeren het groepsgebeuren in een spanningsveld van wisselende polariteiten, zoals individualiteit versus socialiteit, taak versus proces, rationaliteit versus irrationaliteit (dan wel emotionaliteit). In de groepsdynamica is deze manier van denken nog weinig uitgewerkt. Toch vormt een aantal kernideeën over verandering in groepen zoveel gemeenschappelijks, dat we van een apart model mogen spreken.

Gemeenschappelijk in deze theorieën is dat ze ontwikkeling definiëren als het zich losmaken uit gepolariseerde posities. Daarbij wordt de groep beschreven als een spanningsveld van tegenstellingen die niet alleen in de groep als geheel, maar ook in elk groepslid afzonderlijk werkzaam zijn. In het ontwikkelingsproces worden deze tegenstellingen overwonnen. Je kunt hierbij denken aan polariteiten tussen interactie en stilte, tussen harmonie en conflict, tussen ondersteuning en confrontatie, tussen intellect en gevoel. Themagecentreerde interactie richt zich sterk op de polariteit tussen interdependentie en autonomie, ofwel tussen wij-gerichtheid en gerichtheid op zichzelf ('Wees je eigen voorzitter').

Theorieën vanuit het polariteitenmodel gaan uit van wat zich tussen personen afspeelt. Dit betekent dat het tijdsperspectief op het heden gericht is. Hierin verschillen ze van theorieën uit het lineair model (zijn vooral toekomstgericht) en uit het spiraalmodel (zijn vooral verledengericht). Tot slot merk ik op dat het polariteitenmodel een sterke nadruk legt op toenemende zelfbepaling en autonomie van de groep als criterium voor groepsontwikkeling. Hierin klinkt duidelijk de inspiratie door van humanistische psychologen als Maslow en Rogers. Deze nadruk op toenemende zelfbepaling en autonomie van groepen heeft de laatste tien jaar door maatschappelijke ontwikkelingen in de richting van zelfsturende teams sterk aan actualiteit gewonnen.

Het ontstaan van groepen

Over hoe groepen zich ontwikkelen van een beginfase via een middenfase naar een eindfase bestaat dus een groot aantal theorieën. Maar hoe groepen ontstaan, daar wordt in de groepsdynamische literatuur vrij weinig over geschreven. Dit is vreemd, want in de ontstaansgeschiedenis van een groep valt vaak ook haar bestaansreden terug te vinden. Ik noem dit de *voorfase* van het ontstaan van een groep (Remmerswaal, 2006). Nieuwe groepen komen soms voort uit onvrede met bestaande situaties. Tekorten en blinde vlekken in een organisatie, of in een onderdeel daarvan, stimuleren tot groepsvorming. Hetzelfde geldt voor maatschappelijke tekorten en blinde vlekken. Denk maar eens aan hoeveel actiegroepen, werkgroepen, commissies en belangengroeperingen er bestaan. In de voorfase speelt dus het contextniveau dat we al in paragraaf 4.8 besproken hebben.

Hieraan verwante ideeën zien we ook bij enkele andere auteurs die aandacht hebben voor de bredere maatschappelijke context. In de volgende paragrafen ga ik met name in op Sartre (paragraaf 5.3) en Pagès (paragraaf 5.4). Zij hebben het niet zozeer over bewust gecreëerde groepen, maar meer over 'spontane' groepsvorming zonder vooroverleg.

5.3 Groepen vanuit de collectiviteit (Sartre)

De Franse filosoof Sartre (1960) plaatst de groep tegenover de collectiviteit van de massa. Groepen komen naar voren uit deze collectiviteit en kunnen daar ook weer in verdwijnen. In de collectiviteit maakt ieder deel uit van een reeks (een 'serie' in termen van Sartre). De bestaanswijze in zo'n reeks, Sartre spreekt van de *seriële bestaanswijze*, wordt gekenmerkt door anonimiteit, waarbij niemand kwalitatief telt en slechts kwantitatief geteld kan worden. Voorbeelden van zulke anonieme collectiviteiten zijn de stemmers op een politieke partij, de abonnees op een bepaalde krant, de inwoners van een bepaalde stad, de klanten van een bepaalde winkel, de consumenten van een bepaald product enzovoort. In Sartres opvatting ontstaan groepen zodra geïsoleerde individuen in zo'n collectiviteit zich bewust worden van hun gemeenschappelijke belangen en hun onderlinge betrokkenheid: hun op elkaar aangewezen zijn.

Een bushalte

b.v. heel goede besnjp

Om aan te geven hoe uit een collectiviteit een groep naar voren kan komen, geeft Sartre (1960, pp. 308 e.v.) het voorbeeld van een rij wachtenden bij een bushalte. Deze wachtenden vormen een reeks van anonieme en zwijgzame reizigers. Hoewel ze elkaar negeren en contact of communicatie vermijden, hebben al deze mensen toch één belang gemeenschappelijk: ze willen allen dat er snel een bus zal stoppen om hen naar huis of werk te brengen. Veronderstel nu dat een vermoeide chauffeur onverwacht besluit om niet bij deze halte te stoppen, maar door te rijden. De meeste wachtenden zullen hierover geïrriteerd raken en sommigen gaan misschien schelden op de busonderneming. Veronderstel nu eens dat een tweede buschauffeur hetzelfde doet en ook doorrijdt. Nu zal er zeer waarschijnlijk een interactie op gang komen tussen de wachtenden. Men begint elkaar vragen te stellen of tegen elkaar zijn hart te luchten. Sommigen willen misschien tot actie overgaan of de politie bellen. Na wat overleg over en weer komt men misschien tot een akkoord, bijvoorbeeld het besluit om de volgende bus tegen te houden. Met het voorbeeld van de bushalte verduidelijkt Sartre hoe vanuit de collectiviteit een groep naar voren kan komen:

1. Het belang dat de individuen gemeenschappelijk hebben, wordt erkend als een gedeeld gemeenschappelijk belang, waarbij de betrokkenen ontdekken hoe ze op elkaar aangewezen zijn om dit belang te verwezenlijken.
2. Men gaat over tot directe communicatie en interactie: ieder spreekt de ander rechtstreeks aan.
3. Men beseft dat het om tegengestelde belangen gaat tussen deze groep en anderen daarbuiten. Dit besef is volgens Sartre in onze maatschappij voortdurend sluimerend aanwezig, omdat (in zijn opvatting) de maatschappij bestaat uit allerlei groeperingen die tegengestelde belangen verdedigen en daarmee impliciet oproepen tot onderlinge strijd.

Gedeeld belang

Wanneer individuen zo bewust geworden zijn van hun onderlinge betrokkenheid en hun gemeenschappelijke belangen, worden ze vanuit de anonieme collectiviteit tot een groep. Dit wijzigt de onderlinge betrekkingen radicaal. Ieder ziet de ander als betrokken en als medemens en niet langer als mogelijke rivaal of als element in een anonieme reeks. Ieder begint voor ieder mee te tellen en ieder kan op elke ander rekenen. Het besef van het gedeelde belang kan uitmonden in een gemeenschappelijke actie die de groep in staat stelt de werkelijkheid te wijzigen in plaats van haar passief te ondergaan. De vervreemding van de anonieme collectiviteit is overwonnen.

Geboorte van een groep

Het op deze wijze ontstaan van een groep komt als een verrassende ontdekking, zelfs voor de betrokkenen. Zo'n '**groepsgeboorte**' kan op meer manieren onverwachts plaatsvinden, maar de manier die Sartre het meest lief is, is de revolutionaire opstand.

Groepen kunnen echter ook terugvallen in de collectiviteit. Om als groep te blijven voortbestaan, dient de groep zich voortdurend verder te ontwikkelen en te organiseren:
- enerzijds door voortdurende aandacht voor de relaties tussen de groepsleden en voor wijzigingen in de onderlinge banden;
- anderzijds door het steeds nauwkeuriger formuleren van beperkte en haalbare taken in het perspectief van de verderliggende doelen.

Voortbestaan van een groep

Om te kunnen blijven voortbestaan, moet elke groep een eigen structuur vinden die haar aanvankelijke elan, enthousiasme en doelperspectief verzoent met de pragmatische vereisten van het voorbereiden en realiseren van haar eigen praktijk. Deze structuur kan echter zo sterk worden dat ze ontaardt in een bureaucratie. In dat geval worden de regels doel op zichzelf en nemen de formaliteiten en procedures voorrang op de doelen en achterliggende visies. In hun onderwerping aan de regels raken de groepsleden dan steeds meer van elkaar geïsoleerd. Als dat het geval is, keert volgens Sartre de groep weer terug naar de seriële bestaanswijze van de collectiviteit: men wordt weer een reeks (een serie) van losse individuen, een onpersoonlijke massa die niet meer communiceert en zich niet langer bewust is van de regels die haar regeren.

Relaties tussen de leden

Een groep kunnen we, aldus Sartre, herkennen aan de bijzondere aard van de relaties tussen haar leden:
- rechtstreekse communicatie;
- besef van een gemeenschappelijk belang en een gemeenschappelijk einddoel;
- gezamenlijk vinden en, wanneer nodig, steeds vernieuwen van hoe men zich organiseert om deze onderneming te doen slagen.

Wanneer deze kenmerken uit het zicht verdwijnen, zal ook de groep verdwijnen. De opvattingen van Sartre heb ik uitgebreider besproken in *Groepsdynamika. Deel III* (Remmerswaal, 1994).

5.4 Groepen als subgroepen van een groter geheel (Pagès)

Hoewel hij vertrekt vanuit een andere visie en dus tot een andere theorie komt dan Sartre, volgt Pagès (1975) een soortgelijke gedachtegang. Om het ontstaan van groepen te verklaren, start ook Pagès bij het grotere omringende geheel. We zagen dat Sartre uitgaat van de collectiviteit. Voor Pagès is elke groep een subgroep van een grotere omringende groep en in uiterste vorm zelfs van de gehele mensheid. Dit klinkt nogal vaag. Daarom enige toelichting.

Wederzijds op elkaar betrokken zijn

In het dagelijkse spraakgebruik verstaan we onder een groep meestal een verzameling personen met een of andere identieke eigenschap: een gezamenlijk doel, gemeenschappelijke waarden enzovoort. Daartegenover stelt de sociale psychologie (onder anderen Lewin) de betrekkingen tussen de individuen centraal via de begrippen interactie en wederzijdse betrokkenheid. Met interactie wordt bedoeld dat de groepsleden meer interactie met elkaar hebben dan met personen buiten de groep. Vergelijk Homans (1966), die onder een groep een aantal personen verstaat die over een bepaalde periode genomen regelmatig contact met elkaar hebben, waarbij de groep klein genoeg moet zijn om elk groepslid in staat te stellen rechtstreeks (zonder tussenkomst van derden) met elk ander groepslid in relatie te treden. Met wederzijdse betrokkenheid wordt bedoeld dat een gebeurtenis die invloed heeft op één groepslid of op een subgroep tegelijk ook op alle groepsleden zijn weerslag heeft. Dit wederzijds op elkaar betrokken zijn, is voor Lewin het meest wezenlijke kenmerk van groepen. Hiermee zet Lewin zich af tegen groepsdefinities die ervan uitgaan dat groepsleden aan elkaar gelijk zouden zijn. Centraal in de definitie van Lewin is dat de groep een dynamisch geheel is, waarvan de afzonderlijke delen (leden of subgroepen) wederzijds op elkaar betrokken zijn (Lewin, 1951, pp. 146-147; zie verder Remmerswaal, 1994).

Andersom geredeneerd: van groot naar klein

Deze twee opvattingen (uit het dagelijkse spraakgebruik en uit de sociale psychologie) bekritiseert Pagès (1975, p. 307) omdat ze vertrekken vanuit het individu, waardoor de groep tot een verschijnsel wordt dat we moeten verklaren. Voor Pagès is de groep geen afgeleid verschijnsel. We moeten niet van de samenstellende elementen (de individuen) uitgaan om het geheel (de groep) te verklaren, maar juist omgekeerd: vanuit het geheel terugredeneren naar de samenstellende elementen (net als in de gestaltpsychologie, zie paragraaf 2.8). Voor Pagès is de groep primair de vindplaats van relaties en daarmee samenhangende gevoelens. Van daaruit laten zich de gedragingen en kenmerken van de individuele leden afleiden. Niet zozeer de groep moet dus verklaard worden, als wel het individu.

Deel van een groter geheel

Maar ook elke groep is weer een onderdeel van een groter geheel. Vandaar dat Pagès (1975, p. 308) elke groep kan opvatten als een subgroep. Groepen ontstaan in zijn visie niet zozeer vanwege bijzondere communicatiemogelijkheden tussen de groepsleden, als wel en vooral vanwege communicatiemoeilijkheden binnen een grotere groepering waarvan de concrete groep een subgroep is. Dit is misschien niet meteen duidelijk. Ik zal er dus wat langer bij stilstaan.

Andere kijk op groepsconflicten

In groepen gebeurt het soms dat een conflict dat op groepsniveau speelt, verscherpt naar voren treedt als een conflict tussen twee groepsleden. Deze twee groepsleden blijken de woordvoerders van de hele groep of van twee subgroepen daarbinnen en vertolken de spanningen in het grotere geheel. Zoiets geldt ook voor gehele groepen. Ook groepen vertegenwoordigen volgens Pagès iets wat eigenlijk speelt in een groter omringend geheel. Met name groepsconflicten kunnen iets zichtbaar maken van wat in de omringende grotere groepering eigenlijk ook speelt, maar op dat grote niveau verdrongen of geweigerd wordt. Zo kan wat maatschappelijk verdrongen wordt, dan zichtbaar worden in de kleine groep, als subgroep van deze maatschappij. Groepen ontstaan, aldus Pagès, vanuit het grotere geheel omdat ze op kleinere schaal de mogelijkheid bieden tot het beleven en verwerken van een emotioneel conflict dat in dit grotere geheel speelt, maar door collectieve afweervormen niet op dat grotere niveau verwerkt kan worden. Als voorbeelden van zulke emotioneel geladen conflicten noemt Pagès de strijd tussen rationaliteit en emotionaliteit, conflicten rond agressie en conflicten rond afhankelijkheid; verder valt te denken aan conflicten rond gezag en autoriteit, rond intimiteit en interpersoonlijke betrokkenheid en rond eenzaamheid en het missen van erkenning. Zulke conflicten kunnen verstarren tot situaties van machtsuitoefening, onderdrukking, uitsluiting en discriminatie of tot afwijzing, eenzaamheid, leegte, mislukking, angst voor de dood en wanhoop. Geen wonder dat grotere groeperingen en samenlevingen sterke afweervormen tegen collectieve angsten opbouwen. Maar door deze afweervormen wordt het tegelijk erg moeilijk om authentieke relaties op te bouwen die gevoelsmatig gekenmerkt worden door een verlangen naar eenheid en solidariteit en tezelfdertijd door een besef van gescheidenheid en eigenheid. Hoewel zulke relaties mogelijk zouden kunnen zijn in grote verbanden en groeperingen, komen ze daar zelden voor door collectieve afweermechanismen. Wat in het groot niet mogelijk lijkt, duikt soms wel op in groepen. Zo komt Pagès, redenerend vanuit het grotere geheel, tot zijn opvatting van het ontstaan van groepen. Voor hem is de groep een geheel van personen die een emotioneel conflict beleven (al is het in versluierde vorm) dat door een groter geheel van personen, waarvan zij deel uitmaken, gevoeld wordt (Pagès, 1975, p. 308).

> **Enkele reflectievragen**
> - Kies een van de groepen waar je lid van bent en ga op zoek naar de ontstaansgeschiedenis en de voorfase van deze groep.
> - Zoek in deze geschiedenis naar ontwikkelingen en gebeurtenissen die lijken op wat Sartre en Pagès beschreven hebben.
> - Probeer ook na te gaan wat er gespeeld heeft in de voorfase (zie paragraaf 5.8) en wat er nog over is van de oorspronkelijke bezieling en doelstellingen.

5.5 Determinanten van groepsvorming

In de voorgaande paragrafen heb ik een aantal achtergronden van groepsvorming besproken en enkele minder bekende opvattingen behandeld over waarom groepen ontstaan en hoe ze gevormd worden. Daarbij kwam naar voren dat groepen een bepaalde functie kunnen vervullen ten opzichte van een bredere sociale context. Deze theorieën verklaren echter nog niet waarom in een concrete situatie juist deze concrete personen samen een groep vormen. Daarom begin ik in deze paragraaf aan de andere kant: niet bij de omgeving, maar bij de individuen die groepslid gaan worden. In aansluiting op de tweedeling die ik in hoofdstuk 2 al maakte tussen taak en proces (paragraaf 2.2), kunnen we globaal twee soorten redenen noemen waarom mensen lid worden van een groep:
1. taakgerichte redenen;
2. sociaal-emotionele redenen.

Ik bespreek eerst de taakgerichte determinanten, vervolgens komen de sociaal-emotionele determinanten aan bod.

Taakgerichte determinanten
De belangrijkste taakgerichte determinanten zijn de aantrekkelijkheid van de groepsdoelen, de aantrekkelijkheid van de groepsactiviteiten en de verwachting via het groepslidmaatschap privédoelen te kunnen bereiken.

– Aantrekkelijkheid van groepsdoelen
Naarmate je de groepsdoelen aantrekkelijker vindt, zal dit een sterkere reden zijn om lid te worden van die betreffende groep. Zoals al aangegeven bij de bespreking van Sartre (paragraaf 5.3), kan dit samenvallen met het besef dat die groep opkomt voor belangen die je zelf ook hebt. Denk maar aan het lidmaatschap van een politieke groepering of van een actiegroep, pressiegroep, belangengroep, oudercommissie, schoolraad enzovoort, om iets te bereiken wat je in je eentje niet lukt. Of lid worden van een elftal omdat je graag wilt voetballen, of beginnen met een opleiding, en dus lid worden van een werkgroep, omdat je graag een bepaald beroep wilt gaan uitoefenen.

– Aantrekkelijkheid van groepsactiviteiten
Toch zul je niet zo vaak lid willen worden op grond van alleen de groepsdoelen. Van groter belang zijn de groepsactiviteiten die voortvloeien uit deze groepsdoelen. Je zult dus vooral lid willen worden als je deze groepsactiviteiten aantrekkelijk vindt. Het gaat meestal om een mengvorm van doelen en activiteiten, waarbij je ook de kosten en baten afweegt: enerzijds 'wat kost het me' (aan inzet bijvoorbeeld) en anderzijds 'wat levert het me op'. Tussen beide moet een redelijke balans bestaan. Zo kun je je wel aangetrokken voelen tot een groep met prima doelen, maar voor feitelijk lidmaatschap daarvan terugschrikken. Bijvoorbeeld omdat deelname aan de activiteiten een te grote persoonlijke inzet vereist of omdat de groep zo georganiseerd is dat je bang bent niet goed te kunnen participeren. In dit laatste geval vind je de groepsactiviteiten niet aantrekkelijk genoeg, ook al draag je de doelen een warm hart toe.

– Privédoelen bereiken via de groep
Je kunt ook lid worden van een groep om een doel voor jezelf te bereiken dat buiten de groep ligt, als je gelooft dat die groep instrumenteel is voor het bereiken van dat doel. Een voorbeeld is het besluit om een opleiding te gaan volgen. Je wordt dan lid van een groep (een klas, een cursusgroep) binnen een school of opleidingsinstituut, niet zozeer omdat je het eens bent met de doelen van die school of dat instituut of omdat je de schoolse activiteiten aantrekkelijk vindt (soms vind je deze zelfs uitgesproken onaantrekkelijk), maar om een eigen doel, zoals een bepaalde beroepskwalificatie, te bereiken, waarvoor deelname aan die groep een middel is. Een ander voorbeeld is lid worden van

een therapiegroep om via die groep te leren je eigen moeilijkheden het hoofd te bieden. Of lid worden van een bepaalde groep of vereniging om daarbuiten een hoger prestige voor jezelf te bereiken.

Sociaal-emotionele determinanten

Een andere reden om lid te worden van een groep is dat je de leden van de groep aantrekkelijk vindt. Anders gezegd: interpersoonlijke attractie is een belangrijke determinant van groepsvorming. Hierin spelen factoren als:
- nabijheid en contact
- lichamelijke aantrekkelijkheid
- overeenkomende persoonseigenschappen
- overeenkomende houdingen en opvattingen
- overeenkomende sociale achtergronden
- gemeenschappelijke rollen en waarden
- gemeenschappelijk lot en solidariteit
- overeenkomende groepswaarden en groepsnormen
- sympathie
- vriendschap

Naast deze interpersoonlijke attractie behoren tot de sociaal-emotionele determinanten ook het groepsklimaat en de verwachting dat de groep zal voorzien in sociaal-emotionele behoeften, zoals behoeften aan gezelligheid, contact en erkenning.

Cohesie

De taakgerichte en de sociaal-emotionele determinanten tezamen bepalen de aantrekkingskracht van de groep. Dit noemen we ook wel *cohesie*. Voor sommigen wegen de taakgerichte aspecten het zwaarst, zoals de groepsdoelen en de groepsactiviteiten; voor anderen zijn de sociaal-emotionele aspecten het meest van belang. Beide aspecten kunnen elkaar versterken of afzwakken. Zo kun je aanvankelijk vooral lid geworden zijn vanwege de aantrekkelijkheid van de groepsdoelen of -activiteiten, maar bij nadere kennismaking met de groepsleden besluiten van verdere deelname af te zien omdat je een aantal groepsleden onsympathiek of onaantrekkelijk vindt. Omgekeerd kan natuurlijk ook: dat je na een plezierige eerste kennismaking enthousiast wordt over de medegroepsleden en daarom extra gemotiveerd bent om lid te blijven.

Belangen en behoeften

De vraag waarom mensen lid worden van een groep kan ik samenvattend als volgt beantwoorden: omdat ze de groep zien als een plek die tegemoetkomt aan eigen belangen en behoeften. Op de belangen sluiten vooral de taakgerichte determinanten aan, zoals de mogelijkheid om te werken aan doelen die je in je eentje niet kunt realiseren. En met de behoeften komen vooral de sociaal-emotionele determinanten overeen.

> **Reflectievragen**
> - Ga na welke factoren de redenen vormden voor je lidmaatschap van deze groep (de groep uit eerdere reflectievragen of een andere groep).
> - Ben je meer taakgericht of meer sociaalgericht? Of een mengvorm van beide?
> - Is er verandering gekomen in deze gerichtheid?
> - Motieven om lid te worden zijn niet zonder meer gelijk aan latere motieven om lid te blijven. Hoe ligt dat voor jou?

5.6 Fasen van groepsontwikkeling

Wanneer ik de voorfase als eerste fase beschouw, kom ik tot het volgende zesfasenmodel:
1. voorfase
2. oriëntatiefase
3. invloedsfase
4. affectiefase
5. fase van de autonome groep
6. afsluitingsfase

Ik zal de fasen 1 tot en met 5 hierna bespreken. Daarbij sluit ik aan op groepsontwikkelingstheorieën van Schutz en van Stemerding (zie ook Remmerswaal, 2006). Fase 6 bespreek ik apart in paragraaf 5.14.

> **Oefening: Metaforen van groepsontwikkeling**
>
> Voor het aangeven van ontwikkelingen in de menselijke levensloop worden nogal eens metaforen gebruikt, zoals:
> - een boom, geworteld in het verleden en zich uitstrekkend naar de toekomst;
> - een stroom of rivier, beginnend bij een bron in de bergen en uitmondend in zee;
> - een labyrint of doolhof;
> - een reis, een levensweg of een pad dat je te gaan hebt;
> - een verhaal met een plot, zoals een roman;
> - een thriller met verrassende gebeurtenissen en een ontknoping: er gebeurt van alles, maar pas achteraf wordt de zin daarvan duidelijk.
>
> Zulke beelden of metaforen kunnen we ook gebruiken voor het aangeven van groepsontwikkeling.
>
> *Opdracht*
> Kies een symbool of een beeld dat voor jou de huidige ontwikkelingsfase van een groep waarvan je lid bent aangeeft. Wissel daarna deze beelden plenair uit en bespreek ze.
>
> NB Zie ook de kadertekst in paragraaf 4.14 met de oefening Bedrijfsschild.

5.7 Voorfase (fase 1)

Nog voordat een groep ooit bijeen is geweest, heeft er zich vaak al een hele geschiedenis afgespeeld. Het ontstaan van een groep laat zich dan ook moeilijk beschrijven vanuit de ervaringen binnen de groep zelf. Vanuit de groep gezien ligt haar oorsprong buiten de groep. De groep krijgt haar eerste levenskans door het zichtbaar worden van een behoefte in breder verband. Deze voorgeschiedenis van de groep noem ik de *voorfase* (Remmerswaal, 2006).

In de voorfase wordt de groep 'ontworpen' en worden de grenzen en de doelen aangegeven waarbinnen de nieuwe groep straks haar bestaan zal beginnen. In gesprekken of op papier worden de eerste lijnen uitgezet voor de opzet van een groep die zich op bepaalde belangen of behoeften gaat richten. Omdat deze belangen en behoeften zelden meteen als een algemeen belang erkend worden, zal de schets van de aanstaande groep niet altijd in dank aanvaard worden door het omringende sociale systeem.

Interventies

In dit verband herinner ik aan wat ik in paragraaf 4.4 opmerkte over onzichtbare interventies in de voorbereidingsfase van een groep. Dit zijn interventies die voor de groepsleden zelf niet zichtbaar zijn, maar toch moeten plaatsvinden omdat anders de groep nooit kan functioneren. Wat in de voorfase gebeurt, is voor een groot deel onzichtbaar voor de latere groepsleden: het formuleren van de doelstelling, vertaling van de doelstelling in een programma van activiteiten (programmeren), een keuze voor werkvormen en methodieken, vaststellen van een taakverdeling, veiligstellen van voldoende financiële middelen, besluiten over de groepssamenstelling en de groepsgrootte (dit heet ook wel de groepsformatie), planning van lokalen en tijdstippen van bijeenkomst, zorg voor de hulpmiddelen enzovoort. Te weinig aandacht voor zulke voorbereidingen in de voorfase kan de groepsontwikkeling op een later tijdstip sterk belemmeren. Zoals vaker geldt ook hier: een goede voorbereiding is het halve werk. Onderstaande checklist kan daarbij behulpzaam zijn.

Checklist groepsontwerp

1. *Doelgroep*
Algemene beschrijving van de doelgroep, wie is de doelgroep, wat wordt de groepsgrootte (aantal deelnemers), leeftijdsgroep van de deelnemers.

2. *Doelstelling van de groep*
   – Doelen vanuit de organisatie, doelen vanuit de begeleider, doelen vanuit de deelnemers.
   – Doelen concreet benoemen in termen van waarneembaar gewenst gedrag.

3. *Type groep*
Cognitief georiënteerd of belevings- en ervaringsgeoriënteerd of gedrags- en vaardigheidsgeoriënteerd (dus gericht op hoofd of hart of handen (zie paragraaf 3.17)).

4. *Vormaspecten*
Aantal bijeenkomsten; frequentie; duur van de bijeenkomsten; plaats; open of gesloten groep (kunnen er nieuwe leden bij komen).

5. *Programma*
   – Inhoud programma: welke onderwerpen en aspecten moeten in het programma aan de orde komen?
   – Werkvormen (bijvoorbeeld groepsdiscussie, rollenspel, flap-overoefening, stellingendiscussie).
   – Hulpmiddelen (dvd-camera, geluidsapparatuur, flap-over, stiften enzovoort).

6. *Begeleiders*
   – Waarin dienen de begeleiders deskundig te zijn?
   – Welke achtergrond moeten de begeleiders hebben?
   – Eén of twee begeleiders? Man-vrouwverhouding in relatie tot doel en doelgroep (is het wel of niet van belang om daar rekening mee te houden?).
   – Tijdsinvestering (hoeveel tijd vraagt de uitvoering en de voorbereiding van de begeleiders?).

Hoop en vrees

Tot nu toe heb ik alleen maar zakelijk over de voorfase gesproken en dan alleen nog maar vanuit het gezichtspunt van de begeleider(s). Maar voordat de groep begint, speelt er ook heel wat op gevoelsmatig niveau, zowel bij de begeleider als bij de aanstaande deelnemers. Aan de ene kant wensen, verlangens, uitdagingen, hoop. Aan de andere kant zorgen, aarzelingen, onzekerheden, angst en vrees. Als je zelf groepsbegeleider wordt, vraag je jezelf af: Waar zie ik naar uit? Waar zie ik tegenop?

Aan de kant van de *begeleider* kunnen wensen en vragen spelen als:
– Ik heb er zin in.
– Ik wil graag met een leuke groep werken.
– Ik hoop dat ik serieus genomen word.
– Ik wil graag over mijn onderwerp vertellen.
– Ik wil een programma met vaart en met diepgang.
– Ik hoop dat ik op mezelf kan blijven vertrouwen.
– Ik hoop dat ik authentiek kan blijven.

Maar ook:
– Als ik maar niet door de mand val.
– Als ze maar niet zien dat ik een beginner ben.
– Als ze maar geen vragen gaan stellen waar ik het antwoord niet op weet.
– Als ik de tijd maar vol krijg.

- Kan ik het wel?
- Als er maar geen lastige mensen in de groep zitten.
- Vind ik wel aansluiting?

Dezelfde vragen (Waar zie ik naar uit? Waar zie ik tegenop?) spelen ook bij de *deelnemers*, maar die kun je nog niets vragen, want je kent ze nog niet. Wanneer je hen er later naar zou vragen, komen er wellicht antwoorden als:
- Ik hoop hier veel kennis op te doen.
- Ik hoop dat er leuke mensen in de groep zitten.
- Ik zoek nieuwe uitdagingen in mijn vak.
- Ik zoek inspiratie.
- Ik hoop mensen met eenzelfde visie te treffen.
- Ik wil graag meer 'tools' voor mijn werk.
- Ik hoop dat de begeleider deskundig is en antwoord weet op mijn vragen.
- Ik wil meer inzicht krijgen in mijn eigen functioneren.

Maar ook:
- Heb ik niet te weinig niveau?
- Als het maar niet zo saai wordt als in die andere groep.
- Wie zouden er nog meer in de groep zitten?
- Heb ik wel genoeg ervaring?
- Vind ik wel aansluiting?
- Pas ik wel in de groep?
- Als ze maar geen rollenspelen gaan doen.
- Als het maar geen wollensokkengedoe wordt.
- Zal ik de enige oudere zijn of zijn het allemaal jonkies?
- Kan ik mezelf wel zijn?
- Krijg ik wel waar voor mijn geld?

Het is goed om je te realiseren dat deelnemers met zulke wensen en zorgen, zulke verlangens en angsten de groep binnenkomen op de eerste bijeenkomst. Het is professioneel om je eigen wensen en zorgen, je eigen verlangens en angsten vooraf onder ogen te zien en in de voorbereidingsfase daarover met een collega te praten (bijvoorbeeld in de vorm van intervisie).

5.8 Oriëntatiefase (fase 2)

De oriëntatiefase is de beginfase van de groep. In deze fase zien we in de groep vaak afhankelijk gedrag. De groepsleden tonen zich afhankelijk van de leiding en andere externe sturing, zoals een vastgesteld programma. Vaak sluit de groep aan op reeds bestaande structuren en procedures. Tijdens de oriëntatiefase begint de groep meestal een eigen taakstructuur te ontwikkelen, waarmee ze het werken aan haar doelstelling op inhoudsniveau en procedureniveau veiligstelt.

> **Reflectievragen**
> - Ga in je herinnering terug naar twee ervaringen als groepslid: een ervaring met een slechte groepsstart en een ervaring met een goede groepsstart.
> - Bespreek deze ervaringen in drietallen (15 minuten) en ga na wat er in beide situaties groepsdynamisch aan de hand was, bijvoorbeeld wat er in de groep met de slechte start ontbrak, welke condities niet vervuld waren, welke onzichtbare interventies ontbraken enzovoort.
> - Voer daarna plenair een gesprek over wat je uit deze ervaringen kunt leren met betrekking tot het zelf starten van een groep, over punten waar je op moet letten enzovoort.

Taakstructuur

Het centrale thema in deze fase komt tot uiting in vragen en onzekerheden over de eigen positie in de groep. Deze fase wordt dan ook afgesloten wanneer ieder weet waar hij aan toe is en ieder zijn plaats gevonden heeft in een (taak)structuur die gericht is op de vervulling van de toekomstige groepsactiviteiten. Na de eerste fase heeft men het gevoel 'het te zien zitten' en 'erbij te horen' en zijn ook de grenzen met de omgeving duidelijker geworden. In sommige groepen komt de vraag naar de eigen positie in de groep tot uiting in problemen rond macht en invloed, soms zelfs in de vorm van een strijd om de macht (maar meestal speelt dat pas in een latere fase). Het helder krijgen van de taak en van ieders bijdrage daaraan resulteert in een gemeenschappelijke doelstelling en in een groeiende differentiatie en rolverdeling die in de plaats komen van de aanvankelijke stereotypen en vooroordelen ten opzichte van elkaar.

Inclusie

Op sociaal-emotioneel niveau spelen vragen rond het lid worden van de groep. Schutz (1958) spreekt in dit verband van een *inclusiefase* omdat groepsleden geconfronteerd wor-

den met de vraag of ze wel of niet bij de groep horen. Dit thema van 'binnen of buiten' uit zich in een aantal zorgen van groepsleden die om een oplossing vragen:
- Wat zijn de voorwaarden voor het lidmaatschap: wie is wel lid en wie is geen lid van de groep?
- Hoeveel energie en inzet zal het lidmaatschap vragen?
- Waar liggen de grenzen tussen het groepslid-zijn en de eigen identiteit: kan ik in deze groep 'mezelf' blijven?
- Welk soort gedrag is hier acceptabel en welke grenzen stelt de groep?
- Kortom, hoor ik erbij of hoor ik er niet bij, en zo ja, wat zijn de condities?

5.9 Wat er speelt bij de start van groepen

Bij het allereerste begin van een groep kunnen de volgende zeven punten spelen:

1. Onzekerheid naar de andere mensen in de groep
Wat voor soort mensen zouden dit zijn? Wat zijn hun achtergronden? Vaak wordt aan deze onzekerheid voorlopig tegemoetgekomen door een voorstelronde.

2. Onzekerheid naar de taak, de doelstelling en de werkwijze
Wat gaan we precies doen? Wat zal ieders taak zijn? Waarvoor zijn de anderen gekomen? Wat is de werkwijze? Vaak wordt aan deze onzekerheid voorlopig tegemoetgekomen door ieders verwachtingen te peilen en door het bekendmaken van een programma of een agenda waarmee een voorlopige taakstructuur geboden wordt. Deze onzekerheid vindt een oplossing zodra men zegt 'ik zie het wel zitten'.

3. Een gevoel van onveiligheid
De deelnemers houden zich voorlopig op de vlakte, een aantal mensen kijkt de kat uit de boom. Men laat nog niet al te persoonlijke dingen horen; de meesten kiezen een afwachtende houding en 'investeren' nog niet.

4. Een fase van oriëntatie
Wat zal mijn positie in de groep zijn?
Neiging tot stereotyperingen en selectieve waarnemingen ten opzichte van elkaar.
Soms een strijd om aandacht en het innemen van 'psychologische ruimte'.
Eerste signalen van een strijd om de macht, zoals uittesten van de leider, zichzelf poneren, per se tot afspraken willen komen enzovoort.

Pseudo-interactie, zoals langs elkaar heen praten, meer voor zichzelf praten (Koot en Bie noemen dit 'krommunikatie'), veel opmerkingen worden niet opgepakt en verdwijnen als 'natte sneeuw' enzovoort.

5. *Signalen van afhankelijkheid en hulpeloosheid*
Wachten op ondersteuning of maatregelen van de leider, leunen op gezagsvertegenwoordigers, zoeken naar zekerheden en structuur, naar regels en procedures.

6. *Inclusievragen*
Wie horen er wel en wie niet bij de groep?
Hoor ik erbij of hoor ik er niet bij (niet alleen letterlijk, maar ook gevoelsmatig)?
In hoeverre tel ik mee en word ik serieus genomen?
Wat vraagt het lidmaatschap van mij, dat wil zeggen, wat zijn de condities om mee te doen?

7. *Parallelfase*
Levine (1982) vergelijkt de interactie van een beginnende groep met de spelfase die kinderen in het begin van hun ontwikkeling doormaken. Deze fase noemt hij 'de fase van de parallelle relaties'. Hiermee bedoelt hij dat ieder nog voor zich en naast elkaar bezig is en zich daarbij wel op de leider richt, maar nog geen boodschap aan elkaar heeft. Interactie die op andere groepsleden gericht is, is daarbij vaak in feite bedoeld voor de leider.

> **Reflectieopdracht**
> Neem deze zeven punten in drietallen door en ga bij elk punt met elkaar na of en hoe dit aandachtspunt ook in deze groep gespeeld heeft.

Fase 1 loopt ten einde, wanneer er een voorlopig klimaat van vertrouwen en acceptatie ontstaan is en wanneer fase 2 zich aandient.

> **Oefening: Veiligheid en vertrouwen**
> Deze oefening helpt interventies op het spoor te komen die bijdragen aan een groepsklimaat van veiligheid en vertrouwen.

Benodigd materiaal

Een grote stapel foto's of een aantal tijdschriften waaruit foto's geknipt mogen worden. Het meest geschikt zijn tijdschriften met veel fotomateriaal over mensen met intense ervaringen in uiteenlopende situaties.

1. Ieder kiest een foto die voor hem persoonlijk veiligheid en vertrouwen uitstraalt.
2. Ieder kiest eveneens een foto die onveiligheid en wantrouwen uitstraalt.
3. Alle foto's uit stap 1 worden bij elkaar gehangen en ook alle foto's uit stap 2.
4. De groep bekijkt zittend deze foto's en vertelt welke associaties ze oproepen. Deze associaties worden in twee kolommen genoteerd op een bord of groot vel papier. Neem voor deze associatiefase ruim de tijd.
5. Drietallen brainstormen nu (15 minuten) over mogelijke interventies van een groepsbegeleider, die kunnen bijdragen aan een groepsklimaat van veiligheid en vertrouwen. Een belangrijke suggestie daarbij is om rekening te houden met de diverse niveaus in groepen (zie hoofdstuk 4). Het gaat dus om mogelijke interventies op inhoudsniveau, op procedureniveau, op interactieniveau en op bestaansniveau.
6. Tot slot worden deze interventies ter bevordering van veiligheid en vertrouwen in de groep plenair uitgewisseld en besproken. De docent/begeleider kan eventueel aanvullingen geven. Een extra punt van bespreking kan zijn wat groepsleden zelf kunnen doen om in de groep het klimaat van veiligheid en vertrouwen te verstevigen.

5.10 Drie manieren om een groep te starten

Globaal gesproken zijn er drie manieren om als begeleider een groep te starten. Er zijn als het ware drie 'deuren' om als begeleider een groep binnen te komen. Je kunt kiezen voor de deur van de inhoud, voor de deur van de procedure en voor de deur van de relatieopbouw. Ik licht hieronder elke manier (via trefwoorden) nader toe en ik geef ook aan voor welk type groep die manier het meest geschikt lijkt.

Inhoud

Wie kiest voor de deur van de inhoud bij de start van een groep, zal dit waarschijnlijk doen op een van de volgende manieren:
- Geven van informatie over het thema, de lesstof of het agendapunt dat aan de orde is.
- Geven van informatie over de doelstelling en de taak van de groep.
- Verhelderen van het thema of het onderwerp.

- Bieden van een theoretische onderbouwing of achtergrond.
- Geven van een samenvatting van voorafgaande stappen of wat een vorige keer behandeld is.
- Aanbieden van vakkennis.
- Afbakenen van het onderwerp.

De focus is cognitief gericht, dat wil zeggen gericht op het denken van de deelnemers.

Type groep
Deze invalshoek ligt voor de hand in groepen waarin het 'hoofd' centraal staat (paragraaf 3.17) en cognitieve processen de hoofdrol spelen, zoals groepen voor informatie- of kennisoverdracht of voorlichting (cursusgroepen, lesgroepen enzovoort).

Procedure
Wie een groep begint via de deur van de procedure zal dit waarschijnlijk doen via de werkwijze of de aanpak. Bijvoorbeeld:
- Benoemen van het programma: wat gaan we doen of bespreken.
- Opstellen van een agenda of (als die er al is) de agenda met de groep doornemen.
- Vragen om aanvullingen.
- Inventariseren van verwachtingen en wensen.
- Maken van een tijdsindeling voor de bijeenkomst, inclusief de pauzetijden.
- Maken van afspraken en deze vastleggen.
- Aangeven van huisregels.
- Benoemen van spelregels voor de groepsinteractie (zoals regels voor participatie) of deze met de groep opstellen.
- Benoemen van procedures of werkwijzen.
- Sluiten van een contract met de groep (benoemen van wederzijdse verplichtingen).
- Voorstellen van een rol- of taakverdeling of deze samen met de groep maken.
- Benoemen en bewaken van de doelstelling.
- Stellen van grenzen.
- Goede timing en tijdsbewaking.
- Scheppen van zo veel mogelijk duidelijkheid en bieden van houvast.

De focus is structuur- en handelingsgericht.

Type groep
Deze invalshoek ligt voor de hand in groepen waarin de 'handen' centraal staan (paragraaf 3.17). Dit zijn groepen die gefocust zijn op het aanleren van nieuw gedrag, zoals groepen die gericht zijn op het trainen van beroepsgerichte, communicatieve of sociale vaardigheden.

Relatieopbouw
Wie een groep wil beginnen via de deur van relatieopbouw zal eerder kiezen voor een of meer van de volgende manieren:
- Een persoonlijke kennismakingsronde.
- Vertellen van een verhaal of een gedicht.
- Opbouwen van een band met de groep.
- Maken van persoonlijk contact met ieder.
- Creëren van een klimaat van veiligheid en vertrouwen.
- Tonen van betrokkenheid.
- Zich als leider persoonlijk en kwetsbaar opstellen.
- Zoeken van aansluiting en verbinding.
- Aandacht geven aan iedereen.
- Iedereen het welkome gevoel geven dat hij erbij hoort en dat zijn aanwezigheid telt.
- Creëren van een sfeer en een groepsklimaat waarin openheid en kwetsbaarheid een kans krijgen.
- Geven van erkenning: ieder laten merken dat hij gehoord wordt.
- Zichzelf als leider toestaan dat hij gevoelsmatig geraakt wordt en dit ook laten zien.
- Tonen van echtheid en kwetsbaarheid: als leider ook iets over zichzelf vertellen.
- Metacommunicatie 'emoties mogen er zijn'.
- Bevorderen van de interactie.
- Creëren van een wij-gevoel door nadruk op het gemeenschappelijke (het gemeenschappelijke opzoeken).
- Aandacht voor het betrekkingsniveau ('hoe gaan we met elkaar om?').

De begeleider kan de interactie bevorderen door groepsleden uit te nodigen zich tot elkaar te richten en op elkaar te reageren. In de kennismakingsronde kan hij bijvoorbeeld afwijken van het gebruikelijke rondje waarbij je de beurt doorgeeft aan degene die naast je zit, door voor te stellen dat je iemand anders uit de groep uitnodigt om verder te gaan en iets over zichzelf te vertellen. De focus is ervaringsgericht.

Type groep
Deze invalshoek ligt voor de hand in groepen waarin het 'hart' centraal staat (paragraaf 3.17), zoals procesgroepen en ervaringsgroepen.

5.11 Invloedsfase (fase 3)

Al tijdens de taakgerichte opstelling in de beginfase begint er aandacht te ontstaan voor het eigen functioneren als groep. Wanneer de groep haar eigen taakstructuur eenmaal gevonden heeft, neemt de aandacht voor het interne groepsfunctioneren toe. De onderlinge betrekkingen (het betrekkingsniveau) komen meer centraal te staan.

De onderlinge betrekkingen kunnen twee vormen aannemen: er worden kritische vragen gesteld ten aanzien van het leiderschap in de groep én (meestal daarna) ten aanzien van de onderlinge relaties en omgangsvormen. Soms valt dit als twee aparte fasen te onderkennen. Positiever uitgedrukt: de groep vervangt de opgelegde leiderschapsstructuur door een passende eigen invloedsverdeling. De groep regelt haar eigen antwoorden op vragen rondom macht en invloed. We spreken dan ook wel van de *machtsfase*.

Controle
In deze fase maken de inclusievragen plaats voor vragen rondom *controle* (ook een term van Schutz): dus vragen met betrekking tot macht, dominantie, gezag en verantwoordelijkheid. Tot deze machtsfase behoort ook de wens meer greep te krijgen op wat er in de groep gebeurt, met name op het niveau van de taak. Daaronder vallen pogingen om het eens te worden over de doelen en de procedures, bijvoorbeeld met betrekking tot de manier van besluiten nemen.

Invloedsverdeling
In ruimtelijke termen uitgedrukt gaat het nu om thema's van 'boven of onder'. Wie heeft het hier voor het zeggen en hoe is hier de invloed verdeeld? Vragen zijn:
– Hoeveel macht en invloed heb ik?
– Wie heeft er macht en invloed over mij?
– Waar ligt de controle of sturing van wat we doen?
– Door wie zal ik me laten beïnvloeden en hoe?

Dit soort vragen rond de positie en het gezag van de leider en rond de eigen positie wordt soms gekleurd door gevoelens van hulpeloosheid, incompetentie, teleurstelling of woede. Ieder groepslid probeert in deze fase een zo comfortabel mogelijke positie te bezetten. Deze middenfase speelt een kritieke rol in alle lineaire theorieën (Bales spreekt van een statusstrijd). Het is een periode waarin de groep ofwel desintegreert, ofwel cohesiever wordt. Het is een keerpunt in de groepsontwikkeling. Wanneer de machtsfase vermeden, ontkend of verwaarloosd wordt, kan de groepsontwikkeling sterk vertraagd raken.

5.12 Affectiefase (fase 4)

In deze fase komen de onderlinge verhoudingen nog meer centraal te staan. Er spelen vragen rond de persoonlijke betrokkenheid van ieder groepslid en vragen over afstand en nabijheid. De groep creëert op die vragen haar eigen antwoorden. Dit neemt de vorm aan van de totstandkoming van een relatiepatroon, waarin de onderlinge verhoudingen geregeld zijn. Dit noemen we de *affectiefase*.

Het centrale thema in deze fase komt tot uiting in vragen en onzekerheden rond de mate van betrokkenheid op elkaar. Deze fase zal dan ook pas een afronding kunnen vinden wanneer de onderlinge verbondenheid vastere vormen aangenomen heeft in een relatiepatroon. Na deze fase voelen de groepsleden zich vertrouwd met elkaar. De vragen aangaande de onderlinge betrokkenheid komen in sommige groepen naar voren in de vorm van emotionele tegenstellingen die vaak gekleurd zijn door gevoelens van voorkeur en afkeer, van sympathie en antipathie. Soms ontstaan er (tijdelijk) twee subgroepen, waarvan de ene pleit voor een zo sterk mogelijke groepsgebondenheid en de andere voor zakelijkheid of functionaliteit ('Waarom moeten we zo nodig een groep vormen?', 'Ik hoef toch niet met iedereen vriendjes te zijn?').

Cohesie en intimiteit
In deze fase gaat het om vragen rondom cohesie en intimiteit:
– Hoe persoonlijk zullen we met elkaar omgaan?
– Welke mate van afstand of nabijheid zullen we in acht nemen?
– Kunnen we elkaar vertrouwen? Hoe kunnen we een dieper niveau van vertrouwen bereiken?

In ruimtelijke termen uitgedrukt gaat het hierbij om thema's van 'dichtbij of veraf'. Kenmerkend voor deze fase zijn uitingen van positieve gevoelens, van cohesie, van affectie en intimiteit, en soms van het tegendeel: persoonlijke vijandigheid en jaloezie.

5.13 Fase van de autonome groep (fase 5)

Wanneer de groep deze beide fasen rond invloed en affectie goed doorgekomen is en ze haar eigen taakstructuur, haar eigen invloedsverdeling en haar eigen relatiepatroon ontwikkeld heeft, spreek ik van een autonome groep. De groep is nu tot volle rijping gekomen.

De vorige fase van groepsontwikkeling resulteerde in een vertrouwdheid met elkaar waardoor er ruimte ontstaan is voor het inbrengen van meer persoonlijke ervaringen. Het betekent ook een meer kwetsbare opstelling van de groepsleden, die hiermee meer als persoon in het geding zijn. De groepsleden komen in deze fase voor een nieuwe vraag: kan ik in deze groep wel helemaal mezelf zijn? In een directe en persoonlijke communicatie met elkaar kan er een groepsklimaat groeien dat niet gezien wordt als een opgelegde structuur. In deze fase komt een open groepsklimaat tot stand, waarin ieder het gevoel heeft dat hij 'zichzelf kan zijn'.

Ging het in de invloedsfase vooral om het accepteren van de groepsactiviteit en in de affectiefase om het accepteren van de anderen, nu, in de autonome fase, gaat het om het accepteren van zichzelf in relatie tot de anderen. Er treedt een verschuiving op: niet de onderlinge wisselwerking staat voorop, maar de individuele bijdrage vanuit een persoonlijke betrokkenheid. Wanneer dit klimaat ontstaat, zou je kunnen zeggen dat de groep zelfstandig is geworden. De groep kan een geheel eigen, autonome werking gaan uitoefenen.

5.14 Afsluitingsfase (fase 6)

Wanneer groepen aan hun einde komen, bijvoorbeeld omdat de laatste bijeenkomst in zicht komt, breekt de afsluitingsfase aan. Deze fase kent twee aspecten:
1. een taakgericht aspect: ik noem dit *afsluiting*;
2. een sociaal-emotioneel aspect: hier gaat het om *afscheid*.

Beide aspecten verdienen aandacht.

Afsluiting
De afsluiting markeert formeel het einde van de groep. Het is gebruikelijk dat daar een gezamenlijke evaluatie aan voorafgaat waarbij datgene wat gerealiseerd is, wordt vergeleken met de doelstellingen en plannen uit de beginfase:

- In welke mate zijn de doelen gerealiseerd?
- Zijn bepaalde doelen uit het zicht verdwenen en zijn daar andere doelen voor in de plaats gekomen?
- Zijn er nieuwe doelen bij gekomen?
- Hoe is het proces van onderlinge samenwerking verlopen?

Voor zo'n groepsgerichte evaluatie kun je vragenlijsten gebruiken. Daarnaast vindt bij cursussen en opleidingen ook een individuele evaluatie plaats in de vorm van een beoordeling van de behaalde resultaten. Dit mondt meestal uit in een certificaat of diploma. Het moment van certificering (bijvoorbeeld de diploma-uitreiking) is dan het officiële en formele moment van afsluiting. Groepen kunnen hier een bepaald ritueel voor kiezen dat overeenstemt met de cultuur van de organisatie of het opleidingsinstituut.

Afscheid

De sociaal-emotionele banden komen in de afsluitingsfase anders te liggen. Vaak zien we dat groepsleden zich in de afsluitingsfase al wat los beginnen te maken van de groep: ze komen soms te laat, zeggen soms een bijeenkomst af. Hieruit kunnen we afleiden dat in de afsluitingsfase de banden en verplichtingen in de externe omgeving zwaarder gaan wegen dan de band met de groep zelf.

Hoe dan ook, het is van belang om in de afsluitingsfase ook aandacht te besteden aan afscheid nemen van elkaar, dat wil zeggen tijd te nemen om stil te staan bij wat de groepsleden persoonlijk en sociaal-emotioneel voor elkaar betekenden. Je kunt hiervoor diverse vormen kiezen:

- een feedbackronde;
- iets in symboolvorm meegeven voor de verdere reis;
- een groepsgesprek over afscheid (bijvoorbeeld het uitwisselen van ervaringen met goed en slecht afscheid);
- voor de groep een elfwoordengedicht schrijven;
- samen een afscheidsritueel ontwerpen.

Tot het ritueel kan ook een gezamenlijke slotmaaltijd horen. Wat je ook kiest, het is van belang een vorm te kiezen die past bij de voorgaande geschiedenis van de groep.

Groepsafbouw

In paragraaf 5.5 kwamen een drietal begrippen ter sprake die stammen uit het groepsontwikkelingsmodel van Schutz: inclusie, controle en affectie. Schutz bespreekt aan de hand van dezelfde drie begrippen ook het proces van groepsafbouw. Groepsontwikkeling wordt groepsafwikkeling en dan komen de drie kernthema's in omgekeerde volgorde aan bod: eerst afronding van affectie, dan van controle en ten slotte van inclusie.

Het *afronden van affectie* kunnen we zien als een laatste opleving van openhartigheid waarin positieve en soms ook negatieve gevoelens direct of indirect aan bod komen. Ook al is de groep nog niet echt voorbij, de groepsleden benoemen soms de relaties al in termen van voltooid verleden tijd ('Jammer dat ik met jou zo weinig contact gehad heb', 'We hebben elkaar altijd dwarsgezeten', 'Ik heb genoten van je humor').

Het *afronden van controle* blijkt uit het gegeven dat tal van zaken die eerst zó belangrijk leken dat de hele groep moest meebeslissen nu soms aan één groepslid gedelegeerd worden. Als het om opleidingsgroepen gaat, moet er aan het eind vaak een individuele beoordeling gegeven worden. Dit is het moment voor het laatste conflict op het terrein van controle en invloed.

Het *afronden van inclusie* kan nu beter exclusie genoemd worden: de groepsgrenzen lossen zich op. Ieder verlaat de groep en keert terug naar waar hij vandaan komt. Het feitelijk einde van de groep wordt vaak nog even uitgesteld. De leden van de groep beloven elkaar foto's te sturen die tijdens de laatste bijeenkomsten gemaakt zijn, of het uitstel krijgt de vorm van plannen voor een slotfeestje of een reünie. Zo'n reünie vindt bijna nooit plaats, maar het erover praten maakt de eigenlijke scheiding makkelijker. De wens om elkaar later nog eens te ontmoeten, kan op het moment van afscheid oprecht en reëel zijn, maar even reëel is dat men de interesse daarvoor verliest als men elkaar enige tijd niet gezien heeft (naar Oomkes & Cuijpers, 1986).

Oefening: Film van de groep

Wanneer een groep haar einde nadert, bijvoorbeeld omdat een opleiding afgesloten wordt, is het een aardige oefening om via een zelf te maken film terug te blikken op de groepsgeschiedenis. Een echte film zal moeilijk lukken. Tijdens echte filmopnamen worden vaak foto's genomen van belangrijke scènes; zulke foto's worden vaak gebruikt voor publiciteit. In het Engels heten die foto's *stills*. Voor deze oefening kun je zulke stills gebruiken. Daarvoor heb je een map met foto's of een stapel geïllustreerde tijdschriften nodig. Uit die stapel foto's of tijdschriften kies je in subgroepen foto's van wat er in de groep op een bepaald moment gebeurd is. Iedere groep kiest vier of vijf foto's van spannende, kritieke momenten uit de groepsontwikkeling. Daartoe moet de subgroep eerst goed met elkaar overleggen wat belangrijke momenten in de groepsontwikkeling geweest zijn. De foto's worden daarna opgehangen. Ze worden 'gemonteerd' tot een verhaal. Elke subgroep vertelt daarna aan de anderen het verhaal dat bij hun reeks foto's hoort.

> Het is handig om bij deze oefening gebruik te maken van metaforen (zie bijvoorbeeld de kadertekst in paragraaf 5.6). Als hulp bij het kiezen van foto's kunnen 'bijschriften' uit de samenvatting in paragraaf 5.15 behulpzaam zijn.

5.15 Samenvatting van de fasen van groepsontwikkeling

Voorfase (fase 1)

De groep wordt 'ontworpen'. Daarbij staat de sociale omgeving van de aanstaande groep centraal: contextniveau. Vooral vanuit de context wordt bepaald of en hoe de groep door zal gaan.

Oriëntatiefase (fase 2)
- Er is onzekerheid met betrekking tot de taak en de werkwijze.
- Er is onzekerheid naar andere mensen in de groep.
- Er zijn gevoelens van onveiligheid.
- De groep bevindt zich in een oriënterende fase.
- Er zijn signalen van afhankelijkheid en hulpeloosheid.
- Het basisthema is inclusie.

Invloedsfase (fase 3)
- De onderlinge betrekkingen komen meer centraal te staan.
- Er worden kritische vragen gesteld ten aanzien van de leider, de invloedsverdeling en de omgangsvormen.
- Er is sprake van competitie onder elkaar.
- De groepsleden proberen elkaar te overtuigen.
- De opgelegde leiderschapsstructuur wordt vervangen door een eigen invloedsverdeling.
- De groep maakt zelf afspraken over te volgen procedures.
- Trefwoorden zijn: invloed, macht, gezag, dominantie, verantwoordelijkheid.
- Het basisthema is controle.

Affectiefase (fase 4)
- De verhoudingen tussen de groepsleden komen nog centraler te staan.
- Groepsleden reageren persoonlijker op elkaar.
- Er is sprake van minder afstand, meer nabijheid.

- Er wordt meer gesproken over onderlinge gevoelens.
- Er groeit een grotere betrokkenheid.
- Er ontstaat cohesie, intimiteit; men raakt meer aan elkaar gehecht.
- Er komt steeds meer ruimte voor het bestaansniveau, voor de eigen 'binnenwereld', de persoonlijke zingeving.
- De groepsleden hebben vaker het gevoel 'zichzelf te kunnen zijn' in de groep.
- Het basisthema is affectie.

Fase van de autonome groep (fase 5)
In deze fase gaat het om het gezamenlijk vinden van een houding met betrekking tot zichzelf in de groep en om de mate van openheid die de groep daarbij aandurft. Voor zover er een conflict is in deze fase, ligt dat op het vlak van individualiteit versus socialiteit: waar zal ieder de grens trekken tussen de persoonlijke leefruimte en het samenzijn in de groep? Dit betekent:
- Hoofdaandacht voor de individuele groepsleden.
- Standpuntbepaling met betrekking tot het eigen zelf in de groep.
- Het bestaansniveau staat centraal.
- Het basisthema is commitment.
- Betekenis voor het groepslid: betrokkenheid, van betekenis zijn, significantie, autonomie, democratische omgang met elkaar.

Het zal duidelijk zijn dat maar weinig groepen alle beschreven fasen zullen doormaken. Sommige groepen stoppen qua ontwikkeling al na fase 2 en blijven op dat niveau functioneren. Andere groepen ontwikkelen zich door tot in fase 3 of 4 en blijven op dat niveau. Het aardige van deze fasenindeling is dat aan elke fase verschillende typen groepen verbonden kunnen worden.

Het is onder andere afhankelijk van de doelstelling van de groep in welke mate de groep zich tot volgende fasen verder zal ontwikkelen. Na de oriëntatiefase hebben we te maken met een taakgerichte groep die tot een gecoördineerde bewerking van informatieve gegevens in staat is (vergadergroepen, besluitvormende instanties, cursusbijeenkomsten en dergelijke). Of met discussiegroepen: de groep is dan zover dat ze redelijke discussies kan voeren.

Na de invloeds- en de affectiefase kan de groep zich als een samenhangende functionele eenheid handhaven. Voorbeelden hiervan zijn werkgroepen, stafbijeenkomsten en studiegroepen waarin de onderlinge samenwerking tot ontwikkeling gekomen is. Een ander voorbeeld is de gespreksgroep: de groep is niet alleen in staat te discussiëren, maar ook werkelijk van gedachten te wisselen.

Als voorbeelden van groepen in de autonomiefase gelden leefgroepen en werkteams waarin een gemeenschappelijke afstemming is ontstaan tussen individuele motieven en waarden en de eisen die het samenzijn stelt. Ook procesgerichte groepen die in een versneld tempo een groepsontwikkeling doormaken, zoals trainingsgroepen of ontmoetingsgroepen, kunnen een voorbeeld zijn van groepen na deze fase (Remmerswaal, 2006).

> **Oefening: Herkenning groepsontwikkeling**
> 1. Vorm subgroepen van ongeveer vijf deelnemers en neem in elke subgroep 30 minuten de tijd voor onderstaande vragen.
>
> 2. Ga met elkaar terug in je herinnering naar de eerste bijeenkomst van deze groep.
>   – Hoe gedroegen de groepsleden zich toen? Hoe voelde je je toen?
>   – Wat is daarin herkenbaar van de thema's 'oriëntatie' en 'inclusie'?
>   – Heb je zulke signalen later ook nog gezien? Zo ja, wanneer en onder welke omstandigheden?
>
> 3. Kun je je herinneren dat er in de groep signalen waren van een invloedsfase waarin bijvoorbeeld om de macht werd gestreden: bekvechterij, impasses, terugkerende discussies, mensen die 'op hun strepen gingen staan', 'niet voor anderen onder wilden doen', gehakketak op de begeleider(s)?
>   – Was dat incidenteel?
>   – Wat volgde daarna?
>
> 4. Welke signalen kun je je herinneren van een affectiefase in de groep, bijvoorbeeld van momenten waarop duidelijke uitingen van positieve en/of negatieve gevoelens werden ervaren, zoals waardering voor personen, ontroering, uitingen van positieve gevoelens voor de groep als geheel, woede en andere gevoelens?
>
> 5. In hoeverre heeft deze groep de autonome fase bereikt? Welke signalen kun je daarvan benoemen?
>
> 6. Welk thema met betrekking tot groepsontwikkeling speelt nu het sterkst een rol in de groep? Welke signalen zie je daarvan? (Het is ook denkbaar dat de groep de overgang van het ene naar het andere thema doormaakt. Wanneer dat volgens jou zo is, geef dan aan waar je dat aan merkt.)

7. Na 30 minuten presenteert elke subgroep plenair haar bevindingen en antwoorden op bovenstaande vragen. Dit kan mondeling gebeuren, maar het is levendiger als iedere subgroep een originele presentatievorm kiest. Daarna volgt een gezamenlijke nabespreking.

Totale duur circa 60 minuten.

Bewerking van de oefening 'Herkennen van groepsontwikkeling', Oomkes, 1994.

5.16 Een andere visie op groepsontwikkeling: de opvattingen van Pagès

Max Pagès heeft ook een aantal belangrijke aanzetten gegeven voor een theorie over groepsontwikkeling (Pagès, 1963 en 1968). Hoewel hij zijn observaties vooral gedaan heeft in trainingsgroepen, denk ik dat zijn theorie breder herkend kan worden. In aansluiting op Rogers (1961) stelt hij de ervaring (*l'expérience*) centraal. In grote lijn valt groepsontwikkeling te schetsen als het steeds kleiner worden van de afstand tot de fundamentele ervaring van de relatie. In figuur 5.1 is te zien hoe de positie van de groep op elk moment op een schaal weergegeven kan worden (Pagès, 1963, p. 330). Groepsontwikkeling verloopt op deze schaal van links naar rechts. Je kunt bij dit continuüm ook denken aan een continuüm van gesloten en open communicatie (zie ook paragraaf 6.5).

grote afstand tot de ervaring:
indirect expressieniveau

kleine afstand tot de ervaring:
direct expressieniveau

gesloten groepsklimaat

open groepsklimaat

Figuur 5.1   Ervaringscontinuüm

Gesloten groepsklimaat
Het groepsklimaat is geslotener naarmate groepsleden:
1. onpersoonlijk blijven in hun communicaties en daarbij niet verwijzen naar hun persoonlijk belang of naar concrete personen;
2. in algemene termen blijven praten, bijvoorbeeld met generalisaties of clichés;

3. niet of nauwelijks eigen gevoelens ter sprake brengen en deze gevoelens irrelevant of ongepast achten voor het functioneren van de groep;
4. niets persoonlijks tegen elkaar zeggen, maar in plaats daarvan blijven spreken over theorieën, intellectualisaties, analyses, generalisaties of andere abstracte ideeën;
5. niet ingaan op de onderlinge relaties tussen de groepsleden.

Open groepsklimaat
Het groepsklimaat is opener naarmate groepsleden:
6. vaker ter sprake brengen wat persoonlijk voor hen belangrijk is;
7. in wat ze zeggen meer uitgaan van wat er hier en nu gebeurt of wat ze hier en nu ervaren;
8. in sterkere mate gevoelens inbrengen en gevoelens van elkaar benutten als waardevolle informatie die de groep verder kan helpen in haar functioneren;
9. vaker persoonlijke informatie, zoals eigen houdingen, waarden, ervaringen enzovoort, ter sprake brengen;
10. vaker openlijk aandacht besteden aan de onderlinge relaties tussen de groepsleden.

In deze groepsontwikkeling onderscheidt Pagès (1963, pp. 329-331) vijf fasen:

1. De bijna totale weigering om gevoelens uit te drukken
De groep discussieert over 'materiële' feiten, over ideeën, over proceduredetails. Het enige helder tot uitdrukking gebrachte gevoel in deze fase is de vrees voor elke gevoelsexpressie.

2. De symbolische uitdrukking van gevoelens
Na fase 1 komen er vaker gevoelens tot uitdrukking, maar indirect en beschermd onder symbolische vormen, zoals humoristische woordspelingen en spontaan vertelde verhalen. In sommige trainingsgroepen bieden trainers voor deze symbolische expressie diverse hulpmiddelen als oefeningen, rollenspelen, casebesprekingen, mogelijkheden voor non-verbale expressie enzovoort.

3. De analyse van het groepsleven
In deze fase brengen de groepsleden hun gevoelens met betrekking tot het gebeuren in de groep en met betrekking tot elkaar wel rechtstreeks tot uitdrukking, maar in geïntellectualiseerde vorm. Moreno noemt dit *ingeblikte gevoelens*. De groepsleden analyseren daarbij zichzelf en elkaar. Men buigt zich graag over de eigen groepsproblemen, zoals het ontbreken van heldere doelen of de agressiviteit in de groep. De groep analyseert in

dit stadium ook graag het eigen groepsverleden als oorzaak van het huidige groepsgedrag.

4. De ervaring van op het moment zelf doorleefde gevoelens

Net als in fase 3 brengen de groepsleden rechtstreeks hun eigen gevoelens tot uitdrukking, maar nu gaat het om gevoelens die ontdekt en geuit worden op het moment zelf dat ze opkomen, en zonder een rechtvaardigende en beperkende rationele superstructuur. De gevoelens worden gesitueerd in het heden. Zelfs als het om een herinterpretatie van eerdere relaties gaat, wordt dit ervaren als een ontdekking van gevoelens die er nu zijn en die er altijd zijn geweest. De groepsleden stellen zich kwetsbaar op en hebben het niet meer nodig om zich te beschermen met een afstandscheppend referentiekader.

In deze op het moment zelf doorleefde ervaring ligt de werkelijke betekenis van de vaak te oppervlakkig begrepen term *hier en nu*. Dit hier en nu moet niet verward worden met de reflexieve analyse van fase 3 naar 'wat zich op dit moment afspeelt'. Pagès noemt het dan ook simplistisch en onjuist, om het hier-en-nuprincipe als een norm of regel op te leggen. Juist dan zal men zich niet emotioneel veilig genoeg voelen, om in het moment zelf de eigen ervaring te beleven. Het hier-en-nuprincipe hanteren als norm of regel betekent het miskennen van de dynamiek en ontwikkeling in de groep, het ontkennen ook van noodzakelijke weerstanden in de groep en niet beseffen dat deze weerstanden juist erkend en geaccepteerd moeten worden om in de groep verder te kunnen komen.

5. Slotfase: gedeelde eenzaamheid en solidariteit

Als cruciale emotionele ervaring noemt Pagès (1963, p. 331) de rouw, de dood, de verlatenheid die elke groep vroeg of laat en in bedekte of in heldere vorm doormaakt. In de slotfase kan dit soms de vorm aannemen van een soort 'doodswake', maar in andere groepen als een 'verrijzenis'.

In aansluiting op fase 4 wordt in sommige groepen in de slotfase de grondervaring van de relatie als een fundamentele spanning tussen polariteiten helder beleefd. Deze ervaring doet zich voor als een paradox: de ervaring van onderlinge verbondenheid berust op een ervaring van gescheidenheid. Pas door het volledig onder ogen zien van de ervaring van eigen eenzaamheid ontstaat een fundamentele ervaring van diepe verbondenheid. Deze band met de anderen duidt Pagès (1963, p. 331) aan als een gedeelde eenzaamheid (*solitude partagée*).

De met anderen gedeelde angst voor gescheidenheid en eenzaamheid kan dus op paradoxale wijze leiden tot het ontdekken van de band met anderen. Deze solidaire band met andere groepsleden is voor Pagès een van de diepste ervaringen van mensen in groepen. Vaak wijst Pagès op de paradox dat vanuit de gescheidenheid van de groepsleden, vanuit hun conflicten en vanuit hun verschillen een affectieve eenheid tot stand komt die permanent poogt beter samen te werken. Vanaf een bepaald moment in de groepsontwikkeling zijn de groepsleden in staat tot zeer persoonlijke aandacht voor elkaar, zonder zich te laten onderdompelen in groepsemoties. De groepsleden worden er zich in toenemende mate van bewust dat de groep alleen verder kan door de individuele vooruitgang van ieder te helpen bevorderen.

Enkele slotopmerkingen bij de visie van Pagès

De ontwikkelingslijn bij Pagès loopt in de richting van een steeds sterker wordende authenticiteit. Daarbij delen de groepsleden steeds meer en steeds directer wat hen eigenlijk bezighoudt. Met name diepergelegen gevoelens worden gedeeld, ook gevoelens van eenzaamheid en angst. Zulke gevoelens liggen meestal diep verborgen achter een beschermende 'jas' van afweermechanismen. Dat valt ook te zien bij Pagès. In de eerste drie fasen spelen zulke afweervormen. Het intellectualiseren in fase 3 is daar een voorbeeld van.

Ik wijs hier alvast op een parallel met mijn model van het *gelaagde zelfbeeld* dat in paragraaf 7.7 aan bod komt. Aan ons zelfbeeld zijn meerdere aspecten te onderscheiden, onder andere een uiterlijk zelfbeeld en een innerlijk zelfbeeld. Het uiterlijk zelfbeeld omvat alle aspecten van onze identiteit die we aan de buitenwereld laten zien. Dit wordt ook wel onze zelfpresentatie genoemd. Het innerlijke zelfbeeld is een privézelfbeeld. Het omvat alle aspecten die we liever voor anderen verborgen houden, zoals onze kwetsbaarheden en angsten. We beschermen deze kwetsbare 'binnenkant' met afweermechanismen. Zo kom ik tot een model van drie lagen (figuur 7.3): (1) een buitenste laag van zelfpresentatie (het uiterlijk zelfbeeld); (2) een tussenlaag van afweermechanismen en andere vormen van zelfbescherming; (3) een binnenste laag van het innerlijk zelfbeeld. Hoe meer de binnenkant van de persoon mag doorklinken in het uiterlijk zichtbare gedrag, des te 'echter' en authentieker is die persoon. In deze betekenis is de ontwikkeling die Pagès schetst een ontwikkelingsweg naar steeds grotere authenticiteit.

5.17 Unfreezing, moving, freezing

Veel theorieën over sociale verandering en begeleiding van individuen, groepen en organisaties gaan terug op het pionierswerk van Lewin in de jaren dertig en veertig in de vorige eeuw. Lewin werkte in die periode in de Verenigde Staten aan een aantal belangrijke veranderingsprojecten en heeft zo sterk bijgedragen aan het ontstaan van de methodiek van groepstrainingen eind jaren veertig.

In deze paragraaf behandel ik een deelaspect uit zijn theorie, namelijk zijn *fasetheorie van sociale verandering*. Daarbij is uitgangspunt voor Lewin dat elke poging tot verandering tegenkrachten oproept die erop gericht zijn de effecten van de verandering ongedaan te maken. Dankzij de balans tussen veranderingskrachten en tegenkrachten is elk sociaal systeem (individu, groep of organisatie) in staat een evenwicht te handhaven. Tegenkrachten zijn bijvoorbeeld tradities en gewoonten, angst dat dingen verslechteren door de verandering, gebrek aan kennis of vaardigheden, gebrek aan sociale steun enzovoort. Dit evenwicht van het systeem is echter niet statisch. Het is een dynamisch evenwicht omdat de op elkaar inwerkende krachten samen een krachtenveld vormen.

Nieuw krachtenveld

Nu is het volgens Lewin niet zo vruchtbaar om sociale verandering te definiëren in termen van te bereiken doelen of in termen van verandering van het huidige evenwichtsniveau in een nieuw evenwichtsniveau. Dus als het wijzigen van het bestaande krachtenveld in een nieuw krachtenveld. Verandering naar het nieuwe niveau is nog niet voldoende: er blijft immers kans bestaan op terugkeer naar het oorspronkelijke niveau. Daarom moet er in de planmatige verandering ook aandacht zijn voor een 'bevriezing' van het nieuwe niveau. Hiermee heb ik ook Lewins bekende driefasenmodel voor sociale verandering aangegeven, namelijk *unfreezing, moving* en *freezing*:

1. *Unfreezing:* ontdooien van het huidige niveau van functioneren van het te wijzigen systeem.
2. *Moving:* wijzigen naar een nieuw niveau van functioneren.
3. *Freezing:* bevriezen op dit nieuwe niveau waardoor het krachtenveld 'beveiligd' wordt tegen terugval. We spreken ook wel van consolidering van het nieuwe evenwicht.

Ontdooien

Met name op stap 1 in dit driefasenmodel ga ik nader in. In Lewins visie zijn er twee methoden om een bestaand evenwicht te wijzigen:

1. Het toevoegen van krachten in de richting van de gewenste verandering. Lewin spreekt hier van veranderingskrachten of vernieuwingskrachten. Deze eerste manier wordt het vaakst gebruikt.
2. Het verminderen of uitschakelen van krachten die de gewenste verandering tegengaan. Lewin spreekt hier van het verminderen van de weerstand.

In beide gevallen zal het resultaat zijn dat het systeem als geheel verandert. De tweede methode verdient volgens Lewin de voorkeur, omdat deze het meest strategisch is en het meest recht doet aan de situatie. Immers, de eerste methode van het toevoegen van veranderingskrachten zal ook een aantal tegenkrachten of weerstanden activeren. Hoe groter de pressie tot verandering, hoe sterker ook de weerstanden die deze pressie zelf oproept. Soms gaan deze weerstanden gepaard met een hoge spanning die zich uit in agressiviteit en emotionaliteit. Het is dus veel strategischer om de aandacht te richten op deze weerstanden en deze weerstanden serieus te nemen. Door de aandacht vooral te richten op het verminderen van de weerstand, ontstaat in het krachtenveld een lagere spanning.

Het verminderen van tegenkrachten ziet Lewin als eerste en onmisbare fase van het veranderingsproces. Hij noemt deze eerste fase *unfreezing*. Het werken aan een groepsklimaat van veiligheid en vertrouwen is een wezenlijk onderdeel van deze unfreezing. Vandaar dat het werken aan een klimaat van veiligheid en vertrouwen van belang is in de beginfase van de groep.

Bevriezen

Nadat tijdens de groepsbijeenkomsten planmatig gewerkt is aan bepaalde veranderingen bij de deelnemers, dient (volgens Lewin) 'bevriezing' plaats te vinden van de bereikte verandering, om terugval te voorkomen. Het resultaat moet beklijven, moet geconsolideerd worden. Hiervoor dient de begeleider aandacht te hebben in de slotfase. Enkele vormen hiervan die bijdragen aan het beter beklijven van wat je geleerd hebt:
– Een eindwerkstuk maken of een praktijkopdracht uitvoeren.
– Verslagen, notulen of besluitenlijsten maken van vergaderingen.
– Een logboek bijhouden van eigen leerervaringen en conclusies.
– Tussentijdse opdrachten (huiswerk) uitvoeren.
– Een ander groepslid als 'consultant' kiezen ('buddies-model').

6 Communicatie

6.1   Inleiding
6.2   Communicatie opgevat als informatieoverdracht
6.3   Gebrekkige communicatie
6.4   Communicatie als interactie
6.5   Open en gesloten communicatie
6.6   Oefening: Open en gesloten communicatie
6.7   Defensieve en non-defensieve communicatie
6.8   Oefening: Non-defensieve communicatie
6.9   Het stellen van open en neutrale vragen
6.10 Oefening: Het stellen van open en neutrale vragen

6.1   Inleiding

Als we de negentiende eeuw mogen kenschetsen als het tijdperk van de exacte wetenschappen en van de ontdekking van allerlei nieuwe vormen van energiegebruik, gepaard gaande met de ontwikkeling van allerlei technieken daartoe, dan kunnen we de twintigste eeuw typeren als het tijdperk van de opkomst van communicatiewetenschappen en de ontdekking van allerlei nieuwe communicatiemiddelen (Amado & Guittet, 1975). Het onderzoek rond informatie en communicatie, interactie en betrekkingen en taal en andere symbolen vormt een van de belangrijkste thema's in de sociale wetenschappen. In dit onderzoek neemt belangstelling voor de kleine groep een belangrijke plaats in. Het gezin, de schoolklas en de werkgroep zijn een centraal deel van de dagelijkse werkelijkheid van velen. Communicatie in groepen lijkt zo'n gewone bezigheid, dat we ons zelden realiseren wat er allemaal een rol in speelt. We staan daar meestal pas bij stil als deze communicatie problemen oplevert.

Elke communicatie kunnen we opvatten als een uitwisseling van symbolen en betekenissen die niet alleen informatieoverdracht, maar vaak ook beïnvloeding van anderen tot doel heeft en bovendien affectief gekleurd is. Hoe verloopt nu deze uitwisseling van communicaties binnen een groep? Welke dynamiek ligt daarachter en hoe kunnen we deze beter onderscheiden en analyseren?

Geen enkele theorie blijkt op zichzelf voldoende om op zulke vragen uitputtend antwoord te geven. Uit de grote diversiteit van studies blijkt dat het onderwerp communicatie een kruispunt is waar verschillende wetenschapsgebieden elkaar tegenkomen. Uiteenlopende terreinen als de ethologie (gedragsleer bij dieren), de cybernetica en systeembenadering, de psychoanalyse en de linguïstiek behandelen dit onderwerp zo verschillend dat het nauwelijks te geloven is dat ze over hetzelfde deel van de sociale werkelijkheid gaan (Amado & Guittet, 1975).

Een probleem bij de bespreking van communicatie in groepen is dat er zo veel definities van dit begrip bestaan en dat er zo weinig overeenstemming is over welke definitie het meest bruikbaar is. Dance (1970) bijvoorbeeld voerde een inhoudsanalyse uit op 95 definities van het begrip communicatie in publicaties in verschillende wetenschapsgebieden. Uit deze analyse bleek dat onderzoekers communicatie in al die theorieën op heel wat verschillende wijzen definieerden (wat een bron van mogelijke communicatiestoornissen!) en dat ze vanuit deze verscheidenheid aan definities uiteenlopende en tegenstrijdige richtingen ingeslagen zijn. Een aantal van deze richtingen licht ik nader toe, voor zover deze verhelderend zijn voor het hoofdthema 'communicatie in groepen'.

Ik behandel in dit hoofdstuk de diverse onderwerpen en theoretische richtingen min of meer in 'historische' volgorde. Ik begin met theorieën waarin communicatie opgevat wordt als een proces van informatieoverdracht (paragraaf 6.2) en dan bespreek ik theorieën waarin het hoofdaccent ligt op de interactie en wisselwerking tussen communicerende personen (paragraaf 6.4), met een uitstapje naar wat we in het dagelijks spraakgebruik onder communicatie verstaan. Daarna besteed ik aandacht aan open en gesloten communicatie (paragraaf 6.5) en geef ik aan uit welke gedragsvormen defensieve en non-defensieve communicatie bestaan (paragraaf 6.7). Na aandacht voor open en gesloten vragen (paragraaf 6.9) besluit ik het hoofdstuk met een oefening hiervoor (paragraaf 6.10).

In hoofdstuk 7 ga ik uitgebreid in op hoofdthema's uit de zogeheten systeem- en communicatietheorie (inhoudsniveau, betrekkingsniveau, interpunctie, diskwalificatie en erkenning). In hoofdstuk 8 en 9 staat communicatie in groepen centraal.

6.2 Communicatie opgevat als informatieoverdracht

Het is gebruikelijk om van communicatie te spreken wanneer iemand via informatieoverdracht iemand anders beïnvloedt. Zulke beïnvloeding vindt ook tussen dieren plaats, maar die communicatie zullen we buiten beschouwing laten. Een simpele manier om communicatie te verhelderen, is in figuur 6.1 het schema van Lasswell (1952, p. 12). Lasswell stelt voor om communicatieproblemen te doordenken vanuit vijf kernvragen: wie? zegt wat? hoe? tegen wie? met welk effect? Met behulp van deze vijf vragen kunnen we communicatief gedrag weergeven.

Figuur 6.1   Schema van communicatie (Lasswell, 1952)

In 1952 voegt Shannon aan dit schema twee begrippen toe: encodering en decodering (zie figuur 6.2). Met *encodering* wordt bedoeld dat de zender zijn boodschap vertaalt in een daartoe geëigende symbolische vorm, meestal de spreektaal (maar ook gebarentaal en dergelijke). Met *decodering* wordt het omgekeerde bedoeld: de symboolvorm wordt 'ontcijferd' en terugvertaald in een bepaalde betekenis.

Figuur 6.2   Schema van communicatie (Shannon, 1952)

In het schema van Shannon komt echter het verschil tussen boodschap (*wat* er gecommuniceerd wordt) en kanaal (*hoe* er gecommuniceerd wordt) niet helder genoeg tot uiting. Daarom geef ik de voorkeur aan een combinatie van de twee schema's (zie figuur 6.3).

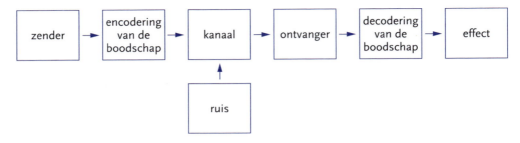

Figuur 6.3 Communicatie als informatieoverdracht

1. De zender wenst een bepaalde informatie te communiceren; hij is de bron van de boodschap.
2. De informatie wordt geëncodeerd, dat wil zeggen vertaald in bepaalde symbolen (bijvoorbeeld taal).
3. Deze boodschap brengt de zender over via een bepaald medium (bijvoorbeeld stembanden) dat ook het kanaal bepaalt (bijvoorbeeld het auditief kanaal) en dat de signalen (bijvoorbeeld geluidstrillingen) overbrengt.
4. Terwijl de signalen het kanaal passeren, zijn ze gevoelig voor storende invloeden. Zo'n storing wordt meestal aangeduid met de term ruis (*noise*).
5. De ontvanger neemt de signalen inclusief de ruis waar.
6. Hij decodeert (ontcijfert) de signalen.
7. En hij geeft die een bepaalde betekenis (effect): interpretatie van de boodschap.

Zeven stappen dus, voor er van een succesvolle informatieoverdracht gesproken kan worden (Lindgren, 1973, p. 305). Dat is heel wat. We zijn nu beter in staat om een aantal communicatieproblemen te lokaliseren. Ik noem er enkele.

6.3 Gebrekkige communicatie

We spreken van effectieve communicatie wanneer de ontvanger de uitgezonden boodschap op dezelfde wijze interpreteert als de zender bedoeld heeft. Laten we met behulp van het schema eens bekijken wat zoal effectieve communicatie kan bedreigen.

1. Voor de zender is wellicht niet duidelijk welke informatie hij zal gaan communiceren: welke bedoelingen, welke ideeën, welke gevoelens hij duidelijk zal gaan maken aan iemand anders. Misschien is hij er juist op uit om bepaalde gedachten en gevoelens verborgen te houden.

2. De encodering kan gebrekkig zijn: het vertalen van zijn bedoelingen, ideeën of gevoelens in een vorm die geschikt is om door een ander begrepen te worden. Misschien kan hij ze niet goed onder woorden brengen en kan het zijn dat de gekozen boodschap niet meer overeenstemt met zijn bedoelingen of dat hij een dubbele boodschap gaat uitzenden, met andere woorden dat de boodschap niet helder of niet ondubbelzinnig is.

3. Ook kan zijn woordgebruik verschillen van dat van de ontvanger (Argyle, 1969, pp. 76-77):
    - Wellicht gebruikt hij woorden waaraan ieder een andere interpretatie kan geven. Zo zal ieder wel iets anders verstaan onder een 'grote' stad of een 'goede' student.
    - Wellicht hecht hij een andere emotionele betekenis aan de gebruikte woorden. En dit is eerder gewoonte dan uitzondering wanneer de gesprekspartners tot groepen met verschillende ideologieën behoren. De woorden 'socialisme' en 'arbeider' bijvoorbeeld hebben verschillende bijbetekenissen in verschillende groepen, met name in gevoelsmatig opzicht.
    - Ook kan de communicatie gebrekkig blijven omdat sommige gebruikte woorden of termen ingebed zijn in een verschillend referentiekader en dus verschillende theoretische betekenissen hebben.

Heel wat politieke en ideologische verschillen worden ondersteund door zulke verschillen in woordgebruik. Wanneer een rechts georiënteerd politicus spreekt van een 'ondernemer', denkt hij meestal aan een grote groep mensen, inclusief een aantal relatief arme mensen, die zakelijke activiteiten financieren en op gang brengen door het riskeren van een deel van hun eigen geld. Een links georiënteerd politicus zal eerder denken aan een klein aantal niet op hun bedrijf aanwezige bezitters die weinig werken, maar wel bonussen opstrijken. Deze twee betekenissen verschillen in alle drie genoemde opzichten. Er is heel wat praten (verbale interactie) voor nodig om die drie soorten stoornissen die Argyle noemt, te ontrafelen.

4. Tijdens het overbrengen van de boodschap kunnen ook storingen optreden: ruis. Ruis is elk element dat stoort in het communicatieproces. Meestal wordt onder ruis alleen verstaan: elke storing die in het kanaal optreedt, zoals achtergrondgeluiden vanuit de omgeving, spraakproblemen (bijvoorbeeld stotteren), irritante gewoonten (bijvoorbeeld mompelend praten) en andere zaken die afleiden.

5. In bredere zin kunnen we ook van ruis spreken bij de zender: bepaalde attitudes, vooroordelen en referentiekaders kunnen een belemmering vormen voor effectieve communicatie, evenals gebrekkige taalvaardigheid.

6. Ook bij de ontvanger kunnen deze ruisbronnen bestaan: ook zijn houding, achtergrond, referentiekader en ervaringen kunnen verhinderen dat hij de boodschap juist decodeert.

7. Het kan ook zijn dat de ontvanger de boodschap op de juiste wijze decodeert, maar onjuist interpreteert, dat wil zeggen anders interpreteert dan de zender heeft bedoeld. Dit is waarschijnlijk de meest voorkomende bron van misverstanden in interpersoonlijke communicaties. Omdat bedoelingen alleen bekend zijn aan de persoon die ze ervaart en ze tot de 'binnenwereld' van de zender behoren, zullen deze bedoelingen van de zender niet altijd duidelijk zijn aan de ontvanger. De zender communiceert niet altijd wat hij bedoelt (vergelijk aandachtspunt 1 en 2 hierboven); voor de zender zijn zijn bedoelingen wel rechtstreeks duidelijk, maar voor de ontvanger hoogstens indirect.

Communicatie is zelden een eenvoudig lineair proces (Remmerswaal, 2006, p. 124):

maar verloopt meestal als volgt:

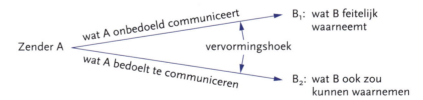

Figuur 6.4   Vervormingshoek in communicatie

De vervormingshoek wordt onder andere veroorzaakt doordat informaties of signalen vaak meervoudig te interpreteren zijn. De kloof tussen wat de zender bedoelt en wat de ontvanger denkt dat de zender bedoelt, wordt niet zo vaak bepaald door woordgebruik, grammaticale formulering van de zin of gebrek aan verbale vaardigheid, maar vaker door emotionele en sociale 'ruis'bronnen. We zijn bijvoorbeeld zo bezig met onszelf of met wat we van plan zijn te gaan antwoorden, dat we niet goed luisteren naar wat de ander zegt. Bovendien speelt ook hier selectieve waarneming een rol: we horen bijvoorbeeld slechts die gedeelten van de boodschap die we verwachten te horen.

En ten slotte wordt het zuiver interpreteren van een boodschap nog eens extra bemoeilijkt door het feit dat elke boodschap twee aspecten heeft: een inhoudsaspect en een betrekkingsaspect (ik kom hier in hoofdstuk 7 op terug).

6.4   Communicatie als interactie

In het dagelijks spraakgebruik (Lindgren, 1973, p. 302) wordt over communicatie meestal simpel gedacht: we communiceren of proberen dat; sommigen begrijpen deze communicaties, anderen niet. En we communiceren om een ander iets mee te delen: informatie, gevoelens, eisen of argumenten.

Dat communicatie heel wat ingewikkelder is, heb ik in het voorafgaande al enigszins aangetoond. De simpele alledaagse visie laat heel wat vragen onbeantwoord. Bijvoorbeeld: Waarom communiceren mensen eigenlijk? Waarom zijn mensen er soms op uit om in hun communicatie hun gevoelens eerder te verbergen dan te uiten? Waarom communiceren mensen die soms eigenlijk niets te zeggen hebben? Waarom communiceren mensen soms misleidende of onjuiste informatie?

Antwoorden op zulke vragen kunnen we pas vinden als we communicatie anders opvatten dan in het alledaagse spraakgebruik. Ik sta daarom wat langer stil bij de verschillen tussen wat we onder communicatie verstaan in dit alledaagse spraakgebruik (a) en in communicatietheorieën (b).

De alledaagse opvatting

Lindgren vat communicatie als volgt samen:

> *'Veel mensen denken over communicatie vooral in termen van wat het hun oplevert: uitwisselen van informatie, uiten van gevoelens, stellen van eisen, vernemen van nieuws enzovoort. In zo'n opvatting is communicatie ons gereedschap en hulpmiddel: het staat ons ten dienste en wij zijn er de meester van.'*
> *(Lindgren, 1973)*

Bauer (1964) heeft erop gewezen dat communicatie in het alledaagse spraakgebruik vaak opgevat wordt als een poging tot het beïnvloeden of manipuleren van de ander. Daarbij denken we al te snel dat de ander de gecommuniceerde informatie wel zal accepteren en dienovereenkomstig zal handelen. Dit is echter eerder indoctrinatie dan communicatie. Vergelijk de teksten van reclames en advertenties.

Dit is een eenzijdige en bovendien individualistische opvatting die maar tot op beperkte hoogte geldig is, want ze houdt er geen rekening mee dat heel veel neveneffecten van communicatie soms belangrijker zijn dan de inhoudelijke boodschap en dat communicatie heel wat meer functies heeft dan het overbrengen van informatie alleen.

De opvatting vanuit de theorie

De theoreticus, aldus Bauer, vat communicatie eerder op als interactie. Hij spreekt pas van communicatie wanneer de ontvanger daar op een min of meer actieve wijze bij betrokken is, bijvoorbeeld door aandacht te schenken via luisteren, kijken, proberen te begrijpen of het leveren van een eigen aandeel aan het gesprek. Er is pas interactie, en dus communicatie, wanneer beide partijen zich door elkaar laten beïnvloeden. Tegenover de meer alledaagse opvatting van communicatie als een eenrichtingsproces benadrukt de wetenschapper de wederzijdse beïnvloeding en het interactionele karakter van communicatie.

Een simpel voorbeeld hiervan: al op het niveau van de lengte van de spreektijd stemmen gesprekspartners zich op elkaar af. Lindgren (1973, p. 305) noemt twee studies van Matarazzo als voorbeelden van zulke wederzijdse beïnvloeding. In een eerste studie (Matarazzo e.a., 1964) werd de lengte van de spreektijd in gesprekken tussen twee personen in een interviewsituatie gevarieerd. In de loop van een interview van 45 minuten zorgde Matarazzo ervoor dat de ene spreker aanvankelijk commentaar gaf van ongeveer 5 seconden, later in het interview van ongeveer 10 seconden en ten slotte weer van ongeveer 5 seconden.

Zoals in figuur 6.5 te zien is, resulteert deze toename van 100% in spreektijd van de ene gesprekspartner in een soortgelijke toename in spreektijd van de andere gesprekspartner (zie situatie 1 in figuur 6.5). In een tweede interviewsituatie manipuleerde Matarazzo de spreektijd van de ene spreker in omgekeerde volgorde: eerst 10, dan 5 en daarna weer 10 seconden. Ook hier zien we dat de gesprekspartner zijn spreektijd hierbij aanpaste (zie situatie 2). In een derde interviewsituatie zorgde Matarazzo voor weinig variatie in de spreektijd van de ene spreker: daarmee correspondeerde even weinig variatie in de spreektijd van de andere partner (zie situatie 3).

In een tweede studie stelden Matarazzo en Wiens (1967) een soortgelijk verband vast tussen de pauzes die gesprekspartners tijdens een gesprek in acht nemen. In dit onderzoek varieerden zij de hoeveelheid tijd die verstrijkt tussen het uitgesproken zijn van de ene gesprekspartner en het stellen van de volgende vraag door de interviewer. Ook hier werd een wederzijdse beïnvloeding vastgesteld: hoe langer de interviewer wachtte met het stellen van zijn vragen, des te langer de andere gesprekspartner wachtte met zijn antwoorden.

De onderzoekers verklaren deze verschijnselen in termen van de sociale leertheorie, waarin de gespreksdeelnemers voor elkaar als model fungeren. Het wederkerige effect kan ook opgevat worden als het tot stand komen van een norm tussen de leden van deze groep van twee personen (Lindgren, 1973).

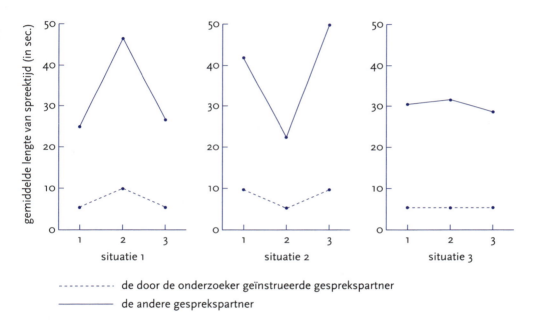

Figuur 6.5 Variaties in spreektijd tussen twee gesprekspartners in een interviewsituatie waarbij de lengte van de spreektijd systematisch is gevarieerd (Matarazzo e.a., 1964)

Communicatie als interactie

Omdat ik communicatie opvat als interactie (en niet louter als informatieoverdracht), wordt nu duidelijk dat ik in het begin van dit hoofdstuk communicatie dus te eenzijdig heb voorgesteld. Ik moet het eerder gegeven schema (in figuur 6.3) aanvullen met zijn spiegelbeeld (zie figuur 6.6).

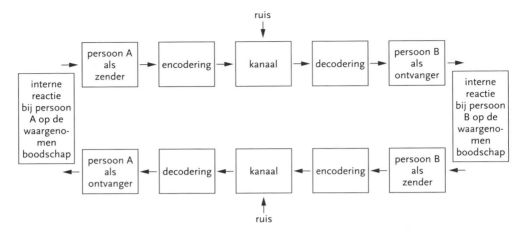

Figuur 6.6   Communicatie als interactie

Pas door de reactie van persoon B, dus pas door de wisselwerking tussen persoon A en persoon B, kunnen we van communicatie spreken. Toch heeft zelfs dit uitgebreidere schema nog een nadeel: het kan de misleidende indruk wekken dat alles in een bepaalde volgorde gebeurt, terwijl in werkelijkheid alles gelijktijdig schijnt plaats te vinden (Johnson, 1973, pp. 98-99). In interpersoonlijke communicatie is elke persoon zowel zender als ontvanger en vindt dit zenden en ontvangen vaak gelijktijdig plaats: we kunnen tegelijkertijd spreken en aandachtig letten op de non-verbale reacties van de ander.

Wanneer twee mensen elkaar zien, beïnvloeden ze voortdurend elkaars waarnemingen en verwachtingen. Interpersoonlijke communicatie kan dan ook breed gedefinieerd worden als elk verbaal of non-verbaal gedrag dat door een ander waargenomen kan worden (Johnson, 1973). Met andere woorden: communicatie is heel wat meer dan alleen uitwisseling van gesproken boodschappen. Omdat elke gedragsvorm communicatieve waarde kan hebben, stellen Watzlawick e.a. (1970, p. 42) zelfs: je kunt niet niet-communiceren, want je kunt je niet niet-gedragen.

Omdat alles wat je doet in aanwezigheid van anderen door die anderen opgevat kan worden als communicatie, moeten we onderscheid maken tussen *bedoelde* en *onbedoelde* communicatie. Communicatie kan pas effectief zijn wanneer de bedoelde en de onbedoelde communicatie elkaar ondersteunen, of (in termen van figuur 6.4): wanneer de vervormingshoek zo klein mogelijk is.

Ik wil communicatie niet zo breed definiëren als Watzlawick e.a. (zie hoofdstuk 7), die elk gedrag communicatie noemen. Het is gebruikelijk om interpersoonlijke communicatie op te vatten als een proces van wisselwerking tussen een zender en een ontvanger, waarbij de zender een bepaalde reactie op wil roepen. Zoals ik al aangaf, betekent deze opvatting niet dat communicatie altijd bestaat uit een reeks gebeurtenissen waarin iemand een boodschap uitdenkt en uitzendt, en iemand anders de boodschap ontvangt en interpreteert. Interpersoonlijke communicatie is een proces waarin iedere betrokkene ontvangt, zendt, interpreteert en conclusies trekt en dit alles tegelijkertijd zonder een duidelijk begin en einde (Johnson & Johnson, 1975). Alle communicatie impliceert het uitwisselen van symbolen waaraan bepaalde betekenissen worden toegekend. Deze symbolen kunnen zowel verbaal als non-verbaal zijn. Het uitwisselen van ideeën, ervaringen enzovoort tussen twee of meer personen is pas mogelijk wanneer alle betrokkenen uitgaan van dezelfde betekenisverlening aan deze symbolen. Technischer uitgedrukt: wanneer voor de encodering dezelfde regels en gewoonten gebruikt worden als voor de decodering.

6.5 Open en gesloten communicatie

Een goede indicatie voor het groepsklimaat kunnen we vinden in het type communicatie tussen de groepsleden, met name in de mate van openheid dan wel geslotenheid van de communicaties. Naar een idee van Johnson en Johnson (1975) zijn hierin vijf aspecten te onderscheiden (zie schema):
1. een inhoudsaspect;
2. een tijdsaspect;
3. de mate van onthulling van gevoelens;
4. de mate van onthulling van persoonlijke informatie;
5. de mate van onthulling over de onderlinge relaties.

Het groepsklimaat is opener naarmate groepsleden:
1. vaker ter sprake brengen wat persoonlijk voor hen belangrijk is;
2. in wat ze zeggen meer uitgaan van wat er hier en nu gebeurt of wat ze hier en nu ervaren;
3. in sterkere mate gevoelens inbrengen en gevoelens van elkaar benutten als waardevolle informatie die de groep verder kan helpen in haar functioneren;
4. vaker persoonlijke informatie, zoals eigen houdingen, eigen waarden en eigen ervaringen, ter sprake brengen;
5. vaker openlijk aandacht besteden aan de onderlinge relaties tussen de groepsleden.

Het groepsklimaat is geslotener naarmate groepsleden:

1. onpersoonlijk blijven in hun communicaties en daarbij niet verwijzen naar hun persoonlijk belang of naar concrete personen;
2. in algemene termen blijven praten bijvoorbeeld met generalisaties of clichés;
3. niet of nauwelijks eigen gevoelens ter sprake brengen en deze gevoelens irrelevant of ongepast achten voor het functioneren van de groep;
4. niets persoonlijks tegen elkaar zeggen, maar in plaats daarvan blijven spreken over theorieën, intellectualisaties, analyses, generalisaties of andere abstracte ideeën;
5. niet ingaan op de onderlinge relaties tussen de groepsleden.

Deze twee 'portretten' van een open en een gesloten relatie vormen uiteraard twee uitersten waarbij veel tussenvormen mogelijk zijn, met vloeiende overgangen. Dit wordt tot uitdrukking gebracht in het schema op p. 173.

Schema open en gesloten communicatie in groepen
(naar Johnson en Johnson, 1975, p.243)

		INDIRECTE COMMUNICATIE		DIRECTE COMMUNICATIE
		←----- gesloten communicatie		open communicatie -----→
1	inhoud	naar iemand verwijzend, onpersoonlijk, geen direct persoonlijk belang (bijv. generalisaties, grapjes)	sommige groepsleden brengen ter sprake wat persoonlijk belangrijk voor hen is	alle groepsleden brengen ter sprake wat persoonlijk belangrijk voor hen is
2	tijdsaspect	geen tijdsaspect, bijv. generalisaties, grappen	verre verleden of verre toekomst	recent verleden of nabije toekomst	hoofdnadruk op het onmiddellijke 'hier en nu'
3	onthulling van gevoelens	gevoelens komen niet of zelden ter sprake en worden irrelevant en ongepast geacht voor het functioneren van de groep		gevoelens worden ingebracht en benut als waardevolle informatie, die de groep kan helpen in haar functioneren
		geen	enige	meer	vaak en veel
4	onthulling van persoonlijke informatie	geen persoonlijke informatie; de gesprekken gaan over abstracte ideeën, over theorieën, over intellectualisaties, analyses of generalisaties		eigen houdingen, waarden, ervaringen, voorkeuren etc. komen ter sprake en krijgen de aandacht
		onpersoonlijk	steeds persoonlijker >		vaak en veel
5	onthulling over onderlinge relaties	de relaties tussen de groepsleden komen niet of zelden ter sprake; de gesprekken gaan over ... (zie hierboven bij 4)		de relaties tussen de groepsleden komen openlijk ter sprake en krijgen de aandacht
		nooit	zelden	méér	vaak en veel
		←----- gesloten relaties		open relaties -----→

6.6 Oefening: Open en gesloten communicatie

1. De begeleider begint met een onderwijsleergesprek over het thema 'open en gesloten communicatie'. Hij vraagt groepsleden om associaties bij de woorden 'open' en 'gesloten'. Hij geeft aan dat de mate van openheid in communicatie tot uitdrukking komt in vijf aspecten: (1) een inhoudelijk aspect; (2) een tijdsaspect; (3) de mate van onthulling van gevoelens; (4) de mate van onthulling van persoonlijke informatie; (5) aandacht voor de onderlinge relaties. Het schema van paragraaf 6.5 kan hierbij een goede richtlijn bieden.
2. Hij vraagt twee vrijwilligers voor een korte demonstratie. Hij vraagt hun een kort gesprek van ongeveer 2 minuten te voeren dat zo dicht mogelijk aan de gesloten kant van het continuüm ligt. Daarbij moeten de andere groepsleden letten op voorbeelden in het gesprek die niet aan de opdracht tot gesloten communicatie voldoen. Na de 2 minuten geven groepsleden hierover feedback. Indien nodig laat de begeleider een ander tweetal vrijwilligers dit nog eens doen.
3. Stap 2 wordt herhaald met twee andere vrijwilligers, maar nu met een kort gesprek dat zo dicht mogelijk aan de open kant van het continuüm ligt. Groepsleden geven weer feedback.
4. De groep wordt verdeeld in een binnenkring en een buitenkring ('viskom'). De binnenkring begint een groepsgesprek van ongeveer 10 minuten dat zo veel mogelijk uit gesloten communicatie bestaat.
De buitenkring observeert en reageert via non-verbale feedback door een hand op te steken zodra een van de mensen in de buitenkring merkt dat een opmerking op open communicatie lijkt. De leden van de binnenkring staat het vrij om deze feedback te gebruiken of te negeren.
5. Beide groepen krijgen enkele minuten om 'stoom af te blazen' en te reageren. De begeleider verheldert de communicatie die heeft plaatsgevonden via het schema van paragraaf 6.4.
6. Stap 4 wordt herhaald met twee wijzigingen: binnenkring en buitenkring wisselen van positie en het gesprek bestaat nu zo veel mogelijk uit 'open communicatie'. Daarna weer stoom afblazen.
7. In een algemene nabespreking wordt ingegaan op leerpunten uit deze ervaring en op toepassingsmogelijkheden van wat de deelnemers geleerd hebben, zowel in deze groep als in relaties daarbuiten.

Tijdsduur: circa 1,5 à 2 uur.

6.7 Defensieve en non-defensieve communicatie

Wat kun je doen om communicatie effectief en zinvol te laten verlopen? Een van de belangrijkste richtlijnen hiervoor is het ontwikkelen van een gespreksklimaat van wederzijds vertrouwen. Zo'n ontwikkeling kun je bevorderen door gedragsvormen die openheid stimuleren en defensiviteit verminderen. Precies hierover heeft de sociaalpsycholoog Gibb (1961) geschreven toen hij het had over *defensieve communicatie*. Defensief gedrag, zo stelt Gibb, ontstaat wanneer men zich bedreigd voelt of een bedreiging verwacht. Hij noemt zes concrete gedragsvormen die defensiviteit oproepen en geeft daarbij telkens ook aan welke gedragsvormen defensiviteit verminderen.

Gedragsvormen die defensiviteit oproepen		Gedragsvormen die defensiviteit verminderen
1. beoordeling	versus	beschrijving
2. dwang	versus	probleemgerichtheid
3. manipulatie	versus	spontaniteit
4. onverschilligheid	versus	empathie
5. superioriteit	versus	gelijkwaardigheid
6. overtuigd zijn van eigen gelijk	versus	voorlopigheid

Hieronder licht ik elk van deze gedragsvormen toe. Eerst de linkerkolom:

1. *Beoordeling*: het geven van waardeoordelen (met name negatieve oordelen); het veroordelen van de gesprekspartner; het maken van verwijten; de ander de schuld geven. Vaak wordt dit gegoten in zogeheten jij-taal.
2. *Dwang*: druk op de ander uitoefenen door hem te overrompelen of te overtuigen met een stroom van overredende argumenten; een ander zeggen hoe hij zich moet gedragen; weten wat goed voor de ander is; vooraf al (ongeacht wat het contact met de ander op zal leveren) besloten hebben hoe de oplossing van een probleem eruitziet, zodat de ander zich gedwongen voelt om ja te zeggen en nauwelijks een andere keuzemogelijkheid heeft.
3. *Manipulatie*: proberen de ander op een verborgen en indirecte wijze iets duidelijk te maken of tot ander gedrag aan te zetten, bijvoorbeeld via geveinsde emotie, door schijnargumenten of door voor te spiegelen dat iets in het belang van de ander is terwijl het vooral gaat om eigenbelang; een speciale vorm van manipulatie is de 'psy-

chologische sandwich' (lof-kritiek-lof): eerst iets aardigs zeggen, dan een klap geven en ten slotte weer iets aardigs (bijvoorbeeld zeggen dat je het beste voorhebt met de ander); de ander op indirecte wijze voor het eigen karretje spannen; werken met een verborgen agenda.
4. *Onverschilligheid*: geheel voorbijgaan aan de gevoelens van de ander; hem bejegenen als een object; geen eigen betrokkenheid of persoonlijke inzet tonen; gebrek aan zorg.
5. *Superioriteit*: laten merken dat je meer bent dan de ander, dat je je boven hem verheven voelt, meer macht hebt, de zaken beter doorziet (zo'n opstelling creëert bij de ander gevoelens van minderwaardigheid).
6. *Overtuigd zijn van eigen gelijk*: een belerende houding aannemen; laten merken dat je precies weet wat goed en wat fout is; er zeker van zijn dat je gelijk hebt en dat jouw manier van handelen de enig juiste is; suggereren dat de anderen stom zijn door er zeker van te zijn dat je alles al weet.

Daartegenover staan communicatieve gedragsvormen die juist geen defensief gedrag oproepen, maar bijdragen aan een gespreksklimaat van wederzijds vertrouwen:
1. *Beschrijving*: het louter beschrijvend weergeven wat je hebt waargenomen of hoe je je voelt zonder een waardeoordeel hierover te geven en zonder van de ander te eisen dat hij zijn houding of gedrag verandert; het geven of vragen van informatie zonder impliciete beschuldiging (beeldvorming zonder oordeelsvorming), bijvoorbeeld beschrijven wat het jou zelf doet hoe een ander is. Dit wordt vaak gegoten in zogeheten ik-taal.
2. *Probleemgerichtheid*: bereidheid om samen een probleem te verkennen en vanuit een gezamenlijke probleemomschrijving een oplossing zoeken (de oplossing staat dus niet van tevoren vast, zodat de ander ruimte gelaten wordt om bij te dragen aan het besluit of om een eigen besluit te nemen).
3. *Spontaniteit*: eerlijk en open gedrag zonder bijbedoelingen of verborgen agenda's; rechtstreeks zeggen wat er in je omgaat, wat je denkt, wat je voelt.
4. *Empathie*: je inleven in de gevoelens en de situatie van de ander; zorg tonen voor zijn gevoelens, voor hoe hij is en voor wie hij is; respect voor de ander als persoon.
5. *Gelijkwaardigheid*: de ander laten merken dat je op gelijke voet met hem wilt communiceren; dat je wilt samenwerken in wederzijds vertrouwen en respect; elkaar gelijke waarde toekennen als persoon, ook al zijn er verschillen in talenten, deskundigheid, status of macht; ongelijkheid hoeft dus geen ongelijkwaardigheid te betekenen.
6. *Voorlopigheid*: niet dogmatisch zijn; ook al heb je een eigen mening, deze toch als voorlopig presenteren; achter de eigen gewoonten en vanzelfsprekendheden een vraagteken durven zetten; openstaan voor nieuwe ideeën en suggesties; interesse to-

nen voor wat je nog niet weet; bereid zijn om rekening te houden met het oordeel van de ander.

Het zal duidelijk zijn dat de gedragsvormen die defensiviteit oproepen en versterken, de onderlinge communicatie negatief beïnvloeden. Ze leiden tot gesloten communicatie, tot blokkades en tot verlies aan motivatie, ze roepen weerstand op, zetten aan tot een spiraal van wederzijds wantrouwen en verlagen het gevoel van eigenwaarde van de ander. De andere gedragsvormen die defensiviteit verminderen, zijn constructiever omdat ze uitnodigen tot participatie en open communicatie, stimuleren tot verandering, de motivatie versterken en de basis leggen voor een klimaat van wederzijds vertrouwen. Deze conclusies heb ik hieronder in twee kolommen bij elkaar gezet. De niet-defensieve gesprekshouding ligt ook ten grondslag aan feedback (zie hoofdstuk 10).

Defensieve gedragsvormen	Non-defensieve gedragsvormen
leiden tot gesloten communicatie	nodigen uit tot participatie
leiden tot blokkades	nodigen uit tot open communicatie
leiden tot verlies van motivatie	stimuleren tot verandering
roepen weerstand op	versterken de motivatie
zetten aan tot een spiraal van wederzijds wantrouwen	leggen een basis van wederzijds vertrouwen
verlagen het gevoel van eigenwaarde van de ander	

Oefening: Richtlijnen voor onvruchtbare communicatie

1. Bedenk terwijl de ander spreekt alvast wat je zelf daarna zult zeggen; luister niet.
2. Zoek voortdurend naar de verschilpunten met je gesprekspartners en laat de overeenkomsten angstvallig met rust.
3. Als jouw mening niet wordt geaccepteerd, zeg dan met een kwaad gezicht dat de anderen niet voldoende hun best deden om jou te begrijpen.
4. Val een ander aan op zijn voorbeelden. Vergelijkingen gaan altijd mank, je kunt ze dus altijd kraken.
5. Gebruik veel vreemde woorden. Een ander kan je dan niet altijd volgen en durft niet te bekennen dat hij die 'dure' woorden niet kent.

6. Zeg vooral nooit dat je iets niets weet of begrijpt. Bombardeer liever je tegenstanders plat met je eigen principes.
7. Als je geen gelijk krijgt, leid het gesprek dan naar een gebied waar je toevallig zelf veel van weet.
8. Geef je minachting te kennen wanneer een ander iets niet blijkt te kennen. Houd zorgvuldig de schijn hoog dat je zelf van alles op de hoogte bent. Ook als je er niets van weet.
9. Verbeter vooral telkens de spreek- en taalfouten die een ander maakt. Dan wordt hij onzeker en komen jouw kansen beter te liggen.
10. Val je tegenstander dikwijls in de rede. Hij raakt er vroeg of laat de draad door kwijt.

Bron onbekend.

Werksuggestie
1. Bedenk zelf nog enkele richtlijnen van dit type.
2. Ga bij deze richtlijnen na wat er gebeurt op inhouds- en betrekkingsniveau.
3. Maak hierbij gebruik van de Roos van Leary (zie hoofdstuk 8) en de termen van Gibb over defensieve communicatie.
4. Leg ook verbanden met het thema diskwalificatie (hoofdstuk 7).

6.8 Oefening: Non-defensieve communicatie

Deze oefening is bedoeld om te oefenen in twee typen communicatie en vooral ook om zelf te ervaren hoe elk type aanvoelt wanneer je in de rol van 'slachtoffer' zit. Het gesprek zal gaan over 'communicatiegewoonten op de werkplek'. In elke organisatie bestaan naast de formele taakvereisten en formele communicaties ook een groot aantal gewoonten en informele communicaties. Er zijn heel wat informele manieren waarop de medewerkers met taken en met elkaar omgaan. Sommige gewoonten zul je als prettig ervaren, terwijl je wellicht andere gewoonten vervelend vindt en deze wat jou betreft best mogen veranderen.

De trainer verdeelt de groep in drietallen. Ieder groepje van drie interviewt elkaar over gewoonten op de eigen werkplek. Het gesprek verloopt in twee ronden volgens hierna te geven richtlijnen. Daartoe moet je vooraf beslissen wie kiest voor rol A, voor rol B en voor rol C. Het gesprek vindt plaats tussen A en B. C is observator en bewaakt ook de tijd. Als observator let C op de non-verbale communicatie (vooral de verschillen in non-verbale reacties) en op het betrekkingsniveau.

1. In de eerste ronde wordt B geïnterviewd door A. A gebruikt in dit gesprek een aantal defensiviteit oproepende gedragsvormen op subtiele wijze. Deze ronde duurt 6 minuten.
2. Hierna volgt een korte nabespreking van 2 minuten, waarbij B aangeeft hoe hij dit gesprek ervaren heeft.
3. In de tweede ronde wissel je van rol: nu wordt A geïnterviewd door B. B gebruikt in dit gesprek zo veel mogelijk gedragsvormen die defensiviteit verminderen. Ook deze ronde duurt 6 minuten.
4. Hierna volgt een korte nabespreking van 2 minuten, waarin A aangeeft hoe hij dit gesprek ervaren heeft.
5. Daarna volgt een nabespreking van 4 minuten met z'n drieën, waarbij C zijn observaties inbrengt en waarbij de effecten van de twee communicatiestijlen met elkaar vergeleken worden. Probeer ook een verband te leggen met de gebruikelijke stijl van communiceren op de eigen werkplek.

6.9 Het stellen van open en neutrale vragen

Gesloten vragen zijn vragen die met 'ja' of 'nee' moeten worden beantwoord of vragen waarin het antwoord reeds gegeven is (de zogeheten suggestieve vragen). Een vraag moet echter meer reactie uitlokken dan alleen maar 'ja' of 'nee'. De ander moet zo ruim mogelijk de kans krijgen om zijn eigen mening te geven. Enkele typen gesloten vragen zijn:
– vragen die de ander voor een keuzeprobleem of dilemma plaatsen
– strikvragen
– ironische vragen
– sarcastische vragen

Het zal duidelijk zijn dat je ook dit soort vragen moet vermijden. Een goede open vraag is: Wat vind je van ...? Een veelgemaakte fout is om zo'n vraag te veranderen in: Wat denk je van ...? Denken is wat anders dan vinden. Denken is een verstandelijke activiteit. Vinden is een mengsel van cognitie en emotie. Bij een denkvraag is de kans groot dat de ander een intellectualistisch betoog gaat ophangen.

Valkuilen bij het stellen van vragen (elke valkuil is gedetailleerd uitgewerkt in de checklist bij de oefening in paragraaf 6.10):

1. te weinig neutraal te werk gaan;
2. te weinig rekening houden met het onderwerp;
3. te weinig letten op de mogelijkheden van de informatiegever;
4. te weinig letten op wat al is gezegd;
5. te weinig letten op de motivatie van de ander.

Richtlijnen voor het stellen van vragen:
1. Zorg dat de gestelde vragen worden begrepen: sluit zo veel mogelijk aan bij het taalgebruik van de gesprekspartner.
2. Stel geen vragen die door de gesprekspartner als irrelevant beschouwd kunnen worden.
3. Geef af en toe een ordening of samenvatting. Dit houdt het geheel overzichtelijk. Bovendien kun je zo nagaan of tot dan toe alles goed begrepen is.
4. Neem geen genoegen met onvoldoende of vage informatie: blijf tactisch doorvragen zolang je onvoldoende informatie hebt over een bepaald punt of denkt iets nog niet goed begrepen te hebben.
5. Maak geen onverwachte sprongen in het gespreksonderwerp: tracht zo veel mogelijk te zorgen voor een geleidelijke overgang van het ene naar het andere punt in het gesprek.
6. Stel eenduidige vragen, dat wil zeggen vragen waarbij meteen duidelijk is welke informatie je zoekt. Immers, vragen waarop meer soorten antwoorden kunnen volgen, maken het niet alleen voor de ondervraagde moeilijk, maar ook voor de vragensteller omdat hij naar antwoorden moet luisteren die hij eigenlijk niet zoekt en daaruit een selectie moet maken om de rode draad van het gesprek vast te houden.
7. Wees zeer spaarzaam met gesloten vragen. Stel zo veel mogelijk open vragen.

6.10   Oefening: Het stellen van open en neutrale vragen

1. De oefening vindt plaats in drietallen: A is de vragensteller, B is de informatiegever, C is observator.
2. In het drietal leest ieder vooraf in stilte de checklist met valkuilen (zie achter deze oefening) en kruist aan waar zijn mogelijke valkuilen liggen bij het stellen van vragen. Ieder legt hierbij ook verband met de leerdoelen die hij al eerder geformuleerd heeft. Tijdsduur: circa 5 minuten.

3. A en B voeren nu een gesprek van 10 minuten, waarbij A vragen stelt aan B. Voorstel voor onderwerp: hoe gaat jouw organisatie om met conflicten en wat voor stijl van communicatie is daarbij typerend?
4. Tijdens dit gesprek observeert C hoe A het gesprek voert en vragen stelt. Hij noteert zijn observaties op de valkuilenlijst.
5. Na het gesprek bekijkt B ook de valkuilenlijst en kruist hij aan welke punten van toepassing waren op A.
6. C en B geven nu feedback op A. A vergelijkt deze feedback met zijn vooraf aangekruiste leerpunten (zie stap 2). Neem voor deze stap circa 5 minuten.
7. Hierna wisselen: A wordt B, B wordt C en C wordt A. Weer 10 plus 5 minuten.
8. Plenaire nabespreking van circa 5 à 10 minuten over leerpunten en ontdekkingen uit deze oefening.

Totale duur van de oefening: ongeveer 45 minuten.

Checklist : valkuilen bij het stellen van vragen
1. *Te weinig neutraal te werk gaan*
– Aspecten of onderwerpen noemen die nog niet door de informatiegever of in de startvraag naar voren zijn gebracht.
– Suggereren van een bepaald antwoord.
– Interpreteren door de vragensteller.
– Bekritiseren van de informatiegever.
– Vragensteller is te veel met zijn eigen gedachten en interesses bezig.

2. *Te weinig rekening houden met het onderwerp*
– Onvoldoende afbakening van het onderwerp.
– Te veel doorvragen op zijpaden.

3. *Te weinig letten op de mogelijkheden van de informatiegever*
– Onduidelijke vragen.
– Te moeilijke vragen.
– Te hoog tempo aanhouden.
– Te veel tegelijk vragen/samengestelde vragen.
– De ander geen of onvoldoende tijd geven om na te denken of het antwoord te formuleren (te snel opvullen van de stiltes door de vragensteller).
– In de rede vallen.

4. *Te weinig letten op wat al is gezegd*
   - Te veel doorvragen.
   - Te weinig doorvragen of te weinig aansluiten bij wat al is gezegd.

5. *Te weinig letten op de motivatie van de ander*
   - Te ver doorvragen (wordt pijnlijk/vervelend).
   - Onvoldoende tijdsbewaking.
   - Te weinig afwisseling in het gesprek.
   - Pijnlijke vragen stellen.
   - Kritisch reageren op antwoorden.

7 Hoofdthema's uit de systeem- en communicatietheorie

7.1 Inleiding
7.2 Inhoud en betrekking
7.3 Relatiedefinitie
7.4 Interpunctie
7.5 Vijf axioma's
7.6 Diskwalificaties
7.7 Erkenning en bestaansniveau
7.8 Erkennen en niet-erkennen
7.9 Drie aspecten van erkenning
7.10 Betrekkingsniveau: intermezzo over vriendschap

7.1 Inleiding

De systeem- en communicatietheorie (SCT) bezet een speciale plek in de communicatiewetenschappen. Deze theorie kwam in de jaren vijftig van de vorige eeuw in Amerika tot ontwikkeling, met name in Palo Alto (Californië), en vond belangrijke toepassingen in de gezinstherapie, bijvoorbeeld in het werk van Salvador Minuchin. Men spreekt ook wel van de Palo Alto Groep. Daartoe behoorde onder anderen Paul Watzlawick, die in de jaren zestig enkele belangrijke standaardwerken over communicatie publiceerde (Watzlawick, 1964; Watzlawick e.a., 1967). Als start van deze stroming geldt een artikel dat Gregory Bateson met zijn collega's Donald Jackson, Jay Haley en John Weakland in 1956 publiceerde over het verband tussen schizofrenie en communicatiepatronen in het gezin. Daarbij was de gedachte dat niet zozeer de patiënt ziek is, maar de communicatie binnen het systeem (in dit geval het gezin) waar de patiënt deel van uitmaakt. Die nadruk op pathologie en therapie laat ik hier los.

Ik focus me in dit hoofdstuk op enkele basisgedachten uit de theorie, die ook voor groepsdynamica relevant zijn. Daartoe behoort allereerst het uitgangspunt dat mensen tegelijkertijd op meerdere niveaus communiceren. Deze gedachte kwamen we ook al tegen in hoofdstuk 4 over niveaus in groepen. De systeem- en communicatietheorie noemt vooral het inhoudsniveau en het betrekkingsniveau (paragraaf 7.2). Twee andere centrale begrippen uit de SCT zijn relatiedefinitie (paragraaf 7.3) en interpunctie (paragraaf 7.4). Het is de gewoonte om de kern van de theorie samen te vatten in vijf axioma's, die geef ik in paragraaf 7.5. Een speciaal communicatiefenomeen zijn diskwalificaties. Omdat die (helaas) vaak in groepen voorkomen ga ik daar in paragraaf 7.6 dieper op in. In de overige paragrafen bespreek ik enkele thema's die in de Amerikaanse SCT-literatuur weinig genoemd worden, maar die wel naadloos bij die theorie aansluiten. Ik kwam op die thema's via het werk van de Engelse psychiater Ronald Laing, die begin jaren zestig van de vorige eeuw in tien jaar tijd enkele belangrijke boeken schreef over communicatie en identiteit en over de rol van erkenning. Zijn werk sprak mij sterk aan. In paragraaf 7.7 en 7.8 ga ik daar dieper op in en leg ik verbanden met het bestaansniveau dat achter het betrekkingsniveau ligt, maar minder zichtbaar is in uiterlijk gedrag. Erkenning blijkt een rijk thema. In paragraaf 7.9 beschrijf ik drie soorten erkenning. Aan het begrip erkenning kunnen we zien hoe het betrekkingsniveau en het bestaansniveau met elkaar verweven kunnen zijn en datzelfde geldt ook voor het thema vriendschap (paragraaf 7.10).

7.2 Inhoud en betrekking

Communicatie is een verschijnsel met verscheidene niveaus. Communicatie verliest aan betekenis wanneer we slechts aandacht hebben voor één niveau, bijvoorbeeld door de communicatie uit haar context te lichten. In elk geval zijn twee niveaus gelijktijdig aanwezig: het inhoudsniveau en het betrekkingsniveau. Het *inhoudsniveau* betreft de informatie, de inhoud, het bericht. Op *betrekkingsniveau* wordt aangegeven hoe de inhoud moet worden opgevat door degene voor wie deze bestemd is en bovendien geeft de zender indirect aan hoe hij zichzelf ziet in de relatie tot de ander. Korter geformuleerd: het inhoudsniveau betreft *wat* er gezegd wordt en het betrekkingsniveau *hoe* het gezegd wordt. Zo zijn er tientallen manieren om iemand te vragen een deur te sluiten. Al deze berichten hebben ongeveer dezelfde informatieve inhoud, maar op betrekkingsniveau kunnen ze variëren van een vraag, een vriendelijk verzoek, een suggestie, een bevel, een botte machtsuitoefening.

Het inhoudsniveau is makkelijk te herkennen aan wat mensen zeggen en doen. Je kunt dit ook 'de buitenkant' van hun communicatie noemen. Het betrekkingsniveau is niet zo makkelijk te zien of te horen; dat vraagt om een geoefend oog of oor. Geen wonder, want het betrekkingsniveau betreft meer 'de binnenkant' van de communicatie. Het gaat hier om wat mensen zonder woorden communiceren, soms zelfs zonder dat ze dat in de gaten hebben. Hoe dat zit, werk ik in dit hoofdstuk nader uit.

Figuur 7.1   Gelaagdheid van communicatie

Voor de tussenmenselijke communicatie is het betrekkingsaspect van minstens zo grote betekenis als het inhoudsaspect. Het inhoudsaspect bestaat uit de overgedragen informatie en uit 'wat met zoveel woorden' gezegd is. Het betrekkingsaspect is communicatie op metaniveau en verwijst naar hoe de boodschap moet worden opgevat. Op deze wijze doet dat aspect een appel op een bepaald type betrekking.

Complementaire en symmetrische betrekkingen
In deze betrekkingen kunnen we twee hoofdtypen onderscheiden: *complementaire* en *symmetrische betrekkingen*.

We spreken van een *complementaire betrekking* wanneer de partners een verschillende positie innemen, waarbij de een superieur (*one up*) is en de ander ondergeschikt (*one down*). Voorbeelden van zulke betrekkingen, waarbij de een complementair leidend en de ander complementair volgend is, zijn de ouder-kindrelatie, de arts-patiëntrelatie en de leraar-leerlingrelatie.

We spreken van een *symmetrische betrekking* wanneer de partners gelijkwaardige posities innemen en zich als gelijken gedragen. Toch is het maar de vraag of zuiver symmetrische betrekkingen wel bestaan. Typeringen als 'gelijkwaardige posities' en 'zich als gelijken gedragen' klinken wel erg idealistisch. Ik zelf denk dat een symmetrische relatie uit veel complementaire interacties bestaat. Dit klinkt ingewikkeld. Ik bedoel dat in een (langer durende) symmetrische relatie heel vaak nu eens de een en dan weer de ander leidend is. Als dit voor elk van de twee ongeveer even vaak gebeurt, dus als elk van beiden over verloop van tijd even vaak leiding gehad heeft, houden beiden elkaar in evenwicht. Dan kunnen we, zo is mijn opvatting, over een symmetrische relatie spreken. In de uiteindelijke balans van de relatie zijn beiden aan elkaar 'gewaagd' want ze zijn even 'sterk'. Ze nemen dan gelijkwaardige posities in. Dat symmetrische evenwicht hebben ze opgebouwd door veel complementaire interacties. Een goed hulpmiddel om meer zicht te krijgen op deze relatievormen is de zogeheten Roos van Leary (zie hoofdstuk 8).

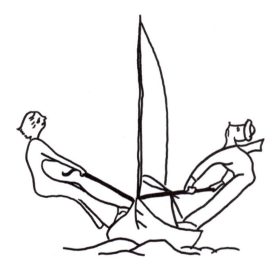

Figuur 7.2   Voorbeeld van een symmetrische betrekking. Beide partners spannen zich heel erg in om het machtsevenwicht te bewaren

Wie heeft het voor het zeggen?

Problemen en conflicten tussen mensen liggen in veel gevallen niet op het niveau van de inhoud, maar op het niveau van de betrekking. Bij meningsverschillen wordt vaak eindeloos getwist over de vraag 'Wie heeft er gelijk?' (inhoudsniveau), terwijl de eigenlijke vraag luidt: 'Wie heeft het voor het zeggen? Wie is de baas?' (betrekkingsniveau). De enige manier om dit probleem op te lossen, is een gesprek over de communicatie. Betrekkingsproblemen kunnen namelijk nooit op inhoudsniveau worden opgelost. Het communiceren over de communicatie noemt Watzlawick *metacommunicatie*.

7.3 Relatiedefinitie

Tijdens hun communicatie laten mensen voortdurend merken wat ze van de ander vinden, hoe ze willen dat de ander met hen omgaat en in het bijzonder hoe ze willen dat de ander hen ziet. Dit gebeurt echter allemaal zelden met woorden. Hiervoor zijn non-verbale signalen belangrijk. Via gebaren, lichaamshouding, stemintonatie enzovoort geven mensen tijdens hun interactie doorlopend commentaar op wat ze zelf zeggen of op wat tegen hen gezegd wordt. Vooral met zulk non-verbaal gedrag verduidelijk je dus aan elkaar welk type relatie je wenst. We vatten dit alles samen met de term *betrekkingsniveau in de communicatie*.

Zelfomschrijving en relatiedefinitie

Wanneer we dit niveau wat specifieker bekijken, merken we dat het gaat om meer boodschappen die tegelijkertijd worden uitgezonden:
- een zelfomschrijving ('Zo zie ik mezelf');
- een omschrijving van de ander ('Zo zie ik jou');
- een relatiedefinitie ('Zo zie ik onze relatie').

Zo kan iemand die zichzelf ontzettend de moeite waard vindt, op non-verbale wijze de boodschap uitzenden: 'Ik ben geweldig goed' (zelfomschrijving) en tegelijk daarmee aangeven: 'Jij bent klein en zwak' (omschrijving van de ander) en: 'Kijk naar mij op, bewonder mij' (relatiedefinitie).

Ter illustratie nog een voorbeeld: iemand die zich erg afhankelijk opstelt, zendt wellicht onuitgesproken de volgende boodschappen uit:
- 'Ik ben zwak, ik heb hulp nodig' (zelfomschrijving).
- 'Jij bent sterker dan ik' (omschrijving van de ander).
- 'Jij moet mij helpen en leidinggeven' (relatiedefinitie).

In paragraaf 8.7 volgen nog meer voorbeelden van relatiedefinities.

Zelfpresentatie en relatievoorstel

Bij zelfomschrijving gaat het om de presentatie van het eigen zelfbeeld. Omdat er in onze westerse cultuur een taboe ligt op verbale zelfpresentatie (iedereen heeft geleerd een hekel te hebben aan opscheppers), nemen we meestal onze toevlucht tot non-verbale (dus onuitgesproken) signalen. In deze zelfpresentatie gaat het meestal om een gewenst zelfbeeld. Wanneer anderen voldoende ingaan op de hiermee verbonden relatiedefinitie ('Zie mij ook zo') en dus dit zelfbeeld bevestigen en erkennen, ontwikkelen we een gevoel van eigenwaarde. Op deze behoefte aan erkenning kom ik uitgebreid terug in paragraaf 7.7, 7.8 en 7.9.

Relatievoorstel

Anders gezegd: het betrekkingsniveau in communicatie bestaat uit:
1. een zelfomschrijving ('Zo zie ik mezelf in relatie tot jou');
2. een gedragsopdracht ('Zie mij ook zo en ga met mij deze relatie aan').

Zelfomschrijving en gedragsopdracht vormen samen een relatievoorstel aan de ander en zijn zo een poging om de relatie te controleren. De ander kan dit relatievoorstel *aanvaarden*, *verwerpen* of *negeren*. Bij aanvaarding of verwerping is de communicatie duidelijk en ondubbelzinnig: de betrokken gesprekspartners weten waar ze aan toe zijn met elkaar. De kern van negeren is dat de gesprekspartner de keuze vermijdt tussen het aanvaarden of verwerpen van het relatievoorstel. Dit negeren kan hij doen door gebruik te maken van diskwalificaties (zie paragraaf 7.6).

Niet alleen zijn we in elke relatie aan het regelen hoe we benaderd willen worden (via het doen van relatievoorstellen), maar we zijn ook op elk moment van de relatie bezig onszelf te situeren als volgend, als leidend of als gelijke. Omdat niemand in zijn eentje de relatie kan bepalen, is de reactie van de ander medebepalend voor hoe de uiteindelijke vorm van de relatie eruitziet. Globaal zijn er drie mogelijkheden:
1. De ander accepteert mijn relatievoorstel: ik ben dan leidend en de ander is volgend.
2. De ander verwerpt mijn relatievoorstel en doet een eigen voorstel: de ander stelt zich als gelijke op.
3. Ik accepteer het relatievoorstel van de ander: ik ben dan volgend en de ander is leidend.

Complementaire en symmetrische relaties

Zoals al eerder gezegd, spreken we van een *complementaire relatie* wanneer de partners een verschillende positie innemen, waarbij de een leidend (*one up*) en de ander volgend (*one down*) is. Dit gebeurt bij de bovengenoemde mogelijkheden 1 en 3.

We spreken van een *symmetrische relatie* wanneer de partners gelijke posities innemen en zich als gelijken gedragen. Dit gebeurt bij de bovengenoemde mogelijkheid 2. Symmetrische relaties bergen echter het risico in zich van escalatie. Want beide partners willen niet voor de ander onderdoen en kunnen daarom proberen de ander steeds een slag voor te blijven en te overtroeven. Juist dit sterke streven naar gelijkheid in relaties kan dus aanleiding vormen voor openlijke conflicten. Er is dan sprake van competitie, rivaliteit of machtsstrijd. Ook een ruzie vol verwijten en tegenverwijten is een voorbeeld van een symmetrische escalatie. Zo'n symmetrisch conflict wordt niet zo vaak op betrekkingsniveau uitgesproken, maar wordt wel zichtbaar op inhoudsniveau in het elkaar steeds willen overtroeven of elkaar geen gelijk willen geven. Daarbij wordt de inhoud relatief steeds minder belangrijk. Immers, waar het ook over gaat, de regel lijkt steeds 'ik ben het niet met je eens'. Omdat op betrekkingsniveau berichten worden uitgewisseld over hoe je wilt dat de ander zich opstelt in de relatie, spreken sommige auteurs van een strijd om de controle van de relatie. Deze relatiecontrole kan zelfs het karakter van een *machtsstrijd* krijgen. De strijd om de relatiecontrole kan zich ook afspelen rondom verschillen in interpunctie: als een strijd om hoe de werkelijkheid gezien moet worden.

Samenvattend kunnen we zeggen dat het betrekkingsniveau elk gedrag omvat waarmee twee of meer mensen relaties tot stand brengen, onderhouden, verzorgen, becommentariëren, controleren, corrigeren en integreren. Met welke gedragingen ze dit kunnen doen, bespreek ik in hoofdstuk 8 over de Roos van Leary.

7.4 Interpunctie

Vooral in beginnende groepen, maar ook in langer bestaande groepen die moeite hebben met besluitvorming, ontstaat nogal eens strijd over hoe de werkelijkheid of de feiten gezien moeten worden. We noemen dit een strijd rond verschillen in *interpunctie*. Meestal gaat elk groepslid stilzwijgend uit van de vooronderstelling dat er slechts één 'echte', 'ware', 'juiste' werkelijkheid is, namelijk de werkelijkheid die hij zelf waarneemt, en dat de andere groepsleden deze visie op de werkelijkheid delen. Ieder is geneigd zijn eigen ordening (interpunctie) in een reeks gebeurtenissen aan te brengen en deze ordening wordt zelden onder woorden gebracht. Toch stemmen deze interpuncties niet altijd overeen: de werkelijkheid is anders naar gelang de eigen rol en de positie die iemand in die werkelijkheid inneemt. Als een ander groepslid een afwijkende betekenis toekent aan de werkelijkheid of aan de feiten, of een andere kijk blijkt te hebben op de context van de interactie, is een tweetal 'verklaringen' favoriet: die ander is kwaadwillig of hij is gek (*bad or mad*). In allerlei varianten zijn dit dan ook de twee meest voorkomende beschuldigingen die door de lucht vliegen zodra een communicatie tussen enkele personen begint af te brokkelen.

Zes blinden en een olifant

Het is vaak mogelijk om op meer manieren tegen de werkelijkheid ('de feiten') aan te kijken. De werkelijkheid is meestal zó complex dat ieder slechts een beperkt gedeelte daarvan ziet. Ik vond hiervan een treffende illustratie in een oud gedicht.

'Zes blinde wijze Indiërs
vonden een olifant
ze wilden weten wat het was
en voelden met hun hand.

De eerste voelde aan een tand
en zei: "Ik zeg u thans
dit monster van een olifant
lijkt sprekend op een lans."

De tweede voelde aan een zij
dat duurde wel een uur
toen riep hij blij: "Aha,
dit beest lijkt op een muur!"

De derde voelde aan een voet
en zei: "Doe niet zo sloom,
er is geen twijfel mogelijk,
dit beest is als een boom."

> De vierde kneep eens in de slurf
> en werd opeens doodsbang,
> "Die zogenaamde olifant,
> dat is een slang."
>
> De vijfde voelde aan een oor
> en zei: "Dat is niet mis,
> dit dier is werkelijk uniek
> omdat het waaiervormig is."
>
> De zesde kreeg het staartje beet
> en zei nog even gauw:
> "Wat kletsen jullie allemaal,
> dit beest lijkt op een touw."
>
> Zo blijkt maar weer uit dit verhaal
> hoe moeilijk "weten" is:
> de blinden hadden allemaal gelijk
> en toch had elk het mis.'
>
> Met dank aan Rob Keukens.
>
> De clou zit uiteraard in de laatste twee regels van het gedicht: elk had voor zich gelijk en toch had elk het mis. De realiteit is dat er verschillende opvattingen over één verschijnsel bestaan. De werkelijkheid kan nu eenmaal niet uit één beginsel verklaard worden, omdat ze bestaat uit vele aspecten en gebieden die nooit alle tegelijk waargenomen kunnen worden. In groepen kan het echter lang duren eer men inziet en toegeeft dat de eigen waarneming en zienswijze beperkt zijn.

Ruzies over hoe de 'werkelijkheid' gezien moet worden, lopen vaak uit op stereotiepe beschuldigingen over en weer, waarbij de ander als ziek of gek of vol kwade bedoelingen afgeschilderd wordt. Wat hier ziek is, is echter niet een van beide partners, maar hun interactiepatroon dat gekenmerkt wordt door blindheid voor hoe hun communicatie feitelijk verloopt. Watzlawick spreekt in zo'n geval van *betrekkingsblindheid*.

7.5 Vijf axioma's

In zijn basisboek *De pragmatische aspecten van de menselijke communicatie* hebben Watzlawick e.a. (1970) de kern van hun theorie in vijf axioma's samengevat. Ik geef hier een samenvatting van, waarbij ik deels leun op de formuleringen van Mattheeuws (1977).

1. *Alle gedrag is communicatie, je kunt niet niet-communiceren*
Anders gezegd: je bent altijd bezig te beïnvloeden, besef dit.

2. *Elke communicatie bevat een inhouds- en een betrekkingsaspect*
Anders gezegd: terwijl ik iets zeg, zeg ik iets over hoe ik wil dat de ander met mij omgaat. De betrekking bepaalt voor een groot deel de betekenis van de inhoud. De communicatie van dit betrekkingsaspect is identiek met het begrip *metacommunicatie*.

3. *Het karakter van een betrekking is afhankelijk van de interpunctie van de reeksen communicaties tussen de communicerende personen*
Anders gezegd: wat ik bedoel, is niet per se waar voor een ander. Ieder is geneigd zijn eigen ordening (interpunctie) in een reeks gebeurtenissen of interacties aan te brengen en deze interpuncties (ofwel visies op de werkelijkheid) stemmen niet altijd overeen. Er is maar zelden één 'echte', 'ware', 'juiste' werkelijkheid. De werkelijkheid doet zich anders voor, al naar gelang de eigen rol en positie die je daarin inneemt.

4. *Mensen communiceren zowel digitaal als analoog*
Anders gezegd: mensen beïnvloeden met woorden en vooral zonder woorden. Digitale communicatie betreft de tekens (abstracte symbolen) en de woorden waarvan we met zijn allen afgesproken hebben wat het betekent, bijvoorbeeld wat de letters 'b-o-e-k' aanduiden. Analoge communicatie verwijst naar de niet-verbale communicatie, de betekenis die de zender en ontvanger impliciet overdragen in hun communicatie. Analoge communicatie heeft haar wortels in veel oudere fasen van de evolutie en bezit een grotere geldigheid dan de jongere digitale vorm van verbale communicatie. Wanneer de twee communicatiecodes niet met elkaar overeenstemmen (niet congruent zijn), is de nonverbale meestal sterker en overtuigender.

5. *Elke uitwisseling van communicaties is ofwel symmetrisch ofwel complementair*
Anders gezegd: Wie heeft het voor het zeggen? Wie laat het voor het zeggen hebben? Een symmetrische relatie is gebaseerd op gelijkheid en een streven naar een zo gering mogelijk verschil tussen betrokkenen. Een complementaire relatie is gebaseerd op ver-

schil in posities, waarbij beide posities elkaar aanvullen. Daarnaast is er nog een derde relatietype: de metacomplementaire relatie (wat ik hier niet verder bespreek).

7.6 Diskwalificaties

Wanneer twee gesprekspartners het niet met elkaar eens kunnen worden, maar dit niet openlijk willen toegeven, kunnen ze hun toevlucht nemen tot een hele reeks diskwalificaties. Een *diskwalificatie* is een vorm van communicatie waarmee je iets kunt zeggen zonder het echt te zeggen, waarmee je iets kunt ontkennen zonder duidelijk 'nee' te zeggen, waarmee je met iemand van mening kunt verschillen zonder dit openlijk toe te geven. Enkele bekende diskwalificaties zijn: stilte en zwijgen, of ontwijken door bijvoorbeeld over iets heel anders te gaan praten. Omdat, zoals uit deze opsomming blijkt, diskwalificaties vaak en in zo veel vormen ook in groepen voorkomen, sta ik bij dit onderwerp wat langer stil. In de hiernavolgende beschrijving sluit ik aan bij Koks en Olthof (1978a, 1978b), die in een heldere studie over het verschijnsel dubbelzinnige communicatie een analyse van diskwalificaties en hun pragmatische aspecten opgenomen hebben.

Negeren van het relatievoorstel
Zoals al eerder in dit hoofdstuk opgemerkt, kunnen we op betrekkingsniveau spreken van het regelen van de onderlinge betrekking via relatiedefinities en reacties daarop. Je kunt het relatievoorstel van de ander aanvaarden, verwerpen of negeren. Bij negeren vermijdt partner B de keuze tussen aanvaarden of verwerpen van het relatievoorstel van A. B doet in plaats daarvan allebei tegelijk: hij zegt ja én nee tegen het aangeboden relatievoorstel. Zo wordt A door B in verwarring gebracht; A weet niet meer waar hij aan toe is en wat B er nu van vindt.

Diskwalificaties zijn nu 'operationele technieken' om iemands relatievoorstel te negeren en hem zo in verwarring te brengen. Via diskwalificaties wordt de eigen communicatie ontdaan van elke kwalificatie, dat wil zeggen van ondubbelzinnige aanwijzingen hoe de communicatie opgevat moet worden. Zo zijn diskwalificaties manieren om niet verantwoordelijk gesteld te kunnen worden voor de eigen communicatie en voor de verwarring in de onderlinge relatie.

Watzlawick e.a. (1970, p. 68) merken op: 'Het valt niet te verbazen dat dit soort communicatie typisch te hulp wordt geroepen door iedereen die verzeild is geraakt in een situatie waarin hij zich verplicht voelt te communiceren, maar tegelijkertijd de persoonlijke inzet verbonden aan alle communicatie wenst te vermijden.'

Voorbeelden van diskwalificaties

Het zijn echt niet alleen politieke figuren tijdens tv-interviews die hiervan heel wat staaltjes laten zien. Ook menige vergadering of bespreking kan een aardige bloemlezing opleveren. Wanneer twee gesprekspartners het niet met elkaar eens kunnen worden zonder dat ze dit openlijk willen toegeven, kunnen ze hun toevlucht nemen tot een hele reeks van diskwalificaties, zoals:

- stilte, zwijgen;
- ontwijken (bijvoorbeeld over iets heel anders gaan praten);
- indirect reageren (bijvoorbeeld tegen een andere persoon gaan praten: 'ik had het niet tegen jou ...');
- generaliseren;
- zijdelings reageren door slechts te reageren op een onbelangrijk detail;
- ziektesymptomen (bijvoorbeeld plotseling hoofdpijn krijgen);
- zelf-diskwalificatie, door bijvoorbeeld erg onsamenhangend te gaan praten;
- zinnen niet afmaken;
- voortdurend wisselen tussen praten in de tegenwoordige tijd en praten in de verleden tijd;
- ontkenning, bijvoorbeeld van niet uitgesproken, maar wel duidelijk gebleken gevoelens ('hoe kom je erbij, ik ben helemaal niet b-b-bang hoor');
- humor;
- verwarringen van de letterlijke en de symbolische betekenis van woorden.

7.7 Erkenning en bestaansniveau

'Eenieder draagt bij aan andermans ontplooiing of vernietiging.' Met deze stevige stelling opent Laing zijn boek *Het zelf en de anderen* (1971, p. 7) en hiermee maakt hij meteen duidelijk dat er in communicatie naast het inhoudsniveau en het betrekkingsniveau nog een dieper niveau een rol speelt, dat ik aanduid als het *bestaansniveau*. Op dit existentiële niveau gaat het om vragen rond het vinden van erkenning voor de eigen identiteit. Dit gaat via het bevorderen of ondermijnen van elkaars zelfgevoel. Door andermans vertrouwen in de eigen emotionele reacties en de eigen waarneming te ondermijnen, kunnen mensen inderdaad elkaars leven in woord en daad ruïneren. Dit vindt plaats via (ziekmakende) communicatie.

> **Identiteit en anderen**
> Voor het opbouwen van een eigen identiteit heb je anderen nodig: alleen door relaties met anderen kun je een beeld opbouwen van wie je zelf bent. Hora (1959) bracht dit als volgt onder woorden: 'Om zichzelf te begrijpen, moet men begrepen worden door een ander; om door een ander begrepen te worden, moet men de ander begrijpen.'
> Of in de woorden van Buber (1962, geciteerd in Laing, 1971): 'Het leven van de mensen onderling rust op twee pijlers, maar eigenlijk is het er slechts één: ieders verlangen om door zijn medemensen erkend te worden als dat wat hij is, ja, als dat wat hij kan worden en om daarin gesterkt te worden, en voorts 's mensen vermogen zijn medemensen op die manier te erkennen en te sterken.' Ook van Buber: 'Men kan een samenleving menselijk noemen naar de mate waarin haar leden elkaar erkennen.'

Ieder menselijk wezen, of het nu om een kind of om een volwassene gaat, schijnt er behoefte aan te hebben iets voor een ander te betekenen, dat wil zeggen een plaatsje in andermans wereld in te nemen (Laing, 1971, p. 125). Dat de ene mens de ander in zijn totaliteit erkent, is een ideale mogelijkheid die maar zelden verwezenlijkt wordt. Erkenning is eerder een kwestie van 'in meerdere of mindere mate'.

Je kunt op verschillende manieren iemands bestaan of bepaalde aspecten in iemands bestaan onderschrijven of niet onderschrijven. Onderschrijven kan door een hartelijke glimlach (visueel), een handdruk (tactiel), een sympathiebetuiging (auditief) enzovoort. Met zo'n erkenningverlenende reactie geef je blijk begrip te hebben voor de betekenis van andermans gedrag voor hem en ook voor jou. Er is dan sprake van een rechtstreekse reactie die ter zake is en zich op dezelfde 'golflengte' bevindt als de handeling die deze reactie opriep (Laing, p. 90).

Bij de bespreking van het betrekkingsniveau kwam al ter sprake dat mensen elkaar op non-verbale wijze een omschrijving van zichzelf presenteren en dat deze zelfomschrijving een belangrijk deel is van het relatievoorstel dat ze graag geaccepteerd willen zien.

Zelfpresentatie en privézelfbeeld

Nu is het beeld dat mensen van zichzelf presenteren lang niet altijd hetzelfde als het beeld dat ze van zichzelf hebben. Ze proberen meestal aan anderen een iets gunstiger beeld van zichzelf te presenteren: een soort 'verbeterde versie'. Dit gepresenteerde zelfbeeld ligt dichter bij hoe ze zouden willen zijn dan bij wat ze in feite zijn. Mensen doen dit om van zichzelf een positiever zelfbeeld te handhaven (bijvoorbeeld dat ze 'geslaagd zijn in het leven'), maar vooral om de kans te vergroten dat ze door anderen geaccepteerd worden en zo erkenning krijgen. Vanwege dit belang van acceptatie en erkenning willen ze hun zelfpresentatie beschermen tegen 'ontmaskering' en gezichtsverlies.

In zijn studie *The presentation of self in everyday life* (1959) gebruikt Goffman in verband met het verschil tussen zelfpresentatie en privézelfbeeld de begrippen *frontstage* en *backstage* uit de theaterwereld. Dit is het verschil tussen enerzijds hoe je je presenteert 'op het podium van de alledaagse interactie' en anderzijds zoals je bent 'op het gebied achter de coulissen'. Dit gebied achter de coulissen is aan anderen slechts zelden bekend, want het bevat aspecten van de eigen persoon die je liever verborgen houdt, zoals mogelijke angsten en twijfels aan jezelf. Ook gevoelens van schaamte, minderwaardigheid en zwakte kunnen hieronder vallen.

Levenstechnieken

Wanneer anderen de zelfpresentatie dreigen te ontmaskeren en het privédomein dreigen binnen te dringen, zullen de meeste mensen in eerste instantie *defensief* reageren. Via afweer proberen ze het territorium van het privédomein te verdedigen. Daartoe staat een hele reeks van *verdedigingsmechanismen* ter beschikking, zoals rationalisatie, projectie, verdringing, regressie, vermijding en apathie. Omdat de term verdedigingsmechanisme zo negatief klinkt, geef ik de voorkeur aan de term *levenstechnieken*: manieren om zichzelf staande te houden in bedreigende omstandigheden.

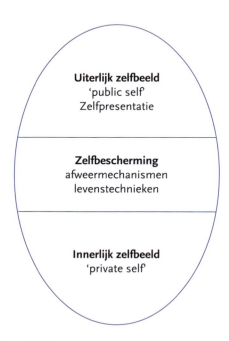

Figuur 7.3   Gelaagdheid van het zelfbeeld

7.8 Erkennen en niet-erkennen

Het geringste teken van herkenning bevestigt jouw aanwezigheid in andermans wereld. 'Je zou geen duivelser straf kunnen bedenken', schreef William James al in 1890, 'dan dat je iemand, als dat fysiek mogelijk was, op de samenleving zou loslaten en dat werkelijk niemand in die samenleving zijn bestaan zou opmerken.' Wanneer je geen erkenning voor je eigen optreden vindt, kan dat je zelfontplooiing enorm fnuiken. Bij elke handeling in aanwezigheid van anderen speelt de bedoeling een beeld van jezelf te geven (zelfpresentatie): een aangeven van hoe je jezelf ziet en dus ook hoe je door anderen gezien wenst te worden. In de ene periode van je eigen levensloop wil je graag dat dít aspect erkend wordt en wel op déze manier, in een andere periode moet het weer dát aspect zijn en wel op díé manier. Verleent de omgeving iemand steeds maar *geen erkenning* en wordt de ontplooiing van zo iemand daardoor ernstig gestoord, dan kunnen we dat gedrag van de omgeving schizogeen noemen (Laing, p. 91).

Quasi-erkenning en socialisatie

Enkele onderzoeken hebben inmiddels uitgewezen dat er heel wat gezinnen zijn waarin bitter weinig echte erkenning van elkaars bestaan is, niet tussen de ouders onderling en niet van de ouders tegenover het kind. Wat je in zulke gevallen wel veel ziet, zijn interacties die gekenmerkt worden door quasi-erkenning, door een optreden dat de indruk wekt dat het bestaan van het kind of aspecten van dat bestaan erkenning vinden, terwijl dit in werkelijkheid niet het geval is. Dit gebeurt bijvoorbeeld wanneer ouders erkenning verlenen aan een fictie, iets waarvoor ze het kind houden, waarbij het kind zoals het in werkelijkheid is helemaal niet aan de orde komt (vergelijk Guus Kuijer, *Het geminachte kind*, 1980). Dit gaat dan zo in zijn werk dat jarenlang in plaats van het echte zelf een vals zelf de aandacht krijgt, omdat het kind een rol moet vervullen in het 'fantasiesysteem' van de ouders en bepaalde tekorten van de ouders door het kind moeten worden opgevuld (Richter, 1971).

Dit jarenlang geen erkenning vinden kan op heel subtiele manieren gebeuren. In bijna elk gezin worden bepaalde eigenschappen van het kind sterk gestimuleerd, maar andere niet eens opgemerkt, zodat die zelden tot ontplooiing kunnen komen. Zo langzamerhand weten we allemaal wel hoe meisjes en jongens gesocialiseerd worden tot stereotiepe vrouwen- en mannenrollen en dus tot karikaturen van wat ze eigenlijk zouden kunnen zijn (vergelijk ook Richter, 1978, pp. 26-53). Wanneer jarenlang in plaats van het echte zelf een vals zelf de aandacht heeft gekregen, komt degene die hiervan het slachtoffer is, in een scheve positie te verkeren. En iemand in een scheve positie heeft last van schuld-, schaamte- en angstgevoelens wanneer hij zich anders gedraagt of wil gedragen dan in die scheve positie geboden is.

Als voorbeelden van niet-erkennen noemt Laing veel zaken die ik besproken heb onder diskwalificaties (paragraaf 7.6) en andere pathologische communicaties, zoals paradoxen en dubbele bindingen, die ook de Palo Alto Groep (onder anderen Watzlawick) uitgebreid beschreven heeft.

Erkennen en niet-erkennen op de drie niveaus

Laing sluit met zijn theorie dus sterk aan op de systeem- en communicatietheorie met het inhouds- en betrekkingsniveau, maar voegt er met zijn aandacht voor erkenning een derde niveau aan toe: het bestaansniveau. Ik geef deze drie niveaus nog eens aan om de begrippen erkenning en niet-erkenning scherper te kunnen plaatsen.

Op *inhoudsniveau* kunnen we op drie manieren reageren op het *inhoudsaspect van de communicatie* van de ander:
1. Aanvaarden en instemmen met die inhoud: 'ja' zeggen; het ermee eens zijn.
2. Afwijzen en het duidelijk niet eens zijn met die inhoud: 'nee' zeggen.
3. Diskwalificeren van die inhoud: geen ja en geen nee, of allebei een beetje; kortom, vaag blijven.

Op *betrekkingsniveau* zijn er drie reactiemogelijkheden op het *relatievoorstel* van de ander:
1. Bevestigen van de positie van de ander in de relatie: een duidelijk 'ja'.
2. Verwerpen van die positie: een duidelijk 'nee'.
3. Negeren: ja en nee tegelijk, of geen van beide door niet te reageren.

Op *bestaansniveau* gaat het om *de omschrijving van zichzelf en de ander*, dus om het zelfbeeld van elk. Dit zelfbeeld van de ander kun je:
1. erkennen: bevestigen van het verzoek van de ander om gezien te worden zoals hij zichzelf ziet;
2. gedeeltelijk erkennen of miskennen: slechts gedeeltelijk of niet ingaan op dit verzoek, maar het verzoek om bevestiging van het zelfbeeld wel op een of andere manier opgemerkt hebben.;
3. niet-erkennen: negeren van het verzoek van de ander om bevestiging van zijn zelfbeeld.

Ik vat dit samen in bijgaand overzicht. Dit overzicht kun je zowel van boven naar beneden als van links naar rechts lezen.

Inhoudsniveau	Betrekkingsniveau	Bestaansniveau
• aanvaarden • afwijzen • diskwalificeren	• bevestigen • verwerpen • negeren	• erkennen • gedeeltelijk erkennen of miskennen • niet-erkennen
van de inhoud van de communicatie van de ander	van de positie van de ander in de betrekking	van het beeld dat de ander van zichzelf heeft

Wanneer je van boven naar beneden leest, zie je telkens de drie reactiemogelijkheden van elk niveau. Maar je kunt het overzicht ook van links naar rechts lezen. Dan zie je dat er een samenhang is tussen aanvaarden (op inhoudsniveau), bevestigen (op betrekkingsniveau) en erkennen (op bestaansniveau). Ook zie je op de derde regel dat diskwalificeren (op inhoudsniveau) en negeren (op betrekkingsniveau) vormen van niet-erkennen (op bestaansniveau) zijn.

Moeilijker ligt het bij de middelste regel. Afwijzing (op inhoudsniveau) en verwerping (op betrekkingsniveau) zijn ook vormen van niet-erkennen, maar impliceren tegelijk een zekere mate van erkenning. Ook al reageer je afwijzend op een handeling of communicatie van een ander, dan kun je toch die handeling of die communicatie accepteren voor wat die is en daar geldigheid aan toekennen ('valideren'), mits jouw reactie direct is en niet ontwijkend. Sommige vormen van afwijzing houden dus een zekere mate van erkenning in, want datgene wat afgewezen wordt, wordt dan toch maar waargenomen en er wordt op gereageerd. Rechtstreekse afwijzing is dus zeker niet synoniem met onverschilligheid (Laing, p. 90).

7.9 Drie aspecten van erkenning

Aan het thema erkenning valt nog meer te ontdekken. De Amerikaanse psycholoog Schutz (1975) heeft drie basisthematieken beschreven die van belang zijn voor de fundamentele behoefte aan erkenning. Hij omschrijft ze als *inclusie, controle* en *affectie*. We kwamen deze termen al tegen in het hoofdstuk over groepsontwikkeling (zie paragraaf 5.8, 5.11 en 5.12). Ze zijn niet alleen van toepassing op ons denken over groepen, maar bieden ook meer inzicht in de belevingswereld van personen. De drie begrippen helpen namelijk ook om het begrip erkenning te verhelderen. Het zijn drie bouwstenen voor gevoelens van eigenwaarde en zelfrespect die je hebt en die je via interpersoonlijke communicatie verder ontwikkelt:

1. Bij *inclusie* gaat het om het gevoel mee te tellen, erbij te horen en serieus genomen te worden. Het is de vraag naar basiserkenning: de vraag om opgemerkt, gezien en geaccepteerd te worden. De vraag dus om erkenning dat je er bent. Schutz spreekt van het gevoel van *significance:* het gevoel dat je van belang bent voor anderen en betekenis voor hen hebt.
2. Bij *controle* gaat het om de vraag naar invloed, de vraag om te kunnen bepalen wat er gebeurt, om greep te hebben op de omstandigheden. Schutz spreekt van het gevoel van *competence:* het gevoel tot iets in staat te zijn, iets te kunnen presteren, iets gedaan te kunnen krijgen.

   Hier gaat het om de vraag naar erkenning voor wat je kunt, voor wat je beheerst en voor kwaliteiten, deskundigheden en prestaties. De vraag dus om goed gevonden te worden. Dit is direct van invloed op het gevoel van onafhankelijkheid en van zelfvertrouwen, omdat het een stimulans betekent voor het gevoel zelf iets te kunnen.
3. Bij *affectie* gaat het om de vraag naar genegenheid. Schutz spreekt van het gevoel van *loveability*: de wens om beminnenswaard, aardig, sympathiek gevonden te worden. En bovenal het gevoel gewaardeerd te worden om wie je bent als persoon.

Telkens blijkt het te gaan om de vraag naar erkenning:
- bij inclusie om de erkenning *dat* je er bent;
- bij controle om de erkenning voor *wat* je kunt;
- bij affectie om de erkenning voor *wie* je bent als persoon.

Drie aspecten van erkenning in relaties en groepen

Elk van deze drie basisthematieken heeft Schutz ook uitgewerkt naar het betrekkingsniveau. Ik geef hiervan een korte schets:

1. *Inclusie* betreft de grenzen van de relatie: wie hoort erbij en wie niet ('binnen of buiten'). En op subtiele wijze ook: welke aspecten van de persoon worden in deze relatie geaccepteerd en welke niet. Tijdens groepsontwikkeling speelt deze thematiek vooral in de oriëntatiefase (zie paragraaf 5.8).
2. *Controle* betreft de vragen: Wie is 'up', wie is 'down'? Wie is leidend, wie is volgend? Kortom, thema's als macht, gezag, invloed en relatiebepaling spelen hier een hoofdrol. Vergelijk de verticale dimensie in de Roos van Leary ('Boven – Onder', zie hoofdstuk 8). Deze thematiek speelt tijdens groepsontwikkeling vooral in de invloedsfase (zie paragraaf 5.11).

3. *Affectie* betreft het regelen van de onderlinge nabijheid en afstand, ofwel het aspect 'dichtbij of veraf'. Hierbij horen thema's als affiliatie, samenwerking, sympathie, antipathie en intimiteit. Vergelijk de horizontale dimensie in de Roos van Leary ('Naast – Tegenover', zie hoofdstuk 8). Deze thematiek speelt tijdens groepsontwikkeling vooral in de affectiefase (zie paragraaf 5.12).

Met deze drie begrippen op betrekkingsniveau heeft Schutz een heldere theorie over groepsontwikkeling geformuleerd (ik heb daar aandacht aan besteed in paragraaf 5.8 tot en met 5.12).

7.10 Betrekkingsniveau: intermezzo over vriendschap

> *'De mens is een wezen dat niet alleen gebaard wordt door een ander, begraven wordt door anderen, maar ook daartussenin slechts mens wordt door de liefde en de erkenning van anderen.'*
> (Paul van Tongeren, 2012)

Vriendschap is een duurzame relatievorm die meer omvat dan alleen wederzijdse waardering en sympathie. Aan het slot van dit hoofdstuk zet ik enige ideeën op papier over hoe vriendschap raakt aan het betrekkingsniveau en het bestaansniveau.

Hoewel vriendschap meestal begint met sympathie 'op het eerste gezicht', gaat de persoonlijke betrokkenheid van vrienden op elkaar veel verder dan van sympathieke kennissen. Vrienden kennen elkaar beter: ze kennen van elkaar niet alleen meer positieve en negatieve eigenschappen, maar ook 'centralere' eigenschappen en kenmerken. Van kennissen kennen we meestal slechts de meer oppervlakkige en 'perifere' eigenschappen, zoals uiterlijke kenmerken, meningen, opinies, gewoonten, karakteristieke manieren van reageren en dergelijke. Tot de centrale eigenschappen die vrienden van elkaar kennen, reken ik onder andere waarden, gevoelens, ervaringen, hoe ze situaties en personen beleven en hoe ze over zichzelf denken (zelfbeeld). Zulke centrale eigenschappen zijn niet zo gauw rechtstreeks zichtbaar en kenbaar vanuit het openlijk gedrag.

Geldt voor sympathie dat deze gebaseerd is op vooral positieve eigenschappen die je bovendien relatief gemakkelijk tijdens interactie kunt leren kennen, vriendschap berust juist op een diepergaande kennis en waardering voor elkaar. Een waardering die overeind blijft ondanks negatieve eigenschappen die je ook van elkaar kent, maar van elkaar accepteert of minstens met elkaar kunt bespreken.

Vriendschap begint soms met een 'schok van herkenning', alsof een ander je ineens ziet, zoals je 'werkelijk' bent: zoals je jezelf in een bepaalde situatie (bijvoorbeeld als onzeker) beleeft, achter conventies, achter beleefdheden, achter de eigen zelfpresentatie. Of soms begint vriendschap met het merken dat een ander echt om je geeft en met je lot begaan is.

Verdieping

Naarmate vriendschap toeneemt, verdiept en verbreedt het contact zich. *Verdieping* naarmate je meer van elkaars 'binnenwereld' deelt en gedrags- en persoonsaspecten van elkaar leert kennen die normaal gesproken tot de eigen intieme 'binnenwereld' behoren, zoals verlangens, angsten, fantasieën en dergelijke. V*erbreding* naarmate je elkaar op meer levensterreinen leert kennen. Daarbij worden gelijkenissen én verschillen geleidelijk steeds duidelijker. Sommige verschillen zijn zo wezenlijk dat ze tot conflicten en crises kunnen leiden, maar deze hoeven geen breekpunt te vormen als je waardering kunt blijven voelen voor ieders eigenheid en je kunt afzien van de eis dat de ander net zo moet denken, voelen of zijn als jijzelf. Zulke conflicten en crises durf je trouwens aan te gaan, juist vanwege de ervaring dat je elkaar de moeite waard vindt. Ten aanzien van als neutraler beleefde anderen zul je wel uitkijken om daar zoveel energie in te investeren!

Zelfonthulling

Een belangrijk deel van de interactie tussen vrienden bestaat uit wat je aan elkaar toevertrouwt aan eigen ideeën, gevoelens, belevingen, ervaringen, plannen, verlangens enzovoort. Dit noemen psychologen zelfonthullingen of zelfmededelingen (Jourard, 1964; Culbert, 1967). *Zelfonthulling* is het geven van privé-informatie over zichzelf aan een of meer anderen. Dit kan gaan over wat je persoonlijk ervaren hebt, wat je gefantaseerd of gedroomd hebt, wat je van de toekomst hoopt of verwacht, of wat je op het moment zelf denkt of voelt ten aanzien van andere personen. Kortom, mededelingen over eigen ervaringen en over hoe je je voelt.

De eerste onderzoeker die zich met de achtergronden en effecten van zelfonthulling heeft beziggehouden, was Sidney Jourard (1964). Hij stelde dat zelfonthulling leidt tot toenemende sympathie en waardering voor elkaar. Inderdaad bleek uit onderzoek dat we over het algemeen meer waardering en sympathie voelen voor mensen die persoonlijke zaken over zichzelf vertellen, dan voor mensen die dat niet doen.

Toch ligt dit verband tussen zelfonthulling en sympathie ingewikkelder. Te veel zelfonthulling kan even onaangepast zijn als te weinig (Yalom, 1978, p. 266). Een grote mate van zelfonthulling zal een niet voorbereide ontvanger afschrikken. Zelfonthulling leidt dus alleen tot sympathie wanneer dit zorgvuldig en geleidelijk plaatsvindt. Te snelle zelfonthulling kan angst en afweer oproepen en zal de afstand tussen de betrokkenen eerder vergroten dan verkleinen.

Freedman e.a (1978, pp. 193-194) wijzen op een wederkerigheidsnorm die ook voor zelfonthulling geldt: we hebben de meeste sympathie en waardering voor hen die in hun zelfonthulling evenveel of even weinig intimiteit aanhouden als wijzelf. Iemand die intiemer over zichzelf vertelt dan wij zelf wensen te doen, dreigt het eigen privédomein (territorium) binnen te dringen en zullen we proberen af te weren. Maar omgekeerd voelen we ons in de kou staan en erg kwetsbaar als we meer over onszelf verteld hebben dan de ander bereid is te doen.

Ik dreig echter af te dwalen. Ik keer terug naar het eigenlijke onderwerp van deze paragraaf: vriendschap.

Overschrijden van de grens tussen openlijk zelfbeeld en privézelfbeeld

Hoewel vriendschap nauwelijks door psychologen onderzocht en beschreven is en we (volgens Harlow) meer hebben aan dichters en romanschrijvers of (volgens Van Ussel) aan wijsgerig antropologen, waag ik toch een poging tot nadere beschrijving.

Van liefde, en naar mijn oordeel ook van vriendschap, is volgens Van Ussel (1975, p. 155) pas sprake, zodra 'een grens wordt overschreden'. Hiermee bedoelt hij een grens tussen de 'openbare leefwereld' en de 'intieme leefwereld': een grens tussen zoals je bent in de ogen van anderen (en zoals je je ook aan anderen presenteert) en zoals je voor jezelf bent. Dit is hetzelfde onderscheid dat ik al eerder aangaf tussen het openlijke zelfbeeld en het privézelfbeeld (paragraaf 7.7). Vriendschap is een wederkerige en door beide partners begeerde grensoverschrijding, waarbij elk zich aan de ander wil laten kennen zonder uiterlijke rollen en zonder afweermechanismen. Zo'n kwetsbare opstelling kan intense gevoelens oproepen, variërend van angst tot intense blijdschap (Van Ussel, 1975). Hapert er wat aan de vriendschap, dan sluit men zich weer af en trekt men zich weer terug in de eigen schelp van afweervormen, van rollen en van een formele opstelling.

Het is moeilijk om aan te geven wat het eerst komt: de zelfonthulling of de gevoelens van vriendschap. Amerikaanse auteurs suggereren dat wederkerige zelfonthulling leidt tot vriendschap, maar ik denk dat evenzeer het omgekeerde geldt. Gevoelens van vriendschap en van zich op zijn gemak voelen bij elkaar versterken de wens zichzelf te laten kennen, in het vertrouwen dat de ander er geen misbruik van zal maken.

Ontwikkeling door vriendschap

Fundamenteel voor vriendschap is dat je niet alleen jezelf 'openbaart' zoals je als persoon bent, maar ook dat je daardoor als persoon gevormd wordt en eigenschappen tot ontwikkeling kunt brengen die daarvóór nog onvermoed waren. Zo wist ik van mezelf niet dat ik me zó betrokken, zó blij, zó sterk, maar ook zó eenzaam, zó kwaad, zó verdrietig, zó klein kon voelen, totdat ik echte vrienden ontdekt en gevonden had. Vriendschap kan in elkaar ieders beste kanten wakker roepen. Met de woorden van Joni Mitchell (1973, in haar song *All I want*):

> all I really want our love to do
> is to bring out the best in me and in you too

Mensen kunnen bij elkaar heel wat goede en slechte eigenschappen 'wakker' roepen: liefderijke en hatelijke eigenschappen, vriendschappelijke en vijandige eigenschappen, vertedering en vernedering, ondersteuning en onderdrukking, koestering en geweld. En dit des te sterker naarmate ze meer op elkaar betrokken zijn.

Vriendschap roept niet alleen de beste kanten in beiden wakker, maar is ook een vorm om kanten van jezelf die je liever verbergt beter te leren accepteren. Een ander toestaan je te leren kennen, zoals je bent achter het uiterlijk van je eigen zelfpresentatie en als zodanig door een ander geaccepteerd te worden, is een belangrijke hulp om jezelf te accepteren en een gevoel van eigenwaarde op te bouwen en te verstevigen.

Intimiteit betekent dan het met een ander kunnen delen van behoeften en tekortkomingen die je in jezelf tegenkomt, waarbij eigen zwakke kanten, eigen armoede en schraalheid, eigen twijfels en angsten er mogen zijn. Méér nog: pas door jezelf toe te staan zulke kanten van jezelf aan de ander te tonen, kan de intimiteit aan rijkdom winnen. Zo omschreven vormt intimiteit een heel wezenlijk aspect van vriendschap. Hieraan gaat vaak wel een pijnlijke strijd vooraf, want het zich zo volledig openstellen voor een ander roept veel herinneringen op aan oude vernederingen in vroegere kwetsbare situaties en aan daarbij opgelopen pijn en leed.

Zelfwaardering en identiteit

In zijn betoog over liefde en intimiteit stelt Van Ussel (1975) dat liefde, en ik voeg daar ook vriendschap aan toe, alleen tussen gelijken mogelijk is en pas in volle vorm wanneer beiden een hoge mate van zelfwaardering hebben. Hiermee suggereert Van Ussel dat zelfwaardering voorafgaat aan liefde of vriendschap. Uit wat ik eerder in deze paragraaf schreef, zal duidelijk geworden zijn dat naar mijn mening evenzeer het omgekeerde geldt: dat een grotere zelfwaardering juist een gevolg is van vriendschap, want gewaardeerd worden als persoon betekent dat je geaccepteerd wordt zoals je bent en omdat je zo bent, met je fraaie en minder fraaie eigenschappen. Zulke diepe waardering en erkenning van elkaar als persoon vormt een belangrijke overwinning op de *tragische eenzaamheid* (Kierkegaard) die menig menselijk levenslot kenmerkt.

Terwijl sympathie erkenning betekent van perifere eigenschappen dicht aan de oppervlakte die al vrij snel in interactie duidelijk worden, betekent vriendschap de erkenning van enkele zeer centrale persoonseigenschappen. Nu zal totale erkenning zeldzaam of onmogelijk zijn. In de ene vriendschap zul je je in enkele bepaalde centrale eigenschappen erkend voelen, in een andere vriendschap zijn dat weer andere centrale eigenschappen. Naarmate je je verder ontwikkelt als persoon, zal ook het patroon van vriendschappen kunnen veranderen. Door na te gaan wie de goede vrienden waren gedurende een langere periode, zeg tien jaar of langer, kun je ook een beeld krijgen van hoe je eigen identiteit zich in die periode ontwikkeld heeft. Dat wil zeggen welke verschuivingen in centrale eigenschappen je voor jezelf belangrijk vond.

De rol van erkenning in vriendschap

Het niet kunnen vinden van centrale erkenning kan de zelfontplooiing enorm fnuiken. Laing (1971) wijst op het universele menselijke verlangen voor een ander iets te betekenen en een plaats in de belevingswereld van een ander in te nemen (zie paragraaf 7.7). Dit verlangen komt in feite neer op ieders behoefte aan erkenning, dat wil zeggen om door anderen gezien en geaccepteerd te worden zoals iemand zichzelf ziet. Het niet verlenen van zulke erkenning en het aan een ander weigeren van een zinvolle plaats in de eigen leefwereld noemt Laing vernietigend. In deze betekenis merkt hij dan ook aan het begin van zijn studie *Het zelf en de anderen* (1971, p. 7) op: 'Eenieder draagt bij aan andermans ontplooiing of vernietiging.'

In deze paragraaf zijn drie bijdragen aan zo'n ontplooiing aan bod gekomen. In elk daarvan speelt erkenning een belangrijke rol:
1. sympathie, die ik aanduid als perifere erkenning;
2. vriendschap, die ik aanduid als centrale erkenning;
3. liefde, eveneens een vorm van centrale erkenning, die echter nog verder gaat dan bij vriendschap, omdat ze meer persoonsaspecten, meer levensdomeinen, meer intimiteit en een vollediger delen van elkaars leefwereld betreft.

Vriendschap in tijden van Facebook

Veel mensen, vooral jongeren, staan tegenwoordig met hun profiel en andere persoonsgegevens op een of meer *social media*. Bekende voorbeelden zijn Facebook, Hyves en LinkedIn. Via deze media worden contacten gelegd en vriendschappen gesloten. Facebook is een wereldwijd vriendennetwerk waar je van alles van jezelf kunt delen met 'vrienden': hobby's, foto's, wat je aan het doen bent, relationele status, woonplaats, e-mail, gedachten. Je voegt die vrienden zelf toe of ze voegen jou toe. Zo kan je 'vriendenkring' oplopen tot honderden contacten. Het gaat hierbij om enorme aantallen. Facebook heeft wereldwijd meer dan 500 miljoen leden en dat aantal groeit met de dag. Bij een onderzoek eind 2010 bleken ongeveer drieënhalf miljoen Nederlanders lid te zijn van Facebook. Dat is ruim 20% van het totaal aantal Nederlanders. Bijna heel de jeugd (91%) zit op Hyves, Facebook en Twitter. Geschat wordt dat het gemiddeld gaat om 150 tot 200 vrienden op Facebook en 300 contacten op Twitter, maar veel mensen zitten daar ver boven, met 800 tot 1000 vrienden. Maar er is iets vreemds aan de hand. Want uit Amerikaans onderzoek blijkt dat in dezelfde tijd van de opkomst van de social media het aantal echte vrienden afgenomen is, van vier à vijf tot twee à drie. Dat onderzoek suggereert dat we minder tijd hebben voor sociale contacten doordat we zoveel tijd online zijn.

Volgens Jensen (2011) is op Facebook iedereen vooral bezig zichzelf te verkopen. 'Kijk eens hoe goed, hoe blij, hoe gelukkig, hoe succesvol ik ben.' Het gaat meestal om een zelfpresentatie met vooral positieve eigenschappen die de indruk wekken van authenticiteit. Online vriendschap wordt zo een manier om onze slechte eigenschappen in het echte leven te compenseren. Het lijkt wel of we constant hunkeren naar zelfbevestiging, zegt de Britse filosoof De Botton (in Jensen, p. 45): wat is Facebook anders dan permanent om bevestiging vragen? Gelukkig stelt de Facebookvriend geen eisen.

Door media als Facebook, Twitter en WhatsApp verandert het taalgebruik. Communiceren gaat versnipperd in korte berichten. Ook verdwijnt de hiërarchie tussen verschillende soorten berichten. Het intieme, het politieke en de nieuwtjes wisselen elkaar naadloos af, waardoor heel persoonlijke mededelingen ook iets triviaals krijgen. Alles komt op dezelfde manier binnen. De diepgang verdwijnt uit de communicatie. Bovendien krijgt de communicatie iets springerigs met al die *oneliners*. Door de social media wordt oppervlakkigheid versterkt. De Italiaanse schrijver Barrico (in Jensen, 2011, p. 29) laat zien hoe op veel levensterreinen het gemak van de snelle sensatie, de vluchtige tijdsbesteding en het surfende vermaak is doorgedrongen. Daar hebben de social media een belangrijk aandeel in.

In haar zoektocht naar de betekenis van vriendschap ten tijde van Facebook citeert Jensen (2011) een aantal filosofen. De oudste van hen is Aristoteles. Volgens hem zijn er drie soorten vrienden: de nutsvriend, de pleziervriend en de echte vriend. De nutsvriend helpt je met allerlei klusjes, met de pleziervriend ga je uit eten en met de echte vriend praat je over het leven en elkaars karakter. Facebookvrienden horen vooral tot de eerste twee soorten: nutsvrienden en pleziervrienden. Facebookers delen met hen van alles, zelfs heel intieme zaken, maar een gesprek zit er niet in, tenzij ze besluiten elkaar in het echt te ontmoeten. Jensen vat een en ander als volgt samen: 'Als het om vriendschap gaat, geef ik Aristoteles volkomen gelijk. Facebookvriendschappen zijn handige nutsvriendschappen. Echte vrienden levert het niet op. Tenminste als het nooit komt tot ontmoetingen in het echte leven. Als het om het delen van intiem kapitaal en de privésfeer gaat: die maken we betekenisloos door ermee rond te strooien en we zetten onze privacy dagelijks op het spel. Echt goede gesprekken tref je op Facebook niet aan' (Jensen, 2011, p. 50).

8 De Roos van Leary

8.1 Inleiding
8.2 Hoe het model tot stand kwam
8.3 De opbouw van de Roos van Leary
8.4 Vragenlijst Interpersoonlijk gedrag (VIG)
8.5 Groepsgedrag in termen van de Roos
8.6 Kwaliteiten en valkuilen in de Roos van Leary
8.7 Het betrekkingsniveau in de Roos
8.8 Welk gedrag wordt door elke sector opgeroepen?
8.9 Interveniëren vanuit de Roos
8.10 De Stad van Axen: een variant op de Roos
8.11 Intenties achter het gedrag
8.12 De dramadriehoek
8.13 Conflicthantering
8.14 Toegiften: waarden en dieren in de Roos

8.1 Inleiding

Timothy Leary heeft in 1957 een model gepubliceerd waarmee relaties tussen mensen in kaart gebracht kunnen worden: de Roos van Leary. Dit model kan behulpzaam zijn om meer zicht te krijgen op het betrekkingsniveau. Het werk van Leary en zijn collega's past in een ontwikkeling binnen de sociale wetenschappen waarin men anders tegen communicatie en gedrag aan is gaan kijken. Ter verklaring van gedrag wordt meer gelet op wat er tussen mensen gebeurt in plaats van wat er in de binnenwereld van mensen speelt. Anders gezegd: deze onderzoekers ontwikkelden een scherp oog voor de dynamiek tussen mensen.

Overigens waren zij hierin niet uniek. Ook bijvoorbeeld de Palo Alto Groep was in de jaren vijftig van de vorige eeuw op zoek naar een nieuwe manier van diagnostiek van pathologisch gedrag. Zij probeerden tot een andere visie op pathologisch gedrag te komen door te letten op communicatieaspecten tussen de betrokken mensen. De communicatietheorie van deze groep onderzoekers leidde tot de systeemtheorie (Watzlawick e.a., 1957). Hun denken is bekend geworden als de systeem- en communicatietheorie (SCT) die in hoofdstuk 7 uitgebreid aan bod kwam. En ook deze groep onderzoekers was zeer geïnteresseerd in wat zich afspeelt in de communicatie tussen een psychiatrisch patiënt en de rest van zijn familie. Om het simpel uit te drukken: niet zozeer het individu is ziek, maar de interactie in het hele gezin. Dit leidde al snel tot nieuwe ontwikkelingen in de gezinstherapie (Minuchin, Satir, Laing, Erikson).

In dit hoofdstuk beschrijf ik het model van Leary. Daarbij ga ik ook in op achtergronden en toepassingsmogelijkheden. In paragraaf 8.2 beschrijf ik hoe het model tot stand kwam. Daarbij zal blijken dat er meerdere onderzoekers bij betrokken waren en dat Leary dit model 'gekaapt' heeft. Na een beschrijving van het model in paragraaf 8.3, presenteer ik in paragraaf 8.4 een vragenlijst waarmee je je eigen gedrag kunt scoren. Deze vragenlijst sluit aan op de Roos. Het model van de Roos biedt ook meer inzicht in groepsgedrag en relaties in groepen (paragraaf 8.5). Een aardig kenmerk van de Roos is dat ze ook zicht geeft op 'normale' en extreme gedragsvormen. Hoe meer aan de buitenkant van de Roos, hoe extremer het gedrag. Dit deed me denken aan het bekende model van het kernkwadrant van Daniel Ofman (2006). Daarin beschrijft hij valkuilen als 'doorgeschoten' kwaliteiten. Zou dit ook van toepassing zijn op gedrag in de Roos van Leary? Dat blijkt wel het geval. De middelste 'ringen' van de Roos beschrijven kwaliteiten en in de buitenste ringen staan hun 'doorgeschoten' vormen, de valkuilen dus (paragraaf 8.6).

Vervolgens beschrijf ik in paragraaf 8.7 hoe de Roos van Leary meer zicht geeft op het betrekkingsniveau. Een van de centrale stellingen van Leary is: gedrag roept gedrag op. Wanneer we hier meer zicht op hebben (paragraaf 8.8), kunnen we in de Roos aanwijzingen vinden voor interventies in groepen (paragraaf 8.9). Tot slot volgen nog enkele uitwerkingen van de Roos: een Belgische variant van Cuvelier (paragraaf 8.10), een zoektocht naar intenties achter het gedrag (paragraaf 8.11) en verbindingen met de dramadriehoek en conflicthantering (paragraaf 8.12 en 8.13). Ik sluit het hoofdstuk af met enkele toegiften.

8.2 Hoe het model tot stand kwam

Al in 1948 verschijnt een eerste publicatie waarin een cirkelvormig model van interpersoonlijke gedragswijzen beschreven wordt door onderzoekers van de Kaiser Foundation onderzoeksgroep die in 1947 opgericht was aan de universiteit van Berkeley (LaForge, 1985). Leary was lid van deze onderzoeksgroep. Een van de vragen die deze groep zich stelde, was in hoeverre het mogelijk zou zijn om psychisch probleemgedrag (pathologisch gedrag) te begrijpen als resultante van dynamiek in de interactie *tussen* mensen. Tot dan toe was het gebruikelijk om dat gedrag te verklaren vanuit intrapsychische dynamiek, dus vanuit processen *binnen* de persoon. De onderzoekers van de Kaiser Foundation groep kozen dus een volledig nieuwe invalshoek. Ze probeerden de gebruikelijke individugerichte diagnostiek aan te vullen of zelfs te vervangen door een interactionele manier van kijken. Een van hun belangrijkste stellingen was: *gedrag roept gedrag op*. Pathologisch gedrag wordt opgeroepen door een bepaalde vorm van interactie tussen mensen en roept op zijn beurt ook weer gedrag bij anderen op.

De Roos van Leary is dus niet de verdienste van Leary alleen, maar van de vijf psychologen die samenwerkten in de Kaiser Foundation groep. Tot Leary's collega's behoorden onder andere LaForge en Suczek, die ook in dit boek een rol spelen. Het is opvallend dat de naam van Leary sterk met het cirkelvormige interactiemodel verbonden is geraakt, terwijl het *Interpersonal Personality System* het resultaat is van bijna tien jaar onderzoek door een hele groep psychologen. Zo is de voorstelling van de 'roos' een verdienste van LaForge en niet van Leary zelf. Voor onderzoeksdoeleinden hebben LaForge en Suczek (1955) *The Interpersonal Checklist* ontwikkeld. Dat is een vragenlijst die aansluit op de Roos van Leary. Deze lijst heb ik vertaald en als *Vragenlijst Interpersoonlijk Gedrag* in paragraaf 8.4 opgenomen. De praktische en vooral de theoretische rijkdom van dit model is enorm, vergeleken met andere modellen. En dat geldt ook voor het jarenlange werk van de oorspronkelijke leden van de Kaiser Foundation groep. Ere wie ere toekomt. Daarom heb ik ook enkele collega's van Leary genoemd. Dat Leary in 1957 zijn boek *Interpersonal diagnosis of personality* onder alleen zijn naam heeft uitgebracht heeft dan ook nogal wat ergernis veroorzaakt. Toch zal ik hier steeds spreken van de Roos van Leary, omdat het model onder deze naam bekend is geworden.

Timothy Leary

Leary is in veel opzichten een controversiële figuur geweest. Het verbaasde me dat zijn naam niet meer genoemd wordt in Engelstalige handboeken op het gebied van de sociale psychologie in de laatste vijftig jaar. Waarom wordt hij 'doodgezwegen'? Daar bleken

> duidelijke redenen voor, zo bleek mij na enig speurwerk. Eind jaren vijftig komt Leary in aanraking met hallucinerende middelen als LSD en psilocybine, de heilzame stof uit 'magische paddenstoelen'. Helemaal enthousiast over deze stoffen gaat Leary studenten werven voor LSD-experimenten op Harvard. Toen hij (of een van zijn studenten, daar is de mythevorming niet helemaal duidelijk over) voorstelde om hun voorraad LSD in het waterreservoir van San Francisco te gooien, was de maat vol voor het universiteitsbestuur. Het kostte hem zijn baan. Maar in de psychedelische kringen van de jaren zestig was zijn reputatie gevestigd, getuige menige popsong die aan hem gewijd is. De rest van zijn leven bleef turbulent: hij heeft gevangen gezeten wegens drugsbezit, is ontsnapt, heeft zich solidair verklaard met de *Black Panther*-beweging, verzeilde in Algerije en drugsland Afghanistan (1973), kwam nogmaals in de gevangenis terecht en begon op latere leeftijd een nieuwe fase in zijn leven met het ontdekken van de enorme mogelijkheden van computers en internet voor wereldwijde communicatie. Toen hij prostaatkanker kreeg, opende hij een eigen website waarop via een webcam zijn stervensproces te volgen was. Hij stierf in 1996 na een veelbewogen leven. In wetenschappelijk kringen in de VS werd Leary al snel tot ongewenst persoon verklaard en wilde blijkbaar niemand zijn goede naam riskeren door zijn model te bespreken.

8.3 De opbouw van de Roos van Leary

Uit veel onderzoeken in de sociale wetenschappen naar menselijke relaties komen telkens twee hoofddimensies naar voren:
1. een dimensie rond macht en invloed;
2. een dimensie rond intimiteit en affectie.

De invloedsdimensie
Wanneer mensen met elkaar omgaan, speelt er enerzijds steeds iets van controle en dominantie of het ontbreken daarvan en anderzijds iets van persoonlijke afstand of nabijheid.

De eerste dimensie betreft de mate waarin mensen invloed op elkaar uitoefenen. Aan het ene uiterste van deze dimensie vinden we veel invloed (macht, overheersing, dominantie), aan het andere uiterste weinig invloed (volgzaamheid, onderwerping). De ene kant van deze dimensie wordt vaak Boven-gedrag genoemd, de andere kant Onder-gedrag.

Voorbeelden van Boven-gedrag zijn:
- initiatief nemen
- hulp en advies geven
- organiseren
- leidinggeven
- verantwoordelijkheid dragen
- naar macht of succes streven
- onafhankelijke, zakelijke opstelling

Voorbeelden van Onder-gedrag zijn:
- afhankelijkheid tonen
- afwachten
- instemmen met initiatief van anderen
- om raad vragen
- passief of hulpeloos zijn
- onzeker zijn
- onderdanig zijn
- ontzag hebben

De affectiedimensie

De tweede dimensie betreft de vraag hoe persoonlijk of afstandelijk de betrokkenen met elkaar omgaan. Op deze dimensie gaat het meer om vragen van samenwerking of tegenwerking, sympathie of antipathie, affectie of afwijzing, liefde of haat, harmonie of conflict en alle varianten daartussen. Aan het ene uiterste van de samenwerkingskant plaatsen we coöperatieve gedragingen als ondersteunen, helpen en assisteren; aan het andere uiterste allerlei gedragingen waarmee we ons afgrenzen in een relatie. De ene kant van deze dimensie wordt vaak Samen-gedrag genoemd, de andere kant Tegen-gedrag. De termen 'Samen' en 'Tegen' hebben echter gevoelsmatige bijbetekenissen: 'Samen' klinkt positief en 'Tegen' klinkt negatief. Zulke bijbetekenissen en waardeoordelen wil ik vermijden. Daarom geef ik zelf sterk de voorkeur aan twee neutrale termen. Ik benoem de twee polen op deze dimensie als Naast-gedrag en Tegenover-gedrag (de oorspronkelijke termen zijn *supporting* en *opposing*).

Voorbeelden van Naast-gedrag zijn:
- opbouwend zijn
- iedereen een kans willen geven
- welwillend zijn

- instemmen
- steunen
- aanmoedigen
- vriendelijk zijn

Voorbeelden van Tegenover-gedrag zijn:
- confronteren
- streng zijn
- open en direct zijn
- assertiviteit
- kritiek uiten
- klagen
- onafhankelijke opstelling

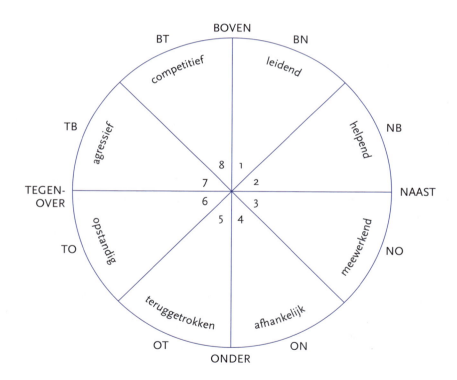

Figuur 8.1 Versimpelde weergave van de Roos van Leary, met acht sectoren in plaats van de oorspronkelijke zestien

Boven, Onder, Naast en Tegenover

Leary heeft zijn model gebaseerd op deze twee dimensies: de Boven-Onder dimensie tekent hij verticaal, de Tegenover-Naast dimensie horizontaal. Door er een cirkel omheen te tekenen ontstaat een verdeling in vier sectoren. Elke sector kun je weer in twee helften verdelen en zo ontstaan de acht sectoren van de Roos (zie figuur 8.1). In het oorspronkelijke model is elk van deze acht sectoren weer in twee helften onderverdeeld, zodat het volledige model een cirkel met zestien sectoren telt. Dat is nuttig voor onderzoeksdoeleinden, maar voor dagelijks gebruik is de indeling in acht sectoren het handigst.

8.4 Vragenlijst Interpersoonlijk Gedrag (VIG)[2]

LaForge en Suczek (twee collega's van Leary) hebben een vragenlijst ontwikkeld op basis van de interactieroos, die bekend is geworden als de Roos van Leary. Hun vragenlijst heet *Interpersonal Checklist*. Ik heb deze vragenlijst hierna in verkorte vorm weergegeven. De oorspronkelijke lijst is tweemaal zo lang.

Waarschuwing
Voor je de lijst gaat invullen is een waarschuwing wel op zijn plaats. Het gaat niet om een persoonlijkheidsvragenlijst. De lijst is niet bedoeld voor inzicht in hoe je bent, wel in hoe je je gedraagt tegenover anderen. De focus is op interpersoonlijk gedrag. Daarom is het van belang om voor het invullen een besluit te nemen over de relatie die je nader wilt onderzoeken. Als kind, als ouder, als partner, als iemand met een bepaald beroep zul je je waarschijnlijk telkens anders gedragen.

Aanwijzingen
In deze vragenlijst beschrijf je hoe je je opstelt in sociale relaties. Het invullen gaat het eenvoudigst wanneer je één bepaalde relatie van jezelf voor ogen hebt, bijvoorbeeld een bepaalde relatie op je werk. Maak dus vooraf een keuze. Lees de hiernavolgende lijst van interpersoonlijke gedragsvormen en omcirkel telkens het cijfer van elk woord of zinnetje dat een goede typering geeft van je opstelling in de gekozen relatie. De zinnetjes staan in de derde persoon geformuleerd, want je kunt deze vragenlijst ook gebruiken om het interpersoonlijk gedrag van iemand anders te typeren.

---

[2] Er zijn ook mogelijkheden om de vragenlijst op internet in te vullen en meteen je scores te laten berekenen. Meerdere sites bieden die mogelijkheid (de meest stabiele site is www.testjegedrag.nl).

1. Kan opdrachten geven
2. Kan voor zichzelf zorgen
3. Hartelijk en met begrip
4. Bewondert en imiteert anderen
5. Is het met iedereen eens
6. Schaamt zich voor zichzelf
7. Erg bezorgd om bevestiging te krijgen
8. Geeft altijd advies
9. Verbitterd
10. Met een ruim hart en onbaatzuchtig
11. Opschepperig
12. Zakelijk
13. Kan streng zijn wanneer dat nodig is
14. Koud en zonder gevoel
15. Kan klagen wanneer dat nodig is
16. Samenwerkingsgezind
17. Klagerig
18. Kritisch op anderen
19. Kan gehoorzamen
20. Wreed en onhartelijk
21. Afhankelijk
22. Dictatoriaal
23. Dominerend
24. Er sterk op uit om met anderen goed overweg te kunnen
25. Moedigt anderen aan
26. Heeft er plezier in om voor anderen te zorgen
27. Vastberaden maar rechtvaardig
28. Aan één stuk door vriendelijk
29. Mild ten aanzien van een fout
30. Goede leider
31. Dankbaar
32. Behulpzaam
33. Kan fouten van anderen niet verdragen
34. Onafhankelijk
35. Houdt van verantwoordelijkheid
36. Heeft gebrek aan zelfvertrouwen
37. Laat anderen besluiten nemen
38. Vindt iedereen aardig
39. Houdt ervan om verzorgd te worden
40. Baast over anderen
41. Zachtmoedig
42. Bescheiden
43. Gehoorzaamt te bereidwillig
44. Overbeschermend
45. Vaak onvriendelijk
46. Door anderen gerespecteerd
47. Rebelleert tegen van alles
48. Gepikeerd wanneer een ander de baas over hem speelt
49. Assertief en vertrouwend op zichzelf
50. Sarcastisch
51. Verlegen
52. Egoïstisch
53. Sceptisch (twijfelzuchtig)
54. Open en direct
55. Koppig
56. Te gemakkelijk te beïnvloeden door anderen
57. Denkt slechts aan zichzelf
58. Te toegeeflijk aan anderen
59. Lichtgeraakt en makkelijk gekwetst
60. Probeert ieder te troosten en te bemoedigen
61. Geeft gewoonlijk toe
62. Vol respect voor gezag
63. Wil dat ieder hem sympathiek vindt
64. Zal ieder geloven

Scoreformulier vragenlijst interpersoonlijk gedrag

Breng de gegevens uit de ingevulde vragenlijst over op het scoreformulier door de omcirkelde cijfers uit de vragenlijst ook op de volgende bladzijde te omcirkelen. Tel in elke rij en in elke kolom hoeveel nummers er omcirkeld zijn. Tel dan de rijtotalen en de kolomtotalen op: deze twee optellingen moeten hetzelfde eindgetal opleveren. Dit eindgetal geeft het aantal aangegeven kenmerken aan.

SCOREFORMULIER VRAGENLIJST INTERPERSOONLIJK GEDRAG

BN	BT	TB	TO	OT	ON	NO	NB	n		
1	2	13	15	19	31	16	32		x 1	
30	12	18	48	36	4	3	10			
35	34	27	53	42	7	24	25			
46	49	54	59	61	62	63	26		x 2	
8	11	33	9	41	21	28	29			
23	52	45	17	43	37	38	44			
40	57	50	55	51	39	56	58		x 3	
22	14	20	47	6	64	5	60		x 4	
										+
BN	BT	TB	TO	OT	ON	NO	NB	∧		

som

Profielformulier vragenlijst interpersoonlijk gedrag

De acht segmenten

Elk van de acht segmenten in de Roos van Leary wordt aangeduid met een combinatie van twee letters: BN, BT, TB, TO enzovoort. Deze lettercombinaties staan in figuur 8.2 in het midden en rond de buitenrand. Ze staan ook onder aan het scoreformulier op de voorgaande pagina.

Schrijf de score van elke lettercombinatie op het scoreformulier van de vorige pagina over op het profielformulier van deze pagina in het midden van de cirkel bij de overeenkomende letters. Plaats dan in elk segment een duidelijke stip door het +-teken dat overeenkomt met de score op dat segment. De scoremogelijkheden staan per ring in de cirkel aangegeven. Verbind nu deze stippen met een stevige lijn: zo krijg je een grafisch profiel van je posities op de Roos van Leary. Dit geeft je interactiestijl weer in de relatie die je gekozen had.

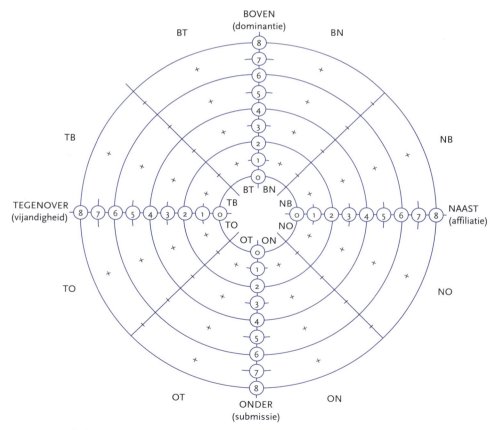

Figuur 8.2 Profielformulier

Om je profiel beter te kunnen interpreteren, is hier de figuur van de vorige pagina nog eens getekend, maar nu met vermelding van de items uit de vragenlijst. Je kunt ook in deze cirkel je profiel tekenen, op dezelfde wijze als in de vorige cirkel.

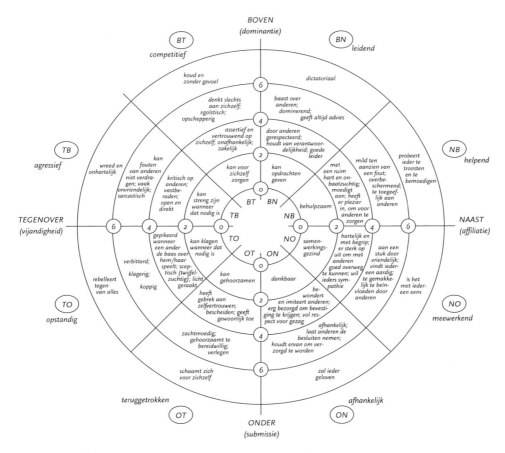

Figuur 8.3   Profielformulier met vermelding van items uit de vragenlijst

Interpretatie

De segmenten in de rechterhelft van de cirkel geven aan in hoeverre je jezelf beschreven hebt als *affiliatief* (de Naast-pool van Leary), de segmenten in de linkerhelft als *vijandig* (de Tegenover-pool van Leary). De segmenten in de bovenste helft van de cirkel geven aan in hoeverre je jezelf omschreven hebt als *dominant* (de Boven-pool van Leary), de segmenten in de onderste helft als *submissief* (de Onder-pool van Leary).

Hoge scores (meer naar de buitenkant) wijzen op negatievere zelfomschrijvingen dan lage scores.

Samenvattend profiel vragenlijst interpersoonlijk gedrag

De dimensies van dominantie en affiliatie

Bereken de dominantie (DOM) en affiliatiescores (AFF) door in de volgende twee regels de acht lettercombinatiescores van je scoreformulier in de hokjes aan te brengen en de daarbij aangegeven berekeningen te maken. Het resulterende getal kan negatief zijn.

BT [ ] + BN [ ] − OT [ ] − ON [ ] = [ ] DOM

NB [ ] + NO [ ] − TB [ ] − TO [ ] = [ ] AFF

De aldus berekende DOM- en AFF-scores noteer je daarna in de twee hokjes buiten de cirkel van figuur 8.4. Zoek de bij deze scores behorende posities op de twee cirkelassen. Maak daarna het balkje zwart vanaf het cirkelmidden tot aan de posities van je score op elke as. Zo ontstaat een L-vormig profiel.

Interpretatie DOM- en AFF-scores

Deze twee scores vatten samen hoe je jezelf op deze vragenlijst beschreven hebt. Ze vormen twee wezenlijke aspecten van je interpersoonlijk gedrag:
1. de mate waarin je jezelf als dominant, dan wel als submissief omschrijft;
2. de mate waarin je jezelf als affiliatief, dan wel als vijandig omschrijft.

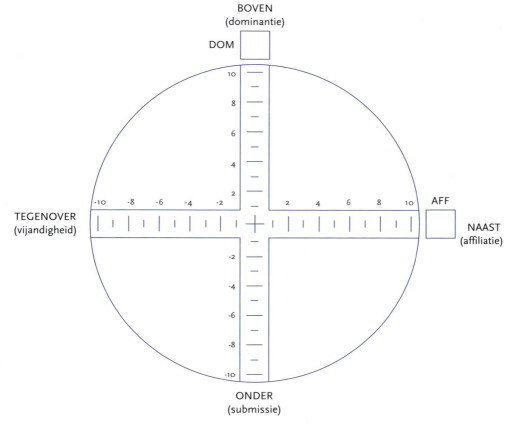

Figuur 8.4 DOM en AFF-scores

Anders gezegd: dit is je basishouding tegenover macht en intimiteit. Samenvattend:

Schaal	Score	Zelfomschrijving	
DOM		Hoog +	Ik neem het initiatief, geef leiding, overtuig, beheers en domineer anderen voor mijn eigen doeleinden
DOM		Hoog –	Ik volg, geef toe, maak mezelf klein, pas me aan, gehoorzaam en onderwerp me aan anderen op een afhankelijke manier
AFF		Hoog +	Ik sympathiseer, vergeef, ben het met anderen eens, wil graag hun affectie winnen
AFF		Hoog –	Ik wantrouw, rebelleer, klaag, verwijt, voel me kwaad tegenover anderen op een zelfgerichte manier

8.5 Groepsgedrag in termen van de Roos[3]

Het model van de Roos biedt niet alleen inzicht in gedrag binnen relaties tussen twee personen, het geeft ook meer inzicht in groepsgedrag en relaties in groepen. Omdat er in groepen veel relaties mogelijk zijn, wordt het gebruik van de Roos al snel ingewikkeld. Daarom wordt de Roos meestal toegepast op enkelvoudige relaties zoals die tussen de leider en de groepsleden, of tussen gedrag van een bepaald groepslid en de rest van de groep. Hieronder bespreek ik het groepsgedrag vanuit elke sector.

De sector Boven-Naast (BN): leidend gedrag

In de sector BN vallen de volgende gedragingen: initiatief nemen, als expert optreden, de procedure bewaken, erop toezien dat de groep niet afwijkt van het thema, de groep wijzen op het belang van het nemen van een besluit, informatie geven, stimuleren, adviseren, evalueren en suggesties geven. Ieder groepslid kan zulk gedrag inzetten. Toch zal vooral de leider dit doen. Het zijn dan ook typisch de gedragingen die horen bij taakgericht leiderschap.

Taakgerichte leider
De taakgerichte leider brengt ordening aan, verschaft richtlijnen, geeft suggesties, informatie, uitleg, advies. Hij bewaakt en stimuleert de voortgang van de groepsactiviteit. Hij toont zich energiek, gaat voorop en geniet een zeker gezag. Hij zal zijn eigen mening doorzetten. Verdere gedragingen die bij dit type leiderschap horen: het gesprek beginnen en structureren, oplossingen aangeven, de orde handhaven, de tijd bewaken, beslissingen nemen en normen stellen. Soms heeft hij de neiging om anderen zijn eigen mening in de mond te leggen.

In het meest ongunstige geval wordt hij in dit taakleiderschap autoritair-onderdrukkend, afdwingend, ongeduldig en schoolmeesterachtig en zal hij geen tegenspraak accepteren. Ook ligt de mogelijkheid op de loer dat hij bij de vervulling van deze rol de groepsleden te afhankelijk van hem maakt.

Non-verbaal gedrag
Energiek, naar voren zitten, woorden vaak met gebaren onderstrepen, de anderen indringend aankijken.

---

[3] Bij het schrijven van deze paragraaf heeft een tekst van Van Lente (1991) als uitgangspunt gediend. Met dank voor de verkregen toestemming heb ik deze tekst bewerkt en aangevuld.

De sector Naast-Boven (NB): helpend gedrag

In deze sector vallen gedragingen als aanmoedigen, steunen, stimuleren van anderen en warmte brengen in de groep. Groepsleden met zulk gedrag nodigen iedereen uit tot samenwerking. Ze hebben moeite met agressie of protest in de groep. Ze proberen de sfeer en het moreel van de groep hoog te houden. Soms treden ze bemoederend en beschermend op voor groepsleden die ze als zwak of hulpbehoevend ervaren, maar die bemoeizucht kan ook irritatie oproepen.

Sociaal-emotionele leider
Hoewel elk groepslid zulk gedrag kan vertonen, vinden we in deze sector vooral het gedrag van de sociaal-emotionele leider, dat wil zeggen het type leider dat groot belang hecht aan een goed sociaal-emotioneel klimaat in de groep. Zo'n leider is niet in de allereerste plaats gericht op taakvervulling, maar op de mensen en de sfeer in de groep. Hij geeft warmte, vriendelijkheid en persoonlijke aandacht aan de groepsleden. Hij staat voor ze open, ondersteunt hen, steekt hen een hart onder de riem, beschermt en vangt op waar dat nodig is. Hij is behulpzaam en weet nabij te zijn. Hij toont zich als een zorgzame ouder, met moederlijke of vaderlijke trekken in de goede zin van het woord. Hij roept op tot solidariteit, tot harmonie en tot het serieus nemen van elkaar. Hij heeft moeite met groepsleden die de harmonie verstoren en conflicten veroorzaken. Met zijn eigen agressie weet hij niet zo goed raad, want die lijkt taboe bij deze rol. Er gaat van deze leider een bemoedigende kracht uit. Vaak blijkt ook innerlijk evenwicht. Hij kan anderen goed op hun gemak stellen, troosten, bemoedigen. Hij zal positieve dingen over de groep opmerken en uitnodigen tot samenwerking. In extreme vorm kan dit tot een karikatuur worden. Dan wordt hij gedreven door hoge idealen van dienstbetoon en zorg voor anderen en zal hij bijvoorbeeld meer beloven dan hij in feite waar kan maken. Er dreigt dan de valkuil dat zijn gedrag als weldoener vooral gericht is op het oogsten van waardering en dankbaarheid.

Non-verbaal gedrag
Vriendelijk kijken, veel oogcontact zoeken, knipogen, de ander vriendelijk aanraken (schouderklop, door het haar strijken).

De sector Naast-Onder (NO): meewerkend gedrag

In deze sector treffen we het gedrag van groepsleden die op een vriendelijke en sociabele manier meedoen aan de groep. Ze hebben wel wat steun en aanmoediging nodig van de sociaal-emotionele leider. Soms leunen ze wat tegen hem aan. Ze zullen bijdragen aan het bijleggen van conflicten door tegenstanders bij elkaar te brengen. Ze laten waardering en bewondering merken en dragen op bescheiden wijze mee aan de warmte en de sfeer in de groep. Hun opstelling kan een ontspannende werking uitoefenen, juist omdat van hen niet zo'n kracht of druk uitgaat als van de leiders die bij sector 1 (BN) en sector 2 (NB) beschreven zijn. Omdat samenwerking voor hen zo belangrijk is, zullen ze zonder protest orders aannemen.

Ze drukken respect uit voor de leider en conformeren zich snel aan de groep. Ze wijzen soms op conventies en normen. Ze praten niet gauw uit naam van zichzelf (geen ik-taal) en gebruiken eerder wij-, je- of iedereen-taal.

Groepsgedrag
In het groepsdynamische proces zijn het de klassieke toedekkers van conflicten. Daardoor remmen ze soms de dynamiek in de groep af. Anderzijds brengen ze door hun optimisme en hun vriendelijkheid ook vaak toenadering teweeg tussen groepsleden die tegenover elkaar staan. In hun denken passen ze zich aan anderen aan en zijn ze weinig origineel. Ze hebben de neiging zich te conformeren. In extreme vorm zijn ze hulpeloos, afhankelijk en geheel overgeleverd aan de goodwill van anderen. Ze zullen dan angstvallig elke vorm van vijandigheid, onafhankelijkheid of macht vermijden en krampachtig conflicten toedekken.

Non-verbaal gedrag
Beleefd erbij zitten, naar de anderen opkijken, veel ja knikken en veel glimlachen, gedienstig zijn; vijandigheid, protest en kritiek worden met verlegenheid genegeerd.

De sector Onder-Naast (ON): afhankelijk gedrag
Het groepslid dat vanuit deze sector in de groep participeert, vertoont meestal zachtaardig gedrag. Hij aanvaardt leiding, conformeert zich en voert de orders uit. Hij is de trouwe medewerker die vertrouwen schenkt. Hij wil in de groep graag leren en iets van anderen aannemen. Hij is een volgzame discipel die gemakkelijk iets op gezag aanneemt. Hij toont meestal een min of meer zwijgende instemming. Hij toont zich bij dit alles nogal afhankelijk.

Groepsgedrag
Hij verlangt leiding, uitleg, structuur of programma. Op vragen antwoordt hij dat hij het niet weet of niet kan. Hij wil met iedereen instemmen. Hij zegt heel weinig en zit er vriendelijk bij. Hij is het type van de trouwe medewerker die akkoord gaat met wat voorgesteld wordt, die de uitvoering wel op zich wil nemen, de jaknikker, de volgzame discipel, de zwijgende instemmer. Alvorens met een eigen initiatief te komen, zal hij

eerst instemming zoeken van de leiding en het anders maar liever nalaten. Dit heeft wel tot gevolg dat hij manipuleerbaar wordt, want van hem is geen weerbare of assertieve opstelling te verwachten. Hij is ook betrekkelijk gemakkelijk te intimideren. In extreme vorm kan dit gedrag vervormd raken tot ruggengraatloze braafheid, karakterloos conformisme en vlucht voor eigen verantwoordelijkheid.

Non-verbaal gedrag
Timide, afwachtende houding, luisteren naar de ander, ogen neergeslagen of wegkijken, zuchten, huilen, blozen, verlegen glimlachen, antwoorden met gebaren in plaats van met woorden (ja knikken, nee schudden, schouders ophalen).

De sector Onder-Tegen (OT): teruggetrokken gedrag
Het groepslid dat we in deze sector aantreffen, zendt naar de groep als het ware de boodschap uit dat een mens ook het recht heeft om het niet zo goed te weten, niet 'ja' en niet 'nee' te kunnen zeggen, zich gereserveerd op te stellen of in de schulp te kruipen. Hij blijft liever bij zichzelf en zal zichzelf zeker niet overschreeuwen. Toch voelt hij zich niet zo happy in de groep, maar hij laat het tonen van verzet of het uiten van kritiek liever over aan groepsleden die zich in sector TO of TB thuis voelen. Daar kan hij dan zwijgend mee instemmen. Verder hoort bij zijn gedrag eerder dat hij kritiek incasseert en zich schuldig voelt. Hij is geneigd om falen van de groep aan zichzelf te wijten. Hij kan daardoor (impliciet en onbedoeld) de schuldvraag in de groep aan de orde stellen. Hij kan fungeren als zwijgend signaal dat niet iedereen zich tevreden voelt in de groep. Hij zal ongerechtvaardigd optimisme niet delen.

Zwijgers in de groep
Zwijgers in de groep vertonen vaak dit teruggetrokken gedragspatroon. Ze merken dat ze het niet kunnen volgen, maar voelen ook dat ze geen waardevolle bijdrage kunnen leveren. Toch sluimert er onbehagen over de gang van zaken en vooral over het eigen tekort daarbij. Door zijn ontevredenheid wekt hij soms de wrevel op van anderen, die bijvoorbeeld zeggen: 'Als je ontevreden bent, doe dan ten minste zélf iets!' Waarop dan het antwoord is: 'Maar dat kán ik juist niet.' In extreme vorm ontstaat een gedragspatroon van zelfverloochening waarbij hij zichzelf stelselmatig de grond inboort, of van slachtofferschap waarbij hij zich geheel isoleert en hoogstens wat klagerige geluiden laat horen.

Non-verbaal gedrag
De ander niet aankijken, in elkaar gedoken zitten, triest kijken, zuchten, snikken, huilen, antwoorden met gebaren in plaats van met woorden (ja knikken, schouders ophalen).

De sector Tegen-Onder (TO): opstandig gedrag

Protest aantekenen kan een belangrijke functie in de groep zijn. Dit kan de vorm aannemen van weerstand tegen wat je niet wilt. Het protesterende groepslid demonstreert zijn eigen autonomie en claimt het recht om zich tegen niet-geaccepteerde indringing te verzetten. Deze vorm van zelfbeveiliging kan de anderen in de groep zelfs tot model dienen, vooral degenen die zich al te vlot aanpassen. De boodschap luidt: 'Bied weerstand aan pogingen van anderen die je willen inkaderen.' En: 'Ga niet met elke trend mee.' Hij slikt en pikt het niet, stelt vragen en wil dat er beter wordt gewogen en getoetst. Hij voorkomt te gemakzuchtige oplossingen. Het is echter de vraag of hij zelf met constructieve tegenvoorstellen komt. Een waakzame figuur die kritisch distantie houdt: daarmee kan een groep zichzelf feliciteren. Constructieve opstandigheid brengt heel wat creativiteit in de groep. Hij moet wel verduren dat traditiebewakers en ordehandhavers hem willen afstraffen of de mond snoeren. Sociaal-psychologisch onderzoek heeft uitgewezen dat de groep meestal veel energie steekt in zo'n groepslid, waarbij gepoogd wordt hem bij de groep te houden. Wanneer hij daar alsmaar niet op ingaat, wordt hij uiteindelijk verworpen. Dit heeft Schachter duidelijk laten zien in onderzoek naar communicatie in groepen wanneer één groepslid een afwijkende mening blijft verkondigen. Dit onderzoek beschrijf ik in paragraaf 9.12.

Een positief voorbeeld

'Niemand heeft het recht te gehoorzamen.' Met deze zin wordt het werk van de Duitse filosofe Hannah Arendt soms aangeprezen. Het is een uitspraak die opstandig gedrag legitimeert. Maar wel vanuit een heel bepaalde achtergrond.

Als Joodse vluchteling voor de nazi's ondervond Arendt (1909-1975) het belang van burgerrechten aan den lijve. Als filosofe bestreed ze dictatuur en totalitarisme. Ze heeft in haar boeken altijd gehamerd op het belang van politiek en de rechten van de burger. Want er is geen burger zonder vrijheid en geen vrijheid zonder politiek. En omgekeerd. Die les had Arendt geleerd toen zij als Jodin vanaf 1933 het ene na het andere burgerrecht verloor, stateloos werd en ten slotte in de VS belandde. Het doordrong haar van het besef dat iemand zonder politieke rechten bij voorbaat tot niets is gereduceerd. Maar ook dat die rechten plichten met zich meebrengen. Geen burger heeft de vrijheid zich te onttrekken aan de opdracht die zijn burgerlijke vrijheid van hem vraagt. Hij mag zich niet beperken tot zijn eigen natje en droogje. Hij moet zich ook bekommeren om de wijze waarop de samenleving is ingericht en de vrijheid wordt verdedigd. Daar was zij streng in. Vrijheid ging voor haar boven alles, zelfs boven stabiliteit en veiligheid. In 1963 raakt Hanna Arendt in opspraak door haar verslag van het grote Eichmann-proces in Jeruzalem. Uit die tijd stamt haar oproep om niet te gehoorzamen aan onmenselijke bevelen (Arendt, 1969). Zij verzet zich sterk tegen door dictaturen opgelegde discipline en blinde gehoorzaamheid. Zij vindt burgerlijke ongehoorzaamheid (*civil disobedience*) dan ook een belangrijk onderdeel van een democratisch politiek systeem (Arendt, 1970, 1972).

Bronnen: Arendt, 1969, 1970, 1972; Groot, 2012; Breier, 2002.

NB In mei 2013 verscheen er in de Nederlandse filmhuizen een film over het leven van Hannah Arendt door regisseur Margarethe von Trotta (zie www.imdb.com en www.moviemeter.nl).

Negativisme
In extreme vorm kan het gedrag van een TO-groepslid naar voren komen als negativisme, bijvoorbeeld als kritiek op autoriteiten, wantrouwen naar initiatieven van anderen, opstandigheid, gebrek aan bereidheid om zich te laten overtuigen, uitlokken van conflicten, deviantie, tegenstemmen bij voorstellen, zich niet storen aan conventies en regels in de groep, belachelijk maken van 'groepsgevoelens' of van positieve gevoelens van groepsleden, sarcastisch weigeren van hulp, geslotenheid (weinig over zichzelf vertellen) en cynisch commentaar op anderen en de groep.

Non-verbaal gedrag
De ander in de gaten houden, pinnig, boos gezicht.

De sector Tegen-Boven (TB): agressief gedrag
In tegenstelling tot het groepslid dat vanuit sector TO ('opstandig') handelt, gaat het groepslid van deze sector vol in de aanval. Hij zal actief bestrijden wat niet in orde is. Hij wil rotte plekken wegsnijden en ondeugdelijkheden te lijf gaan. Hij eist normen en discipline en laat zien dat anderen tekortschieten. Dan zal hij sancties voorstellen en niet aarzelen om die toe te passen. Hij kan streng moraliseren.

Strijd in de groep
Hij zorgt voor strijd in de groep en dat kan af en toe nodig zijn. In een situatie waarin de groep als geheel in de aanval moet tegen een doel buiten de groep, is hij zeer waardevol. Hij is goed in het verwoorden van de kritiek die in de groep leeft. Tegelijk kan hij een

solidaire bondgenoot zijn, maar dan wel op een actief-kritiserende manier. Wanneer de groep merkt dat hij medeverantwoordelijkheid aanvaardt, wordt hij in beginsel gewaardeerd. Zijn agressie kan tot functie hebben dat de sociale orde in de groep gerespecteerd en gehandhaafd wordt en dat de afspraken gevolgd worden, tot nut van allen. Er kan echter ook bestraffend en hautain gedrag bijkomen en dan wordt deze opstelling minder functioneel, omdat ze nutteloos allerlei interpersoonlijke conflicten in het leven roept. Een andere ongunstige ontwikkeling is gelegen in dwangmatig vechten, agressie om de agressie, vijandigheid, kleinerend optreden en de ander 'doodslaan' met argumenten.

Non-verbaal gedrag

De ander slaan, aanvallen, pijn doen, trappen, vechten, dreigend aankijken, vuisten ballen van woede, mimiek van kwaadheid.

De sector Boven-Tegen (BT): competitief gedrag

Een groepslid dat optreedt vanuit deze sector weet zichzelf inspirerend te presenteren. Hij is vol zelfvertrouwen als iemand die bovenaan staat. Hij imponeert met zijn prestaties of met eigenschappen die in de groep bewondering wekken. Hij houdt ervan zichzelf centraal te stellen en de aandacht van de groep op zich te vestigen.

Status en trots

Vaak is hij iemand met een hoge status in de groep. Gewoonlijk zal men van hem zeggen: 'Hij hééft iets', en hij is zich daar ook van bewust. Vaak is het iemand op wie de groep trots is. Dat sluit precies aan op wat hij wil: dat de groep trots op zichzelf is. De groep moet echter niet van hem verwachten dat hij vooroploopt bij noodzakelijke veranderingen. In verband hiermee ligt iemand vermanen of iemand 'de les lezen' wel in zijn lijn. Ook dit kan een belangrijke groepsfunctie zijn. Hij is echter nauwelijks ontvankelijk voor kritiek die anderen op hem hebben. Dergelijke kritiek zal hij het liefst negeren. Om zijn hoge status te handhaven, kan hij de concurrent worden van de taakgerichte leider (sector 1), de andere hoge statusfiguur. Mocht de taakgerichte leider tijdelijk uitvallen of er even naast zitten, dan zal hij als eerste het roer overnemen, maar hij is er niet op uit om dit blijvend te doen. Hij toont weinig interesse voor anderen of voor samenwerking met anderen aan de groepstaak. Zijn humor voelt egocentrisch aan. In negatieve vorm kan zijn gedrag het karakter krijgen van narcisme en arrogantie.

Non-verbaal gedrag
Rechtop staan of zitten, sceptisch kijken als een ander iets goeds over zichzelf zegt; wanneer een ander het initiatief neemt: gapen, wegkijken, signalen van verveling en ongeduld geven.

8.6   Kwaliteiten en valkuilen in de Roos van Leary

Een bijzonder aspect van het model is dat het gedrag in elke sector kan variëren in sterkte. In de binnenring van de cirkel staat het gedrag in milde vorm, in de buitenring beschrijf ik het gedrag van die sector in extreme vorm en voor elke sector het gedrag in vier sterkten. Bijvoorbeeld, de sector BN (Boven-Naast), rechtsboven in de cirkel, benoemt dit gedrag in de volgende vier gradaties:
1. kan opdrachten geven;
2. houdt van verantwoordelijkheid;
3. baast over anderen; domineert;
4. is dictatoriaal.

De binnenringen kunnen we ook benoemen als de kwaliteiten van die sector, terwijl de buitenste ring de valkuilen weergeeft, in de betekenis die Ofman (2006) daaraan geeft. Kwaliteiten kunnen als ze overdreven sterk ingezet worden, dus als ze 'te veel van het goede' worden, vervormd raken. Zo kan de kwaliteit zorg vervormen tot bemoeizucht, moed tot roekeloosheid, kracht tot doordrammen, flexibiliteit tot met alle winden meewaaien, idealisme tot fanatisme, respect voor gezag tot kritiekloos jaknikken, empathie tot softe sentimentaliteit, zich profileren tot arrogantie enzovoort. Zo'n vervorming noemt Ofman de valkuil van die kwaliteit. Zulke vervormingen kunnen we ook herkennen in de Roos van Leary.

In bijgaand overzicht geef ik van elke sector de belangrijkste kwaliteiten en valkuilen. In de beschrijving volg ik de sectoren 'met de klok mee'.

Sector in de Roos	Binnenringen (kwaliteiten)	Buitenste ring (valkuilen)
1 BN: Leidend	opdrachten geven taakgericht leiden structureren ordenen organiseren verantwoordelijkheid accepteren initiatieven nemen naar macht streven krachtig optreden	autoritair dictatoriaal afdwingen geen tegenspraak dulden geen rekening houden met anderen domineren gewichtig doen
2 NB: Helpend	hulp bieden voor anderen zorgen steunen aanmoedigen solidariteit harmonie met iedereen goede maatjes vriendelijk	proberen ieder te troosten en te bemoedigen 'over-aardig' te vergevingsgezind opdringerig bemoeizuchtig bezitterig overdreven bezorgd
3 NO: Meewerkend	samenwerkingsgezind hartelijk vol begrip zich goed aanpassen bij anderen vriendelijk toegeeflijk bewonderen en waarderen van anderen	het met iedereen eens zijn makkelijk te beïnvloeden te snel akkoord gaan conflicten toedekken iedereen gelijk geven behaagziek allemansvriend met eeuwige glimlach altijd toegeven subassertief
4 ON: Afhankelijk	dankbaar anderen bewonderen vol respect voor anderen leiding aanvaarden orders uitvoeren opkijken naar anderen zich conformeren welwillend instemmen het anderen naar de zin willen maken naïef	goedgelovig makkelijk manipuleerbaar zich afhankelijk opstellen zonder ruggengraat laat anderen beslissen vluchten voor verantwoordelijkheid braafheid hulpeloos: wil dat anderen voor hem zorgen

Sector in de Roos	Binnenringen (kwaliteiten)	Buitenste ring (valkuilen)
5 OT: Teruggetrokken	bereidwillig gehoorzamen bescheidenheid twijfel toelaten onzeker kritisch op zichzelf schuldgevoelig schuchter, verlegen gereserveerd	zich voor zichzelf schamen sterke twijfel aan zichzelf schuw, timide masochisme (zichzelf de grond in boren) zich isoleren onderdanigheid zwijgzaam asociaal
6 TO: Opstandig	klagen wanneer dat nodig is gevoelig snel geraakt protest aantekenen weerstand bieden zich sceptisch tonen waakzaamheid kritische distantie tonen benadrukken van verschillen tussen zichzelf en anderen individualistisch zich pas met veel moeite laten overtuigen discussie uitlokken	tegen van alles rebelleren negativisme verzet om het verzet zich verschansen in wantrouwen cynisme wrok verbittering vergeeft moeilijk zich isoleren
7 TB: Agressief	streng zijn uitgesproken maar eerlijk kritisch zijn aanvallen strijd in de groep brengen vastberadenheid openheid en eerlijkheid directheid actief verzet vasthouden aan regels straffen	wreed en onhartelijk bot sarcastisch vaak boos dwangmatig vechten agressie om de agressie kleinerend optreden vernederen anderen 'doodslaan' met argumenten vijandigheid

Sector in de Roos	Binnenringen (kwaliteiten)	Buitenste ring (valkuilen)
8 BT: Competitief	voor zichzelf zorgen assertief onafhankelijk zakelijk imponeren vol zelfvertrouwen haantje de voorste zich presenteren als iemand die bovenaan staat concurreren met anderen in de groep kritiek op de leider anderen imponeren met zijn prestaties of eigenschappen trots op zichzelf	koud en zonder gevoel berekenend egoïsme arrogantie narcisme te veel zichzelf showen zichzelf overschreeuwen zichzelf overschatten opscheppen, bluffen snobisme

8.7 Het betrekkingsniveau in de Roos

Op het betrekkingsniveau spelen relatiedefinities een belangrijke rol (zie paragraaf 7.3). Ik gaf bij de bespreking van de relatiedefinitie al aan dat ze uit drie (onuitgesproken) boodschappen bestaat: (1) 'Zo zie ik mezelf'; (2) 'Zo zie ik jou'; (3) 'Zo zie ik onze relatie.' Zulke boodschappen heten *zelfdefinitie, definitie van de ander* en *relatiedefinitie*. Via de Roos van Leary kunnen we heel wat voorbeelden geven van zulke relatiedefinities. En zo kunnen we de Roos meteen ook gebruiken om het betrekkingsniveau te verhelderen. Hieronder geef ik nog een overzicht van de acht sectoren in de Roos van Leary en per sector een samenvatting van de relatiedefinitie die uit die sector voortvloeit (ook hier volg ik de sectoren 'met de klok mee').

1. **Sector Boven-Naast (BN): leidend gedrag (taakgericht leiden, structureren)**
Zelfdefinitie Ik ben sterker, beter dan jij; ik overzie 'het'; ik ben belangrijk en competent.
Definitie van de ander Jij bent zwak en hulpbehoevend; jij kunt mijn mening gebruiken.
Relatiedefinitie Jij moet naar mij luisteren; jij moet aandacht aan mij schenken.

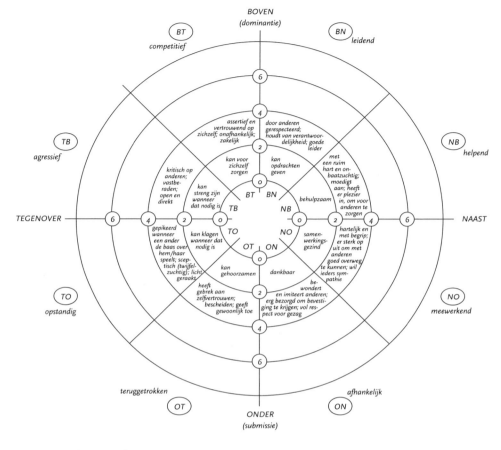

Figuur 8.5 Kwaliteiten in de Roos van Leary

2. **Sector Naast-Boven (NB): helpend gedrag (samenbinden, zorgen, steunen, vriendelijk zijn)**
Zelfdefinitie   Ik ben evenwichtig, betrouwbaar en sympathiek; ik ben vriendelijk en beschikbaar.
Definitie van de ander Jij bent ook evenwichtig en sympathiek; jij bent de moeite waard.
Relatiedefinitie   Wij mogen elkaar graag, vertrouw op mij.

3. **Sector Naast-Onder (NO): meewerkend gedrag (waarderen, begrip tonen)**
Zelfdefinitie   Ik ben vriendelijk en meegaand; ik ben aardig en geduldig.
Definitie van de ander Jij bent ook vriendelijk en aardig.
Relatiedefinitie   Vind mij aardig; zeg maar wat je wilt, ik ben tot alles bereid.

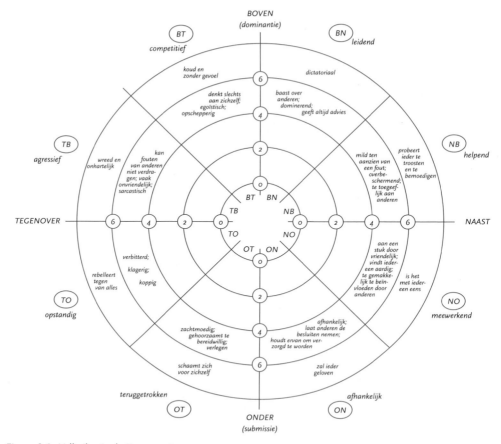

Figuur 8.6 Valkuilen in de Roos van Leary

4. **Sector Onder-Naast (ON): afhankelijk gedrag (afhankelijkheid, volgzaamheid, ruimte laten)**

Zelfdefinitie   Ik ben zwak en gewillig; ik heb hulp nodig; ik ben onzeker.
Definitie van de ander Jij bent steviger dan ik; jij weet het vast beter dan ik.
Relatiedefinitie   Jij moet mij helpen en leidinggeven.

5. **Sector Onder-Tegen (OT): teruggetrokken gedrag (ook: twijfel, onzekerheid)**

Zelfdefinitie   Ik doe alles verkeerd; het is mijn eigen schuld; ik ben onwaardig.
Definitie van de ander Jij bent bedreigend.
Relatiedefinitie   Bemoei je maar niet met mij; keur me af.

6. **Sector Tegen-Onder (TO): opstandig gedrag (weerstaan)**

Zelfdefinitie   Ik ben anders dan anderen; ik heb niemand nodig; ik ben tegen.

Definitie van de ander Jij bent onbetrouwbaar; jij mag mij niet; jij deugt niet.
Relatiedefinitie Verwerp me; haat me maar; beschouw jezelf als afgekeurd.

7. Sector Tegen-Boven (TB): agressief gedrag (kritiseren, aanvallen, corrigeren)

Zelfdefinitie Ik ben kwaad; bedreigend.
Definitie van de ander Jij bent vijandig en waardeloos; jij bent slecht; jij bent fout.
Relatiedefinitie Wees bang voor mij, vrees mij.

8. Sector Boven-Tegen (BT): competitief gedrag (imponeren, concurreren, streng zijn)

Zelfdefinitie Ik ben beter dan wie ook; ik vertrouw alleen op mezelf; alleen ik ben belangrijk.
Definitie van de ander Jij bent vijandig en zwak; jij bent minder.
Relatiedefinitie Kijk naar mij en voel je minderwaardig; heb ontzag voor mij.

8.8 Welk gedrag wordt door elke sector opgeroepen?

Gedrag roept gedrag op. Dat is een belangrijk uitgangspunt van Leary en zijn collega's. Hiervoor zijn drie algemene principes:

1. Boven-gedrag roept Onder-gedrag op.

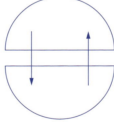

2. Tegenover-gedrag roept Tegenover-gedrag op.

3. Naast-gedrag roept Naast-gedrag op.

Wanneer we deze drie principes in de volledige Roos tekenen, krijgen we de volgende twee figuren:

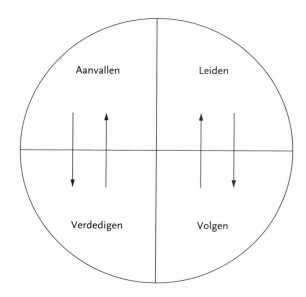

Figuur 8.7 Twee complementaire patronen in de Roos van Leary

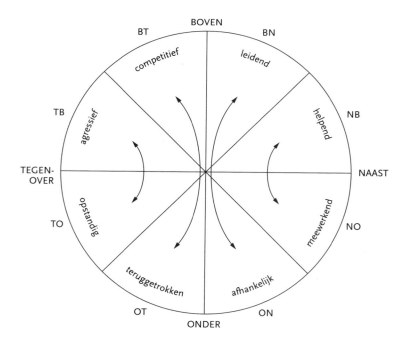

Figuur 8.8 Vier complementaire patronen in de Roos van Leary

Uit het model volgt dat de volgende complementaire patronen het meest voorkomen in groepen:
- leidend-afhankelijk, en omgekeerd: afhankelijk-leidend;
- helpend-meewerkend, en omgekeerd: meewerkend-helpend;
- competitief-teruggetrokken, en omgekeerd: teruggetrokken-competitief;
- agressief-opstandig, en omgekeerd opstandig-agressief.

Uit onderzoek is echter gebleken dat ook het patroon competitief-agressief, en omgekeerd agressief-competitief, in groepen vaak voorkomt, ook al past dit niet helemaal in het algemene patroon.

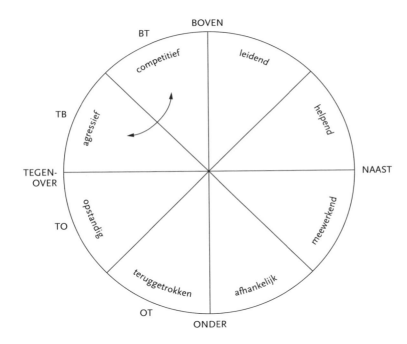

Figuur 8.9 BT-gedrag roept vaak TB-gedrag op, en omgekeerd

Wat betreft symmetrie komen de volgende patronen in groepen het meest voor:
- meewerkend-meewerkend (Naast-Naast);
- afhankelijk-afhankelijk (Naast-Naast);
- agressief-agressief (Tegenover-Tegenover);
- competitief-competitief (Tegenover-Tegenover).

Hierin zien we weer het algemene patroon: Naast-gedrag van de een wordt meestal beantwoord met Naast-gedrag van de ander. En Tegenover-gedrag van de een roept meestal nieuw Tegenover-gedrag bij de ander op. Hieronder geef ik een overzicht van opgeroepen reacties per sector. Daaruit blijkt dat er ook reacties zijn die niet in het algemene patroon passen dat eerder ter sprake kwam.

Sector in de Roos	Opgeroepen reacties
1 BN: Leidend	gehoorzaamheid afhankelijkheid respect waardering concurrentie kritische aanvallen verzet slaafs volgen
2 NB: Helpend	waardering aanvaarding instemming bewondering vertrouwen overgave irritatie afschuw
3 NO: Meewerkend	hulp waardering bewondering vertrouwen ruimte om verder te gaan sympathie vriendelijkheid irritatie

Sector in de Roos	Opgeroepen reacties
4 ON: Afhankelijk	steun leiding bescherming gedrag dat steun en houvast belooft dominantie overheersing agressie irritatie afwijzing
5 OT: Teruggetrokken	afstand kritiek agressie spot neerkijken op de ander afkeuring bestraffing negeren arrogantie leiderschap
6 TO: Opstandig	afstraffing autoritair gedrag kwaad worden negeren verwerping agressie veroordelen achterdocht irritatie verstoting isolering
7 TB: Agressief	angst schuldgevoel autoritair gedrag terugtrekken passief verzet met tegenzin toegeven huilen onderwerping vijandigheid opstandigheid

Sector in de Roos	Opgeroepen reacties
8 BT: Competitief	bewondering tegen opzien onderwerping verveling afgunst vernedering minderwaardigheid zich klein voelen bedreiging wantrouwen strijd competitie

8.9 Interveniëren vanuit de Roos

In figuur 8.10 volgt een overzicht van mogelijke interventies van een groepsbegeleider/trainer. Dit overzicht is ook van toepassing op managers, leerkrachten, groepswerkers en dergelijke, al zou ik bij die beroepsgroepen soms wat andere termen gebruiken. Het overzicht is verre van volledig. Vul het dus gerust aan met eigen gedachten en vondsten. De figuur biedt een goede eerste aanzet.

Oefening: Interveniëren vanuit de Roos van Leary

1. Lees de tekst over de Roos van Leary (paragraaf 8.3) en vul de Vragenlijst Interpersoonlijk Gedrag in (paragraaf 8.4).
2. Denk terug aan een groepssituatie waarin je begeleider (of groepslid) was en waarover je niet tevreden was. Noteer die situatie in enkele trefwoorden.
3. Beschrijf vanuit welke sector in de Roos van Leary je intervenieerde (of je de groepsbegeleider zag interveniëren).
4. Wat zou jij (of de groepsbegeleider) hebben kunnen doen om de negatieve spiraal te doorbreken? Vanuit welke andere sectoren in de Roos van Leary waren interventies mogelijk geweest? Beschrijf mogelijke interventies vanuit minstens vier sectoren. Gebruik figuur 8.10 hierna als bron van suggesties. Bedenk ook andere interventies die niet in figuur 8.10 staan.
5. Merk je bij jezelf weerstanden tegen dit andere gedrag van jezelf als groepsbegeleider? Wat voor gevoelens kom je bij jezelf tegen? Wat is er voor jou moeilijk aan dit nieuwe gedrag? Wat belemmert jou? Voor welk gedrag in de Roos voel je een allergie?

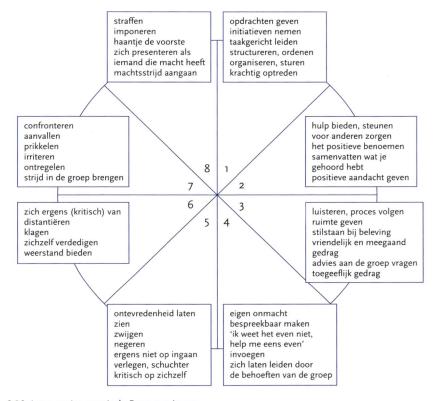

Figuur 8.10 Interventies vanuit de Roos van Leary

8.10 De Stad van Axen: een variant op de Roos

Het is aardig om op te merken dat een Belgische onderzoeker, Ferdinand Cuvelier, later vanuit een soortgelijke interesse een eigen cirkelvormig model ontwikkeld heeft, dat hij axenroos noemt (Cuvelier, 2000). Cuvelier deed enkele jaren onderzoek in de gemeenschap van het dorp Geel (in de Belgische Kempen), waar al sinds de middeleeuwen psychiatrische patiënten in de dorpsgemeenschap in gewone gezinnen opgenomen en verzorgd worden. Hij was met name geïnteresseerd in de interacties tussen patiënten en gewone bewoners van het dorp. Om de interacties te beschrijven, ging hij uit van een cirkelvormig model dat sterk lijkt op dat van Leary en dat uit een cirkel met zes sectoren bestaat. Net als bij Leary is het model opgebouwd rond twee assen. En net als Leary plaatst Cuvelier aangepast, constructief en gezond gedrag in het midden van de cirkel (de binnenkring), terwijl hij onaangepast, destructief en pathologisch gedrag aan de rand (de buitenkring) plaatst. Ik geef hierna zijn axenroos (zie figuur 8.11).

Een ax is een gedragsaspect, een manier om je tot anderen te verhouden. Er zijn zes axen, die hij onderverdeelt in drie zones:
1. In de harmoniezone vinden we de axen van geven en aannemen.
2. In de afzonderingszone vinden we de axen van houden en lossen.
3. In de conflictzone vinden we de axen van aanvechten (Cuvelier spreekt van klauwen) en weerstaan.

In de bovenste helft van zijn cirkel plaatst Cuvelier de axen die te maken hebben met initiatief en leiding. In de onderste helft is volgend en accepterend gedrag opgenomen. Ook dit lijkt op de Roos van Leary.

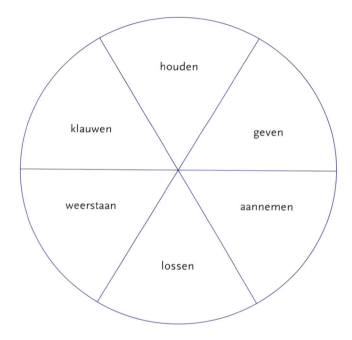

Figuur 8.11 De axenroos van Cuvelier

De zes axen van Cuvelier
Ik geef hier een korte omschrijving van elke ax:
1. *Geven, aanbieden:* geven kan van alles zijn: leidinggeven, een cadeau geven, informatie geven, richting geven, zijn mening geven, een opdracht geven, lesgeven enzovoort.
2. *Aannemen, ontvangen:* ook aannemen kan materieel en immaterieel zijn: een cadeau

ontvangen, maar ook leiding of informatie ontvangen, warmte of liefde ontvangen, vertrouwen ontvangen. Ook kunnen genieten maakt deel uit van ontvangen.

3. *Lossen:* lossen betekent loslaten; dit kan van mensen, van dingen, van eigen ideeën enzovoort. Bijvoorbeeld dingen aan je voorbij laten gaan, loslaten van ideeën die niet meer bij je passen, lossen van spullen die je niet meer nodig hebt, maar ook lossen van conflicten (je erbuiten houden). Twijfelen hoort ook bij deze ax.

4. *Weerstaan:* weerstaan betekent tegenstand bieden, bijvoorbeeld aan agressie van een ander of aan verleidingen. Zo kun je iets dat je wordt aangeboden weerstaan. Het betekent ook zich verdedigen van iemand of iets tegen een ander. Mensen of zaken of ideeën in bescherming nemen. Niet akkoord gaan, dus een compromis weerstaan.

5. *Klauwen:* klauwen betekent aanvechten, aanvallen, bestrijden van mensen of van ideeën. Het kan ook de vorm aannemen van aanvechten van onrecht of van iets of iemand door elkaar schudden om uit te testen. Aanvechten wordt door Cuvelier 'klauwen' genoemd: naar een ander klauwen.

6. *Houden:* we kunnen zaken voor onszelf houden, bijvoorbeeld informatie achterhouden. We kunnen dingen geheimhouden. Ook kunnen we onze mening voor ons houden. We kunnen ons stilhouden.

Het zal duidelijk zijn dat Cuvelier andere accenten legt dan Leary. Op veel punten is het model van Leary uitgebreider en genuanceerder.

De stad van axen

Hoewel een vergelijking met het model van Leary duidelijk ten gunste van Leary uitvalt, biedt Cuvelier toch twee bijzondere aanvullingen: het gebruik van dierennamen en een roman met een stadsplattegrond (de dieren komen aan bod in een toegift aan het eind van het hoofdstuk in paragraaf 8.14). Ik noem hier kort zijn roman *De stad van Axen*. Dit boek noemt hij zelf 'een topografische verkenning van de krachten tussen mensen'. Op basis van de axenroos heeft Cuvelier een plattegrond getekend van een stad met zes wijken. In die stad komt een reiziger aan, uiteraard in de ontvangstwijk (*aannemen*). Op zijn reis door de stad komt hij door alle wijken en maakt hij ervaringen mee die helemaal passen bij de psychologische krachten in die wijk. Aan de rand van de stad, bij de stadsmuren, is het helemaal mis, want daar is het gedrag van de reiziger en de bewoners zeer extreem. Maar in het midden van de stad is een groot plein waar iedereen zich vrij voelt van de zes axen en zich vrij kan gedragen. Warm aanbevolen, dit boek, ook al doet de tekst soms wat gedateerd aan.

Vragen op bestaansniveau

Cuvelier heeft de menselijke interactievormen ondergebracht in zes sectoren. Elke sector staat voor een bepaald type relatie, ofwel een bepaald type betrekking. Ook zijn model leent zich voor het aangeven van verbindingen tussen het betrekkingsniveau en het bestaansniveau. Voor elke sector van zijn model heeft hij een aantal vragen geformuleerd die verwijzen naar het bestaansniveau. Je vindt deze vragen in figuur 8.12.

Figuur 8.12 Vragen op bestaansniveau

8.11 Intenties achter het gedrag

Strikt genomen beschrijft het model van Leary alleen het uiterlijk zichtbare gedrag. Al werkend met dit model kwamen bij mij steeds vaker vragen naar boven als: Wat ligt er achter dit gedrag? Wat is de onderliggende motivatie? Wat zijn achterliggende intenties van mensen die dit gedrag vertonen? Ik geef hierna (met enige aarzeling) mijn voorlopige antwoorden op deze vragen.

De dimensie Naast-Tegenover

De dimensie Naast-Tegenover weerspiegelt de polariteit tussen verbondenheid en autonomie. Aan de pool van *verbondenheid* gaat het om de wens tot contact, tot verbinding, tot gezamenlijkheid, tot wij-gerichtheid. Aan de pool van *autonomie* gaat het om de wens tot individualiteit, tot ik-gerichtheid. Dit uit zich in het zich afgrenzen van anderen. Toch gaat het bij beide polen om contact. Aan de pool van verbondenheid zoekt de persoon contact via verbinding. Aan de pool van autonomie wordt dit contact gezocht via confrontatie en conflict.

Autonomie betekent zichzelf zien als een uniek psychologisch en biologisch wezen dat verantwoordelijk is voor zijn eigen gedrag. Autonomie duidt op het ik-element in de eigen ervaring en op alle ervaringsverschijnselen die gekoppeld zijn aan het bewustzijn van de eigen identiteit. Achter veel Tegenover-gedrag ligt de intentie om zich af te grenzen en te positioneren tegenover de anderen. Dit kunnen is een belangrijke Ik-functie.

Met de twee polen van dit dilemma zijn specifieke kwaliteiten verbonden. Je zou ook kunnen spreken van twee grondstromingen binnen mensen. Deze twee grondstromingen kunnen we met de volgende kenmerken typeren (Stahl, 2002):

Autonomie (links in de Roos)	Verbondenheid (rechts in de Roos)
ik-gerichtheid	wij-gerichtheid
onafhankelijkheid	harmonie
vrijheid	samenwerking
individualiteit	persoonlijk contact
alleen zijn	met elkaar zijn
afstand	tederheid
respect	vertrouwen
koelheid	liefdevolle nabijheid

Zulke kenmerken komen tot uiting in gedragsvormen, opvattingen, voorkeuren, principes, grenzen die men trekt, waardeoordelen, competenties, angsten, idealen en stijlen van omgang met anderen. We kunnen de twee grondstromingen ook tegenkomen in kwaliteiten en valkuilen van mensen. Hieronder volgen enkele voorbeelden.

Autonomie	Verbondenheid
op zichzelf willen staan	sterk zijn in contacten
verstandelijk	warm en hartelijk
in staat tot conflicten	verzoenend
assertief	vriendelijk

Maar soms ook:	*Maar soms ook:*
contactschuw	afhankelijk
koel	bang voor conflicten
sociaal onhandig	zichzelf wegcijferen
gesloten	geen 'nee' durven zeggen
zelfgericht	symbiotisch

De basispolariteit van autonomie versus verbondenheid kunnen we ook in groepen herkennen. Door de bovengenoemde kenmerken en kwaliteiten naar groepsdynamische waarden en principes te vertalen, ontstaat het volgende beeld (Stahl, 2002):

Autonomie	Verbondenheid
zakelijkheid	menselijkheid
taakverdeling	samenwerking
meerderheidsbesluit	besluit via consensus
conflict	harmonie
individueel resultaat	groepsresultaat
eigen verantwoordelijkheid	solidariteit
nadruk op verschillen	nadruk op overeenkomsten

De dimensie Boven-Onder

De dimensie Boven-Onder draait om de thema's beheersing en overgave. Aan de ene pool gaat het om *beheersing*, controle, de touwtjes in handen houden en een streven naar voorspelbaarheid. Aan de andere pool gaat het om *overgave*, vertrouwen, zich toevertrouwen, zich openstellen, toelaten, loslaten, volgen, afhankelijkheid, acceptatie.

In termen van groepsdynamica zien we hier de *polariteit van structuur versus proces*. Structuur in groepen biedt stabiliteit. Aandacht voor proces stimuleert tot verandering. Structuur kan aangebracht worden door planning, afspraken, tijdsbewaking, regels en procedures. Structuur biedt veiligheid aan de groepsleden. Het ontbreken van structuur roept bij veel mensen angst op. Een minimale basis van structuur is voorwaarde om met het proces te gaan werken. Proces staat voor groei, verandering.

Dit kunnen veranderingen zijn op groepsniveau (interactieniveau) of op individueel niveau (bestaansniveau). Een algemene regel voor het werken met groepen is: zoek de juiste balans tussen structuur en proces. Dat wil zeggen, kies een structuur die optimaal het gewenste proces (de gewenste verandering) bevordert. Zo bezien zijn beide polen even hard nodig. Structuur en proces verwijzen naar de *basispolariteit van stabiliteit versus verandering*.

Net als bij de eerdere polariteit tussen autonomie en verbondenheid zijn met de twee polen van dit dilemma tussen stabiliteit en verandering specifieke kwaliteiten verbonden. Je zou ook kunnen spreken van twee grondstromingen binnen mensen. Deze twee grondstromingen kunnen we met de volgende kenmerken typeren (Stahl, 2002):

Stabiliteit *(boven in de Roos)*	**Verandering** *(onder in de Roos)*
voorspelbaarheid	levendigheid
overzicht	afwisseling
zekerheid	meegaan met de stroom (*go with the flow*)
ordening	variatie
organisatie	overgave
planning	spontaniteit, improviseren
controle	verrassing
greep hebben	flexibiliteit
principes	ontwikkeling
betrouwbaarheid	ruimte maken voor het onverwachte
'zo hoort het'	'mensen zijn belangrijker dan regels'

Ook hier geldt dat zulke kenmerken tot uiting komen in gedragsvormen, opvattingen, voorkeuren, principes, grenzen die men trekt, waardeoordelen, competenties, angsten, idealen en stijlen van omgang met anderen. Gedrag is een uiting van de grondstroming die in iemand dominant is.

We kunnen de twee grondstromingen ook tegenkomen in kwaliteiten en valkuilen van mensen. Hieronder volgen enkele voorbeelden.

Stabiliteit	Verandering
betrouwbaar	creatief
trouw	improviserend
ordelijk	charmant
systematisch	dynamisch

Maar soms ook:	Maar soms ook:
dogmatisch	onbetrouwbaar
controlerend	zelfzuchtig
star	chaotisch

We kunnen de basispolariteit van stabiliteit versus verandering ook op groepsniveau onderkennen. Wanneer we de bovengenoemde kenmerken en kwaliteiten naar groepsdynamische waarden en principes vertalen, komen we tot het volgende overzicht (Stahl, 2002):

Stabiliteit	Verandering
planning	improvisatie
contracten of overeenkomsten	zonder verplichtingen
langetermijndenken	kortetermijndenken
doelgerichtheid	procesgerichtheid
plicht	vrijwilligheid
voorspelbaarheid	inspelen op wat zich aandient
structuur	proces

Samengevat

Als ik de intenties achter het gedrag van mensen in de cirkel van Leary zet (zie figuur 8.13), krijg ik het volgende beeld van twee polariteiten:
1. Achter Tegenover-Naast gedrag ligt de polariteit van autonomie versus interdependentie.
2. Achter Boven-Onder gedrag ligt de polariteit van beheersing versus overgave. In groepsdynamische termen gaat het hier om de polariteit van structuur versus proces.

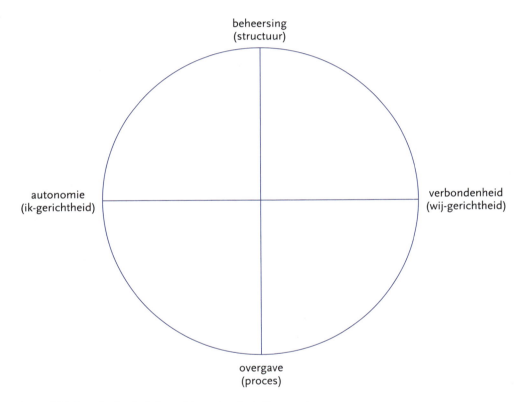

Figuur 8.13 Twee basispolariteiten achter gedrag in de Roos van Leary

8.12 De dramadriehoek

De dramadriehoek van Karpman (1968) is een model uit de Transactionele Analyse (TA) ter verklaring van vastlopende processen in communicatie en samenwerking. Het model onderscheidt drie rollen: de Aanklager, de Redder en het Slachtoffer (zie figuur 8.14).

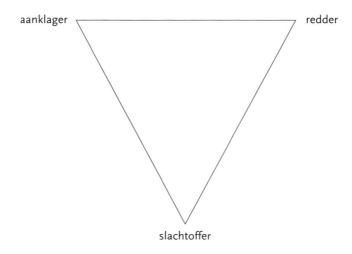

Figuur 8.14 Dramadriehoek van Karpman (1968)

Elke hoofdrolspeler in deze driehoek heeft een (min of meer) vaste wijze van omgaan met de andere twee. Net als in klassieke Griekse drama's verloopt hun interactie op een voorspelbare wijze, die altijd dramatisch is en vaak escaleert. De Aanklager treedt meestal bestraffend en verwijtend op, de Redder heeft altijd goede raad en advies en is sterk in ongevraagd helpen, terwijl het Slachtoffer zich hulpeloos toont en meestal afwacht en passief blijft. Deze drie rollen versterken elkaar. Bijvoorbeeld: hoe hulpelozer het Slachtoffer is, hoe harder de Redder gaat helpen. Interessant aan dit drama is dat de rollen heel snel kunnen wisselen. De Redder kan er plotseling genoeg van krijgen om het passieve Slachtoffer steeds maar te moeten helpen, en kan dan plots met verwijten uit de hoek komen en zo dus in de rol van Aanklager schieten. Of helemaal hulpeloos worden en er geen raad meer mee weten en zo in de rol van Slachtoffer terechtkomen. Deze driehoek vormt een sleutel tot het sneller begrijpen van ruzies en conflicten. Interessante vragen hierbij zijn voor welk van de drie rollen je allergisch bent en met sterke emotie reageert, maar evengoed ook voor welk van deze drie posities je zelf een voorkeur hebt wanneer je ruzie hebt.

Het voert te ver om dit model hier helemaal uit te werken. Ik wil hier wel met name het verband tonen tussen de dramadriehoek en de Roos van Leary (zie figuur 8.15). De dramadriehoek blijkt dus precies in de Roos van Leary te passen.

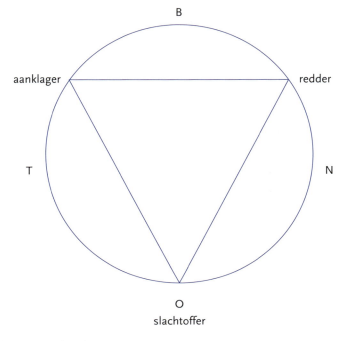

Figuur 8.15 De dramadriehoek in de Roos van Leary

8.13 Conflicthantering

Er is ook een verband tussen conflictstijlen en de Roos van Leary. In zijn basisboek over conflicthantering noemt Prein (2007) twee basisdimensies om vier conflictstijlen te verduidelijken. De ene dimensie noemt hij 'samenwerken versus tegenwerken', de andere 'opkomen voor eigen belangen versus zichzelf wegcijferen'. Door deze twee dimensies als twee assen te tekenen, ontstaat een plat vlak waarin hij vier conflictstijlen onderbrengt (zie figuur 8.16).

Een korte schets van elke stijl:
1. *Ontlopen* betekent vermijden van het conflict. Je trekt je terug en ontloopt de tegenstellingen. Je komt niet op voor je eigen belangen en je werkt ook niet samen. Je doet net alsof er geen conflict bestaat.
2. *Confronteren* betekent het conflict vol aangaan. Je komt sterk op voor je eigen belangen en probeert tegelijk samen te werken. De standpunten van beide partijen komen helder tegenover elkaar te staan. Daarbij worden vaak zowel meningen als gevoelens

stevig uitgesproken. Beide partijen zijn en blijven verantwoordelijk voor het vinden van een oplossing, zowel op korte als lange termijn.
3. *Forceren* betekent je eigen wil opleggen aan de andere partij. Hierbij kunnen allerlei machtsmiddelen ingezet worden, zoals dreigementen, chantage, inzet van politie enzovoort.
4. *Toedekken* betekent meegaan met wat de ander wil. Het is een vorm van gladstrijken. Je erkent wel dat er een conflict is, maar je gaat dit niet aan. Dat kan gebeuren in een hiërarchische situatie, waarin je toch het onderspit zult delven. De toedekkende partij handelt vanuit het gevoel 'de wijste te zijn' of 'ik kan niet anders'.

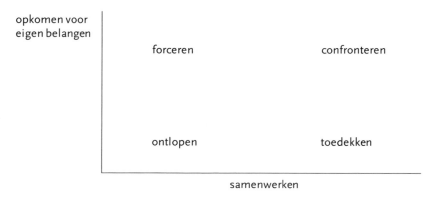

Figuur 8.16 Vier stijlen van conflicthantering (naar Prein, 2007)

Hoewel iedereen zijn voorkeuren heeft en er ook waardenoordelen aan elke stijl verbonden zijn, wijst Prein erop dat elke stijl van belang kan zijn en zijn waarde heeft. Het hangt van de situatie af welke stijl geschikt is. Je zou zijn theorie dan ook een *model voor situationeel conflictmanagement* kunnen noemen.
– *Ontlopen* is geschikt wanneer het onderwerp onbelangrijk is, of wanneer je geen kans ziet je doel te bereiken, of wanneer de mogelijke kosten van een confrontatie niet opwegen tegen de mogelijke baten.
– *Confronteren* is geschikt wanneer elk van beide standpunten te belangrijk is om af te doen met een compromis of door zwichten van een van beide partijen.
– *Forceren* is geschikt wanneer een snelle en besliste handeling vereist is, of bij belangrijke kwesties waar impopulaire maatregelen noodzakelijk zijn.
– *Toedekken* is geschikt wanneer je beseft dat je ongelijk hebt, of wanneer je een betere uitgangspositie voor later wilt opbouwen ('sociaal krediet' opbouwen).

Terug naar de Roos van Leary. Tijdens een training conflicthantering merkte ik dat de vier conflictstijlen goed onder te brengen zijn in de Roos (zie figuur 8.17). Dat gaf ineens zicht op veel meer mogelijkheden om met conflicten om te gaan. Denken in termen van de Roos opent zicht op de intenties achter het gedrag (zie paragraaf 8.11) en op de vraag welk gedrag door welke vorm van gedrag wordt opgeroepen (paragraaf 8.8). Vooral het laatste kan zinvol zijn, omdat juist bij conflicten beide partijen elkaars gedrag lijken te versterken, waardoor het conflict kan vastlopen en onoplosbaar wordt.

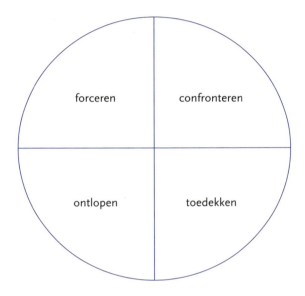

Figuur 8.17 Conflictstijlen in de Roos van Leary

Een slotopmerking: het zal misschien verbazen dat 'confronteren' rechtsboven in de cirkel staat. Besef dan echter dat voor confronteren een sterke vorm van samenwerking nodig is. Anders komen de partijen er niet uit.

8.14   Toegiften: waarden en dieren in de Roos

Waarden in de roos
Tijdens een discussie met een groep over intenties achter het gedrag (zie paragraaf 8.11), probeerden we een stap dieper te komen en op te sporen wat achter de genoemde intenties kan liggen. We kwamen op een reeks waarden die we in de Roos plaatsten. Net als

bij de tekst over de intenties wil ik wel opmerken dat deze gedachten nooit door Leary zelf zo verwoord zijn. Zowel de intenties als de waarden zijn 'zelfbedachte theorieën' die verhelderend kunnen zijn voor een beter begrip van de Roos (zie figuur 8.18).

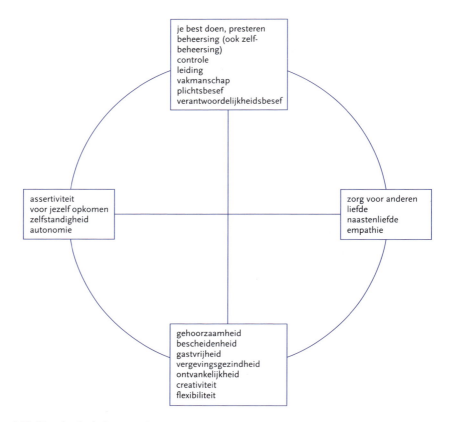

Figuur 8.18 Waarden in de Roos van Leary

Dieren in de Roos

Bij de bespreking van de axenroos van Cuvelier merkte ik al op dat een van de aantrekkelijke kanten van zijn model het gebruik van dierennamen is. Dit moet ik even toelichten. Cuvelier heeft zijn model veel gebruikt in het basisonderwijs en zijn leerlingen doen dat trouwens nog steeds. Kinderen leren in zijn trainingen zichzelf beter kennen, met name hoe ze reageren in bepaalde situaties. Dit doet Cuvelier aan de hand van dierennamen. Aan de hand van deze dierennamen leren kinderen ook hoe ze in lastige situaties anders kunnen reageren. Zo kan een stil kind van Cuvelier bijvoorbeeld de raad krijgen om zich meer als leeuw te gaan gedragen en daarmee ook te gaan oefenen. De namen van de dieren zijn dus een belangrijk didactisch hulpmiddel. De leeuw staat symbool voor 'geven' (ax 1): de leeuw is de koning van het dierenrijk, die leiding geeft en stevig zijn stem laat horen. De hond is het symbool voor ax 2 ('ontvangen'): hij laat zich aaien en ontvangt zo wat zijn baasje hem geeft; hij laat zich leiden en ontvangt commando's. En zo gaat Cuvelier verder: ax 3 van 'lossen' krijgt de schildpad, ax 4 van 'weerstaan' krijgt de steenbok, ax 5 van 'klauwen' krijgt de havik en ax 6 van 'houden' krijgt de uil. Dit zijn beelden die kinderen makkelijker snappen dan vaktermen.

In figuur 8.19 heb ik de dierennamen van Cuvelier vertaald naar de Roos van Leary. Ik heb dit aangevuld met enkele andere dierennamen en ik raad de lezer aan dit ook te doen. Een rijke inspiratiebron hiervoor vormen de dierverhalen van Toon Tellegen.

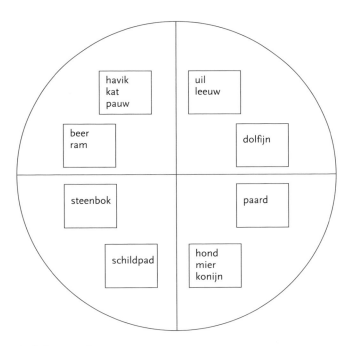

Figuur 8.19 Dieren in de Roos van Leary

9 Communicatie in groepen

9.1   Inleiding
9.2   Observatie van communicatie
9.3   Interactie-procesanalyse
9.4   Communicatiestructuur
9.5   Groepsgrootte
9.6   Groepsgrootte en interacties tussen de leden
9.7   Groepsgrootte en relaties tussen de leden
9.8   Groepsgrootte en leiderschap
9.9   Individuele verschillen
9.10 Status en invloed
9.11 Sympathieën en antipathieën in de groep
9.12 Communicatie en conformiteit
9.13 Co-participatie
9.14 Non-participatie

9.1   Inleiding

Alle communicatie in groepen verloopt tussen individuen en is daarom interpersoonlijke communicatie. Deze individuen vormen echter geen losse verzameling, maar een groep. Dit kenmerk voegt nog een extra aspect toe aan wat in de vorige hoofdstukken over communicatie al besproken is. De context van de groep zal de communicatie beïnvloeden. Ieder kan dagelijks observeren dat in groepen sommige leden meer aan het woord zijn dan andere en bovendien dat deze groepsleden zich meer tot sommige leden richten dan tot andere. In dit hoofdstuk geef ik aan wat voor bijzondere consequenties dit heeft voor groepen. Ik beschrijf een aantal communicatieprocessen die binnen groepen kunnen plaatsvinden. In de jaren vijftig en zestig van de vorige eeuw is daar veel onderzoek naar gedaan. In paragraaf 9.2 en 9.3 komt aan bod hoe we communicatie in groepen het best kunnen observeren. De invloed van de grootte van de groep bespreek ik in paragraaf 9.5 tot en met 9.8. De rol van status en invloed in de groep behandel ik in paragraaf 9.10 en de rol van sympathieën en antipathieën in paragraaf 9.11. Pressie tot conformiteit in groepen komt aan bod in paragraaf 9.12 en ik sluit af met processen van co-participatie en van non-participatie in paragraaf 9.13 en 9.14.

9.2 Observatie van communicatie

Wanneer we een bepaalde groep gedurende lange tijd observeren, zullen we merken dat er bepaalde regelmatigheden te zien zijn in de communicatie tussen de groepsleden, met andere woorden dat hun communicatie volgens bepaalde patronen verloopt. Zulke regelmatigheden en patronen vormen de *communicatiestructuur* van de groep.

Status in de groep

De communicatiestructuur hangt samen met enkele andere groepsaspecten, zoals de onderlinge statusverdeling binnen de groep. Groepsleden zijn geneigd hun communicatie meer te richten tot groepsleden met een hogere dan met een lagere status. Wanneer er tussen twee groepsleden twijfels bestaan of hun status gelijk is, zien we vaak dat ze geneigd zijn communicatie met elkaar te vermijden of dat ze verwikkeld raken in een competitieve rivaliteit. In paragraaf 9.10 geef ik aan dat zulke verbanden te maken hebben met de manier waarop groepsleden een status opbouwen in groepen en met enkele andere factoren, zoals affectiviteit en macht.

Interactie

Aan de observeerbare communicatieprocessen in een groep ligt dus een communicatiestructuur ten grondslag. De eenvoudigste manier om deze structuur op het spoor te komen, is het noteren van de *interactiefrequenties*, dat wil zeggen registreren hoe vaak ieder groepslid zich richt tot elk ander groepslid. Wanneer we dit gedurende langere tijd observeren, krijgen we een redelijk betrouwbaar overzicht van de interactiefrequenties. Wanneer we daarbij bovendien de observaties zo genoteerd hebben dat we niet alleen weten hoe vaak iemand het woord genomen heeft, maar ook precies tot wie hij zich richtte, weten we ook hoe vaak ieder aangesproken is. Bepaalde groepsleden krijgen meer communicaties tot zich gericht dan andere. Uit beide frequenties, van het actieve gespreksgedrag en van het aangesproken worden, kunnen we een redelijk betrouwbaar beeld samenstellen van de communicatiestructuur binnen de groep: wie het meest spreekt, wie de meeste belangstelling krijgt, tussen wie de meeste gesprekken verlopen, aanwijzingen voor coalities en subgroepen, wie overgeslagen wordt enzovoort.

Veel meer informatie over de communicatiestructuur in een groep krijgen we natuurlijk als we ook het inhoudelijk gespreksverloop observeren. Dan kunnen we verdere systematische verschillen en patronen tussen de groepsleden op het spoor komen. Sommige groepsleden brengen vaak meningen naar voren, terwijl andere vaker vragen stellen of het niet eens zijn met ingebrachte meningen.

9.3 Interactie-procesanalyse

Om zulke aspecten systematisch te observeren, heeft Bales (onder andere in 1970, maar in een eerdere versie al in 1950) zijn bekend geworden methode van *interactie-procesanalyse* ontworpen. De kern van deze methode vormt zijn categorieënsysteem (zie figuur 9.1). Met dit systeem wordt elke interactie in de groep geclassificeerd. Elke gedragseenheid, of deze nu verbaal is of non-verbaal, wordt ondergebracht in een van deze categorieën en geturfd. Bovendien wordt van elke gedragseenheid genoteerd van wie ze uitging en tot wie ze gericht was. De zo vastgelegde observaties kunnen op een aantal verschillende manieren geanalyseerd worden; een van die manieren is het opstellen van een 'wie spreekt tot wie'-matrix. Veel van de studies die hierna besproken worden, zijn gebaseerd op analyses via zo'n matrix.

Omdat dit categorieënsysteem zo'n brede toepassing gevonden heeft, bespreek ik het nader. De bovenste helft en de onderste helft vormen elkaars spiegelbeeld: de categorieën 1 en 12 horen bij elkaar, evenals 2 en 11, 3 en 10, 4 en 9, 5 en 8 en ten slotte 6 en 7. Deze paren zijn rechts in figuur 9.1 aangegeven met de letters a tot en met f. De betekenis van deze letters is vermeld onder aan figuur 9.1.

Belangrijk in dit schema is de groepering van de categorieën in de vier deelgebieden die links in figuur 9.1 staan aangegeven. Twee van deze deelgebieden (gebieden A en D) hebben het sociaal-emotionele klimaat in de groep tot onderwerp, terwijl de twee andere deelgebieden (B en C) het taakgerichte gedrag in de groep betreffen. Het categorieënsysteem van Bales geeft dus aan beide aspecten (het proces en de taak) evenveel aandacht.

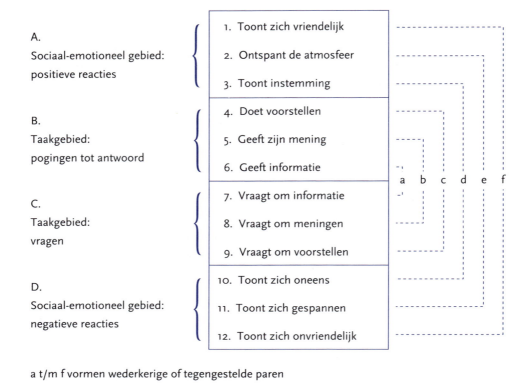

Figuur 9.1 Categorieën voor interactie-procesanalyse (naar Bales, 1950)
NB In de eerste versie van 1950 heette categorie 1: toont zich solidair, en categorie 12: toont antagonisme.

De categorieën van Bales

Ik licht de afzonderlijke categorieën apart toe (Bales, 1950 (Appendix)):

1. *Toont zich vriendelijk.* Omvat gedrag als hulpverlenen; anderen belonen; de status van anderen verhogen; solidariteit tonen.
2. *Ontspant de atmosfeer.* Lachen, grapjes maken; tevredenheid tonen; spontane uitingen van ontspanning en opluchting.
3. *Toont instemming.* Zich eens tonen; passieve en actieve acceptatie; akkoord gaan; begrip tonen; zich laten overtuigen.
4. *Doet voorstellen.* Suggesties geven voor mogelijke handelwijzen, zonder de autonomie van de ander aan te tasten; pogingen om het samenwerkingsproces te sturen.

5. *Geeft zijn mening.* Een evaluatie of een analyse bieden of een wens tot uiting brengen; ergens een evaluerend oordeel over geven.
6. *Geeft informatie.* Bijdragen tot oriëntatie; herhalen, verduidelijken of bevestiging geven; kortom, iets kenbaar maken.
7. *Vraagt om informatie.* Om oriëntatie, opheldering, herhaling of bevestiging vragen; kortom, vragen om iets kenbaar te maken.
8. *Vraagt om meningen.* Om opinies, evaluatie, analyse of om het uiten van wensen vragen; kortom, zoeken naar een evaluatief oordeel, ofwel via open en algemene vragen, ofwel via specifieke vragen naar opmerkingen.
9. *Vraagt om voorstellen.* Suggesties voor mogelijke handelwijzen vragen; naar sturing zoeken.
10. *Toont zich oneens.* Weerstand of verweer tonen; hulp weigeren; hulpbronnen achterhouden.
11. *Toont zich gespannen.* Zich terugtrekken uit de groepsinteractie; uitingen van ongeduld; van geagiteerd zijn; van angst, schaamte of schuld.
12. *Toont zich onvriendelijk.* Tonen van antagonisme; verlagen van de status van anderen; zichzelf verdedigen of zichzelf op overdreven wijze poneren; tonen van koppigheid, agressie of intolerantie.

Na deze bespreking van de twaalf interactiecategorieën van Bales zal het duidelijk zijn dat het leren observeren volgens deze methode heel wat oefening vergt. Wie zich in deze observatiemethode wil bekwamen, kan het best beginnen met een sterk vereenvoudigde versie die slechts bestaat uit de vier deelgebieden:
1. positieve sociaal-emotionele reacties;
2. taakgedrag: pogingen tot probleemoplossing;
3. taakgedrag: vragen om probleemoplossing;
4. negatieve sociaal-emotionele reacties.

Interactieprofiel
Uiteraard heeft Bales zelf vaak zijn uitgebreide versie gebruikt. Om de observatiegegevens van diverse studies met elkaar te kunnen vergelijken, is het gebruikelijk om de resultaten weer te geven in de vorm van percentages. Een overzicht van deze percentages voor elke categorie voor een bepaalde groepsbijeenkomst heet een *interactieprofiel*. In figuur 9.2 geef ik een voorbeeld van zo'n interactieprofiel (naar Bales, 1955, p. 33).

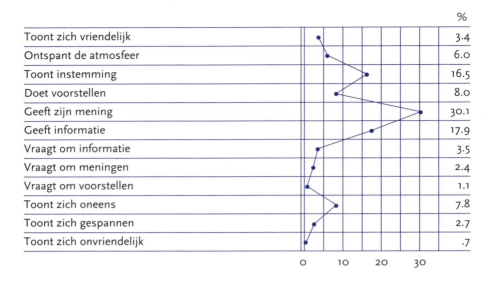

Figuur 9.2   Interactieprofiel van een kleine discussiegroep (Bales, 1955)

Zo'n profiel is volgens Bales (1955) typerend voor de interactie in kleine discussiegroepen. Ongeveer de helft (56%) van de gedragingen bestaat uit pogingen tot probleemoplossing met betrekking tot de taak (gebied B), terwijl de overige 44% bestaat uit positieve reacties, negatieve reacties en vragen. De reacties fungeren als een voortdurende feedback op de oplossingspogingen (in hoeverre die pogingen acceptabel zijn). Er zijn ongeveer tweemaal zoveel positieve als negatieve reacties (gebied A 25,9%, gebied D 11,2%). Dit wijst erop dat de groepsleden een gemeenschappelijke situatiedefinitie delen en in staat zijn tot oplossingspogingen die overeenstemmen met de groepsdoelen.

Interactieprofielen zijn handig om verschillen tussen groepen in beeld te brengen. We kunnen ook vergelijkingen maken tussen verschillende bijeenkomsten van een en dezelfde groep en zo de groepsontwikkeling nagaan. Bales heeft zulke profielen ook gebruikt om verschillende leiderschapsstijlen te beschrijven.

9.4   Communicatiestructuur

In een van de eerste grote studies met behulp van interactie-procesanalyse heeft Bales (1952) de observaties van een aantal groepen in gevarieerde situaties gecombineerd. Toen hij de groepsleden ordende naar het aantal gedragseenheden waarin ze het initiatief namen, bleek dat de actiefste groepsleden ook de meeste communicaties ontvingen.

Bovendien was er niet alleen een duidelijk verschil tussen de initiatiefnemers en de overige groepsleden met betrekking tot het aantal van hun communicaties, maar ook met betrekking tot de inhoud van hun communicaties. De initiatiefnemers verstrekten meer informatie en gaven vaker hun mening, terwijl de opmerkingen van de weinig communicerenden vaker in de categorieën 'instemming tonen', 'zich oneens tonen' en 'vragen om informatie' vielen (Secord & Backman, 1964, pp. 291-292).

Zulke kenmerken van communicaties in groepen worden mede bepaald door de grootte van de groep, door individuele verschillen tussen groepsleden, door de bezigheden en de taak van de groep, door de omstandigheden waaronder de groep functioneert, door groepsnormen en door de verdeling van macht en status en van sympathieën en antipathieën in de groep (Secord & Backman, 1964). Enkele factoren zal ik hierna bespreken.

9.5 Groepsgrootte

Zelden zal een groep een onbeperkte hoeveelheid tijd ter beschikking hebben. Daarom zal er bij toenemende groepsgrootte voor elk groepslid minder gelegenheid zijn om binnen de beschikbare tijd zoveel te spreken als hij wil. In een kleine groep heeft ieder groepslid meer gelegenheid voor een inbreng in het gesprek. Bij toename van het aantal groepsleden zullen de spraakzamen even spraakzaam blijven of zelfs nog spraakzamer worden en laten de stillere groepsleden zich meer op de achtergrond dringen, zodat het verschil tussen spraakzame en zwijgzame groepsleden nog groter wordt.

Twee onderzoeken wijzen op de tendens dat naarmate de groep groter wordt, de actiefste groepsleden steeds actiever worden in vergelijking met de andere groepsleden (Stephan & Mishler, 1952; Bales & Borgatta, 1955). Ook de inhoud van de communicatie verandert met wijziging in groepsgrootte. Zo blijkt uit andere onderzoeken dat groepsleden in kleinere groepen meer tevreden zijn en het vaker met elkaar eens zijn. In een kleinere groep kan ieder meer aan de discussie bijdragen; met name de stillere groepsleden krijgen dan meer kansen om zich uit te spreken. In grotere groepen vinden de stillere leden vaak dat aan hun inbreng onvoldoende aandacht besteed is, zodat zij (achteraf) vaker ontevreden zijn met het groepsbesluit.

De groepsgrootte zal slechts zelden rechtstreeks de oorzaak zijn van succes of mislukking met betrekking tot de groepstaak, maar kan wel indirect daarop van invloed zijn. De groepsgrootte blijkt namelijk effecten te hebben op enkele belangrijke aspecten van groepsgedrag, zoals op de interacties tussen de groepsleden, op de relaties tussen de groepsleden en op het leiderschap. Ik licht deze drie aspecten nu nader toe.

9.6 Groepsgrootte en interacties tussen de leden

Goldstein e.a (1966, p. 339) vatten een aantal conclusies uit onderzoeken samen. Naarmate de groep groter wordt, blijkt dat:
- het verschil tussen de leden die veel zeggen en de leden die weinig zeggen steeds groter wordt;
- het verschil tussen hoeveel de groepsleider zegt en hoeveel het gemiddelde groepslid zegt steeds groter wordt (Stephan & Mishler, 1952);
- er een tendens is dat ieder groepslid minder zegt en minder bijdraagt aan de interactie omdat er per groepslid minder spreektijd beschikbaar is (Bales & Borgatta, 1955);
- er een steeds groter wordend aantal groepsleden is dat weinig bijdraagt aan de groepsinteractie (Kelley & Thibaut, 1954);
- steeds meer leden gevoelens van bedreiging en geremdheid ervaren (Gibb, 1954).

Bales en Borgatta (1955) hebben onderzocht hoe de groepsgrootte van invloed is op de interactie in op probleemoplossing gerichte groepen. Daartoe lieten zij de groep toenemen van twee naar zeven leden. Zij observeerden duidelijke veranderingen in de interactie: naarmate de groep groter wordt, is er een sterkere neiging tot een mechanische en meer onpersoonlijke werkwijze met betrekking tot het inbrengen van informatie. Bovendien exploreren de groepsleden minder sensitief de standpunten van de anderen en zijn er meer rechtstreekse pogingen om controle uit te oefenen over de anderen en om een oplossing te vinden.

9.7 Groepsgrootte en relaties tussen de leden

De groepsgrootte heeft ook effecten op de relaties tussen de groepsleden en op het groepsklimaat en kan zo ook een succesvolle taakvervulling beïnvloeden. Enkele gegevens uit de groepsdynamica vatten Goldstein e.a (1966, pp. 340-343) als volgt samen:
- Grote conferentiegroepen blijken meer storingen te verwerken te hebben dan kleine (Miller, 1950).
- Hoe groter de groep, hoe minder de groepsleden het gevoel hebben er echt bij te horen (Miller, 1950).

- Hoe groter de groep en dus hoe minder gelegenheid tot gespreksinbreng, des te vaker ervaren de groepsleden gevoelens van frustratie (Miller, 1950).
- In een vergelijking tussen vijfpersoons- en twaalfpersoonsgroepen zijn in de grotere groepen minder consensus en meer gevoelens van ontevredenheid (Hare, 1952).
- Grote groepen vertonen minder cohesie dan kleine (Seashore, 1954).
- In grote groepen vormen en versterken zich eerder subgroepen (Hare, 1962).
- Hoe groter de groep, hoe duurzamer de status van de leden en de hiërarchie binnen de hele groep (Hare, 1962).
- Hoe kleiner de groep, hoe sterker zich affectieve banden tussen de leden ontwikkelen en versterken (Coyle, 1930; Kinney, 1953).

Optimale groepsgrootte

Diverse auteurs concluderen op grond van hun onderzoeken in op probleemoplossing gerichte groepen dat vanuit het perspectief van de groepsleden vijfpersoonsgroepen het vaakst harmonieus samenwerken (Hare, 1952; Bales, 1954; Slater, 1958). In groepen die kleiner zijn, klagen de leden erover dat de groep te klein is, ook al heeft ieder meer spreektijd beschikbaar. Wellicht dat ze zich dan meer gedwongen voelen om te participeren.

In groepen die groter zijn dan vijf leden, klaagt men dat de groep te groot is. Dit is wellicht te wijten aan het gebrek aan spreektijd voor ieder: men heeft onvoldoende gelegenheid tot volledige participatie. Een groep van vijf heeft bovendien het voordeel dat er door het oneven aantal geen impasse mogelijk is tussen twee even grote subgroepen én dat de groep groot genoeg is om gemakkelijk en snel van rol te wisselen (Hare, 1976, p. 229). Conclusie: de optimale groepsgrootte ligt bij vijf leden.

9.8 Groepsgrootte en leiderschap

In de groepsdynamica zijn ook enkele verbanden aangetoond tussen toenemende groepsgrootte en het tot ontwikkeling komen van leiderschap. Niet alleen daalt de gemiddelde spreektijd per groepslid naarmate de groep groter wordt, er treedt ook een wijziging op in de verdeling van de spreektijd. In de grafiekjes (zie figuur 9.3) van Bales e.a. (1951) zien we dat bij het groter worden van de groepen de positie van het groepslid met rangnummer 1 relatief steeds belangrijker wordt. In figuur 9.3 is de mate van participatie van elk groepslid uitgedrukt in percentages van zijn aandeel in de totale groepsinteractie.

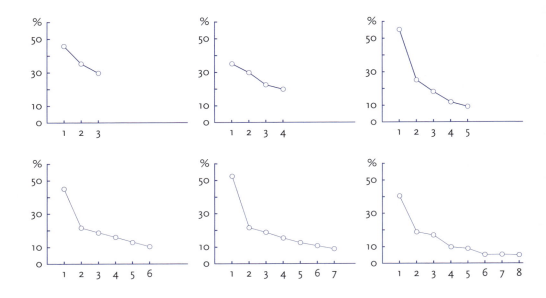

Figuur 9.3 Participatie in groepen van verschillende grootte (drie tot en met acht leden) (naar Bales e.a., 1951)

Naar voren komen van een leider

Naarmate de groep groter wordt, valt er een toenemende tendens te zien tot centralisatie: tot het naar voren komen van een 'leider'. De kloof tussen de *top participator* en de anderen wordt steeds groter en steeds meer groepsleden komen minder aan hun trekken; hun inbreng blijft onder het groepsgemiddelde (Hare, 1976, pp. 219-220).

Ook andere onderzoeken bevestigen zulke verbanden tussen toenemende groepsgrootte en tot ontwikkeling komend leiderschap. Zo blijkt dat naarmate de groep groter wordt (Goldstein e.a., 1966, p. 340):
– steeds meer het woord gericht wordt tot de groepsleider en steeds minder tot de andere groepsleden (Miller, 1950);
– de leider steeds meer zijn opmerkingen richt tot de groep als geheel en steeds minder tot specifieke individuen in de groep (Miller, 1950);
– het communicatiepatroon zich neigt te centraliseren rond de leider; via de leider verloopt de meeste communicatie (Miller, 1950);
– de leiderrol aan zwaardere en talrijkere eisen moet voldoen (Hemphill, 1950);
– de groepsleden sterker accepteren dat de begeleiding meer leidergecentreerd in plaats van groepsgericht wordt (Hemphill, 1950);
– er minder gelegenheid is voor wie dan ook van de 'gewone' groepsleden om een leiderschapspositie in te nemen (Hemphill, 1950).

In kleine groepen van vier of vijf leden heeft ieder voldoende gedragsruimte en kunnen de capaciteiten van ieder voldoende tot hun recht komen. Maar in grotere groepen zullen alleen de krachtiger leden ruimte nemen om hun ideeën en capaciteiten naar voren te brengen, omdat die situatie niet voldoende ruimte toelaat voor het 'herbergen' van alle groepsleden (Carter e.a., 1951, p. 260). Vanuit deze onderzoeksresultaten uit de groepsdynamica blijkt dat we groepsgrootte niet rechtstreeks in verband moeten brengen met taaksucces van de groep, maar alleen voor zover de grootte van invloed is op de interacties tussen de leden, de interpersoonlijke relaties en de leiderschapsstructuur (Goldstein e.a, 1966, p. 341).

Maximale groepsgrootte

Hoewel bovenstaande gegevens uit een niet-therapeutische context afkomstig zijn, lijkt het erop dat de gedachtegang dat groepsgrootte niet rechtstreeks van invloed is op therapeutisch succes (maar alleen voor zover deze functioneel doorwerkt in andere belangrijke groepsdimensies), ook van toepassing is op therapeutische groepen. Als een van deze dimensies gebruikte Castore (1962) de verbale interactie van elk groepslid met alle andere groepsleden. In een onderzoek bij therapiegroepen observeerde hij deze verbale interactie in groepen die varieerden van vijf tot twintig leden. Hij constateerde een drastische terugval in de verbale interactie van elk groepslid met alle andere groepsleden zodra de groep groter werd dan acht leden. Een tweede drastische terugval observeerde hij zodra de groep groter werd dan zestien leden. Hij concludeert dan ook: voor therapiegroepen die bestaan uit cliënten die moeilijkheden hebben in de interactie met anderen, lijken de beste therapeutische mogelijkheden aanwezig als ze bestaan uit acht of minder leden (vergelijk Goldstein e.a., 1966, pp. 341-343).

9.9 Individuele verschillen

Enkele malen sprak ik al van spraakzame en zwijgzame groepsleden. Hoewel het natuurlijk voor een deel van de andere groepsleden en van enkele groepseigenschappen afhangt hoeveel en wat ieder wenst te communiceren, zijn er aanwijzingen dat er individuele verschillen zijn in 'communicatiebereidheid'. Zo heeft Goldman-Eisler (1951) de hypothese onderzocht dat 'iedere persoon een constante verhouding handhaaft tussen hoeveel hij praat en hoeveel hij zwijgt, ongeacht met wie hij in interactie is'; met andere woorden, dat mensen die graag veel aan het woord zijn, dit in veel situaties zullen doen en dit geldt ook voor mensen die liever weinig aan het woord zijn. Deze hypothese werd in een onderzoek bevestigd. Dit onderzoek was echter beperkt van opzet en we dienen deze conclusie dan ook hoogstens op te vatten als een sterke aanwijzing in die richting.

Ieder schijnt voor zichzelf een soort bovengrens te hanteren die hij liever niet overschrijdt. Klein (1956, pp. 166-167) merkt hierover op: het lijkt alsof ieder groepslid voor zichzelf een tijdsnorm in gedachten heeft waarop hij recht heeft, zodat hij, wanneer hij merkt dat hij in de eerste helft van de bijeenkomst te veel of te weinig gesproken heeft, zijn mate van spraakzaamheid zal wijzigen in de tweede helft van de bijeenkomst, om over het geheel genomen toe te komen aan de hoeveelheid communicatie die hij zichzelf toestaat.

Afstemming op elkaar

Uit zo'n observatie blijkt wel dat er meer meespeelt dan alleen individuele persoonlijkheidsfactoren: de spraakzaamheid hangt in sterke mate ook af van de relatie tussen de gesprekspartners. Zo observeerden Borgatta en Bales (1953) dat hoe lager de inbreng van anderen was, hoe meer de eigen inbreng steeg. In een andere studie onderzocht Bales hoeveel gesprekspartners met elkaar communiceerden die aanvankelijk vreemden voor elkaar waren en die de instructie kregen om elkaar beter te leren kennen (Bales & Hare, 1965). Ook hier bleek dat de communicatielengtes omgekeerd evenredig waren. Met andere woorden, als de ene partner veel aan het woord was, verminderde de andere zijn gespreksinbreng. Maar in gesprekken tussen mensen die elkaar al goed kennen, gaat dit juist niet op: daarin worden de lengtes van de gespreksbijdragen juist meer gelijk aan elkaar, alsof ze hiervoor een gemeenschappelijke norm ontwikkeld hebben.

Spraakzaamheid van anderen in de groep

Borgatta en Bales (1953) onderzochten nog meer. Vooraf stelden ze van groepsleden de gebruikelijke mate van communicatie vast. Op basis van deze gegevens stelden ze drie nieuwe soorten groepen samen: groepen die bestonden uit 'hoge bijdragers' (dat wil zeggen mensen, die vaak of langdurig aan het woord waren), groepen van 'lage bijdragers' en gemengde groepen van hoge, lage en gemiddelde bijdragers. Via observatie stelden de onderzoekers vast dat de lage bijdragers in een homogene groep iets frequenter aan het woord waren dan daarvoor, omdat ze meer kans daartoe kregen in een groep waarin niemand verbaal domineerde, maar ze spraken toch niet zoveel als de hoge bijdragers. In hun eigen homogene groepen waren de hoge bijdragers minder frequent aan het woord dan daarvoor, vermoedelijk vanwege de simpele reden dat er een grens is aan wat binnen de gegeven tijd gezegd kan worden. De gemengd samengestelde groepen vertoonden de meeste interactie, omdat ieder op het door hem gewenste niveau kon spreken. Zulke gegevens bevestigen weliswaar de hypothese van Goldman-Eisler dat ieder een karakteristiek niveau van spraakzaamheid heeft dat bij hem past, maar vullen deze hypothese aan met de conclusie dat dit niveau tot op zekere hoogte beïnvloed wordt door de niveaus van spraakzaamheid die karakteristiek zijn voor de andere groepsleden. De verschillen in inbreng in de groepsinteractie zijn dus maar voor een deel toe te schrijven aan individuele verschillen; de verschillen worden versterkt of verzwakt door de spraakzaamheid van wie er nog meer in de groep zitten (Klein, 1956, p. 28).

9.10 Status en invloed

Het feit dat sommige groepsleden meer aan het woord zijn dan andere, heeft enkele belangrijke gevolgen. Want hoewel elke opmerking in de groep door ieder gehoord kan worden, wordt zo'n opmerking meestal gericht tot een bepaald groepslid. De ontvanger van zo'n opmerking zal op zijn beurt ertoe geneigd zijn om zijn antwoord te richten tot degene die hem heeft aangesproken. Spraakzame groepsleden vormen dus een sterkere stimulans voor de groep en voor elkaar dan zwijgzame leden. Groepsleden zullen hun reacties en antwoorden vooral richten tot de spraakzame leden om te laten merken of ze het er wel of niet mee eens zijn of om een bepaald punt verder uit te werken enzovoort. Dit betekent dat groepsleden die vaak aan het woord zijn, ook vaker aangesproken worden door de anderen. Ieder groepslid neigt ertoe om zich vooral te richten tot de spraakzame groepsleden. En omdat de zwijgzame leden nu eenmaal zwijgzaam zijn, zal de gesproken interactie dus vooral verlopen tussen de meer spraakzame leden (Klein, 1956, p. 29).

Statusverschillen
Communicatie in groepen wordt ook medebepaald door de machtsverdeling binnen de groep en door statusverschillen tussen de groepsleden. Dit verband tussen status en communicatie is wederzijds: niet alleen dat statusverschillen leiden tot communicatieverschillen, maar ook dat verschillen in spraakzaamheid leiden tot statusverschillen. Het is alweer Bales geweest die erop gewezen heeft dat groepsleden die veel initiatief vertonen, een hogere status toebedeeld krijgen in groepen: de andere groepsleden zien hen als de personen met de beste ideeën en met de productiefste bijdragen. Hij constateerde dan ook een stevige correlatie tussen participatiefrequentie en status (Bales, 1953). Ook Norfleet (1948) stelde een sterk verband vast tussen de mate van participatie en het door medegroepsleden als productief beoordeeld worden.

In de onderzoeken van Bales en Norfleet werd productiviteit subjectief gemeten, namelijk via de meningen van de groepsleden over elkaar, en blijkt niet duidelijk of de spraakzame groepsleden ook werkelijk, dus volgens objectieve criteria, productiever zijn. Dit laatste heeft Riecken (1958) nader onderzocht door tijdens een probleemdiscussie in sommige groepen het spraakzaamste groepslid een hint te geven voor de beste oplossing en in andere groepen het zwijgzaamste groepslid. Ik vat de resultaten van zijn onderzoek in vier punten samen:

1. De eerste conclusie van Bales en Norfleet werd bevestigd: het groepslid dat het meest aan het woord is, wordt door de anderen in de groep gezien als degene die het meest heeft bijgedragen aan de probleemoplossing.
2. Het spraakzaamste groepslid kreeg vaker zijn oplossingsvoorstel geaccepteerd dan het zwijgzaamste, ook al had het zwijgzaamste groepslid in sommige groepen de beste informatie en de beste suggesties. Doorslaggevend in de beïnvloeding van de groep is dus niet de kwaliteit van de informatie of van de suggesties als zodanig, maar de verworven status als spraakzaamst groepslid. Wel bleek dat spraakzame groepsleden een betere strategie gebruiken dan zwijgzame leden in hun pogingen om een voorstel geaccepteerd te krijgen: ze gebruiken meer en gevarieerder argumenten en baseren hun voorstellen op meer informatie, zodat ze meer weten te overtuigen.
3. Hoe accuraat zijn de groepsleden in het beoordelen van wie het meest tot de groepsoplossing bijgedragen heeft? Groepsleden kunnen tamelijk nauwkeurig de rangorde van bijdragen aan de discussie aangeven. Maar hier komt iets bij. Met name in kortdurende groepen en in de beginfasen van langerdurende groepen hebben groepsleden de neiging om kwantiteit met kwaliteit te verwarren. Dus om de kwaliteit van ieders bijdrage gelijk te stellen aan hoeveel hij gesproken heeft en te denken dat wie het meest gepraat heeft ook de beste dingen gezegd heeft. Een gevolg hiervan is dat ze geneigd zijn om de kwaliteit van wat de spraakzame leden zeggen te overschatten en van wat de zwijgzame leden zeggen te onderschatten.
4. Riecken ging ook na wat er in groepen gebeurde waarin het voorstel van een zwijgzaam groepslid toch geaccepteerd werd. Het bleek dat dit alleen lukte wanneer hij de steun kreeg van een spraakzamer groepslid. In enkele groepen bleek dit spraakzamer groepslid in de totale groepsrangordening het 'tweede groepslid' te zijn, dat Bales aanduidt als de sociaal-emotionele specialist.

Taakgerichtheid en sociaal-emotionele gerichtheid

Status in groepen wordt dus sterk meebepaald door de mate van participatie en (toegeschreven) productiviteit en minder door de mate van populariteit of geliefdheid. Bales (1953) stelde vast dat degene die volgens observaties het meest actief geweest was, ook de persoon was van wie de medegroepsleden vonden dat hij de beste ideeën had, maar dat deze beste-ideeën-man niet de persoon was die ze het meest mochten, integendeel.

Al na enkele groepsbijeenkomsten ontstaat er een differentiatie tussen taakgerichtheid en sociaal-emotionele gerichtheid (in hoofdstuk 10 ga ik daar nader op in). Degene die het meest participeert, wordt vaak de *taakspecialist*. Degene die daarna het meest participeert (het 'tweede groepslid'), wordt de *sociaal-emotionele specialist*. Productiviteit leidt tot een hogere status. Welke rol sympathie speelt in groepscommunicatie bespreek ik in paragraaf 9.11.

Er zijn dus verbanden tussen spraakzaamheid, initiatief tonen en het verwerven van status in de beginfase van een groep. Deze verbanden blijven vaak doorwerken in latere fasen omdat de spraakzame en actieve groepsleden elkaar ondersteunen in hun hoge status, tenzij zich een rivaliteit tussen hen ontwikkelt. Klein (1956, p. 30) wijst erop dat het verband tussen spraakzaamheid en status niet alleen verklaard kan worden uit het feit dat andere groepsleden zich vooral tot de meer spraakzame leden richten, maar ook vanuit het misverstand dat spraakzaamheid en productiviteit synoniem zijn (vergelijk Riecken, 1958). Dit misverstand, dit denken dat de veel pratende groepsleden ook het productiefst zijn, draagt bij tot versterking van hun status.

Samengevat
De belangrijkste onderzochte verbanden tussen communicatie en status vatten Klein en Secord en Backman als volgt samen:
- Er is een zichzelf bekrachtigend verband tussen een actieve positie in de communicatiestructuur en een hoge positie in de statusstructuur van de groep, want spraakzame leden worden meestal ook als productief beoordeeld (Secord & Backman, 1964, p. 296).
- Groepsleden met een lage status vinden vaak van zichzelf dat ze niet zulke goede suggesties en voorstellen doen als leden met een hoge status (Klein, 1956, p. 38).
- De communicaties in de groep worden vaker gericht tot groepsleden met een hogere of gelijke status dan tot leden met een lagere status (Secord & Backman, 1974, p. 295).
- Spraakzame leden spreken vaker tot elkaar en bekrachtigen zo elkaars positie in de groep (Klein, 1956, p. 37).
- Wanneer twee groepsleden er niet zeker genoeg over zijn of hun status gelijk is, zijn ze geneigd communicatie met elkaar te vermijden, vooral als ze beiden een tamelijk lage positie bezetten in de statushiërarchie (Secord & Backman, 1974, p. 295).

9.11 Sympathieën en antipathieën in de groep

Hoeveel groepsleden met elkaar communiceren en met name tot wie ze zich richten, hangt natuurlijk ook af van de sympathieën en antipathieën die ze voor elkaar voelen. Elders (in paragraaf 2.4) heb ik de interactiehypothese van Homans genoemd, die erop neerkomt dat toename in interactie meestal gepaard gaat met toenemende gevoelens van genegenheid en vriendschappelijkheid. En het omgekeerde gaat natuurlijk ook op: wanneer je bepaalde personen sympathiek vindt, zul je ook meer interactie met hen aangaan. Je zult dus meer communiceren met groepsleden die je sympathiek vindt en minder met wie je antipathiek vindt. Logisch eigenlijk (dat dit echter niet altijd opgaat, heb ik beschreven in Remmerswaal, 1982).

Van de factoren die onderlinge gevoelens van sympathie en attractie bepalen, is vooral gelijkheid (of veronderstelde gelijkheid) de belangrijkste: gelijkheid van houdingen, gelijkheid van opvattingen, gelijkheid van bepaalde persoonlijkheidskenmerken en gelijkheid in sociale achtergrond.

Klein (1956, pp. 29-30) voegt hieraan toe dat ook de mate van spraakzaamheid hierin meespeelt: spraakzame leden voelen meer sympathie voor elkaar dan voor zwijgzame leden. In een onderzoek naar de inhoud van de communicaties tussen veel en weinig sprekende groepsleden vond Mills (1953) bevestiging hiervoor. Actieve groepsleden ondersteunen elkaar vaker. Dit betekent dat actieve groepsleden ook op deze manier elkaars invloed in de groep bekrachtigen.

9.12 Communicatie en conformiteit

Begin jaren vijftig in de vorige eeuw heeft Festinger met een aantal collega's, onder wie Back, Schachter, Thibaut en Kelley, een aantal hypothesen getoetst over communicatieprocessen in groepen. Daarbij richtten de onderzoekers zich met name op de volgende drie soorten communicatie:
1. communicatie vanuit een druk tot conformiteit in groepen;
2. communicatie ten behoeve van de taakvervulling en het bereiken van de groepsdoelen;
3. communicatieprocessen die te maken hebben met het sociaal-emotionele klimaat.

Hieronder ga ik met name in op communicatie en druk tot conformiteit. Hierover merkte Festinger (1950) op dat de druk tot conformiteit in groepen kan voortkomen uit twee bronnen:

1. uit pogingen om een sociale werkelijkheid te handhaven;
2. uit pogingen tot het bereiken van het groepsdoel.

Sociale werkelijkheid
Allereerst het begrip sociale werkelijkheid. Wanneer we geen ondubbelzinnige en objectieve criteria hebben om de geldigheid van opvattingen en meningen vast te stellen, vertrouwen we meestal op de 'sociale werkelijkheid', dat wil zeggen op wat 'anderen ervan vinden', om meer zekerheid te krijgen. Dit speelt ook in groepen. Wanneer in de groep de meningen echter te sterk uiteenlopen, biedt de groep een te wankele basis. Vandaar dat er in groepen vaak druk wordt uitgeoefend in de richting van uniformiteit in opvattingen en het handhaven van consensus hierover, zeker als het onderwerpen betreft die voor de groepsleden van belang zijn.

Groepsdoel
Als tweede bron van druk tot conformiteit noemt Festinger de pogingen om het groepsdoel te bereiken. Wanneer conformiteit daarvoor wenselijk of noodzakelijk geacht wordt, zal ook om deze reden de groep pressie uitoefenen tot conformiteit. De groep kan dit op twee manieren proberen te realiseren:
1. door communicatie te richten op afwijkende groepsleden, met de bedoeling hen van mening te doen veranderen;
2. door leden met afwijkende meningen te verwerpen of uit te sluiten.

Druk op de deviant
Beide mogelijkheden kunnen in groepen voorkomen. Het blijkt dat groepen aanvankelijk de eerste manier gebruiken en de deviant in de groep onder sociale druk zetten. Zolang er nog een redelijke kans bestaat dat de deviant van gedachten verandert, zullen groepen de neiging hebben om hun communicatie vooral op deze deviant te richten. Als dit niet lukt, zullen groepen overgaan op de tweede manier: negeren, isoleren of uitstoten van het afwijkende groepslid. Zo heeft Festinger aangetoond dat er een sterkere pressie op de deviant wordt uitgeoefend naarmate hij meer afwijkt. En Schachter (1951) toonde aan dat deze pressie sterker is naarmate de cohesie hoger is en naarmate het onderwerp waarop de afwijkende mening betrekking heeft, van groter belang is voor de groep.

Ik sta hierna wat langer stil bij het onderzoek van Schachter. In zijn onderzoek maakte Schachter gebruik van drie 'medeplichtigen', dat wil zeggen betaalde rolspelers. In elke groep plaatste hij, zonder dat de groepsleden dit wisten, drie onderzoeksmedewerkers die elk een eigen rol speelden: een *deviant* die een standpunt inneemt dat sterk afwijkt van het groepsstandpunt, een *gematigde* die hetzelfde standpunt inneemt als de andere groepsleden, en een *glijder* (*slider*) die in het begin van de groepsdiscussie hetzelfde standpunt inneemt als de deviant, maar in de loop van de discussie zijn standpunt wijzigt in de richting van de groepsmeerderheid.

Acceptatie of verwerping

De mate van acceptatie of verwerping stelde Schachter onder andere vast via een sociometrische vragenlijst. Aan het eind van elke groepsbijeenkomst werd aan elk groepslid gevraagd om op een vragenlijst een rangorde aan te geven van alle groepsleden volgens het criterium 'hoe graag wil je met hem in de groep blijven'. Laag in deze rangorde plaatsen is een aanwijzing voor verwerping.

Het onderzoek resulteerde in de volgende conclusies:
1. Groepsleden die volharden in een afwijkende mening (devianten), worden sterker verworpen dan groepsleden die aanvankelijk een afwijkende mening verkondigen, maar deze geleidelijk wijzigen in de richting van de groepsmeerderheid.
2. De verwerping van de deviant is sterker in groepen met een belangrijke taak.
3. De verwerping van de deviant is sterker in groepen met een hoge cohesie.

Bovendien blijkt uit observatiegegevens dat de hoeveelheid communicatie die de groep tot de deviant richt, voortdurend toeneemt tijdens de groepsbijeenkomst, met name in groepen met hoge cohesie en in groepen met een belangrijke taak.

Op dit laatste gegeven bestaat echter één uitzondering, namelijk in groepen waarin zowel de cohesie als het belang van de taak hoog zijn. In zulke groepen neemt aanvankelijk de hoeveelheid communicatie tot de deviant toe, maar na een bepaald punt valt een sterke afname te constateren. Dit verschijnsel kan verklaard worden vanuit de verwerping door de groep. Zolang de deviant nog door de andere groepsleden geaccepteerd wordt, neemt de communicatie naar hem toe, maar vanaf het moment dat hij door de groepsleden verworpen begint te worden, wordt hij niet langer als 'een van ons' beschouwd en wordt hij steeds meer genegeerd en buitengesloten.

Dat de groepsleden met de meest extreme opinies in groepen aanvankelijk de meeste communicatie naar zich toetrekken, is later bevestigd in ander onderzoek (Festinger & Thibaut, 1951).

9.13 Co-participatie

Ook het begrip co-participatie kan meer zicht bieden op communicatiepatronen in een groep. Wat is co-participatie? Wie een groepsbijeenkomst enige tijd observeert, kan vaak een aantal fasen in de interactie onderscheiden. Zo kan een groep een bepaald onderwerp soms een tijdlang op een apathische manier bespreken, maar daarna overgaan tot een levendigere gesprekstoon. Daarna komt wellicht een ander onderwerp ter sprake op weer een andere gesprekstoon enzovoort. Sommige groepsleden zullen actiever zijn tijdens bepaalde interactiefasen en passiever tijdens andere fasen. Wanneer nu twee (of meer) groepsleden beiden actief zijn in dezelfde fasen en in andere fasen beiden passief zijn, spreken we van *co-participatie*. Deze groepsleden participeren dan tezamen. Stock en Thelen (1958, pp. 84-91) bespreken een onderzoek van Ben-Zeev naar enkele achtergronden van co-participatie. Hieronder vat ik de hoofdzaken samen.

Sociaal-emotioneel klimaat

Uit het onderzoek bleek een verband tussen co-participatie en sociometrische keuze. Dit betekent dat groepsleden geneigd zijn te co-participeren met de groepsleden waarvoor ze een persoonlijke voorkeur hebben. Dit verband was echter tamelijk zwak. Bij nadere analyse bleek dat een aantal groepsleden juist niet co-participeert met andere groepsleden van hun persoonlijke voorkeur. Er moet dus meer aan de hand zijn. Om dit op het spoor te komen, ging de onderzoeker uit van enkele basisbegrippen uit de theorie van Bion (1961). Bion onderscheidt vier sociaal-emotionele klimaten in groepen, die hij aanduidt als *basisassumpties*. Bion onderscheidt: (1) afhankelijkheid; (2) vechten; (3) vluchten; (4) paarvorming (vergelijk paragraaf 9.2). In sommige interactieperioden kan het overheersende sociaal-emotionele klimaat getypeerd worden als vechten: dan valt veel rivaliteit te zien, het niet met elkaar eens zijn, dominantie, doordrukken van eigen meningen, vijandigheid en andere negatieve gevoelens. In andere interactieperioden kan het overheersende sociaal-emotionele klimaat getypeerd worden als 'paarvorming': warmte, verbondenheid, vriendelijkheid, ondersteuning, onderlinge overeenstemming enzovoort.

Ben-Zeev hanteerde een vragenlijst waarmee vastgesteld kon worden voor welk sociaal-emotioneel klimaat men een persoonlijke voorkeur heeft. Deze persoonlijke voorkeur heet *valentie*. Nu blijken groepsleden met een hoge valentie voor paarvorming vooral te participeren in interactieperioden waarin het sociaal-emotionele klimaat in de groep gekleurd is door warmte, betrokkenheid en dergelijke. Daarentegen blijken groepsleden met een hoge valentie voor vechten vooral te participeren in interactieperioden waarin het sociaal-emotionele klimaat in de groep opvalt door vijandigheid, het niet met elkaar eens zijn enzovoort.

Dit werkt door in co-participatie. Anders gezegd: groepsleden met een sterke voorkeur voor paarvorming co-participeren vooral met leden waarvoor ze een sociometrische voorkeur hebben. En groepsleden met een sterke voorkeur voor vechten co-participeren vooral met leden voor wie ze geen sociometrische voorkeur hebben.

Twee soorten co-participatie

Op grond van dergelijke onderzoeksgegevens concluderen Stock en Thelen dat er sprake is van twee soorten co-participatie:
1. Samenwerking aan een gezamenlijke taak met groepsleden voor wie men een sociometrische voorkeur heeft en van wie men gelooft dat ze gelijke opvattingen hebben.
2. Competitie of conflict met personen voor wie men juist geen voorkeur heeft en van wie men gelooft dat ze andere opvattingen hebben, die niet-acceptabel en wellicht bedreigend zijn.

Beide soorten co-participatie lijken noodzakelijk in groepen en zullen elkaar dan ook afwisselen. Uit dit onderzoek wordt ook duidelijk dat het groepsklimaat een rol speelt in de mate van participatie van de groepsleden. Sommige groepsleden zullen vooral participeren in een bepaald type groepsklimaat (zoals van paarvorming) en andere groepsleden in een ander type groepsklimaat (zoals van vechten).

9.14 Non-participatie

Tot slot van dit hoofdstuk over communicatie in groepen besteed ik aandacht aan het verschijnsel van *non-participatie*. In groepen komt het vaak voor dat enkele groepsleden niet of nauwelijks participeren: de zwijgzame groepsleden. Het is onjuist om non-participatie alleen toe te schrijven aan individuele eigenschappen, ook al spelen deze zeker wel mee. Doerbecker en Doets hebben in twee onderzoeken (1972 en 1974) nagegaan in hoeverre groepsfactoren een rol spelen. Na zorgvuldig onderzoek kwamen ze tot de conclusie dat de mate van participatie vooral samenhangt met de positie in de groep en nauwelijks met individuele kenmerken.

Objectieve en subjectieve participatie

Participatie werd nagegaan met betrekking tot verschillende aspecten, met name werd gekeken naar het verschil tussen objectieve en subjectieve participatie. Enerzijds betrof dat de mate van participeren volgens objectieve maatstaven en volgens het oordeel van anderen (de leiding van de groep en andere groepsleden), anderzijds de mate van participatie volgens de eigen beoordeling, dus de mate waarin groepsleden zelf vinden dat ze participeren.

In de onderzochte groepen bleek dat op grond van objectieve participatiescores ongeveer 10% van de groepsleden weinig of niet meedeed. Uiteraard kan dit getal in andere groepen anders liggen.

De onderzoekers gingen na in welke mate persoonskenmerken een rol spelen. Ze hadden de verwachting dat:
– groepsleden met een lage zelfwaardering,
– groepsleden met een geringe affiliatiebehoefte,
– groepsleden die zichzelf als weinig actief beschouwen,
– groepsleden met sociale angst, en
– groepsleden die weinig assertief zijn,

ook minder zouden participeren dan groepsleden die hoog scoren op deze dimensies. Deze verwachting werd niet bevestigd.

Beleving en positie in de groep

In hun onderzoek betrokken Doerbecker en Doets ook variabelen die verband hielden met de positie in de groep en enige belevingsvariabelen, zoals het zich op zijn gemak voelen en er iets van opgestoken hebben. Het onderzoek resulteerde in de volgende conclusies:

1. Met betrekking tot objectieve participatie spelen groepspositiekenmerken een hoofdrol. Geringe participatie hangt samen met een lage positie op de dimensies van taak en macht.
2. Met betrekking tot subjectieve participatie blijken vooral de belevingsvariabelen 'je op je gemak voelen' en 'er iets van opsteken' erg belangrijk te zijn en in mindere mate ook de positie in de groep op de taakdimensie. Met andere woorden, naarmate groepsleden zich minder op hun gemak voelden, minder het gevoel hadden er iets van op te steken en een lagere positie innamen op de taakdimensie, waren ze ook minder tevreden over hun eigen mate van participatie. En ook omgekeerd: er was meer tevredenheid over deze participatie naarmate groepsleden zich meer op hun gemak voelden, er meer van opgestoken hadden en een hogere positie innamen op de taakdimensie.

Weinig invloed van persoonskenmerken

Wat in de resultaten opvalt, is het geringe belang dat persoonskenmerken blijkbaar spelen bij participatie en het grote belang van groepsfactoren, zoals de positie in de groep. Bij de conclusies moeten we wel de volgende kanttekening plaatsen: het is vanuit de opzet van dit onderzoek niet mogelijk om vast te stellen wat oorzaak is en wat gevolg. Op het eerste gezicht kunnen we concluderen dat lage posities in de taakstructuur en de machtsstructuur van de groep leiden tot geringe participatie. Maar het omgekeerde kan evengoed gelden: dat geringe participatie tot een lage positie in de groep leidt.

Vuistregel

Aan het slot van hun onderzoek formuleren Doerbecker en Doets zeven vuistregels. Daarvan noem ik er hier één. Ze pleiten ervoor de participatie en dus ook de macht in de groep zo veel mogelijk te spreiden door ieder groepslid vanaf de eerste bijeenkomst voldoende ruimte voor eigen inbreng te bieden.

> *'Voorkom zo veel mogelijk dat de beschikbare deelnemingsruimte gevuld wordt door een paar dominante leden. Een ongelijke machtsverdeling zou wel eens een vrij wetmatige uitkomst kunnen zijn van groepsprocessen die 'aan zichzelf worden overgelaten.' (Doerbecker & Doets, 1974, pp. 31-32)*

10 Feedback in groepen

10.1   Inleiding
10.2   Feedback
10.3   Regels voor feedback
10.4   Het Johari-venster
10.5   Feedback in een breder perspectief
10.6   Interpersoonlijke feedback
10.7   Feedback en confrontatie
10.8   Intermezzo: feedback en betrokkenheid
10.9   Feedback op groepsniveau
10.10 Oefening: Feedback
10.11 Oefening: Groepsfeedback

10.1 Inleiding

Het woord feedback betekent terugkoppeling op iemands gedrag, met name hoe effectief het handelen van die persoon door anderen wordt gevonden. Wanneer je feedback ontvangt, laat een ander je weten hoe jouw gedrag bij hem overkomt. Dit is de gebruikelijke opvatting over feedback in groepen. In dit hoofdstuk zal ik dit nader verkennen. Ik formuleer een aantal regels voor effectieve feedback (paragraaf 10.3) en ik verhelder de werking van feedback aan de hand van het Johari-venster (paragraaf 10.4).

Feedback heeft echter een veel uitgebreidere en algemenere betekenis dan de betekenis die er in de wereld van het groepswerk aan wordt gegeven. Het is een begrip uit de cybernetica. Door bij deze brede betekenis stil te staan in paragraaf 10.5, zullen we merken dat er veel meer bij komt kijken. Ik pas dit bredere feedbackbegrip daarna toe op interpersoonlijke communicatie (paragraaf 10.6) en op het functioneren van groepen (paragraaf 10.9). Zo zullen we zien dat groepen door een zorgvuldige evaluatie van hun functioneren zichzelf goede groepsfeedback kunnen geven. Tussendoor ga ik in op het verschil tussen feedback en confrontatie (paragraaf 10.7) en geef ik enkele overwegingen over hoe feedback afbreuk kan doen of juist kan bijdragen aan betrokkenheid in relaties (paragraaf 10.8).

10.2 Feedback[4]

Feedback is een mededeling die iemand informatie geeft over hoe zijn gedrag wordt waargenomen, begrepen en ervaren. De mate waarin feedback gegeven wordt en de effectiviteit ervan worden sterk bepaald door de sfeer van vertrouwen in de groep en tussen de betrokken personen.

De positieve werking van feedback
- Feedback ondersteunt en bevordert positief gedrag, omdat dit erkend wordt. Bijvoorbeeld: 'Door jouw heldere analyse heb je ons werkelijk geholpen het probleem duidelijker te zien.'
- Feedback corrigeert gedrag dat de betreffende persoon en de groep niet verder helpt of dat niet voldoende aansluit bij de eigenlijke bedoeling. Bijvoorbeeld: 'Het zou mij meer geholpen hebben wanneer je jouw mening niet voor jezelf had gehouden, maar die open had uitgesproken.'
- Feedback verduidelijkt de relaties tussen personen en helpt om de ander beter te begrijpen. Bijvoorbeeld: 'Harry, ik dacht dat we niet konden samenwerken, maar nu zie ik dat we elkaar goed aanvoelen.'

Naarmate de groepsleden meer bereid zijn elkaar te steunen en te helpen, zullen de mogelijkheden toenemen om van elkaar te leren. Dan wordt de feedback op elkaar steeds specifieker en persoonlijker en dat leidt tot meer zelfinzicht.

Hoe verloopt feedback?
- Je laat anderen merken hoe je over jezelf denkt en voelt.
- Je vertelt aan iemand anders hoe je over hem denkt en voelt (confrontatie).
- Je zegt tegen elkaar hoe je over jezelf en over de ander denkt en voelt (feedbackdialoog).

---

4   De paragrafen 10.2-10.4 zijn met toestemming overgenomen uit Remmerswaal, 2006.

De feedbackinformatie kan op verschillende manieren gegeven worden:

bewust:	instemmend knikken	of *onbewust*:	inslapen
spontaan:	'enorm bedankt'	of *in antwoord op een vraag*	...? 'Ja, het heeft geholpen'
verbaal:	'nee'	of *non-verbaal*:	de kamer uitgaan
formeel:	beantwoorden van een vragenlijst	of *informeel*:	schouderklopje

10.3 Regels voor feedback

Voor feedback zijn een aantal regels geformuleerd. Hieronder beschrijf ik een aantal voorwaarden waaraan feedback moet voldoen. Maar het belangrijkste is wellicht dat je zo min mogelijk defensief communiceert. In paragraaf 6.7 noemde ik al een aantal gedragsvormen die defensiviteit verminderen, zoals beschrijving (in plaats van beoordeling), probleemgerichtheid (in plaats van dwang), spontaniteit (in plaats van manipulatie), empathie (in plaats van onverschilligheid), gelijkwaardigheid (in plaats van superioriteit) en voorlopigheid (in plaats van overtuigd zijn van eigen gelijk).

Feedback moet aan de volgende voorwaarden voldoen:
- *Beschrijvend*. Goede feedback is beschrijvend, in tegenstelling tot evaluerend, veroordelend, interpreterend of naar motieven zoekend. Door je eigen reactie te beschrijven, laat je de ander vrij om deze informatie naar eigen goeddunken al dan niet te gebruiken. Door waardeoordelen en moraliseringen achterwege te laten, verminder je bij de ander de behoefte om defensief en verdedigend te reageren en de aangeboden informatie af te wijzen.
- *Specifiek*. Goede feedback is specifiek, dus niet algemeen. Bijvoorbeeld tegen iemand zeggen dat hij dominant is, helpt hem minder dan te zeggen: 'Juist toen we op het punt stonden een besluit te nemen, luisterde je niet naar wat anderen zeiden en voelde ik me onder druk gezet om jouw argumenten te accepteren omdat ik bang was dat je me zou aanvallen.'
- *Rekening houden met de behoeften van zowel de ontvanger als de gever van feedback*. Feedback kan destructief zijn wanneer hij alleen je eigen behoeften dient en geen rekening houdt met de behoeften van de ontvangende persoon.
- *Bruikbaar*. Goede feedback is bruikbaar en gericht op gedrag waar de ontvanger iets aan kan veranderen. Wanneer iemand daarentegen gewezen wordt op een tekort-

koming waar hij zelf geen invloed op kan uitoefenen, voelt hij zich alleen nog maar meer gefrustreerd.
- *Gewenst.* Goede feedback is gewenst, in tegenstelling tot afgedwongen. Feedback is het meest zinvol wanneer de ontvanger zelf de vraag geformuleerd heeft die de observator beantwoordt.
- *Op het juiste moment.* In het algemeen is feedback effectiever naarmate de tijd tussen het betreffende gedrag en de informatie over de effecten van dit gedrag korter is. Hierbij moet je echter rekening houden met andere omstandigheden, zoals de bereidheid van de persoon om de informatie te horen en de beschikbare steun van anderen.
- *Duidelijk en precies geformuleerd.* Feedback is bruikbaarder wanneer hij concreet en helder is.
- *Correct.* Wanneer in een trainingsgroep feedback gegeven wordt, hebben zowel de gever als de ontvanger de mogelijkheid om te checken in hoeverre de feedback nauwkeurig is, door de andere groepsleden om hun indrukken te vragen. Zo kunnen mogelijke onjuistheden en misverstanden vermeden worden.

10.4 Het Johari-venster

Het *Johari-venster* of *Johari Window* is genoemd naar de auteurs Joe Luft en Harry Ingham. Het is een eenvoudig model dat de veranderingen verduidelijkt in hoe iemand zichzelf ziet en hoe hij door anderen gezien wordt in de loop van een groepsproces (zie figuur 10.1).

Het Johari-venster bestaat uit vier kwadranten:
1. *Kwadrant A:* is het gebied van de vrije activiteit, de ruimte waarin ik mij vrij kan bewegen; mijn dagelijkse optreden naar buiten; mijn gedrag en mijn motivaties die anderen van mij zien en waar ik zelf weet van heb.
2. *Kwadrant B:* is dat gedeelte van mijn gedrag dat ik zelf ken en waarvan ik mij bewust ben, maar dat ik nog niet aan anderen heb laten zien of dat ik verborgen wil houden. Dit gedeelte van mijn gedrag is dus voor anderen onzichtbaar.
3. *Kwadrant C:* is de blinde vlek in de zelfwaarneming, dat wil zeggen dat gedeelte van mijn gedrag dat voor anderen zichtbaar en herkenbaar is, maar waarvan ik mezelf niet bewust ben. Hieronder vallen onder andere onderdrukte en niet meer bewuste gewoonten. Spottend wordt dit gebied ook weleens het 'slechte adem'-gebied genoemd (*bad breath area*).

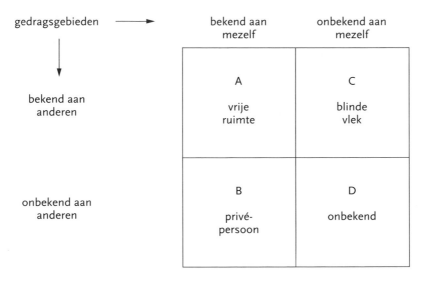

Figuur 10.1 Johari-venster

4. *Kwadrant D:* betreft processen die zich in het onbewuste afspelen en die dus noch aan mijzelf, noch aan anderen bekend zijn. Dit is het domein van de psychotherapie (vooral de psychoanalyse), maar komt in groepen meestal niet aan bod.

Met behulp van dit model kan de situatie van een beginnende groep als volgt weergegeven worden: het gebied van de vrije ruimte is erg klein en de gebieden B en C domineren (zie figuur 10.2).

De trainingsdoelen die met behulp van feedbackprocessen bereikt kunnen worden, zijn: gebieden B en C kleiner maken en gebied A uitbreiden. Dus het vergroten van de vrije ruimte van ieder groepslid en het bewust worden van blinde vlekken (zie figuur 10.3).

Methoden om de vrije ruimte te vergroten zijn vooral:
- zelfonthulling (*selfdisclosure*), informatie prijsgeven over jezelf: verkleint gebied B;
- feedback vragen en krijgen: verkleint gebied C.

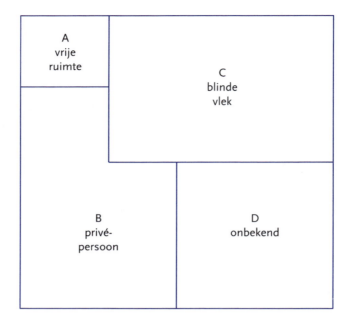

Figuur 10.2 Weinig vrije ruimte in een beginnende groep

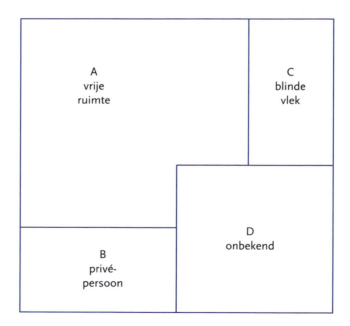

Figuur 10.3 Veel vrije ruimte in een vergevorderde groep

De mate waarin dit mogelijk is, wordt sterk bepaald door de motivatie tot leren en de leercapaciteiten van het individu en de groep. Technieken en methoden daarvoor zijn:
- Het zelfbeeld van anderen accepteren en serieus nemen.
- Zelf vertellen wanneer je grenzen bereikt zijn.
- Bereidheid om je zelfkennis te vergroten, waardoor ook de bereidheid feedback te geven en te ontvangen toeneemt.
- Daardoor krijg je de zekerheid dat men bereidwillig en zonder vooroordelen naar jou wil luisteren.
- Ook vermindert daardoor de weerstand tegen gedragsveranderingen en de angst voor het werken aan de achtergronden daarvan.
- Het wordt mogelijk om over de eigen situatie te reflecteren en nieuwe, op de toekomst gerichte activiteiten uit te proberen.
- Door feedback ervaar je je eigen invloed op anderen, ook de invloed van je non-verbale gedrag.

10.5 Feedback in een breder perspectief

In de wereld van groepswerk en groepstrainingen heeft feedback al snel een beperkte betekenis gekregen: de betekenis die ik in voorgaande paragrafen aangaf. Het is zinvol om ook stil te staan bij de oorspronkelijke betekenis van feedback. Het verschijnsel feedback komen we op veel meer plaatsen tegen, onder andere in de levende natuur, maar ook in door mensen bedachte systemen als organisaties en zelfs in allerlei apparatuur. Levende systemen, organisaties en zelfregulerende apparatuur kennen feedback als een bron van informatie over het eigen functioneren. Ze verwerken niet alleen informatie over de externe omgeving, maar ook signalen over het eigen functioneren in die omgeving, waartoe ook informatie over de bereikte effecten hoort. Het systeem kan deze tweede informatiestroom gebruiken om bijtijds afwijkingen te corrigeren.

Terugkoppeling
Zo kunnen we feedback in brede zin dus omschrijven als teruggekoppelde informatie over de mate waarin het systeem zijn doelstellingen bereikt. Letterlijk betekent feedback dan ook 'terugvoeding', terugmelding, terugkoppeling. Het gaat dus om een proces dat op zijn beginpunt terugkeert: een proces dat circulair verloopt. Vooral in de cybernetica (de studie van meet- en regeltechniek) heeft feedback een helder omschreven betekenis die verwijst naar processen van zelfregulering in natuurlijke organismen en in mechanische systemen. Als zelfregulerend mechanisme is feedback overal aanwezig in

de levende natuur. Pas via de techniek kregen we dit in de gaten. Met de bouw van steeds complexer wordende apparatuur kwamen we op het spoor van zulke zelfregulerende controlemechanismen. Een bekend voorbeeld is de kamerthermostaat van een cv-installatie. Via een ingebouwde thermometer zendt deze thermostaat informatie over de kamertemperatuur terug naar de ketel, waardoor deze een signaal krijgt om harder of zachter te gaan branden. Zo kunnen we een tamelijk constante kamertemperatuur handhaven, zonder steeds zelf de ketel aan of uit te hoeven zetten.

Aan de hand van dit voorbeeld van de verwarmingsthermostaat kan ik ook enkele belangrijke stappen van het feedbackproces toelichten. De gewenste kamertemperatuur kunnen we vooraf instellen: dit is de *nagestreefde waarde*. De feitelijke kamertemperatuur verandert echter voortdurend door allerlei omgevingsinvloeden. Een *verschil tussen nagestreefde waarde en feitelijke waarde* zet het feedbackmechanisme in werking. De controlefunctie van de thermostaat bestaat allereerst uit het meten van het verschil tussen deze twee waarden. Belangrijk daarbij is dat het feedbackmechanisme al in werking treedt bij relatief kleine afwijkingen om al te grote schommelingen in het systeem te vermijden.

Behalve *normen* (nagestreefde waarden) heeft elk systeem ook marges rond deze normen, die aangeven hoe ver afwijkingen van de norm zijn toegestaan. Zulke marges heeft het systeem nodig om niet bij elke afwijking al tot correcties over te moeten gaan. Een flexibel systeem heeft het vermogen om, wanneer nodig, zijn marges te verruimen en om zijn norm te wijzigen. Een rigide systeem heeft dit vermogen niet en houdt strak vast aan eenmaal gekozen marges en normen. Dit kan ook gelden voor groepen. Voor groepen staat het stellen van marges en normen mede onder invloed van de directe sociale omgeving, zoals maatschappelijke omstandigheden of invloeden uit de omringende organisatie.

Negatieve en positieve feedback

In de systeembenadering wordt onderscheid gemaakt tussen *negatieve* en *positieve feedback*:
- Wanneer de afwijking binnen de toelaatbare marges valt, laat het systeem zijn norm in stand en wordt de feedback negatief genoemd.
- Wanneer de afwijking buiten de toelaatbare marges valt, kan het systeem zijn norm versoepelen of juist nog strakker formuleren. Wanneer het systeem zijn norm verandert, wordt de feedback positief genoemd.

Bij negatieve feedback komt het systeem in actie om het verschil tussen feitelijke waarde en nagestreefde waarde zo klein mogelijk te houden. Via deze vorm van feedback handhaaft het systeem zijn stabiliteit en toestand van evenwicht. Bij positieve feedback past het systeem zijn norm (de nagestreefde waarde) aan de feitelijke situatie aan en wordt de informatie gebruikt om tot een nieuwe norm te komen (in termen van ons eerdere voorbeeld: de thermostaat wordt bijvoorbeeld op een hogere of een lagere waarde ingesteld). Positieve feedback stimuleert dus tot verandering.

De termen positieve en negatieve feedback zijn op zichzelf neutraal van betekenis. Ze geven alleen aan of verandering wordt bevorderd of tegengegaan. Of deze veranderingen als positief dan wel als negatief gewaardeerd worden, hangt van andere factoren af.

In het dagelijks spraakgebruik worden de termen 'negatief' en 'positief' anders gebruikt. Dat is verwarrend. Let maar op: wanneer een positieve opmerking ertoe leidt dat alles bij het oude blijft, noemen we dit in de theorie 'negatieve feedback'. En wanneer in het dagelijks leven een negatieve opmerking of confrontatie tot verandering stimuleert, noemen we dit in de theorie 'positieve feedback'.

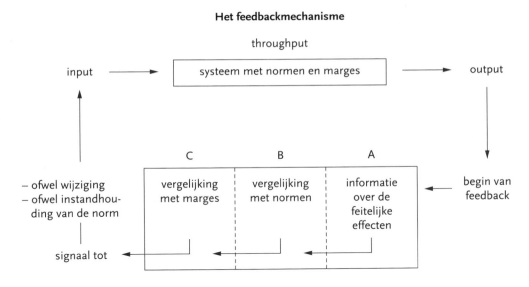

Figuur 10.4 Schema van het feedbackmechanisme

Het feedbackmechanisme doorloopt vier stadia:
1. vaststelling van de feitelijke situatie;
2. vergelijking van deze feitelijke situatie met de nagestreefde waarde (de norm);
3. als de feitelijke situatie afwijkt van de norm, nagaan of deze afwijking binnen de tolerantiemarges rond de norm valt of daarbuiten;
4. signaal tot wijziging of instandhouding van de norm.

Ik werk deze vier stadia van feedback nader uit op de besproken vormen van negatieve en positieve feedback (ontleend aan Koks & Olthof, 1978a, pp. 5-7).

Negatieve feedback

Het systeem (de groep, een subgroep of een bepaald groepslid) kan de norm op vier manieren in stand houden. Er zijn dus vier manieren van negatieve feedback:
1. Het systeem doorloopt de eerste drie feedbackstadia en komt tot de conclusie dat de geconstateerde afwijking binnen de gestelde grenzen en marges valt.
2. Het systeem is blind voor de feiten: wil de feiten niet zien, verdraait deze of neemt selectief waar; het neemt de feitelijke effecten dus niet serieus.
3. Het systeem wil niet toetsen aan de norm: het houdt de norm zo impliciet en vaag dat er geen toetsing kan plaatsvinden.
4. Het systeem kan de marges eindeloos breed maken, zodat alle of de meeste feitelijke effecten erbinnen vallen.

Positieve feedback

Het systeem (de groep, een subgroep of een bepaald groepslid) kan ook op vier manieren tot verandering van de norm komen. Er zijn dus vier manieren van positieve feedback:
1. Het systeem doorloopt de eerste drie feedbackstadia en komt tot de conclusie dat de geconstateerde afwijking buiten de gestelde grenzen en marges valt.
2. Het systeem kan geen onderscheid maken in de mate van belangrijkheid van de feiten: het neemt alle feiten serieus.
3. Het systeem toetst elk feit aan de letterlijke betekenis en formulering van de norm.
4. Het systeem maakt zijn marges zo nauw dat alle feitelijke effecten een afwijking betekenen en de marges overschrijden.

Eenzijdig of flexibel

Zowel negatieve als positieve feedback kunnen dus te eenzijdig gehanteerd worden. Eenzijdig gebruik van negatieve feedback leidt tot rigiditeit in het systeem, waardoor het systeem nooit of bijna nooit verandert. Eenzijdig gebruik van positieve feedback leidt tot chaos in het systeem, waarbij het systeem voortdurend wijzigt en zich aanpast bij de minste of geringste aanleiding. Tussen deze twee uitersten plaatsen we flexibel functionerende systemen die een mengvorm van positieve en negatieve feedback hanteren. Met andere woorden: soms wel en soms niet de norm veranderen.

Eenzijdig gebruik van negatieve feedback
Naarmate de groep meer blind is voor de feiten, minder de norm wil toetsen en haar marges breder maakt, des te eenzijdiger maakt ze alleen gebruik van negatieve feedback. Dit kan tot uiting komen op twee totaal verschillende manieren: ofwel in de vorm van groepen die geen enkele afwijking van hun leden accepteren, ofwel in de vorm van groepen die alles van hun leden accepteren. In het ene geval blijft de groep strak vasthouden aan de eenmaal gekozen norm. In het andere geval wordt geen enkele norm expliciet gemaakt en lijkt als enige norm te gelden: 'alles mag' of 'alles moet kunnen'. Beide typen groepen zijn als een verankerd schip in ruwe wateren (alleen de lengte van de ankerketting varieert van zeer strak tot extreem los) en het schip zal vergaan zodra ruw weer opsteekt. Zulke groepen worden gekenmerkt door rigiditeit.

Eenzijdig gebruik van positieve feedback
Naarmate de groep alle feiten zonder onderscheid serieuzer neemt, de norm letterlijker hanteert of haar marges nauwer maakt, des te eenzijdiger maakt ze gebruik van positieve feedback. Groepen die bij elke afwijking van hun leden gaan twijfelen en hun doelen en activiteiten ter discussie stellen, hanteren eenzijdig positieve feedback. Elke afwijking is dan voldoende om de groep van haar norm af te brengen. Zulke groepen zijn als een stuurloos schip in ruwe wateren, dat uiteindelijk op de klippen loopt en vergaat. Zulke groepen worden gekenmerkt door chaos.

Flexibel gebruik van feedback
Wanneer een groep beide feedbackvormen gebruikt, functioneert ze flexibel. Een flexibel systeem kent soepele grenzen en kan zijn normen in stand houden of veranderen, wanneer het dat zelf wil of wanneer de omstandigheden dit nodig maken.

Leiderschap

We kunnen de drie manieren van het gebruik van feedback ook in verband brengen met drie bekende leiderschapsstijlen:

1. Autoritair geleide groepen lijken het meest op de groepen waarin op rigide wijze gebruikgemaakt wordt van negatieve feedback. De groep of de leider wil steeds alleen hetzelfde (zie pararagraaf 12.3).
2. Laissez-faire geleide groepen lijken het meest op groepen waarin op eenzijdige wijze gebruikgemaakt wordt van positieve feedback. De groep of de groepsleden weten nooit wat ze willen of ze willen voortdurend iets anders, waarbij wat vandaag geldt morgen weer op zijn kop kan staan. Chaos is het gevolg (zie paragraaf 12.5).

3. Democratisch geleide groepen functioneren flexibel en zullen soms wel en soms niet de norm veranderen en dus afwisselend beide feedbackvormen hanteren (zie paragraaf 12.4).

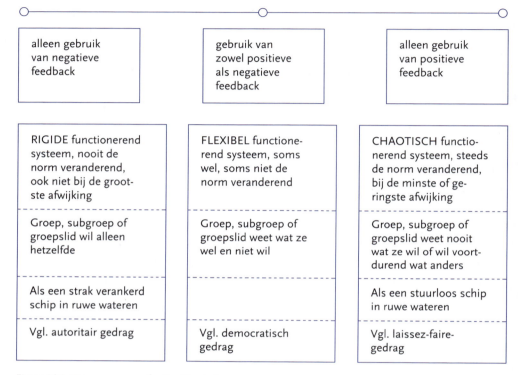

Figuur 10.5 Drie vormen van feedbackhantering

10.6 Interpersoonlijke feedback

Voor het geven van feedback is een groot aantal technieken, oefeningen en hulpmiddelen ontwikkeld (zie bijvoorbeeld Dijkstra & Dolman, 2010; Groothuis & Koopmans, 2009; Koopmans, 2007, 2008; Nijman, 2012; Oomkes, 2001). Zoals al blijkt uit figuur 10.4 omvat interpersoonlijke feedback heel wat meer dan alleen het ontvangen van deze informatie over de feitelijke effecten van het eigen gedrag, oftewel (zoals dat heet) 'hoe je bij de ander overkomt'. Bovendien verwachten de anderen vaak 'dat je er iets mee doet'. Wanneer we het algemene feedbackschema uit figuur 10.4 vertalen naar de situatie van interpersoonlijke feedback, krijgen we het schema dat in figuur 10.6 is weergegeven.

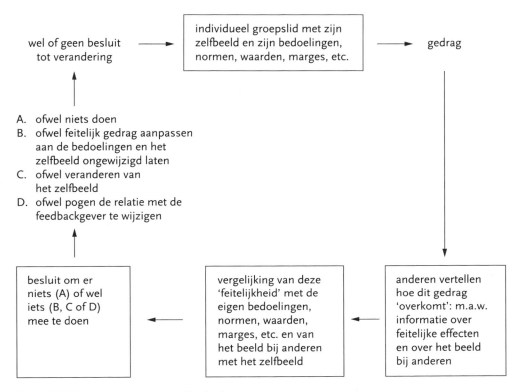

Figuur 10.6 Schema van interpersoonlijke feedback

De vier al genoemde stadia van het feedbackmechanisme zijn:
1. vaststelling van de feitelijke effecten;
2. vergelijking van deze effecten met normen;
3. vergelijking van deze effecten met marges rond de normen;
4. signaal tot al dan niet bijsturing.

Deze vier stadia kunnen we ook toepassen op feedback tussen groepsleden. In trainingsgroepen bedoelen we meestal alleen het eerste stadium: het vaststellen van hoe we bij anderen 'overkomen'. Deze informatie over het beeld dat we bij anderen oproepen, kunnen we benoemen als informatie over de feitelijke effecten.

Nóg drie stadia
Maar er zijn nog drie stadia die meestal niet aangegeven worden in literatuur over interpersoonlijke feedback. Dat zijn de stadia 2, 3 en 4 die ik hierboven noemde. We kunnen ze als volgt iets anders formuleren:

2. Vergelijking van de effecten met normen betekent vergelijking van de geconstateerde 'feitelijkheid' met de eigen bedoelingen, waarden, normen, marges enzovoort, evenals een vergelijking van dit beeld dat we bij anderen opgeroepen hebben met ons eigen zelfbeeld.
3. Vergelijking van de effecten met marges rond de normen betekent vaststellen hoe ernstig we deze afwijkingen inschatten.
4. Signaal tot al dan niet bijsturing betekent een besluit om er niets of iets mee te doen.

Het vierde stadium van een besluit om er iets mee te doen kan op drie manieren vorm krijgen:
1. Aanpassen van het feitelijk gedrag aan de eigen bedoelingen en het zelfbeeld ongewijzigd laten.
2. Veranderen van het zelfbeeld, bijvoorbeeld in een positieve richting.
3. Pogen om de relatie met de feedbackgever te wijzigen. Een voorbeeld hiervan is het opbouwen van een vertrouwensrelatie met de feedbackgever, waarbinnen je persoonlijke informatie over jezelf uitwisselt (zelfonthulling). Het andere uiterste kan ook: de relatie met de feedbackgever tot een minimaal contact reduceren.

Nooit neutraal

De gegeven feedback is nooit neutraal, maar gekleurd door de persoon die feedback geeft (zijn normen, zijn waarden, zijn zelfbeeld) en door de relatie tussen de feedbackgever en de feedbackontvanger. Hoe persoonlijker deze relatie is, hoe waarschijnlijker het is dat de feedbackontvanger zal besluiten er 'iets' mee te doen. Ook omgekeerd: wanneer de feedbackgever erg waardevolle of erg pijnlijke dingen gezegd heeft, zal dit waarschijnlijk leiden tot een verbetering, respectievelijk verslechtering van de relatie tussen beide betrokkenen.

10.7 Feedback en confrontatie

Egan (1970) geeft de volgende omschrijving van confrontatie: ze vindt plaats zodra een persoon gewild of ongewild iets doet of zegt tegenover een andere persoon, dat ertoe leidt dat die andere persoon gaat nadenken over een bepaald aspect van zijn gedrag en gestimuleerd wordt tot verandering.

Vijf typen confrontatie

Berenson e.a. (1968) onderscheiden vijf typen confrontatie (eigenlijk zijn het er maar drie, want 1, 2 en 3 horen bij elkaar):

1. *Ervaringsgerichte confrontatie:* degene die confronteert, laat merken hoe hij de ander ervaart en richt de aandacht op inconsequenties of verschillen. Hij kan bijvoorbeeld confronteren met:
   - een verschil dat hij ervaart tussen twee tegenstrijdige uitspraken of gevoelens van de ander;
   - een tegenstelling tussen de inhoud van wat een ander zegt en de toon (of lichaamshouding) waarmee de ander dat zegt;
   - een verschil tussen hoe hij de ander waarneemt en ervaart en wat de ander over zichzelf zegt.
2. *Sterktegerichte confrontatie:* is gericht op kwaliteiten waar de andere persoon zich te weinig bewust van is.
3. *Zwaktegerichte confrontatie:* is gericht op zwaktes of pathologie waar de andere persoon zich te weinig bewust van is.
4. *Didactische confrontatie:* is gericht op verheldering van onjuiste of onvolledige informatie, zoals onjuistheden in wat de ander over zichzelf denkt of nog niet weet over zichzelf (bijvoorbeeld het bieden van uitslagen van testgegevens of informatie over reële mogelijkheden en onmogelijkheden).
5. *Handelingsgerichte confrontatie:* is gericht op het stimuleren tot actie. Zet de ander aan tot constructief handelen en tot het ontmoedigen van een passieve levensinstelling.

Uit onderzoek blijkt dat effectieve hulpverleners ervarings- en sterktegerichte confrontaties vaker gebruiken, terwijl minder effectieve hulpverleners vaker gericht zijn op zwaktegerichte confrontaties. Vooral de ervarings- en sterktegerichte confrontaties gelden als helpende confrontaties. De andere drie confrontaties worden meestal niet als helpend ervaren.

Doelen van helpende confrontatie

De belangrijkste doelen van helpende confrontatie zijn:
- de geconfronteerde in dieper contact brengen met zijn eigen ervaring;
- het scheppen van een situatie waarin het voor de geconfronteerde mogelijk wordt om gedragsaspecten van zichzelf te onderzoeken en te wijzigen wanneer zulke gedragsaspecten zijn groei en ontwikkeling belemmeren.

Voorwaarden voor helpende confrontatie

Er zijn drie soorten condities die bepalen of een confrontatie behulpzaam is of niet:
1. condities die te maken hebben met degene die confronteert;
2. condities die te maken hebben met de geconfronteerde;
3. condities in de omstandigheden tussen hen beiden, zoals de groep waarin ze deelnemen.

1. Condities bij degene die confronteert

De confrontatie is behulpzamer wanneer degene die confronteert:
- een goede relatie heeft met de geconfronteerde (of op zijn minst gevoelig is voor de kwaliteit van hun relatie);
- een basishouding van acceptatie laat merken naar de geconfronteerde;
- zijn confrontaties als suggesties of verzoeken formuleert en niet als eisen;
- zijn confrontaties richt op concreet zichtbaar gedrag en niet op onzichtbare motieven;
- zijn confrontaties constructief formuleert en niet negatief;
- zijn confrontaties in heldere en directe woorden formuleert;
- feiten als feiten, vermoedens als vermoedens en gevoelens als gevoelens verwoordt en deze drie niet door elkaar haalt.

2. Condities bij degene die geconfronteerd wordt

Wanneer je geconfronteerd wordt, zul je waarschijnlijk meer baat hebben bij zo'n confrontatie:
- naarmate je die meer kunt opvatten als een uitnodiging om naar jezelf te kijken;
- naarmate je meer benieuwd bent om te weten hoe je door anderen ervaren wordt;
- naarmate je makkelijker tijdelijke twijfel of onzekerheid bij jezelf kunt toestaan, die het gevolg kan zijn van een confrontatie;
- naarmate je in staat bent om op meer verschillende manieren op confrontatie te reageren in plaats van steeds op dezelfde stereotiepe manier (zoals altijd elke confrontatie als waarheid accepteren of altijd als waardeloos afwijzen).

3. Condities in de groep

Confrontatie zal een positiever effect hebben naarmate in de groep sterker een klimaat van acceptatie en vertrouwen heerst. Confrontatie wordt ook positiever ontvangen wanneer het past bij de doelstellingen van de groep. (Zo hebben vergadergroepen een ander type doelstelling en is persoonlijke confrontatie daar niet op zijn plaats.) Het is ook goed dat de groep beseft dat sommige gedragsvormen die dat niet lijken, toch heel confronterend kunnen zijn voor sommige groepsleden. Bijvoorbeeld: het uitwisselen van gevoelens van tederheid kan heel confronterend zijn voor sommigen, wanneer zij dit in hun alledaagse leven heel weinig ervaren.

Samenvatting
Naarmate de confrontatie liefdevoller gegeven wordt, dat wil zeggen met gevoeligheid voor de ander en vanuit een wens tot behulpzaamheid, en de confrontatie ook in deze sfeer ontvangen kan worden, zal het resultaat waarschijnlijk positiever zijn. Maar volledig zeker kunnen we hier niet over zijn. Daarom is het steeds raadzaam om de geconfronteerde te vragen hoe de confrontatie aangekomen is.

Confrontatieoefening

Doelen
1. Groepsleden leren elkaar op constructieve wijze te confronteren.
2. Stimuleren tot het geven van meer feedback.
3. Stimuleren tot het delen van de ervaringen die samenhangen met het geven en ontvangen van feedback.

Groepsgrootte
Tussen de zes en veertien deelnemers. De groep moet al enige tijd bestaan, zodat de deelnemers elkaar al redelijk kennen.

Benodigde tijd
Ongeveer 1,5 uur. Kan echter uitgebreid worden.

Procedure
1. De begeleider leidt de oefening in door een kort gesprek over het doel en de werking van confrontatie. De tekst van paragraaf 10.7 is hiervoor een goed uitgangspunt.
2. De begeleider vraagt aan de groepsleden om enige minuten de tijd te nemen om in stilte na te gaan welk groepslid ze het meest bezighoudt. Hij vraagt daarna of ieder voor zichzelf hierin een keuze wil maken.
3. Elk groepslid spreekt nu om de beurt zijn confrontatie uit. Dit doet hij door eerst het andere groepslid aan te spreken en daarna het gedrag dat hem bezighoudt, te beschrijven. Daarvoor kan hij het best de volgende formulering gebruiken: 'De persoon die mij het meest bezighoudt in deze groep is ... Wat mij het meest aan jou bezighoudt is ...'

> 4. De aangesproken persoon kan op drie manieren reageren. Er wordt benadrukt dat hij vrij is om uit deze drie te kiezen:
>   – Hij kan aangeven dat hij er niet dieper op in wil gaan.
>   – Hij kan nader uitleggen of nader verkennen wat zijn gedrag te maken heeft met zijn persoonlijke binnenwereld.
>   – Hij kan nader onderzoeken wat zijn gedrag te maken heeft met de relatie tussen hem en de feedbackgever.
> 5. Nadat iedereen zijn confrontatie uitgesproken heeft, kan de begeleider de oefening uitbreiden met de opmerking: 'Ik ben er zeker van dat er nog meer groepsleden zijn van wie het gedrag jou evengoed bezighoudt. Wil iemand dit in de groep inbrengen?' Hierna wordt deelname aan de oefening vrijwillig en krijgt de interactie geleidelijk een minder strakke structuur.
>
> Overgenomen uit: *The 1973 Annual Handbook for Group Facilitators*, J.E. Jones and J.W. Pfeiffer (eds.). Copyright © 1973 by Pfeiffer and Company, San Diego, CA. Used with permission.

10.8 Intermezzo: feedback en betrokkenheid

Een van de regels voor goede feedback (die in diverse handboeken en ook in dit boek, in paragraaf 10.3, beschreven worden) is dat de feedback zo moet worden gegeven dat de feedbackontvanger vrij is om te beslissen wat hij ermee zal doen. Eerlijk gezegd wantrouw ik deze opvatting een beetje. Zo'n vrijblijvendheid zal namelijk eerder vervreemding en isolering in de hand werken dan verbondenheid. Mensen die echt om elkaar geven, gaan niet zo vrijblijvend met elkaar om. Die worden kwaad of teleurgesteld als de ander zich niets aantrekt van wat zij tegen hem zeggen en ze zullen deze gevoelens ook laten merken. Maar al te vaak werkt feedback helaas anders: de feedbackgever 'deponeert' zijn indruk bij de ander en die moet maar zien wat hij ermee doet (ook al klinkt 'elkaar vrij laten' zo mooi). Zo'n feedback leidt niet tot gevoelsmatige betrokkenheid op elkaar (soms wel, maar vaak niet), maar zet de ontvanger ervan eerder aan tot denken en twijfelen over zichzelf, met het risico van vervreemding.

Doodlopende feedback

Verbondenheid daarentegen betekent betrokkenheid, ook al leg je daarmee een claim op elkaar. Bij doodlopende feedback zie ik nogal eens het tegendeel gebeuren:

- Dat de ander denkt: je hebt het recht niet om dat te zeggen, maar deze gedachte niet uitspreekt.
- Dat de ander zegt: 'zo ben ik altijd', en daarmee de kracht van het moment wegneemt.
- Dat de ander de interactie ontkent door te zeggen: 'het ligt aan jou' of, nog sterker: 'dat zegt meer over jou dan over mij, met andere woorden, dat is jouw probleem'.
- Dat de ander helemaal niet reageert; maar dat is ook een reactie, namelijk 'klets maar door' of 'val dood'.

Zulke reacties of niet-reacties zijn eigenlijk diskwalificaties waarbij men elkaar in de kou laat staan.

Neiging tot individualisering

Natuurlijk bestaat er ook goed gebruik van interpersoonlijke feedback. Maar ik vermoed dat het niet alleen aan de concrete personen ligt wanneer feedback destructief gebruikt wordt, maar dat er iets scheef zit in dit interpersoonlijk feedbackmechanisme zelf: namelijk de tendens tot individualiseren, in plaats van er een gemeenschappelijke zaak van maken.

Constructief gebruik van feedback kán wel een startpunt zijn voor grotere betrokkenheid als we het er niet bij laten zitten, als het in een breder kader terechtkomt, als het gebruikt wordt als een injectie in de relatie, als het gebruikt wordt als signaal om bijtijds te ontdekken dat er tussen ons mensen iets scheef zit, in plaats van dat er iets scheef zit bij één persoon.

Projectie

Maar wat dan met de projectie die in de feedback kan zitten? Ja, het is nogal wiedes dat de feedbackgever ook veel over zichzelf vertelt en dus projecteert. Ik denk daar nu zo over: zo'n projectie is niet 'vies', is niet iets wat uitgebannen en vermeden moet worden. Eerder omgekeerd. Projecteren doet ieder toch; dan maar liever openlijk en uitgesproken. Dan maar liever nog versterken dan verdoezelen, want dat is de dood in de pot. Dat stopt de beweging die misschien net op gang kwam. Dus: geef maar feedback, ook al bevat deze een dosis projectie. Maar haak niet af en blijf bij wat er daarna gebeurt. Gezonde mensen reageren daar wel op, worden kwaad of blij of teleurgesteld. Juist deze gevoelsmatige reacties tonen hoe we op elkaar betrokken zijn, in hoeverre we bereid zijn ons door een ander te laten raken en bereid zijn om dat serieus te nemen en daar echt op in te gaan. Kortom: gevoelsmatige reacties kunnen aanzet zijn tot solidarisering en betrokkenheid.

Gestaltbenadering

Vooral de gestaltbenadering van Perls in therapie- en trainingsgroepen gaat nogal eens uit van zijn beruchte gestaltgebed, dat (enigszins overdreven) eindigt met: 'Als we elkaar tegenkomen, dan is dat mooi; maar als we elkaar niet tegenkomen, pech gehad.' Het is nu juist deze mentaliteit die ik verafschuw in destructief gebruik van interpersoonlijke feedback; zo van 'Zie maar wat je ermee doet.' Nee, niks daarvan, ik heb er belang bij dat jij er wél wat mee doet en jij hebt er belang bij dat ik er wat mee doe. Laat die belangen maar duidelijk worden. Dit kan leiden tot strijd, maar zulke strijd heeft de kiem van grotere betrokkenheid in zich. En, wie weet, monden deze belangen uit in een gezamenlijk belang.

10.9 Feedback op groepsniveau

In het voorafgaande gaf ik al aan dat naar mijn mening in de wereld van groepstrainingen feedback een te beperkte betekenis heeft gekregen. Niet alleen beperkt men feedback in zulke groepen meestal tot de eerste stap: het observeren en meedelen van de feitelijke toestand, maar ook wordt dit aspect nog eens ingeperkt tot het individuele gedrag van groepsleden tegenover elkaar. Zo verdwijnt het zicht op de groep naar de achtergrond. In deze trainingsopvatting is feedback vooral een methode voor leren over het eigen gedrag. Al heel vroeg in de leertheorieën over trainingen neemt deze opvatting over feedback een centrale plaats in. De enige verwijzing naar het groepsniveau valt te bespeuren in opmerkingen over het groepsklimaat dat voor feedback het gunstigst is. Immers, de mate waarin interpersoonlijke feedback gegeven wordt en de effectiviteit ervan wordt mede bepaald door een sfeer van vertrouwen of wantrouwen in de groep. Zo wordt er weleens op gewezen dat het feedbackmechanisme in trainingsgroepen een hoge mate van individuele autonomie en een gevorderde groepsontwikkeling vereist, waarin voldoende vertrouwen, zekerheid en bescherming aanwezig zijn om anders bedekt gehouden gevoelens uit te spreken. Hoewel dit soort verwijzingen naar het groepsklimaat terecht is, vind ik dat het hoofdaccent nog te veel blijft liggen op het individuele gedrag. Zelf wil ik de groep meer centraal stellen.

De hele groep

Het zal intussen duidelijk zijn dat naar mijn opvatting de gebruikelijke interpersoonlijke feedback slechts een beperkt aspect van het hele feedbackmechanisme dekt. Systemen gebruiken (vooral negatieve) feedback om tot een interne stabiliteit te geraken. Ook voor Sbandi (1970), die feedback in trainingsgroepen bespreekt, is het feedbackmechanisme een regulatiesysteem van de totale groep en niet slechts een gebeurtenis tussen individuele personen.

In alle groepen
Feedback speelt niet alleen een rol in trainingsgroepen. Wanneer we feedback opvatten in de brede betekenis die ik in paragraaf 10.5 beschreven heb, kunnen we het feedbackmechanisme in alle typen groepen onderkennen. Tot dit feedbackmechanisme op groepsniveau behoren namelijk alle groepsactiviteiten die gericht zijn op vermindering van de discrepantie tussen wensen of doelen en de realisering daarvan. Geformuleerd in de eerder gebruikte termen: het betreft alle activiteiten die gericht zijn op verkleining van het verschil tussen de nagestreefde toestand en de feitelijke toestand. Ook wat ik in paragraaf 11.9 opmerk over conformiteit aan groepsnormen valt onder de controlefunctie van het feedbackmechanisme.

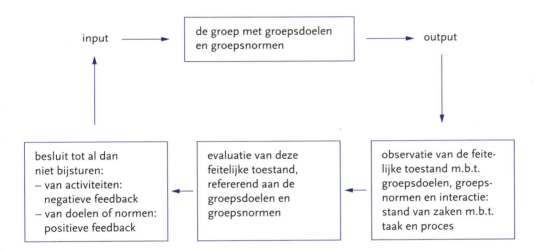

Figuur 10.7 Schema van het feedbackmechanisme, toegepast op groepen

De feedbackkring in groepen
De feedbackkring begint in groepen met het formuleren van de groepsdoelen en met het expliciteren van de groepsnormen. Daarna komen de vier andere stadia van het feedbackmechanisme:
1. Het verzamelen van informatie over de feitelijke gang van zaken in de groep en over de mate waarin de doelen gerealiseerd worden. Die informatie verkrijgt de groep door zorgvuldige observatie van het wat en het hoe van de groepsinteractie: de pro-

ductiviteit van de groep en de wijze waarop de groep intern functioneert. Kortom, het bekende tweetal van aandacht voor de taakkant en aandacht voor de proceskant.
2. De volgende stap in de feedbackkring bestaat uit het toetsen van de feitelijke gang van zaken aan de gewenste toestand: de doelen en de normen. Deze activiteit wordt meestal met *evaluatie* aangeduid.
3. De derde stap is de vaststelling of de geconstateerde afwijkingen binnen of buiten de toegestane marges vallen. Als de afwijkingen van het doel en van de normen te groot zijn, kan de groep overgaan tot de vierde stap.
4. Het besluit om ofwel de activiteiten te wijzigen en bij te sturen, ofwel de doelen en normen aan te passen.

Wanneer de groep de activiteiten en de inzet bijstuurt in de richting van de eerder geformuleerde doelen en normen, is er sprake van negatieve feedback. Wanneer de groep haar doelen en normen bijstelt en afstemt op de feitelijke situatie, is er sprake van positieve feedback. Tot de laatste stap in de feedbackkring op groepsniveau behoren ook alle groepsactiviteiten waarmee conformiteit van de groepsleden afgedwongen en gereguleerd wordt (een vorm van negatieve feedback). Kortom, het betreft de processen die in paragraaf 11.9 ter sprake komen.

10.10 Oefening: Feedback[5]

Doelen
1. Bevorderen van een klimaat van vertrouwen, gevoel van eigenwaarde en positieve bekrachtiging in een kleine groep.
2. Ervaren van het geven en ontvangen van positieve feedback op een niet-bedreigende manier.

Groepsgrootte
Zes tot twaalf groepsleden die al enige tijd een groep vormen.

Benodigde tijd
Voor het schrijven van de feedback ongeveer 30 minuten, daarna ongeveer 5 minuten per deelnemer en ten slotte ongeveer 30 minuten voor verwerking.

---

5 Reproduced from *A handbook of structured experiences for human relations training*, Vol. IV, by J.W. Pfeiffer and J.E. Jones (Eds.). Copyright © 1973 by Pfeiffer and Company. San Diego, CA. Used with permission.

Ruimtelijke indeling
Een lokaal dat groot genoeg is om ongestoord en in een sfeer van privacy te kunnen schrijven.

Procedure
1. De begeleider begint met een inleiding in de volgende trant: 'Vaak doet een klein geschenk meer plezier dan een groot. Toch zijn we er soms zo bezorgd over dat we geen grote dingen voor elkaar kunnen doen, dat we de kleine dingen vergeten die ook heel zinvol kunnen zijn. In deze feedbackoefening gaat het om het geven van zo'n klein geschenk aan ieder ander groepslid.'
2. De begeleider nodigt iedere deelnemer uit om net zoveel stukken papier te maken als er groepsleden zijn en hierop voor elk groepslid een bericht te schrijven.
Het bericht dient zo geschreven te worden dat dit de ander een positief gevoel over zichzelf geeft en zijn gevoel van eigenwaarde verstevigt.
3. De begeleider geeft enkele voorbeelden van zo'n waarderende feedback en geeft ook enkele aanwijzingen, bijvoorbeeld:
   - probeer ieder terug te geven wat je als een sterk punt van hem ziet, waarom je hem graag beter zou willen leren kennen of waarom je blij bent dat hij in de groep zit;
   - schrijf je bericht in de ik-vorm;
   - probeer specifiek te zijn;
   - probeer persoonlijk te zijn, dat wil zeggen iets te schrijven dat alleen bij die persoon past;
   - schrijf iets voor ieder in de groep, ook al ken je niet iedereen even goed;
   - vergeet niet je naam als afzender te vermelden.
4. Nadat ieder klaar is met het schrijven van zijn briefjes, vraagt de begeleider om ze dicht te vouwen en om op de buitenkant de naam van de persoon te zetten voor wie het briefje bestemd is. Daarna worden de briefjes uitgedeeld.
5. Wanneer ieder zijn briefjes gelezen heeft, nodigt de begeleider ieder uit om het briefje voor te lezen dat de meeste indruk heeft gemaakt en om te vertellen over eigen ervaringen tijdens deze oefening.

Variaties
- De inhoud kan uitgebreid worden tot twee berichten: een positief en een negatief bericht (een gedragsaspect waar de ander nader aandacht aan dient te besteden).

- Telkens wordt één groepslid in de schijnwerpers gezet. Terwijl hij zich bezint op de vraag welke feedback hij mogelijk zal ontvangen, schrijven de andere groepsleden briefjes voor hem.
- In plaats van briefjes kunnen symbolische geschenken gegeven worden.
- Aanvulling: ieder denkt na over wat hij in de rest van de groepsbijeenkomsten zelf kan proberen te doen om het vertrouwen in elkaar te vergroten. Dit schrijft ieder op. Daarna volgt een groepsgesprek hierover.

10.11 Oefening: Groepsfeedback[6]

Doelen
1. Het verzamelen van evaluatiegegevens over de effecten van een leerprogramma op een tijdstip dat het nog mogelijk is om in dit programma wijzigingen aan te brengen.
2. Bestuderen van groepsprocessen en groepsverschijnselen in de rol van deelnemer en in de rol van observator.

Groepsgrootte
Tussen 10 en 24 deelnemers.

Benodigde tijd
Ongeveer 1,5 uur.

Benodigd materiaal
1. Voor elke deelnemer een blanco systeemkaart (circa 15 × 20 cm) en een pen.
2. Voor elke deelnemer een observatielijst (is achter deze oefening opgenomen).

Ruimtelijke indeling
Een lokaal dat groot genoeg is om subgroepen te laten werken zonder dat ze elkaar storen.

Procedure
1. Vorm twee even grote subgroepen. De ene subgroep heet A, de andere B.
2. Leden van groep A krijgen systeemkaarten en pennen met de instructie om in de ene

---

[6] Reproduced from *The 1973 Annual handbook for group facilitators*, by J.E. Jones and J.W. Pfeiffer (Eds.). Copyright © 1973 by Pfeiffer and Company. San Diego, CA. Used with permission.

helft van het lokaal te gaan zitten en onafhankelijk te werken, terwijl de leden van groep B nadere instructies krijgen. De leden van groep A moeten op één kant van de systeemkaart minstens twee positieve opmerkingen schrijven over het leerprogramma dat ze tot nu toe gevolgd hebben en op de andere kant van de kaart minstens twee negatieve opmerkingen.

3. Leden van groep B krijgen pennen en exemplaren van de observatielijst. Elk lid gaat straks aan de slag met een onderdeel van deze observatielijst. Vanuit de vragen van dat onderdeel moet hij groep A gaan observeren. Als groep B groter is dan vijf leden, worden per onderdeel van de lijst twee (of meer) leden aangewezen. Dit voorgesprek duurt ongeveer 10 minuten.

4. Groep A gaat nu in een kring zitten in het midden van het lokaal en de leden van groep B gaan verspreid daaromheen zitten. De leden van groep A krijgen de instructie om hun reacties te geven op het leerprogramma tot nu toe. Elk groepslid heeft daarbij drie verantwoordelijkheden: (1) minstens een van zijn opmerkingen van elke kant van zijn kaart kenbaar maken; (2) ervoor zorgen dat hij begrepen wordt; (3) horen wat elk ander groepslid zegt. Dit groepsgesprek duurt ongeveer 20 minuten.

5. Groep A heeft als extra taak om het eens te worden over drie positieve en drie negatieve kenmerken. NB Vooral deze groepstaak biedt de meeste gegevens voor de observatoren.

6. Hierna geven de leden van groep B hun observaties. De begeleider herinnert de leden van groep B aan de criteria voor het effectief geven van feedback (zoals: wees specifiek, wees beschrijvend in plaats van veroordelend, richt je op veranderbaar gedrag, ga na of je begrepen bent enzovoort) én hij vraagt groep B om hun observaties kort te rapporteren terwijl groep A luistert. Daarna kunnen leden van groep A kort reageren op deze observaties. Deze fase van feedback en reacties duurt ongeveer 15 minuten.

7. De groepen veranderen nu van positie. Leden van groep B noteren nu hun reacties op het leerprogramma en leden van groep A worden nu procesobservatoren. Het is het beste om nu twee andere vragen te gebruiken (bijvoorbeeld: Wat heb je tot nu toe vooral geleerd in dit programma, zowel in persoonlijk als in beroepsmatig opzicht? Wat heb je tot nu toe vooral gemist?). De extra taak kan gelijk blijven aan wat in punt 5 vermeld is.

8. De observaties lopen nu iets anders. Iedere observator let nu op één groepslid van de binnenkring en gebruikt daarbij alle vijf thema's van de observatielijst. De observator moet zo gaan zitten dat hij de te observeren persoon goed kan zien, dus ook de non-verbale signalen goed kan opmerken. De feedback in deze ronde wordt ook persoonsgericht gegeven.

9. Na het afsluiten van deze tweede ronde vraagt de begeleider om opmerkingen over procesverschillen tussen de twee rondes. Daarna kan hij met de groep mogelijke verbeteringen voor het komende gedeelte van het leerprogramma doorspreken.

Observatieformulier bij de oefening
Noteer de verbale en non-verbale gedragsvormen van specifieke groepsleden met betrekking tot het onderdeel van dit formulier dat aan jou toegewezen is. Laat je bij je observaties leiden door de opmerkingen en vragen die bij jouw gedeelte staan vermeld. Probeer je aandacht te richten op de *processen* die zich tijdens de groepsbijeenkomst afspelen en minder op de *inhouden* van wat gezegd wordt. Stel je voor dat je een procesconsulent bent die door deze groep uitgenodigd is om haar te helpen bij het verbeteren van haar groepsfunctioneren.

1. *Structuur*
 - Hoe organiseert de groep zich voor het werken aan de taak?
 - Welke grondregels worden zichtbaar?
 - Welke leiderschapsgedragingen vertonen de groepsleden?
 - Hoe komen besluiten tot stand?
 - Hoe gaan de groepsleden om met informatie?

2. *Klimaat*
 - Hoe is de psychologische atmosfeer van de bijeenkomst?
 - Hoe gaan de groepsleden om met gevoelens (in tegenstelling tot meningen)?
 - Welke non-verbale gedragsvormen bieden aanwijzingen voor veranderingen in het klimaat?
 - Hoe komt in het stemgebruik van de groepsleden een gevoelstoon tot uiting?

3. *Procesbevordering*
 - Hoe beïnvloeden de groepsleden de groepsontwikkeling?
 - Begeleidt en stuurt de groep haar eigen proces?
 - Welke groepsopbouwende gedragsvormen zijn te zien (zoals stille leden in het gesprek betrekken, harmonie brengen bij conflict, belonen van deelname enzovoort)?

4. *Dysfunctioneel gedrag*
 - Welke gedragsvormen hinderen de groep in het voltooien van de groepstaak?
 - Welk antigroepsgedrag zie je (zoals blokkeren, aandacht trekken, domineren, zich terugtrekken enzovoort)?

- Welke communicatiepatronen ontwikkelen zich die dysfunctioneel zijn voor de groep?

5. *Convergentie*
- Hoe maakt de groep de overgang van uiteenlopende onafhankelijke oordelen naar een gezamenlijk standpunt?
- Welke gedragsvormen stimuleren tot overeenstemming?
- Welk consensuszoekend gedrag zie je?
- Welke gedragsvormen belemmeren het komen tot overeenstemming?

11 Groepsprocessen en groepsfenomenen

11.1 Inleiding
11.2 Functionele rollen in groepen
11.3 Taakrollen
11.4 Procesrollen
11.5 Zowel taak- als procesrollen
11.6 Zelfgericht gedrag (negatieve rollen)
11.7 Gedragsvormen (Bion)
11.8 Groepsnormen
11.9 Conformiteit aan groepsnormen
11.10 Besluitvorming
11.11 Basisstappen in besluitvorming
11.12 Het BOB-model van besluitvorming en de fuikmethode
11.13 Conflictstijlen
11.14 Afweer in groepen
11.15 Groepsidentiteit
11.16 Verborgen agenda's
11.17 Hoe met verborgen agenda's om te gaan

11.1 Inleiding

In het komende hoofdstuk beschrijf ik een aantal groepsprocessen en groepsfenomenen die tot nu toe nog niet aan bod gekomen zijn. Functionele rollen in groepen is een klassiek thema in de groepsdynamica (paragraaf 11.2 tot en met 11.6) en de eerste publicatie hierover van Benne en Sheats (1948) werd een van de meest geciteerde overzichten. Dit artikel verheldert niet alleen groepsgedrag, maar ook het thema leiderschap (zie hoofdstuk 12). Een tweede klassieker is de indeling van Bion (1961) (paragraaf 11.7). Hij introduceerde de bekende termen *fight, flight, pairing* en *dependency*, die ik hier vertaald heb als vechten, vluchten, paarvorming en afhankelijkheid. Het zijn termen waarmee we een groepsklimaat kunnen typeren. Later voegde Bion er nog een vijfde term aan toe: *counterdependency*, tegenafhankelijkheid. Zijn indeling in vier (later vijf) groepsklimaten is op een wonderlijke manier tot stand gekomen. Tijdens en na de Tweede Wereldoorlog werkte hij als psychiater voor het leger. Hij verzorgde groepstherapie voor soldaten met traumatische oorlogservaringen (we zouden die nu PTSS noemen: posttraumatische stressstoornis). Tijdens de groepstherapie kon het groepsklimaat enorm wisselen. Dit boeide hem. In 1948 en 1949 beschreef hij zijn ervaringen in enkele persoonlijke artikelen die hij later tot boek bundelde (*Experiences in groups,* 1961). In deze opstellen beschreef hij voor het eerst de genoemde groepsklimaten. Daarmee verrijkte hij het jargon en de theorievorming van de groepsdynamica. In zijn theorie geeft hij zicht op de emotionele onderstroom van groepen en hoe deze onderstroom zich verhoudt tot de taak waar de groep voor staat.

Een veel onderzocht thema binnen de groepsdynamica is het onderwerp groepsnormen. Met name over conformiteit aan groepsnormen is er heel wat theorievorming. Groepsnormen zijn (vaak onuitgesproken) gedragsregels voor de groepsleden waarmee de groep probeert te bereiken dat ze soepel kan functioneren (paragraaf 11.8). Er is groepen dan ook veel aan gelegen dat de groepsleden zich aan die regels houden. Dit doet de groep door pressie uit te oefenen tot conformiteit (paragraaf 11.9).

In paragraaf 11.10 volgt een onderwerp waar groepen het soms knap moeilijk mee hebben: besluitvorming. Na een bespreking van enkele manieren van besluitvorming, behandel ik de vijf stappen van effectieve besluitvorming (paragraaf 11.11) en vat ik samen waar een effectief besluit aan herkend kan worden. Wat betekent dit nu voor iemand die een groep naar een besluit wil leiden? Daartoe is de fuikmethode handig, die het BOB-model volgt (paragraaf 11.12).

De volgende vier thema's zijn conflictstijlen, afweer in groepen, groepsidentiteit en verborgen agenda's. Conflictstijlen kwamen al kort aan bod in paragraaf 8.13, maar in dit hoofdstuk bespreek ik een iets andere indeling van conflictstijlen (paragraaf 11.13). Afweer, ofwel weerstand, in groepen kan meerdere gezichten hebben. Ik bespreek die in paragraaf 11.14, waarbij ik aansluit op de eerste twee gedragsvormen van Bion die in paragraaf 11.7 al aan bod kwamen, namelijk vechtgedrag en vluchtgedrag. Hierna besteed ik aandacht aan het begrip groepsidentiteit: waaruit bestaat de identiteit van een groep en hoe ontwikkelt zich die? (paragraaf 11.15)

Verborgen agenda's vormen het laatste thema van dit hoofdstuk (paragraaf 11.16). Omdat zulke 'agenda's' zo'n lastig en hardnekkig verschijnsel zijn sta ik er wat langer bij stil. Ik onderscheid verborgen agenda's bij de groepsleden, bij de leider en bij de groep als geheel. Tot slot geef ik een aantal suggesties voor het omgaan met verborgen agenda's (paragraaf 11.17).

11.2 Functionele rollen in groepen

Gedrag in de groep kan bekeken worden vanuit de functie die het heeft. Er zijn drie functies mogelijk. Als een groepslid iets zegt:
– probeert hij dan vooral de groepstaak voltooid te krijgen?
– probeert hij dan vooral de relaties te verbeteren of wrijvingen tussen groepsleden bij te leggen?
– probeert hij vooral een privébehoefte te vervullen of een privédoel te bereiken zonder te letten op de groepsproblemen? (zelfgericht gedrag)

In het Engels worden deze drie gedragsvormen *task, maintenance* en *selforiented behavior* genoemd. Naarmate de groep zich verder ontwikkelt en elk groepslid zich meer identificeert met het groepsdoel, zal er minder zelfgericht gedrag en meer taakgedrag of groepshandhavingsgedrag te zien zijn. We zien dus vaak dat in groepen zich functionele rollen ontwikkelen die (vaak onuitgesproken) groepsdoelen dienen, zodat de groep haar werk kan voortzetten. Zulke rollen bestaan uit pogingen van het groepslid om het op gang komende sociale systeem van de groep verder te ontwikkelen.

De rollen kunnen we onderverdelen in de hierboven al genoemde hoofdfuncties:
– taakrollen (*task roles*): van belang voor het uitvoeren van de groepstaak;
– groepshandhavings- en groepsvormingsrollen (*group building and maintenance roles*): vooral gericht op het verbeteren van het sociaal-emotionele klimaat in de groep, namelijk voor het versterken en in stand houden van het groepsgebeuren; deze groepsrollen duid ik in het vervolg aan als procesrollen;
– daarnaast is er nog een groep gedragsvormen die juist niet functioneel is: dysfunctionele rollen (negatieve rollen), die vooral bestaan uit zelfgericht gedrag dat ingaat tegen constructieve participatie aan de groep.

Met betrekking tot de taak- en procesrollen merk ik op dat al de genoemde rolfuncties tegelijkertijd ook leiderschapsfuncties zijn. Dat wil echter niet zeggen dat al deze rollen door slechts één persoon vervuld worden. Of veel groepsleden deze rollen vervullen, hangt af van de leiderschapsstijl, type activiteit van de groep en weerstanden tegen bepaald rolgedrag.

In de volgende paragrafen geef ik het overzicht van functionele rollen zoals dat ontwikkeld is door Benne en Sheats (1948). Ik geef tussen haakjes telkens ook de oorspronkelijke term van die rol. Ik bespreek eerst de taakrollen, dan de procesrollen, vervolgens zowel taak- als procesrollen en tot slot de negatieve rollen.

11.3 Taakrollen

1. *Initiatief en activiteit (initiating activity)*: voorstellen van oplossingen, geven van suggesties, inbrengen van nieuwe ideeën, opnieuw definiëren van het probleem, het probleem op een nieuwe manier aanpakken, het anders ordenen van het materiaal.
2. *Zoeken van informatie (seeking information)*: vragen om verheldering van suggesties, vragen om verdere informatie of feiten.
3. *Zoeken van meningen (seeking opinion)*: proberen van groepsleden los te krijgen wat ze denken of wat ze voelen, zoeken van verheldering van waarden, voorstellen of ideeën.
4. *Geven van informatie (giving information)*: het bieden van feiten of generalisaties, het verbinden van eigen ervaringen met het groepsprobleem om daardoor bepaalde punten te verhelderen.
5. *Geven van een mening (giving opinion)*: uitspreken van een mening of overtuiging over eerdere voorstellen, niet zozeer met betrekking tot de feitelijke inhoud, maar eerder over de waarde (of waardeloosheid) van die voorstellen.
6. *Uitwerking (elaborating)*: verhelderen, voorbeelden geven of betekenissen ontwikkelen, proberen zich voor te stellen hoe een voorstel zal uitpakken als dat voorstel aangenomen wordt, verwarringen ophelderen, termen definiëren.
7. *Coördineren (coordinating)*: verbanden aantonen tussen verschillende ideeën of voorstellen, proberen ideeën of voorstellen samen te brengen, proberen de activiteiten van verschillende subgroepen of groepsleden met elkaar te verenigen.
8. *Samenvatten (summarizing)*: samentrekken van verwante ideeën of voorstellen, het tot slot van een groepsdiscussie opnieuw formuleren van de gedane suggesties, een conclusie of een voorstel tot besluit aan de groep aanbieden.

11.4 Procesrollen

9. *Aanmoedigen (encouraging)*: vriendelijk zijn, warmte en belangstelling tonen, bereid zijn tot antwoord aan anderen, waardering uitspreken voor anderen en hun ideeën, openlijk instemmen en accepteren van bijdragen van anderen.

10. *'Deuropener'*, *'wegbereider' zijn (gatekeeping)*: het voor een ander groepslid mogelijk maken om ook een groepsbijdrage te leveren door bijvoorbeeld te zeggen: 'We hebben nog niets van Jos gehoord', of: 'Jan wilde wat zeggen, maar kreeg de kans niet', of door beperkingen in de spreektijd voor te stellen, zodat ieder de kans krijgt om gehoord te worden.
11. *Formuleren van de regels en procedures (standard setting)*: formuleren van groepsnormen of -regels, die gebruikt kunnen worden voor de keuze van het gespreksonderwerp, voor de werkwijze van de groep of voor het evalueren van de groepsbesluiten; de groep eraan herinneren besluiten te vermijden die in tegenspraak zijn met de groepsregels.
12. *Volgen (following)*: meegaan met de groepsbesluiten, bedachtzaam accepteren van andermans ideeën, als luisterpubliek dienen tijdens de groepsdiscussie.
13. *Onder woorden brengen van het groepsgevoel (expressing group feeling)*: samenvatten van het gevoel dat in de groep te bespeuren is, beschrijven van de reacties van groepsleden op ideeën of voorstellen, meedelen van observaties en van onopgemerkt gebleven reacties van groepsleden (onbewuste reacties).

11.5 Zowel taak- als procesrollen

14. *Evalueren (evaluating)*: de groepsbesluiten toetsen aan de procedures en regels, het vergelijken van wat de groep bereikt heeft met het groepsdoel.
15. *Diagnostiseren (diagnosing)*: vaststellen van bronnen van moeilijkheden, vaststellen van wat de geschikste volgende stap is, analyseren van wat de groep in haar vooruitgang blokkeert.
16. *Consensus uitproberen (testing for consensus)*: tentatief vragen naar de groepsmening om na te gaan of er voldoende overeenstemming bereikt gaat worden voor het nemen van een besluit, proefballonnetjes oplaten om de groepsmening te testen.
17. *Bemiddelen (mediating)*: harmoniseren, verschillende standpunten met elkaar verzoenen, voorstellen van compromissen.
18. *Spanning verminderen (relieving tension)*: uitlaat vinden (bijvoorbeeld door humor) voor overheersende negatieve gevoelens, kalmeren, tot rust brengen, 'olie op de golven gieten', een gespannen situatie in een bredere context plaatsen.

11.6 Zelfgericht gedrag (negatieve rollen)

Er is ook een categorie van gedragsvormen die niet bijdragen aan de groepstaak of aan het groepsklimaat. Zulk gedrag is meestal zelfgericht in plaats van groepsgericht. Het voorziet vooral in een behoefte van het betreffende groepslid zelf. Hieronder volgt een aantal voorbeelden van zulk gedrag. De lijst kan nog eindeloos aangevuld worden. Dit gedrag verdient wel de aandacht van de groepsbegeleider omdat het een signaal kan zijn wat er in de groep speelt.

19. *Agressief gedrag (being aggressive)*: de eigen status proberen te vergroten door het bekritiseren of beschuldigen van anderen, vijandigheid tonen tegen de groep of tegen een groepslid, pogingen de eigenwaarde of status van andere groepsleden te kleineren, pogingen tot voortdurend domineren.
20. *Blokkeren (blocking)*: de voortgang van de groep doorkruisen door uitwijken naar randproblemen, vertellen van privé-ervaringen die niets te maken hebben met het groepsprobleem, hardnekkig verder argumenteren op slechts één punt, afwijzen van ideeën zonder er eerst over te willen nadenken.
21. *Zelfbelijdenissen (self-confessing)*: de groep als klankbord gebruiken voor zuiver persoonlijke, niets met het groepsdoel te maken hebbende gevoelens of gezichtspunten.
22. *Rivaliteit (competing)*: met anderen wedijveren om de productiefste of beste ideeën, vliegen afvangen, overtroeven, 'punten scoren', het meest aan het woord willen zijn, de grootste rollen willen spelen, in een goed blaadje willen komen bij de leider.
23. *Sympathie zoeken (seeking sympathy)*: pogingen om andere groepsleden te verleiden tot sympathie met eigen problemen en lotgevallen, klagen over de eigen situatie, de eigen ideeën kleineren (zielig doen) om zo ondersteuning van de anderen te verkrijgen.
24. *Stokpaardjes (special pleading)*: alleen die voorstellen inbrengen of ondersteunen die te maken hebben met eigen lievelingsopvattingen of filosofietjes.
25. *De clown uithangen (horsing around)*: geintjes blijven maken, na-apen, gekke gezichten trekken en daardoor het werk van de groep steeds weer opnieuw onderbreken.
26. *Aandacht trekken (seeking recognition)*: proberen de aandacht naar zich toe te trekken door luid of buitensporig praten, door extreme ideeën of door ongewoon gedrag.
27. *Demonstratief terugtrekken (withdrawal)*: ongeïnteresseerd of passief gedrag, het gedrag beperken tot uiterste formaliteiten, dagdromen, *doodling* (tekeningetjes zitten maken), met anderen zitten fluisteren over totaal andere onderwerpen (stoorzender zijn), ver afwijken van het thema.

Waarschuwing

Met betrekking tot de negatieve rollen waarschuw ik voor misbruik: gebruik deze classificatie niet om beschuldigend de vinger op te heffen tegen een bepaald groepslid dat zelfgericht gedrag vertoont. Het is veel zinvoller om zulk gedrag op te vatten als symptoom voor het verschijnsel dat de groep onvoldoende in staat is om individuele behoeften door groepsgerichte activiteit te bevredigen. Bovendien zal ieder zulke gedragingen anders kunnen interpreteren; ook spelen het groepsthema en de groepsomstandigheden een rol. Zo kan bijvoorbeeld door een agressieve bijdrage onder bepaalde omstandigheden de atmosfeer opklaren of de groep nieuwe impulsen geven. Als regel kunnen we stellen dat elke groep beter en succesvoller kan werken als haar groepsleden:
– zich meer bewust worden van welke rolfunctie op een gegeven moment nodig is;
– zich meer bewust worden van de mate waarin zij door concreet gedrag de groep kunnen helpen om aan die behoefte te voldoen;
– een zelftraining beginnen om het gedrag voor deze rolfuncties te verbeteren en vaardigheden in te oefenen in het werkelijk vervullen van zulke functies.

11.7 Gedragsvormen (Bion)

De tot nu toe beschreven processen hebben vooral te maken met de werkpogingen (zoals het oplossen van taakproblemen) en de handhavingspogingen van de groep. Maar zoals we al bij de zelfgerichte gedragsvormen zagen, zijn er in groepen krachten werkzaam die het werk verstoren en die een soort emotionele 'onderwereld' of 'onderstroom' vormen in het groepsgebeuren. Deze onderliggende emotionele basispunten veroorzaken allerlei emotionele gedragsvormen die een effectief groepsfunctioneren in de weg kunnen staan. Deze gedragsvormen kunnen echter niet ontkend of weggewenst worden, maar moeten herkend en erkend worden, in samenhang met hun oorzaken. In de groep als geheel moeten condities gecreëerd worden voor het kanaliseren van deze emotionele energie in de richting van de groepswerkzaamheden.

Emotionele basisvragen

Elk groepslid zoekt antwoord op enkele emotionele basisvragen. Elke basisvraag kan oorzaak worden van zelfgericht gedrag. Wat zijn deze emotionele basisvragen?
– *Vragen rond doelen en behoeften:* Wat wil ik van deze groep? Kunnen de groepsdoelen in overeenstemming gebracht worden met mijn doelen? Wat moet ik de groep bieden?

- *Vragen rond identiteit en groepslidmaatschap* (Schutz (1958) spreekt van inclusie): Wie ben ik in deze groep? Waar pas ik in? Welk soort gedrag is hier acceptabel? Welke van mijn vele rollen moet ik spelen? En vooral: hoor ik erbij?
- *Vragen rond macht, controle en beïnvloeding* (Schutz spreekt van controle): Hoeveel macht en invloed heb ik? Wie heeft er macht en invloed over mij? Wie zal controleren wat we doen? Door wie zal ik me laten beïnvloeden?
- *Vragen rond intimiteit* (Schutz spreekt van affectie): Hoe 'open' kan ik zijn? Hoeveel van mezelf, van mijn opvattingen en vooral van mijn gevoelens kan (of moet) ik in deze groep tonen? Hoe persoonlijk zullen we met elkaar omgaan? Hoe 'nabij' zullen we komen? Hoeveel kunnen we elkaar vertrouwen? Hoe kunnen we een dieper niveau van vertrouwen bereiken?

Basisassumpties

In antwoord op deze vragen ontwikkelt elke groep een aantal basisassumpties die via emotionele gedragsvormen geobserveerd kunnen worden. Deze basisassumpties zijn uitgebreid beschreven door Bion (1961; zie ook Remmerswaal, 1994 en 2006). Samen met het werkklimaat (wat er gedaan wordt) vormen de basisassumpties (de sfeer en het klimaat waarbinnen gewerkt wordt) de cultuur van de groep. Bion onderscheidt drie basisassumpties. Hij noemt ze: (1) vechten/vluchten; (2) paarvorming (3) afhankelijkheid (*fight/flight, pairing en dependency*). Van deze basisassumpties zijn de groepsleden zich niet bewust, maar voor een goede observator zijn ze wel te herkennen aan de hand van de sfeer en het klimaat waarbinnen gewerkt wordt. De basisassumpties van Bion betreffen vooral de dimensie van oriëntatie op gezag en invloed (controle) en de dimensie van intimiteit (affectie). Hoe komen deze emotionele basispunten van gezag en intimiteit tot uiting in observeerbaar gedrag?

Vechtgedrag

Op gespannen situaties wordt gereageerd met aanvallen en agressie (en niet, hetgeen ook mogelijk is, met adaptatie, aanpakken van het probleem of leren van het probleem).

Gedragsvormen: aanvallen, veel kritiek, agressie, rivaliteit, bespotten, ironiseren, negatieve gevoelens tonen, domineren, eigen mening of werkwijze doordrukken zonder te letten op anderen.

Vluchtgedrag

De groep als geheel of enkele groepsleden proberen zich door vlucht aan de gestelde taak te onttrekken. Men kan fysiek de groep verlaten (gewoon vertrekken), maar zich ook op subtielere manieren terugtrekken, bijvoorbeeld door de problematiek van de situatie te ontkennen, door op een ander thema over te stappen of door te gaan 'procederen' (dat wil zeggen eindeloos te gaan praten over te volgen procedures, zodat geen tijd meer overblijft voor het eigenlijke onderwerp) zonder te proberen om klaar te komen met de onbevredigende situatie of om deze te veranderen.

Gedragsvormen: problemen ontwijken, terugtrekken, geintjes maken, van het thema afdwalen, overintellectualiseren, 'procederen', vluchten voor onprettige gevoelens.

Paarvorming

Zoeken van steun bij een of enkele groepsleden en zo een emotionele subgroep vormen waarin de leden elkaar beschermen en ondersteunen. Binnen zo'n subgroep kan men vrij zijn gevoelens en angsten uitdrukken; nagaan hoe anderen zich voelen en door deze gedeelde gevoelens het besef van inadequaatheid en schuld kwijtraken. De groepsleden bevorderen of ondersteunen paarvorming van enkele groepsleden, als ze verwachten dat daardoor de groepssituatie beter hanteerbaar zal worden. In dat geval wordt aan een enkel paar (subgroepje) tijdelijk de leiding in handen gegeven, terwijl de overige groepsleden zich dan door vlucht of terugtrekking kunnen onttrekken aan elke activiteit. Men hoopt dat door het bevorderen van paarvorming een nieuwe oplossing van het groepsprobleem verwacht kan worden. Het betreffende paar (subgroep), dat reëel gezien niet aan deze verwachting kan beantwoorden, kan dan verantwoordelijk gesteld worden voor de mislukking en teleurstelling.

Gedragsvormen: vriendelijk zijn, intimiteit, ondersteuning, overeenstemming, emotionele subgroep vormen waarin de leden elkaar steunen en beschermen.

Afhankelijkheid

Leunen op de gezagsfiguur in de groep, zoals de leider of de trainer. De groep zoekt iemand of iets buiten zichzelf voor bescherming of leiding. Dit 'iets' kunnen ook regels, procedures of reglementen zijn. We kunnen zeggen dat de afhankelijke groep volledig gefixeerd is op de leider en ervan uitgaat dat hij almachtig is en alles weet. Voldoet de leider niet aan deze verwachtingen, dan wordt geprobeerd op iets anders te steunen: op andere groepsleden, op een autoriteit buiten de groep, op een taak, een dagindeling, een procedure of op een structuur.

Gedragsvormen: wachten op ondersteuning of maatregelen van de leider, voortdurend zoeken naar structurering en definiëring van wat er aan de hand is, leunen op gezagsvertegenwoordigers (zoals de leider of opgelegde regels, procedures of reglementen).

Tegenafhankelijkheid

Deze categorie heeft Bion pas later aan zijn basisassumpties toegevoegd. Vanuit de gefrustreerde afhankelijkheidsverwachtingen ontstaan agressies die zich uiten in rebellie en opstandigheid en destructieve tendensen. Vooral de leider wordt aangevallen. De twee basisassumpties *fight* en *flight* staan in nauw verband met deze tegenafhankelijkheid.

Gedragsvormen: rebellie, verzet tegen structureringspogingen, opstandigheid, weerstand tegen gezag (tegen de leider of de opgelegde regels, procedures of reglementen).

Waarde van elke basisassumptie

In het algemeen kunnen we stellen dat de groepsontwikkeling naar grotere emotionele rijpheid verloopt van afhankelijkheid via vechten/vluchten naar paarvorming. Maar dit beeld is te simpel en onjuist: uit onderzoek concludeert Thelen (1954) dat de productiefste groep alle genoemde emotionele tendenties bevat. Dit betekent dat de groepssamenstelling van bijzonder belang kan zijn. Thelens bevinding wordt begrijpelijker als we even stilstaan bij de groepsbijdragen die elk van de emotionele tendenties kan leveren. Vechten brengt vitaliteit in het groepsproces, leidt tot sterke emotionele betrokkenheid en stimuleert creativiteit. Afhankelijkheid is adequaat wanneer de groep niet voldoende competentie bezit en dus behoefte heeft aan andere hulpbronnen. Bovendien draagt afhankelijkheid bij tot organisatie en structurering via procedures. Vluchten kan de groep wegvoeren van vechtsituaties die te moeilijk te hanteren zijn of die de groep opblazen. Bovendien draagt vluchten bij tot werk op cognitief niveau. Paarvorming draagt bij tot de cohesiebanden, die de groepssterkte en solidariteit vormen. Een vitale productieve groep belichaamt een combinatie van alle emotionele tendenties. Elk heeft zijn plaats binnen het totaalbeeld.

Positief of negatief

Of bepaald emotioneel gedrag van een enkel groepslid een constructieve of destructieve bijdrage vormt, hangt af van de omstandigheden waarin de groep op dat moment verkeert.

Niet alleen de groepsleden, maar ook de groep als geheel werkt tegelijkertijd op werkniveau en op emotioneel niveau. *Wat* er gedaan wordt, is altijd gekoppeld aan *hoe* het gedaan wordt. Elke scheiding tussen dit *hoe* en dit *wat* is kunstmatig.

Oefening: Beeld van de groep

Wat voor 'cultuur' heerst er in jouw groep: een vechtcultuur, een vluchtcultuur, een paarvormingscultuur (ook wel lieve-vredegroep genoemd of een warme theemuts) of een afhankelijkheidscultuur? Probeer het klimaat in de groep te typeren met een of meer van de volgende beelden. Kies een positief beeld en een negatief beeld.

Beelden van groepen, negatief en positief	
Negatief geladen	Positief geladen
arena	thuis
broeikas	lotsverbondenheid
bolwerk	bezinningsplaats
tribunaal	vrijstaat
kudde	springplank
moeras	inspiratiebron
duiventil	collectief
donzen bed	markt
supermarkt	werkplaats
klitterig gedoe	kameraadschap
heksenketel	ontmoetingsplaats
gekkenhuis	smeltkroes
blijf-van-mijn-lijfgroep	laboratorium
zinkend schip	confrontatieplaats
....	....
....	....
....	....
(zelf beelden toevoegen)	(zelf beelden toevoegen)

NB Er zijn ook neutrale beelden te bedenken: schoolklas, ...

Als je zegt dat de groep een ... is, wat heb je dan zien gebeuren in de groep?
Praat dit door in een subgroep (zowel het positieve als het negatieve beeld). Bedenk als subgroep een non-verbale manier om het beeld dat jullie hebben van de groep uit te beelden in de plenaire sessie.

11.8 Groepsnormen

In elke groep bestaan regels die bepalen welk gedrag goed of fout, beleefd of onbeleefd, toegestaan of verboden, gewenst of ongewenst is. Ze geven aan welk gedrag in deze groep 'normaal' of 'abnormaal' gevonden wordt. Deze regels heten normen. *Groepsnormen* zijn doorgaans onuitgesproken gedragsregels die voor elk groepslid gelden. Overtreding van de groepsnormen wordt meestal opgemerkt en door de groep afgekeurd. Dit kan ook gebeuren door het aanstootgevend gedrag te negeren. We noemen een norm een groepsnorm, wanneer het geen gedragsnorm is die in de omringende omgeving net zo bestaat. Enkele voorbeelden van zulke groepsnormen:
- We beginnen op tijd.
- Ieder moet ongeveer evenveel zeggen.
- We moeten redelijk blijven en niet emotioneel worden.
- Wat besproken wordt, blijft onder ons.
- Besluiten moeten uitgevoerd worden.
- We vermijden conflicten.
- We nemen pas een besluit als iedereen zich erin kan vinden.

Waarden en taboes

Normen zijn gebaseerd op *waarden*, dat wil zeggen waarderingen die we hechten aan bepaalde gedragsvormen. Dit kunnen positieve of negatieve waarderingen zijn. Negatieve waarderingen verwijzen naar gedrag dat juist vermeden dient te worden. Als de vermijding heel sterk is, spreken we van taboes. Een *taboe* is een heel sterke gedragsnorm van het 'doe nooit'-soort. Zo zijn in de meeste groepen bepaalde onderwerpen niet bespreekbaar: de zogenoemde taboeonderwerpen. Dit zijn gespreksthema's die opvallen door hun afwezigheid of die weleens genoemd zijn, maar doodgezwegen werden door de overige groepsleden. Soms komen zulke taboeonderwerpen wel aan bod in de wandelgangen of in subgroepjes (het informele circuit).

Normen vergemakkelijken het samenwerken en de omgang met elkaar, omdat ieder weet wat hij van de andere groepsleden mag verwachten en wat er van hem verwacht wordt. Hoewel normen meestal gelden voor de hele groep, zijn er soms normen die alleen voor bepaalde mensen in de groep gelden. Verder valt soms op dat bepaalde normen veel strenger bewaakt worden dan andere.

Afwijking van de norm

Een belangrijk kenmerk van groepsnormen is de gemeenschappelijkheid. Dit betekent dat in de meeste groepen afwijken van de norm niet is toegestaan. Wijkt een groepslid toch van de groepsnorm af, dan zal op hem sterke druk uitgeoefend worden om zich aan te passen. Blijft de afwijker weigeren zich aan te passen, dan stoppen de andere groepsleden op een bepaald moment meestal met hun pogingen om hem tot ander gedrag te brengen en zullen ze hem volledig negeren of uit de groep zetten. Omdat zulke psychologische of fysieke uitstoting meestal erg pijnlijk gevonden wordt, zullen groepsleden dit meestal tot het uiterste proberen te voorkomen. Hierin zien we een belangrijke reden voor conformiteit aan de groepsnormen (zie ook in paragraaf 9.12 het onderzoek van Schachter over communicatie met een deviant).

11.9 Conformiteit aan groepsnormen

Wanneer groepen langere tijd bestaan, valt vaak op dat de groepsleden opvallend veel op elkaar gaan lijken wat betreft hun opvattingen, houdingen, waarden en ook gedrag. We zeggen dan: ze vertonen een zekere mate van uniformiteit. Die uniformiteit is sterker in langdurige en duurzame groepen dan in kortstondige groepen en neemt toe naarmate de groep langer bestaat. Maar we kunnen evengoed andersom redeneren: een groep is duurzamer naarmate de leden van het begin af aan al meer op elkaar lijken.

Groepsdruk tot conformiteit

Hoe dit ook zij, groepen spelen hierin ook een actieve rol door pressie uit te oefenen tot conformiteit. Groepen oefenen met name een actieve druk uit op haar leden om te conformeren aan de groepsnormen die ze ontwikkeld hebben. Zulke groepsnormen betreffen niet alleen regels voor het openlijk zichtbare gedrag, maar ook voor opvattingen en stellingnames. Groepsnormen reguleren in belangrijke mate hoe groepsleden zich gedragen en hoe ze praten, denken en voelen.

Bij groepsdruk tot conformiteit gaat het om actieve beïnvloedingsprocessen tussen groepsleden. Sommige groepen erkennen openlijk dat ze dit doen en beschouwen het ook als een legitieme functie, met name groepen met een politieke of religieuze kleur. Veel groepen zetten hun leden onder druk om te handelen volgens expliciet geformuleerde groepsnormen. Deze eis tot conformiteit hoeft meestal niet gerechtvaardigd of gelegitimeerd te worden. Ook informele groepen ontwikkelen groepsnormen die uniformiteit en gelijkheid onder de groepsleden bevorderen. Vooral groepen met een hoge cohesie kunnen een sterke druk uitoefenen op elk lid dat probeert af te wijken.

Verder is uit sociaal-psychologisch onderzoek gebleken dat de tendens om meningen en druk van anderen te accepteren sterker is naarmate:
- de anderen stelliger en eensgezinder in hun mening zijn;
- de situatie onduidelijker of dubbelzinniger is;
- het groepslid zelf onzekerder is en minder zelfvertrouwen heeft in zijn eigen meningen en opvattingen;
- er een vrij groot, maar ook weer niet extreem groot verschil is tussen de eigen mening en die van anderen;
- het groepslid zich er meer van bewust is dat de anderen in de gaten hebben dat zijn mening of gedrag verschilt van het hunne.

Redenen voor conformiteit

Waarom conformeren groepsleden eigenlijk aan de groepsnormen? Hiervoor zijn een aantal redenen:
- Uit angst om als afwijker gezien te worden en op grond daarvan afgewezen of buitengesloten te worden.
- Vanwege persoonsattractie en groepscohesie: je zult je eerder en sterker conformeren aan anderen die je sympathiek vindt of aan een groep waarvan je graag lid wilt worden of blijven.
- Op grond van pogingen tot vermijding van een cognitief conflict. Als een aantal mensen zich in eenzelfde omgeving bevindt, zullen ze over het algemeen aannemen dat er slechts één juiste beschrijving is van de situatie of van het meest gewenste gedrag in die situatie. Als ze dan merken dat anderen deze situatie anders beleven of definiëren, ervaren ze een cognitief conflict. Moeten ze afgaan op de eigen opvattingen of op die van anderen? Hoewel mensen verschillend op zo'n conflict reageren, wordt zo'n verschil tussen zichzelf en de anderen meestal als onprettig ervaren.
- Uit vertrouwen in de juistheid van het standpunt van de meerderheid en uit twijfel aan de juistheid van het eigen standpunt.

Twee basismotieven

Het kan verhelderend zijn erop te wijzen dat ook door deze vier motieven dezelfde twee lijnen lopen die we al eerder in dit boek zagen: enerzijds taakgerichtheid, anderzijds sociaal-emotionele gerichtheid. Bij het derde en vierde motief spelen vooral taakgerichte, instrumentele redenen. Vanwege instrumentele redenen maakt men van anderen gebruik als informatiebronnen om tot een correcte interpretatie van de situatie te komen.

Bij het eerste en tweede motief spelen echter sociaal-emotionele, relatiegerichte redenen, zoals de angst uit de boot te vallen, de angst om wat anderen wel niet van je zullen denken als je er een afwijkende mening of afwijkend gedrag op nahoudt, of de behoefte om graag bij aantrekkelijke anderen te horen.

Wie vooral gevoelig is voor de instrumentele en taakgerichte motieven zal de deskundigheid en competentie van anderen belangrijk vinden, terwijl degenen die vooral gevoelig zijn voor sociaal-emotionele en relatiegerichte motieven de persoonlijke attractie tot de groep van belang zullen achten.

Functies van conformiteit

Tot slot vermeld ik vier functies die door conformiteit aan de groep gediend worden. Conformiteit:
1. helpt de groep haar doelen te bereiken en zich als groep te handhaven;
2. helpt de groep geldende meningen of gedragsvormen te verkrijgen;
3. helpt de groepsleden om tot een nauwkeuriger oordeel te komen over de eigen vaardigheden door zichzelf beter te kunnen vergelijken met anderen;
4. helpt de groep haar relatie tegenover de sociale omgeving te bepalen.

11.10 Besluitvorming[7]

Een groep die haar doel wil bereiken, is voortdurend bezig met het voorbereiden en nemen van besluiten: belangrijke en minder belangrijke, eenvoudige en moeilijke, juiste en foutieve besluiten, maar steeds besluiten. De manier waarop besluiten genomen worden, tekent de aard van de onderlinge relaties tussen de groepsleden en laat soms zien hoe irrationeel de machtsverhoudingen in een groep kunnen liggen. Het is soms verbazingwekkend om te zien hoe groot de invloed is op het te nemen besluit van wat informatie hier, een duidelijke tegenwerping daar, een uiting van instemming of afkeuring, van jaloezie of bewondering, van minachting of welwillendheid. Het is dan ook niet verwonderlijk dat verschillende groepen moeilijkheden hebben met het besluitvormingsproces. Sommige groepen komen zelfs helemaal niet meer vooruit, zodra ze een besluit moeten nemen. Dan zien we vaak het volgende gebeuren.

'Plops' (natte sneeuw)

Een groepslid doet een voorstel, maar niemand gaat erop in. De voorstellen dwarrelen als natte sneeuw neer in de groep, maar omdat niemand erop ingaat, 'smelten' ze ook

---

7   Met toestemming overgenomen uit Remmerswaal, 2006.

onmiddellijk weer weg. Deze situatie doet zich vaak voor in nieuwe groepen die geconfronteerd worden met een grote verscheidenheid aan problemen. Daarnaast komt het voor in groepen waarin veel leden een ongeveer gelijke macht uitoefenen, waarin een groepslid zich sterk agressief gedraagt of waarin een groepslid er niet in slaagt om zijn voorstel helder en duidelijk onder woorden te brengen.

Van de hak op de tak (topic jumping)
Het nemen van een besluit wordt bemoeilijkt omdat steeds overgesprongen wordt op een nieuw gespreksonderwerp of omdat steeds nieuwe, niet ter zake doende informaties aangedragen worden. Daardoor wordt het eigenlijke probleem verduisterd en komt de groep in de verleiding om een oplossing te kiezen die weinig te maken heeft met het oorspronkelijke onderwerp. Hoe worden nu echter besluiten genomen? Hoe komt een groep tot overeenstemming en welke moeilijkheden treden hierbij op? Hiervoor zijn verschillende manieren:

1. *Zichzelf dit recht toeschrijven (self-authorized decision)*
Iemand meet zich het recht aan om beslissingen te nemen namens de hele groep. Wanneer zo'n besluit voorgesteld wordt, is het voor de groep als geheel vaak gemakkelijker om in te stemmen dan om af te wijzen, ook al zijn enkele groepsleden een andere mening toegedaan. Het besluit komt eigenlijk tot stand omdat enkele groepsleden afzien van hun rechten.

2. *Vorming van een tweemansblok (the handclasp)*
Het besluit komt tot stand omdat twee groepsleden zich aaneensluiten en elkaar over en weer ondersteunen. Dergelijke besluiten ontstaan vaak zo plotseling dat de rest van de groep hierdoor verrast wordt en te laat merkt dat ze er een nieuw probleem bij gekregen heeft, namelijk hoe zich nu tot dit machtsblok van twee te verhouden.

3. *Kliekvorming (the clique)*
Enkele groepsleden leggen zich vooraf al op een bepaalde oplossing vast. Hoewel zo'n vooraf vastgelegde oplossing op zichzelf heel goed kan zijn, brengt zij vaak toch schade toe aan de groepscohesie en aan het onderlinge vertrouwen.

4. *Meerderheidsbesluit (majority rule)*
Stemmen als traditionele methode lijkt vaak de enige en beste weg te zijn om onder de gegeven omstandigheden tot een besluit te komen. We moeten hier echter wel bij be-

denken dat, ondanks de uitslag van de stemming, de verliezende minderheid tegen het besluit blijft en daarom niet loyaal zal meewerken aan de uitvoering.

5. *Het onder druk zetten van de tegenstanders ('Does anyone disagree? We all agree, don't we?')*
'Is iemand ertegen?' Wanneer een groep met deze vraag geconfronteerd wordt, zullen verscheidene groepsleden het niet wagen hun tegengestelde mening naar voren te brengen omdat ze bang zijn te weinig steun te zullen vinden. Zo wordt er een besluit doorgedrukt, hoewel enkelen daar volstrekt niet mee instemmen en geen gelegenheid hebben gehad om hun mening naar voren te brengen. Zulke pressie kan ook op tegengestelde wijze uitgeoefend worden: 'We zijn het er toch allemaal mee eens, nietwaar?' Anders gezegd: 'Wil de flinkerd die het oneens durft te zijn, nu opstaan?'

6. *Schijnbare eenstemmigheid (unanimity)*
De druk om mee te doen en te conformeren kan zo groot zijn dat honderd procent overeenstemming wordt bereikt. Deze overeenstemming is echter schijn, wanneer de meeste groepsleden innerlijk ontevreden zijn met het besluit. Daarom is het mogelijk dat in de praktijk het besluit toch niet uitgevoerd wordt, bijvoorbeeld omdat dan de groepspressie verdwenen is.

7. *Werkelijke overeenstemming (consensus)*
Het besluit wordt pas genomen nadat alle groepsleden de mogelijkheid hebben gehad het probleem van alle kanten uitvoerig te exploreren, zodat allen ten slotte het erover eens zijn dat het voorgestelde besluit het beste is dat in de gegeven omstandigheden mogelijk is. Ook zij die het er niet helemaal mee eens zijn, zullen desondanks het besluit steunen en uitvoeren (minstens op voorlopige basis), omdat ze tijdens de besluitvorming voldoende gelegenheid kregen om hun mening naar voren te brengen.

Effectiviteit van besluiten
Een groepsbesluit is effectiever naarmate:
– context en historie van het probleem duidelijker gezien worden;
– behoeften en wensen van afzonderlijke groepsleden meer in het besluit meetellen;
– het probleem beter geanalyseerd en de doelstelling helderder gedefinieerd wordt;
– de deelnemers sterker bij het probleem betrokken zijn;
– uit meer alternatieve oplossingsmogelijkheden gekozen kan worden en de te nemen maatregelen vooraf zichtbaar zijn;
– meer groepsleden met het besluit kunnen instemmen;

- meer groepsleden verantwoordelijkheid willen dragen voor de uitvoering van het besluit;
- de groepsleden het effect van hun acties nauwkeuriger kunnen controleren en eventueel bijsturen.

11.11 Basisstappen in besluitvorming

Werkelijke besluitvorming door een groep op basis van overeenstemming is mogelijk en realistisch, maar niet gemakkelijk. Er zijn vijf basisstappen die een groep dient te volgen om tot een besluit te komen dat inderdaad de wil van de groep uitdrukt en daarom ook in de fase van uitvoering nog effectief is. Het is daarom belangrijk om te weten:
- hoe het komt dat zo'n stap achterwege blijft, dus wat vermeden moet worden;
- wat hindernissen en valkuilen zijn;
- wat als hulp kan dienen.

Ik geef dit hieronder voor elke stap aan.

1. *Nauwkeurige probleemdefiniëring (beeldvorming)*
Als eerste stap moet de groep duidelijk voor ogen krijgen welk probleem er precies door het te nemen besluit moet worden opgelost. Het probleem moet dus duidelijk gedefinieerd worden; de groep moet er een duidelijke kijk op krijgen, inzien wat precies de consequenties zijn en zich zo uitgebreid mogelijk oriënteren.
- *Vermijden*: dit altijd door dezelfde personen te laten doen, bijvoorbeeld wanneer de groep deze taak steeds aan dezelfde commissie overlaat die automatisch herkozen wordt en nooit rekenschap aflegt van haar doelstellingen.
- *Valkuilen*: te snel aannemen dat de probleemstelling reeds duidelijk is; abstracte behandeling van het probleem zonder het te betrekken op concrete situaties; aannemen dat het behandelde probleem voor de groep belangrijk is, zonder dit na te gaan.
- *Hulpmiddelen*: probeer alle met het hoofdprobleem samenhangende deelproblemen door vragen goed in het oog te krijgen; subgroepen; gezamenlijke discussie. In het algemeen hebben groepen de neiging om te snel over deze eerste stap heen te gaan.

2. *Verschillende oplossingen voorstellen*
In deze fase worden (bijvoorbeeld door brainstorming) zo veel mogelijk verschillende voorstellen voor oplossingen verkregen van alle groepsleden.

- *Vermijden*: dat de voorzitter de groep vastlegt op het uitwerken van de aspecten van slechts één mogelijke oplossing, waarvoor hij vooraf reeds gekozen heeft of waarvoor hij een zekere (soms onbewuste) voorkeur heeft.
- *Valkuilen*: onvoldoende informatie; gebrek aan ervaring; ongunstige groepsgrootte; formalisme; onvoldoende aandacht voor het sociaal-emotionele klimaat in de groep; de neiging zich te beperken tot twee gepolariseerde voorstellen.
- *Hulpmiddelen*: schriftelijk vastleggen van alle opkomende ideeën (brainstorming); extra informatie; subgroepen; klimaat van vrije meningsuiting ('niets-is-gek-alles-kan'-klimaat), ingelaste stiltes voor individueel nadenken.

3. *De voorgestelde oplossingen bekijken en toetsen (oordeelsvorming)*

In deze fase wordt nagegaan welke van de voorgestelde oplossingen het probleem inderdaad oplossen: het toetsen van de oplossingen op grond van alle beschikbare informatie en feiten, maar ook op grond van vroegere ervaringen, mogelijke consequenties, uitvoerbaarheid, de belangrijkheid van het probleem en de houdingen van de groepsleden.
- *Vermijden*: dat de invloed van de voorzitter (of van een ander groepslid) zo groot wordt dat hij verhindert dat zijn voorstel werkelijk ernstig getoetst wordt; met als gevolg dat door tijdsdruk, door slecht leiderschap of door machtsverschillen in de groep voorstellen niet kritisch getoetst worden.
- *Valkuilen*: onvoldoende toelichting op de verschillende voorstellen; voortijdige stemming; eindeloos gezeur van individuele groepsleden over de voordelen van hun eigen voorstel; voorstellen wegstemmen op basis van antipathie; onvoldoende aandacht voor de sociaal-emotionele processen in de groep.
- *Hulpmiddelen*: een open gespreksklimaat waarin de afzonderlijke groepsleden vrij hun meningen en gevoelens kunnen uiten; inschakelen van ter zake kundigen; kernachtig samenvatten van de verschillende voorstellen en deze ordenen naar kwaliteit.

4. *Eén oplossing kiezen (besluitvorming)*

De groep kiest één oplossing of een combinatie van verschillende oplossingen en legt zich daarop vast.
- *Vermijden*: eindeloos blijven exploreren van alle 'alsen' en 'maren' en om een besluit blijven heendraaien.
- *Valkuilen*: onvoldoende oordeelsvorming; gebrek aan helderheid over de werkzaamheid en consequenties van de gekozen oplossing; voortijdige stemming; geen check of er voldoende overeenstemming is; identificatie van de voorstellen met personen.
- *Hulpmiddelen*: open gespreksklimaat voor vrije uiting van meningen en gevoelens door de afzonderlijke groepsleden; agendering van de bijeenkomst; regelmatige sa-

menvattingen van de discussie; checken van de overeenstemming (bijvoorbeeld door opiniepeilingen).

5. *Planning en uitvoering*
In deze fase wordt een gedetailleerde planning opgesteld voor het uitvoeren van het genomen besluit. Dit vereist het grondig nagaan van de te verwachten gevolgen en moeilijkheden van de gemaakte keuze en het toetsen of deze keuze adequaat is voor het bereiken van het gestelde doel. Bij het plannen van de uitvoering wordt het genomen besluit nogmaals goed overdacht. Het kan dan soms blijken dat het beter is om een van de voorafgaande stappen nog eens over te doen.
- *Vermijden*: nu het op uitvoeren aankomt, durft plotseling niemand meer enige verantwoordelijkheid te nemen.
- *Valkuilen*: als geen overeenstemming kan worden bereikt; als de individuele consequenties van de voorgestelde uitvoering niet adequaat nagegaan worden en onduidelijk blijft wie voor welk aspect van de uitvoering verantwoordelijk is; als alle verantwoordelijkheid voor de uitvoering naar één groepslid geschoven wordt.
- *Hulpmiddelen*: feedback; commentaar van observatoren en deskundigen; zorgvuldig afwegen; evaluatie van het hele proces van besluitvorming; opnieuw doordenken van de beschikbare informatie; open gespreksklimaat.

11.12 Het BOB-model van besluitvorming en de fuikmethode

Zoals paragraaf 11.11 aangegeven, verloopt effectieve besluitvorming in groepen in drie fasen: beeldvorming, oordeelsvorming en dan pas besluitvorming, ook wel afgekort als BOB. Deze driedeling kwam ook al aan de orde in paragraaf 2.4 bij de bespreking van de interactietheorie van Bales, die tot een soortgelijke theorie over groepsontwikkeling kwam. Op grond van nauwkeurige observaties in tientallen deelonderzoeken waarbij hij zijn interactie-procesanalyse gebruikte (zie paragraaf 9.3) vond Bales drie fasen in taakgerichte groepen:
1. een fase van oriëntatie, waarin het vragen en geven van informatie centraal staat;
2. een fase van evaluatie, waarin het vooral gaat om het vragen en geven van meningen;
3. een fase van controle, waarin het vooral gaat om het vragen en het doen van voorstellen.

De vijf basisstappen die ik in paragraaf 11.11 benoemd heb, volgen globaal deze driefasentheorie. De driefasentheorie is later bekend geworden als het *BOB-model*. Het BOB-model illustreer ik aan de hand van een overzicht van taken van een groepsleider tijdens een groepsdiscussie. Deze taken worden mooi in beeld gebracht in figuur 11.1, dat ik ontleend heb aan Sonja Kind (1969).

Deze figuur heeft de vorm van een fuik. Daarom spreekt men ook wel van de *fuikmethode*. Bij deze methode zal de groepsleider geen oplossingen, maar problemen ter discussie stellen. Wanneer hij voorstellen doet, zal hij alternatieven proberen aan te bieden. Hij zal door het stellen van vragen op belangrijke gezichtspunten wijzen. De leider

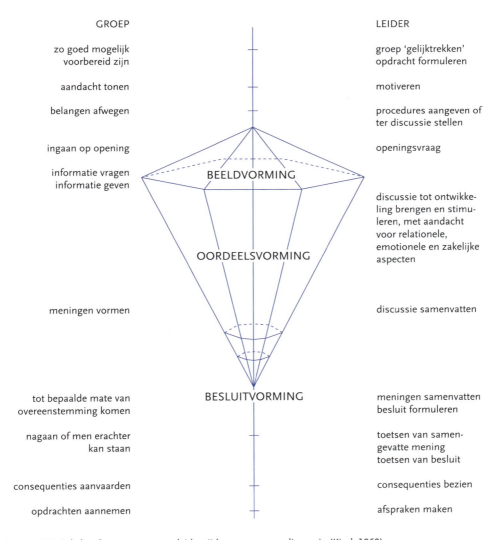

Figuur 11.1 Enkele taken van groep en leider tijdens een groepsdiscussie (Kind, 1969)

heeft hier de belangrijke taak om niet vooruit te lopen op beslissingen, maar om mogelijkheden aan te wijzen en zodanig hulp te bieden dat besluiten genomen en uitgevoerd kunnen worden. De fuikmethode kan op meer manieren weergegeven worden. In figuur 11.1. heb ik voor de eenvoudigste vorm gekozen.

11.13 Conflictstijlen[8]

Coser (1956) definieert sociaal conflict als een strijd om waarden, status, macht en middelen; als een strijd waarin tegengestelde belangen elkaar neutraliseren, schade toebrengen of uitschakelen. Deze strijd is echter geen negatieve factor in sociale systemen, want ze kan ook positieve functies in tussenmenselijke relaties vervullen. Zoals Coser opmerkt, kan conflict tot functie hebben om scheidingbrengende elementen in een relatie opzij te zetten en de eenheid te herstellen. In zoverre conflict een oplossing van spanningen betekent, stabiliseert en verstevigt het de relatie. Starre sociale systemen dragen ertoe bij dat conflicten bedreigend en destructief worden. De beste bescherming tegen deze negatieve gevolgen van conflicten bestaat uit het tolereren en bespreekbaar maken van de conflicten. Toch is een conflictoplossing niet mogelijk wanneer gedragsnormen en waardemaatstaven binnen een groep te sterk uiteenlopen.

Zeven stijlen van conflicthantering

In groepen uiten conflicten zich vaak in de vorm van verzet tegen de richting waarin de groep gaat; anders gezegd, in een stellingname tussen meerderheid en minderheid. Hieronder geef ik zeven manieren hoe groepen met conflicten kunnen omgaan. Deze zeven stijlen van conflicthantering heb ik zo gerangschikt dat ze in toenemende mate de rijpheid van een groep weerspiegelen. Groepsleden hebben vooral interesse in de oplossing van conflicten wanneer ze geïnteresseerd zijn in het voortbestaan van de groep. Onopgeloste conflicten bedreigen de duurzaamheid van een groep.

1. *Vermijding*
De groep blijft aan de oppervlakte, waar geen ernstige conflicten kunnen losbranden. Ze negeert de oppositie of onderwerpt zich daar meteen aan. Conflicten worden ontkend, verdoezeld en verdrongen.

---

8   Met toestemming overgenomen uit Remmerswaal, 2006.

2. Eliminatie

Opponerende groepsleden krijgen een aanleiding om de groep te verlaten. Dit kan gebeuren omdat ze op hun kop krijgen, belasterd of bespot worden, genegeerd worden of doordat gedaan wordt of ze niet bestaan. De gekwetste groepsleden vinden dit zo'n slechte manier van omgaan met conflicten, dat ze zich wel terug moeten trekken ('Wij geven het op', 'Wij zijn beledigd', 'Wij gaan een eigen groep vormen').

3. Onderdrukking

De groep verzet zich met geweld tegen de oppositie en probeert ze uit de weg te ruimen. De meerderheid dwingt de minderheid tot gehoorzaamheid. De minderheid wordt met alle machtsmiddelen onderdrukt en angstig en afhankelijk gehouden. Minstens voor enige tijd onderwerpt de zwakkere groep zich hieraan en is ze gehoorzaam onder deze machtsdruk. Vaak nemen echter na verloop van tijd de weerstanden, spanningen en vijandelijkheden zo sterk toe, dat het toch tot een breuk in de groep komt.

4. Instemming

De meerderheid heerst en bepaalt wel wat er gebeurt, maar de minderheid lijdt niet onder het gevoel de zwakkere te zijn en geeft haar instemming.

5. Coalitievorming

De partijen geven niets op van hun standpunt, maar sluiten op basis van verstandige berekeningen een verbond om een bepaald gemeenschappelijk doel te bereiken. Het conflict blijft ten volle bewust, maar wordt in de ijskast gezet totdat het gestelde doel bereikt is. Blijkt het conflict dan nog onveranderd actueel, dan leeft het opnieuw op.

6. Compromis

Wanneer de strijdende partijen even sterk zijn, worden conflicten vaak via een compromis opgelost. Elke partij doet zoveel concessies aan de ander dat het voortbestaan van de groep niet meer in gevaar is. Elk is bereid om iets van zijn voordelen op te geven voor de probleemoplossing, in de hoop dat ten slotte een groter voordeel voor alle betrokkenen bereikt kan worden. De betrokkenen zien de noodzaak van zulke concessies, maar zijn vaak niet echt tevreden.

7. Integratie

Deze vorm van conflictoplossing is de beste, maar ook de moeilijkste en zeldzaamste. De elkaar tegensprekende meningen worden bediscussieerd, tegen elkaar afgewogen en opnieuw geformuleerd. De groep als geheel werkt aan een oplossing die voor allen bevredigend is en die vaak beter is dan elk van de daaraan voorafgaande deeloplossingen.

> **Oefening: Groepsbril**
> Vorm drietallen. In deze drietallen bespreekt ieder een groep uit de eigen werk- of leefsituatie.
>
> 1. Begin met de 'topografie' van deze groep tijdens de laatste bijeenkomst. Teken op een groot vel papier hoe ieder toen zat door elke positie met een cirkeltje aan te geven en in dat cirkeltje de naam te schrijven.
>   – Geef eerst je eigen positie aan.
>   – Geef dan aan welke groepsleden de meeste invloed hebben en het meest centraal staan, bijvoorbeeld omdat ze het meest actief zijn. Geef met pijltjes aan welke groepsleden zich tot hen richten. Zijn deze communicatielijnen één- of tweerichtingsverkeer?
>   – Geef nu aan welke groepsleden de minste invloed hebben en met wie zij communiceren.
>   – Ontdek je subgroepen in de communicatiepatronen?
>
> 2. Beslis nu welke groepsaspecten je nader wilt verkennen:
>   – leiderschap, invloed en macht;
>   – normen en waarden;
>   – interactie en participatie;
>   – groepsproces en groepsklimaat;
>   – besluitvorming en conflicthantering;
>   – taak- en relatieprocessen;
>   – fasen van groepsontwikkeling.
>
> De andere twee deelnemers uit jullie drietal bevragen jou over dat zelfgekozen aspect. Zij oefenen hierbij in het stellen van *groepsgerichte vragen*.
>
> 3. Na een halfuur wisselen. Een ander komt nu aan bod met zijn groep uit de werk- of leefsituatie.
>
> Totale duur: 1,5 uur.

11.14 Afweer in groepen[9]

Groepen gaan soms door moeizame en pijnlijke perioden heen, waarin eerder sprake lijkt te zijn van terugval dan van vooruitgang. Ook al zijn de groepsleden ieder voor zich best gemotiveerd tot een persoonlijke inzet en ook bereid tot het vergroten van de eigen vaardigheden, toch schrikt men soms als groep en individueel terug voor de consequenties van de persoonlijke inzet die daarbij hoort. Groepsleden roepen bij elkaar soms heel wat irritaties, angsten, zorgen, schuld, schaamte en andere onbehaaglijke gevoelens op. Nu hebben mensen bijna van nature de neiging om zulke gevoelens te vermijden. Daartoe heeft ieder zijn eigen favoriete manieren. Ieder brengt zijn eigen reeks afweermechanismen mee naar de groep. Omdat deze afweervormen haaks staan op individuele ontwikkeling en groepsontwikkeling, is het van belang ze bijtijds te onderkennen. Hoewel de meeste afweervormen die hierna ter sprake komen door individuen getoond worden, wijzen we er met klem op dat ze óók signalen zijn van wat er op groepsniveau speelt. Zo kunnen ze signalen zijn van groepsafweer.

In aansluiting op Bion (paragraaf 11.7) onderscheidt Thoresen (1972) globaal drie typen afweergedrag:
1. *Vechtgedrag*: de persoon beweegt zich naar de conflictbron toe (*fight defenses*).
2. *Vluchtgedrag*: de persoon verwijdert zich van de conflictbron (*flight defenses*).
3. *Groepsmanipulatie*: de persoon probeert andere groepsleden te manipuleren (*group manipulation defenses*).

Ik geef hier een aantal voorbeelden van elk type (gebaseerd op Thoresen, 1972).

Vechtgedrag
Deze afweervormen zijn gebaseerd op de stelling dat de aanval de beste verdediging is.
- *Strijd met de leider*: het groepslid dat de machtsstrijd aangaat met de leider, met hem rivaliseert en hem een hak probeert te zetten, lijkt aan de groep te willen bewijzen hoeveel moed hij heeft, maar is wellicht in feite op de vlucht voor een aspect van zijn eigen gedrag.
- *Cynisme*: dit kan zich uiten in voortdurende vragen of kritiek op de groepsafspraken en de groepsdoelen, in wantrouwen ten opzichte van echt persoonlijk gedrag van

---
[9] Reproduced from *The 1973 Annual Handbook for Group Facilitators*, by J.E. Jones and J.W. Pfeiffer (Eds.). Copyright © 1973 by Pfeiffer and Company, San Diego, CA. Used with permission.

anderen en in aanvallen op groepsleden die sterker zijn en daardoor een bedreiging vormen.
- *Verhoor*: een stortvloed van vragen om iets aan te tonen of te bewijzen, zorgt ervoor dat anderen op hun hoede blijven. Een groepslid dat de gewoonte heeft om anderen in de groep steeds uit te vragen, kan er zo in slagen om zelf niet in de schijnwerpers te komen.

Vluchtgedrag

De meest gebruikte manieren om een eerlijke, open en persoonlijke communicatie in de groep te vermijden zijn de volgende:
- *Intellectualiseren* (zoals het steeds geven van psychologische verklaringen): sommige groepsleden verwoorden hun gedachten en gevoelens op zo'n koele, diagnostische of interpreterende manier dat niemand ooit te weten komt wat er eigenlijk op ervaringsniveau in hen omgaat. Hele groepen kunnen zelfs hun toevlucht nemen tot zulk ontsnappend gedrag, dat er op het oog als waardevolle bijdrage uitziet, maar waarmee je uren kunt doorbrengen zonder elkaar een millimeter naderbij te komen.
- *Generaliseren*: nauw verwant aan intellectualiseren is de neiging van sommigen of zelfs van de hele groep om te blijven spreken in vage, algemene en onpersoonlijke termen zonder deze uitspraken rechtstreeks te betrekken op zichzelf of op specifieke personen in de groep.
- *Projectie*: eigenschappen die iemand van zichzelf niet acceptabel vindt, worden bij projectie toegeschreven aan iemand anders, vaak in de vorm van een verwijt. Zo kan iemand die rivaliseert om aandacht van de groep, een ander verwijten dat die te veel tijd van de groep in beslag neemt.
- *Rationalisatie*: dit is een poging om beroerde of lastige ervaringen te verklaren of goed te praten met mooie redenen in plaats van te kijken naar de werkelijke redenen; voor anderen is echter sneller herkenbaar dat hij dit doet dan voor hemzelf.
- *Terugtrekken*: iemand kan zich letterlijk (dus lijfelijk) terugtrekken uit de groep door op te staan en te vertrekken, maar vaker trekt een groepslid zich terug door stilletjes te vervallen in eigen overpeinzingen en dagdromen. Soms zie je een hele groep stilvallen na een dramatisch moment of een spannend voorval, alsof ieder aarzelt om opnieuw te investeren. Een andere vorm van zich terugtrekken zien we in groepen die voortdurend praten over gebeurtenissen die vroeger hebben plaatsgevonden in plaats van over wat er hier en nu speelt en op tafel ligt.

Groepsmanipulatie
Soms manipuleren groepsleden anderen in een speciaal type relatie met hen, om zichzelf te beschermen voor een te persoonlijke betrokkenheid of voor een confrontatie.
- *Paarvorming* (*pairing*): groepsleden zoeken steun bij een of twee anderen en vormen zo een emotionele coalitie waarbinnen ze elkaar steunen en beschermen.
- '*Rode Kruisgedrag*' (*Red-Crossing*): iemand anders te hulp komen zonder dat die ander daarom gevraagd heeft, zodat het erop lijkt dat die ander het moeilijk gaat krijgen. Dit lijkt op het uitdelen van verband en pleisters voordat er gewonden gevallen zijn. Zo'n Rode Kruisgedrag lijkt te appelleren aan een gewenste groepsnorm van 'laten we het veilig houden met elkaar' of van 'ik zal jou nu helpen als jij mij later ook helpt'.
- '*Alle ogen zijn gericht op Kwatta*': soms kan een hele groep buitensporig veel tijd besteden aan één enkel groepslid. Door daar alle aandacht op gericht te houden, kan elk groepslid de boot van zichzelf afhouden en zo voor zichzelf een schijnveiligheid creëren. Omdat het groepslid dat centraal staat in zo'n episode tijdelijk alle spanning in de groep naar zich toetrekt en absorbeert, vervult hij dezelfde functie als een zondebok. Een zondebok wordt echter nog sterker misbruikt, namelijk om de schuld van iets dat slecht loopt op hem af te wentelen.

In deze paragraaf lag de nadruk op afweervormen die de gehele groep betreffen, op afweer dus als groepsfenomeen. Ik wijs erop dat er daarnaast een heel scala aan individuele afweermechanismen bestaat, zoals verdringing, rationalisering, regressie, terugtrekken, reactieformatie, projectie, autisme, identificatie, introjectie, ongedaan maken (zie bijvoorbeeld Freud, 1989).

11.15 Groepsidentiteit

Naarmate groepen zich ontwikkelen, krijgen ze steeds meer een eigen 'kleur' en een eigen identiteit. Deze eigenheid van de groep uit zich in een aantal aspecten die helder geformuleerd zijn door Verwiel (1993) en die ik hieronder op de voet volg.

Ontstaansgeschiedenis
Iedere groep heeft een eigen biografie, een eigen 'verhaal' over haar ontstaan en over de gebeurtenissen die haar ontwikkeling bepaald hebben. Naarmate meer groepsleden deze geschiedenis van de groep meegemaakt en met elkaar gedeeld hebben, zal het besef van eigenheid sterker zijn. De wijze waarop mensen zich met elkaar hebben verbonden, bepaalt of de kracht van de groep geboren kan worden. Dit zal sterker en sneller gebeuren

in groepen die ontstaan zijn vanuit sociaal-emotionele behoeften dan in taakgerichte groepen. Want in taakgerichte groepen moeten de leden eerst nog uitvinden wat ze 'met elkaar hebben'. Sociaal-emotionele groepen ontwikkelen daarom eerder een duidelijke identiteit.

Naamgeving

De naam (en zeker een bijnaam) kan een heel bepaalde kleur geven aan de identiteit van het individu en daarmee kan hij zich onderscheiden van anderen. Dit geldt ook voor groepen. Het maakt verschil of je deel uitmaakt van 'klas 1b', 'Greenpeace', 'het Camel-team' of 'afdeling West 3'. Groepsleden hebben een gevoelsmatige verhouding tot deze naam: ze kunnen er trots op zijn of hem liever willen wegmoffelen. De naam kan hen in aanzien doen stijgen of dalen. Niet alleen in de naam, maar vooral in de manier waarop de naam gedragen wordt, wordt iets duidelijk van de groepsidentiteit.

Taak (inhoudsniveau)

Ook de taak kan iets zeggen over de identiteit van de groep. Niet voor niets worden déze mensen bewust of onbewust aangetrokken tot déze taak. En niet voor niets worstelen ze met de uitvoering daarvan. Ze hebben 'iets' met deze taak. Als de taak verandert, verandert ook de identiteit van de groep. Groepen zijn immers geneigd hun identiteit af te meten aan de uiterlijke taak waar ze voor staan. De taak stelt eisen aan de interactie en kleurt zo een deel van de identiteit. De taak maakt kwaliteiten van de groepsleden zichtbaar en bepaalt ook welke kwaliteiten en eigenschappen niet zichtbaar zullen worden in de interactie.

Werkwijze (procedureniveau)

De manier waarop de groep haar taak uitvoert, geeft haar iets heel eigens. Is het bijvoorbeeld gewoonte dat iedereen 's morgens om acht uur begint of 'in de loop van de ochtend'? Het veranderen van zo'n afspraak werkt door in de identiteit. De manier waarop de groepsleden met hun kwaliteiten en energie omgaan, zegt ook iets over hun bewustzijn van die kwaliteiten en over hoe ze de groep beleven. Het procedureniveau kunnen we dan ook opvatten als een reeks afspraken en middelen om de groepsidentiteit te laten functioneren.

Communicatie in de groep (interactieniveau)

Op dit niveau van de groepssamenstelling, de relaties en de onderlinge betrekkingen ligt de kern van de groepsidentiteit. De manier waarop de groepsleden met elkaar omgaan, alsmede hun contact en verbinding dan wel blokkades, bepalen ook sterk hoe ze omgaan met de kwaliteiten die in de groep sluimeren. Op het interactieniveau komen de individuele identiteiten elkaar wezenlijk tegen. Hier liggen de belangrijkste aangrijpingspunten én blokkades voor de ontwikkeling van de groepsidentiteit. De kracht van de groepsidentiteit komt tot uitdrukking in de mate waarin de groepsleden erin slagen om gezamenlijk hun onderlinge relaties te benoemen en te verhelderen.

Persoonlijke drijfveren (bestaansniveau)
Wat mensen persoonlijk drijft, kan in groepen als levensthema herkend worden. Door deze levensthema's met elkaar te verbinden, wordt het ook mogelijk om de krachten die in de individuele leden schuilen met elkaar te verbinden (dit is ook karmisch niveau). Soms zien we ook het tegendeel: hoeveel en hoe vaak energie verloren gaat wanneer het niet lukt om deze aansluiting te maken.

Verhouding met de omgeving (contextniveau)
De positiebepaling tegenover de omgeving betekent het vinden van een evenwicht tussen twee krachten: enerzijds krachten in de richting van aanpassing aan de omgeving, anderzijds krachten in de richting van zich afschermen van dezelfde omgeving. Juist in het vinden van een eigen antwoord op de druk vanuit de omgeving toont de groep haar innerlijke kracht en eigenheid.

Verbinding op dieper niveau (zingevingsniveau en mythisch niveau)
Wat brengt deze mensen in essentie bij elkaar? Uiterlijk lijkt de identiteit zichtbaar te worden op taakniveau en in omgangsvormen, maar in de groep sluimert ook iets van een (deels collectieve) onbewuste dynamiek waarin de groepsleden een dieper liggende verbinding kunnen ervaren. Groepen ontstaan omdat mensen het aangaan van dat verband als zinnig ervaren, ook al zijn ze zich aanvankelijk nog niet van al deze motieven bewust. De groep schept mogelijkheden om bepaalde wensen en doelen te bereiken die individueel niet of nauwelijks gerealiseerd kunnen worden. Deze zingeving bepaalt dus mede het bestaansrecht en daarmee de identiteit van de groep.

Groepsontwikkeling
Uit het voorafgaande wordt wellicht al duidelijk dat de groepsidentiteit niet voor eens en voor altijd vaststaat, maar zich ontwikkelt samen met het levende, veranderende karakter van de groep. Al de genoemde aspecten krijgen pas werkelijk betekenis als ze gezien worden tegen de achtergrond van het ontwikkelingsproces van de groep. Groepsontwikkeling kan daarom ook gezien worden als *identiteitsontwikkeling*. In deze ontwikkeling

vormt de wisselwerking tussen de groepsleden de 'dynamo' van de groepsdynamiek. Hierin kunnen we drie fasen onderscheiden:
1. Een fase waarin de leden zich nog niet bewust zijn van de structuur van de groep en de daarin spelende verhoudingen en rollen (vergelijk de oriëntatiefase, paragraaf 5.8). Er komen nog heel weinig gevoelens tot uitdrukking, of het moet zijn het gevoel van angst voor gevoelsexpressie. De groep discussieert met name over feiten, ideeën en procedures (vergelijk 'gesloten communicatie', paragraaf 6.5). In langer bestaande groepen die nog in deze fase verkeren, sluimeren soms onuitgesproken gevoelens van verbittering en teleurstelling en een behoefte aan houvast. Soms uit men dit als een verlangen naar een eigen identiteit als groep.
2. De groepsleden worden zich bewust van hun onderlinge afhankelijkheid en betrokkenheid. Dit kan leiden tot een besef van verbondenheid en gezamenlijke verantwoordelijkheid. De groepsleden beginnen zich bewuster te worden van hun groepslidmaatschap en daarmee van de invloed die dit op hun eigen beleving heeft. Gevoelens komen in dit stadium op indirecte of symbolische wijze tot uitdrukking, bijvoorbeeld via beeldspraken of humoristische toespelingen. Soms ook proberen de groepsleden het huidige groepsgedrag te verklaren vanuit het verleden als groep.
3. In deze derde fase zijn de groepsleden zich sterker bewust van de onderlinge betrokkenheid en de dynamiek die dit oproept. Daartoe horen onder andere zicht op welke plek ieder in de groep inneemt, hoe deze posities elkaar aanvullen, welke krachten hen verbinden, hoe ze deze krachten het best kunnen inzetten enzovoort. Zodra de groep verdergaat dan alleen terugblikken op haar verleden en de stap durft te zetten naar het uiten van op het moment zelf ervaren gevoelens, gaat het begrip groepsidentiteit actief een rol spelen en een verbindende factor worden. Dit betekent dat de groep haar eigen ontwikkeling en dynamiek gaat beseffen en bewust kan gaan hanteren. Dit kan uitgroeien tot een fase waarin de groep, ondanks de gescheidenheid, ondanks conflicten en ondanks verschillen, tot een affectieve eenheid als groep uitgroeit, die gedreven wordt door de wil om beter samen te werken. In deze fase ontstaat er waardering voor de onderlinge overeenkomsten én verschillen. De groepsleden beseffen dat ontmoeting plaatsvindt op basis van de overeenkomsten en ontwikkeling op basis van de verschillen. De persoonlijke aandacht voor elkaar groeit zonder dat de groepsleden zich onderdompelen in groepsemoties. Zij beseffen dat de ontwikkeling van de groep alleen verder komt doordat de individuele leden elkaars vooruitgang bevorderen. In deze fase is de groep een autonome groep geworden met een geheel eigen identiteit. Dit sluit helemaal aan bij wat ik al eerder opmerkte over de laatste fase van groepsontwikkeling volgens Pagès (paragraaf 5.14) en over het tot stand komen van een open groepsklimaat in deze fase (paragraaf 6.5).

Na deze overwegingen omschrijf ik (in aansluiting op Verwiel, 1993) groepsidentiteit als *het levende, meeveranderende kader waarin de groepsleden zich herkennen en waarmee ze op een steeds bewuster niveau richting geven aan hun taak en hun interactie.* Hierbij ontstaat een steeds sterker wordende wisselwerking tussen de groepsleden en de groep. De individuele leden in de groep kunnen alleen door de interactie en het contact met elkaar hun identiteit verder ontwikkelen, terwijl de groep haar identiteit alleen kan ontwikkelen door middel van groepsleden die hun eigen identiteit inzetten in de interactie met elkaar.

11.16 Verborgen agenda's

Groepsleden komen in een groep bij elkaar om heel wat verschillende redenen. Een belangrijke reden is een openlijk geformuleerde en overeengekomen taak die vervuld moet worden. Dit kan een programma of een te halen doelstelling zijn. Maar vaak spelen er ook verborgen agenda's. Dat zijn verborgen doelstellingen. Om hier meer zicht op te krijgen, dienen we ons te realiseren dat groepen tegelijkertijd op twee niveaus functioneren. Het ene niveau betreft de aangekondigde doelstelling of taak waarvoor de groep bijeenkomt. Dit is de formele bestaansreden en vormt de *open agenda*.

Het tweede niveau ligt hieronder en vormt het *verborgen onderleven* van de groep. Schutz (1966) spreekt van een *interpersonal underworld*. Hier gaat het om persoonlijke motieven, wensen, aspiraties, emotionele reacties en zorgen van groepsleden en van de groep als geheel. Het gaat om alle problemen en zorgen die om wat voor reden dan ook niet openlijk op tafel komen, maar toch de voortgang van de groep sterk kunnen beïnvloeden. Vaak staat dit verborgen niveau op gespannen voet met de overeengekomen groepstaak. Dit tweede niveau wordt vaak aangeduid met de term *verborgen agenda*.

We moeten beseffen dat verborgen agenda's niet beter of slechter zijn dan open agenda's. Beide zijn van belang omdat ze de groep betreffen. Het heeft dus geen zin om verborgen agenda's te ontkennen of te doen alsof ze niets met de groep te maken hebben.

Gelukkig kunnen groepen tegelijkertijd aan beide agenda's werken. Effectieve groepsbegeleiding houdt daar rekening mee. Een eerste stap in deze richting bestaat uit het onderkennen van verschillende bronnen van verborgen agenda's. Dit werk ik in de volgende paragrafen nader uit: de verborgen agenda's bij de groepsleden, bij de leider van de groep en die bij de groep als geheel. Daarbij zal blijken dat groepsleden of de groep zich soms niet eens bewust zijn van verborgen agenda's.

Verborgen agenda's bij de groepsleden

Ik geef hieronder negen voorbeelden van verborgen agenda's bij de groepsleden. Er zijn daarnaast nog veel meer verborgen agenda's mogelijk. Het is leerzaam om daar tijdens vergaderingen eens goed op te letten.

1. Terwijl de groep worstelt met het zoeken naar een acceptabele oplossing voor haar problemen, hebben een of enkele groepsleden soms een kant-en-klare oplossing 'op zak'. Zo'n oplossingsvoorstel wordt echter lang niet altijd meteen ingebracht. Waarschijnlijk zou de groep ook niet meteen zo'n oplossing accepteren, omdat dit zou kunnen betekenen dat één persoon met de eer gaat strijken of competenter zou lijken dan de rest van de groep. Daarom wachten groepsleden met een kant-en-klare oplossing meestal een geschikt moment af. Maar als ze ervan overtuigd zijn dat alleen hún eigen oplossing iets oplost, zullen ze zich afsluiten van de groepsdiscussie en tussentijds geen bijdrage leveren. Je kunt dan zeggen dat hun verborgen agenda van invloed is op het groepsfunctioneren.

2. De onzichtbare achterban: elk groepslid maakt ook deel uit van andere relaties buiten de groep en behoort ook tot andere groepen. Soms speelt deze achterban een uitgesproken rol in de keuze voor een bepaald standpunt in de groep en wordt niet openlijk meegedeeld wat de reden daarvoor is. Dit lijkt op het volgende voorbeeld.

3. Verdeelde loyaliteiten: soms zijn groepsleden tegelijkertijd lid van verschillende groepen met tegengestelde belangen. Men noemt dit ook wel het twee-petten-probleem. Zolang beide groepen dezelfde lijn volgen, is er geen probleem. Maar als de wegen gaan scheiden, voelt het groepslid zich tot een keuze gedwongen. Dit loyaliteitsconflict wordt echter zelden openlijk meegedeeld. Het gedrag van een bepaald groepslid kan daarom voor andere groepsleden onverwacht en onbegrijpelijk overkomen.

4. Met name in commissies en werkgroepen die uit vertegenwoordigers van verschillende organisaties of afdelingen binnen organisaties bestaan, spelen vaak onzichtbare achterbannen en verdeelde loyaliteiten. Zowel onzichtbare achterbannen als verdeelde loyaliteiten zijn voorbeelden van het contextniveau van groepen.

5. Soms hebben enkele groepsleden verborgen agenda's tegen de procedures en werkwijzen van de groep. Ze verzetten zich tegen werkwijzen die hun dominantie aan banden leggen. Het zijn vaak de meest manipulerende en monopoliserende groeps-

leden die het hardst verzet aantekenen tegen participatiebevorderende werkvormen en beweren dat de groep tijd verspilt met zulke procedures.

6. Sommige verborgen agenda's hebben te maken met de drie basisbehoeften van Schutz:
   - *Inclusie*: ieder wil meetellen en serieus genomen worden; niemand wil buitengesloten worden.
   - *Controle*: sommigen willen graag sterke invloed uitoefenen op de groep.
   - *Affectie*: sommigen hebben een sterke behoefte aan affectie en persoonlijke waardering.

   Zulke basisbehoeften worden zelden openlijk uitgesproken en blijven dus 'verborgen'. Soms speelt binnen de groep een machtsstrijd die voortduurt totdat de groep een tijdelijk evenwicht gevonden heeft. Maar dit evenwicht kan verstoord raken wanneer iemand de groep verlaat of er nieuwe groepsleden bij komen. Dan begint de strijd opnieuw.

7. Er is ook een aantal verborgen agenda's tegenover de leider. Een daarvan is de strijd met hem aangaan. Sommige groepsleden zoeken competitie of rivaliteit, maar natuurlijk kunnen ze dit niet openlijk zeggen. Zo'n verborgen agenda komt echter wel op indirecte wijze aan het licht, bijvoorbeeld door de uitdagende toon waarop het betreffende groepslid kritiek levert of door de keuze van het tijdstip waarop hij met zijn kritiek komt (namelijk pas als hij voldoende steun van anderen kan verwachten). Pas echter op: soms is kritiek op de leider wel terecht. Niet elke kritiek is een poging tot het realiseren van een verborgen agenda!

8. Hieraan verwant is de verborgen agenda van het groepslid dat niet overweg kan met mensen in gezagsposities. We noemen dit overdracht, omdat dit waarschijnlijk voortkomt uit vroegere levenservaringen met gezagsfiguren. Deze oude emotionele patronen worden 'overgedragen' op latere leidersfiguren. Zo iemand is niet uit op een dominante positie in de groep (zoals in voorbeeld 7), maar zal altijd de strijd aangaan met gezagsfiguren waar hij die ook tegenkomt.

9. Op soortgelijke wijze zijn er groepsleden met een overmatig sterke afhankelijkheidsbehoefte. Ook dit kan overdracht zijn. Hun verborgen agenda bestaat uit het opbouwen van een positie van comfortabele steun en bescherming bij de leider. Zij hebben een overmatig sterke behoefte aan acceptatie.

Verborgen agenda's bij de leider

Ook de leider kan een verborgen agenda hebben. Al is het maar om een afschuwelijk lastig groepslid de voet dwars te zetten. Wat vaker voorkomt, is een sterke wens van de leider om de groep te 'redden' met een kant-en-klare oplossing, wanneer naar zijn mening de groep in een impasse dreigt te geraken. Hiermee verhindert hij echter dat de groep haar eigen oplossing vindt.

Op een dieper en soms zelfs onbewust niveau kan het zijn verborgen agenda zijn om koste wat het kost zijn positie als leider te handhaven. Een leider met zo'n 'agenda' zal er moeite mee hebben om de groep ruimte te laten voor een ontwikkeling naar eigen autonomie, want dan zal de groep minder afhankelijk van hem worden.

Andere leiders hebben verborgen agenda's waarop de behoefte aan bewonderd worden of de behoefte aan dominantie voorkomen, zonder dat ze zich daar zelf van bewust zijn. Dit zien we soms bij bepaalde charismatische leiders.

Verborgen agenda's bij de groep als geheel

Verborgen agenda's in de groep als geheel vormen signalen van wrijvingen tussen het formele niveau en het informele niveau in de groep, ofwel tussen het externe systeem en het interne systeem. Drie voorbeelden:

1. *Het vertragen van werk aan de taak*

Wanneer de taak als te moeilijk ervaren wordt, wanneer aan het vervullen van de taak negatieve gevolgen voor de groep verbonden zijn of wanneer de taak van buitenaf is opgelegd of door iemand waar de groep de pest aan heeft, kan de verborgen agenda van de groep bestaan uit het vertragen van het werk aan de taak, hoewel dit nooit openlijk gezegd zal worden. Groepen kunnen heel vindingrijk zijn in het vinden van vluchtpatronen: eindeloze discussie over details, eindeloos wikken en wegen over voorstellen, vaag laten van besluiten, geen afspraken vastleggen over de uitvoering van besluiten, veel discussiëren over visies of zogenaamde principekwesties enzovoort.

2. *Zondebokvorming*

Wanneer groepen met spanning (intern of extern) te maken hebben die niet op de bron van die spanning gericht kan worden, zoeken ze vaak een bliksemafleider in de vorm van een zondebok die de schuld krijgt van het onbehagen. De agressie wordt dan op hem afgereageerd. Soms wordt dit gevolgd door een uitstotingsproces, waarbij iemand letterlijk of figuurlijk uit de groep wordt gezet.

3. Passief verzet tegenover de leider

Wanneer de leider te dominant is, kan de verborgen agenda van de groep de vorm krijgen van passief verzet tegen hem. Wanneer hij daarna stelling kiest tegen de groep of de groep geen zekerheid biedt over zijn eerlijkheid, kan dit ontaarden in actief verzet of muiterij. Soms wordt de formele leider nog slechts gedoogd en volgt de groep in feite een van de informele leiders.

11.17 Hoe met verborgen agenda's om te gaan

Iedere leider moet vroeg of laat voorkomen dat verborgen agenda's de groepsproductiviteit verstoren of tot een falen van de groep leiden. Doen alsof zulke agenda's niet bestaan en de groep met ijzeren hand besturen, leidt slechts zelden tot succes. De leider zal hoogstens een apathische instemming met zijn plan verkrijgen, waar de groepsleden zich niet verantwoordelijk voor voelen, zodat ze zullen aarzelen bij de uitvoering en geneigd zullen zijn tot conflict (*fight*) of vluchtgedrag (*flight*).

Effectief leiderschap kan er veel toe bijdragen dat de groep haar werk op beide niveaus, zowel op het taakniveau als op het verborgen niveau van de verborgen agenda's, kan combineren. Zodra de leider inziet dat zijn taak vooral bestaat uit het ondersteunen van de groep in het toekomen aan haar bestaansreden en doelstelling (en niet uit het op sleeptouw nemen van de groep in de richting van wat hij wil), kan hij veel bijdragen aan het probleem van verborgen agenda's. Vanuit dit inzicht is hij gevoeliger voor de behoeften van de groep en is hij zuiverder in zijn diagnose van groepsproblemen.

Zo'n leider kan wat hebben aan de volgende suggesties:
1. Houd een open oog voor mogelijke verborgen agenda's. De eerste stap in de diagnose van groepsproblemen bestaat uit het erkennen van de mogelijkheid van verborgen agenda's op het niveau van het individuele groepslid en van de groep als geheel.
2. Blijf beseffen dat de groep voortdurend op twee niveaus tegelijk werkt: het openlijke niveau van de overeengekomen taak (de open agenda) en het verborgen niveau van de verborgen agenda's. Daarom zal de groep soms niet zo snel vooruitgang boeken als de leider zou willen.
3. Soms kan de leider het de groep makkelijker maken om de verborgen agenda boven tafel te krijgen. Hij kan bijvoorbeeld opmerken: 'Ik vraag me af of we alles gezegd hebben wat we van dit punt vinden. Misschien moeten we tijd nemen voor een rondje in de groep, zodat we aanvullingen krijgen.'

4. Over het algemeen geldt dat verborgen agenda's veel makkelijker te hanteren worden zodra ze boven tafel komen en besproken worden. Maar bedenk ook dat voor veel verborgen agenda's geldt dat ze de groep schade kunnen berokkenen als ze openlijk besproken worden op een moment dat de groep daar nog niet aan toe is. De leider en het groepslid dienen hiervoor gevoelig te zijn en in te schatten wat de groep op een bepaald moment wel of niet aankan.
5. Ga de groep nooit bestraffen of onder druk zetten omdat er verborgen agenda's zijn. Ze zijn er nu eenmaal en vragen om net zoveel energie en aandacht als de officiële groepstaak.
6. Steun de groep in het overwinnen van schuldgevoelens met betrekking tot verborgen agenda's. Naarmate groepen geholpen worden bij het boven tafel brengen van enkele verborgen agenda's en bij het serieus nemen daarvan, zullen schuldgevoelens daarover verminderen en zal de kans toenemen dat er meer boven tafel komen. De leider zou kunnen zeggen: 'We mogen ervan uitgaan dat ieder van ons een eigen kijk heeft en ook eigen dingen wil verwezenlijken met deze groep. Dit is een deel van de vele verschillen waaruit een groep bestaat.'
7. Ondersteun de groep bij het uitwerken van manieren om verborgen agenda's aan te pakken, net zoals je de groep ondersteunt bij het vinden van aanpakken voor de officiële agenda. Ook al kunnen methodieken verschillen, vaak bevatten ze basiselementen van een *problem solving*-aanpak, zoals het benoemen van het probleem, het verzamelen van relevante gegevens en het zoeken van een oplossing op basis van deze gegevens. Hierbij geldt dat gegevens over gevoelens en problemen van individuele groepsleden even belangrijk zijn als zakelijke en logische informatie.
8. Ondersteun de groep in het vaststellen van de voortgang met betrekking tot haar rijpheid (*maturity*) om met verborgen agenda's om te gaan. Naarmate de groep een grotere rijpheid en kracht ontwikkelt, zal ze een groter aantal verborgen agenda's aankunnen. Korte evaluatiesessies, ofwel in het laatste kwartier van een groepsbijeenkomst of in een apart daarvoor gereserveerde bijeenkomst om de zoveel tijd, kunnen de groep veel goed doen. In zulke sessies kan de groep terugblikken en vaststellen hoeveel vrijer ze is geworden in het bespreken van problemen en hoeveel meer zelfvertrouwen er in de groep als geheel gegroeid is.

12 Leiderschap

12.1 Inleiding
12.2 Hoe denken over leiderschap in de loop der tijd veranderde
12.3 De autoritaire leiderschapsstijl
12.4 De democratische leiderschapsstijl
12.5 De laissez-faire leiderschapsstijl
12.6 Leiderschapsstijl en groepsklimaat
12.7 Leiderschap en het vervullen van groepsfuncties
12.8 Taakleiderschap en sociaal-emotioneel leiderschap
12.9 Volgerschap
12.10 Co-begeleiding
12.11 Leiderschap in training en therapie
12.12 Onderzoek naar trainingsgroepen
12.13 Leiderschap in organisaties
12.14 Leiderschap en het motiveren van medewerkers
12.15 Scenario naar de toekomst: de leider als coach
12.16 Toegift 1: Wat de psychoanalyse zegt over leiderschap
12.17 Toegift 2: Wat de psychoanalyse zegt over organisaties

12.1 Inleiding

Leiderschap is de meest beschreven groepsrol en de literatuur biedt tal van opvattingen en theorieën over leiderschap. In samenvattende overzichten blijkt dan ook dat leiderschap op veel verschillende manieren getypeerd kan worden: de leider als centrum van het groepsgedrag, als bevorderaar van het bereiken van de groepsdoelen, als degene die door de groepsleden als zodanig aangewezen wordt, als degene die het niveau van groepsprestaties verhoogt, als de kern waar groepsprocessen en groepsontwikkeling om draaien, als het meest dominante groepslid, als het groepslid met de meeste invloed en macht, als de persoon aan wie de groepsleden het meest gehoorzamen enzovoort.

De meest voorkomende opvatting over leiderschap is dat de leider een persoon is met bepaalde eigenschappen. Dat klopt echter maar tot op zekere hoogte. Van groter belang is namelijk de rol en de functie die hij in de groep vervult. Hij kan pas leider zijn als zijn eigenschappen passen bij die rol en die functie. Het gaat vooral om groepsdynamische factoren zoals invloed en positie in de groep. En om de mate waarin de leider vanuit die positie kan bijdragen aan de belangen en de behoeften van de groep. Ik werk dit nader uit in paragraaf 12.2.

Er is veel onderzoek gedaan naar leiderschapsstijlen. De eerste onderzoeken stammen al uit de jaren dertig en veertig van de vorige eeuw. Het was Lewin (van de veldbenadering, zie paragraaf 2.8) die klassiek geworden onderzoek heeft gedaan naar autoritair, democratisch en laissez-faire leiderschap. Dit onderzoek heeft lang het denken over leiderschap in de groepsdynamica beïnvloed. Ik bespreek zijn onderzoek in paragraaf 12.6, nadat ik eerst de autoritaire, de democratische en de laissez-faire stijl nader heb getypeerd (paragraaf 12.3 tot en met 12.5).

In paragraaf 12.7 werk ik de gebruikelijke groepsdynamische opvatting uit dat leiderschap bestaat uit het vervullen van groepsfuncties. We spreken dan ook van taakleiderschap en sociaal-emotioneel leiderschap (paragraaf 12.8). Met alle nadruk op leiderschap in de literatuur vergeten we weleens de tegenpool: het volgerschap. Geen leider zonder volgers. Ze komen aan bod in paragraaf 12.9. Soms wordt in groepen het leiderschap niet door één persoon, maar door meerdere personen vervuld. Wanneer twee personen samen de begeleiding verzorgen van een groep, spreken we van co-begeleiding. Dat heeft een aantal voordelen, maar er zijn ook nogal wat valkuilen. Die komen aan bod in paragraaf 12.10. Ik bespreek daar ook hoe je je het best op de rol van co-begeleider kunt voorbereiden.

Zoals ik al heb opgemerkt spelen de situatie en de context een belangrijke rol bij leiderschap. Dit wil ik verduidelijken in twee contexten. Eerst komt leiderschap in trainings- en therapiegroepen aan bod; daarin staat procesgericht handelen centraal (paragraaf 12.11). Daarna bespreek ik leiderschapsrollen in organisaties; in die context staat taakgericht handelen centraal (paragraaf 12.12). Leiderschap in organisaties is ook het thema in de volgende paragrafen. In paragraaf 12.13 ga ik in op het motiveren van medewerkers en op visievorming over toekomstgericht leiderschap (paragraaf 12.14 en 12.15). Daarin bespreek ik ideeën over coachend leiderschap.

Aparte vermelding verdient de psychoanalyse. Deze stroming, die sterk is beïnvloed door Freud (zie paragraaf 2.9), legt weer andere accenten. Voor Freud is de band met de leider de eerste emotionele band in een groep. Rondom de figuur van de leider verbinden groepsleden zich met elkaar. Pas daarna ontstaan gevoelsbanden tussen de leden. Ik bespreek dit in paragraaf 12.16. Daarbij zal ik ook ingaan op de opvatting van Redl, die stelt dat ook andere personen het kristallisatiepunt voor groepsvorming kunnen worden. Ik besluit met een aantal gedachten uit de psychoanalyse over organisaties, die ook voor de groepsdynamica relevant zijn (paragraaf 12.17).

12.2 Hoe denken over leiderschap in de loop der tijd veranderde

Om een eerste zicht te krijgen op de veelheid aan leiderschapsbenaderingen vind ik de opmerking van Katz en Kahn (1966) verhelderend. Ze merken op dat de term leiderschap in de vakliteratuur drie hoofdbetekenissen heeft:
1. leiderschap als een persoonlijke kwaliteit: als een eigenschap of een reeks eigenschappen van een persoon;
2. leiderschap als eigenschap van een positie met macht en prestige binnen een sociaal systeem;
3. leiderschap als gedragscategorie: als een bepaalde reeks gedragsvormen tegenover groepsleden.

Deze driedeling sluit aan op alledaagse opvattingen van een leider als iemand die bepaalde eigenschappen bezit, die een bepaalde positie binnen een sociaal systeem inneemt en die zich op een bepaalde manier gedraagt. In zekere zin kunnen we elke poging van een groepslid om invloed uit te oefenen op het gedrag, de motieven, de opvattingen, de waarden, de gevoelens enzovoort van een of meer groepsleden, zien als een poging tot leiderschap. Deze kijk op leiderschap betekent dat elk groepslid vroeg of laat leidersgedrag zal kunnen vertonen.

Invloed en positie
Toch zullen we personen met relatief weinig invloed geen leider noemen. We noemen dát groepslid de leider dat de meeste invloed uitoefent op de andere groepsleden in de door hem gewenste richting en daarbij meer invloed uitoefent dan ondergaat. Zulke beïnvloeding vindt meestal plaats binnen de structuur van een sociaal systeem en draagt bovendien bij aan de stabiliteit van dat systeem. Leiderschap heeft dus ook te maken met een speciale positie binnen de groepsstructuur. Zowel de alledaagse opvatting als de vroegste leiderschapsonderzoeken overschatten het belang van de individuele bijdrage van de leider. In de loop der tijd is men hier anders over gaan denken. In het vroege on-

derzoek werd leiderschap te veel opgevat als een persoonlijke kwaliteit van de leider. Er zijn echter weinig algemene eigenschappen gevonden. Deze benadering heeft uiteindelijk weinig opgeleverd door onvoldoende aandacht voor de groep en voor de omstandigheden waarin de groep verkeert. Later kwam er meer aandacht voor de situatie waarin de groep verkeert en kwam men op het spoor van omstandigheden die het ontstaan van een leiderschapsstructuur bevorderen en van omstandigheden die bevorderen dat bepaalde personen leider worden.

Functionele benadering

Geleidelijk werd ook steeds duidelijker dat leiderschap voorziet in belangen en behoeften van de groep en dus een aantal belangrijke groepsfuncties vervult. Deze functies sluiten aan op het al eerder (onder andere in hoofdstuk 2 en hoofdstuk 4) gemaakte onderscheid tussen taakgerichte en sociaal-emotionele belangen en behoeften. Effectieve groepen voorzien in beide typen behoeften en effectieve leiders vervullen beide functies. Vandaar dat de benadering die zich richt op het leidersgedrag twee gedragsvormen benadrukt: enerzijds gedrag dat bijdraagt aan de vervulling van de taak en het bereiken van het groepsdoel en anderzijds gedrag dat bijdraagt aan de instandhouding en versterking van de groep. Omdat in deze benadering leiderschap belangrijke functies vervult, is ze bekend geworden onder de term *functionele benadering*.

Leiderschapsstijlen

Later volgde onderzoek naar de manier waarop bepaalde leiderschapsstijlen van invloed zijn op de productiviteit van de groep en de tevredenheid van de groepsleden. Uit zulk onderzoek bleek dat er niet één stijl bestaat die het meest effectief is. Meerdere stijlen blijken effectief te kunnen zijn. Afhankelijk van de situatie is nu eens de ene dan weer de andere stijl effectiever. De theorievorming op basis van dit onderzoek heet de situationele leiderschapstheorie. Deze theorie is zo'n rijk thema dat ik er een apart hoofdstuk aan besteed (zie hoofdstuk 13).

Voordat in de jaren zestig en zeventig van de vorige eeuw de situationele leiderschapstheorie bekend werd, verstond men iets anders onder leiderschapsstijlen. In de jaren veertig en vijftig werd met die term gedoeld op drie andere stijlen, nl. autoritair leiderschap, democratisch leiderschap en laissez-faire leiderschap. Die termen worden tegenwoordig nog maar weinig gebruikt. Onderzoek en theorievorming over deze drie stijlen hebben we te danken aan Kurt Lewin, die zoals we in hoofdstuk 1 zagen mag worden beschouwd als een van de grondleggers van de groepsdynamica. Lewin heeft met zijn collega's Lippitt en White de effecten van autoritair leiderschap onderzocht en deze vergeleken met twee andere typen leiderschap: democratisch leiderschap en laissez-faire leiderschap. Zijn interesse voor autoritair leiderschap verbaast niet, want hij was zelf een Jood die uit nazi-Duitsland gevlucht was. De drie onderzochte stijlen beschrijf ik in de volgende paragrafen.

12.3   De autoritaire leiderschapsstijl

Kenmerken
De groepsleider houdt strikte controle door het geven van instructies, door het bepalen van het doel en door het doelbewust bewaken van de uitvoering van al het werk. De groepsleden krijgen meestal slechts een minimum aan inzicht in de totale vooruitgang met betrekking tot de taak.

Effecten
Het resultaat lijkt aanvankelijk gunstig. Toch blijkt dat tegelijk met de toenemende afhankelijkheid van de groepsleden spoedig een terugval in de prestaties optreedt, die vooral zichtbaar wordt wanneer er een leiderswisseling plaatsvindt of wanneer de leider tijdelijk afwezig is. Het sterk passief moeten blijven tegenover de leider mobiliseert onlust- en wraakgevoelens, die op de zwakkere groepsleden of, als dit niet mogelijk is, op personen buiten de groep uitgeleefd worden (bijvoorbeeld in het gezin thuis of in andere groepen). Deze toename van agressie, deze vijandigheid tegenover elkaar en de destructieve neigingen tegenover nieuw gevonden zondebokken zijn directe gevolgen van een krachtige autoritaire leiderschapsstijl. Misschien herinner je je zelf nog het vervelende gedrag van hele schoolklassen tegenover jonge leraren die het mikpunt werden van de bij oudere leraren opgekropte agressie. In autoritair geleide groepen worden initiatieven en ideeën afgeremd en ontbreekt spontaniteit in het werk. Zo'n groep is erg breekbaar en kent weinig cohesie.

Nadere typering
De autoritaire leiderschapsstijl heeft enkele varianten:
- De meest extreme vorm is *tirannie*, die soms ook in een kleine groep te zien is als de groepsleider zich boven elke groepsnorm stelt en een heerschappij van willekeur uitoefent volgens de grondregel 'de groep ben ik' (*l'état c'est moi*).
- Een mildere variant is *welwillend despotisme*. Voor de welwillende despoot is het welzijn van de groep belangrijk; hij is er echter vast van overtuigd dat hij het beste weet wat goed is voor de groep (verlicht absolutisme).

- *Dictatuur*. In de oorspronkelijke betekenis was dictatuur een tijdelijke toestand die bij groot gevaar ingesteld werd en waarbij de dictator achteraf verantwoording moest afleggen. We kunnen gemakkelijk parallellen trekken met alle situaties waarin een groepsleider wegens dreigend gevaar, wegens grote tijdnood of als er sprake is van grote groepen dictatoriaal moet optreden. We mogen dan echter niet vergeten hem later ter verantwoording te roepen.
- *De patriarchale leiderschapsstijl*. In plaats van te bevelen zal de leider voorstellen doen en hij laat steeds reacties, vragen en zelfs tegenvoorstellen toe. Toch blijft duidelijk dat de beslissing bij de leider ligt. Deze stijl van leidinggeven is in veel situaties gerechtvaardigd en adequaat. Ze wordt echter gevaarlijk wanneer de vragen aan de groep slechts voor de schijn gesteld worden, om vervolgens toch beslissingen door te zetten die al tevoren vaststaan. Zulke alsof-besluiten ondermijnen het vertrouwen.

Nog een andere variant van autoritaire leiding is de *personalistische leidersvorm*. Hier bestaan nauwe persoonlijke relaties tussen de centrale persoon en de afzonderlijke groepsleden, zodat deze stijl niet gebaseerd is op bevelen of op overleg met de groep. Een leider van dit type gebruikt het verzoek of gebruikt zijn superioriteit als beïnvloedingsmethode. En om hem ter wille te zijn, doen de groepsleden graag wat hij wil. Deze leiderschapsstijl is vaak nodig aan het begin van de groepsvorming, omdat zo een kristallisatiepunt ontstaat, waaromheen zich de onderlinge relaties tussen groepsleden opbouwen. Beslissend is telkens vanuit welke motivatie de verantwoordelijke persoon de centrale positie inneemt. Doet hij dit ten behoeve van zijn eigen bevrediging omdat het hem goed doet dat allen hem zo hard nodig hebben? Of bezet hij de centrale positie om er zo spoedig mogelijk afstand van te doen, opdat andere relaties of interesses in de taak centraal in de groep komen te staan?

12.4 De democratische leiderschapsstijl

Kenmerken

Deze stijl wordt ook wel de collegiale leiderschapsstijl genoemd. De groepsleider behoudt in ruime mate de leiding, maar biedt de groep genoeg hulp om de oplossing van op dat moment spelende problemen zo door te spreken dat overeenstemming bereikt wordt. Hij vermijdt daarbij elke autoritaire leiding en probeert zijn invloed op de voortgang van het denkproces in de groep minimaal te houden; hij zal de discussie aansturen tot de groep in staat is om leiding te geven aan zichzelf. Bij deze leiderschapsstijl let de leider op de dynamische processen in de groep, zoals spanningen en dominanties, of zich terugtrekken en afgewezen worden. Hij stimuleert alle groepsleden tot een actieve participatie aan de op dat moment spelende probleemoplossing.

Effecten
In een collegiaal geleide groep staat de opgave (het taak- of procesprobleem) als een gemeenschappelijk onderwerp in het middelpunt. Er ontstaat een wij-gevoel. De activiteit en bereidheid tot samenwerking nemen toe en blijven ook bestaan wanneer de groepsleider tijdelijk niet aanwezig is. Het belangrijkste effect is dat de groepsleden met elkaar oefenen in samenwerking en in het oplossen van de spanningen rond gebrek aan onderlinge overeenstemming. Zulke groepen zijn duurzaam.

Nadere typering
Centraal staat het leidinggeven vanuit een democratische grondhouding en het aansturen op sociale gedragsvormen tussen de groepsleden onderling. De democratische grondhouding respecteert elke andere persoon als gelijkwaardig partner en respecteert zijn recht op zelfbestemming en zelfontplooiing. Zo wordt de groep tot een ruimte waarin ieder kan leren:
- om te luisteren naar andere meningen;
- om het anders-zijn van groepsleden te tolereren en te accepteren;
- om eigen belangen ten gunste van andere belangen op de achtergrond te zetten, maar anderzijds ook om de moed op te brengen om de eigen meningen en interesses te presenteren en de bekwaamheid om dit in adequate vorm te doen;
- om te oefenen in eenvoudig lijkende, maar belangrijke gedragsvormen, zoals discussie, stemmen, kiezen, besluitvorming en het formuleren van normen en procedures.

Deze praktische vaardigheden kunnen vooral geoefend worden wanneer de groep zelfstandig besluiten kan nemen. De groepsleider zal daarom geen oplossingen, maar problemen ter discussie stellen. Wanneer hij voorstellen doet, zal hij proberen om alternatieven aan te bieden. Hij zal door het stellen van vragen op belangrijke gezichtspunten wijzen. De leider heeft hier de belangrijke taak om niet vooruit te lopen op beslissingen, maar om mogelijkheden aan te wijzen en zodanig hulp te bieden dat besluiten genomen en uitgevoerd kunnen worden.

12.5 De laissez-faire leiderschapsstijl

Kenmerken

Deze stijl ontleent zijn naam aan een leidershouding die verregaand passief is en toegeeflijk alles laat gebeuren zonder in te grijpen. Vaak wordt deze stijl verward met een vrijheidslievende leidershouding die van de veronderstelling uitgaat dat een groep zijn eigen krachten zelf kan ontplooien, wanneer ze daar genoeg mogelijkheden voor krijgt. Maar de opvatting die met deze stijl tot uitdrukking gebracht wordt, namelijk dat de groepsleden zelf moeten bepalen wat juist is, is in feite onecht. Veeleer blijkt uit de stijl van zo'n leider een minachting voor zijn onvermijdelijk betrokken raken in het groepsproces, waarbij hij zich uit dit proces tracht af te zonderen. Achter het toestaan van een grote bewegingsvrijheid schuilt een bedenkelijke onverschilligheid van de leider. Dat kan een vermomming zijn voor een berustende onderwerping of voor een sluimerende agressieve instelling tegenover de groepsleden.

Effecten

Het eerste gevolg van 'een dergelijke leiderschapsstijl is vertwijfeling en onzekerheid in de groep. Van een 'zelfontplooiing van de groep' onder zo'n leiding vol bewegingsvrijheid kan geen sprake zijn, integendeel. In feite bereikt deze leiderschapsstijl een verregaande verwaarlozing van de groeikrachtige groepsleden en een terrorisering van de zwakke groepsleden. Zo ontstaat al snel een verval van de groep. Dit blijkt uit kliekvorming en toenemende rivaliteit en ten slotte uit het uiteenvallen van de groep. De gevolgen zijn vergelijkbaar met de gevolgen van een autoritaire leiderschapsstijl: in beide gevallen treedt een infantilisering op omdat de groep met haar behoeften niet ernstig genomen wordt. Veel destructieve vergeldingswensen van kinderen die opgegroeid zijn in deze misleidende en abusievelijk als vrijheidlievend opgevatte opvoedingsvorm, berusten op de behoefte om op een of andere manier een band te kunnen beleven en serieus genomen te worden. De laissez-faire methode vernietigt dus niet alleen de gegeven groepsrelaties, maar is ook op bredere schaal een gevaar voor het streven naar medemenselijke solidariteit omdat ze het individu overlaat aan eenzaamheid en sluimerende afhankelijkheidsbehoeften. Omdat de laissez-faire stijl de groepsleden aan kan zetten tot primitievere asociale gedragsvormen, ligt haar gevaar vooral in deze regressie; maar er is ook een tweede gevaar, namelijk in het ontstaan van de behoefte aan autoritaire leiding en aan autocratisch geweld die het individu moeten ontlasten van inwendig ontstane schuldgevoelens.

Nadere typering

Er zijn situaties waarin een doelbewust gebruik van deze leiderschapsstijl op zijn plaats is. De groepsleider die nieuw in een reeds bestaande groep komt, zal zich vaak eerst afwachtend en observerend aan de rand opstellen om in de gaten te krijgen hoe ver de groep is. Ook tijdens het werken met de groep gebeurt het vaak dat hij terzijde gaat staan en de groep ruimte biedt om zonder hem te oefenen of om op eigen kracht tot een besluit te komen. Hij blijft dan echter beschikbaar voor informatie en advies en hij houdt toezicht om bescherming te kunnen bieden bij acuut gevaar. Het verschil met de eigenlijke laissez-faire stijl bestaat hierin dat dit gebruik doelbewust is en voortkomt uit zorg en kunde, niet uit onzekerheid, ongeïnteresseerdheid, contactgestoordheid of verborgen tegenzin.

12.6 Leiderschapsstijl en groepsklimaat

Zoals ik al aangaf, vergeleek Lewin in zijn onderzoek drie typen leiderschap die ik zojuist heb besproken: autoritair, democratisch en laissez-faire leiderschap. Voor dit onderzoek koos hij, samen met zijn collega's Lippitt en White, een bijzondere opzet. Ze observeerden vier vergelijkbare jongensgroepen die geleid werden door telkens een leider van een ander type, bijvoorbeeld eerst enkele weken democratisch, dan enkele weken autoritair en tot slot enkele weken laissez-faire. De onderzoekers kozen ook allerlei verschillende volgordes. De eerste resultaten publiceerden ze al in 1939 en 1940. Daarmee is dit waarschijnlijk het eerste onderzoek naar leiderschap in de groepsdynamica. Ik ga hierna vooral in op wat voor effecten deze leiderschapsstijlen hadden op het groepsklimaat. Dit werd vooral duidelijk op momenten dat de groep een verandering in leiderschapsstijl meemaakte.

Het onderzoek is later enkele malen herhaald, bijvoorbeeld met groepen kleuters (zie kadertekst) en telkens met dezelfde resultaten. De basisopzet was steeds hetzelfde:
- Enkele personen die werden aangezocht als leider, werden getraind in de drie verschillende leiderschapsstijlen. In die training kregen ze een rolomschrijving en ze oefenden om zo veel mogelijk volgens die omschrijving te handelen.
- Daarna werden de kindergroepen (in het eerste onderzoek waren dit vrijetijdsclubs voor jongens) afwisselend door diverse leiders geleid, volgens een van tevoren opgezet schema. Eerst enkele weken door een type-1-leider, dan enkele weken door een type-2-leider en ten slotte weer enkele weken door een type-3-leider.
- Op deze manier kreeg elke groep te maken met elk leiderschapstype.

> **Paaseieren verven met Lewin**
>
> In 1970 verscheen de Hongaarse film *Methoden* onder regie van Judith Vas, waarin het experiment van Lewin met kleuters is gefilmd. De kleuters gaan paaseieren verven, maar krijgen daar telkens een ander type leider bij. Het aardige van deze film zijn de camerastandpunten, want er is ook van boven gefilmd. Dan kun je de drie groepen kinderen tegelijkertijd aan het werk zien. De verschillen worden zo extra duidelijk. De film is destijds een keer door de VPRO uitgezonden, en daarna nooit meer. Er bleek nog maar één 16mm kopie te zijn, die niet beschikbaar was. Tot mijn grote plezier is er sinds september 2012 een kopie op YouTube te zien, onder de titel *Erziehungsstile nach Kurt Lewin*. De film is wel in twee gedeelten geknipt.
>
> Ik raad je aan om eens op YouTube verder te zoeken naar films van en over Lewin. Ik ontdekte zo dat Lewin al in de jaren twintig amateurfilmpjes van zijn kinderen maakte, ter illustratie van delen van zijn theorie. Het zijn nog de jaren van de stomme film, dus zonder geluid. Hij geeft uitleg in de vorm van tussentitels.
>
> - *Methoden*. Regie: Judith Vas (1970), zwart-wit, 22 min., MAFILM, Budapest. Met wetenschappelijke adviezen van Ferenc Mérei en Laszlo Kantais.
> - Ook bekend als: *Methoden – Drei Erziehungsstile nach Kurt Lewin*. Deutsche Bearbeitung in Auftrag des Institut für Film und Bild in Wissenschaft und Unterrricht, München.
> - Sinds september 2012 ook te zien op YouTube (in twee gedeelten): *Erziehungsstile nach Kurt Lewin 0001* (10:57 min.) en *0002* (9:50 min.).

In het onderzoek van Lewin, Lippitt en White werd tijdens elke groepsbijeenkomst het gedrag van de leider en van de groepsleden nauwkeurig geobserveerd. In de meeste onderzoeken zijn achteraf de groepsleden en hun ouders ook nog eens geïnterviewd. Daarbij werd met name gevraagd naar de gevoelens tegenover de groep en de leiders. Door deze opzet konden de onderzoekers drie vragen beantwoorden:
1. Welk concreet gedrag vertonen de verschillende typen leiders?
2. Wat zijn de effecten van het leidersgedrag op het gedrag van de groepsleden?
3. Wat gebeurt er met de groep en de groepsleden als het leiderschapstype wisselt?

Klimaatwisseling

Vooral de derde vraag naar het effect van klimaatwisseling is interessant. Wat gebeurt er in het gedrag van kinderen wanneer ze verschillende typen leiders meemaken? Die vraag is ook vandaag de dag nog van belang. Wat gebeurt er bijvoorbeeld wanneer een kind thuis een heel ander opvoedingsklimaat meemaakt dan op school, met name wanneer een van deze twee klimaten autoritair is? Daarvoor moeten we eerst het antwoord op vraag 2 weten: wat zijn de effecten van het gedrag van de leider op de groep?

Lewin, Lippitt en White ontdekten dat in een autoritair geleide groep er ofwel een hoog ofwel een laag niveau van agressie onder de groepsleden is. In een democratisch geleide groep vertoont de agressie meer een middenniveau. Er blijken dus twee reactievormen op autoritair leiderschap: een agressieve reactie en een onderdrukte reactie. De onderzoekers merken op dat autoritair leiderschap over het algemeen agressie en vijandigheid oproept. Vooral omdat de groepsleden geprikkeld raken door de beperkingen in hun bewegingsvrijheid, maar ook omdat tegenkrachten ontbreken. Zulke tegenkrachten zijn bijvoorbeeld het wij-gevoel en de grotere vriendschap onder groepsleden in een democratisch geleide groep. Hoe kan dan verklaard worden dat in sommige autoritair geleide groepen de agressie zo laag is? De onderzoekers veronderstellen dat sterk autoritair leiderschap een extra tegenkracht vormt tegen het uiten van agressie. Sterk autoritair

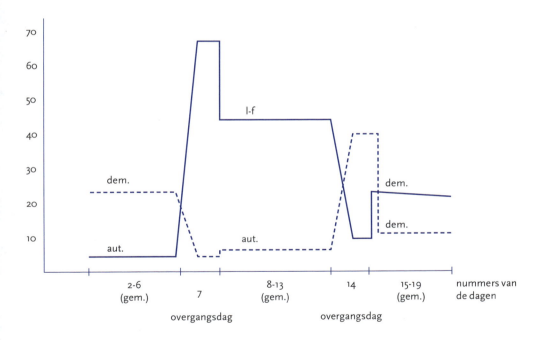

Afkortingen:
aut. = autoritair klimaat
dem. = democratisch klimaat
l-f. = laissez-faire klimaat

Figuur 12.1 Agressie in twee jongensgroepen in verschillende sociale klimaten (Lewin e.a., 1939)

leiderschap leidt er dus toe dat agressie soms veel minder geuit wordt, maar dat wil niet zeggen dat de agressie verdwenen is. Achter het rustige uiterlijk van een groep kan veel innerlijke spanning schuilgaan. Die spanning zal tevoorschijn komen zodra de autoritaire leider verdwijnt. En dat is precies wat er gebeurt bij klimaatwisseling.

Wanneer een groep van een autoritaire leider overschakelt op een democratische of een laissez-faire leider, blijkt de groep aanvankelijk 'over te koken' van agressie. Het allergrootst is dit overkoken bij de overgang naar laissez-faire leiderschap, omdat daar nauwelijks tegenkrachten aanwezig zijn (zie figuur 12.1).

Oefening: Onderzoek in de eigen klas

Op een Duitse website voor leerkrachten (www.4teachers.de) kwam ik een 'recept' tegen voor een onderwijsactiviteit die erg veel lijkt op het onderzoek van Lewin. De meerwaarde zit natuurlijk in de nabespreking met de kinderen.

Benodigd
Een dubbel lesuur, twee of drie klaslokalen, drie even grote groepen, drie groepsleiders (of leerkrachten) en per groep een schaar, enkele vellen gekleurd papier, een viltstift, lijm en elastiek.

Opdracht aan de groep
Maak een masker.

Werkwijze
De groepsleiders (of leerkrachten) worden kort voor het begin bij elkaar geroepen. Ieder krijgt een richtlijn voor zijn gedrag (autoritair, democratisch of laissez-faire). Zie hieronder. Daarna krijgen de groepen 30 minuten tijd om onder 'begeleiding' van de groepsleider met elkaar een masker te maken.
Tussendoor (na 10 en na 20 minuten) worden de groepsleiders twee keer even uit het klaslokaal gehaald om te checken of de groepen zich aan de aanwijzingen van de groepsleider houden. Dat is ook het moment om van leider te wisselen.
Het is belangrijk om achteraf de kinderen hun maskers te laten presenteren en te laten vertellen wat ze ervaren hebben (Wat hebben ze gemaakt? Hoe hebben ze het gemaakt? Hoe hebben ze zich gevoeld? Wat heeft de groepsleider gedaan? ...). In de regel komen ongeveer dezelfde resultaten naar voren als in het onderzoek van Lewin.

NB De Duitse tekst geeft geen rolaanwijzingen. Daarom geef ik hierna de omschrijvingen van Lewin (1948, pp. 75-76).

Autoritaire leider

1. Alleen de leider bepaalt wat er gaat gebeuren.
2. De stappen van de activiteit worden gedicteerd door de leider; één stap tegelijk, zodat de volgende stappen steeds onzeker blijven.
3. De leider dicteert wat ieder groepslid doet en met wie hij moet samenwerken.

Democratische leider

1. Wat er gaat gebeuren, is een zaak van discussie en besluitvorming in de groep, die daarbij wordt aangemoedigd door de leider.
2. Tijdens de discussie krijgt de groep inzicht in de stappen die nodig zijn. Als er technisch advies nodig is, stelt de leider twee mogelijkheden voor waaruit een keuze kan worden gemaakt.
3. De groepsleden zijn vrij om te werken met wie ze willen. De taakverdeling wordt overgelaten aan de groep.

Laissez-faire leider

1. De groep krijgt volledige vrijheid voor individuele of groepsbesluiten. De leider bemoeit zich hier zo min mogelijk mee.
2. De leider stelt de verschillende materialen ter beschikking. Hij maakt duidelijk dat hij informatie zal geven als dat gevraagd wordt. Hij neemt niet deel aan de werkdiscussies.
3. De leider neemt niet deel aan de groep of de activiteit van de groep.

Enkele conclusies uit het onderzoek:

1. Autoritair leiderschap wordt gekenmerkt door het geven van verstorende bevelen. Dit zijn bevelen die ingaan tegen een wens of activiteit van een groepslid. Die wens of activiteit wordt vervangen door de wens van de leider. Bovendien speelt de autoritaire leider in zijn kritiek vaak 'op de persoon, in plaats van op de bal'. Hij geeft geen kritiek op het gedrag van het kind, maar kraakt het kind af.
2. Democratische en laissez-faire leiders benadrukken het geven van informatie en van suggesties.
3. Elk type leiderschap creëert een geheel eigen groepsklimaat.
4. Autocratie kan veel vijandigheid en agressie oproepen.
5. Autocratie kan ontevredenheid oproepen die niet openlijk zichtbaar is.
6. Autoritair geleide groepen tonen veel afhankelijkheid.

7. In democratie is meer onafhankelijkheid.
8. In democratie is meer groepsgerichtheid en meer vriendelijkheid. Joviaal en vertrouwelijk gedrag komen alleen voor bij de democratische leider.
9. Bijna alle groepsleden hadden een voorkeur voor democratisch leiderschap.
10. Democratisch leiderschap stimuleert tot zelfstandigheid door de groep te leren meer op zichzelf te vertrouwen.
11. Laissez-faire leiderschap stimuleert tot zelfstandigheid door alle verantwoordelijkheid te laten bij de individuele groepsleden.

12.7 Leiderschap en het vervullen van groepsfuncties

De lange tijd geldende opvatting dat leiders personen zijn met speciale eigenschappen, bleek niet bevredigend. In de jaren vijftig ontstond daarom een nieuwe visie op leiderschap: de nadruk wordt gelegd op het vervullen van noodzakelijke functies in de groep en op aanpassingsvermogen aan veranderende situaties. Volgens deze opvatting bestaan er verscheidene leiderschapsfuncties, die niet per se door één persoon vervuld hoeven te worden, maar over de groepsleden verdeeld kunnen worden wanneer de omstandigheden veranderen.

Leiderschap omschrijf ik als het uitvoeren van al die gedragsvormen die een concrete groep of organisatie helpen bij het bereiken van de gewenste resultaten én die bijdragen aan de levensvatbaarheid van de groep of organisatie, waaronder ik ook het bevorderen van bevredigende interpersoonlijke relaties reken. In principe kan leiderschap dus vervuld worden door een of meer groepsleden. Situationele aspecten, zoals de aard van de groepsdoelen, de groepsstructuur, de attitudes en behoeften van de groepsleden en de verwachtingen die de externe omgeving oplegt aan de groep, bepalen voor een belangrijk deel welke gedragsvormen op een bepaald moment nodig zijn en wie van de groepsleden die zal vervullen. Er zijn heel wat van die gedragsvormen op te noemen. Toch kunnen ze bijna allemaal ondergebracht worden in twee globale categorieën, die aansluiten bij twee brede doelen die elke groep of organisatie zich stelt:
1. de groepstaak: het bereiken van een specifiek groepsdoel (*goal achievement*);
2. het in stand houden van de groep als groep (*group maintenance*).

Reflectie op gedrag van leiders

Neem enkele minuten de tijd om na te denken over de vraag: wat zijn voor mij kenmerken en gedragsvormen van een goede leider? Maak aantekeningen in trefwoorden.

Wanneer je deze reflectie met anderen doet, werk je eerst enkele minuten in stilte voordat je de antwoorden met elkaar uitwisselt.

In de fase van uitwisseling probeer je drie clusters te vormen. In cluster 1 vallen alle gedragsvormen van een leider, waaruit een zorg om de taak blijkt. In cluster 2 vallen alle gedragsvormen die gericht zijn op goede relaties met de groep en tussen de groepsleden. In cluster 3 vallen alle andere gedragsvormen. Probeer bij elke gedragsvorm van cluster 3 erachter te komen wat de functie van dit gedrag is. Sommige gedragsvormen in dit cluster dienen soms beide functies; dat wil zeggen, ze dragen bij aan de taakvervulling én aan een beter groepsklimaat.

- *Voorbeelden van cluster 1:* overzicht houden, de programmakant bewaken, belangen goed behartigen, doortastend, besluitvaardig, afstand kunnen nemen, de lijn helder houden, positie durven kiezen, biedt structuur en planning, deskundig, goede voorbereiding, bewaakt de tijd.
- *Voorbeelden van cluster 2:* aandacht voor de mensen in de groep, coachend, invoelend, gevoel voor humor, luisteren, aandacht voor de proceskant, motiverend, stimulerend, ondersteunend, sluit aan op de groep, betrekt stillere groepsleden bij de discussie, toont respect.
- *Voorbeelden van cluster 3:* creatief, anticiperend, geeft feedback en indien nodig ook kritiek, is consequent, is transparant en open.

Gerichtheid op de taak en het realiseren van de doelstellingen

Voorbeelden van taakgerichtheid zijn: initiatief nemen, de aandacht van de groep op het doel gericht houden, verhelderen van het onderwerp, ontwikkelen van een procedureplan, zoeken van meningen, geven van informatie, bieden van verheldering, coördineren, samenvatten, evalueren van het verrichte werk, het beschikbaar stellen van hulpbronnen (zoals expert-informatie). Je kunt hierbij ook denken aan de taakrollen uit paragraaf 11.3 en aan het gedrag in de taakgebieden van het schema van Bales in paragraaf 9.3 (geven en vragen van informatie, geven en vragen van meningen, geven en vragen van voorstellen). We spreken dan van *taakgericht leiderschap*.

Taakgericht leidinggeven betekent dat de leider zijn activiteiten richt op het realiseren van de werkdoelstellingen. Deze gerichtheid wordt uitgedrukt in termen van resultaten, bijvoorbeeld de benodigde tijd voor een serie handelingen, het succespercentage bij een behandeling of het binnen een bepaald budget uitvoeren van een opdracht. Het realiseren van de taak kan ook blijken uit de aard en de kwaliteit van beslissingen, het aantal creatieve ideeën dat daadwerkelijk wordt uitgevoerd en de doeltreffendheid van de door een bepaalde afdeling verleende diensten.

Taakgerichtheid omvat dus iedere activiteit die gericht is op realisatie van de doelstellingen. Dat zijn vooral interventies op inhouds- en op procedureniveau (zie hoofdstuk 4).

Gerichtheid op de mensen in de groep

Voorbeelden van groepsgerichtheid zijn: bemiddelen of verzoenen bij conflicten tussen groepsleden of tussen subgroepen, de interpersoonlijke relaties prettig houden, aanmoedigen, een minderheid de kans geven om gehoord te worden, het vergroten van de wederzijdse betrokkenheid onder de groepsleden. Hier kun je ook denken aan de procesrollen (zie paragraaf 11.4): aanmoedigen, 'deuropener' zijn, formuleren van omgangsregels, volgen, onder woorden brengen van het groepsgevoel, bemiddelen, verminderen van spanning in de groep. Ook de positieve reacties die Bales noemt in zijn observatieschema (paragraaf 9.3) zijn voorbeelden van deze functie (zich vriendelijk tonen, de atmosfeer ontspannen, instemming tonen).

Gerichtheid op de mensen kan zich op velerlei manieren uiten. Zo hechten sommige leidinggevenden er veel waarde aan door hun groepsleden te worden geapprecieerd. Gerichtheid op de mensen uit zich ook in het aanvaarden van medeverantwoordelijkheid voor de wijze waarop wordt samengewerkt, zoals dit tot uitdrukking wordt gebracht in vertrouwen, loyaliteit, sympathie en begrip. We noemen dit *sociaal-emotioneel leiderschap*. Dit type leiderschap intervenieert vooral op interactieniveau en op bestaansniveau (zie hoofdstuk 4).

Afhankelijk van de mate van sociale gerichtheid van de leider kunnen de reacties van de groepsleden variëren van enthousiasme tot tegenzin, van betrokkenheid tot apathie, van vindingrijkheid tot stompzinnigheid, van toewijding tot onverschilligheid, van actieve medewerking tot lijdelijk verzet. Hieruit blijkt duidelijk dat sociaalgericht leidinggeven in belangrijke mate kan bijdragen tot de *motivatie van de groepsleden*.

Overzicht van samenhangende onderscheidingen

In deze voorbeelden zien we telkens het onderscheid tussen de formele functies van de taakstelling en de psychologische functies van het tegemoetkomen aan de emotionele behoeften van de groep en van de groepsleden. Dit sluit aan op het onderscheid uit paragraaf 2.2 tussen taakaspecten en sociaal-emotionele aspecten in groepen. Ik kom zo tot een overzicht van samenhangende onderscheidingen (zie bijgaand schema).

Formele functies	Psychologische functies
voortbestaan van de groep in de omgeving	de groep als groep in stand houden
extern systeem	intern systeem
bereiken van het doel	het interne groepsfunctioneren
taakgerichtheid	sociaal-emotionele gerichtheid
formele leider	informele leider
bewaakt de output	bewaakt de satisfactie
aandacht voor de formele functies	aandacht voor de psychologische en persoonlijke functies
nadruk op productie	sensitiviteit
job-centered	*member*-centered
sturing	ondersteuning

Samenvattend kunnen we concluderen dat het kernprobleem van effectieve leiders bestaat uit het vinden van een juist evenwicht tussen twee typen vereisten: aandacht voor de taak en aandacht voor de groepsleden en de groep.

12.8 Taakleiderschap en sociaal-emotioneel leiderschap

Hoewel de groepstaakfuncties en de groepsinstandhoudingsfuncties (de taakrollen en de procesrollen) in principe door elk groepslid vervuld kunnen worden, treedt in veel groepen een soort specialisatie op. In zijn studies over groepsontwikkeling aan het begin van de jaren vijftig observeerde Bales (zie hoofdstuk 9) dat vaak een *taakspecialist* en een *sociaal-emotioneel specialist* naar voren komen.

Specialisatie
Vaak treedt er in groepen een differentiatie op tussen een groepslid dat druk uitoefent op het vervullen van de taak en een ander groepslid dat tegemoetkomt aan de sociale en emotionele behoeften van de groepsleden. Wanneer zo'n specialisatie optreedt, kan de groep alleen effectief functioneren als zich tussen de twee specialisten een goede afstemming ontwikkelt. De kwaliteit van het groepsfunctioneren hangt af van de relatie tussen beide leiderstypen. Bij duurzame wrijving tussen beide groepsfuncties ontstaat een blijvende scheiding tussen de formele en de informele groepsstructuur.

Dit specialisatieverschijnsel kunnen we observeren in uiteenlopende typen groepen:
- In langdurige, formeel georganiseerde groepen (bijvoorbeeld in een bedrijf, een organisatie, of, sterker nog, in het leger) waarin een leider aan een groep is toegewe-

zen, moeten de twee basisfuncties (taak en instandhouding) door de officiële leider vervuld worden, wil hij de groep effectief laten functioneren. Wanneer hij er niet in slaagt om beide functies te vervullen, zal vaak een niet-officiële of informele leider opkomen, die de verwaarloosde basisfunctie op zich neemt. Wanneer de formele leider taakgericht blijft, zal vaak een informele leider gaan waken over de emotionele satisfactie van de groepsleden. Zo'n informele leider is vaak machtiger dan de formele leider, omdat hij de psychologische steun van de groep krijgt. Wil de formele leider effectief met de groep blijven werken, dan zal hij het vaak op een akkoord moeten gooien met de informele leider.

- Ook in gezinnen valt dezelfde specialisatie waar te nemen: gewoonlijk is de vader de taakspecialist en de moeder de sociaal-emotionele specialist. Dit is een wijdverbreid cultureel verschijnsel. Zelditsch (1955) heeft in 56 culturen onderzocht hoe de rolverdeling lag in het kerngezin. In al deze 56 culturen vond hij steeds hetzelfde patroon van differentiatie tussen de rol van taakspecialist en de rol van instandhoudingsspecialist, die bijna overal vervuld werden door de vader respectievelijk de moeder.

> **Mannen en vrouwen**
>
> Er zijn aanwijzingen dat vrouwen beide polen van taakgerichtheid en relatiegerichtheid iets beter kunnen combineren dan mannen. Zowel in onderzoeksoverzichten van Eagly en Johnson (1990) als van Van Engen en Willemsen (2000) naar man-vrouwverschillen in leiderschap bleken kleine verschillen. Mannen zijn eerder taakgericht, vrouwen eerder relatiegericht. Vrouwen gebruiken vaker een democratische en participatieve stijl en minder vaak een autocratische stijl. Vrouwen sturen meer aan op participatie bij besluitvorming en benadrukken vaker empowerment bij werknemers. In de loop der jaren zijn deze verschillen tussen vrouwen en mannen wel wat minder geworden. Maar hier moeten we meteen aan toevoegen dat de context ook een belangrijke rol speelt.

Extern en intern systeem

In deze voorbeelden zien we steeds het onderscheid tussen de formele functies van de taakstelling en de psychologische functies van het tegemoetkomen aan de emotionele behoeften van de groep en van de groepsleden. Op deze plaats verwijs ik nogmaals naar het onderscheid dat Homans maakt tussen het externe systeem en het interne systeem van een groep (vergelijk paragraaf 2.2). Het externe systeem omvat alle interacties, gevoelens en activiteiten die direct voortvloeien uit de eisen van *group survival* en *goal achievement*; met andere woorden: de eisen van het voortbestaan van de groep in haar omgeving door het bereiken van het doel. Uit alle pogingen tot aanpassing aan de externe omgeving volgen een werkverdeling en een leiderschapshiërarchie. We noemen dit de formele groepsstructuur waarin de taakleider centraal staat. Hij bewaakt wat er gedaan wordt.

Daarnaast is er ook het interne systeem. Dit omvat al die interacties, gevoelens en activiteiten die voortvloeien uit interne groepsproblemen of beter gezegd, het interne groepsfunctioneren. Dit interne systeem ontstaat vanuit het externe systeem en vormt er een reactie op. We noemen dit systeem intern omdat het niet direct (hoogstens indirect) bepaald wordt door de omgeving. Het groepsgedrag in het interne systeem is een uiting van de wederzijdse gevoelens tussen de leden van de groep. Dit onderscheid tussen het externe en het interne systeem sluit nauw aan bij het onderscheid tussen taakleiderschap en sociaal-emotioneel leiderschap.

12.9 Volgerschap

In deze paragraaf besteed ik aandacht aan de tegenpool van leiderschap, namelijk volgerschap. Deze kant van groepen wordt in de literatuur ten onrechte verwaarloosd. Probeer maar eens op Google: op de term 'leiderschap' krijg je duizendmaal meer verwijzingen dan op de term 'volgerschap'. Hetzelfde gebeurt wanneer je 'leadership' en 'followership' intikt. Volgerschap heeft voor velen een negatieve bijbetekenis. De rol van volgerschap wordt zwaar onderschat. Ten onrechte. Er wordt door sommigen beweerd dat goed volgerschap voor het slagen van organisaties wellicht nog belangrijker is dan goed leiderschap (Drent e.a., 2005). Iedereen bevindt zich vaker in de rol van volger dan van leider. Wanneer we aandacht willen besteden aan de relationele kant van leiderschap kunnen we er niet omheen om tegelijk ook aandacht te besteden aan volgerschap. Goed leiderschap en goed volgerschap hebben veel met elkaar te maken. Leiderschap is interactief. Succesvolle leiders hebben actieve volgers nodig, en omgekeerd.

Net zoals een arts zonder patiënten geen arts kan zijn, een ouder zonder kinderen geen vader of moeder, een leerkracht zonder kinderen geen leerkracht, zo kan een leider alleen leiden wanneer groepsleden hem volgen. Je zou ook kunnen zeggen dat artsen, ouders en leerkrachten ook leiderschap tonen, alleen zijn we niet gewend hen als leiders te zien. In de Roos van Leary (hoofdstuk 8) zitten de leider, de arts, de vader of moeder, de leerkracht in de Boven-posities en het groepslid, de patiënt, het kind, de leerling in Onder-posities. Alleen hieruit al kun je afleiden dat er meerdere typen leiders en meerdere typen volgers zullen zijn en vooral ook dat er meerdere soorten relaties tussen leider en volgers mogelijk zijn. Ik kom daar aan het eind van deze paragraaf nog op terug.

> **Eerste reflectie op volgerschap**
> Schrijf twee of drie woorden op die bij je opkomen als je het woord 'volger' hoort. Wissel dit uit met anderen. Vaak worden er vooral negatieve associaties genoemd. Hoe is dit bij jullie?

Bij het woord 'volger' horen vaak negatieve associaties. Het gaat over een rol waarover dikwijls neerbuigend wordt gesproken. Iemand vroeg me laatst wat mijn reactie zou zijn wanneer hij met het nieuws zou komen dat hij geselecteerd is voor een leiderschapscursus op zijn bedrijf. Nadat ik hem gefeliciteerd had, vroeg hij naar mijn reactie op ander nieuws (je raadt het al): hij was nu geselecteerd voor een cursus over volgerschap. Dat klonk toch een stuk minder. Toch is niet iedereen vanzelf een teamspeler, een loyale uitvoerder of een coöperatieve medewerker, en zou een training in die richting zo gek nog niet zijn. Bovendien bevindt ieder van ons zich veel vaker in de rol van volger dan in die van leider. Het begrip volgerschap is aan een herwaardering toe.

Veranderend tijdsbeeld

In de jaren vijftig en zestig van de vorige eeuw waren organisaties zeer goed in het creëren van loyaal, gehoorzaam en hardwerkend personeel. Het psychologisch contract met werknemers beloofde veiligheid in ruil voor de bereidheid om de leiding te volgen. De leiders bepaalden de koers en de rest van de organisatie volgde (Berg, 2001).

Dit veranderde geleidelijk vanaf de jaren zeventig. Leiders begonnen zich te realiseren dat ze met het opleiden van gehoorzame volgers personeel hadden gecreëerd dat slecht was toegerust om initiatieven te nemen, problemen en mogelijkheden te voorzien en ernaar te handelen en, wat misschien nog het belangrijkste was, samen te werken met degenen die boven hen stonden. Gehoorzaamheid en conformisme, die goed leken te werken zolang de economische condities tamelijk stabiel waren, bleken hun keerzijde te hebben naarmate het werkklimaat veranderde en turbulenter werd. Nu wilden mensen aan de top ineens dat hun volgers hun stem lieten horen, met nieuwe ideeën kwamen en kritiek lieten horen wanneer die kritiek de prestaties van de organisatie kon verhogen. Organisaties wilden niet langer mensen die alleen maar opdrachten uitvoerden. Het idee kwam op dat organisaties helemaal geen volgers, maar juist leiders nodig hadden. Maar voor iedereen met zicht op groepsdynamica of op organisaties is de gedachte aan een groep of organisatie met alleen maar leiders helemaal niet aantrekkelijk. Taakgerichte systemen kunnen niet goed functioneren zonder verantwoordelijk volgerschap (Berg, 2001).

> **Tweede reflectie op volgerschap**
>
> Denk eens na over een typische volger, iemand van wie je wel zou willen dat die voor jou zou werken. Denk ook eens over voorbeelden van volgers uit literatuur en film, de televisie, de mythologie, het leven.
>
> Doel van deze reflectie is om helder te krijgen wat je beeld is van een 'goede' volger. Wissel met elkaar de eigenschappen en de voorbeelden uit. Onderzoek je beelden van de goede volger. Wat maakt hem tot een voorbeeldige volger?

Positieve beelden van volgerschap

David Berg (2001, pp. 9-14) stelde de vragen uit de tweede reflectieoefening in groepen waarin hij trainingen gaf. Hij merkte dat in de vele antwoorden enkele positieve typen van leider-volgerrelaties opdoken, onder andere:

1. *De onderbevelhebber.* Zo'n volger heeft een duidelijke, min of meer militaire, ondergeschikte relatie met zijn leider. Vaak worden zijn loyaliteit genoemd en zijn bereidheid om eigen inzichten ondergeschikt te maken aan de doelen en de plannen van de leider. Soms heeft deze volger duidelijk andere ideeën dan zijn 'baas', maar hij zal in het openbaar geen verschil van mening laten blijken.
2. *De ondergeschikte makker.* Hij heeft geen formele rol, zoals type 1. Hij is wel vaak in het gezelschap van zijn leider, maar blijft betrekkelijk onzichtbaar. Een voorbeeld is Watson (*'My dear Watson'*), de assistent van Sherlock Holmes. Zo'n ondergeschikte makker helpt zijn leider door zijn unieke talenten die de leider aanvullen. Berg merkt op dat dit type volger vaak tot een andere 'groep' behoort. Watson bijvoorbeeld was een arts, wiens vaardigheden die van zijn leider (de detective Sherlock Holmes) versterkten. Berg noemt nog een leuk voorbeeld: herdershond Lassie die zijn baasje Jeff (en later Timmy) vergezelt. Lassie is een ongebruikelijke makker. Hij behoort niet alleen tot een andere groep, maar zelfs tot een andere soort! Maar hij heeft wel enkele bijzondere eigenschappen die hem als een goede volger kenmerken: hij is betrouwbaar, trouw, vaardig en competent.
3. *De groep die een leider volgt.* Dit is het interessantste type leider-volgerrelatie. Het mooiste voorbeeld is de groep van de twaalf apostelen, die zich rond Jezus Christus verzameld heeft. Wat het eerst opvalt, zijn hun trouw en toewijding. Maar bij nadere beschouwing blijkt dat enkelen van hen worstelen met deze toewijding. We zien bijvoorbeeld verraad en twijfel bij Petrus en bij Judas, en ook Thomas bleek op een gegeven moment 'ongelovig'. Het verhaal van het volgerschap van de apostelen is een verslag van loyaliteit en van verraad, van gehoorzaamheid en trouw en twijfel. Berg wijst er terecht op dat het een bijzonder goed voorbeeld is van volgerschap, niet zo-

zeer omdat het gaat om een groep, maar vooral omdat het getuigt van de problemen die inherent zijn aan zelfs de meest hechte leider-volgerrelatie.

Vanuit deze typen en voorbeelden ziet Berg (2001) enkele belangrijke thema's in de relatie tussen leider en volger, zoals loyaliteit, steun, affectie, tegenspel, inspiratie en schaduwwerk. De volger werkt meestal 'in de schaduw' van de leider. De schijnwerper is meestal op de hoofdpersoon gericht; de volger werkt meestal achter de schermen.

> **Meer typen volgers**
>
> In de literatuur worden verschillende typen volgers genoemd. Kelley (1996) noemt er vier:
> 1. *Schapen* zijn passieve en onkritische volgers die weinig of geen initiatief vertonen en ook weinig verantwoordelijkheidsgevoel.
> 2. *Jaknikkers* zijn levendiger en actiever dan schapen, maar net zo onzelfstandig. Ze blijven afhankelijk van de leider, die ze met respect of onderdanigheid benaderen. Ze vertellen de leider alleen wat hij wil horen.
> 3. *Mopperaars* zijn kritisch en denken zelfstandig, maar blijven passief in hun rol. Ergens en ooit zijn ze afgehaakt en hebben ze afstand genomen van de groep of de organisatie. Soms zijn ze cynisch, maar vaker zijn het zich met moeite schikkende of pruttelende klagers.
> 4. *Effectieve volgers* zijn kritische meedenkers die actief participeren. Ze laten hun commentaar duidelijk horen wanneer ze het ergens niet mee eens zijn, maar ook wanneer ze tevreden zijn. Ze wijzen anderen op hun fouten, maar geven ook makkelijk eigen fouten toe.
>
> Potter e.a. (1996) voegen hier nog vier typen aan toe:
> 1. *Ondergeschikten* zijn de traditionele volgers die tevreden zijn met doen wat ze verteld wordt. Ze investeren nauwelijks emotie in hun bijdrage.
> 2. *Medewerkers* zijn als het ware werkpaarden die hard werken en veel bijdragen, maar geen of weinig moeite doen om zich te verplaatsen in het perspectief van de leider en ook niet investeren in het verbeteren van de relatie met hem.
> 3. *Spelers van politieke spelletjes* hebben interpersoonlijke kwaliteiten die ze echter nogal eens inzetten om 'het systeem' (de groep, het team, de organisatie) te bespelen. Qua prestaties en inzet werken ze onder hun niveau.
> 4. *Partners* tonen prima werkinzet en goed inzicht in de achtergronden van het werk. Dit inzicht hebben ze verkregen uit een goede relatie met de leider en de groepsleden.

> Er zijn ook twee typen 'niet-volgers':
> 1. *Weigeraars* tonen weerstand tegen voorstellen van de leider. Ze gaan niet mee met wat hij inbrengt en wil. Ze geven hem geen 'krediet'. Een reden hiervoor kan zijn dat ze hem niet vertrouwen, misschien op grond van slechte ervaringen in het verleden.
> 2. *Deserteurs* haken mentaal af. Ze hebben aanvankelijk wel een actieve bijdrage geleverd, maar zakken terug naar het niveau van jaknikker of volgzaam schaap. Ze trekken zich terug en beperken hun bijdrage tot een minimum. Emotioneel deserteren zien we nogal eens bij groepsleden of medewerkers wanneer ze merken dat de leider heel andere dingen zegt dan dat hij doet.

Roos van Leary

Het benoemen van zulke typen heeft echter een groot nadeel, namelijk dat je volgerschap los gaat zien van de relatie met de leider. Door typologieën ben je al gauw geneigd te denken dat het om eigenschappen van bepaalde personen gaat. Dat is echter niet zo. Volgerschap is geen individuele eigenschap, maar gedrag dat plaatsvindt in een bepaalde relatie. Net zoals ook leiderschap geen individuele eigenschap is. Wanneer in deze relatie een van beiden van positie verandert, heeft dit meteen gevolgen voor het gedrag en de positie van de ander. Het is interactie.

Het is vruchtbaarder om diverse vormen van volgerschap te koppelen aan diverse vormen van leiderschap. Een handig hulpmiddel hierbij is de Roos van Leary (hoofdstuk 8). Immers, Leary gaat uit van de stelling dat gedrag gedrag oproept. Specifiek leidersgedrag roept dus specifiek volgersgedrag op, en omgekeerd. Een strenge, directieve leider roept gehoorzaamheid en volgzaamheid op. Een leider die meer oog heeft voor de relatie met de groep, roept ander gedrag op, bijvoorbeeld medewerking en meedenken. Coachend leiderschap roept gemotiveerde inzet en samenwerking op. En delegerend leiderschap roept volgerschap op met veel eigen initiatief.

Om dit in de Roos van Leary te laten zien, gebruik ik de vier leiderschapsstijlen die ik in hoofdstuk 13 uitgebreider zal bespreken: (1) directief leiderschap; (2) overtuigend leiderschap; (3) participerend leiderschap; (4) delegerend leiderschap. In figuur 12.2 plaats ik deze stijlen in de Roos van Leary.

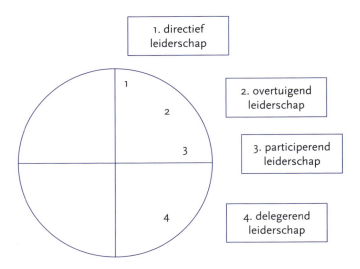

Figuur 12.2 Vier leiderschapsstijlen in de Roos van Leary

Zoals gezegd, roept elk type leidersgedrag op tot een bepaald type volgersgedrag. Zo roept gedrag van de directieve leider op tot volgzaamheid en gehoorzaamheid. Maar ook omgekeerd: een volgzame groep roept directief gedrag op bij de leider (zie figuur 12.3). En gedrag van de overtuigende leider roept op tot medewerking en deelname van de groep (zie figuur 12.4).

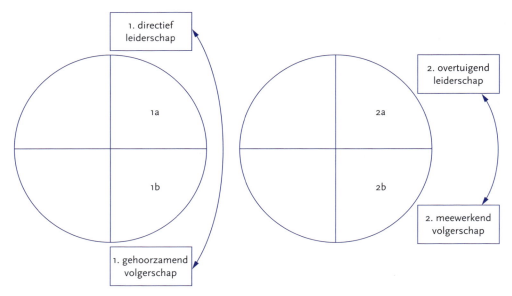

Figuur 12.3 Directief leiderschap en gehoorzamend volgerschap in de Roos van Leary
Figuur 12.4 Overtuigend leiderschap en meewerkend volgerschap in de Roos van Leary

De participerende leider zouden we tegenwoordig eerder een coachende leider noemen. Zijn gedrag roept op tot samenwerking en hoge inzet (zie figuur 12.5). En gedrag van de delegerende leider roept op tot veel eigen initiatief van de groepsleden (zie figuur 12.6).

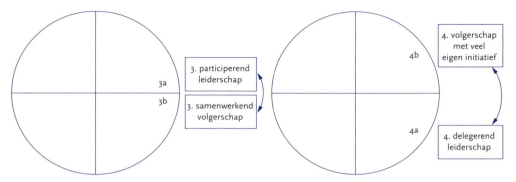

Figuur 12.5   Participerend leiderschap en samenwerkend volgerschap in de Roos van Leary
Figuur 12.6   Delegerend leiderschap en volgerschap met veel eigen initiatief in de Roos van Leary

Het boeiende van deze manier van kijken is dat beter valt te begrijpen dat een leider kan stimuleren tot ander gedrag van de groep door zijn stijl te veranderen. Soms klagen leiders dat hun groepen zo weinig initiatief tonen en dat de groepsleden zo passief blijven. Ze zien dan niet dat zulk groepsgedrag samenhangt met hun eigen opstelling als leider. Wanneer ze op een directieve manier van de groepsleden meer initiatief eisen, merken ze tot hun verbazing dat dit niet werkt. De relatie blijft in dat geval die van een leider die iets oplegt en een groep die hem gehoorzaamt (de situatie van figuur 12.3). Dit wordt ook weleens de *wees spontaan-paradox*, of de *wees nu eindelijk eens zelfstandig-paradox* genoemd. Het zal alleen werken wanneer de leider zich bereid toont zelf ander gedrag te laten zien (in paragraaf 13.13 over leiderschapsstijl en groepsontwikkeling wordt dit duidelijk). Het gaat om de ontwikkeling van de relatie tussen de leider en de groep (de volgers). Bij het ontwikkelen van zo'n relatie gaat het om het gezamenlijk opbouwen van een klimaat van openheid, ruimte voor verschil van mening, steun en vertrouwen. Alleen dan is de relatie bestand tegen onvermijdelijke spanningen in perioden van onenigheid en conflict.

12.10   Co-begeleiding

Co-begeleiding betekent het samen begeleiden van een groep. Dit heet co-therapie als het om groepstherapie gaat en als het trainingsgroepen betreft, spreken we van werken met een co-trainer of van co-facilitating. Ik gebruik hier liever de algemene term. Wim Goossens (2006) omschrijft co-begeleiding als een vorm van functionele samenwerking in het kader van het begeleiden van groepen. De groep is voor hem het uitgangspunt van de functionele samenwerking. Het gaat erom dat de co-begeleiders zo op elkaar afstemmen dat de groep daar maximaal profijt van heeft. Die afstemming kan betrekking hebben op verschillende opleidingsachtergronden, deskundigheden, functies, taken, werkstijlen, genderkenmerken enzovoort.

Complementariteit

Juist complementariteit in werkstijl vormt vaak aanleiding om samen co-begeleiding te gaan doen. De complementariteit in werkstijl komt dan tegemoet aan de onderscheiden behoeften van de co-begeleiders. Dit pakt goed uit wanneer de twee stijlen elkaar aanvullen. Begeleiders zoeken daarbij de kracht in het aspect dat de andere begeleider meer beheerst. Hierbij kan gedacht worden aan gerichtheid op de taak en structuur bij de ene begeleider, versus gerichtheid op het proces bij de andere. Meer van dergelijke polariteiten kunnen aanleiding vormen tot co-begeleiding, zoals groepsgericht versus individueel gericht, leidend versus volgend, programmagericht versus deelnemergericht, oog voor de grote lijn versus oog voor details, inzet op dynamiek versus inzet op structuur, veel ervaring in het werken met groepen versus weinig ervaring in het werken met groepen.

Soms wordt de keuze voor de combinatie van co-begeleiders doelbewust gemaakt om organisatiedoelen te realiseren. Zo wordt een combinatie van co-begeleiders regelmatig gekozen op basis van het leermeester-leerlingprincipe. Uitgangspunt is dan dat een ervaren groepsbegeleider een onervaren collega inwijdt in het werken met groepen. Meer ervaring kan betrekking hebben op het aantal keren dat iemand een groep heeft begeleid, bekend is met de doelgroep of problematiek enzovoort. Soms krijgt een periode van co-begeleiding een plek in de inwerkperiode van nieuwe medewerkers. Het samen begeleiden van een groep vormt dan een onderdeel van het inwerktraject in de organisatie. De nieuwe medewerker leert zo ook collega's kennen en beter zicht krijgen op de doelgroep van de organisatie en de problematieken die in de groep spelen.

> **Enkele samenwerkingspatronen**
> - *Apart maar gelijkwaardig:* de twee co-begeleiders doen in goede afstemming naast elkaar hun werk en hebben allebei de groep heel wat te bieden. Ze zijn gelijkwaardig en respecteren elkaars inbreng.

- *De expert en de nieuwkomer* (of de leermeester en de gezel): een van de twee heeft meer ervaring en deskundigheid en de ander wil daarvan leren. Wanneer het om een leermeester gaat, is die ook eindverantwoordelijk. De nieuwkomer of gezel heeft een lagere status.
- *De twee maatjes:* de twee co-begeleiders trekken ook buiten het werk als vrienden kameraadschappelijk met elkaar op. In de groep gaan ze warm en vertrouwelijk met elkaar om. Op de groepsleden komen ze over als een eenheid.
- *De partners:* ze zijn in jarenlange samenwerking diep aan elkaar gehecht geraakt. Ze vervullen een soort vader-en-moederfunctie voor de groep. Hun relatie kan op verschillende manieren 'gekleurd' zijn: een lieve-vrede-echtpaar, een haat-liefdeverhouding, twee soulmates, twee strijdende partijen.
- *De tandem:* dit stel co-begeleiders bereikt een sterk resultaat door vereende inspanning en een goede afstemming op elkaar. Er gaat een stuwende kracht van hen uit. Ze zorgen ervoor dat de groep (en ook hun relatie) 'als een geoliede machine' loopt.
- *The good guy and the bad guy:* dit type komt veel voor in thrillers, misdaadseries en westerns. Een van de twee gaat liefst de harde confrontatie aan, terwijl de ander met empathie en ondersteuning rust inbouwt.

Bron: Goossens, 2006.

Voordelen van co-begeleiding
- *Complementariteit.* De twee begeleiders vullen elkaar aan qua beroepsachtergrond, vakspecifieke kennis en vaardigheden en verschillende werkstijlen.
- *Spreiding van aandacht.* Er is aandacht voor individuele ontwikkeling en voor groepsontwikkeling.
- *Rolverdeling tussen de co-begeleiders.* De een richt zich op een specifieke deelnemer uit de groep en de ander is gefocust op de totale groep.
- *Spreiding van emotionele respons.* Verdeling van aandacht voor het groepslid en aandacht voor de groep.
- *Modeling.* De groepsleden kunnen zich oriënteren op twee modellen. Zij zien twee groepsbegeleiders vanuit hun eigen stijl met de groep werken.
- *Rustmomenten.* In groepen kan er op groepsdynamisch gebied veel tegelijkertijd gebeuren. Het kost veel energie om al die processen te volgen. De twee begeleiders kunnen de inzet van hun energie spreiden. Daarbij kan een van de twee begeleiders zich even rustig houden en zo ruimte creëren om vanuit een helikopterview naar de

groep te kijken. Daardoor kunnen trouwens nieuwe inzichten ontstaan die tot andere interventies leiden.
- *Meer differentiatie in focus en analyse.* 'Twee zien meer dan één!', is hierbij het devies. Er kan vanuit meerdere denkkaders worden geanalyseerd.
- *Hanteren van overdracht en tegenoverdracht.* Soms reageren groepsleden vanuit hun eigen socialisatie met gevoelens van overdracht op autoriteitsfiguren, zoals de co-begeleiders. Dit kan nog sterker spelen wanneer de ene begeleider een man en de andere een vrouw is. Dan worden op hen verschillende verwachtingen en gevoelens geprojecteerd, die te maken kunnen hebben met overdracht. De co-begeleiders kunnen elkaar ondersteunen in het omgaan met deze overdrachtsgevoelens.

Valkuilen van co-begeleiding
Co-begeleiding kent ook een aantal valkuilen:
- *Verschillende persoonlijke en professionele oriëntaties.* De verschillende persoonlijke en professionele oriëntaties van de twee begeleiders kunnen behalve stimulerend ook remmend werken op de ontwikkeling van de groep, bijvoorbeeld wanneer ze werken vanuit te sterk verschillende methodische referentiekaders.
- *Verschillende vooronderstellingen van elkaar.* De ene co-begeleider werkt vanuit zijn eigen beeld over de ander. Dit kan gebeuren wanneer de begeleiders naar elkaar niet open zijn over de wijze waarop ze elkaar waarnemen.
- *Extra energie.* Co-begeleiding kan extra energie vragen wanneer veel moet worden geïnvesteerd in de relatie of de samenwerking tussen de co-begeleiders. Hun samenwerkingsrelatie kost dan meer energie dan de groep.
- *Competitie tussen de co-begeleiders.* Co-begeleiding kan ook extra energie vragen wanneer er competitie tussen de begeleiders bestaat. Dit kan op allerlei manieren, zoals competitie met betrekking tot het verwerven van populariteit bij de groepsleden, de kwaliteit en kwantiteit van de interventies of het 'scoren' in het krijgen van aandacht.
- *Overtraining of te zware bezetting door co-begeleiding.* Bij een te kleine groep kan er door de inzet van twee co-begeleiders overtraining (*overkill*) ontstaan. Wanneer de groep te klein is, krijgen de co-begeleiders te nadrukkelijk een plaats in de groepsinteractie.
- *Verschillende ritmes.* De co-begeleiders kunnen in de praktijk een verschillend ritme blijken te hebben. Dit kan betrekking hebben op de snelheid van interveniëren in de groep.
- *Identificatie van één begeleider met subgroepen of coalities in de groep.* Om spanning in het groepsproces te reduceren, vormen groepsleden soms subgroepen of coalities. Soms doet een van die subgroepen een emotioneel appel op één co-begeleider en niet op de ander.

- *Elkaar afvallen tijdens of na de groep.* Dit kan subtiel gebeuren wanneer de co-begeleiders elkaar tijdens de groepsbijeenkomsten regelmatig corrigeren. Soms zoeken deelnemers buiten de groep contact met een van de begeleiders. Dan loert het risico om over de andere collega te roddelen en zo elkaar af te vallen.
- *Verschillen tussen de co-begeleiders zijn in de groep onbespreekbaar.* Wanneer de co-begeleiders zich te veel als een eenheid presenteren, worden voor de groepsleden de verschillen onbespreekbaar. Zodat groepsleden hier ook niet meer van kunnen leren.

Voorbereiding op co-begeleiding

Valkuilen krijgen minder kans bij een goede voorbereiding. Daartoe behoren de volgende aandachtspunten:
- *Voorbereiding op deelnemers, doelen, programma, inhouden, werkvormen.* In de voorfase verdient de komende groep optimale aandacht.
- *Bespreken van elkaars motieven.* Waarom willen beiden juist deze groep gaan begeleiden? Wat hebben beiden juist deze groep te bieden?
- *Taakverdeling.* Enkele voorbeelden van een dergelijke taakverdeling zijn: Wie heeft oog voor de groep en wie voor het individu in de groep? Wie heeft aandacht voor het programma, wie voor het proces? Wie bewaakt de grote lijn, wie heeft aandacht voor detail en dynamiek?
- *Feedback is een essentiële randvoorwaarde en meerwaarde.* Elkaar feedback mogen geven is vooral waardevol omdat ze elkaar tijdens de daadwerkelijke uitvoering aan het werk zien. In de voorbereiding moeten ze daarom nagaan hoe en wanneer ze elkaar feedback gaan geven.
- *Verkennen van elkaars werkstijl, werkwijze en visie.* Gedacht kan worden aan aspecten als directiviteit of non-directiviteit, taakgerichtheid of procesgerichtheid, confronterend of empathisch handelen.
- *Bespreken van elkaars leiderschapsstijl.* In het model van situationeel leiderschap (zie hoofdstuk 13) worden vier leiderschapsstijlen beschreven. De essentie van dit model is dat de leiderschapsstijl samenhangt met de situatie van de groep. Elke stijl legt andere accenten met betrekking tot taakgerichtheid en relatiegerichtheid. Daarbij heeft elke stijl zijn eigen sterke kanten en valkuilen. Daarom is het van belang om op de hoogte te zijn van elkaars 'favoriete' leiderschapsstijl.
- *Bespreken van elkaars interventiepatroon.* In de voorbereiding kunnen ze dit doen door elkaars favoriete interventies en wat daaromtrent nog te leren valt uit te wisselen.
- *Bespreken van elkaars complementariteit.* Het is van belang dat de twee begeleiders in de voorbereiding bespreken in welke opzichten ze elkaar aanvullen. Met andere woorden: in welke opzichten ze complementair zijn aan elkaar.

- *Sterkten-zwaktenanalyse.* In de voorbereiding kunnen ze ook stilstaan bij het opsporen van elkaars sterke en zwakke punten. Specifieker kan worden gekeken naar wat voor elke begeleider lastige groepssituaties of groepsleden zijn.
- *Kernthema's uit de socialisatie in relatie tot de groep.* Wanneer een co-begeleider wordt geconfronteerd met een kernthema uit zijn eigen socialisatie, kan voor hem een pijnlijke situatie in de groep ontstaan. Het is goed als zijn collega hierop in kan spelen. Co-begeleiders die al wat langer samenwerken, leren elkaars eigenheid steeds beter kennen. Een zinvolle vraag in dit verband is voor welke groepsleden of groepssituaties ze een 'allergie' hebben.
- *Wijze van omgang met groepsdynamieken en fenomenen.* Deels vanuit socialisatie-invloeden, maar ook vanuit professionele opleiding en ervaring kunnen co-begeleiders verschillend omgaan met groepsdynamieken en groepsfenomenen. Het is daarom zinvol om elkaars wijze van omgaan met agressie, emotionaliteit, kwaadheid, stille groepsleden enzovoort te bespreken.

Bron: Goossens, 2006.

12.11 Leiderschap in training en therapie

De effectiviteit van leiderschap hangt sterk af van de context. Dat merkte ik al eerder in dit hoofdstuk op. En het is de basis voor de theorie van situationeel leiderschap in hoofdstuk 13. Voor een scherper zicht op leiderschap ga ik daarom in deze en de volgende paragraaf dieper in op twee specifieke contexten: de context van training en therapie en de context van organisaties. De eerste context is meer procesgericht, de tweede meer taakgericht.

Afbakening
Nu bestaan er heel wat soorten therapie- en trainingsgroepen. Ik heb hierin een keuze gemaakt. Hier leg ik de nadruk op groepen waarin de trainer of therapeut bewust stuurt op het interactieproces in de groep. Wat betreft therapiegroepen laat ik dus groepen buiten beschouwing waarin de therapeut eigenlijk alleen bezig is met individuele therapieën, maar dan als een soort simultaanschaker die een reeks individuele partijen speelt. En wat betreft trainingsgroepen heb ik een voorkeur voor trainers die de onderlinge interactie in de groep als leermateriaal hanteren en dus meer doen dan het aansturen van een aantal op vaardigheden en competenties gerichte oefeningen.

Wat een groepstherapeut doet
Onder het kopje 'Wat doet een groepstherapeut' geeft de Nederlandse vereniging voor groepsdynamica en groepspsychotherapie (NVGP) de volgende informatie: 'Een groepstherapeut is een therapeut die zich gespecialiseerd heeft in therapie met groepen. De therapeut schept de voorwaarden voor een goed verloop van de therapie. Hij zorgt voor een sfeer waarin groepsleden zich veilig voelen en zich durven te uiten. Bij groepstherapie is de therapeut afhankelijk van de inbreng van de groepsleden, maar hij zal ervoor zorgen dat iedereen voldoende aan bod komt. In een groep zal de therapeut soms een meer leidende en sturende rol aannemen, soms een meer ondersteunende en begeleidende rol. Zo nodig interpreteert en verduidelijkt hij wat iemand zegt. De therapeut maakt met de deelnemers afspraken over de omgang met elkaar tijdens de therapie. Het is bijvoorbeeld van belang dat de groepsleden elkaar respecteren en elkaar laten uitpraten.' (www.groepspsychotherapie.nl)

Eenzelfde omschrijving kan gelden voor groepstrainers. Hun gedrag past ook in deze ruime omschrijving, zeker wanneer hun groepen meer zijn dan 'een werkplaats voor gedrag' en er ook ervaringen en gevoelens aan bod komen. De beschrijving van de rol van de groepstherapeut wil ik graag meer diepgang geven. Daartoe laat ik hieronder twee autoriteiten op het gebied van groepspsychotherapie aan het woord: Yalom (1978) en Levine (1982).

Zo wijst Levine (1982, pp. 235-246) erop dat de groepstherapeut meerdere rollen kan vervullen: een empathische, ondersteunende rol en een sturende rol. Hij dient zijn rol aan te passen aan de fase van groepsontwikkeling. De groepsontwikkeling loopt van afhankelijkheid naar autonomie. Dit betekent dat de groepstherapeut in de beginfase het beste een empathische, ondersteunende rol kan vervullen en later een sturende rol. Door deze omschakeling van rol helpt hij de groep bij haar ontwikkeling. Het idee van het aanpassen van de leiderschapsstijl om te stimuleren tot ander gedrag in de groep, besprak ik al in paragraaf 12.9 over volgerschap.

Verschil met taakgroepen
Levine (1982, p. 232) bepleit dat de groepstherapeut aansluit op het niveau van de groep. In de beginfase vertoont de groep veel afhankelijkheidsgedrag. Daar sluit Levine op aan met empathie en ondersteuning. In die fase is de therapeut non-directief. In latere fasen laat hij de therapeut actiever worden en meer sturing geven. De volgorde is dus van non-directief naar directief. Levine besteedt eerst veel aandacht aan de opbouw van een relatie met de groep en het scheppen van een klimaat van veiligheid en vertrouwen. Pas

wanneer die relatie en dat klimaat er zijn, kan er vruchtbaar gewerkt worden aan de problemen van de groepsleden.

Dit is een andere volgorde dan bij taakgroepen bepleit wordt. In hoofdstuk 13 over situationeel leiderschap zien we de omgekeerde volgorde. Daar begint de leider juist directief en eindigt hij met delegerend gedrag (zie ook paragraaf 12.9). Dit verschil in volgorde kan worden toegeschreven aan de andere context: het gaat in de theorievorming over situationeel leiderschap meestal over taakgroepen. Hoewel de volgorde anders is, blijft de basisgedachte hetzelfde. En die is: sluit als leider aan op het niveau van de groep en wijzig je stijl wanneer je de groep wilt stimuleren tot een volgende ontwikkelingsfase. Yalom (1978) bespreekt een aantal taken van de groepstherapeut. Zijn eerste taak is het vormen en in stand houden van de groep. Andere taken zijn: cultuurvorming, het op gang brengen en verhelderen van het proces in de groep, commentaar geven op dit groepsproces, geven van groepsinterpretaties en interveniëren naar de groep als geheel, waarbij hij een balans moet zien te vinden tussen de angsten en de verlangens die in de groep leven.

12.12 Onderzoek naar trainingsgroepen

Voor hij zijn basisboek over groepspsychotherapie schreef, was Yalom betrokken bij het tot dusverre grootste en degelijkst opgezette onderzoek naar het effect van ontmoetingsgroepen (Lieberman e.a., 1973). Deze zogeheten *encounter groups* zijn een speciaal soort trainingsgroepen, die geleid worden door groepstrainers met een therapeutische oriëntatie. Daardoor zijn veel conclusies uit dit onderzoek waarschijnlijk ook van toepassing op groepstherapeuten.

Voor hun onderzoek onderzochten Lieberman e.a. 18 trainingsgroepen, waaraan 210 mensen in de leeftijd van 18 tot 22 jaar deelnamen die at random over de groepen verdeeld waren en nog eens 69 personen als controlegroep die niet aan een training deelnamen. De 18 trainingsgroepen kwamen in totaal 30 uur bij elkaar in een periode van 12 weken en werden geleid door groepstrainers uit negen heel verschillende oriëntaties. Enkele van deze oriëntaties hadden therapeutische pretenties (zoals gestalt en psychodrama). Elke trainingssessie werd geobserveerd met behulp van een nauwkeurig opgesteld observatieschema waarmee alle interventies van de trainer werden vastgelegd. De deelnemers vulden vooraf, tussendoor en achteraf diverse vragenlijsten in, met daarin ook vragen over hun ervaringen in de trainingsgroep en met de trainer. Van elke trainer werden zo 27 gedragsvariabelen gemeten. Dit leverde een schat aan gegevens op die het mogelijk maakte exacte conclusies te trekken over het resultaat van diverse stijlen van trainen.

Hoewel dit onderzoek van Lieberman e.a. zo'n veertig jaar geleden is uitgevoerd, geldt het tot op de dag van vandaag als een klassieker op het vakgebied die (nog) niet door beter onderzoek is geëvenaard.

Vier basisfuncties van leiderschap in training

Een factoranalyse van de 27 gedragsvariabelen resulteerde in de volgende vier leiderschapsfactoren in de onderzochte trainingsgroepen:

1. *Bewaken van het verloop*: vaststellen van grenzen, regels, normen, doelstellingen, de tijd in het oog houden, het tempo aangeven, stoppen, tussenbeide komen, voorstellen van werkvormen.
2. *Zorgzaamheid*: geven van steun, genegenheid, lof, bescherming, warmte, acceptatie, erkenning, echtheid en zorg.
3. *Toekennen van betekenis*: uitleggen, verduidelijken, interpreteren, een cognitief kader voor verandering verschaffen, vertalen van gevoelens en ervaringen in begrippen.
4. *Stimuleren van emoties*: uitdagen, confronteren, aanzetten tot activiteit, op indringende wijze het voorbeeld geven door het nemen van persoonlijke risico's en een hoge mate van zelfonthulling.

De onderzoekers noemen dit de *four basic leadership functions*. Yalom, die groepstherapeut is en ook als onderzoeker deelnam aan dit project bij trainingsgroepen, merkt zelf op dat het vier basisfuncties zijn van leiderschap in groepstraining én in groepstherapie.

1. Bewaken van het verloop

De interventies bij deze functies vinden vooral plaats op *procedureniveau* en begonnen eigenlijk al in de voorfase toen de groep gepland en voorbereid werd. In de beginfase van de groep besteedt een goede trainer/therapeut veel aandacht aan het stellen van grenzen (mede met het oog op veiligheid in de groep) en verwante aspecten (doelstelling, normen, tijdsbewaking enzovoort).

Wanneer de groep eenmaal goed loopt, lijkt de trainer/therapeut niet veel te doen te hebben in dit opzicht. Maar hij moet wel degelijk waakzaam blijven. Voor een effectief functioneren van de groep moet hij blijven letten op een aantal zaken:
- *Lidmaatschap*. Wie horen erbij en wie niet? Wie tellen mee en wie niet?
- *Tijdsbewaking*. Blijft de groep punctueel met begin- en eindtijden?
- *Gespreksthema's*. Praten we nog steeds over de thema's die er echt toe doen en waarvoor we bij elkaar komen?

- *Uiting van gevoelens.* Heeft het uiten van gevoelens voldoende diepgang en gebeurt dit op een constructieve manier?
- *Angstniveau.* Is het angstniveau niet te hoog of te laag?

2. Zorgzaamheid

De goede trainer/therapeut handelt vanuit zorg voor het welzijn van de groepsleden. Daarmee zet hij de toon voor het omgaan van de groepsleden met elkaar. De interventies rond zorgzaamheid, bieden van steun, erkenning, acceptatie en tonen van interesse in het lot van de anderen liggen vooral op *interactieniveau*. Daarmee schept hij een groepsklimaat waarin constructief met elkaar gewerkt kan worden. Dit betekent niet dat er geen kritische feedback of negatieve gevoelens naar elkaar geuit worden. Het betekent wel dat het uiten van zulke gevoelens plaatsvindt vanuit het vertrouwen dat ieder het goed met elkaar voor heeft.

3. Toekennen van betekenis

Op het eerste oog lijkt het toekennen van betekenis een puur cognitieve activiteit van de trainer/therapeut. Als dat zo zou zijn, blijven zijn interventies beperkt tot het *inhoudsniveau*. De trainer/therapeut stimuleert het groepslid tot meer inzicht en zelfkennis. Dat is vaak een belangrijk doel van training of therapie. Maar het bereiken van meer zelfinzicht is zelden een neutrale ervaring. Vaak heeft het een grote emotionele betekenis, zeker als het om een belangrijk inzicht gaat. Daarom reikt deze functie ook vaak tot het *bestaansniveau*. Hoewel de trainer/therapeut hierin van belang is, kunnen juist de andere groepsleden ook een belangrijke rol spelen.

4. Stimuleren van emoties

Vooral in groepstherapie speelt vaak emotionele problematiek van groepsleden. Dat was vaak de aanleiding om in therapie te gaan. Maar ook trainingsgroepen kennen perioden waarin het uiten van emoties centraal staat, zeker wanneer die groepen niet louter gedragsgericht, maar ook procesgericht zijn. Groepen kunnen ook sterk verschillen in de mate van emotionele expressiviteit van de leden. In een geremde groep moet de trainer/therapeut heel wat meer werk verzetten. Het gaat hierbij niet alleen om het uiten van gevoelens, maar om alles wat mensen innerlijk bezighoudt, ofwel wat bij hen op *bestaansniveau* speelt. Dit kunnen dieperliggende gevoelens zijn die verborgen blijven achter het getoonde gevoel. Zo kunnen achter uitingen van kwaadheid gevoelens van onmacht, angst of verdriet schuilgaan. Tot het bestaansniveau horen ook persoonlijke ervaringen, eigen levensthema's, kwetsbare verlangens, ontroering en diep ervaren waarden, maar ook alles wat ik eerder in dit boek aanduidde als het *privézelfbeeld* (zie paragraaf 7.7). Dat wil zeggen: allerlei aspecten van de eigen persoon die men in de dagelijkse omgang liever verborgen houdt, zoals mogelijke angsten en twijfels aan zichzelf. Ook gevoelens van pijn, schaamte, minderwaardigheid en zwakte kunnen hieronder vallen. Deze lagen van de persoon kunnen in een therapie of een training wel aan bod komen.

Een therapiegroep functioneert het beste wanneer de interactie een emotionele lading heeft, maar het gesprek tegelijk voldoende bewaakt wordt door de therapeut, zodat het veilig genoeg blijft en niet de angst toeslaat dat het uit de hand gaat lopen. Door deze controle blijven groepsleden ook in staat tot reflectie op wat er gebeurt.

Bewaken van het verloop, zorgzaamheid, toekennen van betekenis en stimuleren van emoties betekenen dat de goede trainer/therapeut actief stuurt op de eerste vier niveaus van het groepsfunctioneren: inhoudsniveau, procedureniveau, interactieniveau en bestaansniveau.

Verdere onderzoeksresultaten

In het onderzoek van Lieberman e.a. (1973) blijken de vier basisfuncties van leiderschap duidelijk een relatie te hebben met het resultaat van de training of therapie. Hoe hoger de factoren zorgzaamheid en toekennen van betekenis zijn, des te groter is het positieve resultaat. De twee andere elementen, stimuleren van emoties en bewaken van het verloop, hebben een kromlijnige relatie tot het resultaat. Ze volgen de regel van de gulden middenweg: te veel of te weinig van deze elementen in het gedrag van de leider leidt tot een minder positief resultaat. Wanneer de leider bijvoorbeeld de emoties te weinig stimuleert, wordt de groep lusteloos en levenloos; wanneer de gevoelens te veel worden gestimuleerd (vooral in combinatie met onvoldoende betekenis toekennen) leidt dit tot een emotioneel zeer geladen sfeer, waarin de leider aandringt op meer emotionele interactie dan de leden kunnen verwerken. Wanneer het element bewaken van het verloop te weinig naar voren komt (een laissez-faire wijze van leiden) is het resultaat een verwarde en stuntelende groep. Wanneer het bewaken van het verloop te veel op de voorgrond komt, leidt dat tot een zeer gestructureerde, strakke, geforceerde groep die tekortschiet in het ontwikkelen van autonomie, ritme of een spontaan verlopende interactie.

De leider met het meeste succes was krachtig op de factoren zorgzaamheid en toekennen van betekenis en tamelijk sterk in stimuleren van emoties en bewaken van het verloop. Zowel zorgzaamheid als toekennen van betekenis bleken essentieel te zijn, maar alleen in combinatie met elkaar. Los van de andere factor was geen van beide voldoende om succes te verzekeren.

Zes trainersprofielen

Wanneer we de vier factoren combineren tot profielen, komen er verschillende wijzen van leiden van een trainingsgroep uit de gegevens naar voren:

1. De *doordrammer* is sterk in stimuleren van emoties, zeer ijverig, gedreven, is ook sterk in bewaken van het verloop en confronteert veel, vaak op directe en harde wijze.
2. De *gever* is sterk in toekennen van betekenis en zorgzaamheid en matig in het stimuleren van emoties en bewaken van het verloop.
3. De *nuchtere uitlegger* is sterk in toekennen van betekenis, richt zich op het groepsproces, is onpersoonlijk, geeft matig steun, is laag in stimuleren van emoties en doet weinig aan bewaken van het verloop.
4. De *onpersoonlijke leider* stimuleert de groepsleden op een afstandelijke en agressieve wijze, scoort laag op zorgzaamheid en bewaken van het verloop, maar hoog op stimuleren van emoties.
5. De *laissez-faire leider* is laag in zorgzaamheid, bewaken van het verloop en stimuleren van emoties, maar scoort hoog op toekennen van betekenis.
6. De *zakelijk leider* heeft een zeer hoge score op bewaken van het verloop en gebruikt veel gestructureerde oefeningen.

Effecten

De zes soorten trainers hebben heel verschillende effecten op hun groepen. Dit geeft mooi inzicht in de wisselwerking tussen leiderschapsstijl en groepsklimaat.

1. De doordrammer is slechts in beperkte mate succesvol. Dit type trainer zorgt voor grote aantallen afvallers en ernstige 'incidenten', waar groepsleden zelfs schade door oplopen.
2. De gever bereikt van alle trainers veruit het beste resultaat: weinig incidenten, weinig uitvallers.
3. De nuchtere uitlegger laat een evenwichtig resultatenbeeld zien: een bescheiden aantal mensen met een zeer positieve verandering tegenover een paar afvallers en enkele slachtoffers.
4. De onpersoonlijke leider bereikt een pover resultaat: geen groepsleden met een positieve verandering en een hoge risicofactor.
5. De laissez-faire leider bereikt een pover resultaat: hij heeft een hoog afvalpercentage en een tamelijk hoge risicofactor.
6. De zakelijk leider boekt een buitengewoon slecht resultaat: geen enkel groepslid ondervond nut van de groepservaring. De risicofactor was bescheiden.

Bron: Lieberman e.a., 1973.

Max Pagès: de rol van de leider is non-directief

Pagès heeft een eigen opvatting over de functie van de groepsbegeleider (groepstrainer/groepstherapeut). In zijn opvatting wordt duidelijk hoe de groepstherapeut op bestaansniveau (zie hoofdstuk 4) werkt. In aansluiting op Rogers (1959) noemt Pagès zijn rol non-directief. De non-directieve begeleider brengt het emotionele leven van de groep tot uitdrukking, maar op een andere manier dan de groepsleden. Naarmate hij minder defensief is met betrekking tot de groep, is hij beter in staat om voor zichzelf de gevoelsgeladen boodschappen volledig te verstaan en de groep te helpen in haar pogingen tot het begrijpen daarvan. Dit interpreteren van de gevoelens in de groep is echter zeker geen rationele analyse, maar een doorleven van het emotionele gebeuren in de groep en een daarop afgestemd 'meeresoneren'. Rationele analyse zou afstand scheppen. Pagès bepleit het tegendeel: een sterke persoonlijke betrokkenheid van de begeleider. Vanuit deze betrokkenheid intervenieert hij. In het onderzoek van Lieberman e.a. zouden dit zorgzaamheid en toekennen van betekenis genoemd worden.

Omdat er nogal wat misverstanden bestaan over het begrip non-directiviteit, met name associaties met een laissez-faire houding of met het zo veel mogelijk achterwege laten van interventies, geeft Pagès (1963) de volgende verheldering. De non-directieve trainer/therapeut is in staat om zich bewust te worden van de gevoelens die de groep in hemzelf oproept zonder daarbij een beroep te doen op afweermechanismen. Daardoor kan hij een belangrijke rol vervullen in het verduidelijken aan de groep wat er met een groepslid of met de groep op ervaringsniveau aan de hand is.

Non-directiviteit betekent dus niet het 'niet-interveniëren', maar het interveniëren op een dieperliggend niveau (het bestaansniveau). Vanuit dit perspectief kunnen we stellen dat de non-directieve leider de groep begeleidt, terwijl hij zelf geleid wordt door wat de groep in hem oproept. Daarnaast heeft het gedrag van de non-directieve begeleider ook cognitieve aspecten. Omdat hij zulke gevoelens zelf al eerder heeft doorleefd in andere relaties is hij vertrouwd met wat er in de groep leeft. Bovendien beschikt hij over de woorden en symbolen om deze gevoelens te beschrijven. Dit vormt een belangrijke didactische factor. Lieberman e.a. zouden dit een onderdeel van het toekennen van betekenis noemen.

12.13 Leiderschap in organisaties

In de huidige managementtheorie geldt Robert Quinn als een van de groten (Quinn e.a., 2003). Zijn theorie is verhelderend voor een beter begrip van leiderschap in organisaties.

Quinn benoemt maar liefst acht leiderschapsrollen: Mentor, Stimulator, Controleur, Coördinator, Bestuurder, Producent, Bemiddelaar en Innovator. Om deze rollen goed te begrijpen, bespreek ik eerst de achterliggende theorie die Quinn met zijn collega's sinds 1983 geformuleerd en telkens opnieuw verbeterd heeft (Quinn & Rohrbaugh, 1983; Quinn e.a., 2003). Zijn theorie lijkt complex, want hij legt verbindingen tussen vier gangbare managementmodellen. Omdat deze modellen soms met elkaar in tegenspraak zijn, spreekt hij van een *concurrerende waarden-model* (*competing values framework*) (Quinn & Rohrbaugh, 1983).

Vier fundamentele oriëntaties

Uitgangspunt voor zijn benadering is zijn kijk op vier fundamentele oriëntaties waarmee een bedrijfscultuur getypeerd kan worden: innovatiegerichtheid, resultaatgerichtheid, beheersgerichtheid en mensgerichtheid.

1. Innovatiegerichtheid

De nadruk ligt op groei en op ontwikkeling van nieuwe producten of diensten. Enkele trefwoorden: versterken van het aanpassingsvermogen van het bedrijf, continue aanpassing en innovatie, creatieve probleemoplossing, management van verandering, flexibiliteit. Deze nadruk kenmerkt het *Open Systems Model* van management.

2. Resultaatgerichtheid

Het realiseren van een goed en concurrerend eindproduct staat centraal. Enkele trefwoorden: productiviteit, winst, duidelijke richting en doelstelling, rationele analyse en rationele economie, rendement en resultaten. Deze nadruk staat centraal in het *Rational Goal Model*, dat teruggaat op de principes van Taylor.

3. Beheersgerichtheid

De nadruk ligt op heldere regels en procedures. Daarmee wordt interne stabiliteit veiliggesteld. Enkele trefwoorden: stabiliteit, continuïteit, routines, vastgelegde verantwoordelijkheden en hiërarchie. Dit is de kern van het *Internal Process Model*, dat teruggaat op het werk van Weber over bureaucratie en op Fayol.

4. Mensgerichtheid

De medewerkers staan centraal. Het gaat om hun ontwikkeling. Trefwoorden: inzet, samenhang, moreel, betrokkenheid, participatie, consensus en teamgerichtheid. Daar draait het om in het Human Relations Model.

De vier oriëntaties samengevat in schema:

D. Mensgericht	A. Innovatiegericht
Human Relations Model	*Open Systems Model*
mensen ontwikkelen	groei
kernwaarden	visie
C. Beheersgericht	**B. Resultaatgericht**
Internal Process Model	*Rational Goal Model*
stabiliteit	rendement
primair proces	resultaten

Deze vier oriëntaties staan op gespannen voet met elkaar. Quinn en zijn collega's spreken dan ook van concurrerende waarden (Quinn & Rohrbaugh, 1983; Quinn e.a., 2003). Zo bestaan er spanningen tussen resultaatgericht en mensgericht ondernemen en ook tussen een innovatiegerichte en een beheersgerichte aanpak. Quinn vat de spanningen samen in twee polariteiten (zie figuur 12.7):
1. flexibiliteit versus beheersing;
2. interne gerichtheid versus externe gerichtheid.

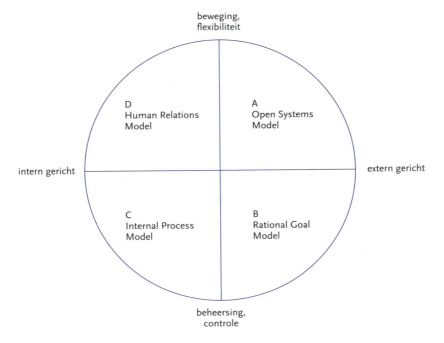

Figuur 12.7 Het model van Quinn vanuit twee polariteiten

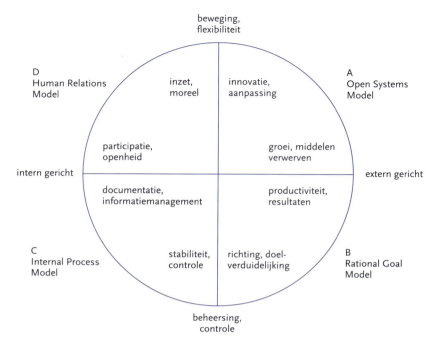

Figuur 12.8 Het model van Quinn met waarden in elke sector

De benadering van Quinn toont de tegengestelde verwachtingen waar een manager mee te maken heeft. Soms ligt de nadruk op innovatie, wanneer het bedrijf zich snel moet aanpassen aan een veranderende omgeving, en soms op haar tegendeel: beheersing en controle, wanneer het bedrijf consolideert wat het opgebouwd heeft. Soms moet de manager de blik richten op het interne functioneren, maar op andere momenten moet hij extern gericht zijn. Het gaat bij Quinn niet om of/of-, maar om en/en-denken.

Acht rollen

Omdat elk van de vier gebieden van belang is voor elk bedrijf, dient de leidinggevende aan alle vier de gebieden aandacht te schenken. Dit werkt Quinn uit tot acht leiderschapsrollen, twee per sector:

Model	Rollen
1. Open Systems Model	1. innovator 2. bemiddelaar
2. Rational Goal Model	3. producent 4. bestuurder
3. Internal Process Model	5. coördinator 6. controleur
4. Human Relations Model	7. stimulator 8. mentor

Een goede leider is iemand die verschillende leiderschapsrollen beheerst en deze kan inzetten, afhankelijk van het doel en de individuen waaraan leiding gegeven wordt. In figuur 12.9 geef ik de rollen weer in de cirkel van Quinn (Quinn e.a., 2003).

1. Innovator
De Innovator is een vernieuwer. Hij wil de organisatie vernieuwen en aanpassingen doorvoeren. Hij ziet iets nieuws als een kans en niet als een bedreiging. Hij past zich soepel aan. Hij schept nieuwe oplossingen voor oude problemen. Hij kan improviseren en neemt initiatief. Hij creëert een win-winsituatie en sluit goede deals. Hij laat zich niet voor één gat vangen en is altijd in voor een avontuur. Hij durft risico's aan. Hij heeft originele ideeën.
– *Uitgangspunten*: externe gerichtheid en flexibiliteit.
– *Positief*: creatief, slim, heeft veranderingen voor ogen.
– *Valkuilen*: onrealistisch, onpraktisch, verspilt energie.
– *Vaardigheden*: leven met verandering, creatief denken, management van veranderingen.

2. Bemiddelaar
De Bemiddelaar is een netwerker. Hij onderhoudt de relatie met de buitenwereld. Hij vindt reputatie en imago uiterst belangrijk. Het accent ligt op externe relaties en effectief onderhandelen. Hij haalt voordelen naar zich toe en weet een win-winsituatie te creëren. Hij brengt het gezamenlijk belang naar voren. Hij spiegelt zaken mooier voor en weet een vonk over te brengen. Hij weet te enthousiasmeren en motiveren. Hij heeft een sterk netwerk.

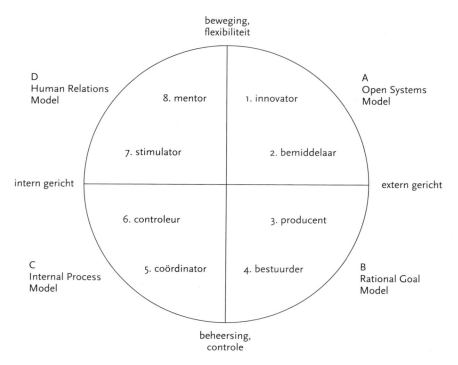

Figuur 12.9 De acht rollen van de manager in het model van Quinn

- *Uitgangspunten*: externe gerichtheid en flexibiliteit.
- *Positief*: gericht op middelen, politiek handig, verwerft middelen.
- *Valkuilen*: opportunistisch, te hoge aspiraties, verstoort continuïteit.
- *Vaardigheden*: een machtsbasis opbouwen en handhaven, effectief onderhandelen over inzet en overeenstemming, ideeën presenteren.

3. Producent

De Producent wil een productieve werkomgeving bevorderen en tijd en stress managen. Hij is taakgericht en accepteert verantwoordelijkheid. Productief werken staat voor hem centraal. Hij weet mensen tot prestaties te brengen. Hij moedigt anderen aan en haalt eruit wat erin zit. Hij maakt veel klaar en springt in waar nodig. Hij houdt het gewenste eindresultaat goed in de gaten en brengt taken tot een goed einde.

- *Uitgangspunten*: externe gerichtheid en beheersing.
- *Positief*: taakgericht, initieert acties.
- *Valkuilen*: te sterk gericht op prestaties, individualistisch, vernietigt samenhang.
- *Vaardigheden*: productief werken, bevorderen van een productieve werkomgeving, tijd- en stressmanagement.

4. Bestuurder

De Bestuurder is een koersbepaler. Hij heeft een visie, ontwerpt en organiseert en delegeert effectief. Hij beseft het belang van strategie en vertaalt de visie in doelen. Hij baseert zijn strategie op een scherpe inschatting van kansen en bedreigingen. Hij inspireert anderen. Zo nodig past hij de structuur aan de omstandigheden aan. Hij bewaakt de afgesproken lijnen en zet een werkzame organisatie op. Hij weet vaak anderen voor zijn ideeën te winnen.
- *Uitgangspunten*: externe gerichtheid en beheersing.
- *Positief*: doortastend, directief, biedt structuur.
- *Valkuilen*: weinig ontvankelijk, gevoelloos, beledigt individuen.
- *Vaardigheden*: een visie ontwikkelen en communiceren, doelen en doelstellingen formuleren, ontwerpen en organiseren.

5. Coördinator

De Coördinator legt de nadruk op projectmanagement. Hij formuleert doelen en activiteiten. Hij weet het totale project in taken te verdelen en geeft mensen een zinvolle bijdrage aan het resultaat. Hij maakt afspraken over wie wat doet en wanneer. Iedereen weet daardoor wat van hem gevraagd wordt. Hij signaleert tijdig de mogelijke knelpunten. Hij weet iedereen voor hetzelfde karretje te spannen. Hij bewaakt de voortgang en het resultaat.
- *Uitgangspunten*: interne gerichtheid en beheersing.
- *Positief*: betrouwbaar, handhaaft structuur.
- *Valkuilen*: sceptisch, cynisch, verstikt vooruitgang.
- *Vaardigheden*: projectmanagement, taken ontwerpen, crossfunctioneel management.

6. Controleur

De Controleur is een analist. Hij wil controle hebben over alles, zowel over de individuele prestaties als over het functioneren van de gehele organisatie. Hij weet wat er gaande is en is sterk in analyse en rapportage. Hij weet informatie op waarde te schatten en houdt vast aan hoofdlijnen. Hij schift snel nutteloze informatie en weet de kern uit informatie te halen. Hij past informatie effectief toe en houdt zich met de belangrijke dingen bezig. Hij laat zich niet gauw gek maken door nieuwe informatie.
- *Uitgangspunten*: interne gerichtheid en beheersing.
- *Positief*: technisch expert, goed voorbereid, verzamelt informatie.
- *Valkuilen*: fantasieloos, saai, negeert mogelijkheden.
- *Vaardigheden*: informatie beheren door kritisch denken, omgaan met een overvloed aan informatie, kernprocessen beheren.

7. *Stimulator*

De Stimulator is een teambouwer en facilitator. Hij wil vooral de samenwerking binnen de organisatie en binnen teams verbeteren en conflicten oplossen. Hij signaleert sluimerende conflicten en onderneemt tijdig actie. Hij gaat handig met ruzies om en brengt conflicterende partijen bij elkaar. Hij praat problemen uit. Hij kan verschillende karakters laten samenwerken en benut de mening van anderen. Hij haalt het beste uit een groep en hoeft zelf niet te scoren. Hij creëert draagvlak.
- *Uitgangspunten*: interne gerichtheid en flexibiliteit.
- *Positief*: procesgericht, stimuleert interactie.
- *Valkuilen*: te democratisch, te veel participatie, vertraagt productie.
- *Vaardigheden*: teambuilding, participerende besluitvorming, conflict managen.

8. *Mentor*

De Mentor heeft net als een coach veel aandacht voor de persoonlijke ontwikkeling van 'zijn' mensen. Hij is zorgzaam en bereid om te helpen. Hij geeft erkenning aan anderen. Hij ziet wat mensen 'in huis' hebben en haalt het beste uit hen. Hij sluit aan bij de belevingswereld van anderen en stimuleert mensen om hun grenzen te verleggen. Hij brengt zijn boodschap duidelijk over en geeft die informatie die nuttig en nodig is. Hij doorziet anderen en stelt goede vragen.
- *Uitgangspunten*: interne gerichtheid en flexibiliteit.
- *Positief*: zorgzaam, medelevend, toont consideratie.
- *Valkuilen*: teerhartig, toegeeflijk, schuift verantwoordelijkheid af.
- *Vaardigheden*: inzicht in zichzelf en anderen, effectief communiceren, ontwikkeling van werknemers.

Een leider moet verschillende rollen kunnen vervullen afhankelijk van de situatie en het doel of tussendoel. In de theorie lijkt het soms wel of de leider alle acht rollen moet kunnen uitvoeren, maar dat lijkt te veel gevraagd. Hij moet wel een aantal van de rollen op zich kunnen nemen en daartussen kunnen schakelen. Van belang is dat hij beseft in welke rollen hij zwak is en dat het beter is om deze rollen door anderen in het bedrijf te laten vervullen. Van de managementrollen is rol 1 tot en met 6 taakgericht en 7 en 8 relatiegericht. Dat is niet verbazingwekkend, want organisaties zijn taakgerichte systemen. De analyse van Quinn biedt een goed inzicht in het taakgerichte gedrag van managers in organisaties.

12.14 Leiderschap en het motiveren van medewerkers

De laatste jaren zien we steeds meer een omschakeling naar medewerkergericht management. Dit komt onder andere tot uiting in de belangstelling voor *Human Resources Management* (HRM). Ook op andere maatschappelijke terreinen, zoals gezondheidszorg en onderwijs, zien we eenzelfde ontwikkeling. In de gezondheidszorg is steeds vaker sprake van patiënt/bewonergerichte zorgverlening. Daarbij komt de patiënt/bewoner centraler te staan in het zorgproces en krijgt hij ook een actievere rol. Deze verandering in verpleeg- en zorgstijl kunnen we typeren van taakgericht naar patiënt/bewonergericht. In het onderwijs komt leerlinggecentreerd onderwijs in de plaats van docentgecentreerde instructie. Dit betekent een overgang van kennisoverdracht door de docent naar kennisverwerving door de leerling, van docentaanbod naar leerlingvragen, van doceren naar studeren en van docentgestuurde instructie naar zelfgestuurd leren.

Zulke omschakelingen in de gezondheidszorg en het onderwijs hebben alleen kans van slagen als ze ondersteund worden vanuit het management en als dit management bereid is ook de eigen managementstijl aan te passen. Kort getypeerd: minder exclusief taakgericht en sterker personeelsgericht. Dit geldt ook voor organisaties op allerlei andere maatschappelijke terreinen.

Tot personeelsgericht management horen onder andere: begeleiding, coaching, geven van feedback en bieden van mogelijkheden tot scholing en training. In zulk management passen met name de overtuigende en de participerende leiderschapsstijl (zie paragraaf 13.7 en 13.8); dat zijn de twee stijlen die een grote plaats inruimen voor relatiegerichtheid. Personeelsgericht management sluit goed aan op de ideeën van Human Resources Management.

Ontwikkelingsgericht en stimulerend

Human Resources Management is een managementbenadering waarbij grote waarde gehecht wordt aan het scheppen van een klimaat waarin alle betrokkenen in een organisatie zich aangesproken voelen en ook aangesproken worden. Door het creëren van zinvol en inhoudsvol werk ervaren de werknemers eigen verantwoordelijkheid en uitdaging in hun werk en worden hun ambities en mogelijkheden optimaal benut. Het streven daarbij is om de individuele doelen van de werknemers en de centrale doelstellingen van de organisatie zo veel mogelijk op elkaar aan te laten sluiten. In de HRM-benadering wordt daarnaar gestreefd door de werknemers optimale kansen te bieden om hun eigen capaciteiten, kennis en vaardigheden te ontwikkelen en daar een uitdagend beroep op te doen via de concrete wijze waarop het werk georganiseerd is. Immers, de mensen in de organisatie zijn het belangrijkste 'kapitaal': hun energie, hun talent, hun betrokkenheid zijn van beslissend belang in het realiseren van de organisatiedoelstellingen. Het motiveren van medewerkers is het beste gegarandeerd bij een stimulerend leiderschap, waarbij het doel niet zozeer is hoe je het uiterste *uit* de medewerkers kunt halen, maar wel hoe je *in* de medewerkers het beste weet op te roepen. Het eerste vergt een voortdurende controle van de medewerkers, het tweede vergt initiatief van de medewerkers zelf.

Werkelijk motiveren is niet 'mensen van buitenaf als trekpaarden in beweging zetten', maar betekent het creëren van een omgeving waarin ze het de moeite waard vinden zichzelf op gang te brengen. Belangrijk hiertoe zijn gedelegeerde verantwoordelijkheden waar dat mogelijk is, meer betrokkenheid en grotere participatie. Zo toegepast is motiveren geen toegepaste techniek via een kant-en-klaar recept, maar een intrinsiek onderdeel van een stijl van leidinggeven waarbij de individuele medewerkers als personen benaderd worden. Hiertoe reken ik ook het uitspreken van waardering en erkenning wanneer medewerkers goed werk geleverd hebben. Zulke waardering en erkenning zijn sterk motiverende krachten. Onder andere het functioneringsgesprek kan hiertoe een goede gelegenheid bieden.

Controle en beoordeling zijn activiteiten die passen bij leiderschapsstijl 1 van Hersey en Blanchard: de directieve stijl (zie paragraaf 13.6). Human Resources Management past vooral bij leiderschapsstijl 2 en 3: de overtuigende en participerende stijl. En in een iets andere betekenis ook bij leiderschapsstijl 4: delegerend leiderschap.

12.15 Scenario naar de toekomst: de leider als coach

Voor ieder van ons persoonlijk gelden de vragen: Welk type leiderschap wil ik voor mezelf gaan ontwikkelen met het oog op de nabije toekomst? Op welk type leiderschap wil ik me oriënteren? In algemenere termen is de vraag relevant: welk type leiderschap zal in de nabije toekomst van belang worden? Op deze vragen geeft Verhoeven (1993) een stimulerend antwoord. Ik geef hier een aantal van zijn gedachten weer.

Faciliteren in plaats van opleggen

In managementopleidingen werd vroeger geleerd dat de taak van de manager voornamelijk getypeerd kon worden met vier werkwoorden: plannen, organiseren, coördineren en controleren. Dit beeld is zwaar achterhaald. Als contrast komt steeds helderder een beeld naar voren van een leider die veel meer faciliterend werkt in plaats van opleggend.

Geen controleur, maar een coach. De nieuwe trefwoorden voor de taak van de leider zijn: coachen, ontwikkelen, trainen, delegeren en faciliteren. Het plannen, organiseren, controleren en coördineren kan hij aan de mensen zelf overlaten. Manager en medewerkers worden veel meer partners op de werkplek, met ieder hun eigen specifieke bijdragen aan het geheel. In dit opzicht bepleit Verhoeven leiderschapsstijl 3 en 4 van Hersey en Blanchard: participerend en delegerend leiderschap.

Het komt er volgens Verhoeven in toenemende mate op aan om gedeelde vormen van leiderschap te ontwikkelen, om het gezamenlijk oordeelsvermogen in organisaties te versterken, om in dialoog prioriteiten te stellen, om een gezamenlijke visie en een gezamenlijke definitie van de werkelijkheid te ontwikkelen en tegelijk daarmee een gedeeld stelsel van normen en waarden te formuleren dat richting geeft aan het handelen binnen de organisatie.

Hulpbron

Tegenwoordig bevinden veel managers zich in de positie dat zij leidinggeven aan mensen die meer weten van het werk dan zijzelf. In zo'n positie kan een manager geen succes boeken door op een klassieke manier de baas te spelen. Hij zal zijn waarde moeten bewijzen door als hulpbron te fungeren voor degenen die onder zijn leiding staan, hetzij als oplosser van problemen, hetzij als verbindingsman, hetzij als praatpaal of als inspirator.

Het sleutelwoord voor de manager-coach daarbij is machtigen. *Machtigen* is een managementstijl waarbij verantwoordelijkheden en bevoegdheden gedelegeerd worden, opdat medewerkers dicht bij de klanten de noodzakelijke besluiten kunnen nemen. Niet alleen hebben managers van eenheden (*units*) een duidelijke resultaatverantwoordelijkheid, ook zijn de medewerkers gemachtigd om meer beslissingen te nemen. Machtigen van het personeel betekent dat iemand op basis van eigen oordeel mag afwijken van de regels, als dat leidt tot een beter resultaat of een betere afstemming op de klant.

Tevens komt deze managementstijl tegemoet aan enkele fundamentele behoeften die mensen in een organisatie hebben:
1. behoefte aan betekenis;
2. behoefte om tot op zekere hoogte zelf richting te geven aan het eigen bestaan;
3. behoefte aan positieve bekrachtiging.

Deze drie behoeften sluiten overigens goed aan op de drie eerder geformuleerde basisbehoeften van inclusie, controle en affectie (zie paragraaf 7.9).

Initiatief en creativiteit

Machtigen is een managementstijl die uitdrukkelijk niet appelleert aan afhankelijkheid, maar aan initiatief en creativiteit. Niet alleen in het bedrijfsleven, maar in de hele maatschappij zien we een verschuiving van afhankelijkheid naar initiatief en eigen verantwoordelijkheid. We zijn op weg van een gehoorzaamheidsmaatschappij naar een initiatiefmaatschappij. In de loop van de geschiedenis zijn mensen steeds meer hun lot in eigen hand gaan nemen. In de tijd die we nu meemaken, beleven we weer een sprong voorwaarts in die ontwikkeling, zoals ook te merken is aan de toegenomen aandacht voor methodieken van zelfmanagement.

Een en ander betekent geen pleidooi voor volstrekte autonomie. Integendeel, delegeren betekent niet ongebreideld taken afstoten naar lagere organisatieniveaus. Waar het om gaat, is dat verantwoordelijkheden neergelegd worden op een niveau in de organisatie waar beslissingen nog juist kunnen worden genomen en waar medewerkers de capaciteiten hebben om een en ander tot een goed einde te brengen.

Autonomie

Bij autonomie denken we nog veel te vaak in termen van het alleen doen, niemand anders nodig hebben, er alleen voor staan. Maar zo zit de wereld niet in elkaar. Er ontstaan altijd beperkingen door het aanpassen aan anderen. Wederzijdse afhankelijkheid betekent dat we rekening hebben te houden met elkaar, dat we ons iets van elkaar moeten aantrekken. Dat wil niet zeggen dat er geen conflicten mogen bestaan, maar dat het erom gaat om effectief sociaal gedrag te ontwikkelen. En dat zit meer in gemeenschappelijkheid en wederzijdse betrokkenheid dan in individualisme en egotripperij.

Kwaliteiten van een coachende leider

Een manager als coach dient volgens Verhoeven de volgende kwaliteiten in huis te hebben:

1. *Visie hebben:* Hoe ziet onze organisatie er nu uit en in welke richting gaat ze zich ontwikkelen? Hij moet een uitdagend beeld neer kunnen zetten, concreet genoeg om het je te kunnen voorstellen.
2. *Spannend maken:* Een kunstenaar wordt gedreven door het verschil tussen wat hij wil en de realiteit. Een coach houdt die creatieve spanning ook in stand en laat zich niet puur door de realiteit leiden. Vooruitgang is altijd een wijziging van de huidige realiteit.
3. *Balans handhaven:* Heden, verleden en toekomst organisch met elkaar weten te verbinden.

4. *Mobiliseren:* Een coach moet in staat zijn energie bij mensen los te maken door voorbeeldgedrag en positieve bekrachtiging.
5. *Betrokken zijn:* Iemand die zichzelf niet in hoge mate verbonden voelt, zal nooit commitment bij anderen kunnen stimuleren.
6. *Aandacht hebben voor mensen:* Om hen als persoon en in hun functie te volgen. Mensen hebben een zesde zintuig om te ontwaren of je werkelijk aandacht voor ze hebt of dat het allemaal maar lippendienst is.
7. *Durf hebben:* Om zaken te ondernemen, maar ook om mensen rechtstreeks aan te spreken.
8. *Integer zijn:* Een coach zegt oprecht 'ja' en 'nee' en geeft mensen het idee dat ze niet bedonderd worden.
9. *Afstand kunnen nemen:* Om overzicht te bewaren (de helikopterblik), oog te houden voor samenhangen. Echter zonder afstandelijk te worden.
10. *Ambitie en zelfvertrouwen hebben:* Het beste uit zichzelf en zijn mensen willen halen.
11. *Vertrouwen schenken:* Een coach moet zaken los durven laten en ze op afstand in de peiling kunnen houden zonder dat hij de zaak en zijn mensen aan hun lot overlaat.
12. *Evenwaardig opstellen:* Coaching staat of valt met horizontaliteit in de onderlinge relatie. Wederzijds respect voor eeniders bijdrage aan het geheel.
13. *Geduld hebben:* Niet in de betekenis van afwachten zonder iets te doen, maar weten hoe je de tijd voor jou kunt laten werken.

Met de vragenlijst hierna kun je jezelf toetsen aan deze dertien criteria en van daaruit een beeld opstellen van kwaliteiten die je met het oog op de nabije toekomst wilt ontwikkelen.

Vragenlijst: Toekomstscenario

Hieronder staan de dertien kwaliteiten die een coach volgens Verhoeven (1993) in huis moet hebben.
1. Maak eerst je eigen profiel door bij elke kwaliteit een cirkeltje te zetten om het getal dat het meest op jou van toepassing is. Hoe hoger het cijfer, hoe meer je die eigenschap al bezit.
2. Verbind de omcirkelde getallen met lijntjes: zo ontstaat je profiel.
3. Besluit voor jezelf welke kwaliteiten je met het oog op de nabije toekomst wilt ontwikkelen of versterken. Zet bij die kwaliteiten een kruisje. Voeg onderaan andere kwaliteiten toe die voor jou van belang zijn om verder te ontwikkelen.

4. Wissel de gegevens van je profiel en je aangekruiste kwaliteiten uit met twee andere groepsleden en help elkaar bij het vinden van manieren om je verder te ontwikkelen. Zo kom je tot het opstellen van je toekomstscenario.

1. Visie hebben   1 2 3 4 5
2. Spannend maken   1 2 3 4 5
3. Balans handhaven   1 2 3 4 5
4. Mobiliseren   1 2 3 4 5
5. Betrokken zijn   1 2 3 4 5
6. Aandacht hebben voor mensen   1 2 3 4 5
7. Durf hebben   1 2 3 4 5
8. Integer zijn   1 2 3 4 5
9. Afstand kunnen nemen   1 2 3 4 5
10. Ambitie en zelfvertrouwen hebben   1 2 3 4 5
11. Vertrouwen schenken   1 2 3 4 5
12. Evenwaardig opstellen   1 2 3 4 5
13. Geduld hebben   1 2 3 4 5

Andere kwaliteiten die van belang zijn voor mijn toekomstscenario:

....

....

....

12.16 Toegift 1: Wat de psychoanalyse zegt over leiderschap

Van Freud (zie paragraaf 2.9) is algemeen bekend dat hij veel geschreven heeft over de individuele persoonlijkheid en met name over de seksuele ontwikkeling in de vroege kinderjaren. Veel minder bekend is dat Freud ook aandacht had voor groepsprocessen, met name in het gezin, en voor maatschappelijke vraagstukken, zoals sociale conflicten en het maatschappelijk onbehagen. Deze drie onderwerpen – individu, groep en maatschappij – behandelt Freud niet los van elkaar, maar in hun onderlinge samenhang. Zo is de psychoseksuele ontwikkeling voor Freud ook een sociale ontwikkeling, zoals blijkt uit zijn bekende beschrijving van het oedipusconflict. Dit is niet alleen een individueel conflict, maar vooral ook een sociaal conflict tussen drie partijen: vader, moeder en kind. Niet alleen met dit voorbeeld, maar ook op andere manieren laat Freud zien dat zijn individuele psychologie ook een sociale psychologie is.

Geen verschil tussen individuele psychologie en sociale psychologie
Ook bij Freud is leiderschap geen individuele zaak van een persoon met bepaalde eigenschappen, maar gaat het om een sociaal fenomeen. Het individuele en het sociale zijn bij hem nauw met elkaar verbonden. Die opvatting betreft niet alleen leiderschap, maar al het gedrag van mensen. Meteen aan het begin van zijn belangrijkste boek over groepen (*Massapsychologie en Ik-analyse*, uit 1921) komt Freud hierover met een verrassende stelling. Hij poneert dat er geen tegenstelling bestaat tussen individuele psychologie en sociale psychologie (1987, p. 13). Hij brengt hiermee tot uitdrukking dat er geen persoonsdynamica bestaat zonder groepsdynamica en geen groepsdynamica zonder persoonsdynamica. Groep en individu zijn onderling zó nauw met elkaar verbonden dat het onmogelijk is om over het ene te spreken zonder tegelijk met het andere bezig te zijn. Alle fasen van de persoonlijkheidsgroei vinden voortdurend plaats in voortdurende interactie tussen individu en sociale omgeving, dat wil zeggen in groepssituaties. De gezinspatronen leggen de basis voor alle toekomstige individuele en groepsrelaties. Op de vorming van de persoonlijkheid heeft de gezinsgroep als geheel grote invloed.

Gevoelsbindingen
Aan Freuds visie op groepen wordt over het algemeen vrij weinig aandacht besteed. Hoewel hij nooit zelf met groepen gewerkt heeft, heeft hij wel oog voor allerlei groepsprocessen, waaronder ook processen in zeer grote groepen, die we meestal *massa* noemen. Daarbij gaat zijn hoofdaandacht uit naar de emotionele verbindingen tussen mensen en hoe deze bindingen tot stand komen. In dit verband merkt hij op: 'Liefdesbetrekkingen (neutraal gezegd: gevoelsbindingen) vormen het wezen van de groepsziel.' (Freud, 1987, p. 37) Hij onderscheidt in groepen en massa's meerdere soorten gevoelsbindingen. Als belangrijkste gevoelsrelatie ziet hij die van de leden aan de leider (een objectbinding) en als gevolg daarvan die van de leden onderling (identificaties). Als de binding aan de leider verdwijnt, verdwijnen in de regel ook de onderlinge bindingen tussen de individuen. De binding aan de leider is dus volgens Freud karakteristieker voor groepen dan de binding aan de leden onderling. Groepsvorming ontstaat op basis van een belangrijk gemeenschappelijk gevoel: de binding aan de leider.

Eerst komt de emotionele band met de leider ...

Volgens Freud is de band met de leider primair. In nieuwe groepen is die band er eerder dan de band met de andere groepsleden. In de termen van Freud heeft elk groepslid 'een objectbinding' met de leider, die hij voor zich alleen zou willen 'bezitten'. Het begin van groepsvorming ligt volgens Freud dus in de aard van de band van de leden met de leider. De leider heeft een belangrijke emotionele kwaliteit die de groepsleden gezamenlijk aan hem ervaren. Dit kan bewondering zijn, of collectieve angst, of gezamenlijke haat, of een ander gedeeld gevoel. Letterlijk zegt Freud dat de basis van groepsvorming gelegen is in de vervanging van het ego-ideaal door een extern object.

... daarna pas de bindingen tussen de groepsleden

Pas op grond van wat de groepsleden als gezamenlijk ervaren in hun beleving van de leider, gaan ze zich ook met elkaar identificeren. Deze identificaties vormen de basis van de banden in de groep. Freud noemt dit identificatie op grond van gelijke gevoelens. De affectieve bindingen van de groepsleden met elkaar ontstaan dus pas op basis van de gemeenschappelijke bindingen van de groepsleden aan de leider. Zo komt Freud tot zijn *groepsformule* (Freud, 1987, p. 62): 'Een primaire massa is een aantal individuen die één en hetzelfde object in de plaats van hun Ik-ideaal hebben gesteld (met andere woorden: een gelijke objectband hebben met de leider) en zich daarom in hun Ik met elkaar hebben geïdentificeerd.'

Freuds groepsformule geldt strikt genomen alleen voor gedrag in massa's. Toch biedt zijn opmerking over het eerst ontstaan van de band met de leider ook meer inzicht in gedrag van kleine groepen en dan vooral in de beginfasen.

Centrale rol van de leider

De centrale rol van de leider in veel theorieën over groepsvorming en groepsontwikkeling, zien we ook terug in de theorie van Redl (1942). Hij heeft Freuds groepsformule vertaald naar gedrag in kleine groepen. Redl vindt de term 'leider' misleidend, omdat deze term te veel eenrichtingsverkeer suggereert van 'boven' naar 'onder'. In plaats daarvan gebruikt hij liever de term *centrale persoon*. Daarin klinkt meer door van de actieve rol die alle groepsleden spelen in het creëren van het type leiderschap in hun groep. Met name zijn groepsleden actief in de vorm van overdracht van allerlei soorten gevoelens op deze centrale persoon.

Redl ziet de leider als de centrale persoon, waaromheen de groepsprocessen zich uitkristalliseren. Via emotionele relaties met de leider komen bij de groepsleden de groepsvormingsprocessen op gang. Dit werkt Redl uit naar tien verschillende leiderstypen, tien verschillende soorten centrale personen dus. Freud benadrukte nogal eens de vaderrol van de leider. In de vorm van overdracht stelt men zich afhankelijk op tegenover deze 'machtige volwassene'. De eerste drie typen van Redl zijn varianten op dit thema.

Tien soorten centrale personen
1. de patriarchale vorst (een strenge autoritaire heerser)
2. de goede en beminde vader
3. de tiran (wreed en ruw)

Het vierde type weerspiegelt de overdracht van een ander type groepsemotie op de centrale persoon:
4. het liefdesobject: Redl geeft hierbij het voorbeeld van de jonge leraar op wie alle meisjes in de klas verliefd zijn.

Maar naast een 'liefdesdrift' kent de psychoanalyse ook een 'agressiedrift'. Vandaar het vijfde type:
5. het object van agressieve impulsen: hier bestaan het groepsklimaat en de groepsband uit een gedeelde en gezamenlijke vijandigheid tegenover de leider.

De andere typen zijn:
6. de organisator: Redl geeft hierbij het voorbeeld van een jongensgroep, waarin de centrale persoon een jongen is die weet hoe je aan sigaretten kunt komen en hoe je dat kunt organiseren.
7. de verleider
8. de held

Gemeenschappelijk aan de verleider en de held is dat beiden een begindaad stellen: zij durven het eerst iets te doen, wat al de anderen ook wel zouden willen (maar niet durven). Het verschil ligt in het waardeoordeel over deze begindaad: de verleider durft iets negatiefs, de held durft iets positiefs.

9. de 'slechte invloed'
10. de 'goede invloed'

Bij deze twee laatste typen gaat het niet om de begindaad, maar om hun centrale rol in het creëren van een negatief of positief groepsklimaat op langere termijn.

In deze typeringen geeft Redl duidelijk aan hoe juist op het niveau van de groepsemoties centrale personen als leider naar voren kunnen komen. Dit kunnen formele of informele leiders zijn. Ook voor Redl is, net als voor Freud, de band met de leider primair. Eerst vormt ieder groepslid een affectief geladen band met deze centrale persoon en pas in tweede instantie komen de affectieve bindingen tussen de groepsleden onderling tot stand.

12.17 Toegift 2: Wat de psychoanalyse zegt over organisaties

Zoals ik al eerder heb opgemerkt (bijvoorbeeld in de vorige paragraaf en in paragraaf 2.9), heeft de psychoanalyse vooral aandacht voor wat er onbewust speelt bij mensen, in groepen, in organisaties en in de samenleving. Met betrekking tot groepen en organisaties onderscheiden auteurs van deze benadering meestal twee niveaus van functioneren: een manifest (bewust) niveau en een latent (onbewust) niveau. Op manifest niveau zien zij de groep of de organisatie als een sociale structuur, dat wil zeggen als een systeem van rollen en posities. Binnen de groep of organisatie worden de relaties medebepaald door culturele mechanismen, zoals gewoonten, normen, gebruiken, taboes, regels enzovoort. De eigenlijke interesse van de psychoanalyse gaat echter uit naar een niveau dat daaronder ligt en latent blijft. Dit is het niveau waarop zich allerlei onbewuste processen afspelen, zoals angsten, afweervormen, fantasieën, verlangens, projecties en identificaties. Men spreekt ook weleens van het *verborgen onderleven* van groepen of organisaties. Dit onderleven wordt gekenmerkt door irrationaliteit. Irrationaliteit onderscheidt het latente (onbewuste) niveau van het manifeste (bewuste) niveau. In deze paragraaf schets ik enkele irrationele processen in organisaties.

Irrationele processen

Irrationeel gedrag in organisaties is geen zeldzaamheid, zoals we hieronder zullen zien. In de relaties tussen leidinggevenden en medewerkers kunnen veel irrationele elementen binnensluipen. In organisaties spelen vaak allerlei angsten bij medewerkers. Bovendien wijken managers soms af van de taken die ze moeten uitvoeren, waardoor ze de irrationele dimensie versterken. En soms zetten onderstromen in het leven van organisaties managers aan tot irrationeel handelen. Managers in moderne organisaties staan bloot aan allerlei vormen van sociale druk, met name onbewuste vormen daarvan. Naarmate de omgeving van organisaties meer gekenmerkt wordt door onzekerheid, komt er op het management bovendien een steeds sterkere druk te liggen vanuit de werknemers binnen de organisatie. De onrust en onzekerheid vanuit de externe en interne omgeving activeert bij een toenemend aantal werknemers angsten, bijvoorbeeld voor wanorde en chaos of voor het verlies van bestaanszekerheid die met het hebben van werk verbonden is. Voor een deel zijn deze angsten zeer reëel, maar voor een ander deel zijn het activeringen van zeer oude angsten die men eerder in zijn leven al ervaren heeft. Er speelt dus ook overdracht in mee.

Diepe angsten

De allerdiepste angsten blijven echter voor een groot deel onbewust. Daartoe kunnen angsten horen als de angst voor verlies van betekenis en zin, de angst voor wanorde en chaos, de angst voor vernietiging of uitschakeling, de angst om tot niemand of niets gereduceerd te worden, de angst voor desintegratie, de angst voor verlies, het einde en de dood. Dit zijn vaak zeer oude angsten. Deze angsten zijn scherp aanwezig in het begin van onze kindertijd en kunnen in ons volwassen leven weer geactiveerd worden wanneer lastige omstandigheden daaraan appelleren.

Collectieve afweer tegen angsten

Om deze angsten te kunnen hanteren, creëren organisaties allerlei regels en procedures, zoals bureaucratie en allerlei vormen van hiërarchie. Kijk maar eens naar organisaties waarin angst een grote rol speelt, zoals gevangenissen, psychiatrische inrichtingen of ziekenhuizen. De talloze beveiligingsvormen en procedures binnen zulke organisaties zijn niet alleen gericht op een soepel verloop van het werk, maar ook op het beteugelen en hanteerbaar houden van angsten van de mensen binnen die organisaties, zowel van personeel als van 'klanten'. De moderne organisatie kan dan ook gezien worden als een collectief afweermechanisme, waarmee angsten en andere onbewuste processen beteugeld moeten worden. Dit werd al in 1955 beschreven door Jacques en in 1960 door Menzies. Dat het sociale systeem als een afweermechanisme functioneert, blijft voor de deelnemers grotendeels onbewust.

Sociale druk op leidinggevenden

Veel factoren dragen bij aan een klimaat van toenemende onzekerheid en voortdurende verandering. Wanneer deze onzekerheid lange tijd voortduurt, activeert dit sluimerende, oude onbewuste angsten. Daarbij komen ook nog eens irrationele fantasiebeelden en verlangens die sterker zijn dan de bewuste en redenerende kwaliteiten van het verstand. Van hieruit ontstaat er een toenemende druk op managers om procedures en structuren in de organisatie in het leven te roepen die henzelf en andere medewerkers een gevoel van zekerheid moeten verschaffen.

Managers staan dus onder zware druk. Of de manager tegen deze sociale druk opgewassen is, hangt voor een deel af van zijn incasseringsvermogen. Er wordt nogal wat op het management geprojecteerd. Ze moeten vaak een krachtige of zorgzame vader- of moederfiguur zijn die zorgt voor het wel en wee van de werknemers. Maar niet alleen vader- of moederkwaliteiten zijn geliefd. Ook managers die narcistisch, overmoedig en expressief zijn, blijken het goed te doen in de ogen van werknemers.

Drie alternatieven

De manager kan diverse alternatieven ontwikkelen voor het hanteren van de sociale druk die op hem wordt uitgeoefend. Lawrence (2000) noemt drie alternatieven: (1) onthullingspolitiek; (2) innemen van een zorgzame positie; (3) aanvaarden van de complexiteit. Ik licht deze drie alternatieven nader toe:

1. Met onthulling bedoelt Lawrence het beschikbaar zijn voor ervaringen. Dit kan leiden tot een respectvol waarnemen van de werkelijkheid en deze ervaren zoals die werkelijkheid op zichzelf is, zonder vertekeningen door projecties, angsten of andere irrationele processen.
2. Het innemen van een zorgzame positie heeft een speciale betekenis bij Lawrence. Hij bedoelt het vermogen om te beseffen dat personen zowel goede als slechte kanten hebben. Daartoe horen ook tegenstrijdige emoties en tegenstrijdige kanten van zichzelf in interactie met de omgeving.
3. Met het aanvaarden van de complexiteit zet Lawrence zich af tegen de verleiding tot het versimpelen van de werkelijkheid. Versimpeling is verleidelijk, want dat voedt de illusie dat die werkelijkheid makkelijk te beheersen valt. De werkelijkheid is echter een ingewikkeld geheel van chaos, complexiteit en ononderbroken verandering. Dit kan ambivalente en tegenstrijdige gevoelens oproepen.

Worstelen met de demon

Freud zou ooit tegen Stefan Zweig gezegd hebben dat hij zijn leven lang had 'geworsteld met de demon', de demon van de irrationaliteit. Deze uitspraak van Freud heeft Kets de Vries (1999) geïnspireerd tot een studie over emoties, irrationaliteit en onbewuste processen in organisaties. Net als Freud benadrukt Kets de Vries dat we minder rationeel zijn dan we meestal denken en wensen. Kets de Vries noemt de innerlijke wereld van de ondernemer 'het innerlijk theater van een zakenman'. In dit 'theater' verschijnen allerlei thema's ten tonele, zoals de behoefte om te heersen, de behoefte aan bewondering, liefde en werk, grootsheid en depressie, concurrentie en zichzelf in de weg staand gedrag, angsten en verlangens bij veranderingsprocessen, narcistisch gedrag, rationaliteit en rationalisering. Een van zijn stellingen is dat mensen aan de top vaak bedrijven creëren die passen bij hun innerlijke wereld en hun specifieke persoonlijkheid. Voor menig ondernemer wordt het bedrijf een uitbreiding van hemzelf, even kwetsbaar en ontvankelijk voor bedreigingen van buitenaf. Het bedrijf is voor hen veel meer dan een onderneming, het representeert in veel opzichten het eigen zelf.

De emotionele stijl van topmensen beïnvloedt het heersende klimaat van de werkplek. Kets de Vries signaleert twee typen persoonlijkheden in organisaties: hypomaniakken ('werkende vulkanen') en *alexithymen* ('dooie dienders').

Werkende vulkanen

Mensen met een hypomane instelling hebben het vermogen om nieuwe plannen te bedenken en deze op een besliste en zeer enthousiaste wijze uit te voeren. Zij hebben in het algemeen een magnetisch effect op anderen. Hypomaniakken kunnen het beste uit anderen halen. Ze hebben het vermogen om anderen te inspireren tot uitzonderlijke inspanningen, tot het doen van dingen waaraan ze anders niet zouden denken. Kets de Vries noemt onder andere de volgende eigenschappen: onuitputtelijke energie, ongebreideld enthousiasme, zeer intense emoties, enorm zelfvertrouwen, grote overtuigingskracht, grote overmoed, bereidheid tot het nemen van risico's, ongeduld. Wanneer ze met weerstand te maken krijgen, kunnen ze grof en ruw reageren. Onbelangrijke incidenten kunnen openlijke vijandigheid en woede-uitbarstingen veroorzaken.

Dooie dienders

Alexithymen vormen hun tegenpool. Dit zijn mensen zonder vuur in hun lijf. Ze laten geen emoties toe. Alexithymie slaat op een groep kenmerken waarvan het onvermogen om gevoelens te beschrijven, een verarmd fantasieleven en een pragmatische gedachtewereld de belangrijkste zijn. Ze gedragen zich net zo mechanisch, uitdrukkingsloos en nietszeggend als een robot. Hun onvermogen tot empathie verbaast niet wanneer je beseft dat ze problemen hebben om hun eigen gevoelens waar te nemen en te herkennen. We kennen dit soort mensen allemaal. Ze bevolken een groot deel van de kantoren en werkplekken in de wereld. Dat komt omdat alexithym gedrag heel goed past bij veel organisaties. Emotionele expressiviteit wordt door bijna geen enkele organisatie aangemoedigd. We zien ook vaak op alexithymie lijkend gedrag bij topbestuurders. Ze volgen regels, procedures, zorgen nooit voor opschudding, gedragen zich correct, maar ze wekken geen enthousiasme op. Jarenlang zulk gedrag vertonen eist zijn tol. Wat mensen aan levenslust bezaten, raakt verloren. Het lijkt voor hen een tweede natuur geworden om zich emotieloos te gedragen.

Collusie

Niet alleen managers en ondernemers, ook de organisatie als geheel kent een 'innerlijk theater'. Daarin spelen collusies op managementniveau. Het begrip *collusie* heeft Kets de Vries geleend van de Zwitserse relatietherapeut Willi, die hiermee een relatiepatroon aanduidt waarbij partners emotioneel in elkaar verstrikt raken door op elkaar aansluitende emotionele basisbehoeften. Het is de verdienste van Kets de Vries dat hij aantoont dat zulke patronen niet alleen in de besloten wereld van partnerrelaties voorkomen, maar ook in organisaties. In aansluiting op Willi beschrijft Kets de Vries vier van dergelijke typen collusie:

1. De narcistische collusie, waarbij de ene persoon een grote behoefte aan bewondering heeft en de ander een grote behoefte aan afhankelijkheid.
2. De controlerende collusie: de ene partner wil alles en iedereen controleren en beheersen en de andere partner is passief en besluiteloos. Karakteristiek voor het soort organisaties dat door mensen met een controlerende houding gecreëerd wordt, zijn sterke controlemechanismen, rigide en gecentraliseerde structuren en een sterk administratieve inslag, kortom een sterke nadruk op bureaucratie.
3. Karakteristiek voor de paranoïde collusie en sfeer in organisaties zijn geavanceerde informatiesystemen en een extreme nadruk op de kracht van informatie.
4. De sadomasochistische collusie is in beeld als sadomasochistische relaties in de organisatie gaan overheersen. Dan regeert angst in plaats van vertrouwen en dit tast het moreel aan; de creativiteit raakt verlamd en het leren wordt bemoeilijkt. In door angst beheerste organisaties neemt de kwaliteit van de beslissingen af en vertrekken de capabele bestuurders.

Gepolitiseerd bedrijfsklimaat

Collusiepatronen kunnen zich ook voordoen in leider-volgerrelaties. Kets de Vries wijst erop dat bedrijven waarin zulke collusiepatronen voorkomen, 'gepolitiseerd' raken. Onderlinge machtsstrijd en politieke spelletjes komen in plaats van teamwerk. Er is geen sprake van goed bedrijfsburgerschap omdat een toenemend aantal bestuurders en managers alleen nog maar de eigen stek verdedigt. Ze kunnen door deze beperkte visie niet langer zorg dragen voor de dingen die goed zijn voor het bedrijf en de werknemers. Er heerst een belegeringsmentaliteit. Daardoor ontstaat er een bedrijfscultuur waarin de communicatie beperkt blijft en een gebrek aan openheid de overhand heeft. Wanneer er angst heerst binnen een organisatie, valt te verwachten dat leerprocessen tot stilstand komen.

Lieben und Arbeiten

Tot slot: werk als middel om je identiteit te vestigen en je gevoel van eigenwaarde in stand te houden, is altijd een oriëntatiepunt voor psychisch welzijn geweest. Toen Freud eens gevraagd werd wat hij als kenmerken van de geestelijk gezonde mens beschouwde, antwoordde hij kort en krachtig: 'Lieben und Arbeiten'. Deze criteria lijken nog steeds te gelden, hoewel Kuiper daar in latere jaren 'und Spielen' aan toevoegde. Omdat werk zo essentieel is voor het menselijk bestaan, is het belangrijk om beter te weten wat zinvol is voor de medewerker en de organisatie. Disfunctioneel gedrag op het werk, vooral als dat aan de orde is bij topmanagers, kan zich als een golf voortplanten en niet alleen leiden tot een verstoring van het evenwicht in de organisatie, maar ook sterk inwerken op haar leden. Mensen die in staat zijn om de ons omringende chaos te begrijpen, zullen hun geestelijk evenwicht het beste kunnen bewaren.

13 Situationeel leiderschap

13.1   Inleiding
13.2   Het model van Fiedler
13.3   Vragenlijst: Leiderschapsstijl van Fiedler
13.4   Oefening: Situatiefactoren van Fiedler
13.5   Vier basisstijlen in situationeel leiderschap
13.6   De directieve stijl
13.7   De overtuigende stijl
13.8   De participerende stijl
13.9   De delegerende stijl
13.10 De autonome groep: zelfsturing
13.11 Oefening: Bepaal je eigen stijl van leidinggeven
13.12 Leiderschapsstijl en ontwikkelingsniveau van de groepsleden
13.13 Leiderschapsstijl en groepsontwikkeling
13.14 Leiderschapsstijl en type groep
13.15 Leiderschapsstijl en organisatietype
13.16 Leiderschapsstijl en eigen ontwikkeling als professional
13.17 Leiderschapsstijl en persoonlijke affiniteit
13.18 Totaaloverzicht situatiefactoren

13.1   Inleiding

In hoofdstuk 12 kwamen al enkele leiderschapsstijlen aan bod, zoals de autoritaire en de democratische stijl. Met name de studies van Lewin leverden belangrijke inzichten op. Tegenwoordig is het echter gebruikelijk om leiderschapsstijlen te verbinden met situationeel leiderschap, waarbij leiderschap wordt bekeken in samenhang met de omstandigheden waarin de groep verkeert. Daarbij ga ik uit van de zogeheten contingentietheorie van de Amerikaanse psycholoog Fiedler (paragraaf 13.2). Hij benoemde als eerste een

aantal situatiefactoren die van invloed zijn op de effectiviteit van de leider. In sommige situaties zijn taakgerichte leiders effectiever en in andere situaties relatiegerichte leiders. Dit idee van situationeel leiderschap werd later verder uitgewerkt door Reddin en door Hersey en Blanchard (paragraaf 13.5). Deze auteurs onderscheiden vier stijlen: de directieve stijl (paragraaf 13.6), de overtuigende stijl (paragraaf 13.7), de participerende stijl (paragraaf 13.8) en de delegerende stijl (paragraaf 13.9). De kern van deze theorieën is tweeledig:
1. Geboren leiders of managers bestaan niet.
2. Eén bepaalde stijl van leidinggeven kan niet in álle situaties effectief zijn.

De basisgedachte is simpel: de juiste stijl van leidinggeven is afhankelijk van de situatie. De leider of manager zal zijn manier van leidinggeven moeten aanpassen aan de uit te voeren taak en aan de medewerkers die hij hiervoor inzet. Er bestaat dus niet slechts één stijl die voor de betrokken leidinggevende onder alle omstandigheden ideaal is. Er wordt veel flexibiliteit en aanpassingsvermogen van hem gevraagd.

Afhankelijk van de situatie waar de leider en de groep zich in bevinden, zal de leider een keuze moeten maken uit een van de mogelijke leiderschapsstijlen. Ik bespreek welke situatiefactoren in deze keuze doorslaggevend zijn. Zo zal blijken dat het ontwikkelingsniveau van de ondergeschikten of van de groepsleden van belang is (paragraaf 13.12). Maar er zijn ook andere factoren die een rol spelen en er zijn meerdere varianten van het model.

Het basismodel werd in de jaren zeventig van de vorige eeuw gezamenlijk ontwikkeld door Hersey en Blanchard. In 1977 beëindigden ze echter hun samenwerking en vanaf die tijd ontwikkelden ze hun eigen modellen (zo ontwikkelde Blanchard het SL II-model). De latere modellen bleven echter varianten op het basismodel. Dat model blijft de basis voor dit hoofdstuk, maar ik geef wel een aantal aanvullingen: ik leg verbanden met groepsontwikkeling (paragraaf 13.13), met het type groep (paragraaf 13.14), met het organisatietype (paragraaf 13.15) en met de eigen ontwikkeling als professional (paragraaf 13.16). Ook ga ik kort in op eigen voorkeuren en affiniteiten van de professional, omdat deze natuurlijk ook een rol spelen in de keuze voor een bepaalde leiderschapsstijl (paragraaf 13.17). Ik besluit het hoofdstuk met een totaaloverzicht van de situatiefactoren (13.18).

13.2 Het model van Fiedler

Een van de eerste onderzoekers die baanbrekend werk heeft verricht op het gebied van situationeel leiderschap was Fred Fiedler. Hij begon in 1951 met een grootschalig onderzoeksprogramma naar de effectiviteit van leiderschap. Via een ingenieuze onderzoeksmethode is hij in tientallen onderzoeken bij meer dan 800 groepen (ook in Nederland) nagegaan welk type leiderschap het meest effectief is in welke situaties. Met name onderzocht hij welke kenmerken van de leider en welke kenmerken van de situatie waarin de leider moet opereren, bepalen welk type leiderschap het meest effectief is. Dit 'afhankelijk zijn' heet bij hem contingentie. Op grond van deze onderzoeken komt hij tot de formulering van zijn *contingentietheorie*. In formulevorm: effectiviteit = f (P×S), waarbij P is persoon en S is situatie. Hij publiceerde zijn resultaten in 1967, in zijn hoofdwerk *A theory of leadership effectiveness*. Volgens Fiedler bepalen drie belangrijke situationele factoren of een bepaalde situatie al dan niet gunstig is voor de leider:

1. De persoonlijke relatie van de leider met de groepsleden.
2. De structuur van de taak, met name de mate waarin de taakeisen helder en specifiek zijn. Een taak heet gestructureerd, wanneer het doel duidelijk en bekend is aan de groepsleden, wanneer er één enkele weg (procedure) naar het doel is, wanneer er slechts één correcte oplossing is en wanneer het groepsbesluit makkelijk op zijn juistheid getoetst kan worden.
3. De machtspositie van de leider, met name de mate van macht en gezag die de positie aan de leider verschaft.

Combinaties van situationele factoren

De belangrijkste van deze drie situationele factoren is voor Fiedler de persoonlijke relatie tussen de leider en de groepsleden, daarna volgt de taakstructuur en als relatief minst belangrijke de machtspositie van de leider. Op grond hiervan heeft Fiedler een model ontworpen van groepssituaties. In dit model zijn acht combinaties mogelijk van deze drie situationele factoren. Ik geef de acht combinaties hier in een bepaalde volgorde weer. Hoe hoger in deze volgorde, hoe gunstiger de totale situatie voor de leider is; hoe lager, hoe ongunstiger.

Relatie leider-leden	Taakstructuur	Machtspositie
1. goed	gestructureerd	sterk
2. goed	gestructureerd	zwak
3. goed	ongestructureerd	sterk
4. goed	ongestructureerd	zwak
5. slecht	gestructureerd	sterk
6. slecht	gestructureerd	zwak
7. slecht	ongestructureerd	sterk
8. slecht	ongestructureerd	zwak

De gunstigste situatie voor een leider is die waarin hij gewaardeerd en sympathiek gevonden wordt door de groepsleden, waarin de te vervullen taak scherp omschreven is en waarin hij een krachtige positie bekleedt. Bijvoorbeeld een sympathiek gevonden generaal tijdens een inspectie op een legerbasis. En de ongunstigste situatie staat een leider te wachten wanneer hij onsympathiek gevonden wordt, voor een ongestructureerde taak staat en een geringe machtspositie heeft. Bijvoorbeeld een impopulaire voorzitter van een vrijwilligersorganisatie die zich bezint op zijn doelstellingen.

De meest effectieve stijl

Nadat Fiedler zo een model had ontwikkeld voor het kunnen typeren van groepssituaties, richtte hij zijn aandacht op het onderzoeken van de meest effectieve stijl (taakgericht of relatiegericht) in elk van deze acht situaties. Uit het grote aantal (meer dan 800) onderzoeken dat Fiedler en zijn collega's uitvoerden, komt naar voren:
1. dat *taakgerichte leiders* het meest effectief zijn wanneer de situatie ofwel zeer gunstig ofwel zeer ongunstig is voor de leider;
2. dat *relatiegerichte leiders* het meest effectief zijn in situaties die tamelijk gunstig of tamelijk ongunstig zijn.

taakgerichte stijl	relatiegerichte stijl	taakgerichte stijl
zeer gunstige situatie	matig gunstige of matig ongunstige situatie	zeer ongunstige situatie

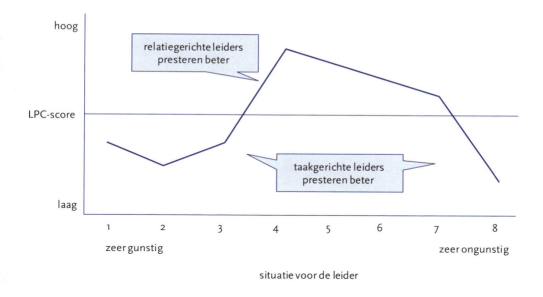

Figuur 13.1 Samenvatting van onderzoeksresultaten van Fiedler (1969)

Taakgerichte stijl

Wanneer de situatie zeer gunstig is, dus wanneer de groep de leider accepteert, kan de leider zich volledig op de taak richten zonder negatieve reacties bij de groepsleden op te roepen. Omdat het werk vlot verloopt, is er geen reden om moeilijk te doen over het directieve en taakgerichte gedrag van de leider. Aan de andere kant, wanneer de situatie zeer ongunstig is, is de positie van de leider zó moeilijk dat de enige kans om nog iets gedaan te krijgen ligt in de volledige concentratie op de taak. De taak vormt dan nog het enige samenbindende element tussen de leider en de groep.

Relatiegerichte stijl

Maar als de situatie slechts matig gunstig of ongunstig is, verwacht de groep met consideratie behandeld te worden en is de relatiegerichte leider effectiever omdat hij zich weet te verzekeren van de medewerking van de groepsleden. Als hij zijn aandacht richt op de onderlinge relaties, vergroot hij de kans dat zijn groep goede prestaties levert.

Fiedler komt dus tot de conclusie dat zowel directieve, taakgerichte leiders als non-directieve, relatiegerichte leiders effectief en succesvol kunnen zijn, zij het onder andere omstandigheden. Anders gezegd: verschillende leiderschapssituaties vereisen verschillende leiderschapsstijlen.

13.3 Vragenlijst: Leiderschapsstijl van Fiedler

Om beter te begrijpen waarom de ene stijl soms effectiever is dan de andere, is het leerzaam om meer te weten over de manier waarop Fiedler deze stijlvoorkeuren gemeten heeft. Hij ontwikkelde daartoe een vragenlijst, de LPC (*Least Preferred Coworker*, minst gewaardeerde collega). Op deze lijst geeft de respondent aan hoe hij denkt over zijn minst gewaardeerde collega. Een hoge LPC-score wijst op een relatiegerichte stijl als leider en een lage score op een taakgerichte stijl.

Aanwijzingen voor het invullen
Denk goed na over de persoon met wie de samenwerking heel slecht lukt, met andere woorden: wie de laatste is met wie je zou willen samenwerken. Het kan iemand zijn met wie je nu te maken hebt, of iemand uit je verleden. Deze persoon hoeft niet iemand te zijn die je onsympathiek vindt. Het gaat om de persoon met wie je het moeilijkst een klus voor elkaar krijgt. Beschrijf deze persoon door op elke regel een cijfer tussen de twee woorden te omcirkelen.

prettig	: 8 : 7 : 6 : 5 : 4 : 3 : 2 : 1 :	onprettig
vriendelijk	: 8 : 7 : 6 : 5 : 4 : 3 : 2 : 1 :	onvriendelijk
afwijzend	: 1 : 2 : 3 : 4 : 5 : 6 : 7 : 8 :	accepterend
gespannen	: 1 : 2 : 3 : 4 : 5 : 6 : 7 : 8 :	ontspannen
afstandelijk	: 1 : 2 : 3 : 4 : 5 : 6 : 7 : 8 :	nabij
koud	: 1 : 2 : 3 : 4 : 5 : 6 : 7 : 8 :	warm
ondersteunend	: 8 : 7 : 6 : 5 : 4 : 3 : 2 : 1 :	vijandig
saai	: 1 : 2 : 3 : 4 : 5 : 6 : 7 : 8 :	boeiend
ruziezoekend	: 1 : 2 : 3 : 4 : 5 : 6 : 7 : 8 :	harmonieus
somber	: 1 : 2 : 3 : 4 : 5 : 6 : 7 : 8 :	opgewekt
open	: 8 : 7 : 6 : 5 : 4 : 3 : 2 : 1 :	op zijn hoede
roddelend	: 1 : 2 : 3 : 4 : 5 : 6 : 7 : 8 :	loyaal
onbetrouwbaar	: 1 : 2 : 3 : 4 : 5 : 6 : 7 : 8 :	betrouwbaar
attent	: 8 : 7 : 6 : 5 : 4 : 3 : 2 : 1 :	onverschillig
gemeen	: 1 : 2 : 3 : 4 : 5 : 6 : 7 : 8 :	aardig
aangenaam	: 8 : 7 : 6 : 5 : 4 : 3 : 2 : 1 :	onaangenaam
onoprecht	: 1 : 2 : 3 : 4 : 5 : 6 : 7 : 8 :	oprecht
zachtaardig	: 8 : 7 : 6 : 5 : 4 : 3 : 2 : 1 :	streng

Scoring
Tel de 18 omcirkelde cijfers op. Je krijgt dan een getal tussen 18 en 144.

Interpretatie
Een score lager dan 56 wijst volgens Fiedler op een taakgerichte leiderschapsstijl. Een score boven 63 wijst op een relatiegerichte stijl. Een score tussen 56 en 63 kan niet in een van deze twee categorieën ingedeeld worden.

Nadere toelichting
Om het onderzoek van Fiedler goed te begrijpen, is een nadere toelichting op zijn plaats. Fiedler maakt onderscheid tussen het *type* leider en het *gedrag* van de leider. Die twee corresponderen niet een-op-een. Hij maakt onderscheid tussen de primaire motivatie van de leider en zijn secundaire motivatie. Een taakleider toont niet altijd primair taakgericht gedrag en een relatiegerichte leider niet altijd primair relatiegericht gedrag.

Wanneer een leider een lage LPC-score heeft, beoordeelt hij iemand die de taakuitvoer belemmert behoorlijk negatief. Dan (is de conclusie van Fiedler) is zijn primaire motivatie blijkbaar taakgericht. Beoordeelt hij die persoon minder negatief (hoge LPC), dan is de primaire motivatie blijkbaar relatiegericht.

Het is dus belangrijk om te beseffen dat de LPC-vragenlijst de primaire motivatie meet en niet het gedrag. Welk gedrag de leider gaat vertonen hangt ook van de situatie af. Lage LPC'ers gedragen zich naar hun primaire motivatie (dus taakgericht) wanneer ze zenuwachtig worden dat de taakuitvoering in gevaar is. Hoge LPC'ers gedragen zich naar hun primaire motivatie wanneer ze zenuwachtig worden dat relaties in gevaar zijn.

In *zéér ongunstige situaties* worden beide soorten leiders zenuwachtig. Ze gaan zich dan gedragen naar hun primaire motivaties. De lage LPC-leider gaat sturen op taaksucces. Dat is efficiënt. De hoge LPC-leider gaat de relaties bevorderen, maar dan blijft taaksucces uit. Dat is inefficiënt.

In *zéér gunstige situaties* worden beide soorten leiders niet zenuwachtig. Dit biedt gelegenheid om zich in hun gedrag ook te laten leiden door hun secundaire motivaties. Lage LPC-leiders volgen hun secundaire motivatie (relaties bevorderen). Het taaksucces was al onbedreigd, nu zorgt de leider ook nog voor een goede sfeer. Dat is efficiënt. Hoge LPC-leiders volgen in gunstige omstandigheden ook hun secundaire motivatie (taakgerichtheid), maar die taakaandacht is overbodig, want het taaksucces was niet bedreigd. Dit is niet efficiënt.

Anders gezegd: in zeer gunstige situaties is relatiegericht leiderschapsgedrag wenselijk, en dat is gedrag dat onder die omstandigheden vooral getoond wordt door leiders van het taakgerichte type die hun secundaire motivatie kunnen volgen omdat ze niet meer zenuwachtig zijn dat de taak hun aandacht nodig heeft. Een taakleider toont dus niet altijd primair taakgericht gedrag.

Dit verklaart waarom in zeer gunstige en zeer ongunstige situaties de taakleider het meest efficiënt zal zijn. In matig gunstige situaties is een mix van taakgerichtheid en relatiegerichtheid het meest efficiënt. Dit ziet Fiedler het meest gebeuren bij hoge LPC-leiders. Hoe beheersbaarder de situatie, hoe efficiënter relatiegericht leiderschap, behalve dus in zéér gunstige situaties.

Kritiek op het werk van Fiedler

Een punt van kritiek op de studies van Fiedler uit latere jaren is dat hij de suggestie wekt dat er slechts twee leiderschapsstijlen zijn: taakgericht en relatiegericht. Later onderzoek toont echter aan dat leiderschapsgedrag genuanceerder opgevat moet worden. Het is immers niet een kwestie van of/of. De leider is niet zonder meer ofwel taakgericht ofwel relatiegericht. Hij kan op elk van deze twee aspecten hoog (of laag) scoren. Dus een leider die hoog scoort op taakgedrag, scoort niet noodzakelijk laag op relatiegedrag. Er is dus een tweedimensioneel model nodig om leiderschapsstijlen aan te geven en daaraan voldoet het model van Hersey en Blanchard, die uitgaan van vier stijlen (zie paragraaf 13.5).

13.4 Oefening: Situatiefactoren van Fiedler

De volgende oefening bestaat uit drie onderdelen:
1. Het invullen van de vragenlijst (circa 5 minuten).
2. Bespreking in tweetallen van de scores uit de vragenlijst (10 minuten). De begeleider geeft aan de groepsleden een teken dat ze met deze gesprekken kunnen beginnen. De richtlijnen voor deze gesprekken staan bij de oefening zelf.
3. Korte nabespreking in de totale groep (circa 10 minuten): de begeleider inventariseert de scores om de hoogste en de laagste score vast te stellen. De begeleider nodigt die beide groepsleden uit om wat meer te vertellen over hun werksituatie en zoekt daarbij naar de meest relevante verschillen die aansluiten bij de theorie. Ook kunnen de andere vragen uit de nabespreking in tweetallen nog aan bod komen.

Aanwijzingen voor het invullen
Hieronder vind je een aantal uitspraken over de drie situatiefactoren van Fiedler:
1. de verhouding tussen de leider en de groepsleden (de manager en zijn ondergeschikten);

2. de taakstructuur;
3. de machtspositie van de leider.

Deze uitspraken zijn telkens gegroepeerd in tweetallen. Je kunt aan de hand van deze vragenlijst nagaan hoe deze drie factoren in jouw werksituatie spelen door per tweetal aan te geven of de linkeruitspraak dan wel de rechteruitspraak meer van toepassing is op je werksituatie. Daarbij is telkens een vijfpuntsschaal gegeven. Op deze schaal zet je telkens een kruisje. De betekenis van de vijfpuntsschaal is als volgt:
1. De linkeruitspraak herken ik sterk in mijn werksituatie.
2. De linkeruitspraak is weliswaar herkenbaar in mijn werksituatie, maar speelt niet zo sterk.
3. Zowel de linkeruitspraak als de rechteruitspraak zijn beide min of meer van toepassing, waarbij soms het ene en soms het andere aspect overheerst (of: zowel de linker- als de rechteruitspraak vind ik niet van toepassing).
4. De rechteruitspraak is min of meer herkenbaar in mijn werksituatie, maar speelt niet zo sterk.
5. De rechteruitspraak herken ik sterk in mijn werksituatie.

Verdere aanwijzingen volgen na de vragenlijst.

Vragenlijst situatiefactoren

1a Tussen jou en je ondergeschikten zijn er vrij grote verschillen in een aantal opzichten.

1b Jij en je ondergeschikten lijken vrij sterk op elkaar wat betreft attitudes, meningen, achtergronden enzovoort.

| 1 | 2 | 3 | 4 | 5 |

2a Enkelen van je ondergeschikten hebben de reputatie dat ze nogal snel conflicten aangaan met de leiding.

2b Je ondergeschikten kunnen over het algemeen goed opschieten met hun meerderen.

| 1 | 2 | 3 | 4 | 5 |

3a De taak is sterk gestructureerd: er zijn heldere en specifieke instructies over wat je zelf en wat je ondergeschikten moeten doen.

3b Je taak is ongestructureerd: voor de beleidsvoorbereiding en -uitvoering kun je niet terugvallen op heldere, vooraf omschreven werkaanwijzingen.

| 1 | 2 | 3 | 4 | 5 |

4a Als leider heb je een hoge positie in de organisatie met de daarbij horende erkenning.

4b Als leider heb je een vrij lage positie in de organisatie en/of weinig erkenning.

| 1 | 2 | 3 | 4 | 5 |

5a Je ondergeschikten staan in rang vrij ver onder jou.

5b Je ondergeschikten zijn in rang min of meer gelijk aan jou.

| 1 | 2 | 3 | 4 | 5 |

6a Je ondergeschikten zijn voor begeleiding en instructie afhankelijk van jou, als leider.

6b Je ondergeschikten zijn bekwaam voor hun taak en kunnen hierin zelfstandig en onafhankelijk handelen.

| 1 | 2 | 3 | 4 | 5 |

7a Jij hebt het uiteindelijk gezag tot het nemen van alle besluiten voor de groep.

7b Je hebt geen gezag tot het nemen van besluiten voor de groep.

| 1 | 2 | 3 | 4 | 5 |

8a Je beschikt over alle informatie en over plannen en voornemens binnen de organisatie.

8b Je beschikt over even weinig informatie over plannen en voornemens binnen de organisatie als je ondergeschikten, waardoor zij in dit opzicht op gelijke voet met jou staan.

| 1 | 2 | 3 | 4 | 5 |

Instructies voor de scoring
Nadat je de lijst hebt ingevuld, tel je de scores op. Wanneer je score lager is dan 24, is in je werksituatie een taakgerichte stijl het meest effectief; dit geldt sterker naarmate je score lager is. Wanneer je score hoger is dan 24, is in je werksituatie een relatiegerichte stijl het meest effectief; dit geldt sterker naarmate je score hoger is.

NB Wanneer je in de vragenlijst de score 3 hebt ingevuld, omdat je zowel de linker- als de rechteruitspraak niet van toepassing vond, moet je het hierboven genoemde getal van 24 corrigeren door in plaats daarvan 21 te lezen (of 18, wanneer je twee keer een 3 hebt ingevuld, of 15 enzovoort).

Verdere aanwijzingen
Vorm hierna tweetallen door in gesprek te gaan met degene die naast je zit. Besteed aandacht aan de volgende punten:
1. Vergelijk de scores met elkaar en bespreek overeenkomsten en verschillen.
2. Bespreek of er aspecten in je werksituatie zijn die van invloed zijn op de keuze voor taakgericht dan wel sociaalgericht leidinggeven en die niet in de vragenlijst genoemd zijn.
3. Ga samen na welke mogelijkheden je ziet om in je werksituatie te komen tot verbetering van de drie factoren, dus tot verbetering van de relatie tussen jou en je ondergeschikten, van de taakstructuur en van je machtspositie.

Je hebt voor dit gesprek in tweetallen 20 minuten de tijd (dus 10 minuten per persoon). Hierna staat de begeleider in een kort groepsgesprek stil bij enkele scores en bij achtergronden daarvan.

13.5 Vier basisstijlen in situationeel leiderschap[10]

In de praktijk van het model van situationeel leiderschap zijn vooral de mate van taakgericht en sociaalgericht leidinggeven belangrijk. Een juiste combinatie leidt tot een optimaal aan de omstandigheden aangepaste stijl van leidinggeven. De leider zal soms de nadruk leggen op *taakgerichtheid* (T) en in andere situaties meer op *relatiegerichtheid* (R). Zowel op de ene als op de andere dimensie kan zijn inzet hoog of laag zijn. Dit hoog of laag zijn op de ene dimensie staat los van de mogelijkheid van hoog of laag zijn op de andere dimensie (zie figuur 13.2). De combinaties van taakgerichtheid en relatiegerichtheid geven we weer in een diagram met twee assen. Op de horizontale as wordt taakgerichtheid afgezet en op de verticale as relatiegerichtheid.

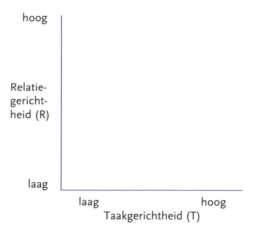

Figuur 13.2 De twee dimensies van taakgerichtheid en relatiegerichtheid

Nu zijn er verschillende combinatiemogelijkheden van taakgericht en relatiegericht leidinggeven. Dit resulteert in vier leiderschapsstijlen. Welke stijl het meeste effectief is, hangt in belangrijke mate af van de situatiefactoren, die verderop in dit hoofdstuk aan bod komen. Als we nu op elke as een tweedeling maken in 'hoog' en 'laag', ontstaat een vierkant (zie figuur 13.3). Met behulp van zo'n tweedimensioneel diagram hebben zowel Reddin, als Hersey en Blanchard vier leiderschapsstijlen getypeerd.

---

10 Met toestemming overgenomen uit Remmerswaal, 2006.

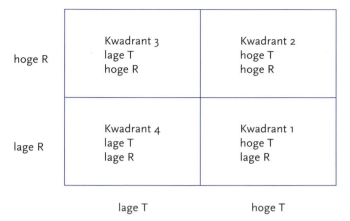

Figuur 13.3 De vier basisstijlen volgens Hersey en Blanchard (T = taakgerichtheid, R = relatiegerichtheid)

De vier vakken geven vier leiderschapsstijlen aan:
Kwadrant 1: hoge taakgerichtheid, lage relatiegerichtheid (directieve stijl).
Kwadrant 2: hoge taakgerichtheid, hoge relatiegerichtheid (overtuigende stijl).
Kwadrant 3: lage taakgerichtheid, hoge relatiegerichtheid (participerende stijl).
Kwadrant 4: lage taakgerichtheid, lage relatiegerichtheid (delegerende stijl).

Hieronder bespreek ik elke stijl.

13.6 De directieve stijl

Kenmerken: sterke gerichtheid op de taak, weinig gerichtheid op de mensen.

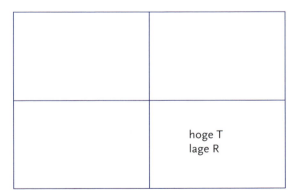

Figuur 13.4 Directieve stijl

De directieve leider heeft de neiging anderen te domineren. Hij deelt instructies uit en eist dat ze worden uitgevoerd zoals hij dat wil. Hij benadrukt de eisen van de taak of de doelstelling, waarbij hij veel verbale aanwijzingen geeft. Onder zijn leiding kan op korte termijn een hoge productiviteit worden bereikt. Hij beoordeelt de groepsleden op basis van hun bijdragen aan de taakvervulling. Hij is zeer actief en geeft richting waar hij kan. Hij houdt streng toezicht op de geleverde prestaties.

Trefwoorden
- Vastberaden
- Initiërend
- Ambitieus
- De taak komt op de eerste plaats

Nadere typering door Reddin

De vierdeling waar Hersey en Blanchard hun model op baseren, is oorspronkelijk ontwikkeld door Reddin (1973). Het is daarom interessant hoe Reddin zelf deze leiderschapsstijlen beschrijft in termen van kwaliteiten en valkuilen.

Kwaliteiten
De kwaliteiten van een directieve leider vat hij met de volgende trefwoorden samen:
- Besluitvaardig, toont initiatief
- Vlijtig, energiek
- Maakt de dingen af, is betrokken bij de zaak
- Beoordeelt kwantiteit en kwaliteit
- Bewust van kosten en winst
- Bereikt resultaten

Valkuilen
De mogelijke valkuilen bij deze stijl vat Reddin als volgt samen:
- Kritisch, bedreigend
- Neemt alle beslissingen
- Handelt zonder overleg
- Alleen neerwaartse (*'top-down'*) communicatie
- Eist gehoorzaamheid, onderdrukt conflict
- Wil onmiddellijke resultaten

De leider met een directieve stijl wordt meestal gezien als iemand die veel vertrouwen heeft in zichzelf en in de manier waarop hij werkt. Hij is gericht op hoge productie op korte en lange termijn en weet dit op effectieve wijze te bereiken. Zijn voornaamste vaardigheid is andere mensen laten doen wat hij verlangt, zonder onnodige vijandigheid op te wekken.

Bedrijfsleven

De directieve stijl is (was?) populair in het bedrijfsleven. Vaak is deze stijl het kenmerk van de manager die zichzelf door alle rangen van het bedrijf heen heeft opgewerkt en die zijn vaardigheden heeft vergroot door van zijn fouten te leren. Hij is meestal ambitieus, kent de bedrijfsmethoden zeer goed, blijft zijn werk de baas en zorgt ervoor dat het gedaan wordt.

Hij heeft meestal weinig sympathie voor medezeggenschap of inspraak. Soms zal hij een participerende benadering aanwenden alvorens hij tot een besluit komt, maar niet erna. Hij weet dat het voordelen kan hebben de ondergeschikten vooraf de gelegenheid tot commentaar te bieden: het kan een goed idee opleveren, het kan hem opmerkzaam maken op de problemen waarmee hij te maken krijgt en de weerstand tegen verandering zal bijna altijd afnemen.

De directieve stijl is doorgaans effectief als de manager verantwoordelijkheid, daadwerkelijke macht en een belonings- en strafsysteem heeft, als hij orders moet geven om het systeem te laten functioneren en als hij meer kennis heeft dan zijn ondergeschikten. Bovendien wordt deze stijl vergemakkelijkt als de ondergeschikten verwachten op deze manier geleid te zullen worden en als ze weinig kennis of besluitvormingsbekwaamheid bezitten.

De leider met een directieve stijl lijkt op de aanvoerder van een sportteam. Hij vraagt zijn spelers niet wat zij straks zullen gaan doen. Hij zegt het gewoon. Toch wordt dit geaccepteerd en is het effectief.

Sommigen kunnen door hun charme, hun vooruitziende blik, hun duidelijke bekwaamheid of hun persoonlijke voorbeeld de directieve stijl effectief hanteren in zeer veel verschillende situaties. Wat er dan gebeurt, is dat de ondergeschikten de stijl accepteren als passend bij hun leider. Het is een stijl die je veel ziet bij tijdelijke managers die een bedrijf door een fusie of een kritieke fase moeten loodsen. Ook al noemen zij hem wellicht 'een harde' of 'een drijver', ze zullen hem en zijn plannen toch toegewijd zijn.

13.7 De overtuigende stijl

Kenmerken: sterke gerichtheid op de taak, sterke gerichtheid op de mensen.

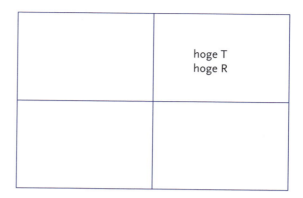

Figuur 13.5 Overtuigende stijl

De overtuigende leider gebruikt, zoals de term al aangeeft, vooral zijn overtuigingskracht om de groepsleden te motiveren. Hij gebruikt een maximum aan taakgerichtheid én relatiegerichtheid om tot een effectief resultaat te komen, waarbij hij probeert het machtsverschil klein te houden. Hij is persoonlijk in zijn gedrag en stimuleert zo een maximale inzet en betrokkenheid van zijn medewerkers. Hij streeft naar een gezamenlijke aanpak van probleemsituaties en zal daarom inspraak geven in zijn besluitvorming of zijn besluiten toelichten en gelegenheid geven tot het stellen van vragen. Hij heeft dan ook een sterke voorkeur voor open werkoverleg en voor tweerichtingscommunicatie met de groepsleden. Via teamwerk tracht hij de individuele behoeften van hemzelf en van de groepsleden te integreren met de doelstellingen en belangen van de organisatie.

Trefwoorden
- Streeft naar het verkleinen van de machtsverschillen
- Integreert het individu met de organisatie
- Werkt toe naar gemeenschappelijke doelstellingen en verantwoordelijkheden
- Weet anderen goed te motiveren

Nadere typering door Reddin
Kwaliteiten
Reddin geeft de volgende trefwoorden bij deze stijl van leidinggeven:

- Gebruikt teamwork bij besluitvorming
- Maakt gepast gebruik van participatie
- Stimuleert tot volledige toewijding aan doeleinden
- Moedigt hogere prestaties aan
- Coördineert anderen bij het werk

Valkuilen
Als mogelijke valkuilen bij deze stijl noemt Reddin:
- Maakt overmatig gebruik van participatie
- Meegaand, zwak
- Vermijdt beslissingen
- Zoekt te veel het compromis

De overtuigende stijl wordt meestal weerspiegeld in het gedrag van een leider die het als zijn taak ziet om de prestaties van anderen effectief te maximaliseren. Hij stelt hoge productie- en prestatiemaatstaven, maar erkent daarbij dat hij ten gevolge van individuele verschillen iedereen enigszins anders zal moeten behandelen. Hij is effectief in die zin dat zijn toewijding aan zowel de taak als de relaties voor allen zeer duidelijk is en als een sterke, motiverende kracht werkt.

Omgaan met conflicten
De leider met een overtuigende stijl beschouwt onenigheid en conflict als noodzakelijk, normaal en passend. Hij onderdrukt, ontkent en vermijdt het conflict niet. Hij gelooft dat verschillen besproken kunnen worden, dat een conflict kan worden opgelost en dat toewijding het resultaat zal zijn.

Hoewel het moreel van zijn team hoog is, is hij niet alleen maar een 'moreelbouwer'. Hij is geen 'slavendrijver', maar zijn team werkt hard. Hij wil niet dat vergissingen verdoezeld worden door een teambesluit. De leider met een overtuigende stijl kent zijn taak en wil dat anderen de hunne kennen. Hij schept een situatie waarin de werkeisen de leider niet blind maken voor de behoeften van anderen.

Teammanagement
Dit type leiding krijgt vaak de vorm van teammanagement. De leider gelooft in de wederzijdse afstemming van de functies en hij tracht een soepel functionerend, efficiënt werkend team tot stand te brengen. Hij brengt veel dingen aan de gang door groepsactie. Vaak wordt hij gezien als een vernieuwer, maar in feite is het zijn team dat de ideeën produceert en dat levert toewijding op. Hij streeft naar intensieve betrokkenheid. Hij

weet hoe individuele behoeften en organisatiedoeleinden gecombineerd kunnen worden. Hij werkt vooral goed als er geen machtsverschillen bestaan tussen hemzelf en de anderen en als met name deskundigheid invloed heeft.

13.8 De participerende stijl

Kenmerken: lage gerichtheid op de taak, hoge gerichtheid op de mensen. De leider legt een hoofdaccent op het aankweken van goede onderlinge betrekkingen tussen hem en de groep en tussen de groepsleden onderling.

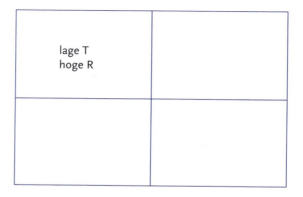

Figuur 13.6 Participerende stijl

De participerende leider beoordeelt de groepsleden naar het begrip dat ze voor elkaar hebben. Hij is wezenlijk gericht op mensen. De groepsleden in zijn groepen werken goed met elkaar samen. Hij beloont hen doorgaans door het uitspreken van erkenning en waardering.

Hij accepteert in hoge mate de mensen zoals ze zijn. Hij schept plezier in gesprekken als een middel om de groepsleden beter te leren kennen. Daardoor krijgt hij vaak nuttige informatie. Er is hem veel gelegen aan warme, hartelijke onderlinge verhoudingen. Zijn eigen zelfvertrouwen is gebouwd op steun en waardering vanuit zijn naaste omgeving.

Trefwoorden
- Informeel, rustig, sympathiek, aanvaardend, goedkeurend
- Mensen komen op de eerste plaats

- Nadruk op de persoonlijke ontwikkeling van de groepsleden
- Schept een veilige sfeer

Nadere typering door Reddin

Kwaliteiten
Bij deze stijl van leidinggeven horen voor Reddin de volgende trefwoorden:
- Houdt communicatiekanalen open, luistert
- Ontwikkelt talenten van anderen, coacht
- Begrijpt anderen, steunt
- Werkt goed samen met anderen, is coöperatief
- Wordt vertrouwd door anderen en schenkt zelf ook vertrouwen

Valkuilen
Als mogelijke valkuilen bij deze stijl signaleert Reddin de volgende punten:
- Vermijdt conflict
- Zoekt erkenning van zichzelf, is afhankelijk van deze erkenning
- Identificeert zich te sterk met de ondergeschikten
- Vermijdt initiatief, is passief, geeft geen richting
- Gebrek aan zorg voor output of controle

De leider met een participerende stijl wordt meestal gezien als iemand die onvoorwaardelijk vertrouwen stelt in mensen. Hij is effectief in het motiveren van medewerkers. Hij ziet zijn werk voor een belangrijk deel als het ontwikkelen van de talenten van anderen en als het scheppen van een werksfeer die bijdraagt tot toewijding en commitment, zowel aan hemzelf als aan het werk.

In de meeste organisaties valt de leider met een participerende stijl weinig op. Zijn werk beschouwt bijna iedereen als een zeer prettige baan, omdat er op zijn afdeling meestal goed samengewerkt wordt. Zijn vaardigheid in het creëren van zo'n situatie wordt vaak niet opgemerkt. Dat hij daar een belangrijke bijdrage aan geleverd heeft, wordt meestal pas beseft als hij vertrokken is.

Motiveren
Hij besteedt veel tijd aan zijn ondergeschikten en geeft ze zo veel mogelijk nieuwe verantwoordelijkheden. Hij weet dat de gemiddelde persoon in het bedrijfsleven ver beneden zijn kunnen produceert, maar weet bovendien hoe hij hen moet motiveren tot een hogere inzet en productiviteit.

De leider met een participerende stijl wordt vaak beschouwd als iemand met interessante ideeën over werk. Hij gelooft dat mensen zichzelf willen leiden en dat ze verantwoordelijkheid zoeken. Hij gelooft (wat voor veel managers moeilijk te geloven is) dat intelligentie, fantasie en creativiteit wijdverspreid zijn en niet alleen maar voorkomen bij senior-managers.

Hij kan motiveren tot topprestaties op lange termijn. Hij schept een creatieve sfeer. Hij verzwakt met opzet de invloed van de bestaande organisatie- of taakstructuur als dat nodig is om zijn individuele ondergeschikten meer vrijheid te bieden voor het uitdenken van nieuwe ideeën. Zijn openheid tegenover vernieuwing en zijn oprechte belangstelling voor zijn ondergeschikten stimuleren deze creativiteit nog meer (zie ook paragraaf 13.12).

13.9 De delegerende stijl

Kenmerken: weinig gerichtheid op de taak, weinig gerichtheid op de mensen. De leider delegeert veel aan de groepsleden en regelt het werk met een minimum aan persoonlijk contact.

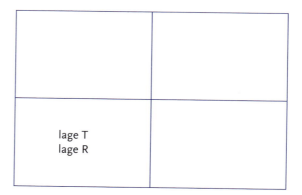

Figuur 13.7 Delegerende stijl

De leider met een delegerende stijl is geneigd om veel aan de groepsleden zelf over te laten omdat hij er vertrouwen in heeft dat deze goed met de taak zullen omgaan in een goede onderlinge verstandhouding. Hij draagt de verantwoordelijkheid voor de besluitvorming en voor de uitvoering van deze besluiten in vergaande mate over aan zijn medewerkers. Dit kan een effectieve stijl zijn als de medewerkers bekwaam zijn voor hun taak. Als hij geconfronteerd wordt met conflicten en spanningen heeft hij de neiging te verwijzen naar onpersoonlijke regels en procedures. Hij probeert conflicten buiten de persoonlijke sfeer te houden. Hij hecht aan logica en rationaliteit. Zijn medewerkers vinden nogal eens dat hij hen te weinig erkenning geeft.

Trefwoorden
- Delegeert verantwoordelijkheid naar de mensen zelf
- Zorgvuldig, ordelijk, onpersoonlijk
- Afstandelijk
- Heeft een voorkeur voor procedures
- Correct, accuraat, bedachtzaam, kalm

Nadere typering door Reddin
Kwaliteiten
De kwaliteiten van een delegerende leider vat Reddin in de volgende trefwoorden samen:
- Volgt regels en procedures
- Betrouwbaar
- Onderhoudt systemen en de lopende gang van zaken
- Let op details, efficiënt
- Rationeel, logisch, zelfbeheersing
- Eerlijk, rechtvaardig, billijk

Valkuilen
De mogelijke valkuilen bij deze stijl vat Reddin als volgt samen:
- Vermijdt betrokkenheid
- Afstandelijk
- Geeft weinig suggesties of opinies
- Niet origineel, niet creatief, bekrompen
- Pietluttig, maakt de zaken moeilijk
- Weerstand tegen verandering
- Niet coöperatief, niet mededeelzaam

De leider met een delegerende stijl is weinig geïnteresseerd in taken of in relaties. Hij is echter effectief in die zin dat zijn positie of situatie dit soort belangstelling niet vereist. Hij heeft succes omdat hij de regels van de organisatie of het bedrijf volgt, een belangstellende houding-op-afstand bewaart en minder persoonlijk betrokken raakt bij de problemen van anderen.

Bureaucraat

De delegerende leider is een efficiënte bureaucraat. Hij volgt de juiste kanalen, hecht veel waarde aan details en volgt orders exact op. Hij is gericht op de regels van het spel. Als hij een manager is, ziet hij de standaardwerkprocedures in hetzelfde licht. Als bureaucraat is hij een zeer nuttig lid voor de organisatie. Hij houdt de lopende gang van zaken in orde. Hij volgt de regels, ook al heeft hij ze misschien geen van alle ingevoerd. 'Bureaucraat' is helaas een negatieve term geworden in de literatuur over management. Veel mensen erkennen daarom niet dat dit een kernstijl is bij het handhaven van de effectiviteit van moderne, grote organisaties. Er zijn regels nodig om de inspanningen van grotere groepen in goede banen te leiden. Er zijn ook middelen nodig om ervoor te zorgen dat allen de regels kennen en volgen. De bureaucraat is vaak dit middel.

Eerlijk en objectief

Hoewel hij effectief is in het volgen van regels, ontwikkelt hij weinig ideeën, stimuleert hij de productiviteit niet en doet hij weinig om zijn ondergeschikten te ontwikkelen. Zijn werk vereist zulke eigenschappen niet of weinig. Door zijn onpersoonlijke opstelling wordt hij soms als arrogant of negativistisch ervaren. Zijn opstelling kan echter ook worden gezien als volledige eerlijkheid en objectiviteit jegens mensen.

Slotopmerking

Een belangrijke opmerking tot slot van de bespreking van deze vier stijlen. Aan de uiteinden van dit continuüm van vier stijlen staan de directieve stijl en de delegerende stijl. Met klem wijs ik erop dat deze twee stijlen niet verward mogen worden met een autoritaire stijl respectievelijk laissez-faire stijl (zie paragraaf 12.3 tot en met 12.5). Het kenmerkende verschil zit naar mijn mening in de motieven om voor een bepaalde stijl te kiezen. Wanneer de leider handelt vanuit een persoonlijke angst of vanuit twijfel aan zijn eigen competentie, zal de directieve stijl kunnen verworden tot een autoritaire stijl of de delegerende stijl tot een laissez-faire stijl.

13.10 De autonome groep: zelfsturing[11]

Al in paragraaf 12.9 (over volgerschap) attendeerde ik op de wisselwerking tussen leider en groep. Ik wees er daarbij op dat bij een delegerende stijl een groep past met veel eigen

---

11 Met toestemming overgenomen uit Remmerswaal, 2006, pp. 268-269.

initiatief. Dit werkt naar twee kanten: een delegerende leider stimuleert tot zelfsturing en eigen initiatief van de groepsleden en een zelfsturende groep bloeit op bij delegerend leiderschap. Trouw aan dit groepsdynamisch uitgangspunt past het om meteen na de delegerende stijl aandacht te besteden aan zelfsturing in de autonome groep.

Kenmerken
De meeste groepen hebben een aangestelde leider, die daarmee een zekere autoriteit verkregen heeft. Door de aanstelling van zo'n leider moet zeker gesteld worden dat iemand in de groep de meest noodzakelijke functies overneemt. Dit betekent echter niet dat de leiderschapsfuncties alleen voorbehouden zijn aan de autoriteit bezittende persoon. In rijpe groepen wordt van ieder die ziet dat het vervullen van een bepaalde functie nodig is voor de groep, ook verwacht dat hij die functie zal vervullen. Leiding wordt dan niet meer gezien als de functie en taak van één persoon (bijvoorbeeld de voorzitter), maar als een functie van de groep zelf. Deze leiderschapsstijl is pas mogelijk wanneer de wetten van de groepsdynamica bewust toegepast worden. Een groep die zichzelf leidt, kunnen we typeren als een autonome groep. Zo'n groep heeft meestal al een hele ontwikkeling achter de rug (vergelijk hoofdstuk 5). Deze ontwikkeling is gebaseerd op een toenemende waardering voor verschillen tussen de groepsleden en hun capaciteiten, voor verschillen in motivatie en talent, en een besef dat alleen vanuit deze erkenning en het benutten daarvan echte samenwerkingsmogelijkheden ontstaan. Zo'n erkenning van individuele verscheidenheid betekent een einde aan inperkend groepsconformisme dat we vaak zien in eerdere fasen van groepsontwikkeling.

Effecten
Zo'n groep lost haar conflicten op door integratie: van alle manieren van conflictoplossing (zoals vermijding, eliminatie, onderdrukking, instemming, coalitievorming, compromis en integratie, zie paragraaf 11.13) is integratie de beste, maar ook de moeilijkste en zeldzaamste. De elkaar tegensprekende meningen worden bediscussieerd, tegen elkaar afgewogen en opnieuw geformuleerd. De groep als geheel werkt aan een oplossing die voor allen bevredigend is en die vaak beter is dan elk van de voorgaande deeloplossingen. In zo'n groep zijn de verschillende rolfuncties (zie paragraaf 11.2 tot en met 11.5) tegelijk ook leiderschapsfuncties die wisselend vervuld worden door de groepsleden en waaraan alle groepsleden, voor zover ze zich daartoe bekwaam voelen, gemotiveerd participeren.

Nadere typering
De leiding gaat op een bepaald groepslid over zodra de groep erkent dat dit groepslid de middelen bezit om de op dat ogenblik aanwezige belangen of behoeften van de groep

te behartigen. Iemand leidt zodra hij doet wat de groep op dat moment nodig heeft. Omdat de groep veel leiderschapsfuncties heeft en geen enkel individu al deze functies tegelijkertijd kan vervullen, worden deze functies beurtelings vervuld door verschillende groepsleden, telkens wanneer ze nodig zijn. Belangrijk is hierbij *dat* de noodzakelijke functies worden vervuld en niet *door wie* ze vervuld worden. In zo'n groep doen zowel de aangestelde leider (of voorzitter) als de groepsleden hetzelfde: ze vervullen functies die de groep nodig heeft.

13.11 Oefening: Bepaal je eigen stijl van leidinggeven

Aan de hand van de hiernavolgende vragenlijst kun je in grote lijnen je eigen leiderschapsstijl bepalen. Er volgt een reeks uitspraken. Het is de bedoeling dat je voor elk van deze uitspraken nagaat hoe goed of hoe slecht die uitspraak op jou van toepassing is. Dit kun je aangeven door steeds een van de cijfers 1 tot en met 5 te omcirkelen.

Betekenis van de cijfers
1: zeer slecht toepasselijk
2: tamelijk slecht toepasselijk
3: neutraal; niet goed, maar ook niet slecht toepasselijk
4: tamelijk goed toepasselijk
5: zeer goed toepasselijk

Hoe beter een uitspraak je gedrag of je opstelling beschrijft, des te hoger is dus het cijfer dat je kiest. De aanwijzingen voor de scoring vind je op p. 428.

Tijdsduur
10 minuten voor het invullen.
5 minuten voor het berekenen van de scores.
15 minuten voor de nabespreking.

Mijn stijl van leidinggeven
1. In principe houd ik altijd mijn belofte. 1 2 3 4 5
2. Als anderen open kaart spelen, doe ik het ook. 1 2 3 4 5
3. Als leider van een groep benadruk ik dat we andere groepen vóór moeten blijven. 1 2 3 4 5

4. Als leider van een groep zal ik de groepsleden veel initiatief toestaan. 1 2 3 4 5
5. Als leider van een groep maak ik een werkschema voor het werk dat gedaan moet worden. 1 2 3 4 5
6. Als leider van een groep stimuleer ik het gebruik van uniforme procedures. 1 2 3 4 5
7. Bij twijfel ga ik vaak op mijn gevoel af. 1 2 3 4 5
8. Als leider van een groep handel ik vaak zonder de groep te raadplegen. 1 2 3 4 5
9. Als leider van een groep zal ik het werktempo hoog houden. 1 2 3 4 5
10. Als leider van een groep spreek ik regelmatig waardering uit voor de inzet van de medewerkers. 1 2 3 4 5
11. Als leider van een groep bewaak ik dat er in een goede onderlinge sfeer samengewerkt wordt. 1 2 3 4 5
12. Als leider van een groep zal ik overwerk aanmoedigen. 1 2 3 4 5
13. Ik treed nogal eens op als vertegenwoordiger van de groep. 1 2 3 4 5
14. Als leider van een groep zal ik druk uitoefenen om een hogere productiviteit te bereiken. 1 2 3 4 5
15. Als leider van een groep houd ik rekening met gevoelens van groepsleden. 1 2 3 4 5
16. Als leider van een groep benadruk ik het belang van wederzijds vertrouwen en respect. 1 2 3 4 5
17. Ik trap weleens bewust op andermans tenen. 1 2 3 4 5
18. Ik maak zelden gebruik van de zwakheden van anderen. 1 2 3 4 5
19. Als leider van een groep zal ik de groep zelden haar eigen tempo laten vaststellen. 1 2 3 4 5
20. Als leider van een groep sta ik de groepsleden toe om bij het oplossen van problemen van hun eigen oordelen uit te gaan. 1 2 3 4 5
21. Als leider van een groep laat ik de groepsleden het werk doen op de manier die henzelf het beste lijkt. 1 2 3 4 5
22. Als leider van een groep zal ik het werk in een hoog tempo gaande houden. 1 2 3 4 5
23. Als leider van een groep beslis ik wat er gedaan zal worden en hoe het gedaan zal worden. 1 2 3 4 5
24. Als leider van een groep heb ik er geen moeite mee om het gezag dat ik heb aan sommige groepsleden over te dragen. 1 2 3 4 5
25. Als leider van een groep sta ik de groep veel eigen initiatief toe. 1 2 3 4 5
26. Als leider van een groep zal ik de groepsleden bepaalde taken toewijzen. 1 2 3 4 5
27. Als leider van een groep spoor ik de groepsleden aan om harder te werken. 1 2 3 4 5
28. Als leider van een groep ben ik bereid om veranderingen aan te brengen. 1 2 3 4 5

29. Als leider van een groep vertrouw ik de groepsleden toe om zelf tot een
    goed oordeel te komen.   1 2 3 4 5
30. Als leider van een groep overtuig ik anderen ervan dat mijn ideeën ook
    in hun eigen voordeel zijn.   1 2 3 4 5

Aanwijzingen voor scoring

1. Tel de scores op van de antwoorden die je gegeven hebt bij de volgende uitspraken: 3, 5, 6, 8, 9, 12, 13, 14, 17, 19, 22, 23, 26, 27 en 30. Dit getal is je eindscore voor *taakgerichtheid*.
2. Tel hierna de scores op van je antwoorden bij de volgende uitspraken: 1, 2, 4, 7, 10, 11, 15, 16, 18, 20, 21, 24, 25, 28 en 29. Dit getal is je eindscore voor *relatiegerichtheid* (*sociale gerichtheid*).
3. Bepaal hierna of je scores hoog of laag zijn. Een score hoger dan of gelijk aan 45 is hoog, een score lager dan 45 is laag.
4. Noteer je scores hieronder en omcirkel wat van toepassing is:

   mijn T-score is: . . . . . .   Dit is laag/hoog

   mijn R-score is: . . . . . .   Dit is laag/hoog

5. Bepaal nu welke van de vier onderstaande vakken past bij deze twee scores.

3 lage T-score hoge R-score	2 hoge T-score hoge R-score
4 lage T-score lage R-score	1 hoge T-score lage R-score

Elk van deze vier vakken komt overeen met een bepaalde leiderschapsstijl. Herken je daarin je eigen oriëntatie op aandacht voor de taak en het werk, dan wel aandacht voor de relaties met je medewerkers?

Zoals je ziet, hoeft een hoge score op de ene dimensie nog niet automatisch te betekenen dat je laag scoort op de andere dimensie.

Oefening: Nogmaals je eigen leiderschapsstijl

Aanwijzingen

In de vorige oefening heb je via een vragenlijst meer zicht gekregen op de mate waarin je in je leiderschap taakgericht en relatiegericht bent. Aan het slot van die oefening heb je de combinatie van de twee scores gekoppeld aan een van de vier vakken. Elk van deze vier vakken komt overeen met een bepaalde leiderschapsstijl. Deze vier stijlen heb ik in paragraaf 13.5 besproken.

Je hebt nu 15 minuten de tijd om in subgroepjes van vier personen de volgende vragen te bespreken:
- In hoeverre herken je de leiderschapsstijl die uit je vragenlijst naar voren komt in je dagelijkse werkpraktijk?
- Wat zijn mogelijke redenen als je je er niet in herkent? (wellicht had je een heel andere groep voor ogen toen je de vragenlijst invulde) Welke stijl past dan wel beter bij jou?
- In welke situaties is jouw leiderschapsstijl effectief en in welke situaties juist niet?

13.12 Leiderschapsstijl en ontwikkelingsniveau van de groepsleden[12]

Voortbouwend op het werk van Fiedler en Reddin over situationeel leiderschap noemen Hersey en Blanchard het ontwikkelingsniveau van de groepsleden de belangrijkste situationele factor. De groepsleden kunnen sterk variëren met betrekking tot hun competentie en vakbekwaamheid. Niet alleen bekwaamheid en vakkennis kunnen variëren, maar ook bereidheid en inzet. Beide aspecten, bekwaamheid en bereidheid, bepalen samen het ontwikkelingsniveau. Als we deze twee aspecten variëren in hoog en laag, ontstaan er vier typen van ontwikkeling (zie schema).

---

12   Met toestemming overgenomen uit Remmerswaal, 2006.

Type	Bekwaamheid	Bereidheid
laag	laag	laag
matig	laag	hoog
ruim	hoog	laag
hoog	hoog	hoog

Hersey en Blanchard spreken van vier ontwikkelingsniveaus (*maturity levels*) die ik als volgt typeer:

1. *Laag niveau van ontwikkeling*
   - Geen of nauwelijks relevante werkervaring
   - Geen of nauwelijks vakkennis
   - Weinig inzicht in wat er moet gebeuren
   - Terughoudend in het nemen van verantwoordelijkheid
   - Weinig drang tot presteren
   - Onverschillig, niet toegewijd

2. *Matig niveau van ontwikkeling*
   - Nog onvoldoende relevante werkervaring
   - Nog niet alle noodzakelijke vakkennis
   - Redelijk inzicht in de taak
   - Bereidheid tot het nemen van verantwoordelijkheid
   - Drang tot presteren
   - Toegewijd en (redelijk) enthousiast

3. *Ruim niveau van ontwikkeling*
   - Beschikt over relevante werkervaring
   - Beschikt over noodzakelijke vakkennis
   - Begrijpt wat er gedaan moet worden
   - Aarzelt om volledige verantwoordelijkheid te nemen
   - Is toegewijd, maar komt niet tot actie
   - Of (in geval van tegenzin): onttrekt zich aan verantwoordelijkheid en voelt zich weinig betrokken

4. *Hoog niveau van ontwikkeling*
   – Beschikt over relevante werkervaring
   – Beschikt over noodzakelijke vakkennis
   – Begrijpt wat er gedaan moet worden
   – Grote bereidheid om verantwoordelijkheid te nemen
   – Grote drang tot presteren
   – Zeer toegewijd

De vier typen ontwikkelingsniveau kunnen we ook gebruiken om er een hele groep mee te typeren.

Verband tussen ontwikkelingsniveau en leiderschapsstijl

Naarmate de ontwikkeling van groepsleden toeneemt, zullen hun behoeften met betrekking tot het gedrag van de leider meevariëren. Groepsleden die op de twee laagste ontwikkelingsniveaus functioneren, dienen structuur en sturing te krijgen om goede prestaties te kunnen leveren en in hun taakuitvoering te groeien. Daarnaast hebben ze van de leider ondersteuning nodig naarmate ze zich ontwikkelen van niveau 1 naar niveau 2. Groepsleden die wel over de nodige kennis en bekwaamheid voor het uitvoeren van een bepaalde taak beschikken (niveau 3), maar nog te weinig zelfvertrouwen bezitten om de volledige verantwoordelijkheid op zich te nemen, reageren positief op aanmoediging en ondersteuning. Wanneer de groep bestaat uit ervaren en toegewijde groepsleden, bereik je het beste resultaat met delegerend leiderschap, ofwel leiding door de groep zelf.

Overzicht van leiderschapsstijlen gekoppeld aan ontwikkelingsniveaus

Wanneer we de vier leiderschapsstijlen koppelen aan de vier ontwikkelingsniveaus van de groepsleden, blijkt stijl 1 (de directieve stijl) het meest effectief bij groepsleden met een laag niveau van ontwikkeling (niveau 1), stijl 2 past bij niveau 2 enzovoort (zie figuur 13.8).

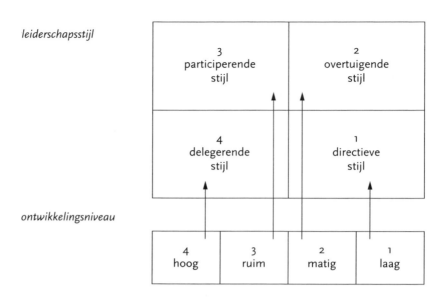

Figuur 13.8 Leiderschapsstijl en ontwikkelingsniveau

1. *De directieve stijl is voor lage ontwikkeling*

Deze stijl noemen Hersey en Blanchard *telling*, omdat ze gekenmerkt wordt door eenrichtingscommunicatie, waarbij de leider vertelt wat, hoe, wanneer en waar de verschillende taken verricht dienen te worden. De nadruk ligt op het geven van directieven. Deze stijl is effectief wanneer de groepsleden nog weinig taakbekwaamheid ontwikkeld hebben en ook nog te weinig zelfvertrouwen hebben voor het nemen van verantwoordelijkheid.

2. *De overtuigende stijl is voor matige ontwikkeling*

Hersey en Blanchard noemen deze stijl *selling*, omdat de leider met tweerichtingscommunicatie en uitleg probeert aan te zetten tot het gewenste gedrag. Hij blijft daarbij sturing bieden, maar heeft ook oog en oor voor de groepsleden. Groepsleden met een redelijk ontwikkelingsniveau zijn meestal bereid mee te gaan in de lijn van de leider, naarmate hij beter de redenen hiervoor uitlegt en bovendien hulp en sturing biedt.

3. *De participerende stijl is voor ruime ontwikkeling*

Op dit niveau zijn de groepsleden wel capabel, maar niet gemotiveerd om te doen wat de leider hen wil laten doen. Deze lage motivatie kan het gevolg zijn van onzekerheid, gebrek aan zelfvertrouwen of tegenzin. In al deze gevallen helpt het niet wanneer de leider eenzijdig sterk de nadruk legt op de taakuitvoering. Hij kan veel beter door tweerichtingscommunicatie en door actief luisteren proberen een goed contact op te bouwen.

Daarom heeft in dit geval een ondersteunende, non-directieve en participerende stijl de grootste kans op effectiviteit. Hersey en Blanchard spreken hier van *participating*, waarbij het hoofdaccent van de leider ligt op het bieden van steun en het bevorderen van een soepele communicatie. De leider kan zich beperken tot zulk steungevend gedrag, wanneer de medewerkers het vermogen en de kennis hebben om de taak uit te voeren.

4. De delegerende stijl is voor hoge ontwikkeling

Op dit niveau zijn de groepsleden niet alleen capabel, maar ook bereid tot het nemen van verantwoordelijkheid. Hierbij past een stijl die weinig sturing of steun biedt, maar veel aan henzelf overlaat. De leider delegeert de verantwoordelijkheid daarbij aan de groep. Een kritische noot is hierbij op zijn plaats. Alleen met groepsleden met een hoge ontwikkeling kan er sprake zijn van een delegerende stijl. Wanneer de leider vanuit zo'n stijl handelt bij groepsleden van een lager niveau, wordt zulk gedrag ervaren als onverschilligheid of als zich onttrekken aan het leiderschap. Dan is de term laissez-faire leiderschap meer op zijn plaats.

Belang van een juiste keuze

De leider zal dus een analyse moeten maken van de taakbekwaamheid en ontwikkeling van zijn groep en op basis daarvan zijn leiderschapsstijl kiezen. Een juiste keuze heeft een positief effect op het gedrag van de groepsleden en een onjuiste keuze heeft een negatief effect. Door goed te kiezen, wordt het zelfs mogelijk dat de leider stimuleert dat groepsleden doorgroeien van bijvoorbeeld niveau 2 via niveau 3 naar niveau 4. Uiteraard vergt dit een aanpassing van de leiderschapsstijl.

In mijn opvatting zijn er, naast de taakbekwaamheid en het ontwikkelingsniveau van de groepsleden, nog vier situationele factoren die een rol spelen in de keuze van het type leiderschap dat het meest effectief is:

1. fase van de groepsontwikkeling;
2. type groep;
3. type organisatie;
4. eigen ontwikkeling als professional.

Deze thema's werk ik in de komende paragrafen nader uit. Voor zover ik kon nagaan, zijn deze vier factoren nog niet eerder onderzocht. Vandaar dat ik mijn gedachten met enige voorzichtigheid presenteer.

13.13 Leiderschapsstijl en groepsontwikkeling

Er zijn veel theorieën over groepsontwikkeling (zie ook hoofdstuk 5), maar globaal komen veel theorieën (even afgezien van de voorfase) overeen op de volgende punten:
1. *Oriëntatiefase.* In deze fase laat de groep vaak afhankelijk gedrag zien. Meestal ontwikkelt de groep een taakstructuur, waarmee ze het werken aan haar doelstelling op inhoudsniveau veilig stelt (zie paragraaf 5.8).
2. *Invloedsfase.* Tijdens of na de taakgerichte fase verschuift de aandacht meer naar het interne groepsfunctioneren: de onderlinge betrekkingen en het betrekkingsniveau. Dit kan twee vormen aannemen: de groep stelt kritische vragen ten aanzien van het leiderschap en (meestal daarna) ten aanzien van de onderlinge relaties en omgangsvormen. Dit zijn soms twee aparte fasen. Anders gezegd: de groep vervangt de opgelegde leiderschapsstructuur door een passende eigen invloedsverdeling. De groep regelt haar eigen antwoorden op vragen rond macht en invloed (paragraaf 5.11).
3. *Affectiefase.* In de volgende fase komt de groep tot een eigen regeling van de onderlinge verhoudingen. Er ontstaat een relatiepatroon waarin de groep haar antwoorden vindt op vragen rondom persoonlijke betrokkenheid en afstand en nabijheid (paragraaf 5.12).
4. *Fase van de autonome groep.* Wanneer een groep deze beide fasen goed doorgekomen is en haar eigen taakstructuur, invloedsverdeling en relatiepatroon heeft ontwikkeld, spreken we van een autonome groep: de vijfde fase van groepsontwikkeling (paragraaf 5.13). In deze fase is de groep zelfsturend geworden.
5. *Eindfase.* Groepen komen vroeg of laat tot een einde. De groep voltooit de taken (afsluiting) en bouwt de persoonlijke betrokkenheid op elkaar af (afscheid) (paragraaf 5.14).

Voor het overzicht hieronder beperk ik me tot de vier eerstgenoemde fasen:
1. de oriëntatiefase
2. de invloedsfase
3. de affectiefase
4. de fase van de autonome groep

Situationeel leiderschap
De vier groepsontwikkelingsfasen lopen verrassend parallel met de vier typen leiderschap van Hersey en Blanchard (zie ook figuur 13.9). Dat wil zeggen, in de oriëntatiefase ligt de nadruk op taakaspecten. Er wordt een structuur aangeboden: aangeven van doelstellingen, planning van groepsactiviteiten ten behoeve van de doelstelling, tijdsbewa-

king enzovoort. Directief leiderschap toont deze voorrang van aandacht voor de taak boven aandacht voor de relaties.

Naarmate de groep zich verder ontwikkelt, is het van belang dat de leider meer aandacht gaat besteden aan relatieaspecten en dus een stijl vertoont die past in de bovenste twee kwadranten van het diagram van Hersey en Blanchard: de overtuigende stijl, respectievelijk de participerende stijl.

In een volledig autonome groep kan de leider het vervullen van de leiderschapsfuncties aan de groep zelf overlaten; met andere woorden, hij delegeert.

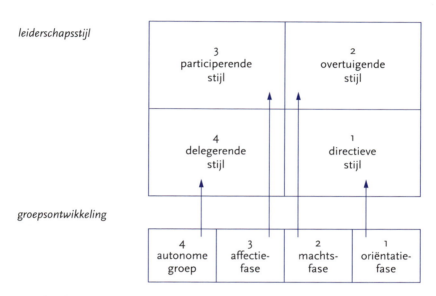

Figuur 13.9 Leiderschapsstijl en groepsontwikkeling

Door vast te blijven houden aan een niet-passende leiderschapsstijl kan de leider de groepsontwikkeling behoorlijk vertragen, met name wanneer hij met een bepaalde stijl de groep 'te laag' inschat.

13.14 Leiderschapsstijl en type groep

Wat de meest effectieve leiderschapsstijl is, hangt ook af van hoe dit leiderschap aansluit op het type groep. Enerzijds zijn er groepen waarin taakaspecten centraal staan, waarvoor het bieden van structuur van groot belang is. Voorbeelden zijn taakgroepen, vergadergroepen, commissies, instructiegroepen, opleidingsgroepen, cursusgroepen enzovoort. Anderzijds zijn er groepen waarin procesaspecten centraal staan. Dit kunnen groepsprocessen of individuele processen zijn. Voorbeelden zijn: trainingsgroepen, therapiegroepen en procesgroepen. In dit tweede type groepen gaat het veel sterker om het stimuleren van eigen autonomie dan in het eerste taakgerichte type.

Het eerste groepstype, waarin de structuur en de taak overheersen, kunnen we onderverdelen in twee subtypen, afhankelijk van hoe sterk de overheersing is:
1. puur taakgericht;
2. overwegend taakgericht, maar deels ook procesgericht.

Evenzo kunnen we het tweede groepstype, waarin procesaspecten overheersen, nader onderverdelen in:
3. overwegend procesgericht, maar deels ook taakgericht;
4. puur procesgericht.

Deze vierdeling koppelen we aan het schema van Hersey en Blanchard:
1. Bij puur taakgerichte groepen past directief leiderschap.
2. Bij overwegend taakgerichte groepen past overtuigend leiderschap.
3. Bij overwegend procesgerichte groepen past participerend leiderschap.
4. Bij puur procesgerichte groepen past een mengvorm van participerend en delegerend leiderschap.

Aan figuur 13.8 voeg ik het volgende balkje toe:

4 puur procesgericht	3 overwegend procesgericht	2 overwegend taakgericht	1 puur taakgericht

< hoofdaccent op proces   hoofdaccent > op structuur

13.15 Leiderschapsstijl en organisatietype

We kunnen ook een koppeling leggen tussen leiderschapsstijl en organisatietype. Een onderscheid dat hiervoor relevant is, is dat tussen mechanistische en organistische organisaties (Burns & Stalker, 1966; Wofford e.a., 1977). Ik beschrijf de verschillen tussen deze twee organisatietypen zonder al te veel in details te treden.

Mechanistisch

Mechanistische organisaties leggen sterk de nadruk op formele regels en procedures. De taken zijn sterk specialistisch verdeeld en scherp afgebakend. De afstemming van de verdeelde taken vindt plaats door de onmiddellijke superieuren. Ook de rechten en plichten van elke rol zijn exact gedefinieerd en vertaald in helder afgebakende verantwoordelijkheden. De gezags- en controlelijnen zijn strikt hiërarchisch geordend. Interactie en communicatie verlopen voornamelijk verticaal, dat wil zeggen tussen superieur en ondergeschikte (*top-down*). Zo wordt het werkgedrag gereguleerd. Loyaliteit aan de organisatie en aan de superieuren wordt sterk benadrukt. Het externe systeem staat centraal (zie paragraaf 2.2, 3.10, 12.8 en 14.2).

Organistisch

Organistische organisaties vormen in zekere zin een spiegelbeeld van mechanistische organisaties. Hier overheersen informele regels en procedures. De verdeling en afstemming van taken en verantwoordelijkheden vindt voortdurend plaats, terwijl de groep samenwerkt. Problemen worden ter plekke aangepakt en niet naar boven of naar beneden in de organisatie afgeschoven. Er is een vrij grote betrokkenheid bij de organisatie, die verder gaat dan alleen de werkinzet. De gezags- en communicatielijnen vertonen een netwerkstructuur. Kennis is niet voorbehouden aan de personen in topposities, maar is verspreid over de hele organisatie. Niet de topposities, maar de knooppunten in de organisatie waar de meeste kennis gelokaliseerd is, worden de centra van autoriteit. De communicatie verloopt eerder horizontaal dan verticaal. De inhoud van deze communicatie betreft eerder informatie en advies dan instructies en beslissingen. Commitment met de taken en met het ethos van de organisatie worden sterker gewaardeerd dan loyaliteit. Prestige bereikt men eerder door netwerkcontacten en expertise dan door de formele positie binnen de organisatie. Kortom, er ligt een sterke nadruk op het interne systeem (zie paragraaf 2.2, 3.10, 12.8 en 14.2).

Omgeving

Mechanistische organisaties functioneren prima zolang de omgeving van die organisaties stabiel blijft. Maar zodra de omgeving veranderlijk wordt, is een organisatietype nodig dat daar flexibel op kan reageren. In zulke omstandigheden is een organistische organisatie veel effectiever.

Beide organisatietypen hebben ook hun voorkeuren voor bepaalde leiderschapsstijlen. Ik kan deze het best aangeven door de twee organisatietypen als volgt onder te verdelen:

- sterk mechanistisch;
- overwegend mechanistisch met enkele organistische elementen;
- overwegend organistisch met enkele mechanistische elementen;
- sterk organistisch.

Naarmate de organisatie organistischer wordt, komt er meer nadruk te liggen op informele aspecten en op het interne systeem. Kortom, er komt meer ruimte voor relatieaspecten, waar effectief leiderschap op in dient te spelen.

Situationeel leiderschap

Ook deze vierdeling kunnen we koppelen aan het schema van Hersey en Blanchard:
1. Bij sterk mechanistische organisaties past directief leiderschap.
2. Bij overwegend mechanistische organisaties past overtuigend leiderschap.
3. Bij overwegend organistische organisaties past participerend leiderschap.
4. Bij sterk organistische organisaties past een mengvorm van participerend en delegerend leiderschap.

Aan figuur 13.8 voeg ik het volgende balkje toe:

4 sterk organistisch	3 overwegend organistisch	2 overwegend mechanis- tisch	1 sterk mechanis- tisch

< hoofdaccent op intern systeem   hoofdaccent > op extern systeem

13.16 Leiderschapsstijl en eigen ontwikkeling als professional

In de keuze voor de meest effectieve stijl van leidinggeven, meen ik dat ook de fase van de eigen ontwikkeling als professional een rol speelt. Impressionistisch schets ik als voorbeeld de levenscyclus van een groepsbegeleider (trainer/docent) als volgt.

Fase 1
Onzekerheid en twijfel aan eigen ontwikkeling, tot uiting komend in een sterke afhankelijkheid van externe bronnen, een grote leeshonger en kopieerwoede, veel zoeken en verzamelen van materiaal, neiging tot aanbrengen van structuur in de zelfgeleide cursus- of trainingsgroepen.

Samengevat: een sterke nadruk op de *inhoud* van het vak en op procedures om het vak over te brengen.

Fase 2
De ontdekking: 'Hé, er is ook nog een groep!' De groepsbegeleider krijgt meer aandacht voor de groep en baseert daar zijn interventies op in plaats van af te gaan op binnenboekse wijsheid.

Kortom, hij krijgt aandacht voor het *interactieniveau* en probeert zo veel mogelijk te doen wat 'goed is voor de groep'.

Fase 3
De groepsbegeleider wordt zich steeds meer bewust van de interactie tussen hemzelf en de groep en vraagt zich nu af: Wat draag ik bij aan het geheel? Hoe stuur ik de processen aan? Wat doe ik wel en wat doe ik niet? Waar liggen mijn blinde vlekken? Welke keuzes maak ik? Wat zijn mijn sterke en zwakke kanten? Hoe autonoom handel ik?

Samengevat: de nadruk komt nu te liggen op het eigen *bestaansniveau* en op de interne sturing van het eigen gedrag. Dat wil zeggen: niet iets doen omdat de boeken dat voorschrijven of omdat de groep dat nodig heeft, maar omdat ik dat zelf belangrijk vind vanuit mijn eigen professionaliteit. En in die professionaliteit zijn de eerdere twee fasen geïntegreerd.

Fase 4
In deze fase zit de groepsbegeleider niet langer vast aan de *context* waarin hij zijn eigen vaardigheden aangeleerd en ontwikkeld heeft en hij kan nu zijn eigen professionele inzet uitbreiden naar andere contexten (bijvoorbeeld switchen van een non-profitcontext naar een profitcontext).

Ik duid dit aan als senior-niveau. De groepsbegeleider kan daarbij vanuit een 'metaniveau' terugblikken op zijn eigen ontwikkeling en dit dienstbaar maken aan het opleiden van anderen, bijvoorbeeld junior trainers. Van belang is het besef dat er niet één zaligmakende methode bestaat. We kunnen eclectisch kiezen uit een rijkdom aan eigen trainingservaringen en een breed aanbod van mogelijke benaderingen binnen het eigen vakgebied.

Situationeel leiderschap
We kunnen deze vier fasen als volgt aan de vier stijlen van Hersey en Blanchard koppelen:

- In fase 1 zal de groepsbegeleider vooral gebruikmaken van stijlen 1 en 2 (directief en overtuigend leiderschap).
- In fase 2 breidt hij dit uit naar stijl 3 (participerend leiderschap).
- In fase 3 durft hij in toenemende mate een non-directieve opstelling aan; dit komt overeen met delegeren (stijl 4).
- In fase 4 versterkt hij dit brede stijlbereik en kan hij soepel switchen tussen directieve en non-directieve opstellingen, al naar gelang de situatie van de groep en eigen affiniteit.

Stijlbereik

In het verloop van de ontwikkeling zien we dus een *vergroting van het eigen stijlbereik*. De groepsbegeleider/trainer/docent gaat soepeler beschikken over een groter aantal leiderschapsstijlen.

13.17 Leiderschapsstijl en persoonlijke affiniteit

Wat effectief is in je leiderschap hangt ten slotte voor een deel ook af van je eigen affiniteit. Ik heb hiervoor geen waterdichte test, maar deze affiniteit kun je wel op het spoor komen via de volgende vragen:
- Welke persoonlijke voorkeuren heb ik in het omgaan met mensen?
- Ben ik vooral directief of vooral non-directief?
- Ben ik een groepsmens of juist een individualist?
- Hoe sterk is mijn eigen behoefte aan zekerheid en controle?
- In welke mate durf ik 'los te laten' en vertrouwen te schenken?
- Welk belang hecht ik zelf aan persoonlijke groei en ontwikkeling?
- Hoeveel onzekerheid kan ik aan?
- Hoe reageer ik persoonlijk-emotioneel op stress en conflict?
- Hoe 'vrij' heb ik mijn kernkwaliteiten tot mijn beschikking?
- Hoe soepel of krampachtig reageer ik op mijn 'allergieën'?
- In welke stijl heb ik het meest 'plezier': wat ligt me het best?
- ....
- ....
- ....

Naarmate je eigen affiniteit en je in een bepaalde situatie gekozen leiderschapsstijl meer op elkaar aansluiten, zal deze stijl effectiever zijn.

13.18 Totaaloverzicht situatiefactoren

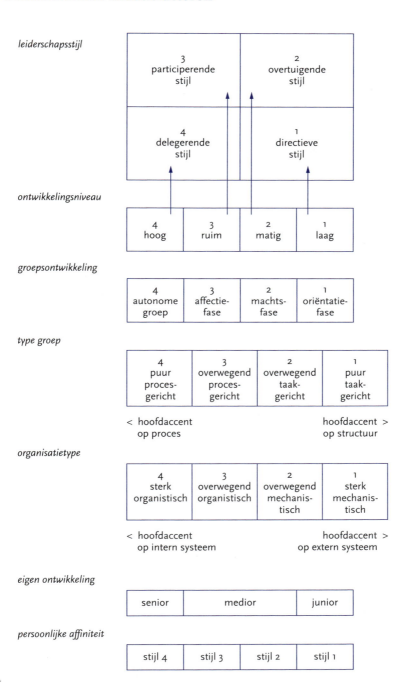

Figuur 13.10 Totaaloverzicht van de situatiefactoren

Figuur 13.10 geeft een totaaloverzicht van de situatiefactoren die ik heb besproken in paragraaf 13.12-13.17. Er zijn verschillende mogelijkheden om met dit overzicht aan de slag te gaan:
- Je kunt je eigen leergroep scoren op de genoemde dimensies.
- Je kunt een eigen groep op je werkplek scoren.
- Je kunt een groep scoren waar je begeleider van bent.

Welke mogelijkheid je ook kiest, er is altijd materiaal voor reflectie op de gehanteerde en de gewenste leiderschapsstijl.

14 Teams

14.1 Inleiding
14.2 Extern en intern systeem
14.3 Oefening: Extern en intern systeem
14.4 Oefening: Communicatie binnen het team
14.5 Stille praktijken
14.6 De teamrollen van Belbin
14.7 Het bestaansniveau in teams en taakgerichte groepen
14.8 Effectieve teams
14.9 Oefening: Sterkten en zwakten als team
14.10 Teambuilding
14.11 Suggesties voor teambuilding
14.12 Teamcoaching
14.13 Handleiding voor het verknoeien van vergaderingen
14.14 Oefening: Omgaan met lastig gedrag
14.15 Verdiepingsoefening: Omgaan met lastig gedrag

14.1 Inleiding

Teams zijn een speciaal soort groepen. Ze bestaan altijd in een bepaalde context en aan die context ontlenen ze hun bestaansrecht. Denk maar aan teams in organisaties of aan sportteams. Juist die context kleurt een aantal groepsprocessen. Ik licht dit toe aan de hand van het al eerder genoemde onderscheid tussen het externe en het interne systeem van een groep (paragraaf 14.2 en 14.3). Overal waar mensen een leefwereld of werkwereld krijgen opgelegd, ontwikkelt zich ook een 'onderleven'. De opgelegde wereld is deel van het externe systeem. Het onderleven hoort tot het interne systeem. Een belangrijk deel daarvan zijn allerlei stille praktijken. Dit zijn informele gedrags- en communicatiegewoonten waarmee groepen mensen of teams zich meer grip verwerven op hun leven en werken in de organisatie. Ze pakken dan de kans om de organisatie een beetje in eigen voordeel te benutten. Zulke praktijken gaan 'buiten het officiële boekje' en buiten het officiële leven van de organisatie. Door stille praktijken kunnen deelnemers aan de organisatie en groepsleden 'het systeem bespelen' en ietwat naar eigen hand zetten (paragraaf 14.5).

Lang is er gezocht naar het ideale team, net zoals er lang gezocht is naar de ideale leider. Er is heel veel over nagedacht en getheoretiseerd. Een van de weinigen met een serieuze theorie is Belbin, door zijn jarenlange onderzoek naar teamrollen. De resultaten van zijn onderzoek geven geen simpel antwoord op de vraag wat de ideale teamsamenstelling is. De werkelijkheid van organisaties en teams is daar te complex voor. Toch biedt Belbin boeiende inzichten (paragraaf 14.6). Even gevarieerd is de literatuur over optimaal functioneren van teams. In de managementhoek verschijnen daarover jaarlijks tientallen boeken. De meeste van die boeken richten de aandacht op het procedureniveau. Ik bepleit daarentegen meer aandacht voor het bestaansniveau (paragraaf 14.7). Op basis van mijn model van niveaus van groepsfunctioneren (zie hoofdstuk 4) kan ik ook de kenmerken formuleren van een effectief team. Ik benoem kenmerken op inhoudsniveau, procedureniveau, interactieniveau, bestaansniveau en contextniveau (paragraaf 14.8). Het is ook mogelijk om zelf de sterkten en zwakten van een concreet team te onderzoeken. Op basis van een krachtenveldanalyse (zie Lewin in paragraaf 2.8) bied ik daartoe een stapsgewijze methodiek in paragraaf 14.9. Met een groep kun je zo niet alleen de sterkten en zwakten, maar ook de kansen en bedreigingen analyseren.

Juist omdat het ideale team niet bestaat, zijn er nogal wat methoden uitgewerkt om het functioneren van teams op een hoger plan te brengen. De bekendste methoden zijn teambuilding (paragraaf 14.10) en teamcoaching (paragraaf 14.12). Vaak wordt daarbij een externe deskundige ingeschakeld: een teamtrainer of een teamcoach. Om een indruk te geven van waar het om kan gaan in zo'n training geef ik in paragraaf 14.11 een aantal suggesties voor teambuilding.

In paragraaf 14.13 geef ik een paradoxale handleiding voor het verknoeien van vergaderingen, onder het motto: 'Wie de boel in het honderd kan laten lopen, heeft ook de competenties om de boel goed aan te sturen.' Ik besluit het hoofdstuk met twee oefeningen voor het omgaan met lastig gedrag (paragraaf 14.14 en 14.15).

14.2 Extern en intern systeem

Elke groep bestaat in een omgeving, de context, waardoor de groep beïnvloed wordt en waar de groep invloed op uitoefent. Tot het contextniveau horen alle groepsverschijnselen en -processen die beïnvloed of veroorzaakt worden door de omgeving van de groep. Tot die omgeving hoort de omringende maatschappij, maar ook de organisatie waarin de groep ingebed is. In ruimere zin kunnen we ook spreken over de invloed van de cultuur, die weer de bedding vormt van de organisatie en de maatschappij. Ook zijn er tijdgebonden invloeden. In deze paragraaf sta ik stil bij enkele processen in teams binnen de context van organisaties.

Hardware en software

Om op het spoor te komen van wat in organisaties en in groepen binnen organisaties speelt, is het handig om onderscheid te maken tussen het externe en het interne systeem (Homans, 1966).
- Het *externe systeem* bestaat uit een door managers ontworpen plan voor het bereiken van organisatiedoelen: dat is de 'blauwdruk' van de organisatie en van groepen daarbinnen. Deze blauwdruk vormt het skelet: de papieren organisatie.
- Het *interne systeem* is niet gepland, maar ontwikkelt zich spontaan uit de interacties tussen de groepsleden als resultaat van psychologische en sociologische processen bij de groepsleden terwijl ze bezig zijn het formele plan uit te voeren. De organisatiepsycholoog Mulder spreekt in dit verband van de 'rooddruk' van de organisatie: het 'vlees en bloed' van de organisatie dat laat zien hoe het allemaal écht functioneert.

Het externe en het interne systeem worden ook weleens de hardware en de software van de organisatie genoemd (zie figuur 14.1).

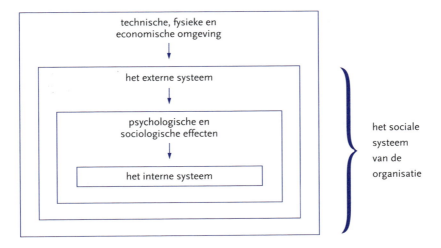

Figuur 14.1 Het externe en het interne systeem

Zodra personen beginnen te functioneren in het externe systeem, ontstaan bepaalde communicatievormen die verder gaan dan de vereisten van dat externe systeem. Zulke zich spontaan ontwikkelende communicaties worden niet rechtstreeks bepaald door de omgeving, maar zijn het gevolg van psychologische en sociologische eigenschappen van de personen die door het externe systeem in een werkverband geplaatst zijn. Het interne systeemgedrag resulteert uit persoonlijke kwaliteiten en interpersoonlijke interactie. Daarom heet dit interne systeem ook wel *de informele organisatie*, terwijl het externe systeem vaak de *formele organisatie* genoemd wordt.

Formele en informele communicatie

Ook aan de communicatie binnen en tussen groepen in organisaties is deze tweedeling te herkennen: enerzijds de formeel vereiste communicatie, anderzijds de zich informeel ontwikkelende communicatie.

– *Formeel*

De communicatiekanalen die formeel voorgeschreven zijn, zijn in werking gezet door het management en andere personen met een formele machtspositie. Deze *formele communicatiekanalen* vallen grotendeels samen met de hiërarchische structuur van de organisatie, zoals dat zichtbaar gemaakt kan worden in een organisatiediagram. Daarin is voorgeschreven wie met wie dient te communiceren en hoe dit moet gebeuren. Opvallend vaak is dit schriftelijke communicatie: rapportage, notulen, verslaglegging, dossiervorming, mails, opdrachtbriefjes en allerlei formulieren. Ook de verantwoordelijkheden zijn hierbij vastgelegd. Formele communicatie is gepland en systematisch, kent vaak een gezagsdimensie en is vaak gedocumenteerd. Formele communicatiekanalen verbinden posities. Men communiceert zo, omdat dat zo moet.

– *Informeel*

Personen binnen organisaties beperken hun communicaties echter niet slechts tot de voorgeschreven kanalen. Men communiceert veel meer en veel vaker dan wat strikt genomen nodig is in het formele organisatieplan. Zulke neigingen om meer te communiceren leiden tot een grote verscheidenheid aan andere communicatiekanalen; dat zijn de *informele communicatiekanalen*. Deze informele kanalen verbinden geen posities, maar personen. Deze kanalen zijn ad hoc, spontaan en niet-gepland en betreffen meestal mondelinge communicatie in een persoonlijk contact. Men communiceert zo, omdat men dat zo wil.

Informele communicatiekanalen dienen verschillende belangrijke doeleinden:

- ter bevrediging van persoonlijke behoeften, zoals de behoefte aan contact;
- ter bestrijding van verveling en eentonigheid;
- om invloed uit te oefenen op anderen in de organisatie;
- om op een snelle manier iets gedaan te krijgen;
- om werkgerichte informatie te verkrijgen; met name wanneer de formele kanalen tekortschieten in het beschikbaar krijgen van de nodige of gewenste informatie, kunnen organisatieleden informele kanalen gaan gebruiken.

Het systeem van formeel vereiste communicaties wordt ook wel het *required system* genoemd (het vereiste systeem) en het systeem van de informeel zich ontwikkelende communicaties het *emergent system* (het tevoorschijnkomende systeem). Dit is eenzelfde tweedeling als die van Homans tussen het externe systeem en interne systeem.

Het sociale systeem

De twee subsystemen (extern en intern) vormen tezamen het sociale systeem van de groep of organisatie. Het externe systeem dient vooral taakdoelen (*achievement goals*) en zorgt ervoor dat de groep of organisatie zich kan handhaven in de omgeving. Het interne systeem versoepelt het interne groepsfunctioneren en dient vooral handhavingsdoelen (*maintenance goals*), want dit systeem bevordert dat de groep als groep in stand blijft. Via deze indeling in extern systeem en intern systeem kunnen we goed zien in welke mate het groepsfunctioneren wordt gekleurd en bepaald vanuit de externe omgeving: de context.

14.3   Oefening: Extern en intern systeem

Deze oefening maakt je wat meer vertrouwd met de begrippen extern en intern systeem. De oefening bestaat uit twee stappen:
1. een individueel gedeelte;
2. een gesprek in tweetallen.

Totale duur van de oefening: 45 à 60 minuten.

NB Vooraf moet je duidelijk kiezen welke groepering je in beeld gaat brengen: de organisatie, een afdeling of unit binnen de organisatie, een team, wellicht de groep waarvan je nu deel uitmaakt ... Hier ga ik ervan uit dat je keuze gevallen is op het in beeld brengen van een eigen afdeling binnen de organisatie.

Individueel gedeelte

Maak voor jezelf twee tekeningen van je werksituatie. De eerste tekening bestaat uit een organisatiediagram. Geef hierin je eigen positie en afdeling weer en teken hieromheen de andere geledingen van je organisatie waarmee je op een of andere wijze in contact staat. Dit levert een plaatje op van de formele organisatiestructuur. Het is gebruikelijk om elke positie of afdeling in zo'n tekening in rechthoeken te tekenen met daarin of daaronder de aanduiding in organisatietermen.

De tweede tekening bestaat uit een sociogram van de personen op je werkplek met wie je met enige regelmaat te maken hebt. Geef elke persoon aan met een cirkeltje. Begin met jezelf. Elk cirkeltje kan variëren in grootte en daarmee geef je aan hoe belangrijk die persoon is in het informele netwerk. Je kunt de cirkeltjes ook dichtbij of veraf tekenen ten opzichte van jouw eigen cirkeltje en ten opzichte van andere cirkeltjes.

Door de cirkeltjes dichterbij of verderaf te tekenen, geef je aan hoe persoonlijk of hoe afstandelijk die personen met elkaar omgaan. Daarna verbind je de cirkeltjes met lijnen. Je kunt daarbij de volgende soorten lijnen gebruiken:
- een drievoudige lijn betekent een intensieve positieve relatie;
- een stippellijn betekent een zwakke relatie;
- een zigzaglijn betekent een negatieve relatie;
- een drievoudige lijn met daar doorheen een zigzaglijn betekent een intensieve negatieve relatie.

Op deze wijze heb je het informele netwerk getekend.

Mogelijke aanvulling

Kies twee foto's uit een map of uit een bundel tijdschriften: één foto die de formele organisatie typeert en één foto die past bij de informele organisatie. Of kies twee associatiekaarten (zie voetnoot bij volgende paragraaf).

Gesprek in tweetallen

Bespreek nu beide tekeningen (en eventueel foto's) met degene die naast jou zit. Verdeel de tijd eerlijk, zodat jullie allebei ongeveer evenveel aan bod komen. Bespreek de overeenkomsten en verschillen tussen beide tekeningen: in welke opzichten overlappen het externe en het interne systeem elkaar en in welke opzichten juist niet? Bespreek ook de sfeer op je werkplek en leg daarbij verbanden met de twee tekeningen (en eventuele foto's).

Leg ook een verbinding naar het onderwerp leiderschapsstijl: welk type leiderschap kenmerkt het externe systeem en welk type het interne systeem?

14.4 Oefening: Communicatie binnen het team

Stappen 1 tot en met 4 werk je af in tweetallen, stap 5 vindt plaats in de plenaire groep.
1. Kies een foto of trek een associatiekaart[13] rond de vraag: hoe ervaar ik *mijn positie* binnen mijn groep (team/organisatie)?
2. Kies een foto of trek een tweede kaart rond de vraag: hoe ervaar ik de *feitelijke situatie* in mijn groep (team/organisatie) wat betreft communicatie?
3. Kies een foto of trek een kaart rond de vraag: wat is voor mij de *wenselijke situatie* in mijn groep (team/organisatie) wat betreft communicatie?
4. Ga nu terug naar de twee eerder gemaakte tekeningen (paragraaf 14.3) van het externe en interne systeem. Geef met kleur aan waar je aangrijpingspunten ziet voor beïnvloeding, om van stap 2 naar stap 3 te komen. Welke actiestappen kun je ondernemen om:
   - goedlopende communicatielijnen te versterken?
   - slechtlopende communicatielijnen te verbeteren?
5. Ieder tweetal presenteert plenair de belangrijkste punten uit de actieplannen, gevolgd door een plenair gesprek hierover.

Tijdsduur: stappen 1 tot en met 4: circa 40 minuten. De tijdsduur van stap 5 is variabel.

14.5 Stille praktijken

Tot de informele organisatie van het interne systeem horen ook een aantal stille praktijken. Hiertoe reken ik allerlei informele codes en gewoonten die bijdragen aan het vestigen en behouden van een eigen identiteit als team binnen de organisatie. Via deze stille praktijken kan het team heimelijk voordeel halen uit de positie of deelname aan de organisatie. Voorbeelden van zulke praktijken zijn het gebruik van het gebouw en van apparatuur (telefoon, kopieermachines, computerfaciliteiten) voor privé- of groepsdoel-

---

13 Voorbeelden van associatiekaarten: Twynstra Gudde Kaarten; Associatiekaarten (René Domenisse, Uitgeverij Thema, 2011); Briefingcards (Uitgeverij Spanish Waters, www.briefingcards.nl); RAAK Associatiekaarten (www.toermalijndordrecht.nl); Creatum Beeldwerkkaarten (www.creatum-beeldwerk.nl).

einden op momenten dat de formele taakvervulling niet centraal staat. De blauwdruk van de organisatie met haar formele structuur en taakverdeling vereist dat het team zich in vergaande mate aanpast aan de organisatie. Via informele stille praktijken brengt het team dit weer wat in balans, door de mogelijkheden van de organisatie aan te passen aan eigen behoeften.

Goffman: totale instituties

Een goede introductie op stille praktijken en achtergronden daarvan biedt het werk van Goffman. Deze socioloog heeft in de jaren vijftig vier klassiek geworden artikelen geschreven over het verblijf in speciale typen organisaties die hij aanduidt als *totale instituties* (Goffman, 1992). Voorbeelden van zulke totale instituties zijn tehuizen, verpleeginrichtingen, kazernes, gevangenissen, schepen, kloosters enzovoort. Soms noemt Goffman ze 'gestichten' (*asylums*). Het zijn organisaties waarin de bewoners alle levensaspecten als werken, slapen, eten en ontspannen in de onmiddellijke nabijheid van dezelfde anderen doorbrengen die op gelijke wijze van de buitenwereld afgesloten zijn. In zijn analyse beschrijft Goffman indringend hoe het *zelf*, ofwel de identiteit, sterk afhankelijk blijkt van de sociale kaders die het omringen. Een aantal aspecten van zulke totale instituties is ook herkenbaar in andere organisaties, zij het op wat minder uitgesproken wijze. Ik geef hieronder enkele voorbeelden.

Het onderleven van de organisatie

Stille praktijken helpen om te 'ontsnappen' aan de eisen die formeel opgelegd zijn en zelfs aan de identiteit die de organisatie vraagt. Het gaat hierbij om allerlei activiteiten 'buiten het boekje', die het team of de groep personen in staat stelt om een zekere mate van autonomie, zelfrespect en eigen identiteit op te bouwen en te handhaven. Zulke praktijken kunnen zich slechts uiten in een heimelijk bestaan dat (in termen van Goffman) het onderleven van de organisatie vormt. Overal waar mensen een werk- en leefwereld opgelegd krijgen, ontwikkelt zich een onderleven. Overal waar het menselijk bestaan wordt uitgebeend, kunnen we zien wat mensen doen om hun leven vlees en bloed te geven. In dit licht bezien zijn stille praktijken onmisbaar voor het opbouwen van een leefwereld.

Een belangrijke functie van stille praktijken is het aanbrengen van een barrière tussen het team en de sociale eenheid van de organisatie. Een van de manieren om zo'n distantie op te bouwen, is de 'geestelijke verhuizing' (of 'kick') in een activiteit, die tijdelijk alle besef van de omgeving uitwist. Tot zulke ontsnappingsmogelijkheden behoren sport, kaartspelen, toneelopvoeringen of een diepe duik in de wereld van het werk. Met zulke praktijken demonstreert het team *dat het een zeker eigen bestaan en een zekere mate van autonomie bezit, waar de organisatie geen vat op heeft.*

Andere voorbeelden van distantie tegenover de organisatie zijn ontevreden en opstandig gemopper, minachting voor het gezag dat tot uitdrukking komt in de manier waarop men 'gehoorzaamt' en ironie zoals die tot uitdrukking komt in het geven van bijnamen. Er bestaat een speciale manier van optreden waarbij kalmte, waardigheid en distantie gecombineerd worden tot een uniek mengsel dat uitdrukt dat men een volkomen onafhankelijk mens is, maar dat toch net niet onbeschaamd genoeg is om bestraffend ingrijpen te rechtvaardigen.

Goffman (1992, p. 213) wijst erop dat al dit soort praktijken waarbij men een stukje van zichzelf uit de greep van de organisatie probeert te houden, geen incidenteel 'verdedigingsmechanisme' vormt, maar een wezenlijk bestanddeel van de eigen identiteit is. Daarom merkt Goffman (p. 214) aan het eind van zijn essay op dat 'our sense of personal identity often resides in the cracks of the solid buildings of the world' ('ons gevoel van persoonlijke identiteit vindt vaak houvast in de scheuren en zwakke plekken van de solide bouwwerken van de wereld').

14.6 De teamrollen van Belbin[14]

Sommige teams scoren, andere zijn verliezers. Doorgaans zoeken we de oorzaak in de teamleider of in de kwaliteiten van de teamleden, maar het ligt echter opmerkelijk vaak aan de samenstelling van het team. Belbin had ruim elf jaar nodig om daar wat zicht op te krijgen, en met succes. Het onderzoek bestond uit het volgens verschillende hypothesen samenstellen van teams: 120 experimentele teams met doorgaans zes deelnemers. Naar aanleiding van al deze experimenten formuleerde hij de *teamroltheorie*. Deze theorie is uitvoerig in de echte managementpraktijk getest en aangescherpt (Belbin, 1981).

De teamroltheorie heeft betrekking op de manieren waarop teamleden aan het team kunnen bijdragen. Het aantal nuttige teamrollen is klein: in totaal zijn er acht: de Organisator (ook wel Bedrijfsman genoemd), de Bronondersoeker (Ontdekker), de Uitvinder (Generator, Plant), de Doordenker (Monitor, Waarschuwer), de Vormgever (Vormer), de Voorzitter (Aanvoerder), de Afmaker (Zorgdrager) en de Groepswerker. Deze acht rol-

---

14 Bronnen van deze paragraaf: Oomkes, 2002; Kooij e.a., 1995.

len zijn alle noodzakelijk voor het succes van het team. Teams waarin teamrollen niet of juist te vaak vervuld worden, zijn weinig succesvol.

Later voegde Belbin nog twee teamrollen toe: de Specialist en de Stuiterbal. We slaan beide rollen hier over. De Specialist omdat hij alleen zijn kennis inbrengt. Verder heeft hij geen aparte functie in het team. De Stuiterbal sticht alleen verwarring. Ook dat is geen teamrol. Hij vernielt voornamelijk zijn eigen team.

Acht rollen

1. De organisator (OG)

De Organisator zet zich gewetensvol en gedisciplineerd in voor het team, niet voor zijn eigen belangen. Hij is praktisch, goed van vertrouwen, tolerant en behoudend. Hij werkt ordelijk en pakt ook vervelend werk aan.

2. De Brononderzoeker (BO)

Brononderzoekers gebruiken anderen om achter de informatie te komen die ze nodig hebben. Ze trekken eropuit, zoeken uit wat er speelt, leggen veel contacten en stellen, met perfecte timing, goede vragen. Daarom zijn ze goed in zakendoen. Brononderzoekers zijn netwerkers die niet uitblinken in het bedenken van nieuwe ideeën, maar eerder die van anderen overnemen en combineren. Een goed functionerende Brononderzoeker heeft veel weg van een manager.

3. De Uitvinder (UV)

Uitvinders zijn slim, introvert, zachtaardig en gespannen; ook hechten ze aan slimheid en originaliteit. Uitvinders zijn zelden manager (tenzij ze de oprichter zijn van een bedrijf dat op hun vondsten is gebaseerd). Aangezien Brononderzoekers en Uitvinders verschillende talenten hebben, zitten ze elkaar in het team niet in de weg; ze vullen elkaar aan.

4. De Doordenker (DO)

De Doordenker is bovengemiddeld intelligent en belangeloos objectief. Hij is de enige die in intellectueel opzicht de Uitvinder aankan en hem kan overtuigen. Hij heeft altijd gelijk, maar beroept zich niet op originaliteit. Hij is voorzichtig en heeft een ingebouwde immuniteit voor enthousiasme. Hij vormt zich een afgewogen oordeel dat rekening houdt met alle factoren. Hij heeft een lage prestatiedrang. Zo iemand lijkt droog, saai en al te kritisch, maar hij kan tot een hoge positie komen, vooral op hoofdkantoren. In teams is hij zeer waardevol: hoe talrijker de voorstellen en hoe complexer de besluitvorming, hoe belangrijker zijn rol als specialist.

5. *De Vormgever (VM)*
Uit hun testprofiel en gedrag blijken Vormgevers extraverte mensen met een overvloed aan energie en een sterke prestatiedrang. In veel opzichten zijn ze het tegenovergestelde van een goed teamlid: ze dagen anderen uit, zijn het oneens, zijn ongeduldig en maken ruzie. Als anderen dan terugslaan, reageren ze opvallend flexibel en goed gehumeurd, alsof ze genieten van de strijd.
   Verder bestaat hun profiel uit de volgende eigenschappen: bezorgd, achterdochtig, snel gefrustreerd, maar ook gezellig, opportunistisch, realistisch en emotioneel. Reageert heftig bij teleurstelling en irritatie, maar is ook veerkrachtig, onbevreesd en vastberaden in de omgang met anderen. De Vormgever brengt een ingezakte groep in actie. In een evenwichtige groep stoort hij. Hij neemt het team op sleeptouw, zet het systeem onder druk, onderhandelt en zet door.

6. *De Voorzitter (VZ)*
Belbin definieert een goed leider als degene met wie het team de beste resultaten behaalt. Uit zijn onderzoek blijkt dat (anders dan hij dacht) geslaagde Voorzitters *niet* intelligenter of creatiever waren dan minder geslaagde. De goede Voorzitter is ten minste even intelligent als zijn teamleden, maar nooit veel meer. Als de teamleden iets niet begrijpen, dan begrijpt hij het ook niet. Als zij het kunnen volgen, dan kan hij dat ook. Wat zijn nu geschikte persoonlijkheidskenmerken voor een Voorzitter? Hij is niet jaloers of wantrouwend; hij is dominant en sterk moreel betrokken op externe doelen. Verder is hij onverstoorbaar bij onenigheid, realistisch en enthousiast. Ten slotte waardeert hij levendige en dynamische mensen en mensen die zich inspannen, niet opgeven en hun doelen bereiken. Een goede Voorzitter houdt de vergadering in de hand; vooral op kritieke momenten probeert hij de eenheid te bewaren. En dat lukt hem omdat men respect voor hem heeft.

7. *Afmaker (AM)*
Met grote zorgvuldigheid iets afmaken is bij iedere onderneming van belang. Zonder Afmaker falen teams die hun doel bijna bereikt hebben voor de laatste hindernis. Aandacht voor details is van groot belang. Precies die aandacht komt van de Afmaker. Voordat een onderneming een product op de markt brengt, moeten alle vereiste tests worden uitgevoerd. Er mag niets over het hoofd gezien worden. Afmakers zijn gespannen, maar gedisciplineerde mensen, introvert en met een aanleg voor een maagzweer. Ze maken zich namelijk ook zorgen over alles wat fout zou kunnen gaan. Ze waarderen gestage inspanning, doorzetten en consequent zijn. Ze maken af waaraan het team is begonnen.

8. De Groepswerker (GW)

De Groepswerker is iemand die goed luistert en met iedereen om kan gaan. Hij stelt het belang van het team boven zijn eigen belang. De Groepswerker is een gevoelige, vriendelijke persoonlijkheid met belangstelling voor mensen en communicatie. Hij kan uitgroeien tot een gewaardeerd manager. De Groepswerker is smeerolie voor teams; hij bevordert de teamgeest en de samenwerking. De Groepswerker helpt conflicten te vermijden en maakt zo de taak van de Voorzitter een stuk gemakkelijker.

Onderstaand schema geeft een overzicht van de teamrollen.

Type	Kenmerken	Kwaliteiten	Zwakke kanten
1. organisator	behoudend, taakgericht, verantwoordelijk, voorspelbaar, houdt van actie, behoefte aan structuur	organisatievermogen, praktisch, gezond verstand, hardwerkend, zelfbeheersing	geringe flexibiliteit, weinig aandacht voor onbewezen ideeën, hekel aan wat vaag of abstract is
2. brononderzoeker	extravert, enthousiast, nieuwsgierig, communicatief, vindingrijk, plezier in het leven	vermogen contacten te leggen, nieuwe mogelijkheden te onderzoeken, uitdagingen aan te gaan	vlinderachtig, verliest gauw belangstelling zodra de aanvankelijke fascinatie geluwd is
3. uitvinder	innovatief, individualistisch, serieus, mijdt gebaande wegen, associatief denken, creatief, intuïtief	genialiteit, fantasie, hersens en kennis, houdt van brainstormen	ivoren toren, weinig geduld met praktische details of protocol, einzelgänger, gebrek aan sociale vaardigheden
4. doordenker	nuchter, voorzichtig, wars van enthousiasme en emoties, koel, analyseert, zoekt achterliggende oorzaken	oordeelsvermogen, weegt alle factoren mee, koppig, 'advocaat van de duivel'	weinig geïnspireerd en inspirerend, weet anderen niet te motiveren
5. vormgever	gespannen, dynamisch, naar buiten gericht, strijdig, forse geldingsdrang	*pusher*, agressief tegenover inertie en zelfgenoegzaamheid, ineffectiviteit en zelfmisleiding	geneigd tot provoceren, ongeduldig, impulsief, snel geïrriteerd, neiging tot machtsmisbruik

Type	Kenmerken	Kwaliteiten	Zwakke kanten
6. voorzitter	rustig, vol zelfvertrouwen, beheerst, taak- en resultaatgericht, oog voor de kwaliteiten van anderen	vermogen mensen met potentiële bijdragen op hun merites te beoordelen, treedt mensen zonder vooroordelen tegemoet en geeft ze de ruimte, sterk doelgericht	doorsnee qua intellect of creatief vermogen
7. afmaker	accuraat, ordelijk, consciëntieus, waakzaam, betrokken	sterke behoefte dingen tot een goed eind te brengen, perfectionistisch, aandacht voor details	neiging zich zorgen te maken over details, laat de dingen niet makkelijk hun eigen weg gaan, vindt anderen snel slordig
8. groepswerker	sociaalgericht, meegaand, zachtaardig, sfeergevoelig, wil saamhorigheid	reageert op mensen en situaties, bevordert de teamgeest, zorgt graag voor anderen, zorgt dat anderen zich thuis voelen	besluiteloos in crises

Mensen hebben nut voor een team als ze kenmerken bezitten waar behoefte aan is en als ze geen duplicaat zijn van degenen die al in het team zitten. Bij teams draait het om evenwicht: om individuen die elkaars persoonlijkheden aanvullen en tegenwicht bieden. De volgende principes vormen een leidraad bij het ontwerpen van teams:

1. Leden van een team dragen op twee manieren bij: door hun professionele kennis en door hun teamrol(len).
2. In ieder team moeten zowel de functionele rollen als de teamrollen optimaal verdeeld zijn. Welke combinatie optimaal is, hangt af van de taken van het team.
3. Hoe beter de teamleden de onderlinge verdeling van kwaliteiten herkennen en zich daaraan aanpassen, hoe effectiever het team is.
4. Een team kan haar technische vaardigheden pas optimaal gebruiken als alle teamrollen zijn vertegenwoordigd.

Achtergronden van de teamrollen

De acht teamrollen zijn niet willekeurig ontstaan. Zowel Oomkes (2002) als Kooij e.a (1995) wijzen op dieperliggende achtergronden, die ze als volgt uitleggen. De mens kent vier basismodaliteiten: voelen, willen, denken en doen. Bij het jonge kind ontwikkelen die modaliteiten zich in deze volgorde. Hoe we deze basisuitrusting gebruiken en onze voorkeuren daarbinnen ontwikkelen, verschilt van mens tot mens. Hoe dan ook, het lijkt wel of steeds een van de vier modaliteiten in de volwassen persoonlijkheid domineert en dat is de hoedanigheid die men het meest heeft leren vertrouwen en die het meest effectief bleek. Zo ontstaat uit de gedachte dat zich zo acht specifieke configuraties van voelen, willen, denken en doen ontwikkelen, *acht basisontwerpen* die tot uiting komen in gedrag in teams. Ik zal deze modaliteiten koppelen aan de teamrollen.

Maar eerst moet ik nog een onderscheid verduidelijken. Naast het onderscheid tussen voelen, willen, denken en doen, maken Oomkes en Kooij e.a een onderscheid tussen primaire en secundaire producenten. De primaire teamrol *produceert* wat er nog niet is, de secundaire is de teamrol die *omgaat* met wat de wereld toelevert. De primaire rol produceert, levert, brengt iets in het team wat er nog niet is. Hij brengt dit naar voren vanuit zijn eigen persoonlijkheid, zijn eigen denken, doen, willen of voelen. De secundaire rol gaat om met wat de wereld hem toelevert. Hij verzamelt, verwerkt, vertaalt wat op zijn persoon afkomt.

Vier lagen in het model van de teamrollen

De eerste laag is het doen: Organisator en Ontdekker.
De tweede laag is het denken: Uitvinder en Doordenker.
De derde laag is het willen: Vormgever en Voorzitter.
De vierde laag is die van het gevoel: de golflengte van de Afmaker en de Groepswerker.

Dit houdt niet in dat bijvoorbeeld de Organisator niet denkt. Maar hij denkt 'doenerig', in concrete handelingen. Zijn denken is in dienst van zijn daadkracht. Natuurlijk heeft de Uitvinder een wil, maar deze richt zich op ruimte om in te verzinnen. En de wil van de Groepswerker is vooral gericht op gezamenlijkheid.

Modaliteit	Primair gericht: vanuit zichzelf	Secundair gericht: vanuit wat op hem afkomt
doen daadkracht	1. organisator (OG)	2. brononderzoeker (BO)
denken denkkracht	3. uitvinder (UV)	4. doordenker (DD)
willen wilskracht	5. vormgever (VM)	6. voorzitter (VZ)
voelen gevoelskracht	7. afmaker (AM)	8. groepswerker (GW)

1. De Organisator (OG) is de primaire producent van 'doen': hij doet, werkt gestaag door en heeft een hekel aan wachten tot anderen uitgedacht zijn.
2. De Brononderzoeker (BO) haalt de daden van anderen uit de wereld bij elkaar en verzuurt als hij niet met anderen kan overleggen.
3. De Uitvinder (UV) bedenkt nieuwe dingen en kan zelfs niet luisteren zonder wat hij hoort te veranderen.
4. De Doordenker (DD) verstouwt en herkauwt wat anderen bedacht hebben; het gaat hem om begrijpen.
5. De Vormgever (VM) is onversneden 'willen' en doorduwen.
6. De Voorzitter (VZ) verzamelt de wil van anderen tot gezamenlijke besluiten.
7. De Afmaker (AM) voorvoelt wat er fout kan gaan, voorkomt dat door persoonlijke controle en legt zorg in zijn producten.
8. De Groepswerker (GW) gaat om met de gevoelens van anderen.

Winnende teams

Het blijkt niet eens zo makkelijk om te voorspellen welke teams goed gaan samenwerken. Veel hangt af van de context en van de mate waarin mensen hun vakinhoudelijke kennis en vaardigheden kwijt kunnen in hun teamrol. Het zal duidelijk zijn dat een goede mix van teamrollen van groot belang is. Volgens de observaties van Belbin dragen Organisatoren en Uitvinders het meest bij aan de teamprestaties, met de Voorzitter als goede derde. Verder is het handig als het team een mengvorm is van een of meer leiders (Voorzitter en Vormgever), werkers (Organisator en Afmaker), intellectuelen (Doordenker en Uitvinder) en onderhandelaars (Brononderzoeker en Groepswerker). Met zo'n 'bemanning' kun je heel veel taken aan. In zo'n team zijn daadkracht, denkkracht, wilskracht en gevoelskracht goed vertegenwoordigd. Wanneer het mogelijk is om bij het samenstellen van een team op de teamrollen te letten, is het goed om hier rekening mee te houden. Wanneer dit niet kan en het team al langer bestaat, is het mogelijk om vanuit de aanwezige teamrollen te bekijken welke modaliteiten (doen, denken, willen, voelen) oververtegenwoordigd zijn en welke ontbreken. Daarbij kan bovenstaand schema een hulpmiddel zijn.

14.7 Het bestaansniveau in teams en taakgerichte groepen[15]

In teams en taakgerichte groepen spelen vaak strategiebepaling, beleidsvoorbereiding, beleidsadvisering, besluitvorming, innovatie, kwaliteitszorg, onderzoek, overleg, ondersteuning aan een project of organisatievernieuwing een rol. Vaak bestaan taakgerichte groepen uit representanten van verschillende onderdelen van de organisatie of van meerdere organisaties. We spreken dan vaak van werkgroepen of projectgroepen. Doel van zulke taakgerichte groepen is vaak om binnen een bepaalde thematiek te komen tot een analyse, een opzet voor een beleidsvoorstel, een beleidsadvies enzovoort, waarin de participanten zich kunnen herkennen.

Wat betreft opzet en frequentie van samenkomst kennen zulke werkgroepen globaal twee manieren van werken:
1. Enerzijds kan er binnen een vooraf afgesproken aantal bijeenkomsten gewerkt worden aan een van bovenaf geformuleerde opdracht. Na het voltooien van de opdracht houdt de werkgroep op te bestaan. Soms komt het voor dat de werkgroep een vervolgopdracht krijgt.
2. Anderzijds zijn er werkgroepen met een continue opdracht. Zulke werkgroepen dienen bepaalde projecten te ondersteunen. Hun bijeenkomsten kennen meestal een vaste frequentie (bijvoorbeeld tweewekelijks of maandelijks) en kunnen een lange tijd (zelfs jaren) bestrijken.

Dit verschil in opzet heeft consequenties voor het procedureniveau en werkt ook door naar het betrekkingsniveau en het bestaansniveau. Het bestaansniveau komt zelden expliciet aan de orde, maar is wel impliciet aanwezig. Zo is bijvoorbeeld de eigen identiteit aan de orde. Deze kan terugslaan op de rol als vertegenwoordiger, maar ook op de persoon zelf. Al voor de start van de groep (in de voorfase) speelt vaak de kwestie welke groeperingen binnen dan wel buiten de organisatie vertegenwoordigd moeten zijn en

---

15 Bron: Goossens, 1990.

door wie. Hier is dus niet alleen aan de orde hoe de vertegenwoordiging moet zijn, maar ook de personele invulling.

Inclusie
Er speelt erkenning op het gebied van lidmaatschap (*inclusie*). Vragen die daarbij onder meer spelen:
– Ben ik als vertegenwoordiger van mijn groepering, mijn organisatie, mijn discipline en dergelijke gewenst?
– Wat is de opdracht? Hoe verhoudt zich dat tot mijn aanwezigheid?
– Ben ik als persoon gewenst?

Controle
Later ontstaan er vragen naar erkenning voor de eigen bijdrage (*controle*):
– Hoe waardeert de groep mijn inbreng als vertegenwoordiger, als representant van een groepering of van een professie (beroepsgroep)?
– Op welke aspecten kan ik als lid van de werkgroep invloed uitoefenen?
– Voor welke taken word ik competent geacht?
– Waar ligt mijn beslissingsbevoegdheid?

Affectie
Erkenning voor wie je bent (*affectie*), kan in een werkgroep terugslaan op waardering, sympathie, genegenheid voor persoonlijke aspecten of de wijze waarop je representant bent. Tussen de eigen persoon en de rol als representant kan een spanningsveld bestaan. Daarnaast spelen voor werkgroepleden op de achtergrond thema's als 'waardoor blijf ik tevreden, geëngageerd, enthousiast', maar ook 'waardoor word ik geraakt, geremd, belemmerd'.

Erkenning
De erkenning kan partieel zijn, in die zin dat je die vooral wilt hebben voor je bijdrage als deskundige op een bepaald terrein, bijvoorbeeld als technicus, arts, psycholoog enzovoort. Hierbij kunnen overigens accenten verschillen: bijvoorbeeld van welk werkgroeplid wil je vooral erkenning en aan welke eigenschappen van jezelf denk je dan. Quasierkenning voor de hele groep kan opdoemen wanneer er in de beginfase onvoldoende oriëntatie ten aanzien van de opdracht en beslissingsbevoegdheid heeft plaatsgevonden. Dan kan de fictie ontstaan van meer invloed, meer mogelijkheden, een grotere reikwijdte en dergelijke, dan in feite het geval is.

Zelfbeeld en zelfpresentatie

Belangrijk is ook welk beeld je als werkgroeplid hebt ten aanzien van jezelf en het representant zijn. De verschillende referentiegroepen (onder meer achterban, werksituatie, opleidingsachtergrond) kunnen bij dit zelfbeeld een belangrijke rol gaan spelen. Daarbij gaat het om vragen als:

- Beschouw je jezelf als representant of wil je ook als persoon gezien worden?
- Hoe wil je gezien worden: als deskundige, als loyaal werkgroeplid, als specialist enzovoort?
- Breng je alleen je 'publieke zelfbeeld' in – dat bestaat uit de rol die je in de werkgroep te vervullen hebt – of ben je bereid om ook delen van je 'privézelfbeeld' te laten zien, zoals:
    - laten zien dat je als begeleider emotioneel geraakt bent door een bepaalde thematiek in de werkgroep?
    - ruimte nemen voor inbreng van je persoonlijke twijfels (of houd je die voor je uit bezorgdheid de achterban te benadelen)?
    - twijfels over je positie binnen je eigen organisatie?
    - ervaringen van tekortschieten als professional?

Groepsklimaat

Hiermee is ook het klimaat van de werkgroep aan de orde:

- Hoeveel openheid is er in deze taakgerichte groep?
- Welke informatie kan ik hier wel of niet geven?
- Wat kan ik als persoon hier inbrengen?
- Welke informatie van mij wordt genegeerd?

Ontwikkeling van het interne systeem

Werkgroepen laten grote verschillen zien. Groepen kunnen hierin een hele ontwikkeling doormaken. In eerste instantie is de groep sterk gericht op het vervullen van de taak (de opdracht): een externe oriëntatie. De interactie in de groep beperkt zich tot het externe systeem. Als de groep verdergevorderd is, komen er ook momenten waarop de leden elkaar gaan bevragen op visies, persoonlijke meningen, achtergronden, de cultuur of structuur van de eigen organisatie of achterban. Het contact in de werkgroep wordt dan informeler en de groepsleden raken ook meer betrokken op elkaar. Het interne systeem van de groep komt tot ontwikkeling. Ook mag er dan een onderscheid bestaan tussen de mening als representant en de mening als persoon.

Optreden als eenheid

Er ontstaat mogelijk een nieuwe cultuur: aanvankelijk 'concurrerende' representanten beseffen de gemeenschappelijke belangen en worden loyaal werkgroeplid. Er komt daarbij ook meer oog voor kennis, ervaring en achtergrond van de andere werkgroepleden. De werkgroep treedt in deze fase ook meer als eenheid naar buiten.

Impasse

Toch kan de werkgroep ook tijdelijk in een impasse geraken. Oorzaken daarvan kunnen zijn:
- Belangen zijn te tegenstrijdig.
- De opdracht is te vaag of er vindt onvoldoende oriëntatie plaats.
- De achterban deelt de opvattingen van de werkgroep niet.

Soms kunnen dan verdedigingsmechanismen gaan spelen, zoals 'eigen stokpaardjes berijden', alleen de eigen organisatie centraal stellen, besluitvorming bemoeilijken, alleen praten vanuit visies, procedures, modellen enzovoort.

Twee polariteiten

In deze verdergevorderde fase kunnen ook twee polariteiten zichtbaar worden (vergelijk Remmerswaal, 1992, p. 177):
1. Een polariteit tussen zelfstandigheid en groepsgerichtheid: deze kan vorm krijgen als een spanning tussen de autonomie van de eigen groepering of organisatie versus de gezamenlijk gedragen verantwoordelijkheid als partners binnen de werkgroep.
2. Een polariteit tussen stabiliteit en verandering: een neiging tot vasthouden aan het bekende van de eigen groepering of organisatie versus een behoefte aan vernieuwing die door de samenwerking in de werkgroep mogelijk wordt.

Interventies op bestaansniveau

Hoewel het methodisch handelen van een groepsbegeleider (of voorzitter) vooral interventies op inhouds- en procedureniveau omvat, bied ik hier een aanvulling met een aantal interventies op bestaansniveau. Vooraf merk ik op dat in taakgerichte groepen het bestaansniveau slechts zelden expliciet aan de orde komt. Wie erop gaat letten, zal echter merken dat het bestaansniveau impliciet aanwezig is.

1. Erkenning voor ieders aanwezigheid (inclusie)
In de groepsvormingsfase kan de groepsbegeleider aandacht voor het bestaansniveau tot uitdrukking brengen door aandacht voor ieders aanwezigheid op de bijeenkomsten. Bij

de planning moet hij zo veel mogelijk data plannen waarop iedereen kan. Als dit niet zo is, worden afspraken geannuleerd of veranderd. Ook komen vragen aan de orde hoe de groep tot deze samenstelling is gekomen en of deze samenstelling past bij de opdracht. De groepsbegeleider probeert in zijn houding uit te stralen dat ieder van de aanwezigen nodig is om de taak te kunnen uitvoeren. Hij bevestigt meermalen dat hij het waardevol vindt dat juist déze personen aanwezig zijn. Hoewel dit soort aspecten procedurezaken lijken, speelt op bestaansniveau de erkenning voor ieders aanwezigheid of lidmaatschap (Schutz: inclusie).

2. *Erkenning voor ieders bijdrage (controle)*
De groepsbegeleider probeert bij de oriëntatie op de taak te bevorderen dat deelnemers gaan bespreken wat zij als hun bijdrage zien. Hij probeert daarbij te komen tot een werkplan waarbij een verdeling van deelopdrachten tot stand komt die aansluit op ieders competenties. Hierbij worden de groepsleden aangesproken op hun deskundigheden en competenties en wat ieder in het kader van de opdracht te bieden heeft (Schutz: controle).

3. *Besluitvorming*
De groepsbegeleider streeft, voor zover besluitvorming aan de orde is, naar een besluitvormingsproces waarbij alle groepsleden invloed kunnen uitoefenen. Dit betekent een voorkeur voor consensus-, compromis- en meerderheidsbesluiten. Ook dit aspect sluit aan op erkenning voor wat de groepsleden inbrengen (Schutz: controle).

4. *Ieders beeld van zichzelf*
De groepsbegeleider gaat in de oriëntatiefase ook na hoe elke vertegenwoordiger zijn aanwezigheid of rol ziet. Eigenlijk is dan aan de orde welk beeld de deelnemer van zichzelf geeft: adviseur, specialist, deskundige, op persoonlijke titel enzovoort. Hierin komt de zelfgekozen identiteit van elk groepslid naar voren. Daarbij kan hij ook letten op verwachtingen die deelnemers naar elkaar hebben (Hoe wil je de ander zien?).

5. *Twijfels benoemen*
De schaduwkanten van de zelfbeelden van de groepsleden komen slechts sporadisch expliciet naar voren, omdat in dergelijke groepen de koppeling met de opdracht op de voorgrond blijft staan. Het doel, de opdracht, de beschikbare tijd, de frequentie en de aard van de bijeenkomsten zijn er vaak niet naar om stil te staan bij zulke schaduwkanten. Wel kan de groepsbegeleider soms momenten van eigen twijfels of dilemma's benoemen. Bijvoorbeeld: 'Ik word nu onzeker omdat ik merk dat dit veel voor jou betekent en

ik daarop in zou willen gaan, maar we moeten ook verder met ...' Soms is een verwijzing naar een andere plek, situatie, tijd en dergelijke op zijn plaats.

6. *Waardering voor elkaar (affectie)*
Het komt gelukkig ook voor dat groepsleden waardering naar elkaar gaan uiten of op andere wijze positief naar elkaar reageren over de manier van samenwerken (Schutz: affectie). De groepsbegeleider doet er goed aan om dit te bevestigen. In deze fase van groepsontwikkeling gaan deelnemers persoonlijker reageren en soms ook spreken vanuit hun persoonlijke achtergronden, hun visies, waarden, opstelling en dergelijke. Ze bevragen elkaar soms ook op zulke visies en waarden. Ook hierin kan de groepsbegeleider een ondersteunende of stimulerende rol vervullen.

7. *Leren van elkaar en groepscohesie*
Dit thema sluit ook aan op enkele 'genezende factoren' die Yalom (1978) noemt. Eén daarvan, 'leren van elkaar', kan in de werkgroep tot een belangrijke waarde worden om elkaar beter te gaan verstaan. Door zich te spiegelen aan de ander, vergroten de werkgroepleden het inzicht in hun opstelling. De groepsbegeleider kan bevorderen dat de ander in zijn bedoeling, achtergrond, opstelling en dergelijke wordt verstaan. Dit heeft ook waarde voor een andere genezende factor: 'vergroting van groepscohesie'.

8. *Omgaan met impasses*
Bij een impasse is het van belang om de oorzaak te onderzoeken. Daarbij kun je globaal een onderscheid maken naar taak en sociaal-emotioneel niveau in de groep. Analoog aan deze twee niveaus kan de groepsbegeleider met de groep onderzoeken waar de impasse mee te maken heeft. Daarbij geldt dat het scheppen van harmonieuze werkverhoudingen, bemiddelen, diplomatie, vasthouden aan een rustige basishouding, zorgvuldig en integer handelen van even groot belang zijn als behartigen van belangen, onderhandelen, omgaan met conflicterende visies enzovoort.

9. *Afscheid*
Ten slotte is het bij groepen die een opdracht voltooid hebben van belang om veel aandacht te besteden aan afscheid nemen. Dit kan de vorm krijgen van expliciet waardering uitspreken voor ieders bijdrage voor het eindproduct en voor de wijze van samenwerken. Soms kan daarop een afsluiting in informele sfeer plaatsvinden (gezamenlijke borrel, maaltijd).

14.8 Effectieve teams

Niet elke werkgroep binnen een organisatie is een team. De term 'team' verwijst naar tamelijk duurzame werkgroepen die bestaan uit mensen van ongeveer gelijke rang, samen met hun onmiddellijke meerdere. Werkgroepen, projectgroepen en dergelijke hebben een meer tijdelijk karakter en hebben soms enkele kenmerken van teams. Volgens Reilly en Jones (1974) moet er aan vier criteria worden voldaan om van een team te kunnen spreken:

1. De groep moet een opdracht of bestaansreden voor de samenwerking hebben.
2. De groepsleden moeten op elkaar aangewezen zijn voor het bereiken van de gezamenlijke doelen.
3. De groepsleden moeten zich verbonden hebben aan het uitgangspunt dat samenwerken als groep tot effectievere besluiten leidt dan solistisch werken.
4. De groep moet vanuit een gedeelde verantwoordelijkheid aanspreekbaar zijn als een functionerende eenheid binnen de grotere context van een organisatie.

> **Checklist: Effectief vergaderen**
>
> De volgende onderwerpen zijn van belang bij het doorlichten van een vergadering:
>
> 1. Is de functie van de vergadering voor de deelnemers duidelijk? Is het een informatieve, een meningsvormende of een besluitvormende vergadering?
> 2. Is de vergaderprocedure voor de deelnemers helder en wordt ze door iedereen geaccepteerd?
> 3. Zijn de agendapunten duidelijk? Wat moet er per punt bereikt worden?
> 4. Heeft iedereen voldoende informatie?
> 5. Zijn de stukken gelezen?
> 6. Begint de vergadering op tijd?
> 7. Eindigt de vergadering op tijd?
> 8. Geeft de voorzitter voldoende ruimte voor discussie?
> 9. Geeft de voorzitter samenvattingen en geeft hij de besluiten helder weer?
> 10. Wordt er genotuleerd? Hoe?
> 11. Hoe is de besluitvormingsprocedure?
> 12. Is deze voor iedereen helder en acceptabel?
> 13. Hoe is de kwaliteit van de besluiten en worden ze geaccepteerd?
> 14. Worden afspraken regelmatig geëvalueerd? Is er waardering voor behaalde resultaten of geleverde prestaties?

Kenmerken van een effectief team

Vanuit de indeling in vijf niveaus van groepsfunctioneren (zie hoofdstuk 4) noemen we de volgende kenmerken van een effectief team:

1. *Inhoudsniveau*
   - Het team heeft een heldere doelstelling en taakopdracht die alle teamleden kennen en waarover consensus bestaat.
   - Het team weet wat het te doen staat op lange, middellange en korte termijn.

2. *Procedureniveau*
   - Het team heeft een heldere taakstructuur met goed functionerende procedures voor samenwerking en besluitvorming als middelen om tot goede resultaten te komen.
   - Er is regelmatig overleg over het functioneren als team.
   - Het team heeft een structuur die resultaatgericht werken mogelijk maakt.
   - De methoden zijn efficiënt en gericht op vooruitgang.
   - De normen en standaarden zijn gericht op excellentie.

3. *Interactieniveau*
   - Het team heeft een helder relatiepatroon.
   - De teamleden steunen en vertrouwen elkaar.
   - Er heerst een klimaat van samenwerking, saamhorigheid en open communicatie.
   - De informele groepscultuur sluit aan op de formele taakstelling.
   - Er heerst openheid in het team; tegengestelde meningen kunnen geuit worden.
   - Het team werkt goed samen en ziet conflicten niet noodzakelijk als iets negatiefs. Integendeel, het team is in staat om de resultaten van de opgeloste conflicten te gebruiken voor het bereiken van haar doelstellingen.
   - Het leiderschap is aangepast aan de behoeften van het team; de leider wordt gerespecteerd.
   - Er is sprake van een gelijkgerichte betrokkenheid en een gezamenlijke inzet.

4. *Bestaansniveau*
   - Er bestaat erkenning voor elkaar als teamlid en voor elkaars professionele en persoonlijke kwaliteiten.
   - Het team ondersteunt een verdere professionele en persoonlijke ontwikkeling van de teamleden.
   - Het team ondersteunt toenemende autonomie, waarbij ieder gemachtigd wordt tot beslissingen over zaken die voor zijn werkuitvoering van belang zijn.

5. *Contextniveau*
   - Het team is goed afgestemd op de andere onderdelen van de organisatie, zowel formeel als informeel.
   - Het team heeft goede relaties met andere teams.
   - Het team krijgt externe steun en erkenning.
   - De teams zijn geïntegreerd (synergie).

> **Lessen van de gans**
>
> Als je de volgende keer een vlucht ganzen ziet, neem dan even de tijd om ze te bestuderen. Je zult zien wat voor een uitdaging het is om onderdeel te zijn van een succesvol team. Robert McNeish schreef in 1972 zes lessen over de kracht van samenwerking die we kunnen leren van ganzen.
>
> *Les 1: Elke gans die zijn vleugels uitslaat, creëert daarmee een opwaartse kracht voor de vogels die volgen. Door te vliegen in een V-formatie vliegt de groep 72% verder dan wanneer de ganzen alleen zouden vliegen.*
> Mensen die een gemeenschappelijk doel nastreven en een gevoel voor samenwerking hebben, zullen sneller en makkelijker hun doel bereiken omdat zij van elkaars stuwende kracht kunnen profiteren.
>
> *Les 2: Als een gans uit de V-formatie raakt, voelt hij ineens de vertraging en weerstand van het alleen vliegen. De gans zal dan snel weer in de formatie invoegen om te profiteren van de opwaartse kracht van de vogel die voor hem vliegt.*
> Als we hetzelfde besef zouden hebben als die gans, dan blijven we bij de groep die dezelfde kant opgaat als waar wij naartoe willen. Wij accepteren hulp en geven het door aan anderen.
>
> *Les 3: Als de voorste gans moe is, wordt hij afgelost door een andere gans.*
> Het loont om beurtelings de moeilijke taken en het leiderschap op ons te nemen. Net als de ganzen zijn mensen afhankelijk van elkaars vaardigheden, capaciteiten en unieke combinatie van gaven, talent en middelen.

Les 4: Ganzen in formatie snateren om de voorste ganzen aan te moedigen om op snelheid te blijven.

Wij moeten ervoor zorgen dat ons gesnater stimulerend is. Enthousiaste groepen zijn productiever. De kracht van motivatie is het soort gesnater dat we willen horen. Sta achter je eigenwaarde en kernwaarden en stimuleer het zelfbesef en waardenbesef in anderen.

Les 5: Als een gans ziek wordt, gewond raakt of neergeschoten wordt, verlaten twee andere ganzen de formatie en volgen deze gans om hem te helpen en te beschermen. Ze blijven bij hem totdat hij dood is of weer kan vliegen. Dan sluiten zij zich aan bij een andere vlucht of ze proberen de eigen groep in te halen.

Als we hetzelfde besef zouden hebben als ganzen, dan zouden we niet alleen in goede tijden, maar ook in slechte tijden klaar staan voor elkaar.

Les 6: Ganzen overwinteren in het zuiden.

Vergeet niet om zelf ook af en toe de kou en de winter te ontvluchten. Ga op vakantie naar een warme en zonnige plek waar je weer op krachten kunt komen.

Slotopmerking

Dit verhaal wordt al jaren verteld bij trainingen van leidinggevenden. Meestal wordt gezegd dat de herkomst van het verhaal niet bekend is. Sommigen geven aan dat het afkomstig is van Milton Olsen. Maar een uitgebreide speurtocht levert op dat Robert McNeish (gepensioneerd in 1992) de auteur is. Hij heeft het geschreven in 1972.

Bron: www.sigma-management.nl.

14.9 Oefening: Sterkten en zwakten als team

Figuur 14.2 Een model voor strategievorming

Het identificeren van kansen en bedreigingen en het opsporen van eigen sterkten en zwakten vindt plaats in een strategische verkenning via een SWOT-analyse (*Strengths, Weaknesses, Opportunities, Threats*). Hoewel zo'n analyse ook voor een hele organisatie uitgevoerd kan worden, bespreken we hier de groepsvariant (er is trouwens ook een individuele variant). Om een strategie met bijbehorend actieplan te kunnen ontwerpen, is het van belang om goed zicht te hebben op de kansen en bedreigingen van het team of de organisatie (dit zijn externe factoren) en op de sterkten en zwakten ervan (dit zijn interne factoren). In de volgende vier stappen verkennen we deze externe en interne factoren.

Stap 1: Kansen en bedreigingen
De basisvraag is: welke kansen en bedreigingen komen er vanuit de omgeving op het team af? Er zijn een aantal externe factoren – zowel maatschappelijke ontwikkelingen als ontwikkelingen in de bredere context van de organisatie – die een belangrijke invloed uitoefenen op het team en zijn functioneren. Sommige van deze factoren vormen een bedreiging voor het team, terwijl andere factoren juist kansen en nieuwe mogelijkheden bieden. Benodigde tijd: circa 1 uur.

1.1
Noteer eerst voor jezelf wat je als de drie belangrijkste externe factoren beschouwt, die een bedreiging vormen voor het team en zijn functioneren. Noteer ook wat je als de drie belangrijkste externe factoren beschouwt, die je als een kans of een nieuwe mogelijkheid beschouwt voor het team en zijn functioneren.

Enkele nadere aanwijzingen:
– Let er goed op dat de kansen en bedreigingen alleen betrekking hebben op externe factoren. Externe factoren zijn factoren die je zelf niet of nauwelijks kunt beïnvloeden.
– Het gaat daarbij om externe trends en mogelijke gebeurtenissen in de omgeving die in de komende jaren wezenlijke invloed kunnen hebben op het team of de organisatie.
– Baseer de kansen en bedreigingen zo veel mogelijk op informatie en niet op vermoedens, veronderstellingen of angsten.
– Formuleer, indien mogelijk, kansen en bedreigingen in termen van tendensen: ... neemt toe ... neemt af ... wordt sterker ... stabiel.
– Gebruik voor elke kans en voor elke bedreiging een apart kaartje, in totaal dus zes kaartjes. (Praktische tip: gebruik Post-it's; formaat: een halve briefkaart.)

- Noteer elke kans en bedreiging kort in enkele trefwoorden en schrijf groot, zodat de tekst op afstand leesbaar is.
- Noteer in de bovenhoek: K (= kans) of B (= bedreiging).

1.2
- Hang de kaartjes naast elkaar op de muur of plak ze op een flap-over.
- Ieder licht zijn kaartjes toe, voor zover er tijd is en er behoefte aan bestaat.
- Cluster de kansen bij elkaar en ook de bedreigingen.
- Stel aan de hand van de clustering vast wat jouw subgroep gezamenlijk de vijf belangrijkste kansen en de vijf belangrijkste bedreigingen vindt.
- Benoem een woordvoerder die deze kansen en bedreigingen straks in de plenaire bijeenkomst toelicht.

Stap 2: Sterkten en zwakten
De basisvraag is: welke sterke en zwakke kanten bezit jouw team? Hierbij gaat het erom naar je eigen team binnen de organisatie te kijken en vast te stellen op welke punten je je eigen team en je eigen organisatie sterk of zwak vindt. De blik is hierbij dus op interne factoren gericht. Bijvoorbeeld: beschikt je team naar jouw oordeel over voldoende capaciteit, deskundigheid, werkhouding, oriëntatie, externe contacten en interne communicatie? Benodigde tijd: circa 1 uur.

2.1
- Noteer eerst voor jezelf welke je de drie belangrijkste sterke punten van je team vindt.
- Noteer ook welke je de drie belangrijkste zwakke punten vindt.
- Neem voor elke sterkte en voor elke zwakte een apart kaartje.
- Geef in de bovenhoek aan: S (= sterkte) of Z (= zwakte).

Enkele nadere aanwijzingen:
- Kijk vanuit de huidige situatie naar de toekomst en niet zozeer naar het verleden.
- Formuleer sterkten en zwakten zo concreet mogelijk.
- Zorg er bij de formulering voor dat de tekst voor ieder duidelijk is, zodat ieder zo veel mogelijk dezelfde interpretatie geeft aan de teksten.

2.2
Ophangen, toelichten en clusteren (zie stap 1).

Stap 3: Uitwisseling

De subgroepen rapporteren in de plenaire groep aan de hand van hun clusters op flapovers. Hiervan wordt één groot schema gemaakt (zie figuur 14.3).

KANSEN	STERKTEN
BEDREIGINGEN	ZWAKTEN

Figuur 14.3 SWOT

Stap 4: Confrontatie en synthese

Door de sterke en zwakke punten te confronteren met de verwachte kansen en bedreigingen kun je strategische issues bepalen en kun je de belangrijkste prioriteiten vaststellen. De volgende vragen kunnen hierbij behulpzaam zijn:

Met betrekking tot kansen:
– Welke sterke punten helpen ons om deze kans te benutten?
– Welke zwakke punten belemmeren ons deze kans te benutten?
– Welke acties zijn daartoe nodig?
– Welke middelen ontbreken nog?

Met betrekking tot bedreigingen:
– Welke sterke punten helpen ons deze bedreiging te bestrijden of het hoofd te bieden?
– Welke zwakke punten belemmeren ons daarin?
– Welke acties zijn daartoe nodig?
– Welke middelen ontbreken nog?
– Is het wellicht mogelijk om zwakke kanten om te buigen tot sterkten?

Door prioriteiten aan te brengen in de te ondernemen stappen kom je tot een *strategisch plan*.

Houd de zaak overzichtelijk door je te beperken tot de drie à vijf voornaamste prioriteiten.

14.10 Teambuilding

Teams die aan al de in paragraaf 14.8 genoemde criteria voor effectieve teams voldoen, zijn zeldzaam. Veel teams functioneren niet optimaal. In de afgelopen dertig jaar is daarom een aantal methoden ontwikkeld om het functioneren van teams te verbeteren. Meestal worden deze methoden samengevat onder de term *teambuilding*, maar soms spreken we ook wel van teamopbouw of teamontwikkeling (*team development*). Teambuilding is een verzamelnaam voor een reeks langetermijninterventies die erop gericht zijn de effectiviteit van het team te verbeteren door aandacht voor de structuren, methoden van besluitvorming, omgangsvormen, normen, waarden en interpersoonlijke relaties. Dit gebeurt meestal met behulp van een externe consulent (ook wel 'consultant' genoemd) met een gedragswetenschappelijke achtergrond. Het programma is toegespitst op de concrete behoeften en problemen van het team en begint meestal met een diagnostische fase waarin het team meer zicht krijgt op zijn sterke en zwakke kanten, met name de kanten die verbetering en nadere ontwikkeling behoeven. Teambuilding is erop gericht om de individuele en teamprestaties op een hoger niveau te brengen en optimaal te functioneren als effectief team.

Subdoelen

Reilly en Jones (1974) noemen vijftien mogelijke subdoelen van teambuilding:
1. beter begrip van de rol van elk teamlid in de groep;
2. beter begrip van de opdracht van het team: de bedoeling en de plaats daarvan in het totale functioneren van de organisatie;
3. verbetering van de communicatie tussen de teamleden over issues die van invloed zijn op de 'efficiency' van de groep;
4. sterkere support tussen de groepsleden onderling;
5. helder begrip (inzicht) van het groepsproces: het gedrag en de groepsdynamica van nauwe samenwerking;
6. effectievere manieren om de problemen door te werken die inherent zijn aan het team, zowel op taak- als op interpersoonlijk niveau;
7. versterken van het vermogen om conflicten op een positieve in plaats van destructieve manier te hanteren;

8. betere samenwerking tussen de teamleden en vermindering van competitie voor zover die schadelijk is voor individu, groep en organisatie;
9. toename van het vermogen van de groep om met andere groepen in de organisatie samen te werken;
10. versterking van het gevoel van onderlinge betrokkenheid en op elkaar aangewezen zijn;
11. helder zicht op het eigen groepsfunctioneren, met name op eigen sterke en zwakke kanten;
12. beter inzicht in de communicatiepatronen, besluitvormingsmanieren en leiderschapsstijlen in de groep;
13. boven tafel krijgen van verborgen agenda's en thema's;
14. behandelen van een thema dat inhoudelijk of procesmatig in het team speelt, maar waar het team tot nu toe nog niet goed uitgekomen is;
15. leren van specifieke methodieken die de kwaliteit van de samenwerking verbeteren.

Indicaties

Teambuilding is met name geïndiceerd als:
- een nieuw team ontwikkeld moet worden;
- er in het team niet genoeg duidelijkheid is of wanneer de condities in een bestaand team veranderd zijn;
- in een team nieuw leven geblazen moet worden;
- er conflicten bestaan binnen het team, waar het team zelf niet uitkomt;
- er zich blijvend signalen gaan voordoen van een slechter functioneren van een team, zoals productieverlies, klachten, verwarring over opdrachten, onduidelijke verhoudingen, onduidelijkheden en misverstanden rond beslissingen, onverschilligheid en gebrek aan betrokkenheid van de medewerkers (Dyer, 1987; Steyaert & Gerrichhauzen, 1993).

Fasen

Meestal worden bij teambuildingprogramma's de volgende zes fasen doorlopen (Steyaert & Gerrichhauzen, 1993):
1. Identificatie van problemen
2. Stellen van prioriteiten bij de problemen
3. Verzamelen en uitwisselen van gegevens over deze problemen
4. Gezamenlijke actieplanning (met alternatieven)
5. Uitvoering en testen van geselecteerde alternatieven
6. Periodiek vaststellen van resultaten en verdere actie

In deze volgorde beschrijf ik in de volgende paragraaf een aantal suggesties voor teambuilding.

14.11 Suggesties voor teambuilding

1. Situatieanalyse
Deze fase voor het opsporen van de teamproblemen begint met een individuele bezinning op twee vragen:
1. Wat is je persoonlijke kijk op de problemen en blokkades van dit team?
2. Wat zou het resultaat van deze teambuildingsessies moeten zijn voor jou persoonlijk en gezien vanuit jouw positie in het team? Of anders gezegd: wat moeten deze sessies voor jou opleveren als je wilt spreken van een geslaagde bijeenkomst?

Na deze individuele bezinning vorm je drietallen van teamleden die elkaar nog relatief weinig kennen. In deze drietallen wissel je de antwoorden op de twee vragen uit en vraag je elkaar om nadere toelichting. De resultaten van de drietallen noteer je op grote vellen papier voor de latere presentatie in de plenaire groep. Bij deze trefwoorden zoekt ieder twee foto's uit een map of een stapel tijdschriften, waarbij één foto je eigen beleving van het verleden in beeld brengt en de andere foto je toekomstwens. Daarna worden de foto's en papiervellen opgehangen. Na een korte pauze, waarin ieder de gelegenheid heeft om de teksten te lezen, bespreek je de problemen en de gewenste output.

2. Strategische verkenning
Voor het stellen van prioriteiten bij de gesignaleerde problemen en voor een diepergaande situatieanalyse kun je goed de SWOT-analyse gebruiken uit paragraaf 14.9. Zowel de inventarisatie van kansen en bedreigingen als die van de sterke en zwakke kanten van het team worden plenair toegelicht, besproken en gegroepeerd. Daarna breng je per onderdeel een rangorde aan.

3. Verkenning van individuele kernkwaliteiten
Een belangrijke randvoorwaarde voor het optimaal functioneren van een team is het inzetten van het potentieel van de individuele medewerkers. Daarom sta je in deze activiteit stil bij de individuele kwaliteiten en zingeving aan het werk. Kernkwaliteiten zijn eigenschappen die typisch bij het individu horen en die in belangrijke mate de kwaliteit van zijn werk bepalen. Ieder onderzoekt deze persoonlijke kwaliteiten in groepjes van drie of vier personen met behulp van de volgende vragen:

- Wanneer voel je je gelukkig op je werk?
- Wanneer heb je het gevoel goed bezig te zijn, waarbij je eigenschappen en kwaliteiten goed aan bod komen?
- In welke eigenschappen en kwaliteiten onderscheid je je van je collega's?
- Op welke kwaliteiten word je graag aangesproken? Kunnen collega's of cliënten altijd een beroep op jou doen?

De kwaliteiten en eigenschappen die aan bod komen, noteer je in trefwoorden. De informatie die je tot nu toe verzameld hebt, biedt inzicht in de situatie van het team tot dat moment en in de gewenste situatie in de nabije toekomst. De volgende stap is het ontwikkelen van een *actieplan* dat de stappen specificeert die nodig zijn om die gewenste situatie te bereiken. Er worden twee actieplannen gemaakt: een actieplan voor het hele team (stap 4) en een persoonlijk actieplan (stap 5).

4. *Positionering en profilering als team*
Het vaststellen van een doelstelling en het daarbij horende actieplan vindt plaats door een nadere profilering van het team. Het team wordt daartoe verdeeld in vier subgroepen. Elke subgroep krijgt de opdracht een beleids- en actieplan te formuleren. In het beleidsplan moet de missie van het team beschreven worden en in het actieplan de daarvan afgeleide doelstellingen en producten. Na afloop van dit overleg geeft elke subgroep een presentatie van haar plan aan de overige subgroepen, waarbij ruim gebruikgemaakt moet worden van visuele en andere non-verbale hulpmiddelen.

5. *Persoonlijk actieplan*
Tegen de achtergrond van het gewenste teamfunctioneren formuleer je ook een persoonlijk actieplan. Hierin besteed je aandacht aan de volgende vragen:
- Wat ga ik concreet doen om het gewenste functioneren van het team als geheel en van mezelf in dit team te wijzigen in de gewenste richting?
- Welke concrete actie ga ik ondernemen?
- Welke acties moeten op teamniveau worden ondernomen?

Voor beide actieplannen leg je ook afspraken vast over de implementatie in de praktijk en over de voortgangsbewaking van de actieplannen.

6. *Implementatie van de actieplannen*
Na de teambuildingsessies breng je de ontwikkelde plannen in praktijk, zowel op individueel niveau als op teamniveau.

7. *Follow-up*

Ongeveer twee maanden na de teambuildingsessies organiseer je een follow-up van enkele dagdelen. Je vangt aan met een korte schets van de stand van zaken op dat moment. Je staat stil bij wat in de afgelopen periode aan verbeteringen gerealiseerd is en wat nog dient te gebeuren. Eventueel stel je tussendoelen en actieplannen in gezamenlijk overleg bij. Een tweede deel van de follow-up bestaat uit een verdere verfijning en ontwikkeling van het team, waarbij je ook aandacht besteedt aan de teamcultuur en aan een verdere stroomlijning en onderlinge afstemming van taken.

Als warming-up kan elke kleinere functionele eenheid (unit of subteam) binnen het team de opdracht krijgen om een eigen logo te schilderen, waarin met name de sterke kanten van deze eenheid naar voren komen. Bij deze opdracht heeft elk teamlid een eigen vel papier om op te schilderen, maar hij dient er wel voor te zorgen dat zijn schilderwerk aansluit op dat van de andere teamleden met wie hij samenwerkt. Dit alles speelt zich geheel non-verbaal af!

In de nabespreking verdient vooral de mate van aansluiting nadere aandacht, niet alleen van het schilderwerk, maar ook van de mensen binnen elk subteam. Tot slot kan het van belang zijn om binnen elke unit (of subteam) tot een nader gesprek te komen over knelpunten die in de dagelijkse werkpraktijk en op betrekkingsniveau gesignaleerd worden. Ook het bestaansniveau verdient hierbij aandacht (erkenning of miskenning van elkaars kwaliteiten). Daarna worden voor de gesignaleerde problemen gezamenlijk oplossingen gezocht. Deze oplossingen worden weer verwerkt in afspraken en actieplannen.

14.12 Teamcoaching

Wat zijn de verschillen tussen teambuilding (paragraaf 14.10) en teamcoaching? Teambuilding is meestal een eenmalige activiteit van één of enkele dagen, waarbij een trainer een team aanstuurt op het uitvoeren van een aantal activiteiten die gericht zijn op het verbeteren van het teamfunctioneren. Daarbij is de trainer sturend aanwezig: hij leidt en begeleidt de activiteiten van het programma dat hij (meestal in overleg natuurlijk) ontworpen heeft. Hij is de regisseur van het programma. Aan ideeën voor werkvormen en activiteiten geen gebrek. Er bestaan tientallen handboeken op dit terrein. Erg geliefd zijn allerlei outdooractiviteiten.

Teamcoaching gaat anders. Zoals de term al suggereert, gaat het om een begeleidingsvorm die zich over langere tijd uitstrekt. Teamcoaching is meer ontwikkelingsgericht en kan bijvoorbeeld waardevol zijn om een team door een moeilijke transitie (overgang) te loodsen. De teamcoach vervult een heel andere rol. Een trainer staat in zijn rol vaak 'boven' de groep, een groepscoach staat meestal 'naast' de groep. Hij is gericht op het ondersteunen en faciliteren van groepsprocessen en niet op het aansturen of registreren daarvan. Centrale begrippen hierbij zijn: bevordering van zelfsturing, bewustwording van en reflectie op groepsprocessen, bevorderen van eigenaarschap en zelfverantwoordelijkheid, stimuleren van interactieve leerprocessen en beïnvloeding over en weer tussen groepscoach en groepsleden.

Een van de centrale taken van de groepscoach is 'de groep in haar kracht te zetten' (zie paragraaf 3.1). Daarbij is de groepscoach gericht op het hele dynamische krachtenveld in de groep. Niet iedereen denkt hier echter hetzelfde over. Er zijn meerdere opvattingen over teamcoaching. Ik bespreek hieronder de invullingen van Han Bennink, Marijke Lingsma en Wim Goossens.

Han Bennink (2001) kiest voor een specifieke invulling. Volgens zijn opvatting is teamcoaching gericht op het verbeteren van complexe professionele vaardigheden in werkteams. Deze inkadering betekent het centraal stellen van taakgericht handelen in werkgroepen en dat impliceert minder aandacht voor interactie-, communicatie- en andere groepsprocessen. Teamcoaching is voor hem gefocust op het zo goed mogelijk uitvoeren van de taak waar het team zich voor gesteld ziet en meer in het bijzonder op het cultiveren van daarvoor noodzakelijke vaardigheden. Dat betekent niet dat een teamcoach geen aandacht moet besteden aan interpersoonlijke sociaal-emotionele processen en wijzen van communiceren in werkteams. Integendeel, slechte communicatie is een belemmering voor effectief teamfunctioneren. Maar zulke aspecten, die vroeger centraal stonden in het begeleiden van teams, beschouwt hij als condities voor het beter uitvoeren van teamtaken.

Marijke Lingsma (2005) kiest voor een andere invalshoek. Wie de slagvaardigheid en resultaatgerichtheid van een team wil vergroten, moet sturen op de interactie binnen het team. In haar boek *Aan de slag met teamcoaching* leert de teamcoach kijken naar het team als een systeem, patronen ontdekken in de communicatie, hier-en-nuinterventies doen, met het team een effectief zoekproces aangaan, omgaan met de paradox van sturen door los te laten. Zo helpt de teamcoach het team steeds meer zelf op te pakken. Als basis voor haar visie op teamcoaching gaat ze uit van het systeemdenken (paragraaf 2.5 en 7.2 tot en met 7.5) en de theorie van situationeel leiderschap (hoofdstuk 13). In de theorie van situationeel leiderschap van Hersey en Blanchard wordt gewerkt met vier niveaus voor de volwassenheid van teams: M1, M2, M3 en M4 (de M staat voor *Maturity*, taakvolwassenheid). Op M1- en M2-niveau opereert een team op junior-niveau. Op M3 en M4 op senior-niveau. Teamcoaching bij Lingsma betekent het bevorderen van teamontwikkeling naar een hoger M-niveau.

Wim Goossens kiest voor een integrale aanpak, terwijl Bennink sterk de nadruk legt op het taakgericht handelen en Lingsma vooral stuurt op de interactie. Daarmee (2009) sluit hij het meest aan op het gedachtegoed van dit boek. In zijn teamcoaching hanteert hij het IPG-model: integrale procesbegeleiding van groepen (Goossens, 2004). Van het enkelvoudig coachen van groepen moeten we eigenlijk af. Want wie bijvoorbeeld alleen maar kijkt naar de communicatieprocessen in een groep, zonder oog voor de context waarin groepsactiviteiten plaatsvinden, mist wezenlijke informatie. Met het groepsdynamisch IPG-model kan de teamcoach complexe groepsprocessen in hun onderlinge samenhang doorzien en begeleiden. Het IPG-model is een model met een overallview, waarbij de afzonderlijke groepsdynamische fenomenen in hun onderlinge samenhang worden gezien. Het IPG-model focust op de samenhang tussen vier kernelementen: (1) groepsontwikkeling; (2) communicatieniveaus; (3) leiderschap; (4) context van de groep. In de uitwerking van deze vier kernelementen volgt Goossens de inzichten uit dit boek. Voor de groepsontwikkeling gaat hij uit van de voorfase, de oriëntatiefase, de invloedsfase, de affectiefase, de fase van de autonome groep en de afsluitingsfase (zie hoofdstuk 5). Onder communicatieniveaus verstaat hij het inhoudsniveau, het procedureniveau, het interactieniveau, het bestaansniveau en het contextniveau (zie hoofdstuk 4). Leiderschap vat hij op als situationeel leiderschap met vier stijlen: directief leiderschap, overtuigend leiderschap, participerend leiderschap en delegerend leiderschap (zie hoofdstuk 13). Hiervan leidt hij vier coachstijlen af: instruerend coachen (boven het team), ondersteunend coachen (naast het team), invoegend coachen (in het team) en terugtredend coachen (van buiten het team) (het voert te ver om deze stijlen in het kader van dit boek verder uit te werken). De teamcoach stelt zich bij de keuze van zijn stijl vragen als: Welke stijl past het beste bij de groepsontwikkeling die ik zie? Waar ligt het accent in de communicatie? Welke veranderingen kan ik stimuleren door een andere stijl te hanteren? Het is van belang om de coachstijl te variëren en af te stemmen op de vier elementen van het IPG-model (zie ook figuur 14.4): fase van groepsontwikkeling van het team, communicatieniveaus in het team, leiderschap in het team en de context van het team (de context van het team kent ook meerdere aspecten, zie paragraaf 4.8).

Figuur 14.4 IPG-model: integrale procesbegeleiding van groepen

Dit model biedt goede mogelijkheden om niet alleen aandacht te besteden aan het gedrag, maar vooral ook aan de belevingskant ('de binnenkant', het bestaansniveau) van de teamleden. Daarbij gaat het om de wisselwerking tussen persoonsdynamica en groepsdynamica.

De groepscoach richt zich bij teamcoaching op het bevorderen van teamontwikkeling. Samen met het team onderzoekt hij de *core business* van het team en de gewenste toekomstrichting en daarop afgestemde activiteiten. Gezamenlijk onderzoeken ze ook welke processen zo'n ontwikkeling belemmeren en wat ze hier door toename van expertise, competenties en kwaliteiten tegenover kunnen zetten. Teamcoaching vanuit het IPG-model richt zich op:

- formulering van de visie en de missie van het team;
- bewustwording van de interactiepatronen in het team, met speciale aandacht voor belemmerende patronen;
- stimulering van effectieve samenwerkingsprocessen in het team;
- verdere teamontwikkeling op taakniveau en op procesniveau (dus op 'de klus die het team moet klaren' en 'de wijze waarop de klus wordt geklaard');
- bevorderen van beter gebruik van aanwezige competenties en kwaliteiten van de teamleden;

– inventarisatie van ontwikkelbehoeften en ambities van de teamleden.

14.13 Handleiding voor het verknoeien van vergaderingen

Vergaderen is een tijdrovende en nutteloze bezigheid die zo veel mogelijk vermeden moet worden. Wanneer we echter door bepaalde omstandigheden toch genoodzaakt zijn te vergaderen, dan moeten we ervoor zorgen dat deze vergaderingen zo onvruchtbaar mogelijk zijn. Er is tegenwoordig een gevaarlijke stroming die beweert dat het samen bespreken van problemen en het gezamenlijk zoeken naar oplossingen niet alleen gunstig zou zijn om de bedrijfsgemeenschap te bevorderen, maar bovendien de productiviteit ten goede zou komen, omdat de actieve medewerking van alle belanghebbenden wordt gecoördineerd en vergroot.

Ik geef daarom een aantal richtlijnen die je kunnen helpen om de afkeer voor vergaderingen te versterken. Elke poging om aan te tonen dat het mogelijk is om met nuttig effect te vergaderen, wordt op deze wijze grondig verijdeld.

Vóór de vergadering
1. Zorg dat niemand weet wat behandeld zal worden.
2. Stuur de uitnodigingen meer dan een maand van tevoren. Of roep de vergadering een paar uur van tevoren bijeen, liefst mondeling via iemand die er niets van afweet.
3. Zeg dat de vergadering 'ongeveer zo laat' zal beginnen.
4. Vertel niemand hoelang de vergadering zal duren.
5. Zorg er vooral voor dat de voorzitter niet in staat is om een vergadering te leiden.
6. Bereid niets voor. Vorm geen duidelijk beeld van het doel van de vergadering en zorg niet voor reservevragen om de discussie over een dood punt heen te helpen.
7. Bekommer je niet om de vergaderzaal.
8. Zorg vooral niet voor koffie en thee.

Tijdens de vergadering
9. Laat alle telefoongesprekken in de vergaderzaal doorkomen.
10. Laat de voorzitter aldoor praten in plaats van meningen, ideeën en ervaringen uit de leden te laten komen.
11. Gebruik geen overzichten, platen, wandborden, overhead enzovoort.
12. Leg de aan de orde gestelde punten vooral niet te duidelijk uit.
13. Bevorder onderlinge debatten tussen de aanwezigen. Hoe hoger deze oplopen, hoe beter.

14. Zorg dat één deelnemer zo veel mogelijk spreekt.
15. Vermijd conclusies van het besprokene.

Na de vergadering
16. Stuur geen verslag of samenvatting aan de leden.
17. Licht de hogere leiding niet in, vooral niet degenen die behulpzaam of geïnteresseerd zouden kunnen zijn.

14.14 Oefening: Omgaan met lastig gedrag

1. Vorm groepjes van drie personen.
2. Iemand (A) vertelt wat voor soort gedrag hij lastig vindt.
3. Een van de anderen (B) neemt die rol op zich.
4. A instrueert B hoe hij zich gaat gedragen en in welke context het gesprekje zich afspeelt.
5. A en B voeren het gesprek terwijl C observeert. Na enige minuten wordt even gestopt om te controleren of B zijn rol goed vertolkt. Indien niet, dan geeft A nog wat aanvullende instructies. Het gesprek wordt weer vervolgd gedurende 10 minuten.
6. A krijgt feedback van B en C over de effectiviteit van zijn aanpak.
7. A kan met een gewijzigde strategie het spel nogmaals spelen.
8. Afsluitende feedback van B en C.
9. Start de gehele procedure opnieuw met iemand anders in de rol van A.
10. Ga net zolang door tot iedereen aan bod is geweest.

14.15 Verdiepingsoefening: Omgaan met lastig gedrag

1. Vorm drietallen (A, B en C).
2. Ga na welke twee of drie onlustgevoelens voor jou het sterkst gespeeld hebben in de confrontatie met lastig gedrag. Gebruik hierbij de lijst *Gevoelens van de professional* (achter deze oefening).
3. Schrijf deze gevoelens met grote letters op drie vellen papier die je dubbelvouwt.
4. Dit doet ieder in het groepje. Er staan nu negen onlustgevoelens op papier. Neem enige tijd om stil te staan bij enkele overeenkomsten en verschillen.
5. A exploreert zijn eigen gevoelens rond lastige rollen. Dit gaat als volgt: B en C nemen elk een papier van A met een onlustgevoel erop en zetten dit papier voor zich op ta-

fel. Met zo veel mogelijk empathie proberen B en C zich in te leven in wat dit gevoel voor A betekent. Ze steunen A zo in het verkennen van welke lading erin zit en welke oude lading er eventueel onder zit. B en C gebruiken hierbij ook hun intuïtie, maar ze moeten oppassen voor interpretaties en eigen invullingen.
6. De twee 'hulpverleners' (B en C) zijn als het ware twee subpersoonlijkheden van de persoon (A) die zichzelf exploreert.
7. Telkens na een halfuur wordt er gewisseld. Eerst komt B aan bod en daarna C.

Tijdsduur: 1,5 uur.

Gevoelens van de professional
Concrete gevoelens die het functioneren van de professional kunnen beïnvloeden:
- erkenning
- eenzaamheid
- afhankelijkheid
- sympathie
- hoop
- pijn
- verliefdheid
- heimwee
- irritatie
- angst
- zorg
- verlies
- geborgenheid
- seksuele aantrekkelijkheid
- antipathie
- verwarring
- kwaadheid
- onzekerheid
- spanning
- ongeduld
- ontspanning
- humor
- paniek
- blijdschap
- sarcasme
- erbij horen
- liefde
- agressie
- verlangen
- schuld
- isolement
- durf
- trots
- vernedering
- 'wegwezen'
- 'ertegenaan'
- twijfel
- jaloezie
- machteloosheid
- intimiteit
- agressie
- ontroering
- hekel
- verveling
- onbereikbaarheid
- ....
- ....
- ....

- warmte	– ....
- genieten	– ....

NB Deze lijst kun je aanvullen met eigen ervaren gevoelens.

15 Grote groepen[16]

15.1 Inleiding: interventies in grote groepen
15.2 Sociale psychologie (met name de Lewiniaanse traditie)
15.3 Psychoanalytische theorie (met name Tavistock Institute)
15.4 Systeemtheorie
15.5 De jaren tachtig
15.6 Vanaf de jaren negentig
15.7 Nieuwe manieren om met complexe verandering om te gaan
15.8 Een voorbeeld van een large group intervention
15.9 Twaalf methoden voor interventies in grote groepen
15.10 Kenmerken van large group interventions
15.11 Interactie in large group interventions
15.12 Kritische kanttekeningen bij het leervermogen van organisaties

15.1 Inleiding: interventies in grote groepen

Een van de belangrijkste vernieuwingen in methoden voor het werken met groepen in de laatste dertig jaar betreft de mogelijkheden voor het werken met grote tot zeer grote groepen. Traditioneel gaan de groepsdynamica en de daarop gebaseerde werkvormen uit van vrij kleine groepen. De grens ligt daarbij op ongeveer twintig groepsleden, maar meestal zijn de groepen veel kleiner. De eigenlijke start van het werken met grote groepen is in juli 1960, tijdens de zogeheten Bristol/Siddeley-conferentie die geleid werd door Emery en Trist (zie paragraaf 15.3). Vanaf eind jaren tachtig van de vorige eeuw komen steeds meer verslagen beschikbaar van bijeenkomsten waarbij gewerkt wordt met grote groepen van meer dan tachtig personen. En in de jaren daarna blijkt die grens verder naar bo-

---

16 Met dank aan Myra Remmerswaal en Wim Goossens voor hun opbouwende en kritische opmerkingen bij een eerdere versie van deze tekst.

ven gelegd te kunnen worden. Bijeenkomsten met meer dan tweehonderd deelnemers zijn intussen geen uitzondering meer.

De methoden voor grote groepsbijeenkomsten wijken sterk af van de tot dan toe gangbare praktijk van organisatieverandering. Er wordt gewerkt met grote of heel grote groepen die het gehele systeem vormen of vertegenwoordigen. Het tempo van verandering ligt hoog, onder andere omdat men ter plekke besluiten neemt en omdat het draagvlak voor uitvoering daarvan ter plekke gecreëerd wordt. Deze methoden hebben ruime toepassing gevonden bij veranderingstrajecten binnen organisaties. Maar ze zijn ook goed in te zetten in andere domeinen, bijvoorbeeld burgerprojecten ter verbetering van de woonomgeving (zie het voorbeeld in paragraaf 15.8). Ook bij initiatieven waarbij de overheid grote groepen burgers wil bereiken (zoals bij het zogeheten Burgerforum Kiesstelsel in 2006, zie Wikipedia), kunnen deze methoden voor het werken met grote groepen vruchtbaar ingezet worden. Een ander voorbeeld is het Burgerinitiatief G1000 in 2011 in België, waar maar liefst duizend burgers aan deelnamen.

> **Het burgerinitiatief G1000 in België**
>
> 'De Belgische politieke crisis is niet alleen de crisis van België. Het is vooral de crisis van de democratie.' Een jaar na de federale verkiezingen lanceerde de Belgische auteur David Van Reybrouck in juni 2011 het burgerinitiatief G1000. Ook politicoloog Dave Sinardet en actrice Francesca Vanthielen trokken aan de kar. Met een lijst aanbevelingen wilden de initiatiefnemers 'verse zuurstof' pompen in het huidige politieke klimaat.
>
> De initiatiefnemers hebben in drie stappen gewerkt. Tussen juni en november polsten ze met een online bevraging naar de grootste bezorgdheden van de Belgen. Daarna heeft een enquêtebureau duizend burgers geselecteerd uit alle lagen van de bevolking, die op 11 november 2011 samenkwamen in het Brusselse Tour & Taxis. De initiatiefnemers gingen uit van het geloof dat mensen iets te vertellen hebben over de samenleving, ook buiten de verkiezingstijd. Deze Belgische openbare overlegvergadering tussen gewone burgers over politieke thema's vormde de kern van het initiatief G1000. Met grote betrokkenheid en inzet hebben de duizend willekeurig gekozen burgers gediscussieerd over waar ze echt van wakker liggen. Een dag lang hebben ze in subgroepen overlegd over de contouren van een mogelijke hervorming.
>
> Tussen maart en mei 2012 werkte een kleine groep burgers aan concrete voorstellen op basis van de prioriteiten die op 11 november 2011 gedefinieerd zijn.

Te verwachten valt dat de overheid in de komende jaren steeds vaker bijeenkomsten met grote groepen burgers zal laten organiseren. Verder valt te denken aan het via burgerinitiatieven ondersteunen van wijkinitiatieven of versterken van maatschappelijke participatie. In dit hoofdstuk beschrijf ik twaalf methoden die daarbij bruikbaar kunnen zijn.

Interventies voor grote groepen zijn ontstaan toen drie wetenschappelijke tradities samenvloeien: de sociale psychologie, met name de veldbenadering (zie ook paragraaf 2.8), de psychoanalytische theorie (zie ook paragraaf 2.9, 12.16 en 12.17) en de systeemtheorie (zie ook paragraaf 2.5) zoals die in organisaties wordt toegepast. In dit hoofdstuk begin ik met een schets van deze drie tradities en plaats ik ze in een historisch perspectief (paragraaf 15.2 tot en met 15.6). In paragraaf 15.7 beschrijf ik het gebruik van een interventie in grote groepen als een manier om met complexe veranderingen in een organisatie of gemeenschap om te gaan. Dit vul ik in paragraaf 15.8 aan met een voorbeeld van zo'n interventie. In paragraaf 15.9 geef ik een overzicht van de twaalf meest gebruikte interventiemethoden. In een bespreking van *large group interventions* in paragraaf 15.10 ga ik nader in op enkele aspecten, zoals kritische succesfactoren, participatie, snel evoluerende organisaties en succescondities. In paragraaf 15.11 sta ik stil bij enkele specifiek groepsdynamische aspecten, zoals taak- en sociaal-emotionele aspecten, het interactieniveau en het bestaansniveau. Er zijn bij het fenomeen interventies in grote groepen ook enkele kritische kanttekeningen te plaatsen en dat doe ik in paragraaf 15.12.

15.2 Sociale psychologie (met name de Lewiniaanse traditie)

De wortels van de Lewiniaanse traditie liggen in de gestaltpsychologie (zie paragraaf 2.8). Deze stroming uit het begin van de twintigste eeuw legt de nadruk op de holistische configuratie van psychologische gebeurtenissen, dat wil zeggen dat men vooral let op samenhangen en patronen in complexe gehelen. De basisgedachten van de gestaltpsychologen kwamen aan het eind van de jaren dertig, in de periode kort voor de Tweede Wereldoorlog, over naar de Verenigde Staten in de persoon van Kurt Lewin. Omdat hij van Joodse afkomst was, vluchtte hij voor de verschrikkingen van het naziregime. Zijn maatschappelijke betrokkenheid was hoog. Hij wilde graag dat de psychologie een bijdrage zou leveren aan het verminderen van maatschappelijke problemen. In zijn veldtheorie benadrukt Lewin (1951) dat menselijk gedrag deel uitmaakt van een groter dynamisch krachtenveld. Vandaar de term *veldbenadering* voor zijn theorie. Lewins werk, onderzoek en theorievorming resulteerden in de nieuwe discipline van de experimentele sociale psychologie.

De kracht van groepen

Net als veel andere psychologen stelde Lewin zich in de oorlogstijd als vrijwilliger beschikbaar om aan het thuisfront ook een bijdrage te leveren aan de oorlogsinspanningen. Zo zette hij zich in voor een campagne tot het wijzigen van eetgewoonten en onderzocht hij welke rol groepen hierbij kunnen spelen. De vraag was in hoeverre groepen het gedrag van mensen kunnen veranderen. Tijdens de oorlog leidde een ernstig tekort aan vleesproducten tot rantsoenering van vlees. Toch werden bepaalde delen van het rund niet gebruikt, met name orgaanvlees. Het Ministerie van Oorlog wilde het volledige gebruik van dit vlees, dat veel voedingswaarde heeft, graag stimuleren (het cholesterol- en vetgehalte stond in die tijd nog niet ter discussie). Met hulp van Lewin ontwikkelde het ministerie van Oorlog een onderzoeksopzet waarbij een groep vrouwen een toespraak van een diëtist hoorde die vertelde over de voedingswaarde van orgaanvlees, recepten gaf en liet zien hoe het vlees kon worden verwerkt (Lewin, 1943). Vervolgens ging de helft van de groep naar huis, terwijl de andere helft in groepjes bleef napraten over datgene wat ze hadden gehoord. Aan het eind van de discussie werd de vrouwen afzonderlijk gevraagd of ze bereid waren in het openbaar te vertellen dat ze recepten zouden proberen en dat ze orgaanvlees zouden kopen. Degenen die daartoe bereid waren, deden een mondelinge toezegging ten overstaan van de groep.

Zes maanden later deden de onderzoekers navraag bij alle vrouwen die de lezing hadden gehoord. Zij ontdekten dat de mensen die hadden deelgenomen aan de discussie en een toezegging in het openbaar hadden gedaan, vaker hun gedrag gewijzigd hadden en orgaanvlees hadden gekocht en bereid dan degenen die alleen de lezing hadden gehoord. Er kwamen twee vragen naar boven: (1) Wat gebeurt er in een groep waardoor dergelijke gedragsveranderingen optreden? en (2) Hoe krijgen we inzicht in de macht van groepen over individuen? Om zulke vragen te beantwoorden, werd het Laboratory for the Study of Group Dynamics opgericht aan het Massachusetts Institute of Technology. Lewin was de oprichter van dit instituut en had er de leiding.

Onderzoeksinstituten

Enkele tientallen jaren lang heeft de sociale psychologie zich sterk gericht op onderzoek naar groepen en naar verschillende aspecten van het groepsgebeuren. Veel van wat wij vanzelfsprekend vinden in onze kennis over groepsdynamica komt voort uit deze tak van onderzoek. Lewin overleed al in 1947, maar veel van zijn studenten deelden zijn belangstelling voor groepen en voor maatschappelijke problemen. Een van deze studenten, Ronald Lippitt, ging met Lewin mee toen deze in 1946 het Center for Group Dynamics oprichtte. Na het overlijden van Lewin richtte Lippitt met Benne en Bradford in 1949 het NTL op, de National Training Laboratories.

Zowel het Center for Group Dynamics als het NTL heeft veel betekend voor de ontwikkeling van allerlei vormen van groepstraining in de Lewiniaanse traditie, waaronder ook enkele grote conferenties met veel deelnemers. Gedurende de jaren vijftig en zestig waren de zomercursussen van het NTL broeinesten van experimenten met ervaringsgericht leren. Bedrijven, kerken, opleidingsinstituten en gemeenschappen waren allemaal geïnteresseerd in hoe trainingsgroepen en ervaringsgericht onderwijs hen zouden kunnen helpen bij het bereiken van hun doelen. Ook al was dit een tijd waarin enorm veel kennis werd opgedaan over de werking van kleine groepen, toch bestond de trainingssetting soms uit grote groepen van wel honderd mensen of meer. Hoewel een groot deel van de tijd werd doorgebracht in kleine groepen, kwam de plenaire groep ook bijeen voor groepssessies en ervaringsgerichte activiteiten waarin de trainingsstaf kennis opdeed over de dynamiek en processen van zeer grote groepen.

Actieonderzoek

Naast onderzoek naar de groepsdynamiek hebben wetenschappers onderzoek gedaan naar taakuitoefening binnen groepen: hoe worden beslissingen genomen, problemen opgelost, acties gepland en geïmplementeerd? Toen in de jaren zestig duidelijk werd dat sensitivitytraining binnen organisaties niet effectief was, richtte men de aandacht op het oplossen van problemen en het herstellen van tekorten in het functioneren van organisaties. De methode die hiervoor het meest gebruikt werd, was *survey feedback*, een methode van actieonderzoek waarbij gegevens worden verzameld over de manier waarop mensen naar hun organisatie en het functioneren van hun eigen afdeling en andere afdelingen kijken. Deze methode werd gebruikt om mogelijke oorzaken van ineffectiviteit vast te stellen en om vervolgens de situatie te verbeteren. Organisatieadviseurs verzamelen en analyseren de data en koppelen deze gegevens terug naar de afdelingen die vervolgens actie ondernemen om bepaalde zaken aan te pakken.

Samen denken over de toekomst

Ron Lippitt hield zich, net als andere organisatieadviseurs in de jaren zeventig van de vorige eeuw, bezig met dit proces binnen organisaties. Als onderzoeker bestudeerde hij echter ook het proces zelf. Terwijl hij een aantal opnamen beluisterde van groepen die bezig waren met probleemoplossing, realiseerde hij zich dat hun discussie hem veel energie kostte en ervoor zorgde dat hij zich bijzonder moe voelde. Omdat het oplossen van problemen zoveel energie leek te kosten, bedacht hij dat er iets te vinden moest zijn om mensen op een andere manier te laten werken en zo energie te genereren. Lippitt was geniaal in het ontwerpen van processen. Hij begon na te denken over het feit dat het oplossen van problemen zich erg op het verleden richtte. Als je mensen eens zou vragen om na te denken over de toekomst? Als je hun eens zou vragen wat voor toekomst zij in gedachten hebben voor hun organisatie?

Lippitt begon activiteiten te ontwikkelen om mensen te laten nadenken over een *preferred future*. Zo vroeg hij tijdens een zomercursus aan de deelnemers om zich voor te stellen dat ze over vijf jaar op magische tapijten boven hun organisatie zweven en neerkijken op al die prachtige dingen die daar plaatsvinden. Lippitts experimenten met de gewenste toekomst bevestigden wat hij al vermoedde, namelijk dat nadenken over datgene wat je graag wilt energie in mensen genereert. Hij ging hiermee in organisaties aan de slag, maar wat nog belangrijker was, hij ging ook met grote gemeenschappen als steden werken. Lippitt en zijn collega Schindler-Rainman raakten betrokken bij een aantal steden verspreid over Amerika, maar met name in Michigan, waar het niet goed ging met de auto-industrie. Zij hielpen stadsbestuurders om mensen uit alle delen van de gemeenschap bij elkaar te brengen om na te denken over de toekomst van hun stad en daar plannen voor te maken. Ook hier vormde het gezamenlijk nadenken over de gewenste toekomst een belangrijk deel van hun aanpak. Dit is overgenomen in vier latere methoden voor interventies in grote groepen: *Search Conference* (zie paragraaf 15.8 voor een voorbeeld), *Future Search, Real Time Strategic Change* en *ICA Strategic Planning Process* (zie paragraaf 15.9).

Pas nu wordt ingezien en erkend dat Lippitt met dit werk zijn tijd ver vooruit was. Aan het eind van de jaren zeventig en in het begin van de jaren tachtig leidden Lippitt en Schindler-Rainman honderden organisatieadviseurs op in de preferred future-techniek tijdens NTL-workshops in Bethel.

15.3 Psychoanalytische theorie (met name Tavistock Institute)

Vergelijkbare ontwikkelingen vonden plaats in het Verenigd Koninkrijk, maar vanuit een andere theoretische basis dan de Lewiniaanse traditie. Het Tavistock Institute in Londen was opgericht om de kennis van de sociale wetenschappen toe te kunnen passen op het niveau van individuen, groepen en systemen. Wilfred Bion was als psychiater en psychoanalyticus verbonden aan dit instituut. Hij dacht veel na over zijn ervaringen met groepsprocessen en formuleerde een theorie over wat hij meemaakte in de vorm van een aantal artikelen die later werden gebundeld tot een boek (*Experiences in Groups*, 1961). Hierin beschrijft hij drie assumpties die de primaire taak van een groep eenvoudiger kunnen maken of kunnen tegenwerken: *dependency, fight-flight* en *pairing* (afhankelijkheid, vechten of vluchten en paarvorming; zie ook paragraaf 11.7).

Het Tavistock Institute ging op basis van Bions raamwerk in 1957 opleidingen verzorgen in groepsprocessen. Deze opleidingen gaan in op problemen in kleine groepen en verkennen de intergroepsdynamiek en de dynamiek van grote groepen of systemen. Een grote groep is een groep die te groot is voor directe contactsituaties en directe interactie, waarbij het meestal gaat om dertig of meer personen. De Tavistock-benadering heeft een theorie ontwikkeld over de dynamiek, problemen en dilemma's die een rol spelen bij deelname aan grote groepen.

Search conference

Een andere onderzoeker die een belangrijke bijdrage heeft geleverd aan de ontwikkelingen in Groot-Brittannië was Trist, een van de oprichters van het Tavistock Institute. Ook Bridger en Bion waren daarbij betrokken. Trist was tijdens de Tweede Wereldoorlog een collega van Bion in het actieonderzoek en een bewonderaar van Lewins werk. Trist en zijn jongere collega Emery ontwikkelden op grond van hun onderzoeken in de Britse steenkoolmijnen in de jaren vijftig een geheel eigen benadering die ze *Socio-Technical Systems* noemden. Die term is nu wat in onbruik geraakt, maar de gedachten daarachter niet.

In deze periode van veel werk met diverse organisaties in het bedrijfsleven werden Trist en Emery uitgenodigd om mee te werken aan het opzetten van een conferentie in juli 1960 voor de topleiders van Bristol/Siddeley, een bedrijf dat kort daarvoor was ontstaan na een fusie tussen twee luchtvaarttechnische bedrijven. Het hoofd van de organisatie dacht aan een conferentie met sprekers, maar Trist en Emery hadden iets anders in gedachten. Aan het Tavistock Institute hadden zij onderzoek gedaan naar de manier waarop bedrijven zich aanpassen aan woelige tijden. Op grond daarvan stelden zij voor om een week lang de bedrijfsomgeving, de luchtvaartindustrie en de gewenste toekomstige rol voor Bristol/Siddeley te verkennen. Dit was duidelijk anders dan de gebruikelijke organisatiebijeenkomsten. Er werd een compromis bereikt door overdag tijd te besteden aan het onderzoeksproces zoals voorgesteld door Trist en Emery en in de namiddag en avond ruimte te reserveren voor sprekers en discussies. Aan het eind van de week sprak de groep als één bedrijf en hadden zij 'het bedrijf waarin ze werkzaam waren, opnieuw gedefinieerd'. Dit was de eerste Search Conference (Trist & Emery, 1960). De kern bestond uit een dialoog tussen de deelnemers. Deze dialoog begon met een poging om inzicht te verwerven in de externe wereld en verliep vervolgens in de richting van het eigen bedrijf. Het doel was om te komen tot een strategisch actieplan voor de toekomst. Op grond van deze ervaring heeft Fred Emery samen met zijn vrouw Merrelyn de Search Conference-methode ontwikkeld. In de dertig jaar daarna heeft Merrelyn Emery de Search Conference verder verfijnd.

15.4 Systeemtheorie

De derde stroming in de ontwikkeling van interventies voor grote groepen is de open systeemtheorie, die een enorme invloed heeft gehad op het denken over organisaties. Het betrekken van de omgeving van de organisatie als belangrijk element voor een beter begrip van het functioneren van de organisatie betekende een paradigmatische verschuiving. En dat gold ook voor het inzicht dat veranderingen in een deel van het systeem van invloed zijn op het geheel. Eric Trist schrijft de inbreng van de implicaties van Ludwig von Bertalanffy's denkwijze over biologie (Von Bertalanffy, 1950) binnen het Tavistock Institute toe aan Emery. Emery was duidelijk een van de eersten die de implicaties van de systeemtheorie begreep en deze theorie toepaste in het denken over organisaties als open systemen.

Confrontation Meeting

Een van de eerst gepubliceerde modellen om te werken met het hele systeem in één ruimte was de *Confrontation Meeting* van Richard Beckhard in de jaren zestig van de vorige eeuw. Beckhard bedacht de Confrontation Meeting vanwege een verlangen om de negatieve energie in een familiebedrijf waarmee hij werkte een positieve wending te geven. Deze eendaagse interventie begint met heterogene groepen waarin mensen nadenken over datgene wat moet veranderen om het leven op het werk te verbeteren. Met andere woorden, ze begint met toekomstige mogelijkheden. Nadat de deelnemers de resultaten van deze verkenning met elkaar hebben besproken, gaan ze in georganiseerde groepen uiteen om vier of vijf 'beloften' te ontwikkelen, acties om een betere werkomgeving te creëren. Tegelijkertijd kiezen ze een aantal prioriteiten om onder de aandacht van het management te brengen. Aan het eind van de dag worden deze acties en verzoeken besproken en geeft het management een reactie. Een twee uur durende follow-upbijeenkomst na ongeveer zes weken zorgt ervoor dat de veranderingen gaande worden gehouden en dat andere in gang worden gezet. Dit is het eerste model dat wij kennen waarin met alle onderdelen van een organisatie tegelijk wordt gewerkt.

Lerende organisaties

De systeemtheorie speelt een belangrijke rol in recente ideeën over organisaties. Met name sinds het verschijnen van Peter Senge's boek *The fifth discipline* (Senge, 1990) is een andere visie op organisaties gangbaar. Leith (2004) geeft hiervan een samenvatting die ik hier in verkorte vorm weergeef. In de visie van 'de organisatie als een systeem' wordt de nadruk gelegd op een flexibele netwerkstructuur met een vorm van coachend en faciliterend leiderschap in tegenstelling tot de vroegere opvatting die uitgaat van een hiërarchische structuur met een vorm van *command and control*-leiderschap (leiderschap gebaseerd op opdrachten en controle). De nieuwe organisatie is een lerende organisatie, waarin zogeheten 'fouten' worden gezien als een vorm van feedback (dus als een kans tot leren) en waarin actief experimenteren wordt bevorderd, in tegenstelling tot de vroegere opvatting waarin fouten worden beschouwd als een vorm van falen en dus worden bestraft. Een open leerklimaat in de organisatie wordt gezien als de sleutel tot overleven en succes. Vandaar dat vaak de term *lerende organisatie* wordt gebruikt. In een lerende organisatie wordt diversiteit (met betrekking tot sekse, etniciteit en leeftijd) op waarde geschat en bevorderd, in tegenstelling tot de vroegere opvatting waarin gestreefd wordt naar standaardisatie.

De taak van het management is vooral het vergroten van het vermogen tot aanpassing aan een turbulente omgeving en niet het bieden van oplossingen voor allerlei problemen ('brandjes blussen'). Een lerende organisatie behaalt niet zozeer resultaten door effectief functionerende individuen, maar door effectief functionerende teams van mensen die op elkaar betrokken en van elkaar wederzijds afhankelijk zijn. Men richt zich op samenwerking in plaats van op competitie. Bovendien ligt de nadruk op het optimaliseren van het samenspel tussen alle belanghebbenden (de *stakeholders*) en niet op het creëren van maximale economische waarde voor de aandeelhouders (de *shareholders*). En systeemdenken (het denken in samenhangen en patronen) vervangt het vroegere lineaire denken (het denken in oorzaak-gevolgreeksen).

15.5 De jaren tachtig

In de jaren tachtig van de vorige eeuw kwam het terrein van organisatieontwikkeling tot volle wasdom. De meeste praktijkbeoefenaars op dit terrein hadden twintig jaar ervaring opgebouwd. Zij hadden de tijd meegemaakt van survey feedback, teambuilding en andere strategieën om de organisatie te verbeteren. Tijdens hun werk met leidinggevenden van grote bedrijven werden zij geconfronteerd met de beperkingen van verbeteringsgerichte veranderingsprocessen. Er werd veel gesproken over *transformationele verandering*, een nieuw soort verandering die de hele organisatie in één klap zou veranderen in plaats van het langzamere trapsgewijze proces dat karakteristiek was voor de eerdere technieken. Er waren echter maar weinig interventiestrategieën die gelijke tred hielden met de gesprekken over transformatie.

Future Search

Een van deze ervaren praktijkbeoefenaars, Marvin Weisbord, stond bekend om het feit dat hij veel nadacht over zijn eigen werkwijze. In een boek over de stand van zaken op het gebied van organisatieontwikkeling benadrukt hij het belang van 'het gehele systeem in één ruimte bij elkaar zien te krijgen' om een effectieve verandering te bewerkstelligen. Weisbord putte uit alle drie de tradities en vormde de Future Search als methode om het hele systeem te laten beslissen over de beoogde doelen. Hij was van mening dat stakeholders van buiten de organisatie een bijdrage konden leveren aan het ontwikkelen van nieuwe zienswijzen over datgene wat nodig is voor de snel veranderende wereld waarin klanten steeds nieuwe eisen stellen en nieuwe technologieën tot ontwikkeling komen.

15.6 Vanaf de jaren negentig

In de laatste twintig jaar is er veel fundamenteel veranderd in de maatschappelijke omgeving waarin wij leven. Dat geldt voor ons als individuen, maar ook voor de groepen waarin we ons bevinden en de bedrijven en organisaties die onze werkplek vormen. In het kader vat ik een aantal van die veranderingen samen.

Maatschappelijke veranderingen sinds 2000
- Toenemende vergrijzing en ontgroening: we worden steeds ouder en er komen steeds minder jongeren bij.
- Afnemende solidariteit tussen generaties.
- Toenemende eenzaamheid en sociaal isolement.
- Meer diversiteit in de samenleving.
- Klimaat van toenemende verharding en minder tolerantie.
- Hoger tempo van het moderne leven, met een toenemende tweedeling tussen de 'snellen' en de 'tragen'.
- Inkrimpende verzorgingsstaat.
- Groeiende maatschappelijke betrokkenheid en inzet.
- Toenemende mondigheid van burgers (die overigens hun competenties vooral inzetten ten behoeve van eigen belang).
- Meer vrije tijd.
- Toenemende marktwerking in zorg en welzijn.
- Verzakelijking in de relaties tussen cliënten en organisaties.

- Een groter beroep op burgerschap.
- Integraal werken tussen verschillende disciplines.
- Toenemende sociale participatie en het nemen van eigen verantwoordelijkheid.
- Sterk toegenomen multiculturaliteit.
- Veranderende waarden en normen.
- Toegenomen individualisering.
- Veranderende rol van de vrouw.
- Verdergaande globalisering.
- Impact van informatietechnologie, met name de sterke toename van de mogelijkheden (en gevaren) van internet.
- Angst voor terrorisme.
- Nieuwe rol van de media.

Bronnen: deze samenvatting is grotendeels gebaseerd op overzichten van Van Vliet e.a., 2004 en Van Dam e.a., 2006.

Hierbij komt dat de veranderingen elkaar in een steeds hoger tempo opvolgen. Veel van deze veranderingen raken ook aan het functioneren van organisaties en groepen binnen organisaties. Denk bijvoorbeeld aan de toegenomen multiculturaliteit en culturele diversiteit: er zijn steeds meer werknemers met zeer uiteenlopende etnische achtergronden. Naast toegenomen globalisering zien we in bedrijven ook een tendens tot toenemende individualisering. Dit uit zich onder andere in een sterke nadruk op zelfmanagement, zorg voor eigen *employability*, grotere scholingsbehoeften, vragen om coaching en ontwikkelingsmogelijkheden binnen de bestaande functie, sterkere participatie in besluitvorming en behoefte aan een andere managementstijl.

Coachend leiderschap

In veel bedrijven en andere organisaties zien we de rol van de manager sterk veranderen. Een toenemend aantal managers heeft het gevoel dat ze de controle aan het verliezen zijn op de processen en mensen die ze moeten aansturen. Er is sterke behoefte aan coachend leiderschap en sommigen bepleiten transformationeel leiderschap (zie het kader verderop in deze paragraaf). Het economisch klimaat is onderhevig aan turbulente veranderingen. Juist de complexiteit en het tempo van dit soort veranderingen vormen belangrijke argumenten om bij belangrijke keerpunten of andere belangrijke momenten in de ontwikkeling van een bedrijf of van een gemeenschap zo veel mogelijk het hele systeem te betrekken in beeldvorming en besluitvorming. Met andere woorden, om te kiezen voor een large group intervention.

Drie grote transformaties

In een artikel over generatief leiderschap benoemt Callens (2005) drie grote transformaties in de vorige eeuw.

1. De eerste belangrijke maatschappelijk-economische verandering situeert hij rond de eeuwwisseling van de negentiende naar de twintigste eeuw. Voor deze overgang gebruikt hij de woorden 'beweging en dynamiek'.
2. In de jaren zestig en zeventig van de twintigste eeuw ziet hij de tweede grote maatschappelijke verandering, die bij benoemt als 'verandering en groei'. In deze periode groeit een grenzeloos geloof in de maakbaarheid van mens en maatschappij, samen met een groot geloof in de mogelijkheden tot zelfverwerkelijking. Het eind aan dit geloof komt in zicht door de toenemende kritiek op de ongebreideldheid van met name de economische groei, parallel aan een stroom van publicaties vanuit de kritische sociologie en psychologie. Het rapport van de 'Club van Rome' en de oliecrisis markeren het besef van de grenzen aan de groei.
3. Een derde overgangsperiode – 'turbulentie' – ziet Callens vanaf halverwege de jaren tachtig. Twee van de meest markante gebeurtenissen zijn de opkomst van internet vanaf 1984 en de val van de Berlijnse muur in 1989. Beide gebeurtenissen hebben zeer grote gevolgen. Maar ook andere gebeurtenissen zijn zeer ingrijpend, zoals de aanslag op de Twin Towers op 11 september 2001. Het dominante thema van maatschappelijke verandering wordt turbulentie. In een steeds hoger tempo volgen ingrijpende veranderingen elkaar op. Men spreekt van een exponentiële stroomversnelling door continue veranderingsprocessen, waarbij het ene veranderingsproces wordt ingehaald door het volgende. Door de toegenomen onvoorspelbaarheid van hoe deze processen ontstaan, is de onzekerheid voor velen sterk toegenomen. Voorspelbaarheid en zekerheid hebben plaatsgemaakt voor onvoorspelbaarheid binnen een aan chaos grenzende complexiteit.

> **Van beweging naar turbulentie**
> De ontwikkeling van 'beweging en dynamiek' via 'verandering en groei' naar 'turbulentie' heeft ook het denken over leren, over organisaties en over leiderschap sterk veranderd. Callens (2005) geeft een overzicht van bouwstenen voor transformationeel leiderschap. Daar neem ik de volgende achttien bouwstenen uit over:

1. Resultaatgerichtheid vanuit omgevingsbewustzijn.
2. Levende leernetwerken creëren.
3. Mensen en processen verbinden: in teams, leernetwerken of *communities of practice*.
4. Aandacht voor processen van interacties die toegevoegde waarde kunnen leveren in plaats van bovenmatige aandacht voor structuren.
5. Dialoog beoefenen: een interactie waarvan je de uitkomst op voorhand nog niet weet.
6. Belang van *being* naast aandacht voor *doing*.
7. Waardegedreven (*value-based, value-driven*).
8. Besef van uniciteit van ieder levend wezen; dit waarderen en belonen in de organisatie.
9. Energetisch: in contact met het continue ervaren: *awareness* en *flow*.
10. Bescheiden en gedreven: passie voor waar je echt in gelooft.
11. Dienend leiderschap: *servant leadership*.
12. Het eigen persoonlijk leiderschap en proactieve verantwoordelijkheid opnemen.
13. Resultaten door emotionele intelligentie: EQ.
14. Resultaten behalen door de aanwezige kennis te genereren en door individueel en collectief leer- en verandervermogen aan te boren.
15. Autonomie en wederzijdse onderlinge afhankelijkheid als uitgangspunt nemen.
16. Ecologisch bewustzijn: bewust zijn deel te zijn van grotere gehelen, de *purpose* vaststellen, dat wil zeggen de toegevoegde waarde voor het geheel.
17. Variëteit aan interacties tot leven brengen die een mate van complexiteit kunnen doorstaan.
18. Masculiene en feminiene kwaliteiten verenigen, bijvoorbeeld resultaatgerichtheid en interpersoonlijke sensitiviteit.

Bron: Callens, 2005.

Einde aan mechanisch denken

Voor bedrijven is management veel complexer geworden. Vanwege de sterk toegenomen onzekerheden is het moeilijk om op de conventionele manier toekomstplannen te maken. Een aantal managers beseft dat hun manier van werken en denken over optimale wijzen van organiseren en managen niet opgewassen is tegen al deze veranderingen. Het wereldbeeld dat ten grondslag ligt aan de gebruikelijke manier van denken is gebaseerd op het type wetenschap dat sinds de renaissance (bijvoorbeeld met René Descartes en Isaac Newton in de zestiende en zeventiende eeuw) op gang kwam en dat ons ver gebracht heeft. In die wetenschapstraditie probeerde men de wereld te begrijpen en beheersen door de samenstellende delen te ontleden en tot voorspellingen te komen volgens een oorzaak-gevolgmodel (het lineair denkpatroon), ongeveer zoals je ook de loop van een biljartbal kunt voorspellen wanneer je de uitgangscondities precies kent. Het is een mechanische manier van denken.

Systeemdenken

Tegen deze achtergrond biedt het systeemdenken een alternatief. De wereld is geen biljarttafel. Het is een complex geheel van op elkaar inwerkende verschijnselen die zowel oorzaak als gevolg kunnen zijn, afhankelijk van hoe je ertegen aankijkt. Wat vanuit een bepaald standpunt gevolg lijkt, kan in een ander opzicht ook een oorzaak zijn in een circulair patroon. Sommige patronen ontwikkelen zich heel snel, maar andere juist heel langzaam. Niet alleen het systeemdenken, maar ook de vrij recente chaostheorie bieden meer inzicht in hoe dit kan. Hieraan verwant zijn holistische denkmodellen, of misschien kan ik beter spreken van wereldbeelden. Holistisch denken bestaat in het Oosten al enkele duizenden jaren, maar is in het Westen relatief nieuw. Dat steeds meer mensen hiermee vertrouwd raken, blijkt uit het toenemend aantal gebruikers van holistische geneeswijzen, waarbij niet (zoals in de traditionele geneeskunde) wordt uitgegaan van aparte symptomen die elk weer een eigen specialisme vereisen, maar waarbij de gezondheidsklachten tegen de achtergrond van de gehele mens worden behandeld.

Het systeemdenken wordt in toenemende mate overgenomen door managers omdat ze daarmee op steeds meer opleidingen kennismaken. Een van de best verkochte boeken over lerende organisaties is het reeds genoemde *The fifth discipline* van Senge, waarin hij expliciet aandacht besteedt aan het systeemdenken, dat voor hem de 'vijfde discipline' is.

Managementprincipes

Martin Leith (2004) bespreekt negen managementprincipes die gebaseerd zijn op het systeemdenken. Om hier een beeld van te geven noem ik er een aantal:
- De interne flexibiliteit moet groter zijn dan de externe turbulentie.
- De interne samenwerking moet sterker zijn dan intern conflict.
- De helderheid van de visie moet sterker zijn dan de informatie-explosie.
- De bedrijfsmissie moet sterker zijn dan de desintegratieve krachten.
- De innovatieve proactiviteit moet domineren over conservatieve neigingen.
- Kwaliteit is een belangrijkere basis voor prestaties dan kwantiteit.

15.7 Nieuwe manieren om met complexe verandering om te gaan

Steeds vaker wordt geconstateerd dat de conventionele manieren om met complexe veranderingen in organisaties om te gaan, flink wat zwakheden kennen.

De gebruikelijke benadering
De conventionele aanpakken werken te traag en ze missen draagvlak bij de medewerkers, want ze creëren veel weerstand tegen verandering. Soms wordt het percentage verandertrajecten dat in organisaties mislukt of niet wordt afgerond, geschat op meer dan zeventig procent (Leith, 2004). Hiervoor zijn meerdere redenen aan te voeren. Leith (2004) noemt er tien:
1. Het topmanagement blijft vasthouden aan een oud leiderschapsmodel, namelijk: het bieden van oplossingen in plaats van het vergroten van het aanpassingsvermogen van de organisatie.
2. Verandering wordt opgelegd en aangestuurd door het senior-management.
3. Het veranderingsmodel is gebaseerd op controle en beheersing; er is geen ruimte voor ongeplande effecten van de verandering.
4. Er is weinig ruimte voor inbreng door de betrokkenen.
5. Men gaat uit van een beperkt beeld van de realiteit; er wordt te weinig gebruikgemaakt van de inzichten van allen die door de verandering zullen worden geraakt.
6. De focus ligt op het vaststellen en oplossen van problemen.
7. De visie wordt eenzijdig vormgegeven door een elite van senior-managers en deskundigen (denk aan de cartoon van de manager die na een presentatie tegen zijn personeel zegt: 'Ik heb mijn visie gedeeld, dus nu hebben we een gedeelde visie').
8. Er wordt uitgegaan van een lineair denkmodel (een reeks van op elkaar volgende stappen).
9. De veranderingsstrategie wordt top-down gecommuniceerd (via boodschappen van bovenaf).
10. Planning en implementatie zijn op elkaar volgende, maar gescheiden fasen.

De gevolgen van conventionele benaderingen zijn vooral dat het veranderingsproces traag verloopt (jaren kan duren) en dat draagvlak ontbreekt in brede lagen van de organisatie.

Een andere benadering
Daarom bepleit Leith (2004) een andere benadering die van andere voorwaarden uitgaat. Ook hier noemt hij tien punten. Ze sluiten aan op de tien punten hierboven:

1. Het topmanagement adopteert een nieuw leiderschapsmodel, waarin het vergroten van het aanpassingsvermogen van de organisatie centraal staat. Dit betekent een radicale verandering van eigen assumpties, waarden, opvattingen en gedrag. Hier valt ook te denken aan het creëren van een lerende organisatie.
2. De veranderingsbehoefte komt vanuit elke geleding van de organisatie en wordt door elke geleding gedragen. Men spreekt ook wel van *co-creatie van de verandering*. Wierdsma (1999) merkt hier het volgende over op: 'In een wereld die wordt gekenmerkt door pluriformiteit en verandering, wordt organiseren op basis van beheersing en externe besturing steeds problematischer. Als organiseren op basis van meer van hetzelfde niet werkt, hoe kan dan het andere worden ontwikkeld? Organiseren op basis van interne sturing, zelforganisatie en "samen leren en creëren". Het wordt steeds belangrijker om in wisselende samenwerkingsverbanden te kunnen werken: organiseren met behoud van diversiteit.'
3. Het veranderingsmodel wordt gebaseerd op vertrouwen en samenwerking.
4. Er is een grote betrokkenheid van alle belanghebbenden.
5. Er is een zo volledig mogelijk beeld op de realiteit. Er wordt gebruikgemaakt van inzichten van allen die bij de verandering betrokken zijn.
6. De focus ligt op het gaan zien en realiseren van toekomstige mogelijkheden. Zoals al eerder aangegeven (paragraaf 15.3), ontdekte Lippitt dat een focus op problemen de energie in groepen doet dalen, terwijl focussen op de toekomst veel enthousiasme, optimisme, energie en betrokkenheid genereert.
7. De hele organisatie wordt betrokken in het vormgeven van de visie.
8. Men gaat uit van systeemdenken. De gebeurtenissen in een organisatie worden in hun complexe samenhangen gezien en niet tot eenvoudige oorzaak-gevolgpatronen herleid. Het is niet langer vruchtbaar om oorzaak en gevolg van elkaar te scheiden. Het is belangrijker om zichzelf versterkende patronen op te sporen. In complexe circulaire patronen van gebeurtenissen kunnen zogenoemde gevolgen evengoed weer tot oorzaken worden.
9. De verandering wordt geleid vanuit strategische gesprekken. In plaats van top-downcommunicatie vinden er voortdurend strategische gesprekken plaats met (vertegenwoordigers van) de belangrijkste groepen betrokkenen. In die gesprekken kunnen nieuwe perspectieven naar voren komen en nieuwe toekomstmogelijkheden.
10. Planning en implementatie volgen elkaar voortdurend op. Er is een voortdurende afwisseling tussen beide aspecten van het veranderingsproces, want elke implementatiestap levert weer nieuwe inzichten en informatie op over de realiteit en over wat de beste planning is. De planning wordt dus voortdurend aangepast aan wat men tijdens de implementatie tegenkomt.

Dergelijke veranderingscondities leiden tot een veel snellere verandering dan wat we gewend zijn. Wanneer alle betrokkenen een aandeel krijgen in de opzet van de veranderingsprocessen, worden deze ook door hen gedragen. Deze beloften van snelle en door iedere betrokkene gedragen verandering worden gerealiseerd in de methoden van interventies in grote groepen (*large group interventions*).

15.8 Een voorbeeld van een large group intervention

Een van de eerste methoden voor interventies in grote groepen is de Search Conference. Omdat de meeste voorbeelden van large group interventions uit de context van het bedrijfsleven stammen, heb ik in het basisboek van Bunker en Alban (1997) gezocht naar een voorbeeld van zo'n interventie buiten die context. Een deelnemer aan zo'n conferentie vertelde de auteurs hoe hij deze bijeenkomst ervaren heeft. Er namen ruim honderdvijftig mensen deel aan een Search Conference in een klein stadje in Colorado. Dit stadje had in korte tijd een sterke groei doorgemaakt en dit had tot een aantal problemen in die gemeenschap geleid, waaronder verkeersproblemen. Bovendien dreigde een nabij gepland skiresort een deel van de natuur ernstig aan te tasten. Over dit soort ontwikkelingen maakten zowel de mensen die daar pas waren komen wonen, als de mensen die daar al langer woonden zich ernstig zorgen. Een zeer divers samengestelde groep wilde voor zichzelf helder krijgen welke ontwikkeling ze voor hun gemeenschap wenste. De grote groep werd voor sommige onderdelen van de conferentie opgedeeld in kleinere subgroepen.

De conferentie
De deelnemer vertelde dat de bijeenkomst begon met een eenvoudige gezamenlijke maaltijd. Tijdens die maaltijd viel hem op hoe divers de gemeenschap was waarin hij leefde. Er waren onder het publiek onder anderen schrijvers, politieke leiders, mensen van milieugroeperingen, projectontwikkelaars en zakenmensen. Hoe konden die ooit op één lijn komen?

De avond werd begonnen in een zeer grote kring. Deelnemers aan de conferentie vertelden verhalen over de geschiedenis van de gemeenschap en stonden vooral stil bij gebeurtenissen die voor hen duidelijk gemaakt hadden wat deze gemeenschap voor hen betekende. Het was een wonderlijke start. 'Ik kreeg een gevoel van trots dat ik deel uitmaakte van deze gemeenschap', aldus deze deelnemer. 'De volgende dag gebeurde er iets ongelooflijks, toen we stilstonden bij de waarden die voor onze gemeenschap van belang waren. We stonden eerst stil bij een analyse van de turbulente externe omgeving en vooral bij de factoren die van grote invloed zijn op onze gemeenschap. Een belangrijk punt kwam voor mij toen we met elkaar een beeld opbouwden van wat we als ideaal zagen voor onze gemeenschap. Niet alleen waren we het sterk met elkaar eens in de subgroep waarin we hierover spraken, maar ook de lijsten van de andere subgroepen kwamen sterk overeen met die van ons. Daarna kwamen we plenair bij elkaar om over de doelen te spreken. Gezamenlijk kwamen we tot acht strategische doelen, zoals versterken van duurzame landbouw, duurzame architectuur, nieuwe vormen van zelfbestuur voor de gemeenschap, infrastructurele zaken (wegen, water enzovoort) en de sociale infrastructuur (onderwijs, gezondheidszorg en dergelijke). Ieder kreeg daarna de kans om in te tekenen op deelname aan een van de taakgroepen die voor elk strategisch doel werden gevormd. Wat me het meest verbaasde was het vervolg van deze taakgroepen.'

Drie maanden later

'Na drie maanden hielden we een grote bijeenkomst voor alle taakgroepen. Elke groep rapporteerde wat ze had gedaan, wat ze van plan was te doen en welke ondersteuning of hulp ze nodig had. Bij deze grote bijeenkomst waren ook mensen uitgenodigd die de oorspronkelijke conferentie niet hadden meegemaakt. Tijdens de bijeenkomst werden twee nieuwe taakgroepen gevormd, één die zich vooral zou richten op de behoeften van de jongeren in onze gemeenschap en één die de behoefte aan een nieuw postkantoor zou onderzoeken. Elke maand verschenen in de lokale krant verslagen en berichten van elke taakgroep. Hierdoor bleef iedereen goed geïnformeerd. We zijn nu zes maanden verder en we kunnen zeggen dat elke taakgroep veel heeft bereikt.'

Search Conference

Bunker en Alban noemen zes stappen die voor een Search Conference van belang zijn:

1. *Discussie over onze turbulente omgeving.* Dit wordt ook wel *environmental scanning* genoemd. In een gezamenlijke bijeenkomst vertellen mensen wat ze als de belangrijkste externe veranderingen zien van de afgelopen vijf jaar. Deze worden genoteerd op grote vellen papier aan de muur. Alles wat verteld wordt, krijgt een plek op deze flap-overvellen. In kleine groepen analyseren mensen daarna deze gebeurtenissen en spreken met elkaar wat ze als mogelijke, maar vooral ook als meest wenselijke ontwikkelingen voor de nabije toekomst zien. Vaak komen er uit zulke gesprekken gezamenlijke idealen voor de toekomst naar voren, zoals respect voor verschillen, geweldloze manieren om met conflicten om te gaan, een beter evenwicht tussen werk en gezinsleven. Deze waarden worden ook op grote vellen genoteerd en worden richtsnoeren voor later werk in subgroepen en de plenaire groep.

2. *De geschiedenis van ons systeem.* In deze plenaire sessie, die zich richt op 'waar we vandaan komen', beschrijft de hele gemeenschap sleutelgebeurtenissen en belangrijke veranderingen die in de loop der jaren in het bestaande systeem hebben plaatsgevonden. Vaak wordt dit genoteerd op een tijdslijn op een groot vel papier aan de muur.
3. *Analyse van ons huidige systeem.* In subgroepen en plenair brainstormt de groep over kenmerken van het huidige systeem die behouden moeten blijven, gecreëerd moeten worden of moeten verdwijnen.
4. *Het gewenste systeem.* Subgroepen werken parallel aan de taak om een lijst op te stellen van wat ze het belangrijkst vinden voor het systeem in de toekomst. Daarna volgt een plenaire rapportage van alle groepen en worden de verschillende resultaten geïntegreerd. De gehele gemeenschap beslist hierna welke ideeën voor de toekomst zullen worden omgezet in strategische doelen.
5. *Actieplanning.* Voor elk strategisch doel wordt een taakgroep of actiegroep gevormd. Elke taak- of actiegroep is zelfsturend en werkt plannen uit voor het realiseren van het strategische doel. Soms krijgen de groepen wat informatie mee over het omgaan met blokkades die ze in hun werk als groep kunnen tegenkomen. Elke groep neemt de volgende stappen voor haar rekening, zoals het uitwerken van tussendoelen, een tijdsplanning en een manier om de voortgang te coördineren en bewaken. Na een vooraf overeengekomen periode wordt de voortgang gedeeld met de hele gemeenschap. Dit biedt een mogelijkheid voor feedback en voor een *reality check*, waarbij er nauwlettend op wordt toegezien dat het werk in elke subgroep nog in het belang van de hele gemeenschap is. Wanneer de groep klaar is, komt ze met een eindverslag voor de hele gemeenschap, die daarna een follow-up kan plannen.
6. *Implementatie.* De methode van de Search Conference is erg expliciet over de manier waarop moet worden omgegaan met de implementatie, vanuit de aanname dat mensen geen experts nodig hebben om actieplannen voor hen te maken. In plaats daarvan voeren ze die plannen zelf uit en creëren ze hun eigen toekomst. De conferentie leidt dus tot een sterk democratische, zelfsturende gemeenschap. Daarbij waakt men ervoor dat er geen hiërarchische en bureaucratische structuren ontstaan.

Bron: Bunker & Alban, 2003, pp. 35-37.

15.9 Twaalf methoden voor interventies in grote groepen[17]

Voor grote groepen is in relatief korte tijd een scala aan methoden beschikbaar gekomen die kunnen worden samengevat onder de term large group interventions (LGI). Men spreekt ook wel van large scale interventions (LSI). In hun publicatie van 1997 beschrijven Bunker en Alban twaalf van deze methoden, die ze in drie clusters onderverdelen. Hieronder bied ik korte schetsen van elk van deze methoden.

Cluster 1: Methoden gericht op het samen creëren van een toekomst
1. Search Conference
2. Future Search
3. Real Time Strategic Change
4. ICA Strategic Planning Proces

Cluster 2: Methoden gericht op zelforganisatie van het werk
5. The Conference Model
6. Fast Cycle Full Participation Work Design
7. Real Time Work Design
8. Participative Design

Cluster 3: Methoden gericht op participatie van het hele systeem
9. Simu-Real
10. Work-Out
11. Open Space Technology
12. Large Scale Interactive Events

1. Search Conference
Doel: creëren van een visie op de toekomst.
Ontworpen door: Merrelyn & Fred Emery (1989).
- Opzet: schets van omgevingsfactoren, voorgeschiedenis, heden, toekomst.
- Theorie gebaseerd op democratie door participatie.
- Op zoek naar gemeenschappelijke basis.
- Rationeel omgaan met conflicten.
- Discussie in de totale gemeenschap.

---

[17] Paragraaf 15.9 is met toestemming overgenomen uit Remmerswaal, 2006.

- Minimaal 2,5 dag.
- 35 tot 60 deelnemers.
- Eén derde van de totale tijd wordt besteed aan actieplanning.

2. *Future Search*
Doel: creëren van een visie op de toekomst.
Ontworpen door: Weisbord & Janoff (1995).
- Opzet: voorgeschiedenis, heden, toekomst, actieplanning.
- Participatie door alle belanghebbenden (de stakeholders).
- Op zoek naar gemeenschappelijke basis.
- Kleine groepen die zichzelf leiden.
- 18 uur, verspreid over 3 dagen.
- 40 tot 80 deelnemers.

3. *Real Time Strategic Change*
Doel: creëren van een gewenste toekomst met systeembrede actieplanning.
Ontworpen door: Dannemiller en Jacobs (1992).
- Strak gestructureerd en georganiseerd.
- Gebruik van kleine groepen en de totale gemeenschap.
- 2 tot 3 dagen, plus follow-up-bijeenkomsten.
- Kleine groepen die zichzelf leiden.
- 100 tot 2400 deelnemers.

4. *ICA Strategic Planning Proces*
Doel: strategische planning.
Ontworpen door: Institute of Cultural Affairs (ICA) (1989).
- Opzet: focus op de vraag, uitzetten van een heldere en praktische visie, analyse van onderliggende obstakels en contradicties, uitzetten van strategierichting (brainstorm over overwinnen van obstakels), ontwerp van strategische acties (strategieën om de visie te realiseren), overeenstemming over tijdslijn voor implementatie.
- Participatie door alle belanghebbenden (de stakeholders).
- 2 tot 7 dagen.
- 50 tot 200 deelnemers.

5. *The Conference Model*
Doel: ontwerpen van nieuwe opzet van de organisatie van het werk.
Ontworpen door: Dick en Emily Axelrod (1992).

- Systeembrede voorlichting voorafgaand aan de conferentie.
- Opzet van de procedure over vijf conferenties:
    - visieconferentie (ontwikkelen van een visie op hoe de organisatie in de toekomst behoort te zijn);
    - klantconferentie (welke vereisten met betrekking tot de klant resulteren in criteria voor de opzet van het werk);
    - technische conferentie (met name: hoe is de werkstroom);
    - conferentie over nieuwe werkopzet;
    - implementatieconferentie.
- De afzonderlijke conferenties duren 2 à 3 dagen.
- 80 à 90 deelnemers. Bij grotere groepen werkt men in parallelle conferenties.

6. *Fast Cycle Full Participation Work Design*

Doel: ontwerpen van nieuwe opzet voor de manier waarop het werk georganiseerd wordt, waarbij met name het technische systeem (de werkstroom) beter afgestemd wordt op het sociale systeem (de aanwezige vaardigheden, competenties, ervaringen en netwerken).
Ontworpen door: Pasmore (1994), in samenwerking met Fitz en Frank.
- Vijf bijeenkomsten:
    1. Future Search (zie nummer 2) (2 dagen).
    2. Externe verwachtingen van stakeholders (1 dag).
    3. Analyse van het technische werksysteem (de werkstroom) (2 à 3 dagen).
    4. Analyse van het werkleven, inclusief werkomgeving en sociaal-emotionele aspecten (1 dag).
    5. Nieuwe opzet van de organisatie van het werk en implementatie (4 tot 5 dagen).
- Tot 120 deelnemers kunnen de bijeenkomsten bijwonen.
- Ratificatie van de nieuwe werkopzet in bijeenkomsten die door iedereen worden bijgewoond.

7. *Real Time Work Design*

Doel: ontwerpen van een nieuwe werkopzet.
Ontworpen door: Dannemiller en Tolchinsky (circa 1994).
- Het hele systeem is aanwezig bij de start (de lancering) en bij het slot (de implementatie).
- 50 tot 2400 deelnemers.
- Meerdere conferenties: procesconferentie (bespreking van het werkproces) (2 dagen), ontwerpconferentie (principes voor de nieuwe werkopzet) (2 dagen), verdiepingsdagen (*deep dives*) rond kritieke thema's (telkens 1 dag).

- Een ontwerpteam stuurt het proces (onder andere voorbereiding en evaluatie van elke conferentie).

8. Participative Design
Doel: ontwerpen van nieuwe opzet voor de organisatie van het werk.
Ontworpen door: Fred en Merrelyn Emery (1989).
- Het proces wordt bottom-up opgezet.
- De eerste stap bestaat uit organisatiebrede voorlichting.
- Basisprincipe: ieder niveau coördineert en controleert het eigen werk.
- Elke werkeenheid ontwerpt het eigen werk.
- *Multiskilling* (brede inzetbaarheid) is de norm.

9. Simu-Real
Doelen: werk aan actuele issues, testen van toekomstontwerpen en leren over systeemfunctioneren.
Ontworpen door: Donald en Alan Klein (1992).
- De organisatie kiest de issues waaraan gewerkt gaat worden.
- De zaalinrichting weerspiegelt de structuur van de organisatie.
- Men handelt vanuit de rol in de organisatie.
- Leren door het gehele systeem.
- Perioden van stilleggen van de actie ten behoeve van reflectie: afwisseling van actie en reflectie.
- Duur: 1 dag.
- 50 tot 150 deelnemers.

10. Work-Out
Doelen: probleemidentificatie en procesbevordering.
Ontworpen door: Jack Welch (zie Tichy & Sherman, 1993).
- Keuze van het doel van verbetering.
- Cross-functionele bijeenkomst van het personeel.
- Procedure: discussie en aanbevelingen.
- Follow-up wanneer dit nodig of gewenst is.
- Duur: 1 tot 2 dagen.

11. Open Space Technology
Doelen: bespreking en exploratie van issues die in het systeem spelen.
Ontworpen door: Owen (1992, 1995).

- Kent de minste structuur van de twaalf methoden van werken met grote groepen. De grote groep definieert zelf de onderwerpen voor de agenda.
- Systeembreed genereren en verkennen van issues.
- Rond de onderwerpen worden groepen van geïnteresseerden gevormd.
- Een procesbegeleider zet de opzet en de grondregels neer en 'bewaakt dat de ruimte open blijft'.
- Vereist inzicht in dynamica van grote groepen.
- Duur: 1 tot 3 dagen.

12. *Large Scale Interactive Events*
Doel: probleemoplossing.
Ontworpen door: Dannemiller en Jacobs (1992).
- Coördinatie, training en probleemoplossing binnen de organisatie of tussen organisaties.
- Participatieve besluitvorming.
- Gebruikt dezelfde methode als Real Time Strategic Change (zie nummer 3).
- Aantal deelnemers: 50 tot meer dan 1000.
- Kan voor veel verschillende doelen worden ingezet.

15.10 Kenmerken van large group interventions

Elk van de twaalf methoden die ik hierboven schetste, maakt het mogelijk om alle belanghebbenden in organisaties en gemeenschappen op verantwoorde wijze te betrekken bij het nemen van besluiten die hen aangaan. Het gaat hierbij niet om lapmiddelen of kortetermijnoplossingen, maar om betekenisvolle langetermijnontwikkelingen die door alle betrokkenen gemeenschappelijk worden gedragen. Centraal in deze methoden staan democratische participatie en het stimuleren dat mensen hun verantwoordelijkheid nemen.

> **Kenmerken van methoden voor grote groepen**
> Methoden voor interventies in grote groepen worden gekenmerkt door:
> - een hoge betrokkenheid bij de deelnemers;
> - een gezamenlijke besluitvorming;
> - het loslaten van statusverschillen;

- het omschakelen van *command-and-control* naar discussie;
- het doorwerken van verschillen en conflictstof;
- het creëren van een breed draagvlak;
- het bieden van een stem en een gevoel van 'eigenaarschap' (*ownership*) aan allen die betrokken zijn bij het project;
- het snel genereren van ideeën ter verbetering door een groot aantal mensen;
- de subsystemen en de deelnemers daaraan in staat stellen tot het zelf verzamelen en analyseren van relevante gegevens en het zelf nemen van beslissingen op grond van hun eigen analyses.

Kritische succesfactoren van LGI's
Bunker en Alban benadrukken een aantal kritische succesfactoren, zoals het hebben van een heldere en tot de verbeelding sprekende doelstelling of de juiste mensen selecteren. Voortdurend spelen de volgende vragen: Welke mensen beschikken over belangrijke informatie? Wie heeft belang bij de uitkomsten? Wie willen we beïnvloeden? Wiens steun hebben we nodig? Van belang is ook aandacht voor wat mensen nodig hebben om taakgericht te kunnen werken en tot bevredigende resultaten te komen. Veel is ook afhankelijk van de opstelling van de leidinggevenden. Zij moeten bereid zijn te aanvaarden dat de gevolgde methode ook consequenties kan hebben voor hun eigen manier van werken, zoals het verantwoord delegeren van een deel van hun beslissingsbevoegdheid.

Wanneer het management van een organisatie op basis van een large group intervention een veranderingsproces ingaat, maar moeite heeft met zaken als openheid, eerlijkheid of het betrekken van mensen uit het hele systeem, is de kans groot dat het teruggrijpt naar oude beheersparadigma's. Het ingezette veranderproces pakt dan averechts uit.

Participatie
De tot nu toe bekende methoden voor interventie in grote groepen gaan uit van een fundamenteel geloof in het belang van participatie op de werkvloer en in de samenleving. Wanneer mensen echt betrokken worden bij beslissingen over de dingen die hen aangaan, voelen zij zich gerespecteerd. Mensen raken gemotiveerd om verantwoordelijkheid te nemen voor hoe zaken gaan en vervolgens voor verandering en verbetering. Het effect is meer gemeenschapszin, betere resultaten, flexibele en proactieve organisatievormen en meer werkvoldoening. Dit wordt bevestigd door de ervaringen die met zulke methoden zijn opgedaan. Het in alle eerlijkheid en openheid betrekken van mensen bij de

planning, besluitvorming en implementatie is veel effectiever dan de gebruikelijke top-downbenadering van planning en besluitvorming die achter gesloten deuren plaatsvindt. Een large group intervention maakt het mogelijk om alle belanghebbenden in de betrokken organisatie op verantwoorde wijze te betrekken bij het nemen van besluiten die hen aangaan en om alle relevante partijen uit het systeem daarbij te betrekken.

Snel evoluerende organisaties

In een verhelderend artikel over het nut van werken met grote groepen wijst Keunen (2000) erop dat snel evoluerende organisaties vaak te maken hebben met de volgende drie factoren:

1. *Toenemende complexiteit*: aanpassing aan een steeds veranderende omgevingscontext vraagt van de meeste organisaties dat er op basis van ontoereikende informatie snelle beslissingen genomen worden die een veelheid van onderling afhankelijke relaties tussen interne en externe stakeholders beïnvloeden.
2. *Tijdsdruk*: het werken via de normale managementkanalen waarbij de organisatiestrategie voor ieder niveau of deelproject wordt doorvertaald en waarbij plannen worden gemaakt via regulier overleg, heeft twee belangrijke nadelen. Het proces is tijdsintensief en er vindt heel wat misvorming van de boodschap plaats tijdens de communicatiecascade. De snelheid van besluitvorming en actie worden daardoor een doorslaggevende competitieve factor.
3. *Kwaliteit van ideeën*: wanneer de leidinggevenden niet de sleutel van de oplossing in handen hebben en dus aangewezen zijn op het samenbrengen van de stukken van de kennispuzzel die bij sleutelfiguren aanwezig zijn, is het essentieel dat de verschillende betrokken partijen hun bijdrage kunnen leveren om tot een kwalitatief goede beslissing te komen.

De methoden van large group intervention spelen in op de mogelijkheid om adequaat aan te sluiten op deze nieuwe omgevingsvereisten. Dit gebeurt door meerdere partijen samen te brengen, waarbij in een beperkt tijdsbestek alle waardevolle informatie gebundeld wordt. Op basis hiervan kunnen kwalitatief goede beslissingen worden genomen, zowel over de te volgen strategie als over de uit te werken actieplannen.

Succescondities

Op grond van eigen ervaringen noemt Keunen (2000) tien succescondities, die voor, tijdens en na de grote groepsinterventie gecreëerd dienen te worden.

Voorafgaand aan de bijeenkomst gaat het om:
1. zichtbare betrokkenheid en enthousiasme bij de opdrachtgever;

2. duidelijk afgebakende en werkbare focus;
3. voldoende voorbereidingstijd: het succes van de grote groep ligt voor de helft in de voorbereiding, bijvoorbeeld via voorbereidende interviews met betrekking tot knelpunten en verwachtingen, en terugkoppeling daarvan;
4. gedeeld eigenaarschap bij opdrachtgever(s) en designteam.

Tijdens de bijeenkomst gaat het om:
5. voltijdse aanwezigheid van relevante stakeholders;
6. consistent leiderschap;
7. professionele facilitators;
8. adequate accommodatie en logistieke ondersteuning.

Na de bijeenkomst zijn van belang:
9. implementatieteam met coördinerende bevoegdheid die het uitvoeren van de voorgenomen acties door de deelnemers faciliteert en coördineert, maar niet overneemt;
10. open communicatiekanalen.

Wanneer aan deze voorwaarden voldaan is, kunnen grote groepen een belangrijke procesversneller worden in organisatieverandering.

Enkele vernieuwingen

Toen de diverse methoden voor het werken met grote groepsbijeenkomsten opkwamen in de jaren tachtig en negentig van de vorige eeuw, was dat een belangrijke methodische vernieuwing. Deze vernieuwing heeft zich doorgezet in allerlei aanpassingen en verbeteringen; er worden telkens nieuwe varianten ontwikkeld in de vorm van nieuwe werkwijzen en manieren, waarbij de oorspronkelijke methoden worden aangepast aan een specifieke doelgroep of vraag.

Daarnaast zijn er nog twee belangrijke vernieuwingen. De ene vernieuwing betreft het gebruik van informatietechnologie, zoals specifieke software en het gebruik van e-mail en internet, waardoor participatie in planning en besluitvorming mogelijk worden zonder dat de grote groep in dezelfde ruimte aanwezig is. De andere vernieuwing is dat deze methoden kunnen leiden tot een cultuurverandering binnen het hele bedrijf. Daarbij blijven deze methoden niet beperkt tot een of enkele grote groepsbijeenkomsten, maar ontstaan er netwerken van permanente werkgroepen binnen de organisatie die ervoor zorgen dat alle werknemers op de hoogte blijven van de gang van zaken en zo een duurzaam klimaat van betrokkenheid en participatie creëren.

15.11 Interactie in large group interventions

De plenaire groepsbijeenkomst is per definitie te groot voor directe face-to-face-interactie. Ook ontstaat door het grote aantal deelnemers een structureel spreektijddilemma: door het grote aantal deelnemers is er geen kans meer op spreektijd voor iedereen. Relatief weinig mensen kunnen in de grote groep hun recht van spreken uitoefenen. Dit betekent bovendien dat het krijgen van erkenning voor het leveren van een waardevolle bijdrage en het daardoor opbouwen van een eigen identiteit in grote groepen slechts beperkt mogelijk is.

Omdat de kans om te spreken beperkt is, speelt in grote groepen altijd dit probleem van erkenning. Daar is in het programma structureel een oplossing voor gevonden door de plenaire bijeenkomsten af te wisselen met werk in parallelle kleine groepen. Daardoor kan ieder participeren en kan de kracht van de dynamiek van de kleine groep optimaal benut worden. De afwisseling tussen werken in subgroepen en werken in de grote groep creëert een aparte dynamiek, die het mogelijk maakt de voordelen van de kleine groep te combineren met die van de plenaire bijeenkomst. De effectiviteit van de large group intervention wordt in belangrijke mate bepaald door het benutten van de kracht van de kleine groep, waardoor een actieve opstelling, betrokkenheid en gedeelde verantwoordelijkheid sterk gestimuleerd worden.

Behalve door een balans tussen werk in de grote groep en in kleine groepen kenmerkt de large group intervention zich ook door een balans tussen structuur en vrije dynamiek. In het algemeen geldt dat hoe groter de groep is, hoe groter de angst kan zijn die de dynamiek van die groep kan oproepen. Structuur geeft een gevoel van orde en een doel en helpt daarom deze angst in te dammen. Terwijl een tekort aan structuur angst kan versterken, kan een teveel aan structuur echter de dynamiek en creativiteit remmen. Het gaat erom een juiste balans te vinden.

Taakaspecten en sociaal-emotionele aspecten

Met de termen 'structuur' en 'vrije dynamiek' heb ik meteen een daaraan verwante polariteit geïntroduceerd, namelijk de polariteit tussen aandacht voor de taak en aandacht voor het proces. Anders gezegd: tussen aandacht voor taakaspecten en aandacht voor sociaal-emotionele aspecten. Bij een zorgvuldig opgezette large group intervention zoekt men expliciet naar een balans tussen deze twee aspecten van groepsfunctioneren. Dit wordt duidelijker wanneer we de taakaspecten en sociaal-emotionele aspecten verder uitsplitsen. Als we groepen beter willen begrijpen, is deze tweedeling nog te grof. Daarom is het handig om het taakniveau nader op te delen in twee subniveaus: het inhoudsniveau en het procedureniveau. Het sociaal-emotionele niveau kunnen we nader opsplit-

sen in het interactieniveau en het bestaansniveau. Het interactieniveau verwijst naar het groepsproces, naar wat er *tussen* de groepsleden gebeurt, terwijl het bestaansniveau verwijst naar het individuele proces, naar wat er *binnen* de afzonderlijke groepsleden gebeurt. Ik heb dit in hoofdstuk 4 al uitgebreid beschreven. Samenvattend:
1. Inhoudsniveau: het werk aan de doelstelling en de taak *(wat)*.
2. Procedureniveau: de werkwijze ter concretisering van de doelstelling *(hoe)*.
3. Interactieniveau: het groepsproces en de onderlinge betrekkingen *(tussen)*.
4. Bestaansniveau: het individuele proces van elk groepslid *(binnen)*.

In de literatuur over grote groepsinterventies gaat het vaak over de eerste twee niveaus, vooral het procedureniveau. Maar de kracht van zulke interventies ligt naar mijn mening juist op de andere niveaus, die niet zo vaak beschreven worden. De groepsdynamische factoren van een large group intervention spelen vooral op het interactieniveau en het bestaansniveau. Daarom besteed ik daar extra aandacht aan.

Interactieniveau
Onder het interactieniveau vallen alle groepsdynamische processen, zoals groepsklimaat, lidmaatschap (het erbij horen), leiderschap, communicatie, interactie en participatie, de verdeling van macht en invloed, cohesie, gevoelens van betrokkenheid, affectie en sympathie, subgroepsvorming, groepsontwikkeling, groepsnormen en conformiteit aan deze normen. Wanneer de begeleider hier goed op inspeelt, kan de groep zich tot een effectieve eenheid ontwikkelen en kan de kracht van de groep volledig tot zijn recht komen. Dit groepsdynamisch niveau komt tot bloei door directe interactie via korte communicatielijnen en door het gezamenlijk gevoel van *urgency* ('het is nu of nooit'). Ook speelt de eilandsituatie een belangrijke rol; de groep heeft zich voor de bijeenkomst vaak van de gewone wereld en het gebruikelijke werkpatroon afgezonderd en vormt tijdelijk met elkaar een nieuwe gemeenschap. Ook draagt het *pressure-cooker-effect* bij tot een snelle groepsvorming en groepsontwikkeling.

Het wij-gevoel wordt versterkt door het ontstaan van gemeenschappelijke groepswaarden en groepsnormen en komt tot uiting in een relatiepatroon dat goed aansluit op de taakstructuur. De groep beseft dat ze de kracht en de middelen heeft om het project zelf in te richten. Wanneer de groep het project gaat uitvoeren, doet ze dit niet vanuit opgelegde, maar vanuit zelfgekozen afspraken. Omdat de groep zich mede-eigenaar van het project voelt, is er een veel grotere betrokkenheid en bereidheid tot het nakomen van afspraken. Deze afspraken zijn collectief gemaakt in aanwezigheid van de anderen en in een motiverende context. De complexiteit van het project wordt voor ieder zichtbaar en er worden gezamenlijk manieren gevonden om hiermee om te gaan.

Alle twaalf methoden voor interventies in grote groepen (zie paragraaf 15.9) zijn erop gericht om de interactie van de participanten te bevorderen. Elk van die methoden bestaat uit een procedure om dit gestructureerd te doen. En die structuur is hard nodig, omdat de interactie met zoveel mensen anders chaotisch zou verlopen en dus weinig productief zou zijn.

Bestaansniveau

Wanneer we de aandacht richten op het bestaansniveau letten we op de individuele processen. Hiermee bedoel ik aandacht voor wat er zich *binnen* mensen afspeelt. Het gaat op het bestaansniveau om aandacht voor de binnenwereld van het individuele groepslid en het tegemoetkomen aan zijn psychosociale behoeften. Tot deze binnenwereld horen onder andere de belevingen en de emoties van de groepsleden, zoals de behoefte aan veiligheid, aan erbij horen, aan respect, aan erkenning en waardering, aan zelfverwerkelijking en aan zingeving. De methode van de large group intervention sluit hier goed op aan. Er wordt meestal met groot enthousiasme gewerkt, de groepsleden voelen zich sterk betrokken bij de voortgang en de besluitvorming. Ze voelen zich erkend en serieus genomen, alleen al door het feit dat ze voor de bijeenkomst zijn uitgenodigd. Ze tellen mee en dat is de eerste basisbehoefte in groepen.

De Amerikaanse sociaal-psycholoog Schutz (1966) heeft drie basisbehoeften geformuleerd die alle te maken hebben met de fundamentele behoefte aan erkenning. Ik noem ze hier omdat ze ook binnen de grote groepsbijeenkomsten spelen en herkenbaar zijn. Deze basisthematieken omschrijft Schutz als *inclusie, controle* en *affectie*. Elk van deze drie heeft te maken met het gevoel van eigenwaarde.

1. Inclusie

Bij *inclusie* gaat het om het gevoel mee te tellen, erbij te horen en serieus genomen te worden. Het is de vraag naar basiserkenning: om opgemerkt en geaccepteerd te worden en om erkenning dat je er bent. Schutz spreekt van het gevoel van *significance*: het gevoel dat je van belang bent voor anderen en betekenis voor hen hebt. In de bijeenkomst speelt dit wanneer de leiding uitstraalt dat ieder van de aanwezigen nodig is om de taak te kunnen uitvoeren. De groepsleider bevestigt dat hij het waardevol vindt dat net déze personen aanwezig zijn. Hoewel dit aspect een procedurezaak lijkt, speelt op bestaansniveau de erkenning voor ieders aanwezigheid dan wel lidmaatschap van de groep. Iedere aanwezige beseft 'ik hoor erbij' en ieder wil vanuit dat gevoel ook zijn bijdrage leveren.

2. *Controle*
Bij *controle* gaat het om de vraag naar invloed, de vraag om te kunnen bepalen wat er gebeurt, om greep te hebben op de omstandigheden. Schutz spreekt van het gevoel van *competence*: tot iets in staat zijn, iets kunnen presteren, iets gedaan kunnen krijgen. Hier gaat het om de vraag naar erkenning voor wat je kunt, voor wat je beheerst en voor je kwaliteiten, deskundigheden en prestaties. Dit is direct van invloed op het gevoel van onafhankelijkheid en van zelfvertrouwen.

Dit kan de groepsleider op meerdere momenten laten blijken, bijvoorbeeld door sterk te stimuleren dat deelnemers bespreken wat zij als hun bijdrage zien. Hij probeert daarbij te komen tot een werkplan waarbij een verdeling van deelopdrachten tot stand komt die aansluit op ieders competenties. Hierbij wordt ieder groepslid aangesproken op zijn mogelijkheden, op welke gebieden hij deskundig en competent is en wat hij in het kader van het project te bieden heeft. Bovendien streeft de groep naar een besluitvorming waarbij alle groepsleden hun invloed kunnen uitoefenen. Dit betekent een voorkeur voor consensus-, compromis- en meerderheidsbesluiten. Ook dit aspect sluit aan op erkenning voor wat de groepsleden inbrengen. Ieder beseft dat zijn bijdrage van belang is. Een andere term voor wat er gebeurt is empowerment.

3. *Affectie*
Bij *affectie* gaat het om de vraag naar genegenheid. Schutz spreekt van het gevoel van *loveability*: aardig, sympathiek gevonden te worden. En bovenal het gevoel gewaardeerd te worden om wie je bent als persoon. Bij een large group intervention kan dit een rol spelen, omdat het regelmatig voorkomt dat groepsleden waardering tegenover elkaar uiten of op andere wijze positief op elkaar reageren over de wijze van samenwerken. In deze fase van groepsontwikkeling reageren deelnemers persoonlijker en spreken ze soms vanuit hun persoonlijke achtergronden, zoals visies, waarden, opstelling enzovoort. De groepsleden gaan elkaar soms ook op zulke visies en waarden bevragen. Er ontstaan affectieve banden die gekleurd worden door positieve gevoelens, door kameraadschap en door gezamenlijkheid – die het tegenovergestelde zijn van negatieve gevoelens die in slecht draaiende projecten vaak voorkomen, zoals het afschuiven van verantwoordelijkheid en de schuld geven aan anderen wanneer het niet loopt zoals afgesproken was.

15.12 Kritische kanttekeningen bij het leervermogen van organisaties

Er is een verband tussen de opkomst van aandacht voor de lerende organisatie (met name sinds het verschijnen van Peter Senge's boek *The fifth discipline*) en de sterke toename van methoden, interventies, technieken en instrumenten om het leervermogen van organisaties te vergroten. Tot deze methoden horen ook de large group interventions die ik in dit hoofdstuk besproken heb. Dit is een verzamelnaam voor de methoden in dit hoofdstuk, ontworpen voor het op gang brengen van organisatieverandering op grote schaal door elk lid van de organisatie daarbij te betrekken. Het overgrote deel van de literatuur over zulke interventies in grote groepen is sterk optimistisch van toon.

Maar is dit optimisme wel terecht? Bood e.a. (1999) plaatsen hier enkele kritische kanttekeningen.

Het valt hen op dat de meeste literatuur over interventies in grote groepen geschreven is door mensen die zulke methoden ontwikkeld hebben of door consultants die met het begeleiden van dergelijke methoden de kost verdienen. Hun literatuur staat vol met anekdotes die de effectiviteit van de methoden als gereedschap voor organisatieverandering moeten bewijzen. Daarbij staan ze meestal kritisch tegenover de (wat zij noemen) traditionele manieren van organisatieverandering, waarover ze opmerken dat die meestal top-down doorgevoerd worden waardoor commitment en betrokkenheid bij medewerkers in de organisatie ontbreken en hele veranderingstrajecten nauwelijks of slechts heel moeizaam van de grond komen (zie bijvoorbeeld paragraaf 15.8). Hiervoor worden large group interventions als alternatief aangeboden. Geen van de ontwerpers van zulke methoden stelt serieus vragen over de onderliggende aannamen en uitgangspunten van hun interventies. Ze beweren al snel dat hun large group interventions bijdragen aan het creëren van een lerende organisatie. Maar klopt deze pretentie wel, zo vragen Bood e.a. (1999) zich af. Dat is nog helemaal niet vanzelfsprekend, zoals we zullen zien.

Welk leerproces en met welk doel?
Bood e.a. vragen zich kritisch af om wiens leerproces het eigenlijk gaat. Wie bepaalt eigenlijk wat en hoe er geleerd gaat worden? Wie heeft de macht om vast te stellen wat relevant is om te leren? Wiens leerdoelen staan eigenlijk centraal: die van de werknemers of die van de organisatie? Omdat de large group intervention er vaak toe moet bijdragen dat werknemers zich meer bij de organisatie betrokken voelen en zich sterker met de ideologie van de organisatie identificeren, dragen die interventies bij aan een grotere loyaliteit tegenover de organisatie. Maar hier wringt voor een deel juist de schoen. Want de bestaande veelheid aan opvattingen en werkstijlen en de diversiteit binnen de organisatie wordt door de large group intervention eerder afgezwakt dan aangemoedigd. Is het wellicht een subtiel instrument voor het management voor het verkrijgen van meer controle en sturing over de werknemers, zo vragen Bood e.a. zich af. Worden de inzet en de emoties van werknemers tijdens de LGI eigenlijk alleen toegelaten en gestimuleerd omdat ze bijdragen aan de productiviteit van de organisatie? Kortom, in hoeverre zijn

large group interventions wel in lijn met de open, participatieve, bottom-up aard die zo door de ontwerpers en uitvoerders van large group interventions benadrukt wordt?

Kritische observaties
Bood en zijn collega's participeerden tijdens een veranderingstraject van enkele jaren in twee methoden voor large scale intervention (LSI), namelijk Future Search Conference en Real Time Strategic Change. De eerste conferentie werd door ongeveer 80 mensen bezocht, de tweede door ongeveer 125. Uit hun observaties kwam onder andere het volgende naar voren:

1. De begeleidende consultants leken meer waarde te hechten aan de procesvoortgang van de LSI dan aan de inhouden van de onderwerpen die ter sprake kwamen. Dit uitte zich onder andere in het hooghouden van het tempo in een strak tijdschema en de zichtbare ergernis wanneer deelnemers te veel tijd namen voor rapportages of gesprekken. Bovendien werd een diepgaande bespreking van de onderwerpen die naar boven kwamen niet gestimuleerd.
2. De consultants waren heel normatief. Ze hadden heldere en sterke opvattingen over hoe het veranderingsproces diende plaats te vinden en hoe het management hierin moest handelen. Om deze opvattingen te realiseren, wezen ze voortdurend op de principes van hun benadering. Bovendien bleven ze het management een jaar lang intensief begeleiden om hen goed 'afgestemd' te krijgen.
3. De conferenties leken aanvankelijk zeer geslaagd. Ze werkten als katalysator voor organisatieverandering. Het enthousiasme (of het 'energieniveau', zoals de consultants het noemden) was aan het eind van elke conferentie hoog. De kwaliteit van de conferentie werd met een dikke zeven beoordeeld en men schatte de kans op succes tussen 70 en 80%. Maar al kort na de conferentie zakte het enthousiasme flink. De consultants reageerden op twee manieren: ze gaven aan dat dit te verwachten viel en niet abnormaal was (waarbij ze spraken over *escape behaviour*) en ze versterkten hun inspanningen rond de implementatie van de actieplannen en de begeleiding van het managementteam.
4. De opzet van de conferenties stimuleerde sterk tot groepsvormingsprocessen en het invoeren van nieuwe groepsnormen.
5. Veel werknemers toonden zich kritisch over het veranderingstraject. Tijdens koffiepauzes klaagden ze dat ze door het hoge tempo het overzicht en het zicht op het einddoel kwijtgeraakt waren. Het feit dat ze van alle subgroepsgesprekken en van alle flapovers verslagen kregen, bracht geen verandering in dit gevoel. De meeste werknemers lazen niet eens al die fotokopieën. Na een halfjaar was slechts een klein deel van de actieplannen uitgevoerd.

Conclusies

Bood e.a (1999) komen tot enkele conclusies. Daarvan noem ik er twee.

1. Dominante rol van consultants

Allereerst merken ze op dat de consultants een dominante rol speelden in het hele veranderingsproces. Alleen zij en niemand anders stuurden het veranderingsproces aan, waarover ze heldere en sterke opvattingen hadden. Zij droegen veel argumenten en adviezen aan. Het ontwerpteam mocht slechts de details invullen. De consultants beschikten over gedetailleerde draaiboeken van de conferenties en hielden die voor zichzelf. Zelfs de leden van het ontwerpteam kregen er geen kopie van. Maar wat nog belangrijker was, de consultants beoordeelden de 'juistheid' van het gedrag, de besluiten, de resultaten en de inspanningen van ieder en met name van het managementteam. Zij bepaalden de inhoud van de agenda van de bijeenkomsten van het managementteam en van het ontwerpteam.

Vanwege deze dominante rol van de consultant kun je vraagtekens zetten bij de openheid en het participatieve karakter van de large scale intervention en ook bij de mate waarin dit hele proces wel bottom-up is. Het is sterk aangestuurd en niet zo zelfsturend als het wel lijkt.

2. Meer werkplezier

Een tweede conclusie betreft de vraag in hoeverre de large scale intervention bijdraagt aan het emotionele welzijn van de werknemers. Deze vraag kan niet onddubbelzinnig met 'ja' of 'nee' worden beantwoord. Hoewel er veel aanwijzingen zijn dat het functioneren van de organisatie voorrang krijgt boven het functioneren van de individuele werknemers, zijn er ook enkele andere signalen. Een jaar na de start van het veranderingstraject meldt een groot deel van de werknemers dat ze met aanzienlijk meer plezier werken dan in het verleden. Ook wijzen ze op de sterke toename in contacten met werknemers van andere afdelingen binnen de organisatie. Bovendien is er voor het eerst in de geschiedenis een gezamenlijk feest geweest voor alle werknemers.

Eigen ervaringen met LGI

Bood e.a. (1999) besluiten hun bijdrage met een open vraag die de lezer zelf mag beantwoorden. Dragen large scale interventions wel of niet bij aan de beloften die door auteurs over die interventies zo vurig benadrukt worden? Ook uit eigen ervaring heb ik hier twijfels over. Tijdens het begeleiden van een fusieproces in een scholengemeenschap (eind jaren negentig) heb ik als een van de interventies gebruikgemaakt van een conferentie met de hele schoolgemeenschap volgens de principes van een large group intervention.

We deden daar niet alleen positieve ervaringen mee op. Zo bleek tijdens plenaire sessies in de discussies tussen woordvoerders van subgroepen een steeds sterkere polarisatie te ontstaan. Woordvoerders met uitgesproken meningen (dat wil zeggen uitgesproken voorstanders en uitgesproken tegenstanders) hadden de neiging om hun standpunten steeds extremer en ongenuanceerder te verwoorden, terwijl woordvoerders met genuanceerde opvattingen steeds stiller werden. Het vereiste heel wat stuurmanskunst van de directie, de stuurgroep en de consultant om hier zorgvuldig mee om te gaan.

Uit eigen ervaringen en uit beschrijvingen in de literatuur over grote groepsinterventies merk ik dat de grote groep tijdens zo'n bijeenkomst iets van een *emotionele gemeenschap* gaat vormen. En hiermee loopt ze het risico tot een 'cultureel eiland' te worden dat een sfeer creëert die sterk afwijkt van de gebruikelijke gang van zaken in het bedrijf of de gemeenschap.

Bovendien lijkt het of in grote groepen de emoties sterker uitvergroot worden dan in kleine groepen, niet alleen de positieve, maar ook de negatieve emoties. En dat die emoties sterker overslaan op andere aanwezigen (vergelijk het Mies Bouwman-effect bij grote inzamelingsacties voor een goed doel, of acties als Serious Request met dj's die zich voor een goed doel een tijdje laten opsluiten in een glazen huis). Er dreigt een soort *emotionele besmetting*. Over dat verschijnsel schreef Gustav Le Bon al in 1895 toen hij het over de psychologie van grote groepen had. Hij noemde dit *contagion mentale*.

Kritiekloos optimisme
Een laatste kanttekening betreft het optimisme dat de meeste Amerikaanse teksten over large group interventions kenmerkt. Er klinkt soms net zo'n onkritische hoerastemming in door als in de vroege publicaties over groepstrainingen of nieuwe therapievormen vanuit de humanistische psychologie in de jaren zestig. In die publicaties had men eenzelfde neiging tot zwart-witdenken, waarbij langer bestaande benaderingen als ineffectief werden afgeschilderd en van de eigen, nieuwe benadering alle heil verwacht werd, zonder dat dit met deugdelijk onderzoek kon worden onderbouwd. Veranderingsprocessen gaan meestal niet zo snel als beloofd en geloofd wordt. De belofte van snelle verandering kan lang niet zo vaak worden waargemaakt als men wil doen geloven. Dit geldt ook voor interventies in grote groepen.

Literatuur

Abubakar, A. (2012). The importance of context for identity formation. Utrecht: *NIP State of the Art lezing*, 11 okt. 2012.

Aken, J. Van (1996). *Hoe doet een ander dat nou? Groepswerk bij de SPD.* Utrecht: Somma.

Allport, F.H. (1924). *Social psychology.* Boston: Houghton Mifflin.

Amado G. & Guittet, A. (1975). *La dynamique des communications dans les groupes.* Paris: Armand Collin.

Antons, K. (1976). *Groepsdynamika in praktijk.* Alphen a/d Rijn: Samsom (Oorspronkelijk: *Praxis der Gruppendynamik.* Göttingen: Verlag für Psychologie Dr. Hogrefe, 1973).

Anzieu, D. & Martin, J. (1968). *La dynamique des groupes restreints.* Paris: Presses Universitaires de France.

Arendt, H. (1969). *De banaliteit van het kwaad. Een reportage.* Amsterdam: Moussault (Oorspronkelijk: *Eichmann in Jerusalem: A report on the banality of evil.* New York: Viking, 1963). Arendt, H. (1970). Reflections civil disobedience. *The New Yorker,* 12 sept. 1970, p. 70.

Arendt, H. (1972). Civil disobedience. In: Arendt, H., *Crises of the republic* (pp. 49-102). New York: Harcourt.

Argyle, M. (1969). *Social interaction.* London: Methuen.

Bales, R.F. (1950). *Interaction process analysis: a method for the study of small groups.* Cambridge (MA): Addison-Wesley.

Bales, R.F. (1952, rev. ed.). Some uniformities of behavior in small social systems. In: G.E. Swanson, T.M., Newcomb & E.L. Hartley (Eds.), *Readings in social psychology* (pp. 146-159). New York: Holt.

Bales, R.F. (1953). The equilibrium problem in small groups. In: T. Parsons, R.F. Bales & E.A. Shills (Eds.), *Working papers on the theory of action* (pp. 111-161). Glencoe (IL): Free Press.

Bales, R.F. (1954). In conference. *Harvard Business Review,* 32, 44-50.

Bales, R.F. (1970). *Personality and interpersonal behavior.* New York: Holt.

Bales, R.F. & Borgatta, E.F. (1955). Size of group as a factor in the interaction profile. In: A.P. Hare, E.F. Borgatta & R,F.Bales (Eds.), *Small groups: studies in social interaction*, pp. 396-413). New York: Knopf.

Bales, R.F., Strodtbeck, F.L., Mills, T.M. & Roseborough, M.E. (1951). Channels of communication in small groups. *American Sociological Review*, 16, 461-468.

Bass, B.M. (1981, rev. and exp. Ed.). *Stogdill's handbook of leadership: a survey of theory and research*. New York: Free Press.

Bateson, G., Jackson, D.D., Haley, J. & Weakland, J. (1956). Toward a theory of schizophrenia, *Behavioral Science*, 1, 251-264.

Bauer, R. (1964). The obstinate audience: the influence process from the point of view of social communication. *American Psychologist*, 19, 319-328.

Beenhakker, C. (2011). Prof. Geert Hofstede: 'Godfather' van culturele diversiteit. *Counselling Magazine*, 3(3), 14-19.

Belbin, M. (1998, oorspr. ed.1981). *Managementteams. Over succes- en faalfactoren voor teams*. Schoonhoven: Academic Service.

Benne, K.D. & Sheats, P. (1948). Functional roles of group members. *Journal of social Issues*. 4, 41-49.

Benne, K.D., Bradford, L.P. & Lippitt, R. (1964). The laboratory method. In: L.P.Bradford, J.R. Gibb & K.D. Benne, K.D. (Eds), *T-group theory and laboratory method* (pp. 15-44). New York: Wiley.

Bennink, H. (2001). Coaching van werkteams. In: J. Remmerswaal e.a. (Red.), *Handboek werken, leren en leven met groepen* (artikel C3220). Houten: Bohn Stafleu Van Loghum

Berenson, B.G., Mitchell, K.M. & Laney, R.C. (1968). Level of therapist functioning: types of confrontation and type of patient. *Journal of Clinical Psychology*, 24, 111-113.

Berg, D.N. (2001). Herrijzenis van de muze: volgerschap in organisaties. In: J. Remmerswaal e.a. (Red.), *Handboek werken, leren en leven met groepen* (artikel B3200). Houten: Bohn Stafleu Van Loghum (Oorspronkelijk: Resurrecting the muse: followership in organizations. In: E. Klein, F. Gabelneck & P. Herr (Eds.) (1998). *The psychodynamics of leadership*. Madison (CT): Psychosocial Press, 27-52).

Bertalanffy, L. von (1950). *General systems theory*. New York: Braziller.

Bie, D. de, e.a. (Red.) (1979). *Didaktisch vademecum*. Driebergen/Culemborg: Phaedon.

Bijkerk, L. & Ploeg, T. van der (2012). *Aan het werk met actiekaarten*. Zaltbommel: Thema.

Bion, W.R. (1961). *Experiences in groups and other papers*. London: Tavistock.

Blake, R. (1964). Studying group action. In: L.P. Bradford, J.R. Gibb & K.D. Benne (Eds), *T-group theory and laboratory method* (pp. 336-364). New York: Wiley.

Bon, G. Le (1895). *La psychologie des foules*. Paris: Odeon.

Bood, R.P., Homan, T.H., Rietdijk, M.M. & Uden, J.C. van (1999). *Towards a critical perspective on large scale interventions.* Lancaster: University of Lancaster. Paper presented at the 3rd International Conference on Organizational Learning (o..a. te vinden via www.geocities.com/dian_marie_hosking/largegroupinterventions.html).
Borgatta E.F. & Bales, R.F. (1953). Interaction of individuals in reconstituted groups. *Sociometry,* 16, 302-320.
Bradford, L.P. (1974). The case of the hidden agenda. In: L.P. Bradford (Ed.), *Selected readings series, Vol. 1. Group development* (pp. 60-68). Fairfax (VA): Learning Resources.
Breier, K.H. (2002). *Arendt.* Rotterdam: Lemniscaat (Oorspronkelijk: *Hannah Arendt zur Einführung.* Hamburg: Junius Verlag, 2001).
Buber, M. (1990). *Oerdistantie en relatie. Bijdragen tot een filosofische antropologie.* Utrecht: Bijleveld, Collectie Labyrint (Oorspronkelijk: *Urdistanz und Beziehung.* In: *Werke, Teil I.* München: Kösel Verlag, 1962).
Bunker, B. & Alban, B. (1997). *Large group interventions. Engaging the whole system for rapid change.* San Francisco: Jossey-Bass.
Bunker, B. & Alban, B. (2002). Een beknopte geschiedenis van interventies voor grote groepen. In: J. Remmerswaal, e.a. (Red.), *Handboek werken, leren en leven met groepen* (artikel A7100). Houten: Bohn Stafleu Van Loghum,
Bunker, B. & Alban, B. (2003). De dynamiek van grote groepen. In: J. Remmerswaal e.a. (Red.), *Handboek werken, leren en leven met groepen* (artikel B5200). Houten: Bohn Stafleu Van Loghum.
Burns, T. & Stalker, G. (1966). *The management of innovation.* London: Tavistock.
Callens, I. (1982). *Ik, het thema en de anderen. Grondhouding en werkprincipes van de themagecentreerde interactie.* Baarn: Nelissen.
Callens, I. (1983). *Het concept levend leren.* Proefschrift. Amsterdam: Uitgeverij VU Boekhandel.
Callens, I. (2004). Generatief leiderschap: het innovatieve leiderschapsmodel van de themagecentreerde interactie (TGI), deel 1. In: J. Remmerswaal e.a. (Red.), *Handboek werken, leren en leven met groepen* (artikel A6400). Houten: Bohn Stafleu Van Loghum.
Callens, I. (2005). Generatief leiderschap: het innovatieve leiderschapsmodel van de themagecentreerde interactie (TGI), deel II. In: J. Remmerswaal e.a. (Red.), *Handboek werken, leren en leven met groepen* (artikel A6500). Houten: Bohn Stafleu Van Loghum.
Carter, L.F., Haythorn, W., Meirowitz, B. & Lanzetta, J. (1951). A note on a new technique of interaction recording. *Journal of Abnormal and Social Psychology,* 46, 258-260.

Carter, L.F., Haythorn, W., Shriver, B. & Lanzetta, J. (1968). The behavior of leaders and other group members. In: D. Cartwright & A. Zander (Eds.), *Group dynamics* (pp. 381-388). New York: Harper.

Cartwright, D. & Zander, A. (Eds.) (1968, 3rd ed.). *Group dynamics*. New York: Harper.

Castore, G.F. (1962). Number of verbal interrelationships as a determinant of group size. *Journal of Abnormal and Social Psychology, 64*, 456-458.

Cohn, R. (1979). *Van psychoanalyse naar themagecentreerde interactie. Basisteksten.* Soest: Nelissen (Aanvankelijk verschenen als *Thematische interaktie*).

Cooley, C.H. (1902). *Human nature and the social order*. New York: Scribner.

Coser, L.A. (1956). *The functions of social conflict*. New York: Free Press.

Covey, S. (2010). *De zeven eigenschappen van effectief leiderschap*. Amsterdam: Business Contact (Oorspronkelijk: *The seven habits of highly effective people. Powerful lessons in personal change.* New York: Free Press,1989).

Covey, S. & Covey, F. (2012). *De 8ste eigenschap. Van effectiviteit naar inspiratie.* Amsterdam: Business Contact (Oorspronkelijk: *The 8th habit. From effectiveness to greatness.* New York: Free Press, 2004).

Coyle, G.L. (1930). *Social process in organized groups*. New York: Smith.

Créton, H. & Wubbels, T. (1984). *Ordeproblemen bij beginnende leraren*. Dissertatie RU. Utrecht: Uitgeverij W.C.C.

Culbert, S.A. (1967). *The interpersonal process of self-disclosure: it takes two to see one.* New York: Renaissance Editors.

Cuvelier, F. (1979, 2e dr.). *De stad van axen. Een topologische verkenning van de krachten tussen mensen.* Antwerpen: Uitgeverij De Nederlandse Boekhandel.

Cuvelier, F. (1980). Relatiewijzen in kaart gebracht: de axen-roos. In: M. Jongerius e.a. (Red.), *Leren en leven met groepen* (Rubriek 1640). Alphen a/d Rijn: Samsom.

Cuvelier, F. (2000). Interactief gedrag: geobserveerd, benoemd en ingeoefend. In: R. Bouwen e.a. (Red.), *Van groep naar gemeenschap* (pp. 13-30). Leuven: Garant.

Dam, C. van, Vlaar, P., Hattum, M. van & Broeken, R. (2006). *Klaar voor de toekomst.* Utrecht: NIZW.

Dance, F.E. (1970). The 'concept' of communication. *Journal of communication, 20*, 201-210.

Dijk, B. van (2000). *Beïnvloed anderen, begin bij jezelf.* Zaltbommel: Thema.

Dijkstra, E. & Dolman, J. (2010). *De kick van feedback. Energiek en prettig samenwerken.* Culemborg: Van Duuren.

Dirkse-Hulscher, S. & Talen, A. (2007). *Het groot werkvormen boek.* Schoonhoven: Academic Service.

Doerbecker C. & Doets, C. (1974). *Non-participatie bij vormingsgroepen* (cahier 14). Amersfoort: NCVO.

Doerbecker C., Doets, C. e.a. (1972). *Enige determinanten van participatie en non-participatie in twee vormingsgroepen* (Intern verslag ISPA). Nijmegen: Katholieke Universiteit.

Drent, B., Damen, B. & Goedhart, A. (2005). *De kunst van het volgen. Over het ontvangen van leiding.* Assen: Van Gorcum.

Durkheim, E. (1969). *De sociologische methode.* Rotterdam: Universitaire Pers (Oorspronkelijk: *Les règles de la méthode sociologique.* Paris: Alcan, 1895).

Durlinger, A. (2011). *Handboek voor trainers.* Amsterdam: Mediawerf.

Dyer, W.G. (1969). An inventory of trainer interventions. In: C.R. Mill (Ed.), *Selections from Human Relations Training News* (pp. 41-44). Washington (DC): NTL Institute.

Dyer, W.G. (1987). *Team building, issues and alternatives.* Reading (MA): Addison-Wesley.

Eagly, A.H. & Johnson, B.T. (1990). Gender and leadership style: a meta-analysis. *Psychological Bulletin,* 108, 233-256.

Egan, G. (1978). *Encounter: groepsprocessen voor tussenpersoonlijke groei.* Nijmegen: Dekker & van de Vegt (Oorspronkelijk: *Encounter: group processes for interpersonal growth.* Belmont (CA): Brooks/Cole, 1970).

Elias, N. (1982). *Het civilisatieproces.* Utrecht: Het Spectrum (Oorspronkelijk: *Über den Prozess der Zivilisation.* Basel: Haus zum Falken, 1939).

Emerson, R.M. (1954). Deviation and rejection: an experimental replication. *American Sociological Review,* 19, 688-693.

Engen, M.L. van & Willemsen, T.M. (2000). *Gender and leadership styles: A review of the past decade* (WORC Paper 00.10.09, www.arno.uvt.nl/show.cgi?fid=4218). Tilburg: Universiteit van Tilburg.

Eppink, A. (1982). *Cultuurverschillen en communicatie.* Alphen a/d Rijn: Samsom.

Festinger, L. (1950). Informal social communication. *Psychological Review,* 57, 271-282. Herdrukt in: L. Festinger & J. Thibaut (1951). Interpersonal communication in small groups. *Journal of Abnormal and Social Psychology,* 46, 92-99.

Fiedler, F.E. (1969) Correlations between leadership styles and group performance. *Psychology Today,* 42.

Fiedler, F.E. (1967). *A theory of leadership effectiveness.* New York: McGraw-Hill.

Fortmann, H. (1959). *Wat is er met de mens gebeurd?* Utrecht/Bilthoven: Het Spectrum/Ambo.

Frank, J.D. (1964). Training and therapy. In: L. Bradford, J. Gibb & K. Benne (Eds.), *T-group theory and laboratory method* (pp. 442-451). New York: Wiley.

Freedman, J.L, Carlsmith, J.M. & Sears, D.O. (1978, 3rd ed.). *Social psychology.* Englewood Cliffs (NJ): Prentice-Hall.

Freeman, E. (1936). *Social psychology*. New York: Holt.

Freud, S. (1984). *Totem en taboe*. Meppel: Boom (Oorspronkelijk: *Totem und Tabu*. Leipzig/Wenen: Heller, 1913).

Freud, S. (1987). *Massapsychologie en Ik-analyse*. Meppel: Boom (Oorspronkelijk: *Massenpsychologie und Ich-analyse*. Leipzig/Wenen: Internationaler Psychoanalytischer Verlag, 1921).

Freud, S. (1989). Weerstand en verdringing, 19e college. Colleges inleiding tot de psychoanalyse. Meppel: Boom (Oorspronkelijk *Vorlesungen zur Einführung in die Psychoanalyse*. Leipzig/Wenen: Heller, 1917)

Fromm, E. (1952). *De angst voor vrijheid*. Utrecht: Bijleveld (Oorspronkelijk: *The fear for freedom*. London: Routledge & Kegan Paul, 1941).

Galan, K. de (2010, 2e dr.). *Trainen. Een praktijkgids*. Amsterdam: Pearson Education Benelux.

Galan, K. de (2011, 2e dr.). *Trainingen ontwerpen*. Amsterdam: Pearson Education Benelux.

Gibb, C.A. (1954). Leadership. In: G. Lindzey (Ed.), *Handbook of Social Psychology*. Cambridge (MA): Addison-Wesley.

Gibb, J.R. (1961). Defensive communication. *Journal of communication*, 11, 141-148.

Gibb, J.R. (1970). Sensitivity training as a medium for personal growth and improved interpersonal relationships. *Interpersonal development*, 1, 6-31.

Goffman, E. (1980). *Stigma: aantekeningen over het omgaan met een geschonden identiteit*. Utrecht: Bijleveld (Oorspronkelijk: *Stigma. Notes on the management of spoiled identity*. Englewood Cliffs (NJ): Prentice-Hall, 1963o).

Goffman, E. (1983). *De dramaturgie van het dagelijks leven*. Utrecht: Bijleveld (Oorspronkelijk: *The presentation of self in everyday life*. New York: Doubleday, 1959).

Goffman, E. (1992). *Gestichten*. Utrecht: Bijleveld (Oorspronkelijk: *Asylums*. New York: Doubleday, 1961).

Goldman-Eisler, F. (1951). The measurement of time sequences in conversational behavior. *British Journal of Psychology*, 42, 355-362.

Goldstein, A.P., Heller, K. & L.B. Sechrest, L.B. (1966). *Psychotherapy and the psychology of behavior change*. New York: Wiley.

Goossens, W. (1990). *Eindtoets module groepswerk*. Nijmegen: Hogeschool Nijmegen, Opleiding Senior Maatschappelijk Werk.

Goossens, W. (2001). Groepsmaatschappelijk werk. In: J. Remmerswaal e.a. (Red.), *Handboek werken, leren en leven met groepen* (artikel D8500). Houten: Bohn Stafleu Van Loghum.

Goossens, W. (2004). Integrale procesbegeleiding van groepen. In: J. Remmerswaal e.a. (Red.), *Handboek werken, leren en leven met groepen* (artikel C2600). Houten: Bohn Stafleu Van Loghum.

Goossens, W. (2006). Cobegeleiding. In: J. Remmerswaal *Begeleiden van groepen*. Houten: Bohn Stafleu Van Loghum (pp. 105-114) (Oorspronkelijk verschenen als Co-begeleiding van groepen. In: J. Remmerswaal e.a. (Red.), *Handboek werken, leren en leven met groepen* (artikel B4100). Houten: Bohn Stafleu Van Loghum, 2003.)

Goossens, W. (2009). Integrale procesbegeleiding van groepen. Een basismodel voor groeps- en teamcoaching. *Tijdschrift voor Coaching*, 2009, 4, 28-31.

Goossens, W. (2013, nog niet verschenen). Vijf contexten in een team. *Tijdschrift voor Coaching*, mei.

Goossens, W. & Remmerswaal, J. (2008). *Studiegids leergang groepscoaching*. Driebergen: Europees Instituut.

Groot, G. (2012). Vrijheid gaat boven alles. *Trouw*, 7 september 2012.

Groothuis, R. & Koopmans, M. (Red.) (2009). *Feedback geven en ontvangen*. Zaltbommel: Thema.

Haley, J. (1959). An interactional description of schizophrenia. *Psychiatry*, 22, 321-332.

Haley, J. (1980). *Strategieën in de psychotherapie*. Utrecht: Bijleveld (Oorspronkelijk: *Strategies of psychotherapy*. New York: Grune & Stratton, 1963).

Handboek werken, leren en leven met groepen. Houten: Bohn Stafleu Van Loghum, artikel C3220.

Hanson, P.G. (1973). Analyzing and increasing open behavior: the Johari window. In: *The 1973 Annual for Group Facilitators* (pp. 38-42). Iowa City (IA): University Associates.

Hare, A.P. (1952). A study of interaction and consensus in different sized groups. *American Sociological Review*, 17, 261-267.

Hare, A.P. (1962, 1976 2nd ed.). *Handbook of small group research*. New York: Free Press.

Hemphill, J.K. (1950). Relations between the size of the group and the behavior of 'superior' leaders. *Journal of Social Psychology*, 32, 11-22.

Hersey, P. (1989). *Situationeel leidinggeven*. Utrecht: Veen.

Hersey, P. & Blanchard, K. (1982). *Management of organizational behavior: utilizing human resources*. Englewood Cliffs (NJ): Prentice-Hall.

Hiller, E.T. (1947). *Social relations and structure*. New York: Harper.

Hochschild, A. (2012). *The outsourced self. Intimate life in market times*. New York: Metropolitan Press/Henry Holt & Company.

Hofstede, G., Hofstede, G.J. & Minkov, M. (2012, 32e dr.). *Allemaal andersdenkenden. Omgaan met cultuurverschillen.* Amsterdam: Contact (Oorspronkelijk: *Cultures and organizations. Software of the mind.* New York: McGraw-Hill, 2010).

Hollander, E.P. (1971, 2nd ed.). *Principles and methods of social psychology.* New York: Oxford University Press.

Homan, T. (2001). *Teamleren. Theorie en facilitatie.* Schoonhoven: Academic Service.

Homans, G.C. (1966). *Individu en gemeenschap.* Utrecht: Het Spectrum (Oorspronkelijk *The human group.* New York: Harcourt, Brace & World, 1950).

Honert, A. van den & Broersma, R. (2006). *Complex projects.* Uitgave in eigen beheer (zie www.complexprojects.nl).

Hoogeveen, P. & Winkels, J. (1992). *Het didaktisch werkvormenboek.* Assen: Dekker & van der Vegt.

Hora, T. (1959). Tao, Zen and existential psychotherapy. *Psychologia, 2,* 236-242.

Horn, K. (Hsgb.) (1972). *Gruppendynamik und der 'subjektiven Faktor'.* Frankfurt am Main: Suhrkamp.

Jackson, J.M. (1959). A space for conceptualizing person-group relationships. *Human Relations, 12,* 3-15.

Jacoby, R. (1975). *Sociaal geheugenverlies.* Bloemendaal: Nelissen (Oorspronkelijk: *Social amnesia.* Boston: Beacon Press, 1975).

James, J. (1951). A preliminary study of the size determinant in small group interaction. *American Sociological Review, 16,* 474-477.

James, W. (1890). *Principles of psychology, Vol. 1.* New York: Henry Bolt.

Jaques, E. (2004). Sociale systemen als afweer tegen achtervolgingsangst en depressieve angst. In: J. Remmerswaal e.a. (Red.), *Handboek werken, leren en leven met groepen* (artikel B2830). Houten: Bohn Stafleu Van Loghum (Oorspronkelijk: Social systems as a defense against persecutory and depressive anxiety. *Human Relations,* 1953, 6, 3-24).

Jennings, H.H. (1943). *Leadership and isolation: a study of personality in interpersonal relations.* New York: McKay.

Jensen, S. (2011). *Echte vrienden. Intimiteit in tijden van Facebook, GeenStijl en WikiLeaks.* Rotterdam: Lemniscaat/Stichting Maand van de Filosofie.

Jensen, S. (2012). *Dus ben ik weer. Een nieuwe zoektocht naar identiteit.* Amsterdam: De Bezige Bij.

Jensen, S. & Wijnberg, R. (2010). *Dus ik ben. Een zoektocht naar identiteit.* Amsterdam: De Bezige Bij.

Johnson, D.W. (Ed.) (1973). *Contemporary social psychology.* Philadelphia: Lippincott.

Johnson, D.W. & Johnson, F.P. (2011). *Groepsdynamica. Theorie en vaardigheden.* Amsterdam: Pearson Education Benelux (Oorspronkelijk: *Joining together. Group theory and group skills.* Englewood Cliffs (NJ): Prentice-Hall,1975, 2009, 10e ed.).

Jones, J.E. & Pfeiffer, J.W. (1973). Building open and closed relationships. In: *The 1973 Annual Handbook for Group Facilitators* (pp. 20-22). Iowa City (IA): University Associates.

Jones, J.E. & Pfeiffer, J.W. (1973). Medial feedback: a 'mid-course correction' exercise. In: *The 1973 Annual Handbook for Group Facilitators* (pp. 17-19). Iowa City (IA): University Associates.

Jourard, S.M. (1964). *The transparent self: self-disclosure and well-being.* Princeton (NJ): Van Nostrand.

Karpman, S. (1968). Fairy tales and script drama analysis. *Transactional Analysis Bulletin,* 7, 39-43.

Karreman, M. (2010, 7e dr.). *Warming-ups en energizers; voor groepen, teams en grote bijeenkomsten.* Zaltbommel: Thema.

Katz, D. & Kahn, R.L. (1966). *The social psychology of organizations.* New York: Wiley.

Katzenbach, J.R. & Smith, D.K. (1993). Why teams matter. *Harvard Business Review,* 36, 41-52.

Kaufman, L. & Ploegmakers, J. (2010, 2e dr.). *Het geheim van de trainer toolbox.* Amsterdam: Pearson Benelux.

Kelley, H.H. & Thibaut, J.W. (1954). Experimental studies of group problem solving and process. In: G. Lindzey (Ed.), *Handbook of social psychology* (pp. 735-785). Cambridge (MA): Addison-Wesley.

Kelley, R.E. (1996). In praise of followers. In: R.E. Taylor & W.E. Rosenbach (Eds.) (1996, 3rd ed.), *Military leadership. In pursuit of excellence* (p. 137). Boulder (CO): Westview Press.

Kets de Vries, M. (1999). *Worstelen met de demon. Over emoties, irrationaliteit en onbewuste processen in mens en organisatie.* Amsterdam: Nieuwezijds.

Keunen, L. (2000). Grote groepen als procesversneller in organisatieverandering. In: J. Remmerswaal e.a. (Red.), *Handboek werken, leren en leven met groepen* (artikel C2350). Houten: Bohn Stafleu Van Loghum.

Keyworth, D. (1973). The gift of happiness: experiencing positive feedback. In: J.W. Pfeiffer & J.E. Jones, *A handbook of structured experiences for human relations training IV* (p. 15-17). Iowa City (IA): University Associates.

Kind, S.M. (1969). Verbale technieken, diskussie in diskussie. *Gaandeweg,* 4(2), 77-85.

Kinney, E.E. (1953). A study of peer group social acceptability at the fifth grade in a public school. *Journal of Educational Research,* 47, 57-64.

Klein, E.B., Gabelnick, F. & Herr, P. (Eds.) (1998). *The psychodynamics of leadership.* Madison (CT): Psychosocial Press.

Klein, J. (1956). *The study of groups.* London: Routledge & Kegan Paul.

Kloosterboer, P. & Vliert, E. van der (1987). Andersom interveniëren bij weerstand, *M & O,* 3, 134-146.

Koks R. & Olthof, J. (1978a). *Het therapeutisch moeras; een beschouwing over dubbelzinnig en ondubbelzinnig hulpverlenen* (ongepubliceerde doctoraalscriptie ISPA). Nijmegen: KU.

Koks R. & Olthof, J. (1978b). *Wat je zegt ben jezelf; een onderzoek naar de kommunikatie tussen therapeut en kliënt* (ongepubliceerd onderzoeksrapport ISPA). Nijmegen: KU.

Kooij, K., Kruit, P. & Groen, R. (1995). *Teamrol en taal.* Houten: Bohn Stafleu Van Loghum.

Koopmans, M. (2007). *Feedback. Commentaar geven en ontvangen.* Zaltbommel: Thema.

Koopmans, M. (2008). *Feedback waaier. Commentaar geven en ontvangen.* Zaltbommel: Thema.

Kuijer, G. (1980). *Het geminachte kind.* Amsterdam: Arbeiderspers.

Kurtz, R.R. (1973). Puzzlement: a 'mild' confrontation. In: *The 1973 Annual for Group Facilitators* (pp. 30-31). Iowa City (IA): University Associates.

Kurtz, R.R. & Jones, J.E. (1973). Confrontation: types, conditions, and outcomes. In: *The 1973 Annual for Group Facilitators* (pp. 135-138). Iowa City (IA): University Associates.

LaForge, R. (1985). The early development of the Freedman-Leary-Coffey Interpersonal system. *Journal of Personality Assessment,* 49(6), 613-621.

LaForge, R. & Suczek, R.F. (1955). The interpersonal dimension of personality. An interpersonal checklist. *Journal of Personality,* 24, 94-112.

Laing, R.D. (1971). *Het zelf en de anderen.* Meppel: Boom (Oorspronkelijk: *Self and others.* London: Tavistock, 1961, 1969 2nd ed.)

Lasswell, H.D., Lerner, D. & Pool, I. de (1952). *The comparative study of symbols.* Stanford: Stanford University Press.

Lawrence, W.G. (2000). Vormen van onbewuste sociale druk op leidinggevenden. In J. Remmerswaal e.a. (Red.), *Werken leren en leven met groepen* (rubriek B3100). Houten: Bohn Stafleu Van Loghum (Oorspronkelijk: Unconscious social pressures on leaders. In: E. Klein, F. Gabelneck & P. Herr (Eds.) (1998). *The psychodynamics of leadership* (pp. 53-75). Madison (CT): Psychosocial Press).

Leary, T. (1957). *Interpersonal diagnosis of personality.* New York: Ronald Press.

Leith, M. (2004). *Leith's guide to large group intervention methods.* Bristol: Martin Leith (zie ook www.martinleith.com).

Lente, G. van (1991). *De groep: processen en patronen.* Utrecht: Het Spectrum.

Levine, B. (1982). *Groepspsychotherapie.* Deventer: Van Loghum Slaterus (Oorspronkelijk: *Group psychotherapy.* Englewood Cliffs (NJ): Prentice-Hall, 1979).
Lewin, K. (1943). Forces behind food habits and methods of change. *Bulletin of the National Research Council*, 108, 35-65.
Lewin, K. (1948). *Resolving social conflicts.* New York: Harper.
Lewin, K. (1951). *Field theory in social science.* New York: Harper.
Lewin, K., Lippitt R. & White, R. (1939). Patterns of aggressive behavior in experimentally created 'social climates'. *Journal of Social Psychology*, 10, 271-299.
Lieberman, M.A., Yalom, I.D. & Miles, M.B. (1979). *Encounter groups: first facts.* New York: Basic Books.
Lindgren, H.C. (1973, 2nd ed.). *An introduction to social psychology.* New York: Wiley.
Lingsma, M. (2005, 2e dr.). *Aan de slag met teamcoaching.* Amsterdam: Uitgeverij Boom Nelissen.
Lippitt, R. (1940). An experimental study of the effect of democratic and authoritarian group atmospheres. *University of Iowa Studies in Child Welfare*, 16(3), 45-195.
Lippitt, R. & White, R.K. (1943). The 'social climate' of children's groups. In: R.G. Barker, J. Kounin & H. Wright (Eds.), *Child behavior and development* (pp. 485-508). New York: McGraw Hill.
Lomranz, J., Lakin, M. & Schiffman, H. (1972). Variants of sensitivity training and encounter: diversity or fragmentation? *Journal of Applied Behavioral Science*, 8, 399-420.
Luft, J. (1961). The Johari window. *Human Relations Training News*, 5, 6-7.
Marcoen, A. (1985). Hoofdthema's uit de menselijke levensloop. In: J. Schroots, *Levenslooppsychologie* (pp. 11-31). Lisse: Swets & Zeitlinger.
Matarazzo J.D. & Wiens, A. (1967). Interviewer influence on durations of interview silence. *Journal of Experimental Research in Personality*, 2, 59-69.
Matarazzo, J.D., Wiens, A., Saslow, G., Dunham, R. & Voss, R. (1964). Speech durations of astronaut and ground communicator. *Science*, 143, 148-150.
Mattheeuws, A. (1977). Systeembenadering en kommunikatietheorieën. In: M. Jongerius e.a. (Red.), *Leren en leven met groepen* (artikel A1500). Alphen a/d Rijn: Samsom.
McDavid, J.W. & Harari, H. (1968). *Social psychology: individuals, groups, societies.* New York: Harper.
Menzies Lyth, I. (2004). Sociale systemen als bescherming tegen angst. In: J. Remmerswaal e.a. (Red.), *Handboek werken, leren en leven met groepen* (artikel B2820). Houten: Bohn Stafleu Van Loghum (Oorspronkelijk: Social systems as a defense against anxiety. *Human Relations*, 1960, 13, 95-121).
Meulenbelt, A. (1976). *De schaamte voorbij.* Amsterdam: Van Gennep.

Miller, N.E. (1950). *Effects of group size on group process and member satisfaction*. Ann Arbor (MI): University of Michigan.

Mills, T.M. (1953). Power relations in three person groups. *American Sociological Review*, 18, 351-357.

Mills, T.M. (1967). *The sociology of small groups*. Englewood Cliffs (NJ): Prentice-Hall.

Minuchin, S., Rosman, B.L. & Baker, L. (1983). *Psychosomatische ziekten in het gezin*. Deventer: Van Loghum Slaterus.

Mitchell, J. (1973). *Blue*. Warner Bros: Reprise Records, 44128.

Mulder, L. & Budde, J. (2006). *Drama in bedrijf. Werken met dramatechnieken in training en coaching*. Zaltbommel: Thema.

Mulder, L., Voors, W. & Hagen, H. (2010, 3e dr.). *Oefeningenboek voor groepen*. Alphen a/d Rijn: Samsom.

Nijman, A. (2012a). *Feedbackspel*. Zaltbommel: Thema.

Nijman, A. (2012b). *Kleintje feedback. Geven en ontvangen*. Zaltbommel: Thema.

Norfleet, B. (1948). Interpersonal relations and group productivity. *Journal of Social Issues*, 4, 66-69.

Ofman, D.B. (1992, 2006, 10e dr.). *Bezieling en kwaliteit in organisaties*. Cothen: Servire.

Oomkes, F.R. (1976). *Handboek voor gesprekstraining*. Meppel: Boom.

Oomkes, F.R. (1994). *Training als beroep. Deel 3. Oefeningen in interculturele vaardigheden*. Amsterdam: Boom.

Oomkes, F.R. (2001). *Training als beroep. Delen 2a en 2b. Oefeningen in sociale vaardigheid*. Amsterdam: Boom.

Oomkes, F.R. (2002). De teamrollen van Belbin. In: J. Remmerswaal e.a. (Red.), *Handboek werken, leren en leven met groepen* (artikel D3200). Houten: Bohn Stafleu Van Loghum.

Oomkes, F.R. & Cuijpers, J. (1986). *Doe gewoon anders. Handboek trainingen interkulturele kommunikatie*. Utrecht: Gamma.

Pagès, M. (1963). Note sur la vie affective des groupes. *Bulletin de Psychologie*, 16, 326-335.

Pagès, M. (1965). *L'orientation non-directive en psychothérapie et en psychologie sociale*. Paris: Dunod.

Pagès, M. (1968; 2e ed. 1975). *La vie affective des groupes. Esquisse d'une theorie de la relation humaine*. Paris: Dunod.

Pagès, M. (1980). Introduction à l'analyse dialectique. *Connexions*, 29, 51-67.

Perls, F. (1973). *Gestalt therapie verbatim*. Den Haag: Bert Bakker (Oorspronkelijk: *Gestalt therapy verbatim*. Lafayette (CA): Real People Press,1969).

Perls, F. (1975). *Gestaltbenadering en Gestalt in aktie*. Haarlem: De Toorts (Oorspronkelijk: *The Gestaltapproach and eye witness to therapy*. Palo Alto (CA): Science and Behavior Books,1973).

Phinney, J.S., Rosenthal, D.A., Adams, G.R. e.a. (Eds.) (1992). Ethnic identity in adolescence; process, context and outcome. Verschenen in de reeks *Adolescent identity formation* (zelfde auteurs), 4, 145-172. Thousand Oaks (CA): Sage Publications.

Potter, E.H., Rosenbach, W. & Pittman, T.S. (1996). Leading the new professional. In: R.E. Taylor & W.E. Rosenbach (Eds.) (1996, 3rd ed.). *Military leadership. In pursuit of excellence* (p. 149). Boulder (CO): Westview Press.

Prein, H. (2007). *Handboek conflicthantering en mediation*. Houten: Bohn Stafleu Van Loghum.

Quinn, R.E. (1998). *Persoonlijk meesterschap in management. Voorbij rationeel management*. Schoonhoven: Academic Service (Oorspronkelijk: *Beyond rational management*. San-Francisco: Jossey-Bass, 1991).

Quinn, R.E. & Rohrbaugh, J. (1983). A spatial model of effectiveness criteria: Towards a competing values approach to organizational analysis. *Management Science*, 29, 363-377.

Quinn, R.E., Faerman, S.R., Thompson M.P. & McGrath (2002). *Een kader voor managementvaardigheden*. Schoonhoven: Academic Service (Oorspronkelijk: hoofdstuk 1 uit: *Becoming a master manager: a competency framework*. New York: Wiley, 1996, 2nd ed.).

Quinn, R.E., Faerman, S.R., Thompson M.P. & McGrath (2003, 3e ed.). *Handboek managementvaardigheden*. Schoonhoven: Academic Service (Oorspronkelijk: *Becoming a master manager: a competency framework*. New York: Wiley, 2003).

Reddin, W.J. (1973). *Managerseffectiviteit*. Alphen a/d Rijn: Samsom.

Redl, F. (1942). Group emotion and leadership. *Psychiatry: Journal for the Study of Interpersonal Processes*, 5, 573-596.

Reilly, A.J. & Jones, J.E. (1974). Team-building. In: *The 1974 Annual Handbook for Group Facilitators* (pp. 227-236). La Jolla (CA): University Associates.

Remmerswaal, J. (1982a, herz. ed.). *Groepsdynamika I: Inleiding*. Baarn: Nelissen.

Remmerswaal, J. (1982b). *Groepsdynamika II: Kommunikatie*. Baarn: Nelissen.

Remmerswaal, J. (1992, 2006 herz. ed.). *Begeleiden van groepen*. Houten: Bohn Stafleu Van Loghum.

Remmerswaal, J. (1994, 4e dr.). *Groepsdynamika III: Groepsontwikkeling*. Baarn: Nelissen.

Remmerswaal, J. (2001). Groep en deelnemers. In: I. Bakker, G. Blokland & H. Wijnen (Red.), *Samen delen. Methodiekboek voor opvoedingsondersteuning in groepen* (pp. 39-60). Utrecht: NIZW.

Remmerswaal, J. (2004). Max Pagès en het affectieve leven van groepen. In: J. Remmerswaal e.a. (Red.), *Handboek werken, leren en leven met groepen* (artikel A2300). Houten: Bohn Stafleu Van Loghum.

Remmerswaal, J. (2012). *Persoonsdynamica. Professioneel omgaan met emoties.* Houten: Bohn Stafleu Van Loghum.

Remmerswaal, J. & Meer, Q van der (2004). Kurt Lewin en de veldbenadering. In: J. Remmerswaal e.a. (Red.), *Handboek werken, leren en leven met groepen* (artikel A4100). Houten: Bohn Stafleu Van Loghum.

Richter, H.E. (1971). *Het gezin als patiënt.* Utrecht: Spectrum (Oorspronkelijk: *Patient Familie.* Reinbek: Rowohlt, 1970).

Richter, H.E. (1978). *Opvoeding tot solidariteit.* Utrecht: Spectrum (Oorspronkelijk: *Lernziel Solidarität.* Reinbek: Rowohlt, 1976).

Riecken, H.W. (1958). The effect of talkativeness on ability to influence group solutions. *Sociometry,* 21, 309-321.

Riemann, F. (1980). *Psychologie van de angst.* Den Haag: Vuga. (Oorspronkelijk: *Grundformen der Angst.* München: Reinhardt, 1978).

Rinsampessy, E. (1992). *Saudara bersaudara.* Assen: Van Gorcum.

Rogers, C.R. (1973). *Leren in vrijheid.* Haarlem: De Toorts (Oorspronkelijk: *On becoming a person.* Boston: Houghton Mifflin, 1961).

Sande, S. van de & Reusel, V. van (2010). *Het verhaal van de held. Coachen van inzicht naar actie.* Zaltbommel: Thema.

Sartre, J.P. (1960). *Critique de la raison dialectique. Tome I: Théorie des ensembles pratiques.* Paris: Gallimard.

Sbandi, P. (1970). 'Feedback' im Sensitivity-Training. *Gruppenpsychotherapie und Gruppendynamik,* 4, 17-32.

Schachter, E.P. (2005). Context and identity formation. A theoretical analysis and a case study. *Journal of Adolescent Research,* 20(3), 375-395 (jar.sagepub.com).

Schachter, S. (1951). Deviation, rejection and communication. *Journal of Abnormal and Social Psychology,* 46, 190-207. Herdrukt in: D. Cartwright & A. Zander, A. (Eds.) (1968, 3rd ed.). *Group dynamics* (pp. 165-181). New York: Harper.

Schein, E.H. (1996). Kurt Lewin's change theory in the field and in the classroom: notes toward a model of managed learning. *Journal of Systemic Practice and Action Research,* 9(1), 27-47.

Schuppen, S. van (2012). De vinder weende van verwondering. Bespreking van Westbroek. *De Gids,* 8, 34-35.

Schutz, W.C. (1958). *FIRO: a three-dimensional theory of interpersonal behavior*. New York: Holt (Herdrukt als paperback onder de titel: *The interpersonal underworld* (1966). Palo Alto (CA): Science and Behavior Books).

Schutz, W.C. (1969). *Blij*. Den Haag: Bert Bakker (Oorspronkelijk: *Joy: expanding human awareness*. New York: Grove Press, 1967).

Schutz, W.C. (1975). *Grondbeginselen van encounter*. Alphen a/d Rijn: Samsom (Oorspronkelijk: *Elements of encounter*. Big Sur (CA): Joy Press, 1973).

Seashore, S.E. (1954). *Group cohesiveness in the industrial workgroup*. Ann Arbor (MI): University of Michigan.

Secord P.F. & Backman, C.W. (1964). *Social psychology*. New York: McGraw-Hill.

Senge, P. (1992). *De vijfde discipline. De kunst en praktijk van de lerende organisatie*. Schiedam: Scriptum (Oorspronkelijk: *The fifth discipline. The art and practice of the learning organization*. New York: Doubleday, 1990).

Shannon, C.F. (1952). *The mathematical theory of communication*. Urbana (Ill): University of Illinois Press.

Shaw, M.E. (1971). *Group dynamics: the psychology of small group behavior*. New York: McGraw-Hill.

Sherif, M. & Sherif, C.W. (1956, rev. ed.). *An outline of social psychology*. New York: Harper & Row.

Slater, P.E. (1958). Contrasting correlates of group size. *Sociometry*, 21, 129-139.

Slater, P.E. (1966). *Microcosm*. New York: Wiley.

Sorokin, P.A. (1928). *Contemporary sociological theories*. New York: Harper.

Sprott, W.J. (1958). *Human groups*. Harmondsworth: Penguin.

Stahl, E. (2002). *Dynamik in Gruppen. Handbuch der Gruppenleitung*. Weinheim: Beltz PVU.

Stemerding, A.H.S. (1973, 2de dr.). *Vergadertechniek en groepsgesprek*. Alphen a/d Rijn: Samsom.

Stemerding, A.H.S. (1974). *Begeleiden van groepen*. Alphen a/d Rijn: Samsom. Volledig herziene editie: Remmerswaal, J. (1992). *Begeleiden van groepen*. Houten: Bohn Stafleu Van Loghum.

Stemerding, A.H.S. (1975). *Groepstraining: leermethoden voor sociale vaardigheid*. Alphen a/d Rijn: Samsom.

Stephan, F.F. & Mishler, E.G. (1952). The distribution of participation in small groups: an exponential approximation. *American Sociological Review*, 17, 598-608.

Steyaert, C. & Gerrichhauzen, J. (1993). Teambuilding bij organisatieontwikkeling. In: J. Gerrichhauzen, J. (Red.), *Interventiestrategieën in organisaties* (pp. 11-26). Heerlen: Open Universiteit, 1640.

Stock, D. & Thelen, H.A. (1958). Sociometric choice and patterns of member participation. In: D. Stock & H.A. Thelen, *Emotional dynamics and group culture* (pp. 84-91). New York: New York University Press.

Taylor, C. (2007). *Bronnen van het zelf. De ontstaansgeschiedenis van de moderne identiteit.* Rotterdam: Lemniscaat (Oorspronkelijk: *Sources of the self. The making of the modern identity.* Harvard: Harvard University Press, 1989).

Thelen, H.A. (1954). *Dynamics of groups at work.* Chicago: University of Chicago Press.

Thoresen, P. (1972). Defense mechanisms in groups. In: *The 1972 Annual Handbook for Group Facilitators* (pp. 117-118). Iowa City (IA): University Associates.

Tongeren, P. van (2012). *Leven is een kunst. Over morele ervaring, deugd-ethiek en levenskunst.* Zoetermeer: Uitgeverij Klement.

Tönnies, F. (1887). *Gemeinschaft und Gesellschaft.* Leipzig: Fuess Verlag.

Trist, E.L. & Emery, E.E. (1960). *Report on the Barford Course for Bristol/Siddeley*, July 10-16 (Tavistock Document, No. 598). London: Tavistock Institute.

Ussel, J. van (1975). *Intimiteit.* Deventer: Van Loghum Slaterus.

Verhaeghe, P. (2012). *Identiteit.* Amsterdam: De Bezige Bij.

Verhoeven, W. (1993). Coaching en commitment. *De manager-coach*, 1, 3-14.

Vermunt, J.D. (1992). *Leerstijlen en sturen van leerprocessen in het hoger onderwijs. Naar procesgerichte instructie in zelfstandig denken.* Dissertatie. Amsterdam: Swets & Zeitlinger.

Verwiel, S. (1993). *Groepsidentiteit.* Utrecht: Eindscriptie SPSO.

Vliet, K. van, Duyvendak, J.W., Boonstra, N. & Plemper, E. (2004). *Toekomstverkenning ten behoeve van een beroepenstructuur in zorg en welzijn.* Utrecht: Verwey-Jonker Instituut.

Vrolijk, A. & Onel, M. (1994). *Rollenspelen, simulaties en ijsbrekers* (pp. 91-93). Houten: Bohn Stafleu Van Loghum.

Warriner, C. (1956). Groups are real: a reaffirmation. *American Sociological Review*, 21, 549-554.

Watzlawick, P. (1964). *An anthology of human communication.* Palo Alto (CA): Science and Behavior Books.

Watzlawick, P., Beavin, J.H. & Jackson, D.D. (1970). *De pragmatische aspecten van de menselijke communicatie.* Deventer: Van Loghum Slaterus (Oorspronkelijk: *Pragmatics of human communications.* New York: Norton, 1967).

Weisbord, M.R. (1987). *Productive workplaces: organizing and managing for dignity, meaning, and community.* San Francisco: Jossey-Bass.

Westbroek, P. (2012). *De ontdekking van de aarde. Het grote verhaal van een kleine planeet.* Amsterdam: Balans.

White, R. & Lippitt, R. (1960). *Autocracy and democracy*. New York: Harper.

Wierdsma, A. (1999). *Co-creatie van verandering*. Delft: Eburon.

Wieringa, C.F. (1975). Feedback: een verkenning van het concept en enkele praktische mogelijkheden. In: K.J. Nijkerk (Red.), *Training in tussenmenselijke verhoudingen* (pp. 213-229). Alphen a/d Rijn: Samsom.

Wofford, J., Gerlof, E. & Cummings, R. (1977). *Organizational communication: the keystone to managerial effectiveness*. New York: McGraw-Hill.

Yalom, I. (1978, 1991). *Groepspsychotherapie in theorie en praktijk*. Deventer: Van Loghum Slaterus (Oorspronkelijk: *Theory and practice of group psychotherapy*. New York: Basic Books, 1975).

Zelditsch, M. (1955). Role differentiation in the nuclear family: a comparative study. In: T. Parsons e.a. (Eds.), *Family, socialization and interaction process* (pp. 307-351). Glencoe (IL): Free Press.

Zakenregister

acceptatie, 274
actieonderzoek, 487, 489
affectie, 147-150, 199-201, 213, 314, 339, 459, 463, 511, 513
affectiedimensie, 213
affectiefase, 147, 151, 434
afhankelijkheid, 100, 142, 275, 314-316
afhankelijkheidsgedrag, 373
afmaker, 453
afsluiting, 148
afsluitingsfase, 148
afstemming, 268
afweer, 157, 331, 333, 397
agenda's, verborgen, 337, 341
angsten, 397
antipathie, 50, 272
antropocentrisme, 20
archaïsch niveau, 113
archetypen, 109
archetypisch niveau, 109
aspect, betrekking- 192
aspect, inhouds- 192
aspect, sociaal-emotionele 35-36, 50, 510
aspect, taak-, 35, 70, 434, 510
attractie, interpersoonlijke, 49
autonome groep, 424
autonome groep, fase van de, 148, 152-153
autonomie, 390
autoritair leiderschap, 353
autoritaire leiderschapsstijl, 347
axenroos, 241, 242

basisassumpties, 275, 314, 316
basisstijlen, 414-415
bedrijfscultuur, 380
beeldvorming, 38
belangen en behoeften, 135
bemiddelaar, 383
beroepscode, 108
beschermingsinterventie, 95, 120
besluitvorming, 51, 321, 324, 326
besluitvorming, basisstappen, 324
besluitvorming, BOB-model, 326
bestaansniveau, 92, 96, 194, 198, 244, 247, 335, 439, 458, 511-512
bestaansniveau, teaminterventies, 461
bestuurder, 385
betrekkingen, complementaire, 185
betrekkingen, symmetrische, 185
betrekkingsaspect, 192
betrekkingsblindheid, 191
betrekkingsniveau, 83, 184, 187, 194, 198, 232, 244, 458
bewuste, 45
BOB-model, 38, 326
brainstorming, 324
brononderzoeker, 452
brugfunctie, 24, 27
bureaucraat, 424
centrale persoon, 394, 395
coach, 388-390
coachend leiderschap, 493
coalitievorming, 329
co-begeleiding, 367, 369, 370-371

co-creatie, 498
cognitief conflict, 42
cognitieve dissonantietheorie, 41
cognitieve inbreng, 120
cohesie, 67, 134, 147, 463
collectieve angsten, 131
collectiviteit, 127, 128
collusie, 399-400
communicatie als interactie, 167, 169
communicatie, 50, 60, 83, 163, 167, 170, 184, 258, 267-268, 272, 275, 446
communicatie, defensieve, 175
communicatie, effectieve, 164
communicatie, formele, 446
communicatie, gebrekkige, 164
communicatie, gesloten, 171-173
communicatie, informele, 446
communicatie, non-defensieve, 175
communicatie, observatie van, 258
communicatie, open, 171-173
communicatieaxioma's, 192
communicatienetwerken, 51
communicatiestructuur, 258-259, 262
complementaire betrekking, 185
complementaire relatie, 189
complementariteit, 368
compromis, 329
Conference Model, 503
conflict, 111, 116, 131, 186, 202
conflicthantering, 328, 419, 425
conflictstijlen, 251-253, 328
conformiteit, 42, 51, 66, 272, 319-321
conformiteit, groepsdruk tot, 21, 95, 319
confrontatie, 292
Confrontation Meeting, 490
context, 22, 57, 99
contextniveau, 97, 127, 335, 444
contingentietheorie, 405
controle, 146, 149-150, 199-200, 339, 459, 513
controleur, 385
coördinator, 385
co-participatie, 275-276

counterdependency, 308
creativiteit, 390
culturele antropologie, 31
culturele context, 99
cultuur van de groep, 314
cultuurdimensies, 26
cultuurpsychologie, 31

decodering, 163
defensieve communicatie, 175
defensiviteit, 175, 176
definitie van de groep, 57
definitie, interactie-, 63
definitie, relatie- 187, 193, 232
definitie, zelf-, 232
delegerend leiderschap, 389
delegerende stijl, 422-423, 433
democratische leiderschapsstijl, 348
determinanten van groepsvorming, 132
deviant, 273
diagnose-interventie, 120
directieve leider, 416
directieve stijl, 417, 432
directieven, 119
diskwalificaties, 193, 194, 198
diskwalificeren, 198-199
doelstelling, 58
doordenker, 452
dramadriehoek, 249-250
druk tot conformiteit, 272
dynamische interdependentie, 43
dysfunctionele rollen, 309

effectief team, 464-465
effectieve communicatie, 164
eigenwaarde, gevoel van, 188, 400, 512
eindfase, 434
eliminatie, 329
emotionaliteit, 29-30, 131
emotionele basisvragen, 313
emotionele besmetting, 517
empowerment, 513
encodering, 163

erkenning, 93, 197-200, 205, 459
ervaring, 154
ervaringscontinuüm, 154
escalatie, symmetrische, 189
ethiek, 108
ethiekniveau, 108
evaluatie, 300
evenwichtstheorie, 40
extern systeem, 35-36, 64-65, 360, 444-449

Facebook, 206
faciliteren, 388
fase van de autonome groep, 148, 152-153, 434
fase, affectie-, 147, 151, 434
fase, afsluitings-, 148
fase, eind-, 434
fase, invloeds-, 146, 151, 434
fase, machts-, 146
fase, oriëntatie-, 140, 151, 434
fase, parallel-, 142
fase, voor-, 127, 136, 151
fasetheorie van sociale verandering, 158
Fast Cycle Full Participation Work Design, 504
feedback op groepsniveau, 298
feedback, 51, 120, 279-280, 285, 288-289, 292, 296-297
feedback, interpersoonlijke, 290
feedback, negatieve, 286-288
feedback, positieve, 286-288
feedbackkring, 299
feedbackmechanisme, 287
fight, 308, 341
flight, 308, 341
formele communicatiekanalen, 446
formele groepen, 64
formele groepsstructuur, 35, 361
formele leider, 65, 341, 360, 395
formele niveau, 340
formele organisatie, 446
forming, storming, norming, performing, adjourning, 125
freezing, 159

fuikmethode, 327
functionele benadering, 346
functionele rollen, 309, 310
Future Search, 492, 503, 515

gebrekkige communicatie, 164
gedragsvormen, 313
gelaagde zelfbeeld, 157
gemeenschappelijke vijand, 67-68
genezende factoren, 90, 115
gesloten communicatie, 171
gesloten vragen, 179
gestalt, 44
gestaltbenadering, 298
gestaltpsychologie, 28, 44, 485
gevoel van eigenwaarde, 188, 400, 512
gevoelens, 119
gevoelsbindingen, 393
groep, autonome, 148, 152, 424-425, 434-435
groep, formele, 65
groep, informele, 65
groep, intern en extern systeem, 360
groep, lidmaatschaps-, 65
groep, primaire, 62
groep, psyche-, 64
groep, referentie-, 65
groep, secundaire, 62
groep, socio-, 64
groepen als subgroepen, 130
groepen vanuit collectiviteit, 127
groepen, 30, 56-57, 90, 486
groepsafbouw, 149
groepsafweer, 331
groepsbewustzijn, 57
groepscohesie, 51, 463
groepsconflicten, 131
groepscontext, 101
groepscultuur, 314
groepsdoel, 273
groepsdruk tot conformiteit, 40, 51, 95, 319
groepsformule, 394
groepsfuncties, 120
groepsfunctioneren, 84

groepsgedrag, 222
groepsgerichtheid, 358
groepsgrootte, 263-265
groepsidentiteit, 333-337
groepsklimaat, 154-155, 171,267, 298, 308, 312, 351-356, 460
groepsmanipulatie, 333
groepsniveau, feedback op, 298
groepsnormen, 51, 125, 318-319
groepsontwikkeling, 51, 123-127, 154-157, 200-201, 316, 335-337, 359, 434-435
groepsontwikkeling, fasen van, 135-141, 146-153
groepsstructuur, 35-36, 60, 361
groepstherapeut, 373, 379
groepstrainer, 373, 379
groepstraining, 47-48, 285
groepsvorming, 132-135
groepswerker, 454
grote groepen, 483

hantering, feedback, 290
heliocentrisme, 21
helpende confrontatie, 293
HHH-formule, 74, 77
homeostase, 39
hoofdthema's, 49
Human Resources Management (HRM), 387
hypothese, interactie-, 37, 272
hypothese, sociaal-contact, 37

ICA Strategic Planning Proces, 503
identiteit, 93, 195
identiteit, groeps-, 333-337
identiteitsvorming, 22
ik-culturen, 25
impasse, 463
inclusie, 140, 149-150, 199-200, 339, 459, 512
individualisering, 25
individuele ontwikkeling, 331
informatieoverdracht, 163
informele communicatiekanalen, 446
informele groep, 64

informele groepsstructuur, 36, 65, 359
informele leider, 65, 341, 360, 395
informele netwerken, 38
informele organisatie, 446
ingroup, 67
inhoud, 143
inhoudsaspect, 192
inhoudsinterventie, 119
inhoudsniveau, 83- 84, 184, 194, 198, 439, 511
initiatief, 390
innovator, 383
instemming, 329
instituties, totale, 450
integratie, 329
interactie, 49, 57, 59, 60, 130
interactiecategorieën, 260
interactiedefinitie, 63
interactiefrequenties, 258
interactiehypothese, 37, 272
interactieniveau, 89, 91, 247, 335, 439, 511
interactiepatronen, 84
interactie-procesanalyse, 38, 259, 262
interactieprofiel, 261
interacties tussen de leden, 264
interactietheorie, 37
interdependenties, 27, 59, 63
intern systeem, 35-36, 64-65, 360, 444-449
interpersoonlijke attractie, 49
interpersoonlijke feedback, 290, 297
interpunctie, 189
interventies, 91-95, 119, 240
intimiteit, 147, 151, 204-205
invloed, 345
invloedsdimensie, 212
invloedsfase, 146, 151, 434
invloedsverdeling, 146
IPG-model, 477-478
irrationele processen, 396, 398

jaloezie, 147
Johari-venster, 282

karmisch niveau, 335
karmische ontmoeting, 117
kernthema's, 111
klimaatwisseling, 352
krachtenveld, 43, 46, 158-159
kwaliteiten, 229

laissez-faire leiderschapsstijl, 350,
large group intervention (LGI), 499, 502, 506-508, 510, 516
Large Scale Interactive Events, 506
large scale intervention (LSI), 502
latente niveau, 45
Leary, Roos van, 186, 211-212, 215, 229-232, 240-241, 250, 253, 365
leden, interacties tussen, 264
leden, relaties tussen, 264
leider, 394, 424
leider, formele, 65, 341, 360, 395
leider, informele, 65, 341, 360, 395
leider, sociaal-emotionele, 223
leider, taak-, 35
leiderschap in organisaties, 379
leiderschap, 20, 51, 265, 341- 345, 361, 372, 375, 388
leiderschap, basisfuncties in training, 375-377
leiderschap, functionele benadering, 346
leiderschap, groepsfuncties, 356
leiderschap, motiveren, 387
leiderschap, psychoanalyse, 393
leiderschap, situationeel, 403
leiderschap, sociaal-emotioneel, 358
leiderschap, taak, 359-361
leiderschap, transformationeel, 494-495
leiderschapsfuncties, 309, 356, 425
leiderschapsrollen, 382
leiderschapsstijl en groepsklimaat, 351
leiderschapsstijl en ontwikkelingsniveaus, 431
leiderschapsstijl, 289, 346-351, 365, 414-424, 429-440
leiderschapsstijl, eigen ontwikkeling, 438

leiderschapsstijl, groepsontwikkeling, 434
leiderschapsstijl, organisatietype, 436
leiderschapsstijl, persoonlijke affiniteit, 440
leiderschapsstijl, type groep, 435
leidinggeven, sociaalgericht, 414
leidinggeven, taakgericht, 414
lerende organisatie, 490, 513, 514
levenslijnen, 118
levenstechnieken, 196
lidmaatschapsgroepen, 65
lineaire model van groepsontwikkeling, 124
loveability, 200, 513
loyaliteiten, 338
LPC (Least Preferred Coworker), 408

maatschappelijke context, 100
maatschappelijke veranderingen, 22, 492
maatschappij, 30
maatschappijkritiek, 46
machtigen, 389
machtsfase, 146
machtsstrijd, 189, 339, 400
machtsverdeling, 269
managementprincipes, 496
manifeste niveau, 45
manipulatie, groeps-, 331, 333
maximale groepsgrootte, 267
mechanisch denken, 495
mechanistische organisaties, 437
mentor, 386
metacommunicatie, 187
microkosmos, 111
motivatie, 58
motiveren, 388, 421, 422
mythe, 110
mythisch niveau, 109, 126, 335

narcisme, 20
negatieve feedback, 286-288
negatieve rollen, 312
negativisme, 227
negeren, 188, 193
niet-erkenning, 198

niveau van ethiek, 108
niveau, archaïsch, 113
niveau, archetypisch, 109
niveau, bestaans-, 92, 96, 194, 198, 244, 247, 335, 439, 458, 511-512
niveau, betrekkings-, 83, 184, 187, 194, 198, 232, 244, 458
niveau, context-, 97, 127, 335, 444
niveau, ethiek-, 108
niveau, formele 340
niveau, inhouds-, 83- 84, 184, 194, 198, 439, 511
niveau, interactie-, 89, 91, 247, 335, 439, 511
niveau, karmisch, 335
niveau, latente, 45
niveau, manifeste, 45
niveau, mythisch, 109, 126, 335
niveau, ontwikkelings-, 429-431
niveau, procedure-, 86, 334, 458, 511
niveau, sociaal-emotioneel, 35
niveau, taak-, 35, 86
niveau, zingevings, 115, 335
niveaus van groepsfunctioneren, 102
niveaus, 107
non-defensieve communicatie, 175
non-directiviteit, 379
non-participatie, 276
normen, 51, 57, 60, 64, 108, 286, 300, 318

observatie van communicatie, 258
oerthema's, 110
omgangsregels, 88
onbewuste, 45
onderdrukking, 329
ontstaan van groepen, 127
ontwikkelingsniveau, 429-431
oordeelsvorming, 38, 325
open communicatie, 171
open en neutrale vragen, 179
Open Space Technology, 505
optimale groepsgrootte, 265
organisatie, formele, 446
organisatie, informele, 446

organisatie, lerende, 490, 513, 514
organisatie, mechanistische, 437
organisatie, organistische 437
organisatiecontext, 100
organisatieontwikkeling, 48
organisaties, psychoanalyse, 396
organisator, 452
organistische organisaties, 437
oriëntatiefase, 140, 151, 434
outgroup, 67
overtuigende stijl, 418-419, 432

paarvorming, 314-315
pairing, 308
parallelfase, 142
participatie, 276, 507
Participative Design, 505
participerend leiderschap, 389
participerende stijl, 420, 432
persoonlijke context, 101
persoonswaarneming, 50
polariteit van stabiliteit versus verandering, 247
polariteit van structuur versus proces, 247
polariteit van verbondenheid versus autonomie, 245
polariteiten, 29, 461, 510
polariteitenmodel van groepsontwikkeling, 126
positie, 345
positieve feedback, 286-288
preferred future, 488
pressie tot conformiteit, 42, 51, 273
primaire groepen, 17, 30-31, 62
privézelfbeeld, 94, 196
procedure, 144
procedureniveau, 86, 334, 458, 511
proces, 70, 119, 247, 259
procesfuncties, 71, 120
procesinterventie, 119
procesrollen, 310
producent, 384
projectie, 297

psychegroup, 64
psychoanalyse, 46
psychoanalyse, leiderschap, 392
psychoanalyse, organisaties, 396
psychoanalytische benadering, 44
psychoanalytische theorie, 488
psychologie, 24

quasi-erkenning, 197
quasi-stationair evenwicht, 43

rationaliteit, 29, 126, 131
Real Time Strategic Change, 503, 515
Real Time Work Design, 504
referentiegroep, 65
regels voor feedback, 281
relatie, complementaire, 189, 192
relatie, symmetrische, 189, 192
relatiedefinitie, 187, 193, 232
relatiegerichte leider, 407
relatiegerichtheid, 414
relatieopbouw, 145
relatiepatroon, 147, 399
relaties tussen de leden, 264-265
relatievoorstel, 188, 193
resonantieverschijnsel, 110
revolutionaire opstand, 129
rituelen, 112
rolfuncties, 425
rollen, dysfunctionele, 309
rollen, functionele, 309
rollen, negatieve, 312
rollen, proces-, 120, 310-311, 358
rollen, taak-, 120, 309-311
Roos van Leary, 186, 211-212, 215, 229-232, 240-241, 250, 253, 365
Roos van Leary, leiderschapsstijlen, 365

samenwerkingspatronen, 368
scapegoating, 67
Search Conference, 489, 499- 502
secundaire groepen, 30, 62
seriële bestaanswijze, 127

Simu-Real, 505
situatiefactoren, 410, 442
situationeel leiderschap, 403, 414, 434, 438, 439
sociaal-contacthypothese, 37
sociaal-emotioneel klimaat, 275
sociaal-emotioneel leiderschap, 358
sociaal-emotioneel niveau, 35
sociaal-emotioneel specialist, 359
sociaal-emotionele aspecten, 35-36, 50, 510
sociaal-emotionele determinanten, 134
sociaal-emotionele gerichtheid, 270
sociaal-emotionele leider, 223
sociaalgericht leidinggeven, 358
sociale druk, 397
sociale psychologie, 485
sociale verandering, 158
sociale vergelijking, 66
sociale vergelijkingstheorie, 41
sociale werkelijkheid, 42, 273
socialisatie, 197
sociogram, 40
sociogroup, 64
sociologie, 24
sociometrische benadering, 40
Socio-Technical Systems, 489
solidarisering, 297
solidariteit, 62, 115, 135, 156
specialisatie, 359
spiraalmodel van groepsontwikkeling, 125
spraakzaamheid, 268-269, 271-272
start van groepen, 141, 143
status, 269
statusverdeling, 258
statusverschillen, 269
stereotypering, 50, 68
stigma, 98
stijl, delegerende, 422-423, 433
stijl, directieve, 417, 432
stijl, leiderschaps-, 289, 346-351, 365, 414-424, 429-440
stijl, overtuigende, 418-419, 432
stijl, participerende, 420, 432

stijlbereik, 440
stille praktijken, 449, 450
stimulator, 386
structuur, 58
structuur, communicatie-, 258-259, 262
structuur, groeps-, 35-36, 60, 361
structuurkenmerken, 58
survey feedback, 487
SWOT-analyse, 468, 473
symbiotisch wereldbeeld, 21
symmetrische betrekking, 186
symmetrische escalatie, 189
symmetrische relatie, 189
sympathie, 271, 272
systeem- en communicatietheorie (SCT), 183
systeem, extern, 35-36, 64-65, 360, 444-449
systeem, intern, 35-36, 64-65, 360, 444-449
systeembenadering, 39, 286
systeemdenken, 496
systeemregels, 84
systeemtheorie, 39, 490

taak, 69, 85, 104, 117, 132, 140
taakaspecten, 35, 70, 434, 510
taakfuncties, 120
taakgericht leiderschap, 357
taakgerichte determinanten, 133
taakgerichte groepen, 458
taakgerichte leider, 222, 407
taakgerichtheid, 270, 357, 414
taakgroepen, 374
taakkant, 300
taakleider, 35, 65, 361, 409
taakleiderschap, 359-361
taakniveau, 35, 86
taakrollen, 310
taakspecialist, 359
taakstructuur, 140, 405
taboes, 318
teambuilding, 471- 475
teambuilding, fasen, 472
teambuilding, subdoelen, 471
teamcoach, 476

teamcoaching, 475, 478
teammanagement, 419
teamontwikkeling, 471
teamrollen, 451, 454, 456
teamrollen, achtergronden, 456
teamroltheorie, 451
teams, 443, 457, 464-468
teams, bestaansniveau, 465
teams, contextniveau, 466
teams, effectieve, 464-465, 471
teams, inhoudsniveau, 465
teams, interactieniveau, 465
teams, procedureniveau, 465
teams, SWOT-analyse, 468
tegenafhankelijkheid, 316
themagecentreerde interactie (TGI), 104, 106, 126
theorie, cognitieve dissonantie-, 41
theorie, contingentie-, 405
theorie, evenwichts-, 40
theorie, interactie-, 37
theorie, psychoanalytische, 488
theorie, sociale vergelijkings-, 41
theorie, systeem- en communicatie- (SCT), 183
theorie, systeem-, 39, 490
theorie, teamrol-, 451
theorie, veld-, 43
therapiegroep, 71
tijdsbeeldcontext, 101
totale instituties, 450
trainingsgroep, 71, 374
transactionele analyse, 249
transformationeel leiderschap, 494-495

uitvinder, 452
unfreezing, 158
unfreezing, moving, freezing, 157, 158
uniformiteit, 319

valentie, 275
valkuilen, 229
vechten/vluchten, 314

vechtgedrag, 314, 331
veiligheid, 141, 247, 373
veldbenadering, 47, 485
veldtheorie, 43
verandering, weerstand tegen, 43, 417, 423, 497
veranderingen, 497
verborgen agenda, 337, 341
verborgen agenda, bij de leider, 340
verborgen agenda, bij groepsleden, 338
verborgen agenda, groep als geheel, 340
verborgen onderstroom, 45
verbreding, 202
verdedigingsmechanismen, 196
verdieping, 202
vergaderingen, 479
vermijding, 328
vervormingshoek, 166
verwerping, 274
vijand, gemeenschappelijke, 67-68
vluchtgedrag, 314, 332
volger, 362
volgerschap, 361, 362, 363
volgerschap, Roos van Leary, 365
voorfase, 127, 136, 151
voorzitter, 453
vormgever, 453

Vragenlijst Interpersoonlijk Gedrag, 211, 215
vriendschap, 201, 203

waarden, 318
wederkerigheidsnorm, 203
weerstand tegen verandering, 43, 417, 423, 497
weerstand, 158-159, 226, 331
wereldbeeld, 21
werkelijkheid, sociale, 42, 273
werkvormen, 88
wij-culturen, 25
Work-Out, 505

zelfbeeld, 460
zelfdefinitie, 232
zelfgericht gedrag, 312
zelfgevoel, 194
zelfomschrijving, 187-188
zelfonthulling, 202
zelfpresentatie, 188, 196, 460
zelfstigmatisering, 98
zesfasenmodel van groepsvorming, 135
zingeving, 118
zingevingsniveau, 115, 335
zondebokvorming, 67, 340

Persoonsregister

Abubakar, 22
Aichhorn, 46
Alban, 499-502
Allport, 19
Ammon, 45-46
Anzieu, 46
Arendt, 226
Argyle, 165
Argyris, 48
Asch, 42, 44
Axelrod, 503

Backman, 271
Bales, 37-38, 147, 259-265, 268-270, 326, 357-359
Bauer, 167-168
Beckhard, 490
Belbin, 451
Benne, 307, 310, 486
Bennink, 476
Bennis, 46, 48
Ben-Zeev, 275
Berenson, 293
Bertalanffy, von, 490
Bion, 45-46, 126, 275, 307-308, 313-314, 316, 331, 488-489
Blake, 48
Blanchard, 48, 120, 388-389, 404, 410, 414, 416, 429-430, 432-436, 438-439, 476
Bood, 514-516
Borgatta, 263-264, 268
Bradford, 486

Bridger, 489
Buber, 195
Bunker, 499-502
Burns, 436

Callens, 104-105, 494-495
Carter, 267
Cartwright, 37
Castore, 267
Cohn, 104, 107
Cooley, 30, 62
Coser, 328
Covey, 20
Crutchfield, 44
Cuijpers, 150
Cuvelier, 210, 241-243, 254

Dam, van, 493
Dance, 162
Dannemiller, 503-504, 506
Descartes, 29, 495
Doerbecker, 276-278
Doets, 276-278
Durkheim, 30, 62, 70
Dyer, 119, 472

Eagly, 360
Egan, 292
Elias, 21, 24-25, 27-28, 31
Emery, 483, 489-490, 502, 505
Engen, van, 360
Eppink, 25

Festinger, 41-42, 44, 272-273
Fiedler, 403-410, 429
Fitz, 504
Fortmann, 23
Foulkes, 46
Frank, 71, 504
Freedman, 203
Freud, 20, 45-46, 109-111, 126, 344, 392-395, 398, 400
Fromm, 31

Gerrichhauzen, 472
Gibb, 174, 177
Goffman, 98, 196, 450-451
Goldman-Eisler, 267, 268
Goldstein, 264
Goossens, 74, 90, 96, 99, 113, 368, 477
Goudsblom, 21

Hare, 60
Heidegger, 28
Heider, 44
Hellinger, 39
Hemphill, 266
Hersey, 48, 120, 388-389, 404, 410, 414, 416, 429-439, 476
Hiller, 62
Hochschild, 99
Hofstede, 25-26, 99
Homans, 35, 37, 59-60, 64, 130, 272, 360, 447
Hora, 195
Horn, 45, 47

Ingham, 282

Jacobs, 503, 506
Jacoby, 46
James, 57
Janoff, 503
Jennings, 40, 64
Jensen, 29, 66, 206-207
Johnson, 171, 360
Jones, 464, 471

Jung, 109-110

Kahn, 345
Karpman, 249
Katz, 345
Kelley, 42, 364
Kets de Vries, 398-400
Keunen, 508
Kierkegaard, 205
Klein, 46, 268, 271-272, 505
Koffka, 44
Köhler, 44
Koks, 193
Kooij, 456
Krech, 44
Kuijer, 197

LaForge, 211, 215
Laing, 97, 184, 194, 198, 205
Le Bon, 517
Leary, 91, 209-212, 215, 219, 235, 241-244, 249, 254, 365
Lévinas, 117
Levine, 142, 373
Lewin, 28, 36, 43-44, 48, 59, 125, 130, 157-159, 344, 346, 351-352, 403, 485-486
Lieberman, 126
Lindgren, 167-168
Lingsma, 476
Lippitt, 346, 351-352, 486-488, 498
Luft, 282

Marcoen, 116
Maslow, 92, 127
Matarazzo, 168
McGregor, 48
Miller, 39
Mills, 272
Mintzberg, 48
Minuchin, 183
Mishler, 263-264
Moreno, 40, 155
Morin, 21

Mouton, 48

Newcomb, 39, 44, 65-66
Newton, 495
Norfleet, 269, 270

Ofman, 210, 229
Olthof, 193
Oomkes, 150, 154, 456
Owen, 505

Pagès, 28, 115, 124, 130-132, 154-157, 379
Pannekoek, 21
Pasmore, 504
Perls, 44, 298
Phinney, 22
Prein, 251

Quinn, 379, 381

Reddin, 48, 404, 414, 416, 419, 421, 423, 429
Redl, 394-395
Reilly, 464, 471
Remmerswaal, 74, 106, 123, 127, 130, 135-136, 153, 166, 272, 314, 461
Richter, 45, 46, 197
Riecken, 270-271
Rinsampessy, 32
Rogers, 127

Sartre, 28, 124, 127-129
Sbandi, 298
Schachter, 22, 273
Scheidlinger, 45
Schein, 48
Schindler-Rainman, 488
Schutz, 46, 135, 140, 146, 149, 199-201, 313-314, 337-339, 462-463, 512-513
Seashore, 265
Secord, 271
Senge, 490, 496, 513
Shannon, 163
Shaw, 57

Sheats, 307, 310
Shepard, 46
Slater, 111
Sorokin, 62, 70
Sprott, 57, 59
Stalker, 436
Stemerding, 135
Stephan, 263-264
Steyaert, 472
Stock, 45, 275-276
Stogdill, 39
Suczek, 211, 215

Taylor, 29
Tellegen, 255
Thelen, 45, 126, 275-276, 316
Thibaut, 42
Thoresen, 331
Tolchinsky, 504
Tönnies, 30, 62, 70
Trist, 483, 489-490
Tuckman, 125

Ussel, van, 203-204

Verhaeghe, 22
Verhoeven, 388- 391
Verwiel, 333, 337
Vliet, van, 493
Vos, 110

Waal, de, 21
Watzlawick, 83, 170, 183, 187, 191-193, 198, 210
Weisbord, 492, 503
Welch, 505
Wertheimer, 44
Westbroek, 21
Whitaker, 126
White, 346, 351-352
Wiens, 168
Wierdsma, 498
Wijnberg, 29

Willemsen, 360
Wofford, 436

Yalom, 373-374

Zander, 37
Zweig, 398